国家社科基金重大项目专项
项目批准号：18VSJ022

新时代我国区域协调发展的理论深化与实践创新研究

孙久文 宋准 等 著

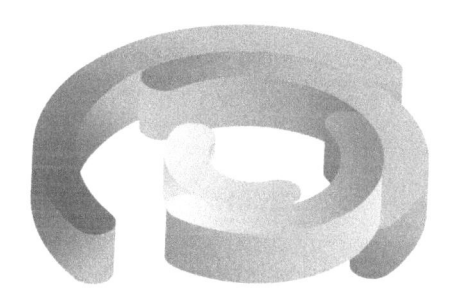

北京出版集团
北京人民出版社

图书在版编目（CIP）数据

新时代我国区域协调发展的理论深化与实践创新研究 / 孙久文等著. — 北京：北京人民出版社，2023.9
ISBN 978-7-5300-0576-7

Ⅰ. ①新… Ⅱ. ①孙… Ⅲ. ①区域经济发展—协调发展—研究—中国 Ⅳ. ①F127

中国版本图书馆CIP数据核字（2022）第190995号

新时代我国区域协调发展的理论深化与实践创新研究
XINSHIDAI WO GUO QUYU XIETIAO FAZHAN DE LILUN SHENHUA YU SHIJIAN CHUANGXIN YANJIU

孙久文　宋　准　等　著

*

北 京 出 版 集 团
北 京 人 民 出 版 社　　出版
（北京北三环中路6号）
邮政编码：100120

网　　　址：www.bph.com.cn
北 京 出 版 集 团 总 发 行
新 华 书 店 经 销
北 京 建 宏 印 刷 有 限 公 司 印刷

*

787毫米×1092毫米　16开本　35印张　550千字
2023年9月第1版　2023年9月第1次印刷
ISBN 978-7-5300-0576-7
定价：128.00元
如有印装质量问题，由本社负责调换
质量监督电话：010-58572393
发行部电话：010-58572371

序言：深入推进区域协调发展　加快构建新发展格局

构建新发展格局是以习近平同志为核心的党中央根据我国新发展阶段所面临的新历史任务和新发展环境部署的重大发展战略。2021年12月17日召开的中央深改委第二十三次会议提出"构建新发展格局，迫切需要加快建设高效规范、公平竞争、充分开放的全国统一大市场"，强化国内统一大市场建设，深入推进区域协调发展战略，促进各地区找准自己在国内大循环和国内国际双循环中的位置和比较优势，为构建新发展格局夯实根基。

一、新发展格局与区域协调发展的地位和作用

从国内来看，中国经济迈向高质量发展阶段以后，借鉴美国、日本等发达经济体的发展规律，发展模式逐步转变为以内需为主是大国发展模式的共同特点。从贸易依存度来看，我国的贸易依存度最高时超过60%，从2008年后开始下降，近年来一直保持在35%上下的水平。经济增长的动力也从出口拉动转为内需拉动，消费已成为GDP增长的第一驱动力，2020年占据55%左右的贡献比率。与此同时，全球经济气象波谲云诡，单边主义、极端民族主义、反全球化浪潮、恐怖主义等不良浪潮卷土重来，严重威胁到中国经济参与国际循环的动力和成效。因此，在更严格的安全要求下以高质量的开放水平投身于全球贸易分工和全球治理体系建设，是我国参与国际大循环的新任务。

构建新发展格局的3个重点如下：

第一，构建新发展格局，国内大循环是主体。我国良性的经济循环，需要有保障经济发展的韧性与稳定性，并增强自身的生存力、竞争力、发展力、持续

力。实施政策的瞄准对象和强化韧性的切入要点是生产、分配、流通、消费四大环节。社会再生产的四大环节，一方面构成新发展格局下的循环本体，另一方面与中国经济韧性的发展走向休戚相关。

第二，随着国内发展阶段、环境、条件和国外形势不断变化，构建新发展格局成为实现高质量发展的题中之义，既要紧扣习近平总书记提出的实现更高质量、更有效率、更加公平、更可持续、更为安全的发展，也要结合创新、协调、绿色、开放、共享五大新发展理念。

第三，构建国内大循环的主体地位并不意味着闭门造车、闭关锁国。恰恰相反，以内循环为根基对于对外开放提出了更高水平的要求。国内国际双循环相互促进，利用国际先进的要素和经验，助力国内大循环的高效畅通，是构建新发展格局的核心要务。

党的十九大报告指出：当前我国社会主要矛盾已经转化为人民日益增长的美好生活需要和不平衡不充分的发展之间的矛盾。构建新发展格局要实现的目标，就是形成一条高质量发展的、解决当前我国社会发展主要矛盾的道路。从我国经济社会发展的现实出发，在构建新发展格局中需要克服的诸多矛盾当中，区域发展不平衡是一个巨大的障碍。从发展水平来看，我国东部沿海的一些省市已经迈进发达经济区域，人均GDP超过2万美元的城市已经比比皆是；中西部广大地区还有很多欠发达地区，还存在很多低收入人口。从科技创新来看，中国东部沿海地区已经在高新技术和尖端设计领域取得了一定突破，奋力融入全球高端产业链和价值链；而广大中西部地区科技发展相对滞后，融入全球高端市场的程度亟待提升。因此，在构建新发展格局的诸多要务当中，处理好区域协调发展问题，是最重要的环节之一。

区域协调发展理论是新时代中国经济理论的重要组成部分。区域协调发展对于构建新发展格局的主要作用：一是以创新驱动区域发展，通过在东部发达地区建设国家级创新示范区等重大创新平台，实现先发区域带动后发区域，推动打造创新型国家；二是以平衡性协调性消融区域发展中的矛盾，优化区域产业链布局，引导产业链关键环节留在国内，鼓励东部发达地区落后产能有序梯度转移；三是以绿色发展贯穿区域发展始终，立足资源环境承载能力，对重点开发地区、生态脆弱地区、能源资源富集地区等制定差异化政策，使每一个地区都能够找到本身在新发展格局中的位置。

二、区域协调发展的理论深化

党的十九大报告确立了区域协调发展战略作为区域发展统领性战略的地位。党的十九届六中全会关于区域协调发展的理论创新，主要是提出促进区域经济的平衡性协调性发展。

区域协调发展的理论深化主要反映在以下几个方面：

第一，进一步强调区域协调发展的目的是缩小区域差距。

区域协调发展的最终目的是缩小区域差距，实现区域间均衡发展，具体体现为基本公共服务均等化、基础设施通达程度比较均衡、人民基本生活保障水平大体相当。改革开放之后，我国区域政策的重点是通过支持有条件的地区率先发展，带动和支撑全国经济发展。随着区域协调发展战略思想的提出和付诸实践，区域政策的重点转向发挥各个地区的比较优势，强调促进区域联动和一体化发展，实现资源要素在更大范围优化配置，从而促进产业结构优化升级和发展方式转变，增强国民经济发展的后劲和整体竞争力。促进区域协调发展，需要跳出"四大板块"的限制，强调从全局出发谋划区域发展格局，借助网络化运输通道，在全国层面构建多中心、网络化的区域发展格局，促进生产要素在更大的空间层面上顺畅流动，形成国家重大生产力布局与生产要素分布相协调的局面，为全国经济持续优化发展提供持久动力。

第二，分类指导区域发展才能提高区域政策的精准性。

我国国土面积辽阔，地区差异很大，要推动区域发展总体战略实施，必须因地制宜、分类指导、区别对待。近年来，国家在实施以"四大板块"为主体的区域发展总体战略的基础上，一方面通过制定实施一系列重大区域规划，进一步细化区域政策单元，极大增强了区域政策的针对性；另一方面，因地制宜，依据各区域的特点提出差异化的发展对策和思路，有效增强区域政策的精准性。但与现实需要相比，区域政策的精准化探索仍有较大空间。促进区域协调发展，就是要在已有工作的基础上，适应环境形势的变化，落实新时代区域协调发展战略，在发展空间上，注重将点、线、面统筹考虑，宏观、中观、微观统筹结合，注重提高战略的全局性和精准性；在工作思路上，进一步突出问题导向，从而加快破解制约区域发展的突出困难和瓶颈。区域协调发展战略实施以来，在一些重大区域问题上，国家选择条件较为成熟的地区先行先试，积累了丰富的经验，在区域协调发展的长效机制方面也进行了一系列的探索，并取得了积极进展，为推动完善区域协调发展体制机制改革创新发挥了积极的试验和示范作用。

第三，推动区域经济形成全方位开放新格局。

改革开放以来，我国的国际合作与"走出去"步伐不断加快，我国在对外开放领域大放异彩，进出口成为拉动国民经济增长的重要动力。从区域分布看，我国对外开放目前仍主要集中在东部沿海地区，沿边与内陆开放水平相对不高，对外开放与对内合作缺乏统筹衔接，这在很大程度上影响了对外开放水平的提升和空间拓展。新时期，扩大沿边和内陆开放已成为我国继沿海开放后的重大战略，但沿边地区基础比较薄弱、支撑能力不足，内陆地区"不沿边、不靠海"的区位条件，造成其扩大开放的相对劣势。党的十九大报告和"十四五"规划都提出促进内陆、沿边、沿海地区互动联合，统筹推进对外开放与国内合作，从而使我国更加主动地融入经济全球化和区域一体化进程之中去，更好地参与国际竞争与合作。

第四，推动生态文明构建高效安全国土开发保护格局。

加快生态文明制度建设，建立空间规划体系，划定生产、生活、生态空间开发管制界限，落实用途管制。坚定不移实施主体功能区制度，建立国土空间开发保护制度，严格按照主体功能区定位推动发展。党的十九大报告明确提出要加快生态文明体制改革，建设美丽中国。实施区域协调发展战略，要把生态文明的理念贯穿于全过程，着力优化生产力布局，促进陆海统筹发展，推动形成人口、产业与区域资源环境承载能力相适应的发展模式；推动实施主体功能区战略，探索建立区际转移支付、生态补偿等长效机制，加强重点生态功能区保护，从而加快生产文明建设，构建高效安全国土开发保护格局，缓解我国当前面临的资源环境承载压力，保障工业化城镇化建设需要，实现可持续发展。

三、区域协调发展的实践创新

我国在推动区域协调发展过程中的实践创新举措，主要是空间模式上的创新：

第一，多支点布局支撑区域经济发展。

我国的多支点布局表现出由大的板块演进到城市群的逐渐精细化布局。从"九五"计划开始，为缩小区域经济差距，促进区域协调发展，并构建高效、协调、可持续的国土空间开发格局，我国先后出台了一系列政策措施促进中西部地区的发展，提高中西部地区对外开放水平，增强东部地区对中西部地区发展的支持，形成了"四大板块"战略。"四大板块"之间存在较大的差距，东西差距和南北差距并存，且各大板块各自又存在不同的发展问题：西部地区面临贫困落后问题，东部地区面临萧条衰退问题，中部地区面临发展停滞问题。"四大板块"空间格局仍然是我国区域发展政策制定和实施的主要依据之一。不断演化发展的多支点空间布局模式作为重塑我国经济地理的重要动力，不断平衡与协调我国区域经济发展格局，拓展我国经济发展的空间腹地，为我国宏观经济增长探索新的空间动力。迄今为止，已经在全国形成19个城市群，作为支撑我国区域经济的主要支柱。

第二，带状经济区成为区域经济发展的重要空间形式。

我国带状经济区的建设以及发展战略的实施，在空间上主要依托于交通干线，在内容上由相对发达的区域与相对不发达的区域结合，利用交通轴线在要素跨区域转移上的便利性，优化沿线生产力布局与生产要素配置，促进整体经济发展，缩小区域间发展差距。目前我国正在实施的相关发展战略或倡议包含：利用地区间经济联系紧密而推动实施的京津冀协同发展、长三角一体化建设和粤港澳大湾区建设；依托内核航运和交通轴线建设的长江经济带，依托主要河流生态建设与高质量发展而建的黄河流域生态保护与高质量发展带。

经济带的建设是党中央对我国区域经济发展战略提出的新思路，促进了区域之间的交流和联系，推动了区域间协调机制、高层次的合作磋商机制的建立，并在一定程度上缓解了因各地间各自为政而导致的资源耗费与效率低下问题。这种巨大的空间上推动构建的新发展格局为区域协调发展新机制的探索提供了更多可能，推动我国区域协调发展向更高层次迈进。

第三，网络化发展为中国区域协调发展提供强大动力。

网络化发展是我国推进区域协调发展实践中的又一巨大成就，完善的交通基础设施建设连接了各大、中、小城市，城市间的产业、经济、文化等各方面的联系增多，时空距离的缩短不仅加快了中西部地区的发展脚步，也推动东部地区的转型升级。同时，交通的发展还能够缩小城乡差距，一些代表性研究也表明交通基础设施的网络属性推动区域经济一体化进程，强化了区域中心城市向周边城市的经济扩散效应，促进周边城市的经济增长。

我国区域经济的网络化发展得益于交通基础设施的建设。1978—2018年，我国交通固定资产投资年均增速为18.17%，这一比例远高于同时期GDP年均增速的9.5%。大量的交通基础设施投资推动了我国高速公路和铁路运营里程突破性增长。截至2019年底，全国高速公路里程14.96万公里，铁路营业里程13.9万公里，其中高铁营业里程达到3.5万公里，三者均位居世界第一。高强度的交通基础设施建设有效地降低了地区间往来的时空壁垒，增强了经济发展活力。

第四，特殊类型地区仍是区域协调发展中的重要短板。

党的十九大报告对促进区域协调发展做出重要部署，提出要加大对革命老区、民族地区、边疆地区、贫困地区等特殊地区的支持力度。这些新的部署，是党中央立足我国国情、应对时代课题的战略安排，也是进一步推进区域协调发展的行动指南。这些特殊类型地区由于自然条件不利和经济基础薄弱，在新发展阶段应继续着力加强老少边贫地区交通、水利、能源、信息和物流等基础设施建设。其中，沿边地区作为对外开放，尤其是内陆开放的直接窗口，也是构建"双循环"新发展格局的重要枢纽，需要从国家区域发展战略的高度，在国家相关部门的支持配合下，紧紧把握"一带一路"的政策红利，加快发展沿边开放经济和对外贸易。

第五，构建更加科学的区域政策体系。

区域政策为我国经济腾飞和区域经济空间优化做出了历史性的贡献。进入新发展时期之后，密集的区域政策文件的出台推动了区域经济协调发展的深化和细化。区域发展总体战略、主体功能区战略的密切配合和一系列新区、改革试验区以及区域规划的合理匹配将大大促进我国区域协调发展格局和体制机制改革进程。下一步需要重点关注的是：区域政策出台之后贯彻落实的问题，区域协调机制的建立和区域政策体系的完善问题，一系列区域政策和区域规划出台带来的区域政策"泛化"的问题，区域政策的倾斜性与普惠化的关系问题，等。总之，构架新发展格局对于区域经济的任务，是需要构建更加科学的区域政策体系，以服务于区域协调发展战略的高效实施。

孙久文
中国人民大学教授、博士生导师

目 录

第一章 我国区域协调发展战略的演化历程 …………… 1
一、我国经济社会发展主要矛盾的三次转变与区域发展战略 …… 1
二、区域协调发展战略的形成过程 ……………………………… 7
三、新时代区域协调发展战略的地位和作用 …………………… 11

第二章 新时代区域协调发展的空间特征 ……………… 13
一、我国区域经济的新特征 ……………………………………… 13
二、中国经济地理的新格局 ……………………………………… 18
三、中国区域经济的新形态 ……………………………………… 21
四、区域发展战略与政策的新方向 ……………………………… 35

第三章 区域协调发展的理论深化与现实价值 ………… 40
一、关于区域协调发展的经典论述 ……………………………… 40
二、区域协调发展的理论深化 …………………………………… 55
三、新时代区域协调发展的现实价值和战略意义 ……………… 58

第四章 区域协调发展战略的总体思路 ………………… 63
一、实施区域协调发展战略的客观依据 ………………………… 63

二、实施区域协调发展的战略目标 ··· 75
三、新时代促进区域协调发展的总体思路 ································ 89

第五章　新时代区域协调发展的现状特征与评价体系 ············ 94
一、我国区域协调发展的现状与问题 ······································ 94
二、区域协调发展指数的评价指标体系 ·································115
三、我国区域协调发展指数的结果分析 ·································123

第六章　区域协调发展的动力转换 ·······································133
一、区域动力转换的历程 ··134
二、动力转换的空间结构视角 ··141
三、动力转换与地区生产效率 ··147
四、全要素生产率与区域经济增长 ······································155

第七章　区域经济发展差距测度与分析 ·································176
一、区域经济发展差距测度指标 ···176
二、中国区域经济差距的现状与演变 ···································179
三、中国区域经济发展相对差距的分解 ································199
四、新时代中国区域经济差距影响因素实证分析 ···················209

第八章　城乡发展不平衡与城乡差距 ····································228
一、城乡发展不平衡的主要表现 ···228
二、城乡差距的跨区域比较 ···243
三、城乡发展不平衡与城乡差距的原因分析 ··························255

第九章　区域协调发展与产业转移 ·· 261
一、产业转移的理论研究 ·· 261
二、产业转移对区域协调发展的影响 ······································· 272
三、我国产业转移的现状分析 ··· 280
四、我国中西部地区承接产业转移中的挑战及建议 ························· 289

第十章　区域协调发展与土地制度 ·· 298
一、理论基础与制度背景 ·· 298
二、土地作为政策工具的实践 ··· 305
三、政策建议 ·· 310

第十一章　城乡协调发展与乡村振兴 ·· 312
一、巩固拓展脱贫攻坚成果 ·· 312
二、城乡发展差距变动分析 ·· 326
三、乡村振兴与区域协调发展 ··· 339
四、实施乡村振兴战略促进城乡协调发展的路径 ··························· 342

第十二章　区域协调发展与金融差异 ·· 349
一、我国金融资本的区域分布差异与演变 ··································· 349
二、金融发展与区域经济增长 ··· 374
三、区域金融安全与效率 ·· 384

第十三章　资源型地区和特殊类型地区发展 ·········389
　　一、资源型地区经济转型发展 ·········389
　　二、特殊类型地区加快发展 ·········397
　　三、沿边地区经济开放发展 ·········413

第十四章　区域政策体系的构建 ·········428
　　一、重构区域政策的理论与实践要求 ·········429
　　二、新时代区域经济政策建议与实施方案 ·········434

第十五章　新时代区域协调发展的动力转换路径 ·········445
　　一、新一轮动力转换的环境 ·········445
　　二、区域经济发展动力转换的特征 ·········453
　　三、新一轮动力转换的主要方向 ·········457

第十六章　新时代区域协调发展战略的实践创新 ·········466
　　一、区域重大战略 ·········466
　　二、"四大板块"战略 ·········488
　　三、新型城市化战略 ·········499
　　四、特殊区域发展战略 ·········507
　　五、陆海统筹战略 ·········526

参考文献 ·········530

后　　记 ·········545

第一章　我国区域协调发展战略的演化历程

本章从理论和现实两个方面,回顾我国区域协调发展的历史,并总结新时代我国区域协调发展的特征,为后面的理论深化、机制探寻和实践创新构建良好的研究背景与基础。

一、我国经济社会发展主要矛盾的三次转变与区域发展战略

进入"十四五"时期,中国启动了建设中国特色社会主义现代化的新征程。随着我国经济社会发展主要矛盾的三次转变,区域发展战略进行了重大的调整。

(一)党的八大对主要矛盾的判断

1956年,社会主义改造的基本完成为我国的现代化建设提供了制度性保障,而如何进行社会主义建设,成为当时党中央及其领导人集中思考和研究的现实问题。党的八大通过的《中国共产党第八次全国代表大会关于政治报告的决议》对社会主义基本制度确立以后我国社会阶级关系及主要矛盾做出了新的分析和判断,即"我们国内的主要矛盾,已经是人民对于建立先进的工业国的要求同落后的农业国的现实之间的矛盾,已经是人民对于经济文化迅速发展的需要同当前经济文化不能满足人民需要的状况之间的矛盾"。在我国社会主义制度已经建立的情况下,这一矛盾的实质其实就是先进的社会主义制度同落后的社会生产力之间的矛盾。党和全国人民的主要任务就是要集中力量来解决这个矛盾,把我国尽快地从落后的农业国变为先进的工业国。社会主义制度的建立表明无产阶级同资产阶级之间的矛盾基本上已经得到解决,国内的主要矛盾已经是人民对于经济文化

迅速发展的需要同当前经济文化不能满足人民需要的状况之间的矛盾，党的工作重点已不再是阶级斗争，而是领导社会主义建设。实践证明，党的八大对我国主要矛盾的认识和对阶级关系状况的分析是符合当时中国基本国情和实际情况的，是客观正确的判断。党的八大对我国主要矛盾认识的正确论断，为党探索适合中国国情的社会主义建设道路指明了方向，具有重大的理论与实际意义。党的八大关于我国主要矛盾的判断，可以说是全面建设时代的开始与革命时代胜利结束的标志。

1956年，毛泽东的《论十大关系》公开发表，首次把正确处理沿海与内地发展的关系当作新中国成立初期我国经济建设过程中的重大关系之一提出来。毛泽东认为，"好好地利用和发展沿海的工业老底子，可以使我们更有力量来发展和支持内地工业"，"沿海的工业基地必须充分利用，但是，为了平衡工业发展的布局，内地工业必须大力发展"。显然，在当时的历史背景下，我国仅有的工业基础绝大多数布局在沿海的几个大城市，并且还有一些善于经营工厂的"红色资本家"，而很多内陆地区饱受战乱摧残，当地的经济基础被战争破坏殆尽，当地人民为新中国的建立付出了巨大代价。如今新中国已经成立，经济的发展也应该向内陆地区倾斜，保证当地人民群众能过上好日子，所以要充分利用沿海工业基础，加快经济发展，增加足够的积累，为实现全国经济发展的均衡布局而奠定发展必要的物质基础。毛泽东的区域战略思想就是通过均衡布局发展经济，最终走向共同富裕。这一区域经济思想及其策略构想，充分考虑到了当时国内工业布局的现状，对于改变落后地区的工业状况，乃至为后来对于欠发达地区的开发，都奠定了良好的基础，是一项正确的决策。

（二）改革开放以来，党对社会主要矛盾的认识

"文化大革命"结束后，党在领导人民拨乱反正的同时，对社会主要矛盾问题进行了新的审视。1978年12月召开的十一届三中全会，是新中国成立以来党的历史上具有深远意义的伟大转折。全会结束了"文化大革命"以来党在

指导思想上存在的长期"左"倾错误，开始全面进行拨乱反正，解决了包括经济社会发展、主要矛盾在内的一系列根本性问题，并且做出了"把全党工作的着重点和全国人民的注意力转移到社会主义现代化建设上来"的战略决策。此后，党对当时我国的社会主要矛盾进行了深入探讨。1979年3月30日，在党的理论工作务虚会上，邓小平明确指出，"至于什么是目前时期的主要矛盾，也就是目前时期全党和全国人民所必须解决的主要问题或中心任务，由于三中全会决定把工作重点转移到社会主义现代化建设方面来，实际上已经解决了"。"我们的生产力发展水平很低，远远不能满足人民和国家的需要，这就是我们目前时期的主要矛盾，解决这个主要矛盾就是我们的中心任务"。这是党在社会主义建设新时期对主要矛盾的最初表述。1981年6月，党的十一届六中全会通过的《中国共产党中央委员会关于建国以来党的若干历史问题的决议》，用简洁明了的语言把我国进入社会主义社会以后的主要矛盾表述为"在社会主义改造基本完成以后，我国所要解决的主要矛盾，是人民日益增长的物质文化需要同落后的社会生产之间的矛盾。党和国家工作的重点必须转移到以经济建设为中心的社会主义现代化建设上来，大力发展社会生产力，并在这个基础上逐步改善人民的物质文化生活"。

此时的区域发展战略随之调整为向沿海倾斜的东部率先发展战略，进入21世纪以来又调整为涵盖"四大板块"的区域发展总体战略。1978年12月，邓小平提出区域发展"两步走"的战略，第一步，"沿海地区要加快对外开放，使这个拥有两亿人口的广大地带较快地先发展起来，从而带动内地发展，这是一个事关大局的问题，内地要顾全这个大局"。第二步，"在20世纪末达到小康的时候"，"又要求沿海拿出更多力量来帮助内地发展，这也是一个大局。那时沿海也要服从这个大局"。"在经济政策上，我认为要允许一部分地区、一部分企业、一部分工人农民，由于辛勤努力成绩大而收入先多一些，生活先好起来。一部分人生活先好起来，就必然产生极大的示范力量，影响左邻右舍，带动其他地区、其他单位的人们向他们学习。这样，就会使整个国民经济不断地波浪式地向前发展，使全国各族人民都能比较快地富裕起来"。进入20世纪90年代，他多次强调"大原则是共同富裕"。1992年初，邓小平在南方谈话中指出，"一部分地区有条件先发展起来，一部分地区发展慢点，先发展起来的地区带动后发展的地区，最终达到共同富裕"。"可以设想，在20世纪末达到小康水平的时候，就要突出地提出和解决这个问题"。

很显然，邓小平"坚持协调发展，缩小区域差距"的区域战略思想，就是鼓励一部分地区、一部分人先富起来，让他们带领和帮助欠发达地区，以达到共同富裕的目标。改革开放政策的实施，极大地调动了东部地区经济发展的积极性，一直到20世纪末期，全国经济一直保持在两位数的增长速度，但是经济发展中一个突出问题就是东部地区经济增长速度明显高于欠发达的中西部地区，沿海地区与内陆地区的发展差距迅速扩大，广大中西部地区对经济发展的诉求长期得不到实现，区域发展差距已经影响到了国民经济整体的可持续发展。当时，国民经济经过改革开放20多年的高速发展，全国已总体上接近实现小康，国家积累了大量的财富，解决东部与中西部地区发展差距问题的条件已齐备，实施邓小平提出的第二步区域发展战略目标的时机成熟。

进入21世纪以来，我国的区域发展战略又调整为涵盖"四大板块"的区域发展总体战略。2001年，江泽民在党的十四届五中全会上专门就沿海与内陆地区进入21世纪区域协调发展方略进行了论述，尤其是"十一五"规划出台以后，中国区域协调发展的理念受到全面重视。2002年，党的十六大将"统筹区域发展"列入科学发展观的"五个统筹"之一。党的十六届五中全会通过的"十一五"规划建议，以实现区域协调发展为目标，进一步提出了要按不同功能区的要求确定区域发展定位和按照公共服务均等化的原则调整不同区域的利益关系，从而深化了对区域协调发展战略的认识。从不同区域来看，2005年"促进中部崛起"成为备受关注的话题，"十一五"规划明确将中部崛起作为战略重点。"西部大开发"进入了实施的第二阶段，西部地区在第一阶段的发展中，基础设施建设取得了阶段性成果。同时，泛珠三角经济合作圈、泛长三角经济合作圈形成，东部经济发展重心逐渐北移，环渤海经济圈成为重点发展区域。

2011年3月发布的"十二五"规划纲要进一步提出，要优化格局促进区域协调发展，在实施区域协调发展战略中，要推进新一轮西部大开发、全面振兴东北地区等老工业基地、大力促进中部地区崛起、积极支持东部地区率先发展。党的十八大报告也将促进区域协调发展作为推进经济结构战略性调整的重点之一。此外，"十二五"规划中提出要实施主体功能区战略，"按照全国经济合理布局的要求，规范开发秩序，控制开发强度，形成高效、协调、可持续的国土空间开发格局"。在"十二五"期间，我国区域发展总体战略不断深化，国土空间开发格局不断优化。通过批准设立综合配套改革试验区以及多个区域的发展规划，创新区域发展模式，探索出了提升区域竞争力，促进区域发展的新思维、新思想、新路径、新模式和新道路。

2012年党的十八大，以及2016年3月实施的国家"十三五"规划，对新常态下我国的区域经济发展战略提出了新的思路。2014年12月，中央经济工作会议明确提出"要重点实施'一带一路'、京津冀协同发展和长江经济带三大战略"。此后，作为我国经济发展在空间格局上的重大创新，"三大战略"的顶层设计逐渐落实为"十三五"规划中的具体措施与要求。"十三五"规划中提出要深入实施区域发展总体战略，推动京津冀协同发展，推进长江经济带发展，扶持特殊类型地区发展，推进"一带一路"建设。在"十三五"期间，"四大板块+三大战略"的区域发展格局逐步建立，"三大战略"的实施拓展了区域协调发展战略的空间范围，丰富了区域合作内容，是区域发展总体战略的有益补充。可以说，"三大战略"的深入实施，促使我国区域经济版图从主要依靠长三角、珠三角和京津冀三大引擎带动的传统格局，向区域联动、轴带引领、多极支撑的新格局转变，进而为区域协调发展注入新的动力。

（三）党的十九大之后的社会主要矛盾和区域协调发展战略

在改革开放近40年的时间里，党带领全国人民解决了贫困和温饱问题，进入了全面决胜小康社会的新时期，用不到40年的时间就走过了发达国家100年才走过的道路，成为人类发展史上的奇迹，被国外誉为"中国奇迹""中国模式"。经济高速发展，总量居世界第二，科技、国防、综合国力位居世界前列。人民生活水平快速提高，中国特色社会主义制度日益完善，"我们比历史上任何时期都更接近、更有信心和能力实现中华民族伟大复兴的目标"。党的十九大报告这样陈述我国所取得的重大成果："五年来的成就是全方位的、开创性的，五年来的变革是深层次的、根本性的。"报告从经济建设、深化改革、民主法治建设、思想文化建设、人民生活、生态文明建设、强军兴军、港澳台工作、外交、党的建设10个方面总结和概括了我们所取得的历史性伟大成就。"党的面貌、国家的面貌、人民的面貌、军队的面貌、中华民族的面貌发生了前所未有的变化"，中国特色社会主义进入新时代。我们面临着新的发展任务，有了新的发展要求，我国社会的主要矛盾也就相应地发生了转化。

习近平总书记在党的十九大报告中明确指出："我国社会主要矛盾已经转化为人民日益增长的美好生活需要和不平衡不充分的发展之间的矛盾。""必须坚持以人民为中心的发展思想，不断促进人的全面发展、全体人民共同富裕。"做出这一判断，主要是基于：全国人民在党的领导下，在坚持改革开放近40年的时间里，解决了贫困、温饱问题，即将进入全面小康社会。现如今，社会生产力水平比以往有了很大提高，而我们的生产能力在多个方面都处在世界的前列，我国综合国力大幅度提升，已经跃升为世界第二大经济体。在我国生产力发展水平已经发生变化的基础上，人民对美好生活的期待和需要都有了提升的状况下，我国社会主要矛盾也应该发生相应变化。人民日益增长的美好生活需要和不平衡不充分的发展之间的矛盾成为我国社会的主要矛盾。在今后的发展时期，要着手解决好发展不平衡不充分的问题，决胜全面建成小康社会，开启社会主义现代化国家全面发展和建设的新征程。

党的十九大报告将区域协调发展战略首次提升为统领性的区域发展战略，正是为了解决新时代社会主要矛盾中的"不平衡不充分"的发展问题。习近平总书记在党的十九大报告中对区域协调发展战略进行了阐述，区域协调发展与乡村振兴等战略已经成为新时代建设现代化经济体系的重要组成部分。

二、区域协调发展战略的形成过程

我国区域协调发展战略的形成分为三个阶段：1995—1999年、2000—2011年、2012年至今。其中，第一阶段是改革开放初期，是区域协调发展战略正式提出前的一段时期，这一时期我国受到国际产业转移影响，东部与中西部发展差距逐步拉大；第二阶段是区域协调发展战略提出之后的一段时期，东北、中部均有比较快的发展，区域协调发展战略作用明显；第三阶段是"三大战略"统筹时期，国家相继提出京津冀协同发展、长江经济带和"一带一路"建设，区域协调发展战略的统领地位开始显现，整个国家的区域发展格局开始由条块转为东中西互动。

（一）区域协调发展第一阶段（1995—1999年）

20世纪80年代初期，改革开放开始启动。当时我国的区域经济维持一种低水平的均衡状态。改革开放之初，邓小平提出"两个大局"的区域发展战略：第一个大局是先集中发展沿海，内地支持沿海地区的发展；第二个大局是沿海发展起来之后，沿海地区再支援内地发展。

在改革开放的背景下，东部地区紧紧抓住发展机遇，利用全球产业向东亚—太平洋地区进行大尺度集中转移的趋势，充分发挥劳动力成本优势，顺应向沿海倾斜的区域发展战略，带来了经济的迅速发展，并在沿海地区形成了我国的制造业基地，进而形成了京津冀、长三角和珠三角这三大都市圈。同时，中西部地区由于区位上的劣势，远离海洋的不利条件，加上对外开放程度较低，经济发展滞后，逐步拉大了与东部地区的经济发展水平差距。改革开放初期沿海与内地发展水平大体均衡，到1995年，东部地区与西部地区的人均GDP（国内生产总值）之比扩大到2.3∶1。东部地区经济增长速度明显高于欠发达的中西部地区，沿海地区与内陆地区的发展差距迅速扩大，广大中西部地区对经济发展的诉求长期得不到实现，区域差距已经严重影响到了民族的团结、社会的稳定、国民经济整体的可持续发展，公平取代效率成为国民经济发展中的主要矛盾。为了改变区域差距日益扩大的趋势，自"九五"规划起，党中央就提出要缓解区域发展差距的扩大，主要途径就是要实现区域协调发展。因此，从1995—1999年这5年，是区域协调发展的提出阶段，5年中学术界对于区域协调发展的内涵、主要内容等进行了探讨，特别是对中国区域发展的差距进行了研究，重点分析区域差距产生的原因，找出解决的方案。

（二）区域协调发展第二阶段（2000—2011年）

进入21世纪，区域协调发展进入新的战略构建时期。1999年底，中央决定实施西部大开发战略，我国的区域经济发展进入东部支援西部的新时期。据统计，2000—2009年，西部地区GDP年均增长11.9%，高于全国同期的增速。这一时期最显著的特征是基础设施建设取得突破性进展：青藏铁路、西气东输、西电东送、国道主干线西部路段和大型水利枢纽等一批重点工程相继建成，完成了送电到乡、油路到县等建设任务。特别是大规模的交通基础设施建设，改变了西部闭塞的状况，使物流更为通畅，人员出行更为便捷。2002年，中央提出实施振兴东北等老工业基地，战略核心是对东北等老工业基地进行技术改造，提升发展能力。国有企业改组改制的体制机制创新也取得了很大的进展。2004年，中央开始实施中部崛起战略，中部地区以承接产业转移为核心，发展现代制造业。国家在安徽皖江城市带、重庆沿江、湖南湘南、湖北荆州等地区建设国家级承接产业转移示范区，取得了明显的成效。在西部大开发、东北振兴、中部崛起等区域发展战略实施之后，一个覆盖全部国土的区域发展战略开始形成，这就是区域发展总体战略。2004年《政府工作报告》提出，"要坚持推进西部大开发，振兴东北地区等老工业基地，促进中部地区崛起，鼓励东部地区加快发展，形成东中西互动、优势互补、相互促进、共同发展的新格局"，标志着全国进入区域协调发展的新阶段。党的十六大将"统筹区域发展"列入科学发展观的"五个统筹"之一。党的十七大报告在区域发展总体战略上加上了生态文明建设的内容，使经济与生态并列，区域协调发展战略的内涵与维度更加丰富。至此，中国区域发展的思路从"效率优先，兼顾公平"转向了"效率与公平兼顾"，地区发展战略由突出重点区域向各地区协调发展转变，地区发展目标由强调经济发展转向了强调经济、社会和生态的全面发展。2011年3月颁布实施的"十二五"规划使得区域发展总体战略得到进一步深化，提出要实施主体功能区战略。在"按照全国经济合理布局的要求，规范开发秩序，控制开发强度，形成高效、协调、可持续的国土空间开发格局"的指导思想的引领下，我国进一步优化了国土空间开发格局，实施了分类管理的区域政策，实行了各有侧重的绩效评价，建立健全了衔接协调机制。

（三）区域协调发展第三阶段（2012年至今）

党的十八大以后，习近平总书记多次强调继续实施区域发展总体战略，促进区域协调发展，是今后相当长一段时间内区域发展的基本战略思想。习近平总书记特别强调要提高区域政策精准性。多年来，我国区域发展战略的政策单元基本上都属于宏观尺度的，是对若干省市区组成的大区域进行战略指导。从顶层设计的角度讲，这种大区域的战略指导无疑是不可或缺的（孙久文，2018）。但是，战略的落实需要有具体区域的规划，这就必须提高区域政策的精准性，更加有效地依据当时当地的资源条件和发展环境提出有针对性的发展路径。2013年的中央经济工作会议把改善需求结构、优化产业结构、促进区域协调发展、推进城镇化作为中国经济发展的4个主攻方向，提出加大对革命老区、民族地区、边疆地区、贫困地区的扶持力度，"精准扶贫"是这一时期提出的最有代表性的扶持政策。

区域协调发展战略的另一个重要发展，是中央推出三个经济带发展战略："一带一路"建设、京津冀协同发展战略和长江经济带发展战略，形成"四大板块＋三大战略"的新的区域发展战略。

"三大战略"覆盖我国大部分地区。"三大战略"范围可以容纳的人口、经济体量在全国来看都有举足轻重的地位，彼此间存在紧密联系，共同构成当代我国区域经济空间格局的骨架。

"一带一路"是指丝绸之路经济带和21世纪海上丝绸之路。丝绸之路经济带沿线包括30个国家，22亿人口，GDP总规模达16万亿美元。作为区域经济发展战略，覆盖国内省份以中西部地区为主，这些地区在我国过去的经济地理格局中处于劣势地位，通过丝绸之路经济带建设，可以对接欧、亚、非国家，展开经济交流和经贸合作，充分发挥地缘优势。丝绸之路经济带沿线地区具有不同的要素、禀赋、优势，通过政策引导，可加强彼此之间的经济联系，推动实现区域协同发展。21世纪海上丝绸之路覆盖了三个国家级城市群，即长三角城市群、海峡西岸城市群、珠三角城市群。此外，还有区域性城市群——北部湾城市群。长三角城市群发展水平较高，区域一体化基础较好，通过21世纪海上丝绸之路的建设，可增强上海自贸试验区的辐射带动效应。海峡西岸城市群经济发展水平和对外开放程度高，同时作为著名侨乡，是对外交流历史文化软实力的重要支撑，是建设21世纪海上丝绸之路的核心。珠三角城市群经济基础良好，与沿线国家航线短，区位优势明显，有重要的港口城市和国际空港，和东南亚素有密切的经贸合作，是21世纪海上丝绸之路的前沿阵地。北部湾城市群是中国同东盟合作的重要门户，是建设21世纪海上丝绸之路的重要通道。

京津冀协同发展的地域范围包括京、津、冀三省市，地区总人口超过1亿，生产总值占全国的1/10以上，是环渤海经济圈的核心区域，辐射山东、辽宁、内蒙古等地区。作为我国经济第三增长极，京津冀协同发展意义重大，是国家层面的重要战略。通过对京津冀三地的要素整合，推动产业升级转移，构建交通一体化网络，扩大环境容量生态空间，实现区域协同发展，可对其他地区开展区域合作起到示范作用。京津冀协同发展已取得一系列成果，但京、津作为双核，产业分工协作尚不明确，对区域的辐射带动作用不强，甚至对周边地区产生较强的"虹吸"现象，造成区域内差距明显，环京津地区发展滞后。

长江经济带是承东启西、对接"一带一路"的核心经济带，包括11个省市，约6亿人口，GDP总量超过全国的40%。它是我国区域经济发展的重要引擎，包括长三角城市群、长江中游城市群、成渝城市群三个国家级城市群及滇中城市群和黔中城市群两个区域性城市群。其沿线城市群发展水平梯度差异较明显，自西向东发展水平依次提高，形成以长三角城市群为龙头，长江中游城市群和成渝城市群为重要支撑，以滇中城市群和黔中城市群为补充的格局。

三、新时代区域协调发展战略的地位和作用

随着我国社会主要矛盾的转变，构建现代化经济体系是解决发展不平衡不充分的重要举措。区域协调发展战略是现代化经济体系的组成部分，是提高资源分配效率、形成整体优化生产力布局结构的重要手段。积极推动区域协调发展战略，优化现代化经济体系的空间布局，作为习近平总书记明确建设现代化经济体系要抓好的五项工作之一，对建设现代化经济体系、保持社会稳定、推动联动发展具有重要作用。

（一）新时代区域协调发展战略的地位和作用

目前，我国区域协调发展面临区域差距较大与发展不均衡、部分地区发展活力较弱、区域协调发展机制有待完善、老少边穷地区发展相对落后、海洋开发利用程度有待提高等问题。党的十八大以来，"一带一路"倡议、京津冀协同发展、长江经济带等竞相推进，联动协调成为区域发展的关键词。党的十九大立足

我国区域发展的国情，将区域协调发展战略作为新时代发展的主要任务，将其作为建设现代化经济体系的重要组成部分确定下来，具有深刻的理论和现实意义，象征着我国区域协调发展进入了全新的局面。

习近平总书记强调，现代化经济体系是由社会经济活动的各个环节、各个层面、各个领域的相互关系和内在联系构成的一个有机整体。现代化经济体系包含产业体系、市场体系、收入分配体系、城乡区域发展体系、绿色发展体系、全面开放体系和充分发挥市场作用、更好发挥政府作用的经济体制等方面。7个方面有机结合，是适应我国经济由高速增长阶段向高质量发展阶段的重要支撑。其中，城乡区域发展体系是现代化经济体系的空间特征，是推动我国区域充分协调发展的应有之义。新时代区域协调发展战略则是现代化经济体系的重要保障。

当前，京津冀协同发展在重点领域率先突破，长江经济带现代产业走廊稳步推进，西部地区经济增速在全国处于领先水平，老少边穷地区在脱贫攻坚的助力下得到发展，海洋强国和陆海统筹成为经济发展新的聚焦点，区域协调发展战略正在扎实推进。新型城镇化得到推进，城镇化率有了较大的提高，城市群发展格局加速形成。新时代区域协调发展战略更强调地区间的统筹联动和借力发展、公共服务均等化、人才技术对经济的贡献、大中小城市和小城镇协调发展以及城乡联动等方面。

（二）新时代区域协调发展战略的核心问题

透视我国经济社会发展过程中的规律，一方面，社会生产建设水平日益提高，整个国家的国力不断增强；另一方面，经济落后的矛盾逐步转化为发展不平衡不充分的矛盾，矛盾的复杂性在不断加深。区域协调发展战略研究的理论深化与实践创新的问题导向，一是要通过加快各区域的发展，有效解决发展的不平衡问题；二是通过协调区域产业的发展，不断解决发展不充分的问题。

第二章　新时代区域协调发展的空间特征

本章从空间特征阐述"十四五"时期的区域协调发展。"十四五"规划为我国实现区域经济的现代化描绘了新的蓝图。以区域重大战略、区域协调发展战略、主体功能区战略为引领，实现区域经济的均衡协调发展，我国的区域经济呈现出许多新的特点。

一、我国区域经济的新特征

我国区域经济格局继续沿着区域协调发展的思路在重塑，新时代区域协调发展被赋予新的时代意义，从政策尺度来看，区域经济呈现出如下特征：第一，区域发展的东中西差距进一步缩小，南北差距有所扩大；第二，区域协调发展统领作用开始逐步发挥；第三，区域经济动能转换推动区域经济转型升级；第四，区域经济制度改革创新与全面对外开放相结合。

（一）区域发展东中西差距出现反弹，南北差距有所扩大

自新中国成立以来，区域发展战略经历新中国成立后的"工业西渐"、20世纪60年代的"三线"建设、改革开放后的向沿海倾斜战略以及2000年后的区域协调发展战略，从基于地区向空间中性的区域政策转变。这种以"人的繁荣"为目标的战略在实现大尺度上的人均收入均衡具有显著效应。"十二五"期间，我国东、中、西、东北"四大板块"的人均GDP增速基本维持在8%～10%的合理范围内，其中西部地区的人均增速达到10.2%。"十三五"以来，我国动能转换与老工业基地转型迫在眉睫，因此东北的增速并不乐观，2016年呈现负增长（-4.79%），随后东北增速从2017年开始恢复，与其他板块差距进一步

缩小。进入"十四五"时期,我国板块间差距缩小。东部与中、西部的发展差距有明显缩小的迹象,但东北地区发展速度落后于东中西部地区,发展差距进一步拉大。

按秦岭—淮河分界,我国南北方经济差距在逐步扩大。一方面,2019年,占据全国65%国土、拥有41.6%人口的北方[①],却只有全国35.4%的GDP,而占据全国35%国土、拥有58.4%人口的南方,却占有全国64.6%的GDP。另一方面,北方人均GDP为5.98万元,而南方人均GDP为7.76万元,二者之比为1∶1.18。2019年,全国各省区GDP增速排行榜前10位中,南方省区占了9个,包括贵州、云南、西藏、江西、福建、湖南、安徽、湖北、四川;增速排行榜的后10位中,北方省区占了7个,包括吉林、黑龙江、天津、内蒙古、山东、辽宁、陕西。(见图2-1)

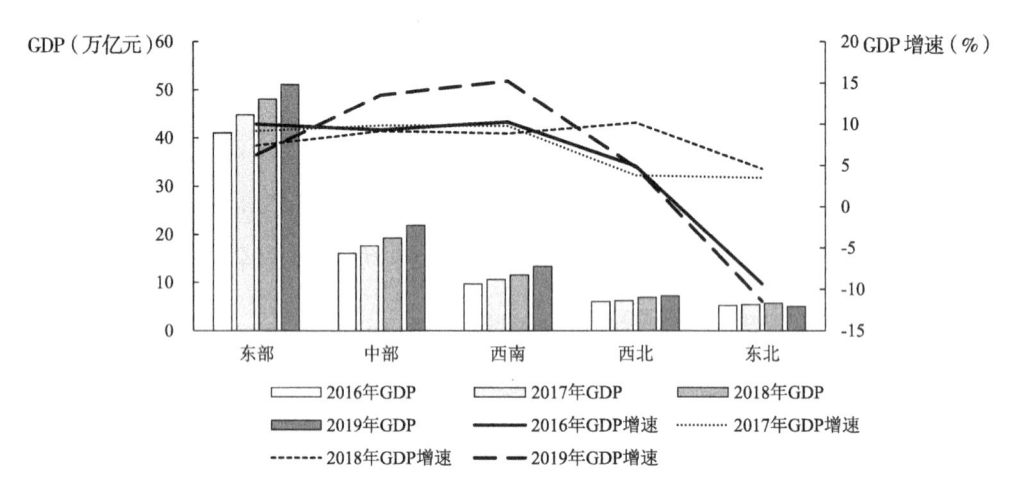

图2-1 2016—2019年中国五大板块GDP及其增速

资料来源:《中国统计年鉴(2017—2020)》

因此,我国经济的东西差距较之前有明显缩小,南北差距正在扩大,且经

---

① 北方包括黑龙江、吉林、辽宁、北京、天津、河北、山东、河南、山西、陕西、内蒙古、甘肃、宁夏、青海、新疆15个省级行政区,南方则包括江苏、安徽、浙江、上海、湖北、湖南、江西、福建、云南、西藏、贵州、四川、重庆、广西、广东、香港、澳门、海南18个省级行政区,其中港澳台由于数据缺失,暂时不在计算范围内。

济重心南移的趋势明显。但是"四大板块"带之间的协调关系被忽略了，给区域协调发展带来新的难题。

（二）区域协调发展上升为国家战略

党的十九大报告第五部分"贯彻新发展理念、建设现代化经济体系"当中，将区域协调发展战略提升为总领战略，与供给侧结构性改革、建设创新型国家、乡村振兴、完善社会主义市场经济体制、推动形成全面开放新格局，共同组成现代化经济体系。

2018年3月5日，李克强在《政府工作报告》中也指出，要扎实推进区域协调发展战略，完善区域发展政策，推进基本公共服务均等化，逐步缩小城乡区域发展差距，把各地的优势和潜力充分发挥出来。

"塑造区域发展新格局。加强对革命老区、民族地区、边疆地区、贫困地区改革发展的支持。以疏解北京非首都功能为重点推进京津冀协同发展，高起点规划、高标准建设雄安新区。以生态优先、绿色发展为引领推进长江经济带发展。出台实施粤港澳大湾区发展规划纲要，全面推进内地同香港、澳门互利合作。制定西部大开发新的指导意见，落实东北等老工业基地振兴举措，继续推动中部地区崛起，支持东部地区率先发展。加强对资源型地区经济转型发展的支持。壮大海洋经济，坚决维护国家海洋权益。

"提高新型城镇化质量。2018年再进城落户1300万人，加快农业转移人口市民化。完善城镇规划，优先发展公共交通，健全菜市场、停车场等便民服务设施，加快无障碍设施建设。有序推进'城中村'、老旧小区改造，完善配套设施，鼓励有条件的加装电梯。加强排涝管网、地下综合管廊、海绵城市等建设。新型城镇化的核心在人，要加强精细化服务、人性化管理，使人人都有公平发展的机会，让居民生活得方便、舒心。"

综上，我国的区域发展战略向"以人为本"的方向发展，这关乎我国实现中华民族伟大复兴的中国梦这一历史目标的完成。我国的区域经济发展将按照创新、协调、绿色、开放、共享的发展理念逐步深入，从而实现我国经济社会的深刻变革。

（三）区域经济动能转换推进区域经济转型升级

自 2008 年国际金融危机以来，在外需不断减少、4 万亿投资刺激等综合作用下，中国产业出现全面过剩。这种背景下，通过产业转移获取产业利润的渠道被打破，产业转移速度和幅度不断放缓。这对于尚处于工业化初期和中期的中西部地区而言，不利于搭乘产业转移带来的工业化列车，形成一个巨大的挑战。同时，随着信息化和数字化的快速发展，全球步入人工智能时代。随着各个产业的智能化，机器替代人工的速度不断加快。机器的进入极大地抵消了土地和人工成本上升带来的压力，导致中西部地区土地、人工的成本优势不再显著，产业转移速度放缓，进而导致区域经济协调发展的模式受到很大挑战。因此，产业转移的受阻导致工业化受阻，工业化受阻导致城镇化受阻，城镇化受阻影响农村农业规模化经营，农业规模化经营受阻导致居民收入水平受到影响。收入水平受到影响又反过来影响工业化进程与区域经济协调发展。

近年来，在产能过剩、人工智能加快发展的双重压力下，区域经济协调发展的动力必须依靠创新驱动。在科技创新方面，5 年来的创新驱动发展成果丰硕。全社会研发投入年均增长 11%，规模跃居世界第二位。科技进步贡献率由 52.2% 提高到 57.5%。载人航天、深海探测、量子通信、大飞机等重大创新成果不断涌现。高铁网络、电子商务、移动支付、共享经济等引领世界潮流。"互联网+"广泛融入各行各业。大众创业、万众创新蓬勃发展，日均新设企业由 5000 多户增加到 16000 多户。快速崛起的新动能正在重塑经济增长格局，深刻改变生产生活方式，成为中国创新发展的新标志。

在区域创新方面，我们应坚持创新引领发展，着力激发社会创造力，让整体创新能力和效率显著提高。实施创新驱动发展战略，优化创新生态，形成多主体协同、全方位推进的创新局面。扩大科研机构和高校科研自主权，改进科研项目和经费管理，深化科技成果权益管理改革。推进全面创新改革试验，支持北京、上海建设科技创新中心，新设 14 个国家自主创新示范区，带动形成一批区域创新高地。以企业为主体加强技术创新体系建设，涌现一批具有国际竞争力的创新型企业和新型研发机构。深入开展大众创业、万众创新，实施普惠性支持政策，完善孵化体系。着力推进我国城市群建设从经济发达型向创新引领型转型，以区域之力来全面提升我国的综合竞争力。

（四）区域经济制度完善创新与全面开放相融合

在区域经济制度建设方面，生态文明制度体系尚不健全、主体功能区制度有待完善、财税制度面临创新、区域合作和共治制度急需构建、跨区域社会保障制度急需打通等问题，都是未来我国区域经济制度改革发展必须解决的。

京津冀协同发展战略提出以前，华北地区的空气污染始终困扰着这一区域。2013—2017 年京津冀地区 PM2.5（细颗粒物）浓度下降了 39.6%，而长三角区域下降了 34.3%。2017 年，京津冀地区 13 个城市 3 月平均空气质量优良天数比例为 66.3%，同比提高 14.6 个百分点；PM2.5 浓度为 63 微克/米^3，同比下降 16%；PM10（可吸入颗粒物）浓度为 110 微克/米^3，同比下降 25.2%。相比之下，长三角区域 25 个城市 3 月平均空气质量优良天数比例为 85.9%，同比提高 13.9 个百分点；珠三角区域 9 个城市 3 月平均空气质量优良天数比例为 95%，同比提高 5.1 个百分点，但第一季度的平均空气质量优良天数比例同比下降 5.5 个百分点。因此，京津冀区域在环境污染治理方面收效显著，其中 80% 的原因归于"人为努力"，也就是京津冀区域开始逐步意识到环境共治共享的重要性。

香港自回归以来，与内地的经济贸易联系更为紧密，与内地货物贸易总额由 1997 年的 1142 亿美元上升到 2016 年的 4973 亿美元，服务贸易总额由 1997 年的 52 亿美元上升到 2016 年的 401 亿美元。作为高度外向型经济体，香港遭受金融危机冲击的概率更高，甚至容易引发亚洲区域性金融危机。因此，国家多次援助香港，帮助稳定经济局势。未来，香港应向境外人民币离岸中心的方向发展，依靠国家强大的实体经济来实现香港的繁荣。粤港"前店后厂"模式衰落之后，2014年12月，香港与内地基本实现粤港服务贸易自由化。2017年3月5日召开的十二届全国人大五次会议上，李克强在《政府工作报告》中提出，要推动内地与港澳深化合作，研究制订粤港澳大湾区城市群发展规划，发挥港澳独特优势，提升在国家经济发展和对外开放中的地位与功能。因此，传统的贸易分工模式不再适应珠三角的发展，通过湾区建设来推动区域的对外开放和区域合作治理制度的创新才是更加必要的。

当然，随着我国区域经济发展的新特征出现，其制度需求更为强烈。当前需要做的就是，构建和完善现有区域经济制度，改革和创新区域协调发展模式和思路，全面提升我国的对外开放水平。

二、中国经济地理的新格局

通过长时期的发展战略实施，中国经济地理的新格局已经逐渐形成。

（一）多支点、轴带经济和网络化发展成为趋势

长期来看，我国空间格局发展趋势是从集聚走向分散，空间均衡的实现是一个长期的过程。在改革开放中自然形成的京津冀、长三角、珠三角三大城市群基础上，延伸出京津冀协同发展和长江经济带两大支撑带，来协调我国现在的区域经济，从而天然形成了"T"形开发格局。同时，"一带一路"倡议的提出—解我国海洋经济之困，帮助我国连东接西，贯通亚欧经济走廊。在此过程中，我国先后提出"19+2"城市群经济区，共同构成了我国"两横三纵"的城镇化格局。

新型城镇化战略作为区域协调发展战略的一部分，对于实现人口城镇化与土地城镇化协调发展有着至关重要的作用。一方面，假定城市化趋势不减，地方政府为绩效数据的"稳增长"，大力推行撤行政区划改革。另一方面，过度

城市化与滞后城市化并存，人口城市化率不仅远远落后于土地城市化率，还虚高于户籍人口城市化率。实施重点城市群规划，促进大中小城市和小城镇协调发展。户籍制度的放开将有助于公共服务均等化的实现，从而真正打破城乡二元结构。

长三角、珠三角城市群在一体化过程中，率先实现了交通一体化，基本达到"2小时都市圈"的标准，轨道交通的时空压缩效应十分显著。但就长江经济带而言，其整体经济联系网络密度还处于较低水平，呈自下游向上游逐渐减弱的梯度发展态势。未来，跨区域基础设施的完备化和现代化（特别是铁路、高速铁路、高速公路、内河航运以及海运、油气管道、航空、超高压特高压输电、光缆等立体化、网络化的基础设施）是区域一体化扩容的必要条件，也是大势所趋。

（二）东中西协作模式初步形成

随着长江经济带、京津冀协同发展等国家重大区域战略的相继提出，经济带成为近年来我国区域经济开发过程中出现的一个具有战略高度的新名词。经济带是指在某一特定空间范围内，依托于交通网络干线或特定的地理空间区域并以之为发展轴形成的带状经济合作区。经济带以几个发达城市为核心，把发展轴上的几个城市群串联起来，联合周围不同层次的其他城市和城镇，形成区域城市间和产业间的人流、物流、资金流、信息流、技术流等联系，在此基础上形成地域分工和产业合作，发挥集聚和辐射效应，是一个互惠、互利、共赢的区域合作体，实现区域共同发展。随着经济的发展与社会的进步，这种具有经济支撑地位的经济带在世界范围内的发展经验中，突出地表现为围绕优势产业集群，通过精细的专业分工和发达的横向协作，将经济带中不同等级规模的城市较好地联系成一个相互依存、富有生命力的有机整体，从而发挥其集聚、辐射、扩散的经济功能。

经济带各区域之间的联系主要表现在两个方面：一是功能上的联系，各区域在功能上具有互补、协调的关系；二是空间上的联系，各区域有不同的空间位置，这种位置关系决定了经济带各部分的相互作用和空间组织形式。经济带的内部联系效应主要表现为聚散效应、邻近效应、转移效应和增长效应。我国长江经济带的集聚与扩散效应、产业转移效应最为明显，京津冀协同发展的邻近效应十分显著，"一带一路"的增长效应占了很大比重。三者共同覆盖了我国全部的国土空间，是我国新时代空间协调的主要抓手。

但经济带也同经济区一样，需要构建利益的获得和分配机制，以理顺区域经济关系。"一带一路"沿线的角色分工、京津冀协同发展的被动化以及长江经济带的产业同构问题是这三者发展的主要瓶颈。针对这一问题，中央政府牵头的京津冀协同发展相继出台了多部文件，比如《京津冀协同发展规划纲要》《关于加强京津冀产业转移承接重点平台建设的意见》等，对京津冀的产业、人口、生态环境等多个问题做了制度安排。长江经济带则侧重于长江流域的环境共治，以保证中国长期稳定发展的生态安全，并审议出台了《关于进一步加强长江航道治理工作的指导意见》。"一带一路"倡议我国与中亚、东南亚各国进行商贸合作，因此其制度安排还考虑到他国利益。2017年5月15日的"一带一路"国际合作高峰论坛初步达成了《"一带一路"融资指导原则》《共建"一带一路"：理念、实践与中国的贡献》《推动"一带一路"能源合作愿景与行动》《共同推进"一带一路"建设农业合作的愿景与行动》《关于推进绿色"一带一路"建设的指导意见》《"一带一路"建设海上合作设想》等成果。协调区域整体利益，保障各地区的合理话语权，完善利益的补偿和共享机制，这真正体现了我国区域经济发展过程中，由"崛起式"增长到"包容性"发展的转变。

当然，我国区域之间的分工协作关系尚未明确，东中西协作的初步达成却导致我国南北差距的拉大，经济重心的南移难以避免。未来我国需要以区域协调发展来统领地区的发展战略，保证我国各区域的充分有序发展。

（三）产业—空间的匹配效应日益明显

集聚经济的三大机制是学习、共享和匹配，前两者的研究基本上已经形成共识，并且开始向集聚的时空维度发展。产业—空间的匹配却鲜有成果，且在我国辽阔的土地上，产业—空间的匹配在要素异质性假设下是极其重要的。

自新中国成立以来，我国的经济空间和产业发展逻辑就随着产业结构的演化在不断实现产业—空间的均衡。新中国成立后的前30年，我国重点发展了交通、能源、原材料等基础性重工业，三线建设让内陆地区的工业比重远远超过沿海地区。改革开放后，外资的引入大大提高了第二、三产业的比重，但产业结构的趋同始终难以摆脱。2000年以来，我国区域经济开始实施"四大板块"战略，但是产能过剩问题将我国带入经济新常态。面对这一局势，我国再次将区域协调发展作为总领战略，以期用优化产业空间布局来实现区域经济的动能转换。我国当前的产业分布规律是，第一产业分布与自然资源吻合，第三产业分布与人口吻合，第二产业的分布依赖于中间产品。

我国产业转移的机制是高替代弹性的产业先转移，低替代弹性的产业后转移，并且产业转移的难易程度还与企业规模有关。而我国中间产品依赖性产业的空间集聚程度更高，说明产业关联对于空间布局具有显著的影响。实证表明，产业要素匹配度高的地区经济发展更快，这一情况在中部地区较为明显。东部地区的资本和西部地区的劳动力均出现错配情况，因此需要通过要素流动来完善。

当前我国大尺度的产业转移遭受产能过剩的限制，同时人工智能降低了要素匹配要求。未来产业—空间的匹配将从生产供给侧全面转向需求侧，时空压缩下的空间格局将更容易匹配，从而将区域一体化带入新阶段。

三、中国区域经济的新形态

中国区域经济新的空间经济形态表现为城市群、都市圈、国家新区等，成为重要的空间载体。

（一）国家新区（雄安新区）

2017年4月1日，中共中央、国务院决定设立河北雄安新区。这标志着我国改革开放进入新阶段。雄安新区的设立是以习近平同志为核心的党中央做出的一项重大的历史性战略选择，是继深圳经济特区和上海浦东新区之后又一具有全国意义的新区，也是京津冀一体化这盘大局的重要一步，战略定位极高。2014年，我国经济进入新常态，改革开放进入全面深化阶段，具体表现为：我国经济正经历由高速增长向中速增长的转变过程，传统的低成本和外贸优势已难以支撑我国的经济发展。因此，转变经济发展方式迫在眉睫，其核心在于经济驱动力的转变：由要素驱动转换为创新驱动。因此，雄安新区是我国应对经济新常态的一种手段。在改革开放全面深化时期，采用创新驱动型国家级新区来拉动区域经济发展。

同时，雄安新区的设立是与京津冀协同发展一脉相承的重大战略，具有明显的承接北京非首都功能疏解的功能指向性。2014年2月26日，习近平总书记在视察北京的座谈会上提出了京津冀协同发展的战略构想。两年来（2014—2016年），京津冀协同发展的工作推进遭遇瓶颈。一方面，北京非首都功能未得到根本性疏解。在疏解非首都功能的工作中，人口向北京集聚的趋势仍难以控制和逆转，行政性限购措施之后往往伴随着房价的恶性反弹，之后又会出现更加严格的限购措施。高房价背后的需求依旧无法满足，人口疏解失败，产业转移推力不足。另一方面，京津冀协同发展仍停留在理念上，实质工作推进缓慢，缺乏强有力的政策抓手来引导协同发展。河北与京津发展水平差异较大，传统产业转移理论无法直接运用，区域合作的推进难以为继。北京的减负和河北的发展都没有实现，解决问题的关键在于打造一个能够承接北京非首都功能的平台。

雄安新区具有"新"和"特"两大特征。从功能上而言，雄安新区是京津冀协同发展的具体举措，是北京非首都功能的承接地。作为复合型首都，北京还兼具经济发达城市、信息交流中心、科技教育中心等角色，其城市负担比单一型首都（如华盛顿）要重。因此，雄安新区将承接部分非首都核心功能，包括部分行政职能。

从区位和发展潜力上而言，雄安新区以保定市下辖三县为主要建设范围，没有完全遵循行政等级原则，布局在非重点城市、非流域经济区域，而更多的是看重京津腹地潜力和陆路交通资源，其发展起点与当年的深圳、上海浦东相比更低，但发展目标却高于二者。中央政府给予的巨大政策红利将会在近10年内不断释放。

就产业定位而言，习近平总书记明确提出了雄安新区的七大重点任务：建设绿色智慧新城，建成国际一流、绿色、现代、智慧城市；打造优美生态环境，构建蓝绿交织、清新明亮、水城共融的生态城市；发展高端高新产业，积极吸纳和集聚创新要素资源，培育新动能；提供优质公共服务，建设优质公共设施，创建城市管理新样板；构建快捷高效交通网，打造绿色交通体系；推进体制机制改革，发挥市场在资源配置中的决定性作用和更好发挥政府作用，激发市场活力；扩大全方位对外开放，打造扩大开放新高地和对外合作新平台。从中可以总结出雄安新区的以下产业关键词：绿色、智慧、高端、创新、城市、市场、开放，其核心是创新，因此被誉为"中国的硅谷"。

2018年4月20日，中共中央、国务院下发《关于对〈河北雄安新区规划纲要〉的批复》。其规划纲要体现出雄安新区"高"和"度"。首先，雄安新区建设分为两个阶段：第一阶段是到2035年，基本建成绿色低碳、信息智能、宜居宜业、具有较强竞争力和影响力、人与自然和谐共生的高水平社会主义现代化城市；第二阶段是到21世纪中叶，全面建成高质量、高水平的社会主义现代化城市，成为京津冀世界级城市群的重要一极。其先进的规划理念和国家级政策优势将吸引更高层次的要素流入。其次，雄安新区的开发遵循一个循序渐进的过程，不再过分依赖造城运动。规划纲要要求"合理控制人口密度，新区规划建设区按1万人/平方公里控制"。批复要求"要合理控制用地规模，启动区面积20至30平方公里，起步区面积约100平方公里，中期发展区面积约200平方公里"。绿色和谐的城市规划理念正是应对大城市病的一剂良药。

（二）大湾区经济（粤港澳大湾区）

2017年3月5日，在全国人大十二届五次会议上，李克强在《政府工作报告》中提出，要推动内地与港澳深化合作，研究制订粤港澳大湾区城市群发展规划，发挥港澳独特优势，提升在国家经济发展和对外开放中的地位与功能。2017年，我国南北两大区域经济发展战略的出台，将我国改革开放领入4.0时代的发展快车道。

自1978年党的十一届三中全会以来，改革开放先后经历了1.0时代（探索发展期）、2.0时代（开放扩大期）、3.0时代（体制开放期）和4.0时代（全面升级期），当前我国改革开放正处在4.0时代。其时代特征是：宏观经济新常态、市场的决定性作用、国际合作方式新转变以及综合国力的全面提升。粤港澳大湾区和雄安新区的设立，是我国改革开放全面升级的重要标志。

纵观世界著名湾区，可以把"湾区"定义为：以若干港口、岛屿或者半岛群为地理载体，呈现出交通贸易流量大、经济和人才密度高、城市群体系完整等特征，以协调合作为理念的一种新型区域系统。湾区经济是海洋经济、服务经济和开放经济的一种新的空间组合形式，除了集聚经济之外，湾区经济还应具备速度经济、智慧经济和总部经济等新经济形态。世界四大湾区分别是美国旧金山湾区、美国纽约湾区、日本东京湾区和中国粤港澳大湾区，主要包括六大功能区——国际都会区、科技创新区、港口贸易区、对外开放区、教育先行区和生态宜居区。

粤港澳大湾区是在珠三角城市群的基础上构思出来的，凭借珠江水系"三江汇合、八口入海"的独特地理优势，囊括珠三角最核心的九市（广州、深圳、珠海、佛山、惠州、东莞、中山、江门、肇庆）、二区（香港、澳门）。它与珠三角城市群规划的主要区别在于：在区域范围上，只包括了11个核心城市，形成了良好的城市经济网络，空间通达性强。

如表2-1所示，2017年，粤港澳大湾区的GDP总量已经达到10万亿元，超过了美国旧金山湾区，未来发展势头强劲，有望超过日本东京湾区。粤港澳大湾区占全国土地面积不足 1%，人口数量不足全国总人口的 5%，却创造了全国国内生产总值的 12%，是全国经济举足轻重的重要增长极。

表 2-1　2017 年粤港澳大湾区各城市经济发展状况

城市	人口/万人	面积/千米²	GDP/亿元	增速/%
广州	1404	7434	21500	7.0
深圳	1191	1997	22438	8.8
东莞	826	2465	7580	8.2
惠州	478	11200	3830	8.0
佛山	746	3875	9500	8.6
江门	454	9504	2600	8.0
中山	323	1784	3500	7.5
珠海	167.5	1711	2554	9.0
肇庆	408	14900	2190	5.0
香港	737	1104	23049	3.7
澳门	64.5	33	3102	10.9
大湾区	6799	56007	100594	—

数据来源：《广东统计年鉴 2017》、港澳统计资料；"—"为缺少数据

在空间形态上，随着港珠澳大桥的建成，珠江入海口的东西两岸将可以直接连接，珠江口西岸的开发前景广阔，网络化发展成为大势所趋。在经济形态上，借鉴前三大湾区的经验，以科技创新、商贸金融、港口运输等产业为主，形成湾区内的不同地域分工。在文化制度上，广州、深圳、香港、澳门作为我国国际化大都市，具有文化和制度的多样性和交融性，比如加快广州多元的业非拉文化（广州被誉为"第三世界首都"）与香港、澳门浓厚的西方法律制度的交流，实现包容性发展。在科教研究上，深圳大学城大力吸引全国重点高校分校的进驻，为科技产业储备人才；广州、深圳等地高校加强与香港高校合作，实现跨区办校和智库共建。在生态环境上，粤港澳大湾区更加注重对海洋资源环境的保护，发挥湾区滨海优势，打造世界级的滨海城市天际线。

粤港澳大湾区在功能定位、发展模式和管理体制上都较之前的珠三角城

市群具有较大提升。在功能定位上，粤港澳大湾区是在珠三角城市群和广东自贸区基础上建立的跨区域经济合作区，同时还是贯彻"一国两制"下的高度自治方针的一种治理制度创新区。它是国家制度完善过程中，区域治理和发展创新的新平台，一方面能激发香港、澳门参与合作的积极性，强化湾区合力效应；另一方面能进一步突破广东发展瓶颈，发挥广东自贸区的先行优势。2017年，广东的改革开放已近"不惑之年"，广东经济发展成就卓越，但区域差距过大也成为其最大困扰。有人将粤港澳大湾区比作中国扩大对外开放的"试验田"，其实是有些道理的。在广东改革开放的过程中，广州和深圳已经发展成为区域性金融中心和世界级科技创新中心，东莞、佛山、惠州等地则构成了世界制造业基地，所以广东的改革开放是成功的。但面临宏观经济新常态和省内区域差距过大的现状，其发展步伐减慢，粤港澳大湾区将是一个合作式发展的契机。

在发展模式上，粤港澳大湾区则是以自贸区形式来发展的区域合作系统，需要整合城市群、港口群、机场群等各种公共社会资源，打通人才、资金、信息等资源要素的交流通道，实现相互之间的分工协作。在此之前，不论是广义珠三角还是泛珠三角经济合作区（"9+2"），都体现了珠三角在区域合作方面的不懈努力，粤港澳大湾区规划将会明确合作的规则、内容、范围、方式等，呈现出一套完整的公平化、市场化、效率化的区域可持续发展范式。

在管理体制上，粤港澳大湾区在中共中央牵头下签订合作协议，并没有特殊的行政地位，也没有为香港、澳门设计更新的社会制度，所以根本制度层面的创新并不涉及。它是在原珠三角城市群规划和泛珠三角经济合作区框架下继续推进的，缩小了范围，明确了定位，其管理体制应严格依照市场机制下的区域性法律法规，"大市场、小政府"将会成为趋势。香港、澳门与广东的融合将会从政府的合作转变成市场的融合。

(三)城市群

为加快城市群建设发展，增强中心城市辐射带动功能，加快发展中小城市和特色镇，2016年3月，《国民经济和社会发展第十三个五年规划纲要》提出：要优化城镇化布局和形态，加快构建以陆桥通道、沿长江通道为横轴，以沿海、京哈、京广、包昆通道为纵轴，大中小城市和小城镇合理分布、协调发展的"两横三纵"城市化战略格局。根据规划，未来我国18个大城市群中，世界级城市群将有3个——长三角、京津冀、珠三角；国家级城市群将有7个——成渝地区、东北地区、长江中游、山东半岛、海峡西岸、中原地区、关中平原；而区域级城市群将有8个——山西中部、呼包鄂榆、宁夏沿黄、兰州—西宁、黔中、滇中、北部湾、天山北坡。

2018年，京津冀城市群、长三角城市群、珠三角城市群以占全国3.57%的土地面积，集聚了全国13.9%的人口和35%的地区生产总值，成为我国经济最活跃、人口最密集、创新最集中的城市群。三大世界级城市群成为我国参与国际合作和竞争的主要平台。中国三大世界级城市群概况如表2-2所示。

表2-2 2018年中国三大世界级城市群概况

城市群名称	行政区域面积/千米^2	人口/万人	国内生产总值/亿元	占全国国土面积/%	占全国人口比重/%	占全国国内生产比重/%
京津冀城市群	181676	7688.0	85139.9	1.8	5.3	9.5
长三角城市群	112642	8652.8	148994.3	1.2	6.3	16.5
珠三角城市群	54939	3193.5	81046.7	0.57	2.3	9.0

数据来源：2018年各省市统计年鉴

京津冀城市群。京津冀城市群主要包括北京市、天津市、保定市、廊坊市、唐山市、张家口市、承德市、秦皇岛市、沧州市、衡水市、邢台市、邯郸市、石家庄市，是我国政治中心、科技中心和经济中心。北京市和天津市是城市群的核心，形成对周围城市的辐射态势。从人口规模角度看，北京市和天津市的人口规模在城市群中具有重要优势，人口空间分布形成"核心—边缘"的结构特征。

长三角城市群。长三角城市群在上海市、江苏省、浙江省、安徽省范围内，由以上海市为核心、联系紧密的26个城市组成，主要分布于国家"两横三纵"城市格局的优化开发和重点开发区域。规划范围包括上海市，江苏省的南京、无锡、常州、苏州、南通、盐城、扬州、镇江、泰州，浙江省的杭州、宁波、嘉兴、湖州、绍兴、金华、舟山、台州，安徽省的合肥、芜湖、马鞍山、铜陵、安庆、滁州、池州、宣城。上海市在城市群中的经济体量最大，构成城市群发展的重要带动力。从人口规模上看，上海市人口集聚能力具有重要优势，与城市群空间经济格局相匹配。

珠三角城市群。珠三角城市群位于广东省，由以广州和深圳为核心、联系紧密的14个城市组成，主要分布于国家"两横三纵"优化开发区域。规划范围包括广州、深圳、珠海、佛山、东莞、中山、江门、肇庆、惠州、清远、云浮、阳江、河源、汕尾。城市群经济体量和人口规模表现出典型的"核心—边缘"空间结构特征，形成了以城市群中心地区向外辐射带动的空间格局。

中国是世界上最大的发展中国家，发展问题仍然是当前中国面临的重要问题。虽然经过改革开放40多年的快速发展，我国的城镇人口从1.7亿增加到8.1亿，城镇化率从17.9%上升到58.5%，但相比美国（81.8%）、法国（79.8%）、德国（75.5%）、加拿大（82%）、英国（82.8%）、日本（93.9%），我国城镇化只相当于完成上半场，城镇化将继续是中国经济发展的重要趋势。通过建设城市群带动城市经济发展和区域经济开发是新型城镇化建设的重要举措。城市群将有效解决"大城市病"并提升资源跨区域配置效率，成为带动区域发展的重要增长极。城市群建设不仅承担着重要的经济增长和协调发展任务，而且作为区域经济的重要抓手而承担区域政策调控和完善区域治理的任务。通过城市群的建设促进区域政策制定和落实的精准化，提升区域协调发展和治理水平的提升。

（四）国家高新区

为迎接世界新科技革命的挑战，加快发展我国高新技术产业，实现国民经济结构调整与升级，培养新的经济增长点，国家高新技术产业开发区应运而生。1988年5月10日，在"中关村电子一条街"的基础上，国务院批准建立了第一家国家级的高新技术产业开发区——北京市新技术产业开发试验区（后改为中关村科技园区）。经过30多年的快速发展，国家高新技术产业开发区（以下简称国家高新区）以创新为动力，以改革促发展，已经成为我国高新技术产业化成果丰硕、高新技术产业集中、民营科技企业活跃、创新创业氛围浓厚、金融资源关注并进入的区域，在我国现代化建设过程中起到了良好的示范、引领和带动作用，基本上达到了当初设立国家高新区的目的。

1. 国家高新区已经成为我国经济发展中的重要组成部分和具有活力的经济增长点

国家高新区不仅是我国先进产业技术的领头羊，也是我国产业经济的重要支柱。虽然2008年国际金融危机对于出口造成一定的冲击，但从总体上看，国家高新区作为国家创新体系的重要组成部分和发展高新技术产业的重要基地，大部分经济指标保持稳定增长。2017年，156家国家级高新区的生产总值达到95171.4亿元，占全国国内生产总值比重达11.5%，同比增长9.9%。国家高新区的劳动生产率为33.2万元/人，是全国全员劳动生产率的3.3倍。企业研究与试验发展经费内部支出6163.9亿元，占全国企业研究与试验发展经费支出的45.1%，企业研发经费投入与园区生产总值的比例为6.5%。国家高新区数量、生产总值变化情况，国家高新区企业及产值变化情况分别见图2-2、表2-3。

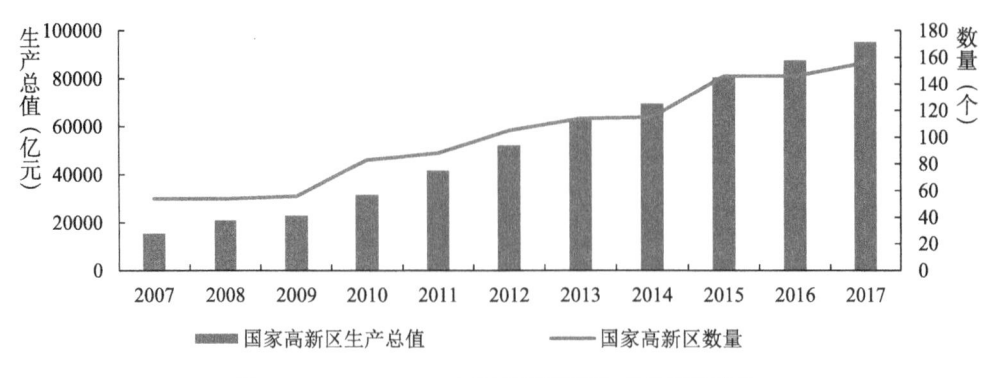

图 2-2　2007—2017 年国家高新区生产总值及数量

数据来源：中国科技部网站

表 2-3　国家高新区企业及产值变化情况

	年份	2002	2007	2012	2017
企业数	总数/个	28338	48472	63926	103631
	增长/%	16.7	5.8	12.1	13.8
年末从业人员数	总数/万人	348.7	650.2	1269.5	—
	增长/%	18.5	13.3	18.1	—
工业总产值	总数/亿元	12937.1	44376.9	128603.9	202826.6
	增长/%	27.9	23.6	21.7	1.4
工业增加值	总数/亿元	3286.1	10715.4	—	—
	增长/%	25.4	25.8	—	—
营业总收入	总数/亿元	15326.4	54925.2	165689.9	307057.5
	增长/%	28.5	26.8	24.2	9.9
实现利润	总数/亿元	801.1	3159.3	10243.2	21420.4
	增长/%	24.3	48.4	20.7	9.8
上缴税额	总数/亿元	766.4	2614.1	9580.5	17251.2
	增长/%	19.7	32.2	40.5	10.8
出口创汇额	总数/亿元	329.2	1728.1	3760.1	32292.0
	增长/%	45.3	27.0	18.2	10.8

数据来源：中国科技部网站；"—"为缺少数据

2. 国家高新区的发展是我国科技成果转化和科技企业培育的主要基地

我国各地高新区紧紧把握当代高新技术产业发展方向，始终把健全创新体系、提高创新能力放在突出位置，围绕加速科技成果转化和产业化进行了积极探索。目前，国家高新区都建立了自己的科技企业孵化器，通过提供场地、中介、咨询等全方位的服务，吸引了大批科技人员到高新区创新创业。截至2017年底，156个国家高新区有538家国家级科技企业孵化器，总面积2379.1万平方米，其中75.9%的面积供在孵企业使用。国家高新区实施国家级孵化器的动态管理和退出机制，为高新区创业主体注入了新鲜活力。同时，国家高新区积极推动企业技术中心、新型研发机构等市场化创新服务机构的发展建设。国家高新区拥有各类企业技术中心1.17万家，其中619家是通过国家认定的企业技术中心，占全国企业技术中心的46%。

3. 国家高新区形成"全面布局、沿海集中、多点辐射"的空间格局

除西藏、港澳台外，我国其他省、自治区、直辖市都设立了国家高新区，但主要集中在东部沿海地区（占比42.9%）。国家高新区"全面布局、沿海集中、多点辐射"的空间格局基本成型。截至2017年底，156个国家高新区中，东部地区有67个，接近一半；中部地区有37个，近1/4；西部地区有36个，近1/4；东北地区有16个，约占1/10。东部地区67个国家高新区主要集中在长江三角洲、珠江三角洲、京津冀、环渤海城市群中。西部地区、中部地区和东北地区主要集中在直辖市或者省会周围。整体上看，国家高新区在空间上呈现"东部集聚布局、中西部东北均衡布局"的空间格局。当前，各省区的国家高新区已经成为支撑引领区域发展的创新高地，培育壮大新产业新动能的重要引擎，汇聚高端创新资源和要素的重要载体，开展国际科技竞争与创新合作的前沿阵地。

（五）自贸试验区

为应对新常态的发展要求，在以习近平同志为核心的党中央领导下，我国开始新一轮改革开放的顶层设计。以开放发展新理念为牵引，对外开放取得新的重大成就。党的十八大提出加快实施自由贸易区战略，党的十八届三中、五中全会进一步要求以周边为基础加快实施自由贸易区战略，形成面向全球的高标准自由贸易区网络。

从2013年9月建立上海自由贸易试验区以来，我国陆续批准了6批共21个自贸试验区，分别为上海、广东、天津、福建、辽宁、浙江、河南、湖北、重庆、四川、陕西、海南、山东、江苏、河北、广西、云南、黑龙江、北京、安徽和湖南自贸试验区，至此形成一个由南至北、由东至西的"1+3+7+1+6+3"改革新格局。这些区域在改善当地营商环境、促进当地经济开放发展、积累改革试点经验等方面发挥了重要作用，同时也承载着我国进一步以开放促改革的新使命。

2015年12月，国务院发布了《关于加快实施自由贸易区战略的若干意见》。这是我国开启自贸试验区建设进程以来的首个战略性、综合性文件，对自贸区的建设做出了顶层设计。意见明确"上海等自由贸易试验区是我国主动适应经济发展新趋势和国际经贸规则新变化、以开放促改革促发展的试验田"。自贸试验区有以下3个特征：

1. 制度变革，提升市场供给效率

简政放权，提高资源配置效率。简政放权是激发市场活力，建立统一开放、竞争有序的市场体系，强化市场在资源配置中决定性作用的重要举措。深化行政管理体制改革，加快政府职能转变正是我国自贸试验区建设的关键任务。首先，探索对外商投资实行"准入前国民待遇＋负面清单"管理模式是自贸试验区建设的一个突出亮点。通过实行市场准入负面清单制度，明确政府发挥作用的职责边界，有利于加快建立与国际通行规则接轨的现代化市场体系，促进国内外要素有

序自由流动，不断提升我国国际竞争力。其次，深化商事制度改革是自贸试验区建设的重要示范性成果。商事制度改革重构了政府与市场的关系，通过转变政府治理方式和优化政府治理结构来激发市场潜力和企业活力。

放管结合，提高公共服务水平。简政放权，并不是说政府可以将服务职能虚化。"放、管、服"三者之间存在着内在联系。"放"简化了事前审批流程，而事中事后的管理和服务要加强。加强事中事后监管是适应经济发展新常态，推进政府职能转变的客观要求，也是建设健康有序市场体系的重要保障。

2. 扩大开放，推动贸易方式转型

2008年国际金融危机后，我国出口贸易面临巨大的挑战。为推动结构转型、重塑比较优势、完善要素流通机制，我国推动建设自贸试验区，实现出口贸易的转型升级。

先行先试对接全球贸易新规则。在服务贸易方面，自贸试验区通过市场准入制度改革扩大服务业开放。在负面清单管理模式下，自贸试验区对金融服务、商贸服务、文化服务、专业服务等领域扩大开放，暂停或者取消在这些领域中对投资者的资质要求、股比限制等准入限制措施。在货物贸易方面，自贸试验区开展了"一线放开、二线安全高效管住、区内自由"的监管模式创新，在风险可控的前提下进一步放松贸易管制。

新业态带动外贸转型。自贸试验区改变了我国长期以工业制造业为主的开放模式，强调以服务业开放为主、积极培育新型贸易业态，形成以技术、品牌、质量和服务为核心的贸易竞争新优势。积极构建以周边国家贸易为支撑、以新兴市场为重点、多元化的外贸市场是我国对外贸易战略转型的主要方向。

3. 强化创新，培育高质量增长新动力

党的十八届五中全会上提出"创新、协调、绿色、开放、共享"五大发展理念。在体制机制创新驱动下，自贸试验区已经初步形成高端产业集聚态势，在创造新技术、新消费方面凸显引领作用。

制度创新助推技术创新。从国际经验看，鼓励科技创新离不开市场环境的优化、投融资体制的健全和创新人才的培育。自贸试验区充分发挥自身的制度优势，加快构建创新创业服务体系，吸引大量科技创新企业、风险投资机构入驻，打造科技创新生态圈与全能型创新社区。

服务业开放培育消费新动力。自贸试验区促进贸易便利化、加快发展跨境电子商务等开放措施，在带动对外贸易加快转型的同时，也对加快培育新的消费增长点产生积极影响。新型进口跨境电商运营模式充分利用自贸试验区保税政策优势，有效联结了区内区外市场，带动消费品零售业加快发展。

（六）自由贸易港

2017年10月18日，习近平总书记在党的十九大上强调赋予自贸试验区更大改革自主权，探索建设自由贸易港。2018年《政府工作报告》指出，全面推广自贸试验区经验，探索建设自由贸易港，打造改革开放新高地。2018年4月13日，习近平总书记在庆祝海南建省办经济特区30周年大会上宣布设立海南自由贸易试验区。

自由港，是指在国境内依托特定海港或内陆空港、铁路港，划出一定空间区域，外国货物进出入该区域可享受免税待遇政策，还可在区域内进行货物的分拣、包装、分拨、简单加工，以及货物存放、仓储保税、展示交易等活动。国际上对自由港的建设有三种模式：其一，港区模式，即在港口边划定区域来开展进出口贸易、仓储和加工，其功能比较单一，但是政策优惠力度大且比较容易实施；其二，港城模式，即以港口城市为依托，建设国际或者区域性商品流通、货币结算、科技创新中心，其功能更全但实施难度较大；其三，港产模式，即将港区建设与产业开放相结合，以物理隔离来发展特色产业区。上海作为我国经济、金融、航运、贸易中心，本身具有良好的海港条件和经济基础，对外开放程度较高，城市的融合发展趋势明显，因此更适合发展港城模式。其辐射长三角，引领长江经济带发展的作用不可小觑。

海南自由贸易试验区是我国经济对外开放的又一次制度创新。根据规划，海南将在城乡融合发展、人才、财税金融、收入分配、国有企业等方面加快机制体制改革；设立国际能源、航运、大宗商品、产权、股权、碳排放权等交易场所；积极发展新一代信息技术产业和数字经济，推动互联网、物联网、大数据、卫星导航、人工智能等同实体经济深度融合。其建设过程分为两步：第一步，创建全域全岛的自贸试验区；第二步，构建中国特色的自由贸易港。未来，海南的发展目标是中国全面深化改革开放试验区、国家生态文明试验区、国际旅游消费中心、国家重大战略服务保障区。

四、区域发展战略与政策的新方向

（一）基于地区的政策尺度精确化与协调化

区域的空间尺度决定了其规划的性质。就其对应的空间政策而言，可分为空间中性政策与基于地区政策，前者旨在国家—区域尺度上实现协调均衡，后者则侧重城市小尺度上的空间倾斜，二者的结合使得我国经济地理格局呈现"大分散、小集聚"的特征。"区域繁荣"向"人的发展"政策转变似乎面临一个悖论：一方面，市场失灵论甚嚣尘上，"空间中性"既难作为又可能导致效果违背初衷，实现密度、距离和分割三者最优也并非一蹴而就；另一方面，尽管2009年的《世界发展报告》指出应该最少且最后使用这种空间干预政策，但现实中地区政策实践仍然十分普遍，这种"万金油"式的空间政策会给问题地区带来非常严重的"药物依赖性"，从而导致一系列政策重叠、冲突，恶化区域一体化的制度环境。

回顾我国实行的区域政策，不难发现其泛化、短期化现象明显，精细化政策到2005年才开始大力推进。新中国成立后，"工业西渐"战略的推进使我国一直保持区域经济"二分法"格局——沿海和内地，这时的政策意图是要扭转过去工业布局不均衡的格局。改革开放后，"两个大局"开始分化为"三大地带",沿海优先发展战略将我国区域发展的梯度拉开,这是市场化转型过程中市场选择和政府干预交叉形成的。21世纪以来,东北地区从地带中析出,"四大板块"格局基本形成,这是政府干预下的区域协调发展格局。2010年的《全国主体功能区规划》与"十三五"期间提出的"三大战略"意在加强东中西东北联系、统筹海陆,扭转之前东西部发展差距较大的局面。近年来关于南北差距的研究方兴未艾,协调经济带之间的发展关系将成为这一尺度上的关键问题。

因此,鉴于劳动力不完全流动、市场的区域性分割以及产业集聚带来的空间外溢,理论上占优的"空间中性"政策往往泛化而被扭曲,"基于地区"的干预政策更容易实施。当前,我国沿海的珠三角和长三角基本实现了人均收入水平的空间均衡,具备实施"空间中性"战略的现实基础,但在大尺度上仍然存在梯度。下一步,我们需要在权衡效率和公平的前提下,通过集聚经济的空间外溢来跨越"区域差距拉大"这一陷阱,进而形成"大分散、小集聚"的空间格局。

我国城市化背后的推动因素是政府行为和体制改革。现阶段,我国区域经济还常有浓重的"行政区经济"的特征:主要表现为企业竞争中渗透着强烈的地方政府经济行为;生产要素跨行政区流动受到很大阻隔;行政区经济呈稳态结构;行政区边界经济的枯竭性。2000年以前,经济分权带来的地方竞争给我国宏观经济带来了快速的增长,但在区域协调发展的背景之下,更应该注意央地政策的协调性以及地方政策的合理性,避免政策间的冲突和重叠。

(二)区域协调发展的新战略

区域协调发展战略要解决的重大问题,首先是地区差距会不会自动缩小的问题。如果这一差距会自动缩小,则靠市场引导就可以了,政府的干预将是不必要的。新时代区域协调发展战略的实施,包括"六大战略"。[①]

---

① 孙久文:《论新时代区域协调发展战略的发展与创新》,《国家行政学院学报》2018年4期。

1. 特殊区域发展战略

党的十九大报告中首先提到特殊区域的发展：加大力度支持革命老区、民族地区、边疆地区、贫困地区加快发展。

当前我国特殊区域存在以下问题：第一，基础设施缺乏和基本公共服务不完善，成为掣肘地区经济发展与脱贫攻坚的瓶颈；第二，产业基础薄弱，缺乏特色，大多数地区以农业生产或畜牧养殖为主，未充分发挥本地的比较优势；第三，地区远离市场，对资源的开发程度不高，很难吸引企业入驻。对于上述特殊区域的发展战略，应采用对口援助，给予特殊的政策支持；对于本身发展能力弱的区域，增加人力物力的支援。

2. "四大板块"战略

中国幅员辽阔，不同地区之间的区位条件、气候环境、自然资源等差异很大，在国土全覆盖的前提下实现协调发展，前提是要对国土的区域范围有一个大致的划分。针对不同地区实施全覆盖的"四大板块"战略，是以地理单元为基础形成的区域发展战略。"四大板块"战略为全国性的区域协调发展战略提供了主要框架，由西部开发、东北振兴、中部崛起、东部率先组成的区域发展总体战略，多年来在解决空间关系、缩小发展差距和优化配置资源等方面，发挥了重大的效用。所以，在未来的区域协调发展战略落实中应坚持"四大板块"战略的重要地位。新时代的区域协调发展战略就是要继续发挥"四大板块"在空间协调上的作用，同时加强经济联系、推动要素流动，处理好板块之间、省与省之间和中间地带如何实现全覆盖发展的问题。

未来将从"四大板块"中分化出五六个小板块，由于东中西经济联系的加深、南北经济差距的扩大，板块的细化在所难免。板块的细化也预示着政策执行点的细化。

3. 经济带发展战略

目前形成国家战略的三大经济带有环渤海经济带、长江经济带和黄河流域生态保护与高质量发展带，均是在一个开放的区域空间中，由相对发达的区域与相对不发达的区域结合构成的。经济带的形成在一定程度上可以优化相对落后区域的生产力布局，促使区域要素配置发生积极变化，进而推动相邻地区经济的协同发展。

与局域性发展战略相比，"三大经济带"涉及地域空间范围更广、合作内容更全。从地域上看，"三大经济带"均是跨省级行政区乃至连接国内外的空间安排；从内容上看，每个经济带均强调基础设施互联互通、重点领域率先突破和体制机制改革创新，通过改革创新打破地区封锁和利益藩篱。

"三大经济带"战略的深入实施，促使我国区域经济版图从主要依靠长三角、珠三角和京津冀三大引擎带动的传统格局，向区域联动、轴带引领、多极支撑的新格局转变，这必将对促进区域协调发展注入新的动力。

4. 城市化战略

城市化是现代化的必由之路，是保持经济持续健康发展的强大引擎，是加快产业结构转型升级的重要抓手，是推动区域协调发展的有力支撑，是解决"三农"问题的重要途径和促进社会全面进步的必然要求。

空间格局上，城市群、中小城市和小城镇将是新型城镇化的主要载体，中小城镇是接纳农村转移人口的主要承载区域。产业发展上，城市化需要产业支撑，通过城市群集聚要素，提高服务业比重，吸纳新市民就业。

当前，城市群的作用愈来愈强。以城市群引领区域经济发展的趋势未来还会继续加强。与此同时，大城市特别是超大城市的功能正在进一步疏解；此外，城市发展正从粗放到精致转化。对于城市群的带动力与承载力的评估将是下一步研究的重点。

国家城镇化发展规划中提出建立21个城市群，"十四五"规划中重点强调19个城市群。从目前已经成型的核心区域来看，长三角的空间载体是长三角城市群，珠三角的空间载体是珠三角城市群，环渤海的空间载体是京津冀城市群。其他初具规模的城市群还有成渝城市群、中原城市群、长株潭城市群、关中城市群、辽中南城市群、北部湾城市群和天山山坡城市群等。其他城市群还在形成当中。

5. 问题区域战略

问题区域不同于后发区域，是指曾经辉煌和发达、后来落伍的区域。当前我国的问题区域主要集中在资源枯竭地区和东北等老工业基地地区。我们把这些区域概括为单一结构区域。

单一结构区域当前面临的是产业选择和如何发展的问题。把握好产业选择和发展的次序，单一结构区域才能在产业转型中步入合理路径。其解决途径：第一，单一结构的发展问题不是全域性的，而是部分城市的问题。出台有针对性的相关产业政策并兼顾全面，很有必要。第二，增量发展的思路，引进和发展新兴产业。第三，转型长效机制的建立对单一结构区域（城市）转型发展具有一定的推动作用，例如资源开发补偿机制、衰退产业援助机制、新兴产业扶持机制等。第四，大力发展中小企业和小微企业，也是解决问题的重要途径之一。

6. 陆海统筹战略

陆海统筹最初是在"十四五"规划中重点强调的。将发展海洋经济、建设海洋强国放在战略的高度，党的十九大报告从战略高度对海洋事业发展做出了重要部署，提出要"坚持陆海统筹，加快建设海洋强国"。在当前的国际局势下，继续推动陆海统筹战略，必须统筹海洋维权与周边稳定、统筹近海资源开发与远洋空间拓展、统筹海洋产业结构优化与产业布局调整、统筹海洋经济总量与质量提升、统筹海洋资源与生态环境保护、统筹海洋开发强度与利用时序，并以此作为制定国家海洋战略和制定海洋经济政策的基本依据。

第三章　区域协调发展的理论深化与现实价值

区域协调发展历来是国家治国理政的要点和学术界关注的重点课题。新中国成立之初，中共第一代领导集体和众多学者就致力于研究平衡沿海与内地的协调发展。改革开放以来，邓小平的"两个大局"理论以及进入21世纪相继实施的西部大开发战略、东北地区等老工业基地振兴战略、中部崛起战略和东部率先战略都是关于促进区域协调发展的战略。中国特色社会主义进入新时代，我国社会主要矛盾已经转化为人民日益增长的美好生活需要和不平衡不充分的发展之间的矛盾，区域发展的不平衡不充分问题是其主要表现之一。因此，党的十九大报告明确把区域协调发展战略确立为国家重大战略之一。在新时代、新矛盾、新形势下，区域协调发展理论亟须深化。本章内容在梳理马克思主义经典理论关于论述区域协调发展的基础上，从理论标准和区域经济特征两个方面论述了新时代区域协调发展的理论内涵，指出了我国区域协调发展的现实价值和战略意义。

一、关于区域协调发展的经典论述

马克思主义经典理论当中，对区域协调发展的思想较早就有阐述。《资本论》（第一卷）中，专门有一章论述了"协作与分工"的问题。毛泽东在《论十大关系》一文中，重点阐述了如何正确处理沿海与内地发展的关系问题。邓小平在20世纪90年代初的南方谈话中，提出"两步走"方针，阐述了沿海地区与内陆地区互相帮扶的基本路线。习近平总书记多次强调区域协调发展的重要意义，提出了京津冀协同发展、雄安新区等重大战略，使区域协调发展的理论与实践更好地结合起来。

（一）马克思恩格斯关于区域协调发展的经典论述

马克思在《资本论》（第一卷）中对分工的论述蕴含区域协调发展的思想。他从资本主义工场手工业看到了分工协作的好处。他认为，协作是"许多人在同一生产过程中，或在不同的但互相联系的生产过程中，有计划地一起协同劳动"，协作不仅提高了个人的生产力，而且创造了一种新的生产力，这种新的生产力本身必然是集体力。马克思所说的协作是由工场手工业工人间的分工带来的。他从工场手工业内部的分工协作想到了社会内部的分工协作，进而想到了地域间的分工协作。

马克思对劳动地域分工做出过详细的分析。马克思曾说："一个民族的生产力发展的水平，最明显地表现在该民族分工的发展程度上"（中共中央马克思恩格斯列宁斯大林著作编译局，1995），"这既包括部门、企业间和企业内部的分工，也包括把一定生产部门固定在国家一定地区的地域分工"。

然而，马克思认为劳动的地域分工并不是一蹴而就的，他首先定义了社会分工，认为"各种使用价值或商品体的总和，表现了同样多种的，按照属、种、科、亚种、变种分类的有用劳动的总和，即表现了社会分工。……在商品生产者的社会里，作为独立生产者的私事而各自独立进行的各种有用劳动的这种质的区别，发展成为一个多支的体系，发展成社会分工"。他认为社会分工是由交换产生的，"不同的公社在各自的自然环境中，找到不同的生产资料和不同的生活资料。因此，它们的生产方式、生活方式和产品也就各不相同。这种自然的差别，在公社相接触时引起了产品的互相交换，从而使这些产品逐渐变成商品"，因而"社会分工是由原来不同而又互不依赖的生产领域之间的交换产生的"。

马克思将分工划分成社会的内部分工和工场的内部分工两种，他认为劳动分工首先引发了工场手工业的产生，当社会的内部分工发展到一定程度，工场手工业的内部也产生了分工。"为了使工场手工业内部的分工更完善，同一个生产部门，根据其原料的不同，根据同一种原料可能具有的不同形式，而分成不同的有时是崭新的工场手工业。"正是社会的内部分工和工场的内部分工两种分工之间的协作促成了地域分工，"一方面，协作可以扩大劳动的空间范围，因此，某些劳动过程由于劳动对象空间上的联系就需要协作……另一方面，协作可以与生产规模相比相对地在空间上缩小生产领域。在劳动的作用范围扩大的同时劳动空间范围的这种缩小，会节约非生产费用"。不同部门之间的协作导致生产资料越来越集中，最后导致某一个地区专门生产某种商品或从事某种行业，劳动地域分工便由此产生了。"把特殊生产部门固定在一个国家的特殊地区的地域分工，由于利用各种特点的工场手工业生产的出现，获得了新的推动力。在工场手工业时期，世界市场的扩大和殖民制度，为社会内部的分工提供了丰富的材料。"

与此同时，机器的出现也促进了劳动地域分工的发展，"一方面，机器直接引起原料的增加……另一方面，机器产品的便宜和交通运输业的变革是夺取国外市场的武器。机器生产摧毁国外市场的手工业产品，迫使这些市场变成它的原料产地……大工业国工人的不断'过剩'，大大促进了国外移民和外国的殖民地化，而这些外国变成宗主国的原料产地……一种与机器生产中心相适应的新的国际分工产生了，它使地球的一部分转变为主要从事农业的生产地区，以服务于另一部分主要从事工业的生产地区"。

分工的结果造成城乡、工业与农业的分离。马克思在总结分工的发展规律时曾指出："某一民族内部的分工，首先引起工商业劳动和农业劳动的分离，从而也引起城乡的分离和城乡利益的对立。""一切发达的、以商品交换为媒介的分工的基础，都是城乡的分离。可以说，社会的全部经济史，都概括为这种独立的运动。"（中共中央马克思恩格斯列宁斯大林著作编译局，1972）恩格斯在《反杜林论》中曾说过："大工业在很大程度上使工业生产摆脱了地方的局限性……但是工厂城市把一切水变成臭气冲天的污水。因此，虽然向城市集中是资本主义生产的基本条件，但是每个工业资本家又总是力图离开资本主义生产所必然造成的大城市，而迁到农村地区去经营……资本主义大工业不断地从城市迁往农村，因而不断造成新的大城市。"（中共中央马克思恩格斯列宁斯大林著作编译局，1995）马克思、恩格斯认为，城乡分离是由于文明和国家制度的发展而产生的，"它贯穿着全部文明的历史并一直延续到现在"（中共中央马克思恩格斯列宁斯大林著作编译局，1960）。

马克思和恩格斯提出了要在共产主义阶段消灭城乡对立、实现城乡融合的理论。恩格斯指出："通过消除旧的分工，进行生产教育、变换工种、共同享受大家创造出来的福利，以及城乡的融合，使社会主体成员的才能得到全面的发展。"（中共中央马克思恩格斯列宁斯大林著作编译局，1958）"城市和乡村的对立的消失不仅是可能的，它已经成为工业生产本身的直接需要，正如它已经成为农业生产和公共卫生事业的需要一样。只有通过城市和乡村的融合，现在的空气、水和土地的污染才能排除。只有通过这种融合，才能使现在城市中日益病弱的群众的粪便不致引起疾病，而是用来作为植物的肥料。"（中共中央马克思恩格斯列宁斯大林著作编译局，1971）他们认为可以通过生产力的平衡分布消灭城乡分离，这一思想主要集中在恩格斯的《反杜林论》中，他指出："从大工业在全国的尽可能平衡的分布是消灭城乡分离的条件这方面来说，消灭城市和乡村的分离也不是什么空想。"（中共中央马克思恩格斯列宁斯大林著作编译局，1995）恩格斯由此提出了生产力平衡分布的思想，他指出可以充分利用各地区的资源优势，缩小各地区的发展差距，消灭城乡差别。马克思和恩格斯认为，无产阶级在夺得政权后，应当采取一系列措施改变生产力布局，如"把全部运输业集中在国家手里"；"按照总的计划增加国家工厂和生产工具，开垦荒地和改良土壤"；"把农业和工业结合起来，促使城乡对立逐步消灭"（中共中央马克思恩格斯列宁斯大林著作编译局，1995）。恩格斯在《论住宅问题》中指出："只有使人口尽可能地平均分布于全国，只有使工业生产和农业生产发生密切的内部联系，并适应这一要求使交通工具也扩充起来"（中共中央马克思恩格斯列宁斯大林著作编译局，1995），才能真正实现城乡结合。恩格斯所说的"大工业在全国的尽可能平衡的分布",并不是指绝对平均地分布生产力,而是应该从各地的实际情况出发,尽最大可能利用资源,合理发展生产力;同时恩格斯也指出,各地区之间的差别将会永久存在,不可能完全消灭,他在1875年写给马克思的信中提到:"在国和国、省和省,甚至地方和地方之间总会有生活条件方面的某种不平等存在,这种不平等可以减少到最低限度,但是永远不可能完全消除。"(中共中央马克思恩格斯列宁斯大林著作编译局,1995)恩格斯认为各地区之间既要谋求统一,又要承认差异,在谋求共同发展的基础上,将地区间的差别减少到最低程度。

不仅如此,马克思和恩格斯还对生产力布局原则做出了详细的阐述。恩格斯在《反杜林论》中指出:"只有按照一个统一的大的计划协调地配置自己的生产力的社会,才能使工业在全国分布得最适合于它自身的发展和其他生产要素的保持或发展。"(中共中央马克思恩格斯列宁斯大林著作编译局,1995)恩格斯的这一论断强调了生产力布局需要由一个"统一的大的计划"进行宏观调控,且不仅要保证自身的发展,还要与其他生产要素协调发展,最终实现共同、全面发展。在工业布局上,马克思认为生产地应当尽量接近原料产地,他在《资本论》中这样表述:"如果由于原料价格的提高一方面引起了原料需求的减少,另一方面既引起了当地原料生产的扩大,又使人民从遥远的一向很少利用或根本不利用的生产地区去取得原料供给,而这两方面加在一起又使原料的供给超过需求,以致这种高价现在突然跌落下来。"恩格斯还分析了社会生产力平衡分布的可能性,他在《反杜林论》中提出:"纺织工业所加工的原料大部分是进口的,西班牙的铁矿石在英国和德国加工;西班牙和南美的铜矿石在英国加工。每个煤矿区都把燃料远销本地区以外的逐年扩大的工业地区。在欧洲全部沿海地方,蒸汽机都是英国的,有的地方用德国和比利时的煤来发动。摆脱了资本主义生产的局限性的社会可在这方面更大大地向前迈进。"(中共中央马克思恩格斯列宁斯大林著作编译局,1995)

马克思、恩格斯关于区域协调发展的思想里不仅强调公平,而且强调效率。马克思认为,"劳动在一切有劳动能力的社会成员之间分配得越平均,一个社会阶层把劳动的自然必然性从自身上解脱下来并转嫁给另一个社会阶层的可能性越小，社会工作日中必须用于物质生产的部分就越小，从而个人从事自由活动、脑力活动和社会活动的时间部分就越大"。他强调的是给予每个社会成员公平参与劳动的机会。一个国家或地区的社会成员不是一个虚拟概念，而是分布在不同区域或区位的实体个人。即马克思认为分布在不同区域内的社会成员都享有公平参与劳动的机会。然而，马克思、恩格斯也不是强调绝对公平。恩格斯就明确地指出："省和省，甚至地方和地方之间总会有生活条件方面的某种不平等存在，这种不平等可以减少到最低限度，但是永远不可能完全消除。"（中共中央马克思恩格斯列宁斯大林著作编译局，1995）尤其是在像我国这样幅员辽阔、人口众多、地理自然环境千差万别的国家，区域间的发展差别不可能完全消失，将长期存在。可见，马克思、恩格斯不是一味地坚持公平，而是认为区域协调发展要实现效率与公平之间的有机统一。

（二）苏联社会主义者关于区域协调发展的经典论述

列宁和斯大林继承了马克思、恩格斯的地域分工理论思想，并进一步发展。列宁在多篇文章中揭示了资本主义发展的绝对规律是"发展的不平衡"，并在《俄国资本主义的发展》一书中揭露了俄国发展极端不平衡的现象。"根据资本主义的本质，只能通过一系列的不平衡与不合理比例来进行：繁荣时期被危机时期所代替，一个工业部门的发展引起另一个工业部门的衰落，农业的进步在一个区域包括农业的一面，在另一个区域则包括农业的另一面，工商业的增长超过农业的增长，等等。"（中共中央马克思恩格斯列宁斯大林著作编译局，1984）同时，他又以美国为例，分析了美国地区不平衡发展的现象，指出了地区经济发展不平衡是资本主义发展中普遍存在的现象。列宁在经过一系列的分析和考察后，认为社会主义国家应该实行生产力布局政策，使生产力在各区域内平衡分布。斯大林也指出："我们绝不能只集中力量发展全国性的工业，因为全国性的工业，不可能满足一亿四千万人民各种不同的口味和需求。为了能满足这些需求，必须使每个区、每个省、每个区域、每个民族共和国的生活，即工业生活沸腾起来……不发挥所有这些力量，我们就不能使我国的经济建设达到像列宁所说的普遍高涨。"（中共中央马克思恩格斯列宁斯大林著作编译局，1958）

关于生产力平衡分布，列宁和斯大林继承了恩格斯所提出的"按照一个统一的大的计划协调地配置自己的生产力"的原则，列宁在1918年草拟的《科学技术工作计划草稿》中提出："苏维埃最高经济委员会应委托科学院成立一系列由专家组成的委员会，以便尽快'制定俄国的工业改造和经济发展计划'，用以指导全国工业改造和整体国民经济的发展，合理地进行生产力布局。"（中共中央马克思恩格斯列宁斯大林著作编译局，1985）他明确指出："使俄国工业布局合理，着眼点是接近原料产地，尽量减少从原料加工转到半成品加工一直到制出成品阶段时的劳动消耗。"除此之外，列宁还继承了大卫·李嘉图的比较优势理论，提出利用各地区比较优势合理布局生产力的思想，他在《俄罗斯国家电气化计划》中强调，"首先要把国家划分为'若干个经济上独立的单位—区域'，要采取比较的方法，即比较那些在实行各种措施，特别是实行电气化的基础上所制定的经济计划的各种方案"。（克尔日查诺夫斯基，1961）

列宁和斯大林都强调大城市在社会主义发展过程中的地位和作用。列宁指出，"城市是经济、政治和人民的精神生活的中心，是前进的主要动力"。（中共中央马克思恩格斯列宁斯大林著作编译局，1956）斯大林也认为，大城市是"文化最发达的中心""大工业的中心""农产品加工和一切食品供应部门强大发展的中心"（中共中央马克思恩格斯列宁斯大林著作编译局，1980）。在针对城乡分离问题中，列宁指出，消灭城乡对立是"共产主义建设的根本任务之一"（中共中央马克思恩格斯列宁斯大林著作编译局，1956）。斯大林提到，"建立城乡间的集合"是"党和国家的实践的基本问题"（中共中央马克思恩格斯列宁斯大林著作编译局，1956）。在探讨实现城乡融合的物质基础时，列宁指出，"只有农业人口和非农业人口混合和融合起来，才能提高乡村居民，使其摆脱孤立无援的地位……正是农业人口和非农业人口的生活条件接近才创造了消灭城乡对立的条件"（中共中央马克思恩格斯列宁斯大林著作编译局，1959）。要促进城乡融合"只有一条道路，就是城市工人和农业工人结成联盟"（中共中央马克思恩格斯列宁斯大林著作编译局，1956）。

列宁和斯大林还对苏联的行政区域的划分做出过阐述。1914 年，列宁提出"俄国行政区域的划分，不论农村或城市，都要根据对当地居民目前的经济条件和民族成分的考察而进行改变"（中共中央马克思恩格斯列宁斯大林著作编译局，1958）。十月革命后，沙俄政府留下的行政体系严重阻碍了经济发展，对此斯大林曾指出："毫无疑问，如果不实行区域划分，我们就不能展开改造农业和集体农庄运动的巨大工作。"（中共中央马克思恩格斯列宁斯大林著作编译局，1958）"区域划分的目的是使党机关和苏维埃机关、经济机关和合作社机关接近区和村，一边有可能及时解决农业的一切迫切问题，即发展农业，改造农业等问题……"（中共中央马克思恩格斯列宁斯大林著作编译局，1958）斯大林认为，经济区划的目的在于更好地在政治上和经济上管理国家。

巴朗斯基是苏联著名的经济地理学家，他运用马克思主义观点，对劳动地域分工进行阐述，提出了比较系统的地理分工论。他认为："所谓地理分工就是社会分工的空间形式。""经济利益是地理分工发展的动力。""生产地与消费地的分裂。""既是地理分工的特点，也是其产生的原因，即一个国家（或地区）为另一个国家（或地区）劳动，该劳动成果由一个地方运到另一个地方，使生产地和消费地不在一个地方。"（巴朗斯基，1958）除此之外，他还提出两种地理分工分类法，一种是分为国际分工和国内分工；另一种可分为绝对的地理分工和相对的地理分工。某个国家因为自然地理完全无法生产某种商品而必须从另一个国家进口，即属于绝对的地理分工；若该国家并非完全不能生产该商品，而是出于生产成本考虑转而向其他国家进口该产品，则是相对的地理分工。在分析地理分工的影响因素时，巴朗斯基认为因为交通的改善和运输技术的提高导致的运输费用下降"是地理分工发展过程中的主要因素之一"（巴朗斯基，1958）。他还认为，关税是"使地理分工复杂化的因素"（巴朗斯基，1958）。巴朗斯基的地理分工理论继承和发展了马克思主义的劳动地域分工理论，对苏联以及中国影响深远。

萨乌什金在《经济地理学：历史、理论、方法和实践》一书中也对劳动地域分工理论做了详细的阐述。他认为劳动地域分工是"各地、中心、企业的各种各样的经济专门化的形成，在很大程度上，是经济社会过程的结果"（萨乌什金，1987）。劳动地域分工是"从许多部门及其分支部门和各种生产中选出经济上最有利的方面"（萨乌什金，1987），它是"由于拥有不同经济的地方结合起来的结果"，是"经济专门化不同的地域（国家、区、中心等）在经济上互相补充的过程"（萨乌什金，1987）。他认为劳动地域分工"不仅反映出历史上形成的人们相互的社会关系，而且还表明社会生产力的发展水平"（萨乌什金，1987）。同样，萨乌什金继承了马克思和巴朗斯基等人的观点，认为运输费用会影响劳动的地域分工，距离的缩短可以加强地区间的劳动地域分工。他指出："自然条件的空间差异和潜在的自然资源的集中，是劳动地域分工最重要的基础之一。"（萨乌什金，1987）同时他认为，"在很早以前，自然条件和资源的差异曾是劳动地域分工的原因"，但这些差异"不能成为现代水平下劳动地域分工的原因"，原因是"历史的积累、现代经济的发展以及科技进步已提到了首要地位"。他特别强调，"应把环境看作劳动地域分工复杂体系中的一个环节，而且体系中的某些部分自然界的'休养生息'，应由其他部分经济的加速发展来补偿，以便从总体来说，整个体系能够维持生产力的扩大再生产"。（萨乌什金，1987）

萨乌什金在阐述地域分工与经济区之间关系时指出，"区域形成过程比劳动地域分工的过程缓慢而稳定。"（萨乌什金，1987）他认为，劳动地域分工与经济区之间的联系紧密，当劳动地域分工发生变化时，由于二者之间的紧密联系，必然会导致经济区的改变。萨乌什金强调，经济区是以一定形式表现出来的国家专门化的一部分。"区界内所有的经济点，应该（以直接的或在某种程度上间接的方式）完成与经济区在全国范围内的专门化有关的职能。"（萨乌什金，

1987）他认为经济区内的生产部门应当分为主要、辅助、附属性等部门，体现专门化生产。

萨乌什金创造性地从劳动地域分工的角度对城市进行分析，认为"城市类型和交通线路是劳动地域分工的支柱"，"城市是劳动地域分工链条上的一个环节"（萨乌什金，1987）。强调要把有生产联系的城市连接起来，形成劳动地域分工体系的大的框架，这样"从劳动地域分工中能够看到整体，能够把城市结合在一起，并能够确定其中的每座城市更为复杂的空间体系的地位"（萨乌什金，1987）。

萨乌什金在继承了马克思和巴朗斯基等人的理论基础上，对劳动地域分工理论做出了一定的拓展，并且自成体系，完整地叙述了劳动地域分工的内涵、特点等问题，他的理论在学术界具有重要意义。

地域生产综合体论是马克思主义区域协调发展思想与苏联区域规划思想相结合的产物，正式形成于20世纪三四十年代，20世纪50年代广泛推广并传入中国，对我国后来的生产力布局理论产生了深远的影响。1948年，科洛索夫斯基完整地定义了"地域生产综合体"——"在一个工业点或一个完整的地区内，根据地区的自然条件、运输和经济地理位置，有计划地安配各企业，从而获得特定的经济效果，这样的 种各企业间的经济结合（相互制约的结合）就称为生产综合体。"（科洛索夫斯基，1958）也就是说，一方面地域生产综合体内的各部门应该相互制约，另一方面通过有机结合能够"获得特定的经济效果"，且这一综合体是根据特定的自然、运输等条件建立的，有计划地配置。科氏强调综合体内部生产之间的技术联系，认为各生产过程中相互关联的整体是区域的基础，专业化部门之间的内部结构形成了一个相互关联的网络。将地域生产综合体划分为初级地域生产综合体和区域性地域生产综合体，即"只局限于一个地理点或一个中心的初级地域生产综合体以及区域性地域生产综合体"（郭来熹，1987）。

20世纪60年代，普洛勃斯特在《社会主义工业布局概论》一书中阐述了他的地域生产综合体理论。他从地域范围的角度将地域生产综合体划分成了中心地域工业综合体和地区生产地域综合体，前者只有一个地理点或一个中心点，这一中心集中了具有生产联系的企业，由于技术上的联系和地域上的接近，于是便形成了一个地域生产综合体；后者强调的地域范围更大，生产部门由于专业化生产和在区域内共同起作用而被联合在一起。同时，他批判了科洛索夫斯基过分强调综合体内部的技术联系，认为地域生产综合体绝不等同于生产联合企业。他认为："构成地区生产综合体的基础的，绝不是组成联合企业的基础的工艺的联系，而是经济上的联系，这种经济上的联系要灵活得多，比较不死板和不稳定。这些经济上的联系决定于区内各个企业的专业化及其区内协作。专业化和协作的过程本质上不同于联合化。"（普洛勃斯特，1987）他将中心地域工业综合体的结构分为六类同心圆，最核心的部分是专业化生产的各企业，配套的辅助性和服务性企业围绕着核心部门形成外部同心圆的结构布局。

萨乌什金在《经济地理学：历史、理论、方法和实践》（1973）一书中也对地域生产综合体做出过阐述，他认为地域生产综合体是"合理的空间生产组织形式"，是"有一定全国规模的专业化部门的区域"，能够"保证最有效地利用自然资源"，能"使劳动消耗（不合理的运输等）减少到最低限度"（萨乌什金，1987）。

涅克拉索夫在《苏联的地域生产综合体》（1981）中将地域生产综合体定义为："地域生产综合体是在国家一定区域的自然资源和劳动资源的基础上发展的专门化部门企业间的空间结合，具有一定的生产和社会基础设施、共同的建筑基地和动力基地。"（涅克拉索夫，1981）他认为"建立这类综合体不仅是建设专门化的工业中心，还必须建立一整套生产性的和社会性的基础设施"（周起业等，1989）。

1986年，班德曼称"地域生产综合体是解决区域问题生产力组织的先进形式"（班德曼，1989）。他认为，地域生产综合体的产出结构由生产部门、服务性基础设施、人口和当地自然资源4个要素共同构成。

苏联把地域生产综合体看作是在新开发区实现生产力布局综合性原则的最

佳形式，这种生产组织形式既可保证新开发区的专业化部门之间、主体企业同辅助性企业之间的综合发展，又可相应发展生产基础设施和社会基础设施。

总体来说，20世纪50年代以后，苏联学者对经济地理理论的理解更加深入和系统化，他们逐渐摆脱了早期资源均等、抑强补弱等观点，开始更加关注多种经济要素在去区域化中的协调演进。

（三）中共第一、二代领导集体关于区域协调发展的经典论述

在吸取苏联的相关经验后，新中国也开始了促进区域协调发展的探索。1953年后，我国开始实施第一个五年计划，毛泽东结合我国发展的国情，提出了利用沿海工业发展内地工业的生产力平衡布局思想。他在《论十大关系》中指出："沿海的工业基地必须充分利用，但是，为了平衡工业发展的布局，内地工业必须大力发展。""好好地利用和发展沿海的工业老底子，可以使我们更有力量来发展和支持内地工业。"这一思想也成为中共第一代领导集体生产力布局的指导思想。毛泽东强调要利用沿海地区工业发展的优势，带动内地工业的发展，认为内地与沿海工业的发展最终是要追求平衡性，主张实行沿海与内地工业并举的生产力布局理论。20世纪60年代，中苏关系破裂，中国周边局势紧张，毛泽东在分析国内外形势后指出："在原子弹时期，没有后方不行，'三五'计划要考虑全国工业布局不平衡的问题，要搞一、二、三线的战略布局，加强三线建设，防备敌人的入侵。"《论十大关系》中指出："新的工业大部分应当摆在内地，使工业布局逐步平衡，并且有利于备战，这是毫无疑义的。"（毛泽东，1977）为了平衡布局，新中国成立后，党中央采取了一系列向中西部倾斜的政策，使中西部的工业得到了一定的发展，但生产力和投资重点过分关注于较落后的中西部地区，因而忽视了经济效益目标。

邓小平将区域协调发展问题与中国特色社会主义发展的时代背景相结合，既坚持了毛泽东区域协调发展思想的合理内核，又融入了对时代的思考。邓小平认为，"我们坚持走社会主义道路，根本目标是实现共同富裕，然而平均发展是

不可能的。过去搞平均主义，吃'大锅饭'，实际上是共同落后，共同贫穷。我们就是吃了这个亏。改革首要要打破平均主义，打破'大锅饭'。"（中共中央文献编辑委员会，1993）1985年，邓小平在天津视察时说："我的一贯主张是，让一部分人、一部分地区先富起来，大原则是共同富裕。一部分地区发展快一点，带动大部分地区，这是加速发展，达到共同富裕的捷径。"1988年9月，邓小平指出："沿海地区要加快对外开放，使这个拥有两亿人口的广大地带较快地发展起来，从而带动内地更好地发展，这是一个事关大局的问题。内地要顾全这个大局。反过来，发展到一定的时候，又要求沿海拿出更多力量来帮助内地发展，这也是个大局。那时沿海也要服从这个大局。"这是邓小平区域协调发展思想的重要内容，通过先富带动后富，一方面可以摆脱国家当前贫困的局面，另一方面东部发展起来后反哺西部，可以缩小地区间发展差距。这一战略思想不仅承认了各地区之间发展的差别，破除平均主义，而且明确了发展的最终目的是要实现区域协调发展。改革开放是邓小平理论区域协调发展思想的重要内容，也是邓小平第一个大局发展思想的实施。在这一战略思想的指导下，邓小平在沿海地区设立了4个经济特区，以培育新的增长极来带动整个国民经济的发展。在邓小平理论的指导下，我国的生产力布局逐步趋于合理，区域分工和区际贸易有了新的发展，对外开放的格局不断深入，整个国民经济步入了良性发展轨道。

（四）中共第三、四代领导集体关于区域协调发展的经典论述

在邓小平理论的指引下，以江泽民为核心的中共第三代领导集体进一步对区域协调发展理论进行了探索。在1995年《正确处理社会主义现代化建设中的若干重大关系》中，江泽民概括了我国现代化建设过程中的"十二大关系"，指出"我们要善于统观全局，精心谋划……做到相互协调、相互促进"，把协调发展的理念提升到了更为突出的位置。

20世纪末，全国经济发展水平已提前达到初步小康水平，着重解决沿海与内地发展差距问题所需的条件已具备。江泽民为缩小东西部经济发展的差距，沿

着邓小平区域经济非均衡发展战略的大思路,在实践上着眼于"后一个大局",不失时机地把西部大开发提上了议事日程,实施战略重点的转移,走上区域经济协调发展之路。在党的十五大报告中,江泽民指出:"国家要加大对中西部地区的支持力度,优先安排基础设施和资源开发项目,逐步实行规范的财政转移支付制度,鼓励国内外投资者到中西部投资。"对内地经济的推动"主要是通过向内地辐射先进技术管理经验,向内地投资,转移劳动密集型产业,参与改造内地的一些老企业,以及对口扶助内地一些贫困地区来进行"(苟兴朝和杨继瑞,2018)。江泽民推动的西部大开发战略,有力地推动了西部地区经济的发展,极大地促进了我国整体经济实力的提高和综合国力的增强。

党的十六大以后,胡锦涛创造性地提出了科学发展观。作为科学发展观的重要内容,统筹区域发展,就是要统筹兼顾,合理布局,妥善处理区域发展中的各方面关系,走地区协调发展、共同富裕之路。胡锦涛在总结中国区域经济发展进程的基础上,先后启动了东北振兴和中部崛起的发展战略,结合东部率先发展,提出了中国区域发展总体战略。根据科学发展观的要求,国家重新调整了区域发展的布局。2003年中央经济工作会议提出,"积极推进西部大开发,有效发挥中部地区的综合优势,支持中西部地区加快改革发展,振兴东北地区等老工业基地,鼓励有条件的东部地区率先基本实现现代化,逐步形成东、中、西部经济互联互动、优势互补、协调发展的新格局"。胡锦涛在党的十七大报告中表示,"要推动区域协调发展,优化国土开发格局。缩小区域发展差距,必须注重实现基本公共服务均等化,引导生产要素跨区域合理流动。要继续实施区域发展总体战略,深入推进西部大开发,全面振兴东北地区等老工业基地,大力促进中部地区崛起,积极支持东部地区率先发展。加强国土规划,按照形成主体功能区的要求,完善区域政策,调整经济布局"。"遵循市场经济规律,突破行政区划界限,形成若干带动力强、联系紧密的经济圈和经济带。重大项目布局要充分考虑支持中西部发展,鼓励东部地区带动和帮助中西部地区发展。加大对革命老区、民族地区、边疆地区、贫困地区发展扶持力度。帮助资源枯竭地区实现经济转型。更好发挥经济特区、上海浦东新区、天津滨海新区在改革开放和自主创新中的重要作用。走中国特色城镇化道路，按照统筹城乡、布局合理、节约土地、功能完善、以大带小的原则，促进大中小城市和小城镇协调发展。以增强综合承载能力为重点，以特大城市为依托，形成辐射作用大的城市群，培育新的经济增长极"。

（五）习近平新时代中国特色社会主义思想关于区域协调发展的经典论述

党的十八大以后，习近平总书记多次强调要继续实施区域发展总体战略，促进区域协调发展。习近平总书记强调区域政策和区域规划要完善、创新，特别强调要缩小政策单元，重视跨区域、次区域规划，提高区域政策精准性。提高区域政策精准性是习近平总书记狠抓落实的工作作风的一贯延续和务实作风的重要体现。

为了解决新时代社会主要矛盾中"不平衡不充分"的发展问题，党的十九大报告将区域协调发展战略提升为七大国家战略之一，首次成为统领性的区域发展战略。在党的十九大报告中，习近平总书记对区域协调发展战略的阐述是："加大力度支持革命老区、民族地区、边疆地区、贫困地区加快发展，强化举措推进西部大开发形成新格局，深化改革加快东北等老工业基地振兴，发挥优势推动中部地区崛起，创新引领率先实现东部地区优化发展，建立更加有效的区域协调发展新机制。以城市群为主体构建大中小城市和小城镇协调发展的城镇格局，加快农业转移人口市民化。以疏解北京非首都功能为'牛鼻子'推动京津冀协同发展，高起点规划、高标准建设雄安新区。以共抓大保护、不搞大开发为导向推动长江经济带发展。支持资源型地区经济转型发展。加快边疆发展，确保边疆巩固、边境安全。坚持陆海统筹，加快建设海洋强国。"习近平总书记的报告概括了区域发展的全部内容，区域协调发展战略成为新时代建设现代化经济体系的重要组成部分。

二、区域协调发展的理论深化

（一）关于区域协调发展理论的文献述评

在经济学研究中，当发展经济学兴起之时，关于区域协调发展的研究就随之而起，成为区域经济学的研究基础。经济学中的区域经济协调发展理论可以分为均衡发展理论和非均衡发展理论。其中，区域非均衡发展理论包括增长极理论（佩鲁，1949）、不平衡发展理论（赫希曼，1958）、循环累积因果理论（缪尔达尔，1957）、中心—外围理论（弗里德曼，1966）、核心—边缘区域理论（弗里德曼，1996）、倒U型假说（威廉森，1965）、点—轴开发模式（萨伦巴和马利士）和区域经济发展梯度转移理论。区域均衡发展理论包括临界最小努力理论（赖宾斯坦，1957）、低水平陷阱理论（纳尔森，1956）、大推进理论（罗森斯坦·罗丹，1943）、贫困恶性循环理论（纳克斯，1953）、平衡增长理论（纳克斯，1953）等。此外，哈维从马克思主义政治经济学角度对地理经济问题进行阐释，主要关注贫困、区域衰退、劳动地域分工、工业化、不平衡发展和资本主义积累方式等问题（哈维，1973）。

我国学术界对区域协调发展的具体内涵，有较多深入的研究成果。张可云（2007）指出区域协调是国内不同区域走向或趋于理想均衡状态的过程。郝寿义（2007）认为区域协调发展是区域经济高效增长、区域差距合理并逐步收敛；经济分工趋向合理，区域间经济开放程度较高、交往密切、经济互动为良性、正向积极促进的一种状态和形成这种状态的过程。覃成林和姜文仙（2011）认为区域协调发展是在区域相互联系这一前提下，区域经济联系日益紧密、区域分工更加合理，区域间社会经济发展差距逐渐缩小并收敛的过程，其特征为：区域经济联系日趋紧密，区域分工更趋合理，区域经济社会发展差距减小，整体经济效率持续增长。范恒山和孙久文（2012）认为，以人为本是区域协调发展的核心，全面协调可持续是基本要求，统筹兼顾是实现协调的基本方法。安虎森和何文（2012）认为区域经济协调发展的实质是区域经济差距保持在合理区间内。

（二）区域协调发展的理论深化

区域协调发展战略是在马克思主义经济学和习近平新时代中国特色社会主义经济思想指导下的区域经济研究的最新发展。孙久文（2018）在梳理我国区域协调发展战略演进的基础上，从理论标准和区域经济学特征两个方面论述了区域协调发展的理论内涵。

1. 区域协调发展的理论标准

"协调"的含义是配合适当、步调一致。所谓协调发展，就是促进有关发展各系统的均衡、协调，充分发挥各要素的优势和潜力，使每个发展要素均满足其他发展要素的要求，发挥整体功能，实现经济社会持续、均衡、健康发展。

从理论上讲，协调发展反映的是人们对市场经济规律的认识，是把经济规律和自然规律结合起来认识客观世界的实践总结。在全面建设小康社会的进程中，坚持协调发展，就是要自觉地纠正一些地区和领域出现的重经济增长、轻社会进步，重效率、轻公平，重物质成果、轻人本价值，重眼前利益、轻长远福祉，重局部、轻全局的倾向，避免造成经济社会发展的失衡。为实现经济社会可持续发展的战略目标，不是单纯追求经济的增长，而是在经济发展的基础上提升全体人民的福祉。

从区域发展的宏观目标出发，区域协调发展的理论标准是：

第一，缩小并最终消除区域发展差距。现阶段促进区域协调发展的一项首要任务，就是要遏制地区间人均生产总值差距扩大的趋势，并努力使之保持在一个适度的范围内，在实现平衡发展的过程中逐步缩小差距。

第二，实现区域间公共服务的适度均衡。包括义务教育、公共卫生、基本医疗、社会保障、劳动就业、扶贫开发、防灾减灾、公共安全、公共文化等基本公共服务，不应因地区的不同、人群的不同而有明显的差异。

第三，实现地区间发展机会的均等。包括资源开发、企业进入、基础设施、城市建设、乡村振兴等方面的机会均等，使各地区的比较优势都能够得到合理有效的发挥，有效消除区域间的利益冲突，促进区域间的优势互补、互利互惠。

第四，实现人口、资源与环境的可持续发展。习近平总书记的"绿水青山就是金山银山"的理论，从根本上讲清楚了人口、资源与环境和谐发展的质的规定性，只有让人与自然的关系处于和谐状态，才能真正做到区域可持续发展（范恒山和孙久文等，2012）。

2. 协调发展的区域经济学特征

如果我们把协调发展作为区域经济的一种形态，那么协调发展在区域经济学上具有空间性、功能性、动态性和综合性等基本特征。

（1）区域协调发展的空间性特征。

从区域经济的理论出发，区域经济是特定区域的经济活动和经济关系的总和。如果我们把全国的国民经济看作是一个整体，那么区域经济就是整体的一个部分（赫特纳，1982），是国民经济整体不断分解为它的局部的结果。对于国家的经济来说，整体系统涵盖了部门体系，也涵盖了区域体系。区域是一个实体，是一个子系统。区域体系是由无数个区域实体组成的，而且每一个实体都有其自身的特点和运行规律。我们把国家宏观经济管理职能下面的、按照地域范围划分的经济实体及其运行，都看作是区域经济的运行。

区域协调发展的空间性特征表明，不能抛开区域与国家的关系而孤立考虑区域的发展，也不能用每一个区域经济增长的叠加来计算国民经济整体的增长。正确处理区域与国家的关系和区域之间的关系，是促进协调发展的重要原则。

（2）区域协调发展的功能性特征。

区域协调发展的功能性主要是通过区域定位来体现。我们把国民经济看作是一个完整的区域系统，根据区域协调发展的要求，各区域的发展必须有一个明确的区域定位，规定该区域在区域系统中扮演的角色。区域定位展示出一个区域的功能特点，找出区域的产业优势和区域的资源优势，形成主导产业，确立带动规划、战略和政策配套。

区域协调发展的功能性在区域产业发展中的表现，就是在产业发展的过程中形成区域产业功能结构。这个结构是由主导产业、辅助产业和基础产业共同组成的，功能结构的优化也是区域产业结构优化的重要内容。

（3）区域协调发展的动态性特征。

在国家的区域发展中，有的地区发展水平高些，有的地区发展水平低些；有些地区发展快些，有些地区发展慢些，并且在不断的变化当中，区域经济的动态性特征是明显存在的。区域协调发展理论为我们提供的是如何正确处理公平与效率的问题：把生产要素投在发达地区，效率高些，地区间的差距拉大；投到落后地区，可缩小差距，但又可能会影响效率。所以，如果一项区域发展政策能够实现区域的帕累托改进，这项政策就是可行的。

新时代的区域经济应当更加强调公平发展。区域协调发展正是对区域发展导向的调整和干预，旨在树立整体协调的区域之间的发展关系。

（4）区域协调发展的综合性特征。

协调发展是区域发展综合性的一种体现。解决区域发展中存在的问题，需要对区域发展的方方面面统筹兼顾，形成各类综合体。区域的发展不能仅仅对统计意义上的"整体"做贡献，还要真正惠及由各个区域组成的有机整体。

新时代区域协调发展战略，最大的特点就是增强区域发展的综合性。以区域协调发展战略来引领"四大板块"之间、经济带之间、城乡之间、类型区之间的发展关系，从而将区域发展与国民经济发展更加紧密地结合在一起。

三、新时代区域协调发展的现实价值和战略意义

（一）当前区域发展面临的新形势

当前，区域发展面临的总体环境有所变化，有利条件和不利因素并存。从国际环境看，外部形势依然错综复杂，世界经济复苏存在不稳定、不确定因素，一些国家宏观政策调整带来变数，新兴经济体又面临新的困难和挑战。随着经济全球化和区域经济一体化深入推进，全球经济正处于后金融危机时期结构调整和

再平衡阶段，全球经济格局和产业分工深度调整，国际竞争更趋激烈。近年来逆全球化的出现、中美贸易战的延续、西方国家对外贸的强化政府管制，特别是美国的"长臂管辖"，都对世界经济的复苏带来负面影响。从国内情况看，我国经济仍处于发展的战略机遇期和经济提质增效、转型发展的关键时期，工业化、城镇化持续推进，区域发展回旋余地大，今后一个时期保持经济中高速增长有基础也有条件。但当前我国也处于结构调整阵痛期、增长速度换挡期，经济增长已从原来的高速进入平稳增长阶段，支撑发展的要素条件也在发生深刻变化，深层次矛盾凸显。与此同时，党中央、国务院做出全面深化改革和全方位开放的重要部署，统一开放、竞争有序的市场体系正逐步完善，市场将在资源配置中起决定性作用；新型城镇化有序推进，跨区域城市发展协调机制和人口有序转移机制正积极探索形成。总的来讲，区域发展与全球经济联系更加密切，区域发展总体战略实施与产业发展、资源环境、城镇化战略、市场经济体制等的互动融合更为紧密，以板块为主体的区域发展总体战略已不能完全适应上述要求，必须立足新形势的需要对其内涵、层次、着力点等进行丰富和完善。

当前，我国各区域发展潜力正在释放，并有望继续保持协调发展的良好态势。综合考虑，区域发展的总体趋势：一是中西部地区经济发展速度快于东部地区已形成并将在一定时期得以持续。东部地区产业体系完善、产业层次较高、民营经济活跃，综合竞争力、抵御风险能力和自我恢复能力较强。中西部和东北地区的发展基础和产业特点使其更易受外部因素影响，与东部地区相比，抗风险能力明显偏低，经济下行压力较大，但资源丰富、劳动力优势明显、发展空间和潜力巨大，是缩小区域发展差距的突破之地。近年来，国际金融危机影响由东部地区向中西部和东北地区传导。受此影响，2013年以来东北地区经济增长速度低于东部地区。中西部和东北地区等区域一旦顺利走出危机影响，将对全国经济发展产生持久的拉动作用，成为支撑全国经济持续健康发展的重要力量。二是区域合作和联动发展更加深入。我国区域开发开放由沿海向内陆、由东部向中西部不断扩展，东部地区加快转型升级，经济发展质量和效益不断提高，继续在改革开放中发挥排头兵的作用，中西部地区积极承接沿海产业转移，大力推进对内对外开放，各种形式的区域合作深入开展，东中西良性互动不断增强，区域一体化进程明显加快。三是全方位对外开放格局加速形成。国家实行更加积极主动的开放战略，促进沿海内陆沿边开放优势互补，培育带动区域发展的开放高地，与周边国家在基础设施互联互通、资源开发、产业发展等方面合作不断深化，区域开放合作空间不断拓展，为区域协调发展提供了新的动力。但与此同时，区域发展差距依然较大，地区间无序开发问题仍然存在，资源环境约束增强，板块利益格局日趋固化，区域协调发展机制和管理体制有待完善等矛盾和问题也十分突出。促进区域协调发展，着眼更高层面，涵盖更广领域统筹谋划区域发展新布局，立足突出问题、重点区域，缩小政策单元，实施差别化经济政策，不断提高区域政策精准性，形成新的区域经济增长极，细化深化区域协调发展战略，既是我国当前区域经济发展的必经阶段，也是必然选择。

（二）促进区域协调发展具有重大现实和长远意义

1. 有利于促进区域联动发展、增强经济发展动力

改革开放之后，我国区域政策的重点是通过支持有条件地区率先发展，带动和支撑全国经济发展。随着区域协调发展战略思想的提出和实践，区域政策的重点转向发挥各个地区的比较优势，强调促进区域联动和一体化发展，实现资源要素在更大范围优化配置，从而促进产业结构优化升级和发展方式转变，增强国民经济发展的后劲和整体竞争力。促进区域协调发展，需要跳出地域范围的限制，强调从全局出发谋划区域发展格局，通过建设网络化的运输通道，构建连接东中西、贯通南北方的多中心、网络化的区域开发框架，推进形成功能清晰、分工合理、各具特色、协调联动的区域发展格局，顺应区域协调发展的总体要求，有利于资源要素在更大范围、更高层次、更广空间顺畅流动与合理配置，促进生产要素分布与国家重大生产力布局相协调，从而为经济发展提供持久动力。

2. 有利于实施分类指导、提高区域政策的精准性

我国国土面积辽阔、地区差异很大，要推动区域发展总体战略实施，必须因地制宜、分类指导、区别对待。近年来，国家在实施以"四大板块"为主体的区域发展总体战略的基础上，一方面通过制定实施一系列重大区域规划，进一步细化区域政策指导的空间范围，增强了区域政策的针对性；另一方面，紧扣不同区域的比较优势和面临的突出困难与问题，提出了差别化的发展思路和对策，有效增强区域政策的精准性和有效性。但与现实需要相比，区域政策的精准化探索仍有较大空间。促进区域协调发展，就是要在已有工作的基础上，适应形势环境的变化，落实新时代区域协调发展战略，在发展空间上，注重将点线面统筹考虑，宏观与微观统筹结合，注重提高战略的全局性和精准性；在工作思路上，进一步突出问题导向，从而加快破解制约区域发展的突出困难和瓶颈。

3. 有利于全面深化重点领域改革，形成区域协调发展的长效机制

重大问题的创新试验是促进区域协调发展的重要途径，体制机制创新是促进区域协调发展的根本保障。近年来，国家围绕解决重大区域问题，选择了一些条件较为成熟的地区搭建试验平台先行先试，取得了良好成效，也积累了丰富经验；围绕构建促进区域协调发展的长效机制，开展了一系列探索，在完善市场环境、促进良性互动等方面取得了积极进展。区域发展的重大任务需要通过在特殊区域先行先试、积累经验、探索路径。促进区域协调发展，就是要充分发挥市场的决定性作用，通过构建经济区、经济带，打破地区封锁，促进资源要素跨行政区调动、配置和流动，在建立区际利益分享机制、跨区域综合管理机制、完善促进区域协调发展法律保障、统筹城乡发展等方面进行探索试验；同时，通过打造特殊功能区、试验区等，打造重大改革试验平台，就一些处于前沿、具有较强不确定性、存在较大风险的重大问题和重点领域进行探索。

4. 有利于统筹国际国内开放合作，推动形成全方位开放新格局

改革开放以来，国际合作与"走出去"步伐不断加快，我国在对外开放领域大放异彩，进出口成为拉动国民经济增长的重要动力。从区域分布看，我国对

外开放目前仍主要集中在东部沿海地区，沿边与内陆开放水平相对不高，对外开放与对内合作缺乏统筹衔接，这在很大程度上影响了对外开放水平的提升和空间拓展。新时期，扩大沿边和内陆开放已成为我国继沿海开放后的重大战略，但沿边地区基础比较薄弱、支撑能力不足，内陆地区"不沿边、不靠海"的区位条件，造成其扩大开放的相对劣势。中央多次明确提出扩大内陆沿边开放、形成全方位开放新格局的战略任务，党的十九大报告指出，区域协调发展战略需要推动形成具有国际水平和竞争力的管理体制、运行机制和发展模式，促进内陆地区、沿边和沿海地区互动联合，统筹推进对外开放与国内合作，从而使我国更加全面地融入经济全球化和区域一体化进程之中，更加充分地利用两种资源和两个市场，更好地参与国际竞争与合作，赢取更大发展利益。

5. 有利于推动生态文明建设，构建高效安全国土开发保护格局

党的十八大把生态文明建设提升到突出地位，将其融入经济建设、政治建设、文化建设、社会建设各方面和全过程，提出努力建设美丽中国，实现中华民族永续发展的战略目标。党的十八届三中全会明确提出要加快生态文明制度建设，建立空间规划体系，划定生产、生活、生态空间开发管制界限，落实用途管制；坚定不移实施主体功能区制度，建立国土空间开发保护制度，严格按照主体功能区定位推动发展。党的十九大报告明确提出要加快生态文明体制改革，建设美丽中国。实施区域协调发展战略，要把生态文明的理念贯穿于全过程，着力优化生产力布局，促进陆海统筹发展，推动形成人口、产业与区域资源环境承载能力相适应的发展模式；推动实施主体功能区战略，探索建立区际转移支付、生态补偿等长效机制，加强重点生态功能区保护，从而加快生态文明建设，构建高效安全国土开发保护格局，缓解我国当前面临的资源环境承载压力，保障工业化城镇化建设需要，实现可持续发展。

第四章 区域协调发展战略的总体思路

区域协调发展战略是我国在"十四五"期间和更远的新时期内区域发展的基本战略,是构建现代经济体系的重要环节。本章依据中国区域经济发展的实践,提出新时代我国区域协调发展战略的总体思路。

一、实施区域协调发展战略的客观依据

结合国际上各国区域协调发展的经验,我国的区域协调发展战略要在习近平新时代中国特色社会主义理论的指导下,克服制约因素,攻坚重大问题。

(一)区域发展条件的影响

1. 自然条件及资源禀赋的差异

我国地形复杂,东中西呈现出从低到高的走势,构成地域明显的阶梯状分布。地形类型包括平原、高原、盆地、山地、丘陵等,海拔在500米以上的地区约占全国总面积的73%,其中约有36%的地区是在海拔3000米以上的不宜人类进行生产活动的高原区。根据中国县(市)社会经济统计资料(2000),从地域分布看,山区县分布于我国七大区,华南沿海地区、西南地区多属于此类;丘陵主要集中在东部沿海地区和内蒙古、四川等省份;平原主要包括长江中下游平原、华北平原和东北平原。光照、水资源条件都比较充足,适合农作物生长,是我国的粮食主产区。

我国水资源分布不平衡。由于水资源受到降水、地表径流和地下水的影响,全国水资源分布总体是西南、华南、东北和长江流域比较多;而西北和华北地区是我国重要缺水区,水资源供需矛盾相当突出,严重影响了工农业发展。

我国生物资源总量相当丰富，但是地域差异性特别突出。受到气候的影响，我国森林资源集中在西南、东北及西藏地区，东南丘陵山区也是我国经济林区。但是西北、华北地区是我国生态脆弱区，区内的森林覆盖率、水土流失率、荒漠化率均居全国前列。

我国耕地资源总量位居世界前列，大约150万平方公里，居世界第三位。但人均占有量很少，人地矛盾日趋突出。从全国耕地分布来看，出现东多西少、北多南少的特点，南方的耕地面积占全国总面积不足40%，北方高于60%；从东中西三大地带分析，东部大约占28%，中部约占43%，西部则占28%。从省份分析，黑龙江、河南、内蒙古和山东的耕地拥有量位居全国前四位。如果考虑到人口分布，东部沿海地区是我国人多地稠的地区，人均耕地面积最少的上海市仅是内蒙古的1/11。就耕地的质量而言，西部地区的耕地质量不容乐观，多数的耕地是低产田或者坡耕地，单产很低。人均耕地面积较少的东部地区单产较高，是我国粮食主产区。

我国能矿资源数量多、储量大，但区域分布不平衡。就能源而言，首先，煤炭资源主要分布在华北地区，占全国煤炭储量七成以上，其次是西北地区，约占一成，华东、西南、东北和中南依次排列。从煤产区分布看，山西是我国煤炭富集省份，其次是内蒙古和陕西，共同构成了我国"三西"能源化工基地。相比之下，油气资源地域分布比较合理，西北、西南、东北、华北、沿海均有油气田可开采。水能资源受到水资源空间分布的影响，多集中于大江大河的上游，西南地区是我国水电资源基地，经测算，区内可开发水能资源占全国资源总量的80%。由于我国地形复杂，地带分异明显，矿床广布于全国各地，矿种也比较齐全。从全国国土版图看，出现大分散、小集中的特点，铁矿资源主要集中在冀东、辽中南和川西，占全国总量的一半以上。铜矿主要集中在长江中下游、川滇、山西中条山、甘肃白银市等五大矿区，储量约占全国的3/4。铝土矿则集中在山西、河南、贵州和广西，其中山西约占全国总量的1/3。

由于人类的经济活动总要落脚到一定的地域空间上，有一些地方的资源组合，效率优于其他地方，有些则不具有优势，特别是一些稀缺的资源，空间上的不均衡分布，由此产生了对资源进行优化配置的要求。生产要素分布的不均衡性和生产要素的不完全流动性，使得人类的经济活动不可能天然形成空间均衡化，同时资源的不均衡分布也是区域协调发展战略的基础。

2. 区位条件的差异

区位条件差异是区域发展基础差异的重要组成部分，对地区经济发展产生重要的影响。就我国而言，区位差异体现在以下4个方面：

一是沿海地区的区位优势明显。改革开放以来，以市场为导向的改革战略，许多港口城市对外开放步伐加快，发展成为区域性的经济中心、制造中心、物流中心、对外贸易中心。国家建设的几条自东部沿海向西走向的交通大干道，一方面进一步强化沿海港口的物流中心作用，形成紧密的港口与腹地关系网络；另一方面促进东中西要素流动和产业的转移，形成区域互动的新局面。

二是城市群导向的区位优势强烈。20世纪90年代以来，我国形成或正在形成19个布局紧凑、城市密集、功能齐全的城市群，这些城市群成为当前我国宏观经济活动的重要载体。长三角城市群、粤港澳大湾区城市群和京津冀城市群已经成为我国区域经济发展的火车头。

三是政策导向的区位优势突出。20世纪80年代设立的4个经济特区都是基于政策导向型的区位，利用毗邻港澳台的区位优势，通过特殊政策照顾而发展起来；20世纪90年代上海浦东新区的开放开发和2005年天津滨海新区的开发都是利用政策先行先试的优势，发展成为区域经济的支撑点和经济政治体制改革的试验田。当前的雄安新区、全国各地的自贸区等，都是区域政策的作用高地。

四是沿边导向的区位优势正在形成。伴随"一带一路"建设的铺开，我国同周边国家的互联互通日趋加强，沿边地区正在利用对外交往的优势，成为我国国际贸易活跃的地区之一。近年来，中亚地区、东欧地区、中东地区、东南亚和南亚等国经济开始出现一定程度的增长，有利于扩大我国沿边地区对外出口贸易规模和形成新的国际贸易区。

3.区域历史文化的差异

我国历史悠久,地域广阔,历史文化存在明显的地域差异特征。就全国而言,我国南北文化差异是文化区域差异的主旋律。[①]具体表现在以下 3 个方面:

一是商业文化差异明显。我国历史不同时期曾经出现"晋商""徽商""豫商""浙商""台商""港商"等以地域命名的特殊商业群体,他们代表了地域特色的企业家力量在经济发展过程中所扮演的角色,形成一种具有浓厚地域色彩的商业文化。比如在近代,晋商通过经营商业票号而控制全国金融业。相比之下,徽商则"亦贾亦儒",儒商成为徽商走向繁荣的标志。浙商则是改革开放以来涌现出的一批以敢闯敢拼、开拓创新、积极进取的浙江民营企业家特殊群体。台商和港商是我国改革开放实施的"一国两制"特殊政策背景下出现的商业群体代称,他们有效地把中国传统商业文化和西方商业文明融合形成独特的企业管理理念,为大陆(内地)改革开放,吸引国外先进管理和技术做出了突出的贡献。

二是语言文化出现"南繁北齐"的特征。尽管近年来普通话逐渐成为日常交际沟通的工具,但是目前我国仍然还存在 7 个方言区,即北方方言区、吴方言区、闽方言区、粤方言区、赣方言区、湘方言区和客家方言区,每一个方言区可细化为几个亚地区,形成我国多方言区的重要特征。方言成为我国区域文化重要组成部分,也成为地方观念形成的黏合剂。

三是边疆民族文化浓郁。我国拥有 50 多个少数民族,且绝大部分分布在边疆地区。由于历史原因,这些少数民族有些已经形成自己的文字、语言和文化习俗,比如藏文、满文、蒙古文、维吾尔文和朝鲜文等。民族文化差异体现在空间层面就是区域文化差异性,也是国家文化多样性的标志。民族文化是我国民族自治的重要组成部分,也是我国区域协调发展中文化融合的重要力量。

---

① 参见胡兆量:《中国文化地理概述》,北京大学出版社 2001 年版,第 17 页。

（二）区域管理体系的影响

1. 区域发展功能定位

区域管理的集中体现是区域规划。区域规划是我国经济发展战略规划的重要组成部分，区域划分方案经历过多次修改。自"八五"以来，历次五年规划都出台了区域规划方案，"十一五"规划提出要推进形成主体功能区，提出了未来我国区域发展的四大主体功能区的设想，即优化开发区域、重点开发区域、限制开发区域、禁止开发区域。"十二五"规划提出要实施主体功能区战略，明确了主体功能区的发展方向，即在四大主体功能区的划分基础上，进一步指出城市化地区、农产品主产区、重点生态功能区要分类开发。"十三五"规划则使得主体功能区战略的内容更加丰富精细，范围向海洋拓展。"十三五"规划提出要推动形成以"两横三纵"为主体的城市化战略格局、以"七区二十三带"为主体的农业战略格局、以"两屏三带"为主体的生态安全战略格局，以及可持续的海洋空间开发格局。"十四五"规划进一步深化了主体功能区制度，提出要建设三类地区：城市化地区、粮食主产区和生态功能区。可以说，主体功能区战略有助于完善空间治理，形成优势互补、高质量发展的区域经济格局。但主体功能区战略的落实需要解决好精准落地的问题，这有赖于空间规划体系的健全。并且，主体功能区战略的深入实施也需要配套政策体系的有力支撑，要健全差别化的财政、产业、投资、人口流动、土地、资源开发、环境保护等政策，实行分类考核的绩效评价办法。只有健全空间规划体系，建立完善配套的政策体系，才能真正使得各区域按照其功能定位来进行发展，进而实现经济社会生态效益相统一、人口经济资源环境相均衡。

2. 区域协调管理体制

区域协调管理是区域政策的一项重要内容，我国的区域协调管理体制存在的问题，主要表现在以下 4 个方面：

一是缺少全国性的区域协调机构。尽管为了加快地区发展或者实施跨区域的基础设施项目而成立临时性的协调机构,但是这些机构的作用仍然不足以促进区域协调发展,如协调机构法律地位、协调机构权威性、协调机构职能等还没有得到确立。

二是区域政策的制定没有形成体系。区域政策制定程序、保障实施的法律效力、区域政策工具、区域政策评价等没有形成完整的体系,难以形成良好的政策效应。

三是中央和地方的关系协调有难度。鉴于我国的国情,中央和地方的关系一直处于"收权—放权"反复出现的过程,这对区域关系的协调管理带来很大的困难,经常会出现地方实施的发展政策与国家制定的区域规划不一致。

四是区域之间的多维、多主体的复杂关系。区域之间关系相当复杂,当前的区域协调管理体制并没有充分地揭示出这些关系的内在逻辑,比如地方政府关系、政企关系、不同区域内的企业之间的关系等,由于协调体制自身存在痼疾,处理这些关系相当麻烦,而且信息披露的成本和执行成本也相当高昂。

3. 基层政府管理区域能力

基层政府管理区域能力是影响区域政策效果的重要因素之一,当前区域的政府管理能力相差较大是比较普遍的问题,主要体现在以下3个方面:

一是区域之间官员素质差异较大。不仅表现在官员的文化素质,还表现在官员的执政能力、国际化视野等素质。

二是地方政府对区域规划把握不准。很多地方政府对区域规划的理解只是停留在国家的宏观层面,没有花更多的精力去考虑本地区发展问题,对区域问题漠不关心。为此,地方政府在产业发展、基础设施建设、招商引资等方面都很少顾及区域经济的整体,可以说区域规划失效或者执行不力也是区域管理能力不足的体现。

三是基层政府对"经济区域"认识比较淡薄。一般来说,基层政府局限于从行政区域入手进行经济发展,缺少经济区的意识,因此在面临产业定位以及发展路径选择时往往为了求全,对区域合作视而不见或者采取行政干预进行地方封锁，从而形成典型的"诸侯经济"。

（三）区域政策的影响

1. 区域政策的战略导向

从改革开放至今，我国区域政策导向已发生了多次变动。在20世纪80年代初期，国家的区域政策就是基于支持沿海的非均衡发展政策，之后采取渐进式地推进改革开放政策从沿海向内陆推进过程。到了90年代中后期以来，国家先后推行了西部大开发、振兴东北地区等老工业基地以及中部崛起战略，但是区域政策导向变动平均间隔很短，政策导向频繁变动可能给资本流动发出混乱的信号，从而形成资金、劳动力等要素资源无序流动。为此，生产要素会因规避投资风险而继续在发达地区聚集，便于获得较为稳定的投资收益回报，而不像政府设想的那样，资本会顺着区域政策风向转，因此难以在较短时间内实现要素资源在全国广袤的空间上进行优化配置。国家区域政策导向变动过快也会挫伤了政策受益地区的积极性。

2. 区域政策的空间指向

首先，我国国土面积广大，区域政策作用对象范围需要涉及31个省（自治区、直辖市，不涉及港、澳、台地区），但是缺乏对国土发展空间的进一步细分，也就是没有对作用区域进行一次全面、科学、合理的区域划分，因此指向宽泛的区划体系致使要素资源由于政府层级过多、各级分配比例含糊、作用区域不明确而逐级消耗损失。其次，国家制定的区域政策往往涉及多个省市，地域范围相当广泛，然而，因为各省市都具有相对独立的行政权力，省市之间往往通过不具有法律效力的协议来引导区域政策对区域关系的协调，但是这种力量会伴随着领导的意志而逐渐地弱化。最后，区域政策作用对象过于宽泛还会出现政策作用对象无法对均质区域和异质区域进行区分，原本需要区别对待的地区却因为政策空间指向宽泛而变得模糊不清。比如，我国西北地区和西南地区属于不同地理特征的地域类型，但是在西部大开发政策中并没有对这两个地区进行更加细致的划分，因此在区域政策真正落实到各省区的时候,就出现政策误导等情况。

3. 区域规划体系

(1)区域规划的法律定位不明确。首先,我国区域规划还没有一套明确的法律体系加以保障实施,更不用说现成的规划法来约束地方政府领导的责任,为此,一些地方政府为了应付上级交付的任务就采取走形式的方式进行经济发展战略规划,真正落实到实践的却非常少。其次,地方发展规划和区域规划还存在中央和地方利益相互博弈的过程,即地方发展规划服从地方利益,其发展的重点就是地方发展战略,很少顾及如何与上一级的发展战略规划以及如何同其他地区发展规划进行必要的协调,为此,一旦地方指定的发展规划上报到国家或者省级部门,容易发现在同一个省份多个地区的发展规划中在产业选择方面会出现高度的雷同现象,即便是全国范围内31个省区市,也会在产业规划中选择相同的产业作为区域未来的发展战略。这除了反映地方对区域规划缺乏足够的重视外,也反映出一个亟待解决的问题:区域规划并没有以获得立法的方式来树立规划的权威性和法律效力。最后,区域规划因缺乏法律保障而对市场微观主体调控或者指导作用并不明显。

(2)区域规划发挥的协调作用还不突出。区域规划的核心指导思想是促成良好的区域关系,加快区域一体化进程。具体表现在:一是区域规划对中央与地方的责权协调作用不够明显。长期以来,中央与地方之间的关系是"收—放—收"循环反复出现的过程,同样,区域规划是以宏观经济活动为作用导向的规划方案,其作用对象往往涉及多个省市区。因此省区间为了争取更多资源开始进行区域竞争,竞争手段莫过于设法向国家职能部门索取各种区域调配资源,其中包括中央财政转移支付、立项的项目、项目审批等,并且采取各种手段尽可能地规避区域规划所带来的区域利益受损现象。因此地方政府到国家各职能部门的寻租行为变得很普遍,这也造成了区域规划失效。二是区域规划对区域间利益关系协调力度不够。最为典型的就是区域外部性问题,如区域环境问题、水权问题等都需要在区域规划中得到体现,但是目前国家制订的区域规划中还没有涉及这几方面。即便是顾及这类现象，地方政府也很难就现实问题达成一致的协调实施方案，因此不少区域外部性问题由于没有得到及时的解决而趋于恶化，对区域协调发展造成重大威胁。三是区域规划较少涉及中央企业与地方政府的协调问题。由于历史和体制方面的原因，现在中央政府还掌控百余家大型国有企业的股权，并且多数中央企业在全国范围内进行生产布局。由于企业都属于中央政府管辖范围，其经营活动更多是以自身利益最大化作为出发点，却对地方的经济发展不够重视，或者说与地方没有形成经济互动，辐射能力不足，从而形成两种不同循环体系。究其原因，就是双方之间缺少一套利益协调机制去构筑区域产业网络。此外，很多中央企业一般会在多个地方投资设厂，为了照顾企业集团的全局利益，它们不愿意花很多代价去为地方发展做贡献，这也是地企之间难以协调的关节点。

（3）没有形成普遍认同的总体区划。我国区域规划起步比较迟，无论是规划人员素质还是规划手段与国外还有一定的差距。不可否认，受到传统体制长期的影响，国家制订出来的区域规划比较注重宏观方向，但是规划的操作性较差。时至今日，还没有一部总体区划得到学界、政界普遍认同。一是国内实施区划周期很短。周期性规划变动给区域规划的实施带来很大的障碍，因此区域规划效应的评估很难建立起来。二是我国的区域问题相当复杂。复杂的区域问题很难用一个区域规划方案全面覆盖，并且在区划的基本单元和规划手段中，常会出现多方面的争议，其中包括区域问题过于复杂而难以进行细化规划。三是区域划分标准一直是各界争议的焦点问题。由于专业背景不同和利益出发点不同，学者们纷纷提出各种不同的功能区划方案，但是每种方案各有优劣，制订的标准各不一样，并且普遍都存在区域划分的单元过大，无法真正因地制宜地指导地方经济发展。

（四）市场体系的影响

1. 各地市场化程度

我国各地的市场化程度差异较大。根据中国经济改革研究基金会国民经济研究所的研究成果，该课题组从"政府与市场关系""非国有经济发展""产品市场发育程度""要素市场发育程度""市场中介组织的发育和法律制度环境"5个方面分别考察了我国东部地区、东北地区、中部地区和西部地区"四大板块",见表4-1。从2014年的情况来看,两极分化的特征突出,表现为东部广东、福建、江苏、上海、浙江、山东的五项指标多处于上游;东北地区的辽宁省处于中上游,有两项指标进入前十名,吉林和黑龙江两省则处于中下游;中部六省区多数指标处于中游,安徽较为突出,有4项指标位于前十名;西北五省区和西南的贵州、云南、西藏5项指标多处于下游,但是重庆的市场化程度相对较高,其中有3项指标进入前十名。

表4-1 2014年我国四大区域市场化进程排名分布情况

排名	地区划分	政府与市场关系	非国有经济发展	产品市场发育程度	要素市场发育程度	市场中介组织的发育和法律制度环境
第1~10名	东部	7	7	3	6	8
	东北	0	0	1	1	0
	中部	2	3	5	1	1
	西部	1	0	1	2	1
第11~20名	东部	3	3	4	3	1
	东北	2	2	2	2	3
	中部	3	2	0	3	3
	西部	2	3	4	2	2
第21~31名	东部	0	0	3	1	1
	东北	1	1	0	0	0
	中部	1	1	1	2	1
	西部	9	9	7	8	9

资料来源:根据王小鲁、樊纲、余静文《中国分省份市场化指数报告(2016)》(社会科学文献出版社2017年版)加以整理

2. 全国统一大市场

由于地方政府过多地干预以及一些行业大型垄断企业的存在,目前全国性统一、开放、竞争、平等的市场环境并没有真正地形成,有些地区还出现区域市场分割行为或者地方市场保护现象,具体表现在:一是市场主体地位不明确。这

主要集中反映在国有或者集体企业以及国有资源的产权归属不清晰，从而引起产权的委托代理关系混乱，"产权"模糊使产权交易在市场上遇到极大的困难，不仅是交易成本相当高昂，还出现"地方国有资源流失""地方政府干预产权交易"等争议。二是全国统一市场的保障体制机制没有确立。就目前谈地方保护主义的整治，也就只有国务院曾经出台的专项整治指导意见，并没有一部正式的法律保证市场体系正常、顺利地运行，因此对地方保护主义惩治力度也就仅限于限期整改或者对官员进行政治处分，别无他策。三是电信、电力、能源等国民经济重点行业领域尚属于国有大型企业垄断。这些垄断企业的存在一方面可以通过控制要素或者产品干扰市场价格形成机制，另一方面可以借助行政力量干预新企业的进入，人为地提高市场准入门槛，维护自身的市场垄断地位。

3. 行政区割据与地方保护

这个问题就其本质而言，就是以各地区政府为主体，追求区域利益为目的，在要素和产品流通中保护本地产品或者限制外地产品流入为中心内容，采取行政、法律、经济等手段，实行政策和行为袒护性非均衡发展，限制和干扰要素或者产品在市场信号引导下流动的现象。由于中央放权以及地区官员为政绩考核需要，地方政府力图采取多种手段保护本地区的企业发展，其中利用政府渠道采购本地企业生产的产品是最为常见的手段之一，典型的事例是有的城市为了促进本地汽车产业发展而出台相关配套政策，包括要求本地的公交或者出租运输企业向本地汽车企业购进特定车型，否则不给予上牌照或者税收优惠。令人担忧的是，地方保护主义由原来的显性措施变为当前的隐性手段，并披上合法化的外衣渗透到各级政府的各个职能。也有地方政府通过税收或者审批等保护本地企业，包括歧视非本地区企业的同类产品，执行更加严格的检验检疫手段，试图压制该企业在本地区的市场份额。总之，新一轮的地方保护主义又有所抬头，往往随着国家宏观经济形势而出现周期性的表象。

（五）区域开放水平的影响

我国区域整体开放水平差异显著，既有历史原因，也有区位因素影响，具体表现如下：

1. 资本开放度

受到区位和区域发展战略导向的影响，我国区域对外开放水平呈现明显的时空差异。以外商投资企业年末投资总额为例，我国区域对外开放总体出现东高西低、南高北低的特点。从图4-1中可以看出，东部外商投资企业年末投资总额的比重非常高，且该比重长期稳定在78%左右；而中部地区占比稳步提升，从2008年开始超过东北，之后保持在8.5%左右；西部占比也呈现出逐年上升的态势，从2008年开始超过东北，之后保持在8%左右；东北占比呈现出逐年下降的态势，在2008年被中部和西部赶超之后，保持在6.6%左右。外资对地区经济发展的贡献除了表现为经济增长之外，还表现为外资投资所产生的溢出效应。研究成果表明，东部沿海地区经济增长主要是由外资拉动的。

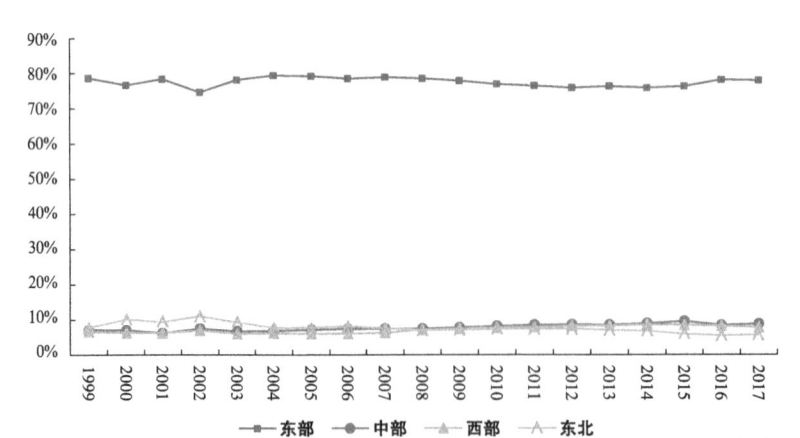

图4-1　1999—2017年我国东、中、西、东北四大地带外商企业年末投资总额占全国的比重

数据来源：《中国区域经济统计年鉴》

2. 各地区外贸进出口

各地区外贸进出口差距较大。东部沿海地区的广东、江苏、上海、浙江、北京、

山东、福建和天津等省市是我国进出口贸易额最大的一批省市。2018年，广东省进出口贸易总额为10847.1亿美元，是中部的安徽、湖南、湖北、河南、江西和山西六省全年进出口贸易额总和的3.45倍；广东省是青海省全年进出口贸易总额（7亿美元）的1549.6倍，差距巨大。

3. 区域国际化程度

国际化是体现区域经济发展水平的重要标志之一，而一年内接待国际旅客量是衡量一个地区国际化水平的重要指标。2017年，广东省、上海市、福建省、云南省和浙江省接待外国游客次数最多，分别达到3654.52万人次、719.33万人次、691.74万人次、667.69万人次和589.06万人次。五省市国际旅游创汇收入分别为199.60亿美元、66.99亿美元、75.88亿美元、35.50亿美元和35.86亿美元。中西部地区除了云南、广西、陕西等少数旅游大省之外，入境的游客相当少。

总之，上述因素和条件使各区域的发展能力与发展水平产生较大差异，从而造成区域发展不协调的现状。

二、实施区域协调发展的战略目标

未来我国区域发展是否能够更加协调，在很大程度上要取决于区域协调发展战略实施的情况。构筑区域经济优势互补、主体功能定位清晰、国土空间高效利用、人与自然和谐相处的区域发展格局，是区域经济协调发展战略的主要目标取向。

（一）区域协调发展战略的实施原则

区域协调发展战略的主要原则包括：

1. 市场引导和政府调控相结合原则

新古典学派认为市场是解决这一问题的最佳机制，因为新古典学派假设每个人都是理性的，都会追逐自身利益最大化，在自由交换的市场条件下，人们追求自身利益最大化的行为会自动达到满意的均衡状态。在区域经济分析领域，新古典学派认为市场也具有同样的功能，只要允许生产要素自由流动，厂商会比较各地区成本收益的结构，会选择劳动力充裕、工资低廉的地区进行投资。而劳动力会根据就业机会和工资水平流向那些低失业率、高收入的地区。同样在新古典的贸易理论中也会由于绝对优势、比较优势或要素禀赋优势在区域间流动，地区间的经济发展差距会在自由贸易中逐渐缩小以至消失。[1]而根据缪尔达尔的循环累积因果论，在地区差距问题上，市场中各种作用的结果不仅不会缩小地区差距，而且还会有扩大的趋势。因为根据市场力的作用，各种经济要素会加快向发展比较好的地区集中，形成聚集效应。以资本的流动为例，经济快速增长的地区对资本的强烈需求会吸引大量的投资，落后地区由于经济缺乏活力，对资本的需求一般比较弱，同时这类地区的储蓄率本来就会低于发展快的地区，再加上缺乏投资意愿，这些地区的资本还有可能会流向发达地区。在地区贸易上也会有利于发达地区，因为发达地区的产业规模比较大，技术较先进，单位成本低，边际利润高，与落后地区的产业竞争会具有很大的优势。另外，缪尔达尔把经济增长中心区的扩张力向外延伸、引发落后地区跟进的正面影响称为扩散效应，把对落后地区的负面影响称为回流效应。在经济发展的初期，回流效应会远远大于扩散效应，地区差距将呈现扩大趋向。[2]

在现实生活中，无论是要素流动方式还是区域间的贸易方式，很少是按照新古典理论所假设的条件进行的，其完全竞争、完全信息以及要素自由流动的这些假设，在现实经济中是完全不存在的，因此也有人称新古典理论为"没有空间的理论模型"。缩小地区差距不能完全依靠自发的市场力量，而要依靠必要的政府干预。事实上，世界各国在解决地区差距问题上不是依据新古典经济理论倡导的"放任主义"，而是强化政府干预，援助欠发达地区，同时建立有利于缩小地

---

[1] 参见陈秀山、张可云:《区域经济理论》，商务印书馆2004年版。
[2] 参见张敦富:《区域经济学原理》，中国轻工业出版社1998年版。

区差距的市场体系和促进生产要素从发达地区向欠发达地区流动。

我国是一个幅员辽阔，各地自然、社会和人文差异都很大的国家，地区间发展不平衡的现象客观存在，甚至一段时期内还有差距拉大的趋势。总结西方国家的发展经验，结合我国的实际，在社会主义市场经济条件下，要促进地区的协调可持续发展，主要办法就是通过国家的干预，通过区域政策的制定和实施，来促进地区间的协调发展，从而促进全社会的共同进步。

对于当前地区发展差距的现实来说，要通过发挥区域比较优势来实现区域协调发展，不仅应该对原有的区域经济政策以及宏观调控手段进行反思，以使其适应区域经济协调发展的需要，而且要通过制度安排和制度创新，弱化原有体制及现行体制中妨碍市场经济运行的不合理制度安排，使得两种机制相互补充，相得益彰。[①]

目前，我国社会主义市场经济体制的建立和发展，客观上要求我们在经济社会生活的各个领域、各个方面坚持市场配置资源的决定性作用，要最大限度发挥有限资源的效益，以最小的投入获得最大的产出。但是市场的作用并不是万能的，国内外的理论和实践都证明在市场条件下，市场的作用倾向于扩大而不是缩小地区间的差距。一旦地区间发展水平与发展条件出现了差距，条件好而且发展快的地区，就会在发展过程中不断为自己积累有利的因素，从而进一步影响落后地区的经济发展，使得落后地区不利于发展的因素越积累越多。

市场经济条件下，政府提供公共产品，企业以利益最大化为目的从事经济活动。政府通过提供公共服务为企业创造适合其经营活动需求的社会环境，监督企业经济行为的合法性。企业作为经济活动的主体，通过其经济活动，吸纳劳动力就业，为政府提供税收，从而增强政府提供公共服务的能力和水平。在这种政府不直接干预企业经济行为的条件下，各地区企业按照比较优势配置资源，从而使全国形成合力的地域分工体系。但是由于市场失灵的存在，必须强化中央的宏

[①] 参见胡鞍钢、王绍光：《政府与市场》，中国计划出版社2000年版。

观调控能力,既不放任自流,又不简单地依靠行政命令,必须建立起规范化的制度体系,并在科学划分各级政府的事权和财权的基础上以法律的形式将其制度化。确保中央政策的严肃性和实施的有效性。同时由于地区之间经济发展水平上的差异,致使各地区的税收能力相差很大,要协调区域经济的发展,中央政府负有使各地区提供相对均等化地方公共产品的责任。

2. 统筹规划和发挥自身优势相结合原则

在区域协调发展中我们既要统筹规划,做到全国一盘棋,统一安排集中处理,又要充分调动各地区的积极性,发挥各自优势。正确处理好繁荣地区、萧条地区、落后地区、膨胀地区的关系,建立起各区域良性互动的机制。

目前,人们已经普遍接受和承认多种发展道路和发展模式的存在。在区域经济发展方面不能片面强调发展速度、GDP水平等等。我们要承认区域发展差距是客观存在的,在制定区域政策时,我们要重视因地制宜,发挥特色。只要是符合当地特点,最大限度地发挥地区比较优势的发展方式,就是最优化的地区发展之路。

第一,统筹规划,促进产业转移。在区域经济发展过程中,由于自然资源禀赋、科学技术水平、经济发展的制度和体制等一系列原因,客观上存在着处在不同经济发展水平上的地区,也就存在经济发展的梯度差,在整个经济不断向前推进的过程中,经济发展水平高的地区以及高梯度的地区会发生技术、资金、人才等经济因素会向落后地区转移,从而带动落后地区经济增长的情况。但是现实中这一过程将是非常缓慢甚至可能由于聚集因素的存在而发生经济因素流向的逆转。为了弥补梯度推移战略的不完善性,还要实施区域经济优势发展战略和依托大江大河的流域发展战略。国家必须在宏观上对发展战略加以把握,进行积极的规划和引导。产业和技术的梯度转移与传播是区际关系协调与区域经济布局优化的需要,产业的适时转移是高梯度发达地区产业结构调整的需要,落后地区接受产业转移与适用技术对其自身的发展来说也是利多弊少,一些产业转移到落后地区会大大降低生产成本,同时增加该地区的就业机会,提高人民的生活水平,并以此为契机积累经济起飞的条件。

第二，发挥优势，促进各地区特色产业的发展。经过多年的发展，各大区域的比较优势正在逐步凸现出来，根据各自的比较优势安排好区域分工是区域协调发展的前提。[①]

西部地区。西部地区的有色金属产业、水力电力以及部分农产品的生产在全国占有明显的优势，要大力发展与此相关的产业，拉长产业链，立足于发挥自身优势，调整和优化产业结构，建立具有发展前景的特色经济和优势产业。

东北地区。东北地区是我国重要的农产品生产基地，石油、钢铁、汽车、机械制造以及资源开采工业在整个国民经济体系中占有重要的地位。要激发东北工业基地活力，发挥粮食生产和畜牧业的比较优势，在装备制造业等重工业上发挥优势，加快发展现代农业，以农民增长为核心，大力推进农业产业化经营，实施龙头企业带动战略，加快农业结构调整，把东北建设成为全国最大的现代农业基地。

中部地区。中部六省是全国重要的交通枢纽，金属采掘和加工业、煤炭工业、食品工业和机械制造业等在全国占有较大产值比重和市场份额，要利用交通优势发展各类专业市场。

东部地区。东部地区经济实力雄厚，基础设施比较完善，对外开放程度高，科技教育发达，人才资源丰富，具有继续率先发展的优势和条件。要进一步提高自主创新能力，依靠科技进步提升和促进产业结构的优化升级以及增长方式的转变，提升企业的竞争力。总之，要找准各地区的优势产业进行扶持培育，按照统筹规划、合理分工、优势互补、协调发展的地区布局原则，把全国经济的统一性和地区经济的特色性有机结合起来，使产业倾斜建立在地区资源优势和市场优势上，使中西部地区的资源优势潜力得到加快发展，实际上也就支持了东部地区经

---

① 参见周瑞超：《发挥比较优势 促进区域协调发展》，《经济与社会发展》2006年第9期。

济的持续快速发展。

3. 当前发展和长远发展相结合原则

要着力改变传统的区域发展方式，把可持续发展的思想贯穿在区域政策制定的始终，促进经济、社会、人口和资源环境的协调发展。

当前的区域协调发展要实现三个目标：

一是实现共同富裕。从区域共同富裕的要求出发，各地区的比较优势和特殊功能都能得到有效的发挥，形成体现因地制宜、分工合理、优势互补、共同发展的区域经济。

二是建设统一市场。从"双循环"的要求出发，各地区之间人流、物流、资金流、信息流能够实现畅通和便利化，形成建立在公正、公开、公平和竞争秩序基础上的全国统一市场并与国际市场相衔接。

三是普及公共服务。各地区城乡居民可支配购买力及享受基本公共产品和服务的人均差异逐步缩小，最后实现基本公共服务的均等化。

长远的区域协调发展在前面的基础上，还要实现两个目标：

第一，区域关系的协调。各地区之间基本市场经济导向的经济技术合作能够实现全方位、宽领域和新水平的目标，形成各区域之间全面互助合作的新型区域经济关系。

第二，构建面向现代化的区域体系。各地区国土资源的开发、利用和保护能够实现统筹规划和互助协调，各区域经济增长与人口资源环境之间实现协调的发展模式。

4. 产业专业化与地区综合发展相结合原则

区域协调发展需要地区经济的专业化分工。分工的主要表现是产业的专业化发展，这是为了促进地区分工协作发展的必然要求，也是充分发挥各地区的经济优势，使各地区形成各具特色的产业结构的必由之路。但是，专业化的程度需要有一定的限度，特别是我国经济与世界经济深度融合之后，更要防止地区经济过度专业化带来的经济发展的脆弱性。

专业化与综合发展相结合的原则，是区域经济协调发展的重要要求。专业化与综合发展相结合，就是要形成具有很强发展韧性的区域产业功能结构：在主导产业的引领下，区域性产业形成辅助性的产业群，环绕主导产业共同发展，并有基础产业，包括公共服务，构成区域经济协调发展的全部内容。

（二）区域协调发展战略的目标取向

1. 区域协调发展战略的理论目标：统领板块之间、经济带之间、城乡之间、类型区之间的发展关系

回顾"十一五""十二五"期间采取"四大板块"划分，尽管从地域上实现了全覆盖，但由于具体政策需要不断细化才能更有针对性，所以导致区域发展政策落实情况不及预期。正是认识到这一问题，为了提高政策的精准性，国家主体功能区规划在"十三五"期间得到推行与具体落实。主体功能区的核心思想是，根据资源环境的承载能力、现有国土开发密度和发展潜力，确定哪些区域适宜优化开发和重点开发，哪些区域应当限制开发和禁止开发。这种"生态优先""宜经济则经济、宜生态则生态"的发展理念，开拓了区域经济社会协调发展的思路，为区域发展注入了新的希望。"十四五"期间实施区域重大战略，区域协调发展战略和主体功能战略，促使党的十九大报告中提出的协调发展战略，则使区域协调发展向全面协调转变。

坚持顶层设计，推动区域协同发展。中国区域经济经过多年的发展，每个区域都获得了长足的进步，但区域之间的关系始终存在不协调的状况。如何实现区域经济的一体化发展，是新时期区域发展的重要任务。例如，京津冀地区是国家重要的畿辅地区，但京津冀地区一体化发展远未形成。2014年2月26日，习近平总书记在北京主持召开座谈会，听取京津冀协同发展工作汇报，强调实现京津冀协同发展，是面向未来打造新的首都经济圈、推进区域发展体制机制创新的需要。

习近平总书记十分重视区域合作机制的完善，认为区域合作机制是加强经济合作、推动区域经济健康有序发展的内在要求和重要保证。在视察"长三角"时，提出建议建立沪苏浙三省市党政主要领导定期会晤机制，坚持和完善沪苏浙经济合作与发展座谈会制度，进一步探索建立有组织、可操作的专项议事制度，积极推动各类经贸活动的开展。强调要加强政策的统一性和协调性，着力消除市场壁垒，规范市场秩序，为要素的自由流动和各类经济主体的合作与竞争提供良好的政策环境和发展条件。

我国区域发展中类似京津冀地区情况的区域有很多，情况复杂，区域一体化发展的任务很重。如何加快这些地区的一体化发展是区域经济发展的重要任务。习近平总书记的协同发展思想，具有指导区域一体化发展的普遍意义。

理论标准上的衡量仍然需要，结合发展战略上的路径选择将把区域协调发展落到实处，这就是从抽象协调向具体协调转变。作为衡量标准的区域协调发展，往往是抽象的，并开始向方法论的方向转化。例如，"区域协调度"的提出，用来测量区域的协调程度。区域协调发展战略侧重点在区域协调的机制和政策的调整。

从区域政策的转变看，缩小政策单元，重视跨区域、次区域规划，提高区域政策精准性，按照市场经济一般规律制定政策。缩小政策单元是提高区域政策精准性的前提条件，可以更加有效地依据当时当地的资源条件和发展环境提出有效的发展路径，把已有的区域政策和区域规划落到实处。这样就使得区域协调发展战略在实施层面更加深入一步。

2. 区域协调发展战略的社会目标：公共服务均等化水平进一步提高

我国在"十三五"规划中提出的目标是：到 2020 年，基本公共服务体系更加完善，体制机制更加健全，在学有所教、劳有所得、病有所医、老有所养、住有所居等方面持续取得新进展，基本公共服务均等化总体实现。具体包括：城乡区域间基本公共服务大体均衡，贫困地区基本公共服务主要领域指标接近全国平均水平，广大群众享有基本公共服务的可及性显著提高。国家基本公共服务清单基本建立，标准体系更加明确并实现动态调整。基本公共服务供给保障措施更加完善，可持续发展的长效机制基本形成。各领域制度规范衔接配套、基本完备，服务提供和享有有规可循、有责可督，基本公共服务依法治理水平明显提升。

进入"十四五"时期，"十四五"时期的区域协调发展，要在"十三五"规划纲要的基础上进一步提升。从区域协调发展战略的目标指向上看，重点是要缩小城乡、区域间公共服务，人均收入和生活水平的差距，而不是经济发展水平和人均GDP的差距，公共服务满足公民生活、生存与发展的某种直接需求，能使公民受益或享受。

长期以来，从共同发展的愿望出发，我们希望以人均地区生产总值和地区居民收入等指标标识的地区发展水平尽可能接近，并在实际政策的实施中以此为目标。[1]但是在实践中发现受各地区要素禀赋差异等的影响，地区发展水平的差距是难以完全消除的，特别是在受自然条件影响、生存成本和发展成本很高的地区，或在维护国家生态环境安全上负有重要使命的地区，难以通过扩大经济总量缩小发展差距。地区居民收入水平是城乡居民感受更直接的指标，它除受本地区经济发展水平、就业机会等影响外，还受地区劳动力异地就业务工的影响。对于土地承载力处于超负荷状态、发展条件难以尽快改观、当地就业岗位近期难以大幅度增加的地区，地区居民收入水平的持续提高是有很大难度的。

即使在欧美等西方发达国家，国内也存在地区差距，但这种差距主要表现在经济发展水平上，而在公共服务水平上几乎没有差异，人均收入差距也不大，这是因为提供公共产品服务是中央政府和地方政府的基本职能，政府通过转移支付、社会保障等公共财政工具，可以实现地区之间的均等化。

所以，解决我国地区间、城乡间的发展差距，应当将公共服务水平的均等化放在首位，要加大国家对中西部地区、广大乡村和深度贫困地区的财政转移支

---

[1] 孙海鸣、赵晓雷：《2003 中国区域经济发展报告——国内及国际区域合作》，上海财经大学出版社 2003 年版。

付,尽快使那里的教育文化、医疗卫生、道路交通、公共设施等向东部看齐,让居住在国家不同地区的人民都能享受到大致相同的公共服务,分享国家快速发展带来的成果和实惠。

3. 区域协调发展战略的经济目标:实现区域经济的高质量发展

中国作为一个发展中国家,经济发展必然经历不同阶段,在这么广阔的土地上要实现区域协调发展,也必然要按阶段循序渐进,在每一个阶段实现符合实际的发展目标,为下一个阶段的平稳较快发展奠定基础,最终实现区域协调发展的总目标。

改革开放以来,中国国内生产总值由1978年的3678.70亿元升至2018年的900309.50亿元,取得了举世瞩目的成就,中国成为世界第二大经济体。2021年虽然受到新冠疫情的影响,但增速仍然达到8.1%,国内生产总值达到114.36万亿元。但近年来,我国经济运行的内外形势不断变化,内部经济面临下行压力,外部国际经济环境复杂严峻,依靠要素和投资驱动的传统经济发展方式的弊病日益暴露,已经不可持续。党的十八大以来,国家相继推出多项改革措施,助力经济发展的动能转换,为国民经济平稳运行保驾护航。[①]党的十九大报告首次提出"高质量发展"的概念,指明中国正处于转变发展方式、优化经济结构、转换增长动力的攻关期,将建设现代化经济体系作为战略目标。

高质量发展的外延非常广,具体表现为:宏观调控渐趋完善,经济运行在合理区间;实体经济壮大,产业结构高级化、合理化;创新型国家建设稳步推进;消费的基础性作用、投资的关键性作用得以释放;全方位、多领域的对外开放;国土空间上的均衡发展;发展成果由人民共享;人地关系更为和谐。[②③]

作为生活质量的直观体现,人均国内生产总值反映了居民从国民经济总量

---

① 《党的十八大以来全面深化改革成就综述》,https://news.qq.com/a/20171008/014710.htm。
② 张军扩、侯永志、刘培林等:《高质量发展的目标要求和战略路径》,《管理世界》2019年第7期。
③ 历年国务院《政府工作报告》,http://www.gov.cn/guowuyuan/baogao.htm。

扩大中获得的收益,是衡量经济发展质量的代表性指标。改革开放之初,中国人均国内生产总值为382.17元,仅为世界平均水平的11.17%。为尽快摆脱一穷二白的局面,中央政府将沿海地区作为突破口,对内改革经济体制,对外扩大开放规模,探索出一条"让沿海地区先富起来,先富帮后富,最终达到共同富裕"的发展路径。经过40多年的发展,人均生产总值已和中等发达国家持平。"十四五"期间,实施区域协调发展战略的经济目标仍然是提高人均国内生产总值的数量。以目前各区域的增长速度来推算,到2035年,东部沿海地区达到人均国内生产总值30000美元,中部地区和东北地区20000美元,西部地区15000美元。实现这个目标,我国将进入到发达国家的行列。

4. 区域协调发展战略的空间目标:以经济带建设构建中国区域发展新格局

习近平总书记在2019年9月视察河南时的讲话,提出五大国家战略:即长江经济带战略、京津冀协同发展战略、粤港澳大湾区战略、长三角一体化发展战略和黄河生态带发展战略,"十四五"规划进一步将这五大战略上升为区域重大战略。一个新的、以经济带为中心的区域发展时代正在到来。

习近平总书记在不同场合提出要打造中国的经济带。他提出"以点带面,从线到片,逐步形成区域大合作"的经济带构建思路,对于目前已经逐步形成的长江经济带、黄河生态保护与高质量发展带,具有很强的指导意义,也是跨区域发展思路的具体体现。

例如,"一带一路"倡议中的新丝绸之路经济带是在古丝绸之路基础上形成的一个新的经济发展区域。东边牵着亚太经济圈,西边系着发达的欧洲经济圈,被称为是"世界上最长、最具有发展潜力的经济大走廊"。在新丝绸之路经济带呼之欲出以及新一轮西部大开发加速推进之际,"升级版"的西部大开发规划正在加紧研究和编制。未来西部大开发将结合中共中央提出的构建新丝绸之路经济带的思路,加快宁夏内陆开放型经济试验区建设、加快关中—天水经济区升级建设、加快支援新疆建设、做好西部沿边金融特区建设、抓住向西开发开放机遇等方面的战略,打造西部大开发的"升级版"。

再比如，习近平总书记十分重视打造长江经济带。长江流域面积占了全国的18%，人口占了全国的36%，GDP占了全国的37%，"长江是继中国沿海经济带之后最有活力的经济带"。长江经济带可以拓展我国经济发展空间，形成转型升级新的支撑带。而上海自贸区的设立，使长江经济带的发展优势进一步巩固。

5. 区域协调发展战略的生态目标：保障国家和区域生态安全

推进生态文明建设是新时代区域发展的重要组成部分，是区域可持续发展的重要保障。习近平总书记十分重视生态文明建设，多次指出建设生态文明，关系人民福祉，关乎民族未来。把生态文明提高到民族生存的高度来认识，是从来没有过的，也体现了习近平总书记在区域发展上的高瞻远瞩。

由于我国国土面积广大，生态环境多种多样，同时历史遗留的环境问题较为严重，建设生态文明的任务十分繁重。对于如何推进生态文明建设，习近平总书记从着力树立生态观念、完善生态制度、维护生态安全、优化生态环境，形成节约资源和保护环境的空间格局、产业结构、生产方式、生活方式等方面提出了基本的思路。他指出必须树立尊重自然、顺应自然、保护自然的生态文明理念，坚持节约资源和保护环境的基本国策，坚持节约优先、保护优先、自然恢复为主的方针。

经济发展同生态环境保护的关系历来是十分复杂和难以处理的关系。习近平总书记强调，牢固树立保护生态环境就是保护生产力，改善生态环境就是发展生产力的理念，更加自觉地推动绿色发展、循环发展、低碳发展，决不以牺牲环境为代价去换取一时的经济增长。这种理念突出地反映了我国领导人对区域发展的新思路，这种思路是现代的、可持续的，代表了政府对国家发展的最高理念。

国土是生态文明建设的空间载体，因此区域发展对于生态文明建设就十分重要。国家主体功能区制度明确指出，要按照人口资源环境相均衡、经济社会生态效益相统一的原则，整体谋划国土空间开发，科学布局生产空间、生活空间、生态空间，给自然留下更多修复空间。习近平总书记提出要坚定不移加快实施主体功能区战略，严格按照优化开发、重点开发、限制开发、禁止开发的主体功能定位，划定并严守生态红线，构建科学合理的城镇化推进格局、农业发展格局、生态安全格局，保障国家和区域生态安全，提高生态服务功能。牢固树立生态红线的观念。

（三）新时代区域协调发展战略的主要实施途径

以区域协调发展战略来引领"四大板块"之间、经济带之间、城乡之间、类型区之间的发展关系，结合发展战略上的路径选择把区域协调发展落到实处，是区域协调发展战略的核心内容。

1. 区域经济发展规划的提升与完善

多年来，我国制定了大量的区域规划，从大的地域性发展规划到国家级各类区域的规划，对我国的区域发展起到了重大的成效。特别是当前，到了规划成效的显示时期，对这些规划的总结、提升与完善，是区域协调发展战略的重要途径之一。

区域发展总体战略是以"四大板块"的协调为基础的，中心是以地理位置并考虑行政区所形成的"政策覆盖区"的协调发展，强调的是对区域板块的政策指导和发展定位，所以没有过多考虑区域板块之间的经济联系。因此在全面高效指导我国地区经济的协调发展中，迫切需要加强板块之间的联系。区域协调发展战略是在继承区域发展总体战略基础上的完善与具体化，是新时代中国地区经济和社会发展的统领性战略。从板块和类型区协调向全面协调转变，是区域协调发展战略的根本出发点。

2. 完善区域协调发展战略的体制机制

中国区域经济经过多年的发展，每个区域都获得了长足的进步，但区域之间的关系始终存在不协调的状况。如何实现区域经济的一体化发展，是新时期区域发展的重要任务。

首先是协同发展机制。当前协同发展的主要区域是京津冀地区。京津冀地区是国家最重要的畿辅地区，但京津冀地区一体化发展远未形成。2014年2月

26日，习近平总书记强调实现京津冀协同发展，是面向未来打造新的首都经济圈、推进区域发展体制机制创新的需要。推动区域协同发展的关键是形成协同发展的机制，包括城市、交通、生态、产业等各个方面，都需要有区域协同的发展机制。

其次是区域经济一体化机制。当前区域经济一体化最成熟的区域是粤港澳大湾区。区域经济的一体化是包括商品贸易、基础设施、要素流动和政策设计等多个方面的一体化，要有统一的领导，编制一体化的发展规划，制定相关的发展政策，用来推动资本、技术、产权、人才、劳动力等生产要素的自由流动和优化配置。

最后是区域合作机制的完善。"长三角地区"的区域合作是全国的典范。在建立地区党政主要领导定期会晤机制的基础上，进一步探索建立有组织、可操作的专项议事制度，积极推动各类经贸活动的开展。加强政策的统一性和协调性，消除市场壁垒，规范市场秩序，形成良好的政策环境和发展条件。

3. 构建精准性的政策体系和可操作的政策平台

构建精准性的区域政策体系。国家发展和改革委等有关部门近10年来出台了数十个发展规划和区域发展的指导意见，取得了显著的效果。然而，随着区域经济发展态势的变化，也显现出政策范围过宽、各类政策不连贯、政策功能不明确的问题。例如，开发区政策、国家级新区政策、综合配套改革试验区政策与主体功能区政策之间的联系比较少，有些地方甚至存在一定的矛盾。所以，建立统一规范、层次明晰、功能精准的区域政策体系，是从全局性和区域性出发推进区域协调发展的重要途径。发挥区域政策在宏观调控政策体系中的积极作用，可以加强区域政策与财政、货币、产业、投资等政策的协调配合，突出宏观调控政策的空间属性，提高区域政策的精准性和有效性。

优化区域创新与发展平台。我国当前经济增长动力正在发生转换，实施区域协调发展战略需要培育区域经济新动能，需要改革区域创新的体制机制，而这些动能的转化落实在空间上，就是要进一步完善各类发展平台。这些平台包括国家级新区、综合配套改革试验区、承接产业转移示范区等具有先行先试政策优势的区域性平台。一是激发活力，以体制机制改革促进经济活力的迸发，以科技创新促进生产能力的提升；二是拓展空间范围，让这些功能平台更多地向中西部地区、革命老区、边疆地区、贫困地区延伸，使这些政策资源匮乏的区域获得加快发展的政策资源；三是自身优化，这些功能平台的发展参差不齐，对区域发展起到的作用差别也很大。自身优化的核心是调动发展能力，提升产业层次，拓展产业规模。

加强区域规划的权威性和操作性。区域规划是充分发挥地域优势、谋划区域未来发展的纲领性文件。多年来，我国的区域规划已经成为区域发展、产业选择和项目安排的依据。然而，并不是所有的区域规划都能够得到有效的实施。原因就在于有些规划不具有权威性和可操作性。从我国目前的情况来看，区域发展最需要加强规划的是跨行政区和几个行政区交界的边缘地区的区域发展，而恰恰是这类"合作区"的规划最难实施。难点就在于行政区的利益难以协调。做好区域规划与相关规划的衔接配合，真正实现"多规合一"，做到"一张蓝图绘到底"，不因地方政府换届而造成政策多变，保持政策连贯性。

三、新时代促进区域协调发展的总体思路

促进区域协调发展，要在发挥市场配置资源决定性作用的前提下，通过强化政府规划引导和宏观指导，进一步优化国土空间开发格局，构建以重点经济区、经济带、城市群等为支撑，以主要发展轴带为骨干，连接东中西贯通南北方的多中心、网络化的区域开发总体框架，推进形成功能清晰、分工合理、各具特色、协调联动的区域发展格局，促进生产要素分布与国家重大生产力布局相协调，在更大范围、更高层次、更广空间顺畅流动与合理配置。要从更高层次、更大范围、更宽视野，立足推动经济发展方式加快转变、优化国土空间开发格局、加强区域统筹协调的高度，进一步明确和完善区域协调发展的战略思路。

（一）统筹协调

统筹协调就是按照启动中国特色社会主义现代化建设的要求，统筹兼顾、合理布局，妥善处理区域发展中各方面的关系，坚定不移地走协调发展、共同富裕之路。实施统筹协调发展，需要政府切实加强对区域发展的指导，全面部署和统筹兼顾东中西、南北方各个区域的发展方向与重点。其中，"统筹"的内在含义是建立健全市场机制、合作机制、互助机制、扶持机制，优化国土空间开发格局，形成东中西和南北方相互促进、优势互补、共同发展的格局。"协调"的内在含义是要在有效发挥各地区比较优势的基础上，切实提高经济、社会、生态效益，努力使各个地区间的发展差距保持在适度范围内，让各个地区的人民都能够享受到均等化的基本公共服务，使各个地区人与自然的关系处于和谐的状态。

统筹协调战略需要打破行政区划的藩篱，既要发挥市场的决定性作用，促进要素自由流动，又要发挥政府的引领和能动作用，使得适合发展经济地区集约高效、适合人类居住地区宜居适度、重要生态功能地区山清水秀。目前，统筹区域协调发展的重点就是依托重要的交通干线，努力构建横贯东中西、连接南北方的经济带，以强化人流、物流、资金流、信息流的联系为核心，引导要素在经济带附近集聚，提高规模经济效益，形成若干个协调互动、布局合理、功能互补的城市群，并依托城市群构建经济区。要进一步深化户籍、土地、金融、企业等领域的改革，形成人口集中与经济集聚相匹配的发展格局。

（二）轴带引领

轴带引领就是发挥轴带横跨东中西、连接南北方的天然优势，提升轴带对统筹区域协调发展的能力。在轴带不同的发展阶段，应选择差异化的策略。初始阶段，随着交通沿线空间可达性提高，生产要素集聚与扩散行为变得通畅而便捷，区域人口、产业、城镇、信息向交通线聚集，经济带随之起步。随着中心城市经济实力的不断增强，与之存在经济联系的地域迅速拓展，经济带的非平衡特征日益明显，整个经济带进入膨胀增长阶段。当集聚达到一定程度时，扩散效应逐渐发挥主导作用，经济中心以梯度扩散、等级扩散、位移扩散等方式不断向邻近地区传递产业及技术要素，交通功能的完善促使经济带均衡发展过程得以顺利实现。以日本为例，日本东海道20世纪20年代引入铁路运输，促使大阪、名古屋、东京三大工业地区加速发展，东海道经济带初具雏形；60年代开始，公路运输引入，高速交通体系发挥作用，三大都市圈迅速沿公路呈放射状发展；70年代以来，现代交通和通信网络日渐完善，内部经济、社会和文化联系进一步加强，三大都市圈经济融合渗透趋于一体化，形成了东海道城市群。日本东海道城市带的发展历程表明，经济带的发展需要具备初始条件，如城市和城市群的存在；经济带发展具有阶段性，由"两点一线"到"多点一线"，再到绵延成带，并不能一蹴而就。

当前，我国交通运输方式组合条件好，具有一定发展基础的一级开发轴带主要有沿海线、京广京哈线、长江黄金水道、珠江—西江水道、陇海兰新线、包昆线等。这些主要交通干线集聚了大量人口、产业和城市，形成了比较明显的经济隆起带，对于促进区域协调发展具有重要意义。

除国家级发展轴线外，浙赣湘经济带、哈大经济带、胶济邯经济带、山西大（同）太（原）运（城）经济带、汉江经济带、呼（和浩特）包（头）银（川）经济带等区域性经济带都可以作为国家二级开发轴带。

（三）群区耦合

新时代促进区域协调发展，要提高城市群的辐射力和带动力。目前，我国已初步形成长三角、京津冀、珠三角、辽中南、山东半岛、海峡西岸、中原、长江中游、成渝、关中等19个城市群。下一步，需要在加强城市群内部基础设施网络化和生态环境联防联治的基础上，推进城市群一体化发展，强化城市群内部功能整合，提升城市群竞争力。与此同时，要顺应经济带、城市群和经济区耦合的趋势，推进空间结构的优化。可依托辽中南、京津冀、山东半岛、长三角、海峡西岸、珠三角六大城市群打造沿海经济带，依托珠三角、长江中游、中原、京津冀、辽中南、哈长城市群打造京广京哈经济带。以城市群为核心，培育形成东北、泛渤海、泛长三角、泛珠三角、海峡、中部、西南、西北八大经济区。这种空间组织模式，既能发挥各区域自组织、自协调、自调整的能动性，加强内部的经济联系与合作，中央政府也能发挥统筹协调能力，避免区域差距过大，消除区域壁垒，促进要素跨区域流动。

（四）开放合作

改革开放 40 多年来，对外开放战略的实施增强了我国的经济实力，加快了现代化步伐，促进了各个地区特别是东部地区的改革深化和经济发展。在此战略的深远影响下，与沿海地区相比，广大内陆地区开放水平虽明显提高但仍相对滞后；不同地区间的经济合作虽在加强，但深度广度仍有待进一步拓展。新时代促进区域协调发展，以国内大循环和国际国内双循环的构建为导向，继续深化沿海地区的对外开放水平和对内陆地区开放的带动能力，还要加快推进沿边、沿江和内陆地区开放，通过开放促改革、促合作、促发展。与此同时，要积极构建合作机制与交流平台，全面促进国内区域合作。

据不完全统计，目前世界上 80% 左右的国家参加了不同层次的区域合作组织。根据 WTO 统计，2010 年以前，在生效的区域经济集团化组织中有自由贸易协议占了 176 个，关税同盟 22 个，部门一体化组织 46 个。目前全球构建完成或正在构建的主要区域集团组织有欧盟、北美自由贸易区、亚太经合组织、东盟、中国—东盟自由贸易区、独联体经济联盟、加勒比共同体、安第斯集团和 CPTPP 等等。区域经济一体化已成为许多国家应对全球化、融入世界经济的重要策略和手段，区域经济一体化与经济全球化已成为当今世界经济发展的两大重要趋势。

目前，我国参与的具有实质内容的国际区域合作和次区域合作有亚太经合组织、上海合作组织、中国—东盟自由贸易区、曼谷协定、澜沧江—湄公河国际次区域合作、中国与中亚次区域合作、图们江次区域合作等。同时，我国也积极参与了各类具有论坛性质的国际区域经济合作组织，如亚欧会议、中非合作论坛、东亚拉美合作论坛、博鳌亚洲论坛、达沃斯论坛、中国与加勒比经贸合作论坛等。

但总体来看，我国参与国际区域合作的深度和广度均不够。新时期，深化区域合作的重点是推进丝绸之路经济带和21世纪海上丝绸之路经济带建设；以国际大通道为依托，通过珠江—西江经济带，深化珠三角与北部湾地区的合作，充分利用中国—东盟自由贸易区平台，把广西打造成我国西南中南地区开放发展新的战略支点；深化澜沧江—湄公河国际次区域合作，把长江经济带与孟中印缅经济走廊连接起来，深化成渝经济区与云南、贵州的区域合作，把云南建成向南开放的桥头堡；深化我国与中亚地区的合作，利用丝绸之路经济带，加强中哈、中俄、中蒙次区域合作，把新疆建成向西开放的重要基地；深化与东北亚地区合作，加强黑龙江、吉林、辽宁、内蒙古和环渤海地区的区域合作，构建我国面向东北亚开放的核心区和重要枢纽。

在加强国际区域合作的同时，要高度重视国内区域合作。应通过国际合作和国际次区域合作，拉动或引领国内区域合作，通过国内区域合作支撑国际区域、次区域合作。以开放促合作，以合作促发展。以粤港澳大湾区为依托，进一步加强港澳、海南、广西、云南与广东省在泛珠三角框架内的合作；以长江经济带为依托，以成渝地区为重要支撑，强化云南、贵州、西藏与成渝的合作；以丝绸之路经济带为纽带，以关中—天水经济区为重点，强化西北地区合作，不断提升向西开放的水平；以环渤海经济区为腹地，以辽宁、吉林、黑龙江、内蒙古为前沿，深入开展东北亚国际次区域合作，以环渤海经济区为腹地，打造我国内陆地区对外开放新高地。鼓励和支持省际交界地区建立合作平台，推动实现公路、铁路等重大基础设施互联互通，积极开展国内次区域合作，不断提高各大经济区的合作水平和质量。

第五章　新时代区域协调发展的现状特征与评价体系

从改革开放到现在，区域协调发展已经走过40多年的历程。如何正确、客观、实事求是地评价我国当前区域协调发展的现状？我们需要借助相应的方法，建立评价体系，对全国和各区域的协调发展做出评价。本章将从区域协调发展的现状和问题入手，建立评价体系，并依据可得到的数据进行评价。

一、我国区域协调发展的现状与问题

新中国成立以来，特别是改革开放以来中国经济发生了翻天覆地的变化，伴随着我国经济规模的扩大，区域差距的问题也逐渐显现，因此区域经济协调发展显得更为重要。回顾我国区域经济发展的路径，经历了均衡—非均衡—协调这三个阶段。

（一）我国区域经济发展战略的历史回顾

1. 改革开放前：区域均衡发展战略

这一时期均衡发展战略贯穿始终，根据区域发展阶段制定的历史背景和实施空间分布差别，这一时期又可分为4个阶段。

（1）1953—1957年："156项"布局阶段。在遭受全球绝大多数资本主义国家封锁、禁运的环境下，新中国通过等价交换的外贸方式，接受了苏联、东欧国家的资金、技术和设备援助，建设了以"156项"为中心的近千个工业项目，使中国的重工业在现代化道路上迈进了一大步。新中国成立前，中国工业设施的70%都集中在沿海一带，有限的内地工业也主要集中在少数几个城市，占全国国土面积 1/3 的大西北，1949 年工业总产值仅占全国的 2%，这不仅不利于资源的合理配置，而且对国家安全也极为不利。为改变这一状况，新中国把"156 项"的大部分项目都布局于内地，这种布局初步改变了新中国成立前工业布局不合理的状况，促进了区域经济的平衡发展。这一时期的地区布局重点已从沿海转向内地，156 项重点工程中，实际施工的有 150 项，其中内地为 118 项，沿海仅 32 项，在基本建设投资总额中，沿海和内地分别占 46.7% 和 53.3%。

（2）1958—1964 年：建立独立工业体系阶段。此时期在经济发展布局上提出各大协作区建立起各自独立、完整的工业体系，1958 年将全国划分为七大经济协作区[①]，要求各个协作区建立起自己的工业骨干和经济中心，形成若干农轻重协调发展的工业体系。伴随这种强调自成体系、各自为战的自给自足的地方经济体系，我国经济发展布局"大而全"的封闭式区域发展模式逐渐开始形成。

（3）1965—1971 年："三线建设"时期。这个时期依然是区域经济平衡发展战略时期，即把生产力落后的内地作为经济建设的重点，通过生产力的平衡布局，缩小沿海与内地的差距。1964 年，毛泽东在讨论"三五"计划的中央工作会议上提出，在原子弹时期，没有后方不行，他提出了把全国划分为一、二、三线的战略布局，要下决心搞"三线"建设。"三线"建设是这一时期我国的区域经济政策，向"大三线"进行战略转移。这一时期重点投资作为大后方的"大三线"地区，这一时期内地的投资额和沿海差距较为悬殊，"三五"时期内地投资额 611.5 亿元，而沿海地区的投资额为 282.9 亿元，内地是沿海的 2.16 倍。此时期在西部建立一些具有深远影响的项目，例如四川攀枝花钢铁基地，湖北十堰的第二汽车制造厂，川黔、成昆、贵昆铁路等几条重要的交通线。

（4）1972—1978 年：大型项目东移阶段。这一时期的区域政策特征是进

---

① 东北、华北、华东、华南、华中、西南和西北七大经济协作区（1961 年将华中和华南合并为中南区，改为六大经济协作区）。

一步加快了"三线"建设,但是与上一阶段不同的是,在继续进行西南、西北建设的同时,"三线"建设的重点转向"三西",即在豫西、鄂西、湘西地区布置了一批重点项目建设。后期由于国际形势发生变化,我国对外关系开始改善,1972年,国家提出加快沿海地区发展的原则,沿海地区建设与"三线"建设处于并重的地位。1973年大规模引进成套设备,大部分项目布局在沿海和长江地带,至1975年沿海地区在全国基本建设投资中所占比重上升到41.5%,投资重点开始逐步向沿海转移。

区域均衡发展战略实施取得的主要成就是:建成了几条铁路干线、几座新型工业化城市,改变了我国经济布局极不平衡的状况,促进了全国经济网络的形成,同时也改善了落后地区的面貌,加强了民族团结,增强了我国的国防实力。但是均衡发展战略没有考虑实际,西部地区基础设施和自然环境较差,投资回报率明显低于沿海地区,不顾东西部的客观差异而人为地推动区域均衡发展战略,虽然在一定程度上缩小了区域之间的差距,但是影响了当时我国整体的发展速度。

2. 1979—1991年:非均衡发展阶段

这个时期的生产力总体布局演变的重要特征是,国家纠正了过去均衡发展战略忽视东部地区的比较优势的误差,在战略上转为一方面发挥东部沿海地区的经济、自然地理优势,另一方面有步骤地开发中西部资源。邓小平在1978年中央工作会议上的讲话《解放思想,实事求是,团结一致向前看》中提出了"先富"与"共富"的理论,这一对区域发展战略内涵的重新概括,标志着我国区域经济发展战略从平衡发展到非平衡发展的转变。

在"先富""共富""两个大局"理论的指导下,先后建立了深圳、珠海、汕头、厦门四大经济特区,在总结经验的基础上又把海南开辟为中国最大的经济特区,经济特区作为中国对外开放的"试验田",充分发挥了技术、管理、知识和对外政策"四个窗口"的作用,为中国的沿海开放构建了先行开放的发展模式。在经济特区成功实践的基础上,1984年邓小平又及时提出了开放大连、天津、上海、广州等14个沿海开放城市,并且在一些城市设立经济技术开发区、国家级经济开发区等。1985年又设立了长江三角洲、珠江三角洲和厦漳泉沿海开发区，1990年开放了浦东新区。此时区域的划分从内陆和沿海的划分到首次划分为东部、中部、西部，在开发次序上遵循东部—中部—西部的开发顺序，加速了东部沿海地带的发展，同时把能源、原材料建设的重点放到了中部，积极做好进一步开发西部的准备。

关于"先富"带动"后富"，邓小平也做出很多的设想。1978年他就指出："在西北、西南和其他一些地区，那里的生产和群众生活还很困难，国家应该从各个方面予以帮助，特别要从物质上给予有力的支持。"在他的推动下，国家加快了扶贫工作，切实支援落后地区的发展，加大了对少数民族地区的支撑力度，实行财政补贴制度，从1979年起，国家组织部分经济发达省市对口支援少数民族地区，很大程度上实现了"先富"带动"后富"的示范作用。

总体上来讲，以经济效率为前提，根据各个区域的比较优势而提出的非均衡区域发展战略很大程度上改变了之前的高投入低产出的状况。非均衡区域发展战略通过培育增长极和经济核心区加速了中国的经济增长，提高了人民的生活水平，东部地区通过发挥自己的比较优势而实现了快速发展，并且通过示范效应，在一定程度上也促进了中西部地区的发展。在非均衡发展战略的影响下，我国逐渐形成了"经济特区 沿海开放城市—沿海经济开放区—沿江经济开放区—内地中心城市—铁路沿线和沿江地带"的全方位开放格局。但是非均衡区域发展战略容易使中西部地区陷入"比较利益陷阱"，并且加大了区域之间的差距。1984年东部的人均GDP是中部和西部的14.5倍和9.7倍，到1994年上升到18.7倍和22.7倍。

3.1992—1995年：非均衡区域协调发展阶段

进入20世纪90年代，伴随着我国经济体制逐步从计划经济体制到市场经济体制转变，我国区域经济发展战略的讨论又进入新的阶段。国家相继提出了沿海地区、内陆地区、少数民族地区和贫困地区的区域发展战略，促进了全国各地经济的发展，国家在进一步巩固沿海地区对外开放成果的基础上，逐步加快了中西部地区对外开放步伐，相继开放了一批沿边城市、沿江城市和内陆省会城市，形成了沿海、沿江、沿边和内陆省市相继开放的多层次、多渠道、全方位的对外开放格局。

国家在这一时期实行的非均衡区域协调发展战略取得了巨大的成就，但也存在区域经济发展差距拉大、区域发展不协调等问题。

4. 1996—2012 年：统筹区域协调发展阶段

随着我国与世界经济联系的日益紧密，东部地区抓住发展机遇，利用全球产业转移的机会，发挥自己的比较优势，经济迅速发展，但是中西部地区由于自然地理的劣势，对外开放程度较低，经济发展滞后，进一步拉大了东部与中西部地区的经济差距，1995 年东部地区与西部地区的人均 GDP 之比为 2.3∶1，为了改变日益扩大的区域差距，我国开始实施区域经济协调发展战略。

按照"四大板块"的划分，根据各个板块的定位与发展重点，实施相应政策，"十五"时期明确提出"实施西部大开发战略、加快东北地区发展、促进中部地区崛起，合理调整地区经济布局，促进地区经济协调发展"，差别化的区域政策取得了相应的成绩。为了实现更加协调的国土空间开发格局，我国实行了主体功能区战略，根据不同区域的资源环境承载能力、现有开发密度和发展潜力，统筹谋划未来人口分布、经济布局、国土利用和城镇化格局，将国土空间划分为优化开发、重点开发、限制开发和禁止开发四类，确定主体功能定位，明确开发方向，控制开发强度，规范开发秩序，完善开发政策，逐步形成人口、经济、资源环境相协调的空间开发格局。

西部大开发以来，西部与东部的差距出现缩小的趋势。2000—2009 年，西部地区 GDP 年均增长 11.9%，高于全国同期增速，基础设施建设取得突破性进展。青藏铁路、西气东输、西电东送、南水北调等一批重点工程相继建成，完成了送电到乡、油路到县等建设任务，特别是大规模的交通基础设施建设，改变了西部闭塞的状况，使物流更为通畅，人员出行更为便捷。2006 年实施中部崛起战略以来，中部地区成为产业转移的一片热土，国家在中部地区相继批准了安徽皖江城市带、重庆沿江、湖南湘南、湖北荆州等4个国家级承接产业转移示范区,中部地区发展速度加快,一改以往"不东不西"的局面,在全国经济版图中的地位日益重要。2013年,中部六省GDP总量达到12.73万亿元,占全国GDP的比重达到22.38%。2003年实施振兴东北老工业基地战略以来,东北地区经济社会发展迅速,与东部的区域差距逐渐缩小,东北地区率先实行了免除农业税的惠农政策,粮食生产连年创新高,以国有企业改组改制的体制机制创新也取得了很大的进展,国有企业逐渐转亏为盈,资源型城市转型试点稳步推进,基础设施不断完善,环境保护取得积极成效。

5.2012年至现在

2012年之后,区域协调发展战略进入战略统领和精准实施阶段。在党的十八大之后,习近平总书记提出区域政策和区域规划要完善、创新,特别强调要缩小政策单元,重视跨区域、次区域规划,提高区域政策精准性。提高区域政策精准性是习近平总书记狠抓落实的工作作风的一贯延续和务实作风的重要体现。战略的落实需要有具体区域的规划,这就必须提高区域政策的精准性,更加有效地依据当时当地的资源条件和发展环境提出有针对性的发展路径。2013年的中央经济工作会议,中央把改善需求结构、优化产业结构、促进区域协调发展、推进城镇化作为中国经济发展的4个主攻方向,提出加大对革命老区、民族地区、边疆地区、贫困地区的扶持力度,"精准扶贫"是这一时期提出的最有代表性的扶持政策。

2014年12月,中央经济工作会议明确提出"要重点实施'一带一路'建设、京津冀协同发展和长江经济带三大战略"。此后,作为我国经济发展在空间格局上的重大创新,"三大战略"的顶层设计逐渐落实为具体行动。京津冀协同发展的地域范围包括京、津、冀三省市,总人口超过1亿人,地区生产总值占全国的1/10以上,是环渤海经济圈的核心区域,辐射山东、辽宁。作为我国经济第三增长极,京津冀协同发展意义重大,是国家层面的重要战略。通过对京津冀三地的要素整合,推动产业升级转移,构建交通一体化网络,扩大环境容量生态空间,实现区域协同发展,可对其他地区开展区域合作起到示范作用。长江经济带是承东启西、对接"一带一路"的核心经济带，包括11个省市，人口约6亿，GDP总量超过全国的40%。它是我国区域经济发展的重要引擎，包括长三角城市群、长江中游城市群、成渝城市群三个国家级城市群及滇中城市群和黔中城市群两个区域性城市群。其沿线城市群发展水平梯度差异较明显，自西向东发展水平依次提高，形成以长三角城市群为龙头，长江中游城市群和成渝城市群为重要支撑，以滇中城市群和黔中城市群为补充的格局。

根据习近平总书记在党的十九大报告对区域协调发展的标准阐释，区域协调发展的远期和近期的目标应该是：以地域单元为单位衡量的经济发展水平的提高，缩小并最终消除区域发展差距。近期是遏制地区间人均生产总值扩大的趋势，并使之保持在一个适度的范围内，在实现均衡发展的过程中逐步缩小地区发展差距。实现发展目标的前提条件是：第一，实现地区间公共服务的适度均衡，包括教育、医疗卫生、社会保障、劳动就业、扶贫开发、公共安全、公共文化等基本公共服务，不应因地区的不同、人群的不同而有明显的差异。第二，实现地区间发展机会的均等，包括资源开发、企业进入、基础设施、城市建设、乡村振兴等方面的机会均等，发挥各地区的比较优势，消除区域间的利益冲突。对机会损失的地区进行补偿。第三，实现地区间人口、资源与生态环境的均衡发展，人口、资源与生态环境和谐发展的质的规定性，让人与自然关系处于和谐状态。

具体讲，就是要实现以下4个方面的具体目标：

一是区域协调发展战略的总体目标：区域协调发展战略成为区域经济发展的统领性战略。我们发现，之前的协调发展主要是协调四大板块之间的关系。从党的十九大报告中可以看到这方面的创新是：以区域协调发展战略统领板块之间、经济带之间、城乡之间、类型区之间的发展关系。

二是区域协调发展战略的社会发展目标：实现公共服务均等化水平的进一步提高。包括城乡区域间基本公共服务大体均衡，贫困地区基本公共服务主要领域指标接近全国平均水平，广大群众享有基本公共服务的可及性显著提高，基本公共服务供给保障措施更加完善，可持续发展的长效机制基本形成。

三是区域协调发展战略的经济目标：实现区域经济的高质量发展。改革开放 40 余年以来，中国已经成为世界第二大经济体。但近年来，我国经济运行的内外形势不断变化，内部经济面临下行压力，外部国际经济环境复杂严峻，依靠要素和投资驱动的传统经济发展方式的弊病日益暴露，已经不可持续。党的十九大报告首次提出"高质量发展"的概念，指明中国正处于转变发展方式、优化经济结构、转换增长动力的攻关期，将建设现代化经济体系作为战略目标。中央提出的"国内大循环、国内国际双循环"的发展战略，更加凸显区域经济在国民经济运行中的重要作用，也必将对区域协调发展提出新的要求。

四是区域协调发展战略的空间目标：形成以经济带建设构建中国区域发展新格局的空间战略。习近平总书记在视察河南时的讲话，提出的五大国家战略：长江经济带战略、京津冀协同发展战略、粤港澳大湾区战略、长三角一体化发展战略和黄河生态保护与高质量发展战略，一个新的、以经济带为中心的区域发展时代正在到来。

（二）我国区域经济发展的现状特征

党的十八大以来，全国各族人民高举中国特色社会主义伟大旗帜，贯彻落实新发展理念，坚持稳中求进工作总基调，按照党中央、国务院决策部署，开拓创新，把协调发展作为治国理政的基本发展理念之一，注重解决发展不平衡不充分的问题，以新思想引领高质量发展，推动经济社会发展再上新台阶，有利于加速形成一个良性循环的区域经济发展格局。

1. 区域战略扎实推动，政策体系不断完善

在区域协调发展方面，以习近平同志为核心的党中央与时俱进、科学决策，做出了一系列重要论述，采取了一系列重大创新性举措，形成了一个比较完整的战略体系，先后提出了西部开发、东北振兴、中部崛起、东部率先发展"四大板块"战略，以及"一带一路"建设、京津冀协同发展和长江经济带发展"三大战略"。在因地制宜的区域政策指导下，采取差别化的区域政策，实施分类指导，实行"一区一策,一地一策",出台了深入实施西部大开发的指导意见、全面振兴东北地区等老工业基地的新一轮方略和《促进中部地区崛起规划》,以及积极支持东部地区率先发展政策举措,印发了全国主体功能区规划,促进了我国区域发展呈现由不平衡向趋于平衡、由不协调向日益协调转变的良好态势。

在区域产业转移方面,西部地区加强产业平台建设,促进优质生产要素流动、特色优势产业发展和高新产业集聚;中部地区支持打造功能平台,推动承接产业转移,培育一批产业集群,加快发展现代农业、先进制造业和战略性新兴产业;东北地区出台专门工作方案,推动东北地区与东部地区发达省市开展对口合作;东部地区推动产业进一步优化升级,促进新兴产业和现代服务业加快发展,着力打造全球先进制造业基地,有序疏解北京非首都功能,实行集中疏解和分散疏解相结合,推动一批疏解示范项目向北京周边和天津、河北转移,将雄安新区打造成北京非首都功能疏解集中承载地。

在扶贫方面,大力实施脱贫攻坚战略,把坚决打赢脱贫攻坚战提升到事关全面建成小康社会奋斗目标的新高度,出台了一系列重大政策措施,举全党全国之力实施脱贫攻坚,实施了《"十三五"脱贫攻坚规划》和一系列专项规划与政策文件,开展扶贫开发建档立卡工作,构建全国扶贫信息网络体系,建立中央统筹、省负总责、市县抓落实的工作机制,实施"五个一批"工程(即发展生产脱贫一批、易地搬迁脱贫一批、生态补偿脱贫一批、发展教育脱贫一批、社会保障兜底一批),扶持特殊类型困难地区转型发展,如制定支持沿边重点地区开发开放指导意见,出台推动资源型城市可持续发展相关规划和培育转型新动能指导意见等。

2. 经济发展水平明显提高,但地区差距仍然较大

从经济总量来看,2017年,广东地区GDP最高,达到89705.23亿元,其次是江苏,为85869.76亿元,而西藏最低,为1310.92亿元,仅为广东的1.46%、江苏的1.53%;按不变价格计算,2012—2017年,重庆、贵州、西藏三省市的GDP增速达到50%以上,重庆高达53%,其中,增速达到40%以上的省市占全国的比重为45%(见图5-1)。可见,我国地区经济总量稳步增强,但31个省、自治区、直辖市之间的差距依然明显。

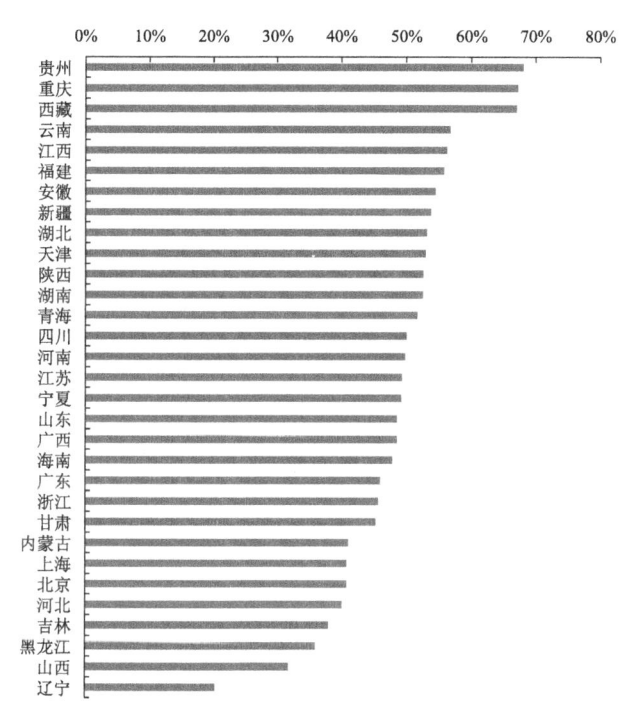

图 5-1　2012—2017 年我国 31 省、自治区、直辖市 GDP 增速

资料来源：《中国统计年鉴》

从人均水平来看，2017 年，北京人均水平最高，人均 GDP 为 12.90 万元，甘肃人均水平最低，人均 GDP 为 2.85 万元，北京人均 GDP 是甘肃的 4.53 倍（见图 5-2）；按不变价格计算，2012—2017 年，贵州、重庆、西藏、江西四省市的人均 GDP 增速达到 40% 以上，其中贵州高达 49.6%（见图 5-3）。利用 2017 年全年人民币平均汇率计算[①]，北京、上海、天津、江苏、浙江、福建、广东七省市已超过 1.2 万美元，尤其是北京、上海、天津三市已超过 1.7 万美元；根据世界银行 2017 年人均生产总值总收入的分组标准[②]，北京等五省市已迈入高收入

[①] 2017 年全年人民币平均汇率为 1 美元兑 6.7518 元人民币。
[②] 世界银行 2017 年最新人均生产总值总收入的分组标准：12235 美元以上为高收入水平；3956~12235 美元为中等偏上收入水平；1006~3955 美元为中等偏下收入水平；小于 1006 美元为低收入水平。

水平,其他省市也已迈入中等偏上收入水平。总体上,我国各省市已全部进入中等偏上收入水平,但各省市之间的人均水平还存在较大差距。

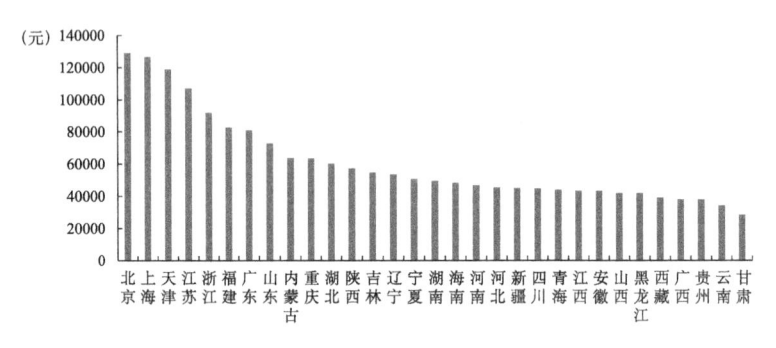

图 5-2　2017 年我国 31 省、自治区、直辖市人均 GDP

资料来源:《中国统计年鉴》

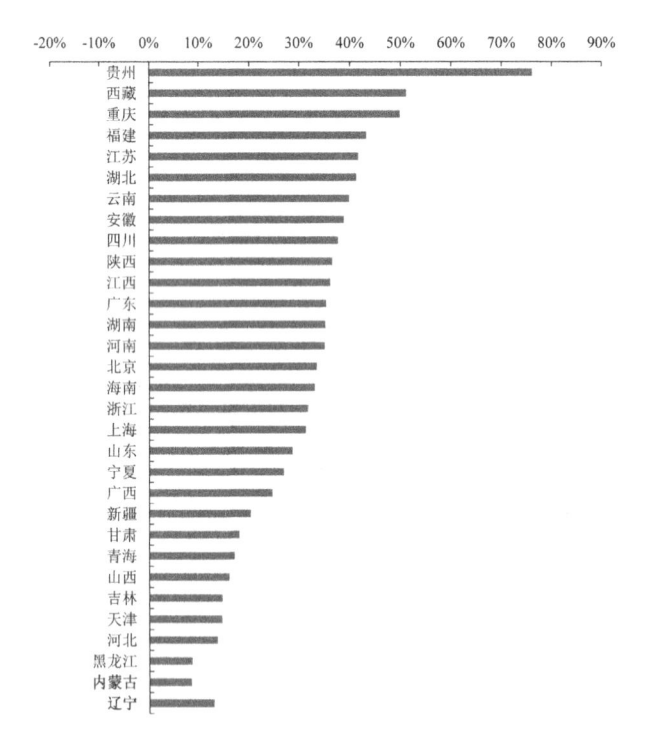

图 5-3　2012—2017 年我国 31 省、自治区、直辖市人均 GDP 增速

资料来源:《中国统计年鉴》

3. 城乡差距逐渐减小，城镇化进程加快

从城乡收入差距来看，2017年，天津城乡居民人均可支配收入之比[①]最低，为1.85∶1；甘肃城乡居民人均可支配收入之比最高，为3.44∶1。2012—2017年，北京、吉林、天津的城乡居民人均可支配收入差距变化较小，其他省市均呈下降趋势，尤其是广西、贵州、云南、重庆、新疆、海南、西藏等省市下降速度较快。可见，我国31个省、自治区、直辖市城乡居民收入差距逐渐缩小，但西部地区的城乡居民收入差距仍然较高。

从城镇化水平来看，2017年，我国31个省、自治区、直辖市中有19个超过了55%，11个超过了60%，3个超过80%，13个达到全国城镇化率平均水平以上（见图5-4）。其中，上海城镇化率以87.7%位居首位，其次为北京的86.5%、天津的82.93%，这3个直辖市经济发展水平较高，作为城市经济体，农业和农业人口占比相对较低；西藏城镇化率最低，为30.89%，较上海低了56.81个百分点。2012—2017年，贵州城镇化率增速最快，上升了11.11个百分点，其次为河北、湖南、河南、甘肃、四川，分别上升了9.63个百分点、9.37个百分点、9.28个百分点、8.94个百分点、8.76个百分点。总体上，我国城镇化率不断提高，其中城镇化水平高的省市主要集中在东部地区，而西部地区的水平相对较低，但由于区域之间经济发展悬殊，各省、自治区、直辖市之间的城镇化水平差距较大。

---

① 城乡居民人均可支配收入之比为城镇居民人均可支配收入/农村居民人均可支配收入。

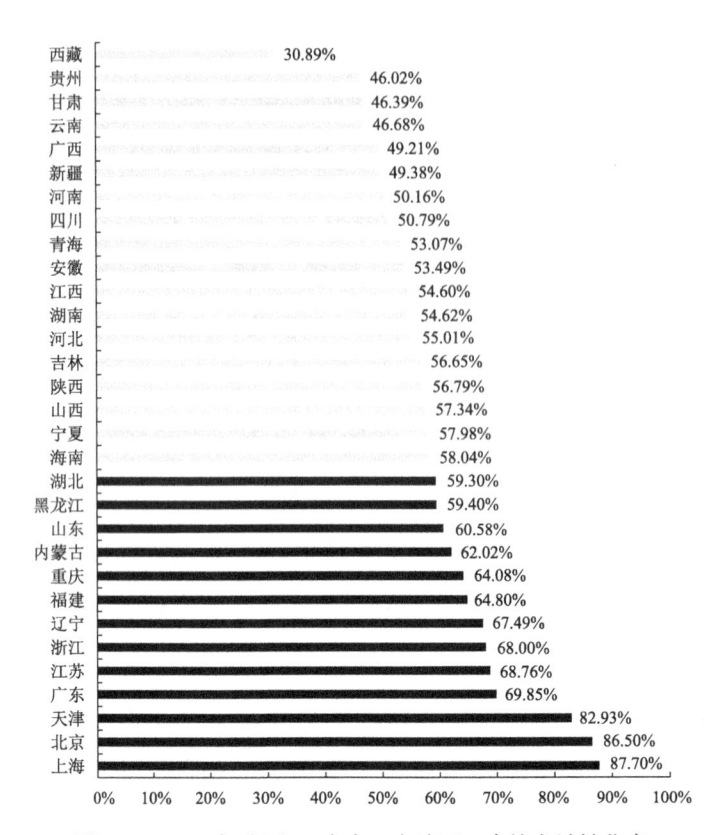

地区	城镇化率
西藏	30.89%
贵州	46.02%
甘肃	46.39%
云南	46.68%
广西	49.21%
新疆	49.38%
河南	50.16%
四川	50.79%
青海	53.07%
安徽	53.49%
江西	54.60%
湖南	54.62%
河北	55.01%
吉林	56.65%
陕西	56.79%
山西	57.34%
宁夏	57.98%
海南	58.04%
湖北	59.30%
黑龙江	59.40%
山东	60.58%
内蒙古	62.02%
重庆	64.08%
福建	64.80%
辽宁	67.49%
浙江	68.00%
江苏	68.76%
广东	69.85%
天津	82.93%
北京	86.50%
上海	87.70%

图 5-4 2017 年我国 31 个省、自治区、直辖市城镇化率

注：深色条块表示超过全国城镇化率平均水平以上。资料来源：《中国统计年鉴》

4. 民生事业持续加强，基本公共服务均等化取得成效

从低保户人数来看，2015 年我国 31 个省、自治区、直辖市中，低保户人数占地区常住人口的比重（低保户人数占比）低于 2% 的省市有 6 个，分别为北京、上海、浙江、天津、广东、江苏；低保户人数占比高于 10% 的省市区有 4 个，分别为贵州、西藏、云南、甘肃。2015 年北京低保户人数占比最低，为 0.62%，较 2012 年下降了 0.22 个百分点；2015 年甘肃低保户人数占比最高，为 15.89%，较 2012 年下降了 0.88 个百分点；2015 年甘肃低保户人数占比较北京高了 15.28 个百分点。

从卫生技术人员来看，2017 年我国 31 个省、自治区、直辖市中，每千人口卫生技术人员数达到 7 人及以上的省、自治区、直辖市有 7 个，依次是北京、浙江、陕西、上海、宁夏、内蒙古、新疆，分别为11.33人、8.13人、8.09人、7.73人、7.29人、7.13人、7.12人；而江西、安徽、西藏三省区的每千人口卫生技术人员数相对较少，分别为5.1人、5.01人、4.9人；每千人口卫生技术人员数最低的西藏不到最高的北京的1/2（见图5-5）。2012—2017年，贵州、云南、西藏每千人口卫生技术人员增速较快，达到60%以上，新疆、黑龙江、山西增速相对慢些，为10%以上。可见，我国卫生技术人员增长较快，但受到区域经济欠协调发展影响，31个省、自治区、直辖市之间存在较大差异。

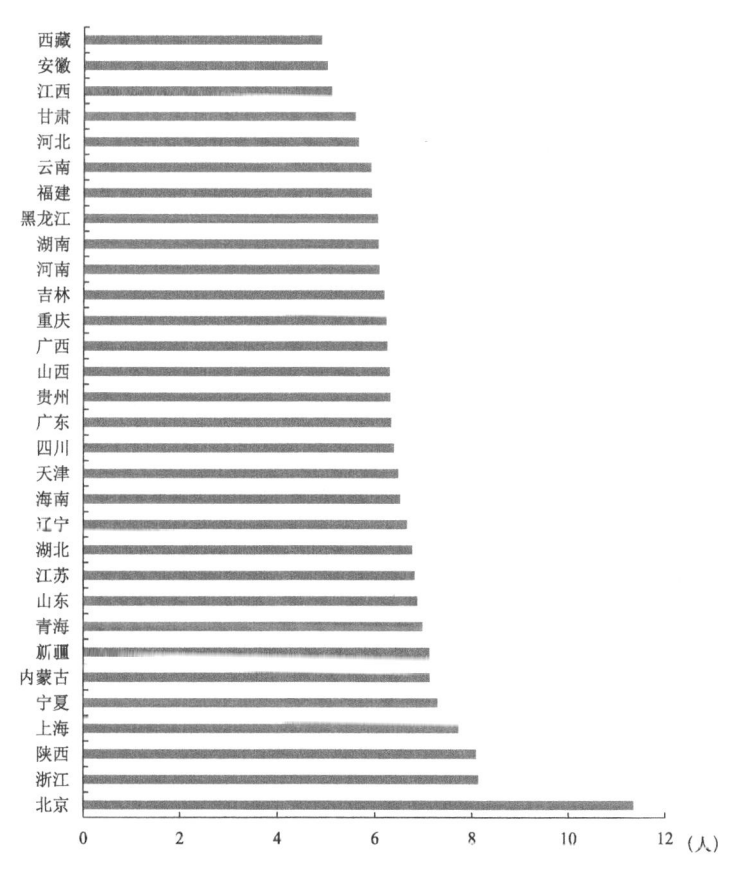

图5-5　2017年我国31个省、自治区、直辖市每千人口卫生技术人员数
资料来源：《中国统计年鉴》

从教育支出来看，2017年我国31个省、自治区、直辖市中，公共财政教育支出达到1500亿元及以上的有3个，分别为广东、江苏、山东；公共财政教育支出

200亿元及以下的有2个，分别为青海、宁夏。2017年广东公共财政教育支出最高，达到2575.52亿元，较2012年增长了71.6%；2017年宁夏公共财政教育支出最低，达到170.65亿元，较2012年增长了60.3%；2017年宁夏公共财政教育支出仅为广东的1/15。总体上，公共财政教育支出呈现东高西低的趋势，且全国范围内部差距巨大。

5. 资源环境保护得到重视，生态文明建设稳步推进

从能源消耗来看，按照不变价格计算，2016年我国30个省区市中[①]，万元GDP能耗达到0.45吨标煤及以下的省市有7个，分别为北京、广东、江苏、浙江、天津、福建、上海；万元GDP能耗为1.0吨标煤以上的省区市有4个，分别为宁夏、青海、新疆、山西。2016年北京万元GDP能耗最低，为0.30吨标煤，较2012年下降了26.48%；2016年宁夏万元GDP能耗最高，为1.73吨标煤，较2012年下降了11.47%；2016年宁夏万元GDP能耗是北京的5.8倍。（见图5-6）总体上，我国各省区市能源消耗呈下降的趋势，但西部地区的能源消耗仍需进一步降低。

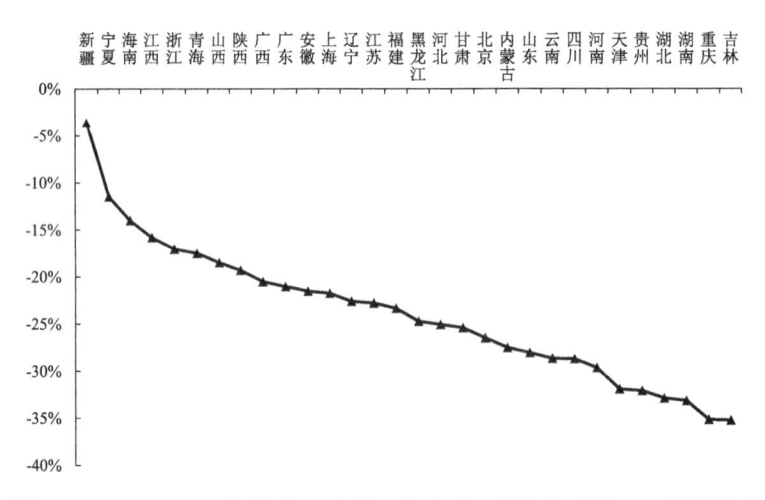

图5-6　2012—2016年我国30个省、自治区、直辖市万元GDP能耗降速

注：地区生产总值（GDP）按照2012年不变价格计算。资料来源：《中国统计年鉴》及各省市统计年鉴

从碳排放量来看，按照不变价格计算，2016年我国30个省、自治区、直辖

[①] 由于西藏自治区能源消耗数值缺失，故本章对我国30个省、自治区、直辖市的万元GDP能耗进行分析。

市中①，万元GDP碳排放量达到0.35吨及以下的有6个，分别为北京、广东、重庆、福建、浙江、湖南；万元GDP碳排放量高于1.0吨以上的有4个，分别为内蒙古、新疆、山西、宁夏；万元GDP碳排放量最高的宁夏是最低（北京）的9.8倍。2012—2016年，云南、重庆、湖北、天津、吉林、北京、甘肃的万元GDP碳排放量降速达到30%以上，特别是云南降速高达42.1%；新疆万元GDP碳排放量降速仅为4.7%。（见图5-7）总体上，我国碳排放量明显下降，减排工作成效显著，但部分省市仍需加大减排力度。

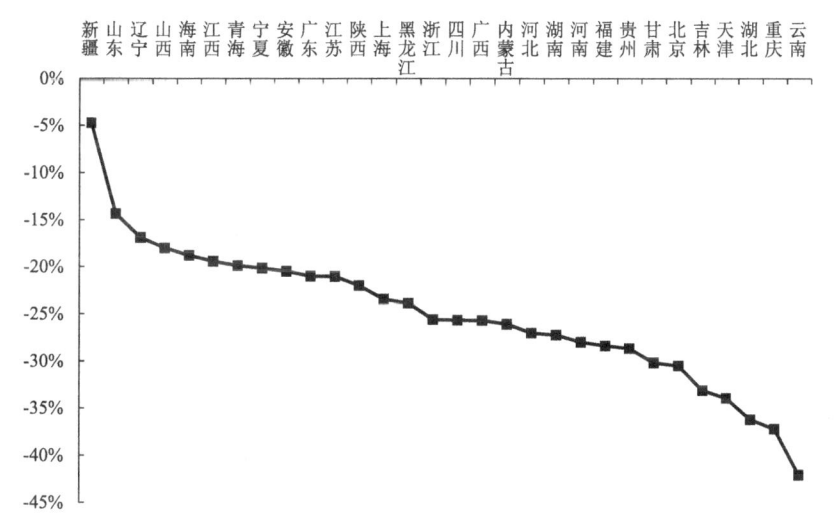

图5-7　2012—2016年我国30个省、自治区、直辖市万元GDP碳排放量降速

注：地区生产总值（GDP）按照2012年不变价格计算。资料来源：《中国统计年鉴》及各省市统计年鉴

从生态建设来看，按地区总人口计算，2017年我国31个省、自治区、直辖市中，人均城市绿地面积达到35.0公顷/万人及以上的省市区有5个，分别为上海、广东、宁夏、北京、江苏；人均城市绿地面积为11米²/人以下的省市有5个，分别为云南、湖南、甘肃、河南、青海。2017年上海人均城市绿地面积最高，为

---

① 由于西藏自治区能源消耗数值缺失，故本章对我国30个省、自治区、直辖市的万元GDP碳排放量进行分析。

56.38公顷/万人，较2012年增长了8.04%；2017年云南人均城市绿地面积最低，为9.41公顷/万人，2017年上海人均城市绿地面积是云南的6倍。可见，我国近几年加大生态建设力度，绿化意识不断提高。

（三）"四大板块"区域协调发展现状比较分析

1. 板块之间经济发展水平差距显著

从经济总量来看，2017年，东部、中部、西部、东北各区域GDP分别为447835.47亿元、176486.61亿元、168561.57亿元、54256.45亿元，占全国的比重分别为52.9%、20.8%、19.9%、6.4%（见图5-8）；按不变价格计算，2012—2017年，东部、中部、西部、东北各区域GDP增速分别为46.8%、50.5%、52.5%、28.8%。总体上，"四大板块"中，东部地区经济实力最强，占全国经济总量的一半多；中部和西部地区发展潜力大，经济增速较快；东北地区经济发展相对缓慢。

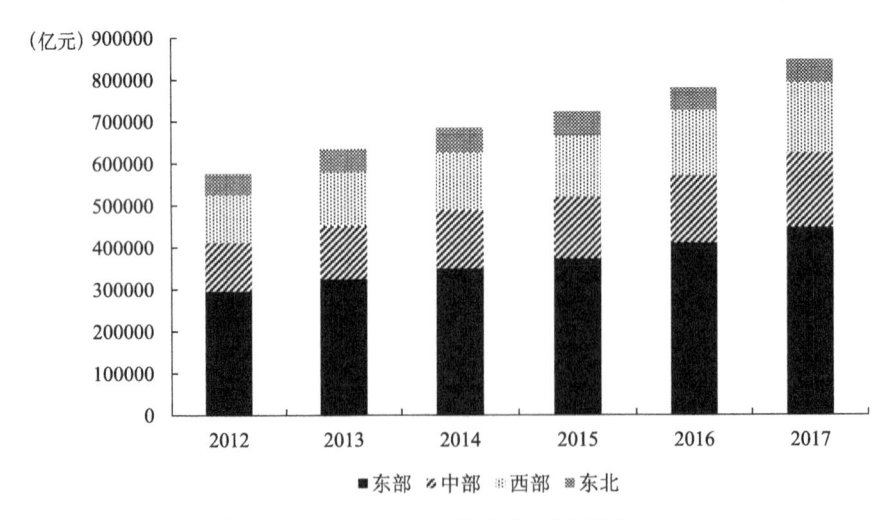

图5-8 2012—2017年我国"四大板块"GDP

资料来源：《中国统计年鉴》

从人均水平来看，按不变价格计算，2017年，东部、中部、西部、东北各区域人均GDP分别为8.2万元、4.3万元、4.1万元、4.6万元，东部地区人均水平明显高于其他三个区域，中西部及东北地区约为东部地区的1/2；2012—

2017年，东部、中部、西部、东北各区域人均GDP增速分别为30.5%、33.8%、27.7%、1.5%，东北地区人均经济水平增长相对较为缓慢。

2. 各板块城乡协调发展普遍向好

从城乡收入差距来看，2013—2017年，东部地区城乡居民人均可支配收入之比由2013年的2.39倍下降到2017年的2.31倍，下降了3.0%；中部地区由2013年的2.54倍下降到2017年的2.46倍，下降了3.1%；西部地区由2013年的3.04倍下降到2017年的2.92倍，下降了4.0%；东北地区由2013年的2.36倍下降到2017年的2.30倍，下降了1.9%。总体上，"四大板块"城乡居民收入差距均呈下降的趋势，且城乡居民人均可支配收入之比在3倍以内。

从城镇化水平来看，2017年东部、中部、西部、东北各区域城镇化率分别为70.2%、54.9%、51.1%、61.2%，较2012年分别提高了6.2个百分点、14.5个百分点、15.5个百分点、4.1个百分点。（见图5-9）可见，东部和东北地区城镇化水平相对较高，城镇化率达到61%以上，然而我国"四大板块"城镇化水平均有所提高，尤其中西部地区提升幅度相对较高，表明"四大板块"之间的城镇化差距在逐渐缩小。

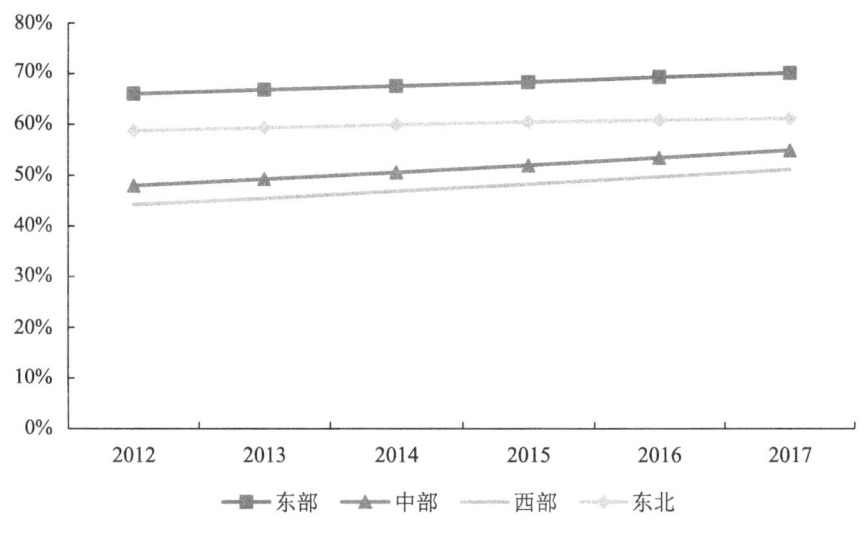

图5-9　2012—2017年我国"四大板块"城镇化率

资料来源：《中国统计年鉴》

3. 西部地区社会协调发展任务较为艰巨

从低保户人数来看，2015年东部、中部、西部、东北各区域的低保户人数占地区常住人口比重分别为2.1%、5.2%、8.3%、5.0%，较2012年分别下降了0.3个百分点、0.6个百分点、1.4个百分点、0.8个百分点。可见，东部地区贫困人口占比相对较低，而西部地区贫困人口占比较高。随着国家对西部地区扶贫工作力度的加大，扶贫工作取得了明显的成效。

从卫生技术人员来看，2017年东部、中部、西部、东北各区域的每千人口卫生技术人员数分别为7.2人、5.9人、6.5人、6.3人，较2012年分别增长了26.8%、28.5%、38.2%、17.4%。（见图5-10）东部地区呈波动性增长的态势，其他3个地区的卫生技术人员数稳步增加。

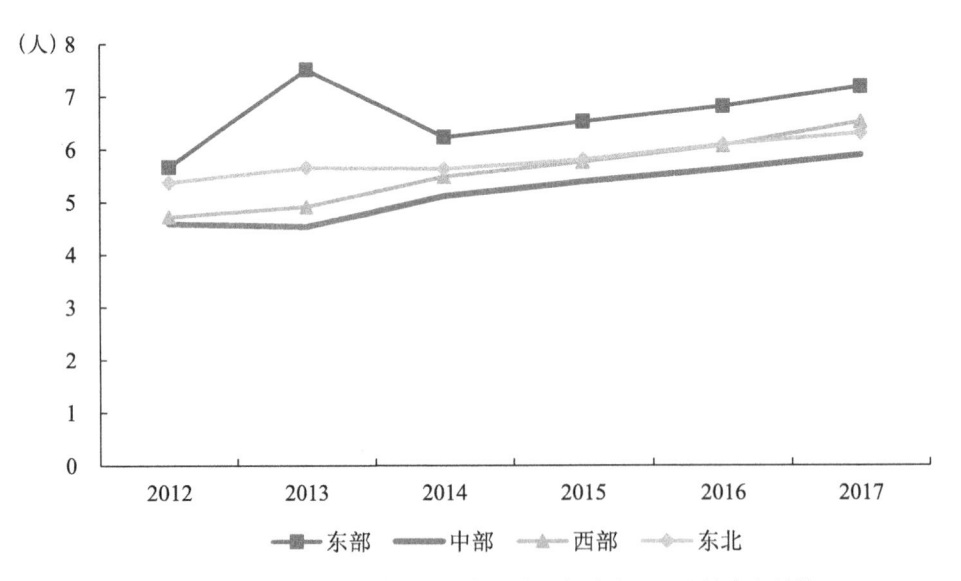

图5-10 2012—2017年我国"四大板块"每千人口卫生技术人员数
资料来源：《中国统计年鉴》

从教育支出来看，2017年东部、中部、西部、东北各区域的教育支出分别为124.9亿元、62.9亿元、81.0亿元、17.3亿元，其中，东部、中部、西部、东北的支出较2012年增长了50.7%、38.3%、45.0%、0.3%。"四大板块"相比，2017年，东部、中部、西部、东北各区域的教育支出占全国的比重分别为43.7%、22.0%、28.3%、6.0%，东部地区的教育支出最高，分别是中部的1.99倍、西部的1.54倍、东北的7.22倍。

4. 各版块资源环境协调发展侧重点不同

从能源消耗来看，按照不变价格计算，2016年东部、中部、西部、东北各区域的万元GDP能耗分别为0.475吨标煤、0.596吨标煤、0.782吨标煤、0.668吨标煤，较2012年分别下降了24.0%、27.8%、24.1%、26.2%。（见图5-11）"四大板块"相比，东部地区能源消耗较低，而西部地区的能源消耗较高，约为东部地区的1.41倍。

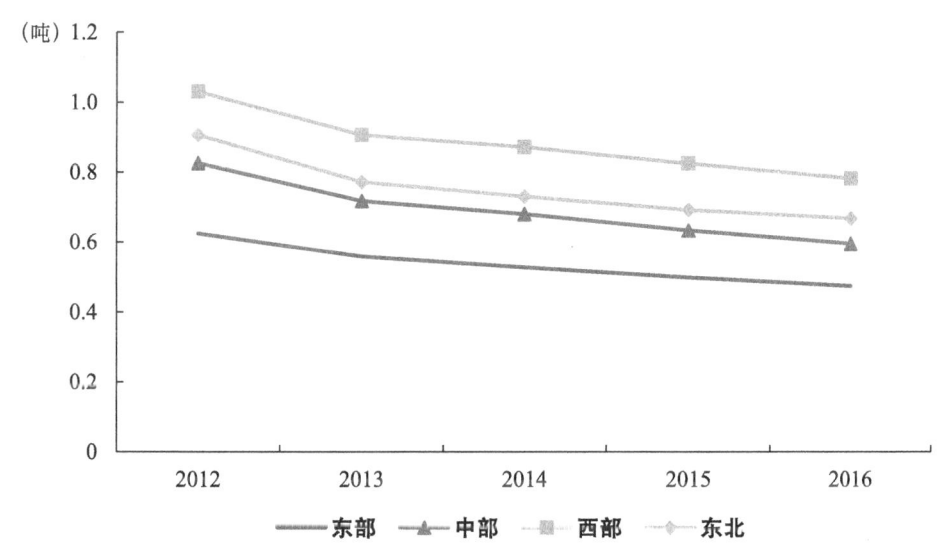

图5-11 2012—2016年我国"四大板块"万元GDP能耗

注：地区生产总值（GDP）按照2012年不变价格计算。资料来源：《中国统计年鉴》及各省市统计年鉴

从碳排放量来看，按照不变价格计算，2016年东部、中部、西部、东北各区域的万元GDP碳排放量分别为0.42吨、0.52吨、0.69吨、0.70吨，较2012年分别下降了22.4%、26.8%、25.3%、22.7%。"四大板块"相比，2016年中西部及东北地区分别是东部地区的1.25倍、1.63倍、1.68倍。总体上，"四大板块"

减排工作成效明显，但中西部及东北地区的减排任务较重。

从生态建设来看，按地区总人口计算，2017年东部、中部、西部、东北各区域的人均城市绿地面积分别为297.6公顷/万人、82.6公顷/万人、221.8公顷/万人、64.2公顷/万人，较2012年分别增长了2.2%、34.3%、36.2%、6.5%。（见图5-12）"四大板块"相比，东北地区人均城市绿地面积相对较低，约为东部的2/9、中部的7/9、西部的2/7。

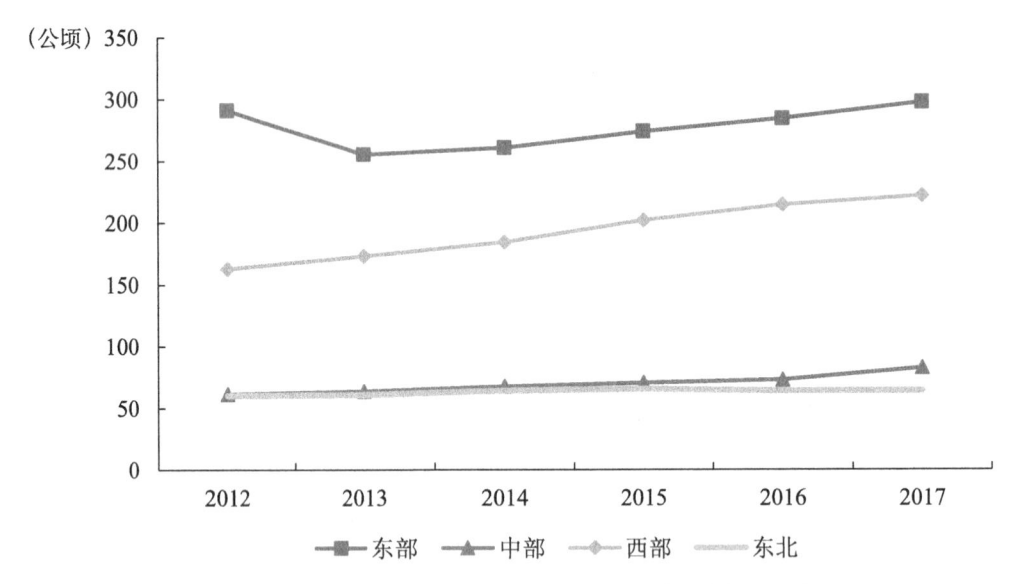

图5-12 2012—2017年我国"四大板块"人均城市绿地面积

资料来源：《中国统计年鉴》

总体上，我国经济社会发展的基本面和长期向好的态势稳步不变，区域产业结构优化升级，综合国力稳步增强，统筹区域发展能力逐步提升，但促进区域协调发展仍然任重而道远。区域发展不平衡导致一系列矛盾和问题，主要体现在：尽管近年来我国区域发展差距扩大趋势有所减缓，但从一个较长的时间周期来看，我国区域经济社会发展差距仍然显著，尤其是"四大板块"之间差距明显，缩小地区差距仍将是一项需要持续推进的重大任务；落后地区的发展问题较为突出，尤其是中西部欠发达地区经济基础薄弱，自我发展能力不强，经济结构不合理，产业转型升级和就业压力较大；部分地区生态环境保护与经济发展矛盾突出，盲目、无序、低水平重复开发，导致恶性竞争等问题；制约区域发展的制度性障碍仍然存在，解决区域发展不平衡的制度有待进一步完善；等等。

二、区域协调发展指数的评价指标体系

区域协调发展指数主要以"创新、协调、绿色、开放、共享"五大发展理念为理论指导，构建评价指标体系。主要内容包括区域协调发展指数评价指标体系的构建原则、研究设计方法、对指标体系的测算方法。

（一）指标体系的构建原则

为了准确、直观反映我国区域协调发展水平及其变化趋势，按照党的十九大要求，坚持以"创新、协调、绿色、开放、共享"五大发展理念为理论指导，在指标体系的构建过程中坚持前瞻性、问题导向性、目标导向性、可操作性、整体监测与局部监测相结合的原则来构建区域协调发展的评价指标体系。

第一，坚持前瞻性的原则。充分发挥指标对各区域协调发展的跟踪监测作用，从中发现各区域一些趋势性、苗头性的问题，主要矛盾变化，政策实施效果，等等，以便于及时对当前政策实施的阶段效果进行反馈。此外，指数结果可以为各级政府下一步调整相关政策提供参考依据。

第二，坚持问题导向性的原则。评价指标体系设计综合考虑了当前影响区域协调发展的突出问题，并着眼于问题的要害之处，适当选择问题的靶向性指标，以便于发挥其对反映突出问题的风向标作用。

第三，坚持目标导向性原则。在指标体系构建过程中，坚持五大发展理念，并根据国家发展和改革委员会发布的《关于贯彻落实区域发展战略促进区域协调发展的指导意见》的主要目标来设定；而在经济发展新常态背景下，坚持新的发展理念，实现协调发展，也是区域发展最终的目标。为此，在指标选取和设定过

程中，注重各区域发展在各个领域所能实现的发展目标，即遵循目标导向原则。

第四，坚持可操作性的原则。在指标和方法选取上，注重代表性和可得性相结合，充分考虑指标背后的真实含义和数据采集难易，同时选择可行、实用的测算方法，确保指数结果比较准确地反映各区域发展的现实，又能禁得住推敲。

第五，坚持整体监测与局部监测相结合的原则。指标体系筹考虑到包括全国、"四大板块"、都市圈、经济带等不同行政区域，在区域发展差距、区域一体化、城乡协调、社会协调以及资源与环境协调5个方面的综合协调水平。

（二）指标体系的研究设计

指标体系紧紧围绕国家发改委发布的《关于贯彻落实区域发展战略促进区域协调发展的指导意见》中的主要目标来设计，提炼出区域发展收敛、区域一体化、城乡协调发展、社会协调发展和资源与环境协调发展5个目标层。（见图5-13）

图5-13 区域协调发展指数评价体系构架示意图

中国区域协调发展指数评价体系按照五大发展理念进行构思，将区域发展收敛、区域一体化、城乡协调发展、社会协调发展、资源与环境协调发展作为5个一级指标；为全面、充分地反映一级指标代表的设计理念，在每个一级指标下设5个二级指标，每个二级指标对应1~3个三级指标，共计31个三级指标。（见表5-1）

表 5-1　区域协调发展指数评价指标体系

理念层	目标层	指标层	测算方法	数据来源	指标类型
区域发展收敛	发展水平差距	人均 GDP 的地区差距	泰尔指数	《中国统计年鉴》及各地统计年鉴	－
	固定资产投资差距	固定资产投资占 GDP 比重的地区差距	泰尔指数	《中国统计年鉴》及各地统计年鉴	－
	非农产业劳动生产率差距	第二产业、第三产业增加值／第二产业、第三产业就业人员数	泰尔指数	《中国统计年鉴》及各地统计年鉴、《中国工业统计年鉴》	－
	创新投入差距	研发支出占 GDP 比重的地区差距	泰尔指数	《中国统计年鉴》及各地统计年鉴	－
	公共服务差距	人均一般公共预算支出的地区差距（人均财政支出）	泰尔指数	《中国统计年鉴》及各地统计年鉴	－
区域一体化	市场一体化	商品零售价格指数波动的一致性		中经网统计数据库	－
	区域贸易流	区域间货运周转量／GDP		《中国交通年鉴》	＋
	客运量	地区总人口		《中国统计年鉴》	＋
	产业地区分工指数	地区分工指数	地区专业化指数	《中国统计年鉴》及各地统计年鉴	－
	交通一体化	高速公路和铁路的路网密度		《中国统计年鉴》及各地统计年鉴、《中国交通年鉴》	＋
城乡协调发展	城乡收入差距	城镇居民人均可支配收入／农村居民人均可支配收入	使用各区域（或全国）城镇及农村人口权重分别测算	《中国统计年鉴》及各地统计年鉴	－
	城镇化水平	城镇化率（％）＝城镇人口／全部人口		《中国统计年鉴》及各地统计年鉴	＋
	城乡卫生水平差距	城市每千人口卫生人员／（农村每千人口乡镇卫生院卫生员＋乡村医生和卫生员）		《中国统计年鉴》及各地统计年鉴、《中国农村统计年鉴》	－
	城乡基础设施差距	城市人均道路面积／农村人均道路面积		《中国统计年鉴》《中国城乡建设统计年鉴》	－ －
	城乡教育差距	城市初中和小学生人均公共财政预算教育经费支出／农村初中和小学生人均公共财政预算教育经费支出		《中国教育经费统计年鉴》	－

续表

理念层	目标层	指标层	测算方法	数据来源	指标类型
社会协调发展	扶贫开发	低保户人数占地区人口总数的比重		《中国统计年鉴》及各地统计年鉴	—
	教育水平	教育公平：高考一本录取率的地区差距	泰尔指数	各地教育考试院网站	—
		教育投入=公共财政教育支出/GDP		全国教育经费执行情况统计表	
	就业机会	城镇就业人员占劳动年龄人口比重		《中国统计年鉴》及各地统计年鉴、《中国人口统计年鉴》	+
	医疗水平	每千人卫生技术人员数		中经网统计数据库	+
		每万人医疗机构床位数		中经网统计数据库	+
	社会保障	城乡居民基本养老保险覆盖面	城乡居民参保人数/城乡16岁及以上人口总数	国家统计局网站	+
资源与环境协调发展	能源消耗	单位GDP的能源消耗量（吨/万元）		《中国统计年鉴》及各地统计年鉴	—
	碳排放	单位GDP的二氧化碳排放量（吨/万元）		《中国统计年鉴》及各地统计年鉴、《中国人口统计年鉴》	—
	污染治理	大气治理：PM 10年平均浓度（毫克/米^3）		各省市环境统计公报	—
		污水处理：工业废水处理率	工业废水处理量/工业废水排放量	《中国环境统计年鉴》《中国环境年鉴》	+
		环境治理投资=环境治理投资/GDP			+
	资源利用	单位工业增加值耗水量		《中国环境统计年鉴》	—
		工业用地产出强度	工业增加值/工业用地面积	《中国城市建设统计年鉴》	+
	生态建设	人均城市绿地面积（公顷/万人）		中经网统计数据库	+
		森林覆盖率（%）		中经网统计数据库	+

注：1.这里利用各省制造业31个二位数行业数据测算。2.客运量2012年数据根据2013—2016年增长率调整。3.能源消耗不包括西藏数据。4.碳排放指标计算不包括西藏数据；另，碳排放量数据根据碳排放系数计算得出

1. 区域发展收敛

近年来，在国家区域发展总体战略指引下，我国区域发展空间布局逐步优化，区域良性互动格局加快形成，区域发展协调性进一步增强。但随着中国经济发展进入新常态，区域发展的内外部环境正在发生深刻变化，区域发展差距仍然较大。因此，为反映区域发展差距现状及影响区域发展差距的因素，指标体系在区域发展差距中设立了发展水平差距、固定资产投资差距、非农产业劳动生产率差距、创新投入差距和公共服务差距5个二级指标。这5个二级指标既包括发展差距现状，也包括影响各区域发展水平的投入、发展效率及公共服务水平；由表及里，涵盖硬、软件发展能力。（1）利用人均GDP的地区差距来反映区域发展水平差距；（2）固定资产投资差距指标，主要利用各地固定资产投资占GDP比重来计算泰尔指数；（3）通过第二、第三产业增加值与第二、第三产业就业人员数的比值来测算非农产业劳动生产率，并计算非农产业劳动生产率的差距；（4）经济新常态下，发展动力要向创新转型，指标体系利用研发支出占GDP比重来测算各地的创新投入差距；（5）一地的公共服务水平也会影响到其经济发展，指标体系特设公共服务差距指标，使用人均一般公共预算支出测算公共服务的地区差距。

2. 区域一体化

推动区域一体化发展，需要逐步打破地区分割和隐形壁垒，形成全国统一市场，促进各类生产要素有序自由流动、优化配置。而一体化的推进，不仅需要商品流通畅通，还需要促进要素的自由流动，形成良好的产业地区分工。为反映目前中国区域一体化水平及存在的问题，指标体系选取了市场一体化、区域贸易流、客运量、产业地区分工指数和交通一体化5个二级指标。（1）商品价格的地域差异能够较好地反映地区间市场一体化水平，为此，指标体系利用商品零售价格指数波动的一致性来反映区域市场一体化进展情况；（2）为反映商品流通情况，指标体系利用货运周转量与GDP的比值来反映区域贸易情况；（3）劳动力是重要的经济要素，而区域一体化水平越高，人口的流动也越频繁，指标体系利用各地客运量与地区总人口的比值来反映这一指标；（4）产业地区分工指数，则通过计算 Krugman 指数来表现，为此，指标体系特地选取了各省市制造业 31 个二位数行业数据逐一计算；（5）交通一体化是区域一体化的重要内容，指标体系通过计算各地高速公路和铁路的路网密度来反映该指标的变化情况。

3. 城乡协调发展

城乡协调发展是区域协调发展的重要内容。指标体系设立了 5 个二级指标来全面反映中国区域城乡协调发展水平，即城乡收入差距、城镇化水平、城乡卫生水平差距、城乡基础设施差距和城乡教育差距。这 5 个二级指标涵盖经济发展、医疗卫生、教育和基础设施建设多个方面，可以较为全面地反映中国当前城乡协调发展水平情况。（1）城乡收入差距，主要利用城镇居民人均可支配收入与农村居民人均可支配收入的比值来反映。在计算各区域城乡收入差距指标过程中，将根据该区域各省市自身的城镇及农村居民人口权重加权计算；（2）城镇化水平，即通过区域城镇人口与常住人口的比重来反映；（3）通过测算城市每千人口卫生技术人员数与农村每千人口卫生技术人员数的比值来反映城乡卫生水平差距；（4）城乡基础设施差距指标，主要利用城市人均道路面积与农村人均道路面积的比值来反映；（5）城乡教育差距指标，主要利用城市初中和小学生人均公共财政预算教育经费支出与农村初中和小学生人均公共财政预算教育经费支出的比值来反映。

4. 社会协调发展

"基本公共服务均等化总体实现，社会发展和人民生活水平显著提高，区域性整体贫困问题得到解决"是《关于贯彻落实区域发展战略促进区域协调发展的指导意见》中的主要目标内容之一。指标体系中设立了扶贫开发、教育水平、就业机会、医疗水平和社会保障 5 个二级指标。（1）扶贫开发，通过低保户人数占地区人口总数的比重来反映；（2）教育水平，下设 2 个三级指标，其中教育公平通过高考一本录取率的地区差距来反映,而教育投入则利用公共财政教育支出占GDP的比例来体现;(3)通过城镇就业人员占劳动年龄人口比重来反映各地的就业机会;(4)医疗水平指标,下设2个三级指标,一是每千人卫生技术人员数,二是每万人医疗机构床位数;(5)社会保障,则利用城乡居民基本养老保险覆盖面来反映。

5. 资源与环境协调发展

推进中国区域协调发展,必须大力发展绿色循环低碳经济,持续改善生态环境质量。指标体系设置了能源消耗、碳排放、污染治理、资源利用和生态建设5个二级指标。(1)为提高经济发展的绿色水平,必须降低能耗,指标体系利用单位GDP的能源消耗量来反映区域的能源消耗情况;(2)碳排放,则利用单位GDP的二氧化碳排放量来衡量;(3)污染治理指标,下设3个三级指标,分别为大气治理、污水处理和环境治理投资,来充分反映中国在大气治理、污水处理和环境治理投资方面的努力。为保证数据的连贯性,指标体系利用PM10来衡量大气治理情况;污水处理,利用工业废水处理率来体现;环境治理投资,则通过环境治理投资占GDP的比重来反映;(4)资源利用指标,下设2个三级指标:单位工业增加值耗水量和工业用地产出强度。这两个三级指标分别从投入耗能和产出效率角度全面反映资源利用情况;(5)生态建设,同样下设2个三级指标,即人均城市绿地面积和森林覆盖率,以此来反映中国城市生态和全国两个层面的生态建设情况。

(三)指标体系的测算方法

指标体系的测算方法包括权重设定、标准化处理、指数合成。

1. 权重设定

指标体系是以各区域2002年的指标值为基数,通过时序变化观察区域发展收敛、区域一体化、城乡协调发展、社会协调发展以及资源与环境协调发展5方面的指标值和综合指标值的变动趋势。

通过设定均等权重的方法将经过标准化后的三级指标值加总得到二级指标值，进而得到 5 个一级发展指标及最终的综合指标。为得到区域层面的城镇居民人均可支配收入和农村居民人均可支配收入，将分别利用各地城镇及农村人口比重作为权重进行测算。（见表 5-2）

表 5-2　指标值处理过程中的权重设置

指标	一级指标（理念层）	二级指标（目标层）	三级指标（指标层）
权重	均等权重	均等权重	均等权重

2. 标准化处理

为了保证各个指标层的可加性，首先对各个指标值进行标准化处理。区域协调发展指数的评价指标主要是看整个区域的纵向变化趋势，为此，综合比较了几种方法后，决定以 2012 年为基期做标准化。

处理方法如下：y_t 为某指标的测算值，y_{2012} 为某指标 2012 年的测算值，p_t 为标准化后的指标值。

正向指标标准化处理，其中 $t=2002, \cdots\cdots, 2016$：

$$p_t = y_t / y_{2012} \tag{5-1}$$

逆向指标标准化处理：

$$p_t = y_{2012} / y_t \tag{5-2}$$

3. 指标合成

使用指数加权法进行综合评价得出各级指标的指数值。

指数加权分析法的基本公式为：

$$\text{综合指数 } S = \sum p_i \times w_i \tag{5-3}$$

其中，p_i 是经过无量纲化处理后得到的测评值，该值乘以相应的权重 w_i 可得到一个分指标的分值，w_i 为第 i 个分指标的权重值；分别计算出各项分指标的分值后再进行加总就得到各级指标的综合指数。

4. 数据说明

指标体系测算所使用数据均为国家和各省市统计局或职能部门公开发布的权威数据，数据涵盖2012—2015年。主要数据来源是：历年《中国统计年鉴》《中国科技统计年鉴》《中国环境统计年鉴》《中国劳动统计年鉴》《中国交通统计年鉴》《中国教育经费统计年鉴》《中国工业统计年鉴》《中国人口统计年鉴》《中国城乡建设统计年鉴》《北京统计年鉴》《天津统计年鉴》《河北经济年鉴》，以及国家统计局、民政部、环保部、教育部、教育考试院、中经网等官方发布的统计公报及其他相关数据。

在具体使用过程中，根据计算需要对数据进行平减、加权，如利用居民消费价格指数（2002年为基期）对指标体系中的人均地区生产总值（GDP）地区差距、居民收入差距、人均公共财政支出等指标进行平减。另外，由于数据缺失，在计算能源消耗和碳排放两个指标时，不包含西藏数据。

三、我国区域协调发展指数的结果分析

党的十九大报告指出："加大力度支持革命老区、民族地区、边疆地区、贫困地区加快发展，强化举措推进西部大开发形成新格局，深化改革加快东北等老工业基地振兴，发挥优势推动中部地区崛起，创新引领率先实现东部地区优化发展，建立更加有效的区域协调发展新机制。"区域经济是国民经济体系的重要组成部分，实施区域协调发展战略，对我国增强区域协调性、扩展区域发展新空间具有重要的战略意义。本部分在指标体系构建的基础之上测算中国区域协调发展指数，分析党的十八大以来中国区域协调发展的现状与所取得的成绩，并且找出区域发展过程中存在的问题，为中国区域协调发展提供有益的参考。主要方法是：首先分析中国区域协调发展总体水平，然后分别从区域发展收敛、区域一体化、城乡协调发展、社会协调发展和资源与环境协调发展这5个二级指标来分析

中国区域协调发展水平状况。

（一）区域协调发展指数总体趋势

根据国家发展和改革委员会印发的《关于贯彻落实区域发展战略促进区域协调发展的指导意见》中区域协调发展的主要目标，指标体系构建了5个方面的发展指数。

从图5-14中可以看出，中国区域协调发展的总体水平呈现上升趋势。如果把2012年基期的数值设为1，那么2017年中国区域协调指数上升至1.046，上升幅度为4.6%，这说明党的十八大以来中国的区域协调发展水平呈上升趋势，区域之间的协调程度不断上升。从二级指标来看，社会协调发展水平和资源环境协调发展水平是推动区域协调发展水平上升的主要力量，城乡协调发展水平对区域协调发展水平的提升也起了重要的作用。但是，相比之下，区域发展收敛与区域一体化水平出现了小幅度的下降趋势，但是并没有改变中国区域协调发展总体水平呈现上升态势的趋势。（见图5-15）党的十八大以来，以习近平同志为核心的党中央从全局出发，统筹内外，在西部大开发、东北振兴、中部崛起和东部率先的区域发展格局下，提出建设"一带一路"倡议、京津冀协同发展战略和长江经济带发展战略，形成了东西南北联动纵横发展的新格局。区域之间要素流动性增加，要素空间配置效率提高；区域之间比较优势更加明确，区际分工更加深化；基本公共服务均等化程度不断提高；人口、资源和环境的协调性不断增强，中国的区域经济发展正朝着高质量、高协调水平的方向发展。但是在区域协调发展的过程中也存在一些值得注意的问题，比如区域发展收敛程度、区域一体化程度出现了下降的态势。

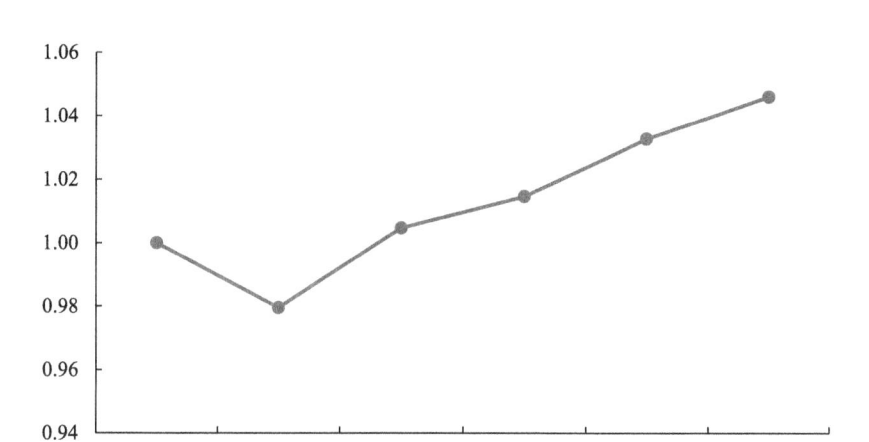

图 5-14　2012—2017 年我国区域协调发展指数变化趋势

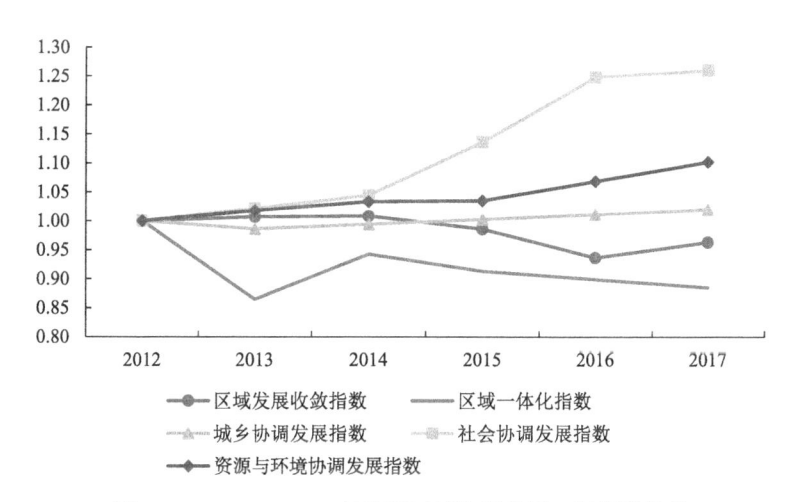

图 5-15　2012—2017 年我国区域协调发展二级指数趋势

（二）区域发展收敛指数

区域差距大、发展不平衡是我国基本国情，缩小区域差距是我国区域协调发展战略的重要内容。从图 5-16 中可以看出，2012 年以来，我国区域发展收敛指数呈现明显的阶段性特征，2012—2014 年缓慢上升，2015—2016 年经历了小幅下降，2017年则出现上升趋势。这说明，2012年以来区域发展差距整体上呈现出不断缩小的趋势。

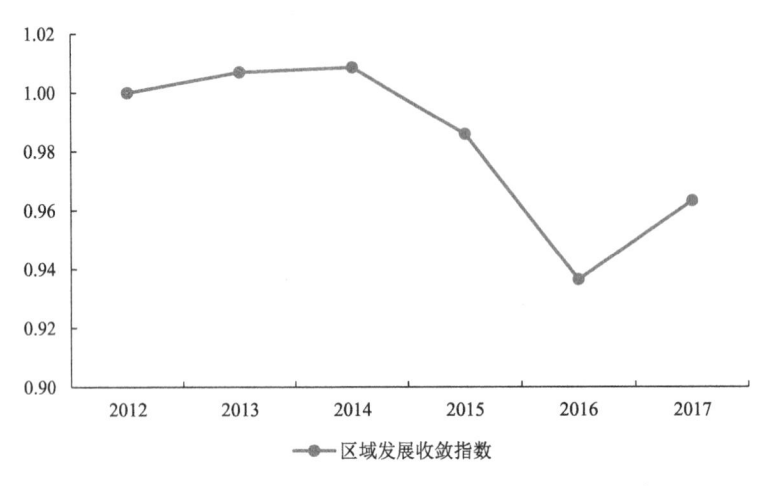

图 5-16　2012—2017 年区域发展收敛指数

区域发展收敛指数是根据发展水平的差距、非农产业劳动生产率的差距、公共服务差距、创新投入差距和固定资产投资差距 5 个二级指标构建的。

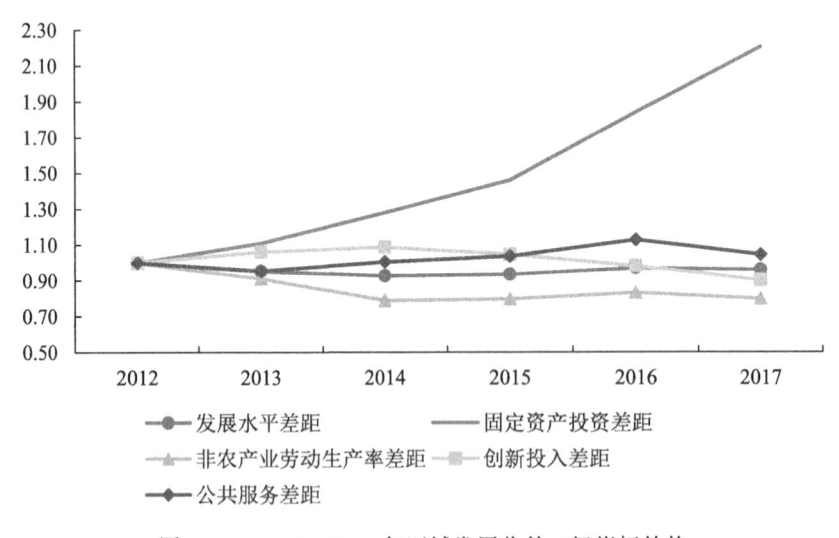

图 5-17　2012—2017 年区域发展收敛二级指标趋势

图 5-17 描述的是构成区域发展收敛差距的 5 个二级指标趋势图，从图中

可以看出，除了反映固定资产投资差距的指数外，其余4个二级指标均呈现出一定的下降趋势。5个二级指标中，固定资产投资差距上升幅度最大，从2012年的1上升到2017年的2.10。这说明近年来各省份之间的固定资产投资仍然存在不小差距，且有不断拉大的趋势，固定资产投资差距的扩大是区域发展水平差距有所加大的主要原因。发展水平差距、非农产业劳动生产率差距、公共服务差距、创新投入差距均表现出波动下降的特点。其中发展水平差距与非农产业劳动生产率差距基本在1以下波动，2017年有所下降；公共服务差距在经历了2013年的小幅下降后，此后各年均超过1；创新投入差距在2014年之后逐年下降到1以下。

（三）区域一体化指数

区域一体化是国家实施区域协调发展战略的一个重要目标方向。党的十八大以来，国家不仅从战略层面规划实施了"一带一路"倡议、京津冀协同发展战略和长江经济带建设，加强区域之间的一体化水平，并且不断加强城市群之间的一体化水平，加强大城市对中小城市的带动作用。从图5-18中我们看出，虽然在2014年区域一体化水平呈现一定程度的上升，但是总体呈现下降的态势。

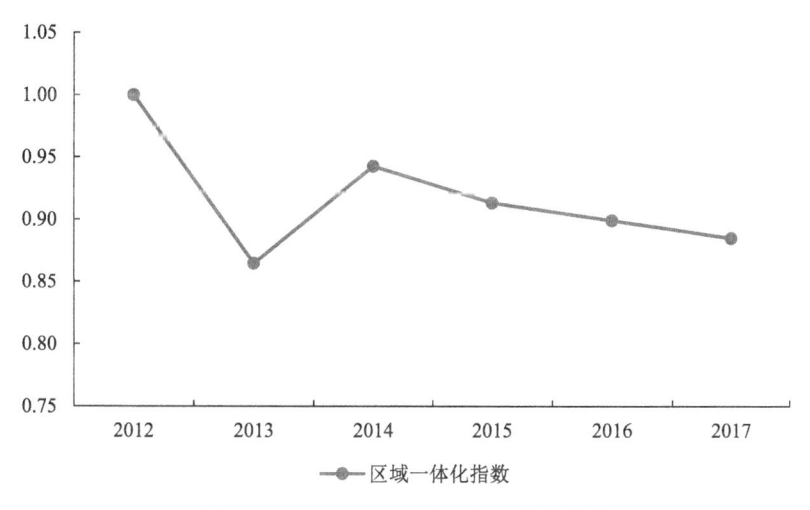

图5-18 2012—2017年区域一体化指数

从图 5-19 中可以看出，造成区域一体化水平下降的主要原因是市场一体化、区域贸易流与客运量的下降。市场一体化程度下降较快，我们用商品零售价格的波动程度来代表市场一体化程度。当经济增速放缓的时候，我国区域之间市场分割程度加重，造成了区域间贸易流的下降。近年来人口流动的下降，很大程度上是我国经济进入新常态，经济由高速增长转向中高速、高质量增长，这就造成一部分人口不适用目前的经济增长方式，很多工作与人口匹配程度较低，这很有可能是造成人口流动下降的重要原因。但是从图中我们也可以看出，随着我国近年来高铁网络和高速公路网络的完善，区域交通一体化程度呈现了大幅度的上升。此外，用来反映地区专业化程度的产业地区分工指数也呈现出逐年上升的趋势。

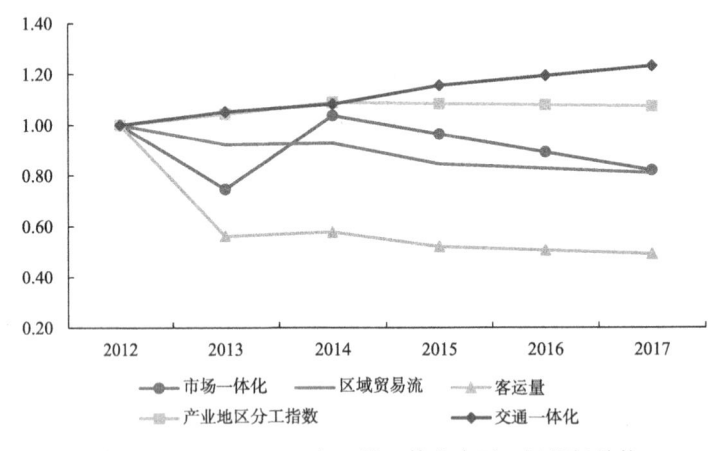

图 5-19　2012—2017 年区域一体化水平二级指标趋势

（四）城乡协调发展指数

党的十九大报告指出，要实施乡村振兴战略，促进城乡融合发展。从图 5-20 可以看出，党的十八大以来，我国城乡协调发展指数出现了波动上升的趋势，2013 年有小幅下降，从 2012 年的 1 下降到 2013 年的 0.986，但 2013 年之后，城乡协调发展指数持续上升，由 2014 年的 0.994 上升到 2017 年的 1.020。

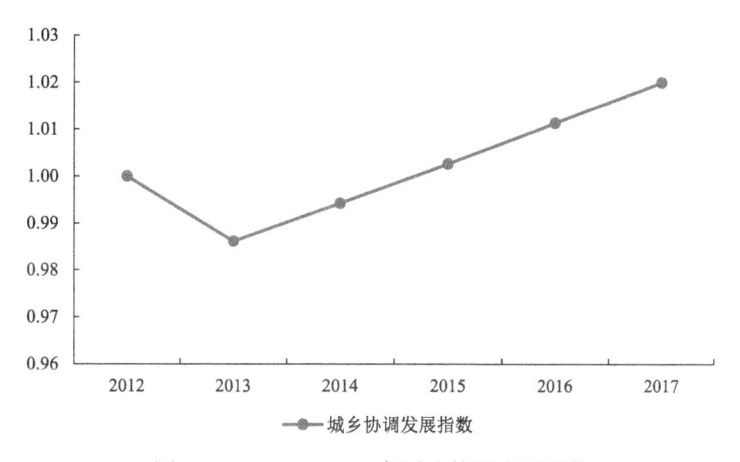

图 5—20 2012—2017 年城乡协调发展指数

我们利用城乡收入差距、城镇化水平、城乡卫生水平差距、城乡基础设施差距和城乡教育差距这 5 个指标来衡量城乡协调发展。城镇化水平和城乡收入差距是推动城乡协调发展的两个重要原因，城镇化水平出现持续上升的态势，2012 年我国城镇化率为 52.57%，到 2017 年上升至 58.52%，上升幅度明显。城乡收入差距也逐年减少，城乡收入差距从 2012 年的 1 下降到 2017 年的 0.96，我国收入分配格局出现向好的势头，收入差距进一步缩小。城乡卫生水平差距、城乡教育差距都出现了上升趋势，但上升的幅度不大。此外，城乡基础设施差距呈现出先下降后上升的趋势。这说明近年来虽然城乡收入差距缩小，但是城乡之间卫生与教育还是出现差距，这就需要加大乡村振兴战略，不仅仅是乡村人口的外迁与外部就业，还需要加大对乡村医疗、教育、交通等的投入。（见图 5—21）

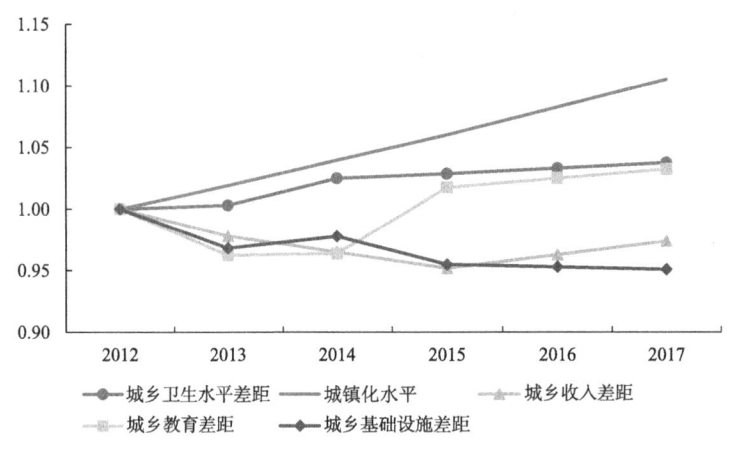

图 5-21　2012—2017 年城乡协调发展水平二级指标趋势

（五）社会协调发展指数

从图 5-22 可以看出，社会协调发展水平呈现出上升态势，从 2012 年的 1 上升到 2017 年的 1.260，上升幅度较大，社会协调发展是推动区域协调发展指数上升的主要力量。这说明近年来我国加大中西部地区民生工程投资建设取得较好的效果，有利于促进基本公共服务均等化。

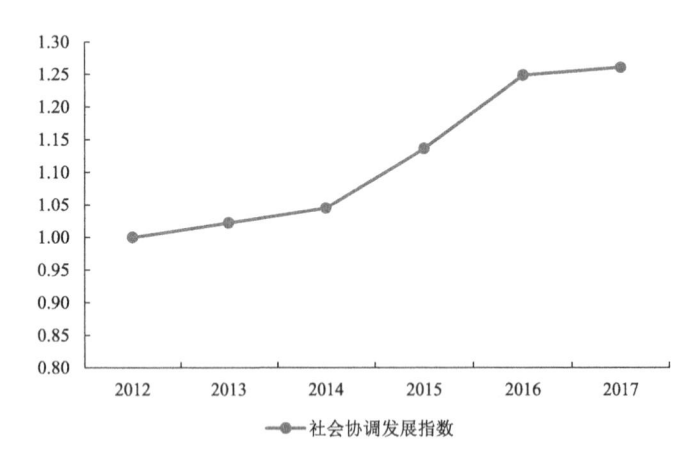

图 5-22　2012—2017 年社会协调发展指数趋势

社会协调发展指数是由扶贫开发、教育水平、就业机会、医疗水平和社会保障5个二级指标构成的。如图5-23所示，5个二级指标都呈现出不断上升的趋势，其中教育水平指数波动较大，在2017年有小幅下降，但仍高于1。党的十八大以来，以习近平同志为核心的党中央高度重视扶贫开发工作，大力推进精准扶贫，并且加大了教育、医疗的投入和支持力度。全国低保人口出现下降的趋势；教育经费投入逐年上升，高考一本录取率差距出现明显下降的趋势。就业机会指数也呈现出了缓慢的上升趋势。社会保障水平变动不大，近年来呈现稳中上升的态势。

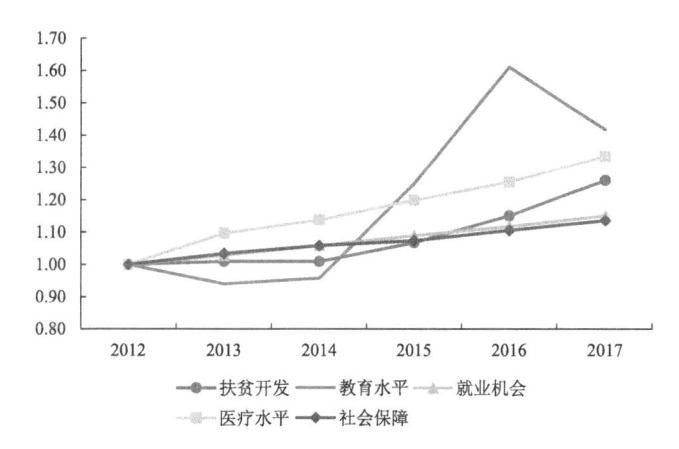

图 5-23 2012—2017年社会协调发展水平二级指标趋势

（六）资源与环境协调发展指数

党的十九大报告对加强生态文明体制改革、建设美丽中国做出了重要的部署。随着经济的发展和人民生活水平的提高，老百姓对环境的需求也进入了一个新的阶段。图5-24描述资源与环境协调发展水平指数。从图中可以看出，资源与环境协调发展水平指数上升态势明显，从2012年的1上升到2017年的1.102，上升幅度较大，资源与环境协调发展水平是拉动区域协调发展水平上升的重要因素之一。这说明，近年来中央和地方政府非常重视改善环境质量，大力转变经济增长方式，环境质量得到明显好转，资源利用效率显著提高。

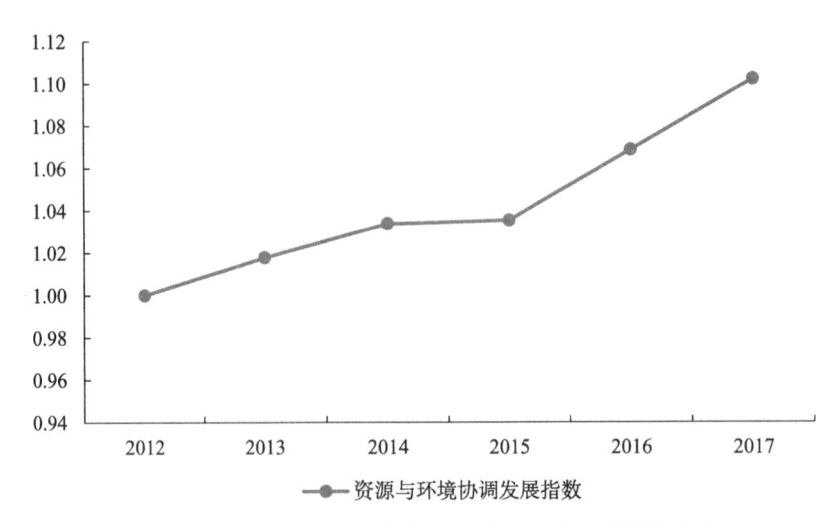

图 5-24 2012—2017 年资源与环境协调发展水平指数趋势

资源与环境协调发展水平由能源消耗、碳排放、污染治理、资源利用和生态建设 5 个二级指标构成。从图 5-25 可以看出，碳排放、资源利用、生态建设是拉动资源与环境协调发展水平的重要因素，碳排放指数由 2012 年的 1 上升到 2017 年的 1.38，上升幅度达到 38%；资源利用指数由 2012 年的 1 上升到 2017 年的 1.15，上升幅度达到 15%；生态建设指数由 2012 年的 1 上升到 2017 年的 1.11，上升幅度达到 11%。

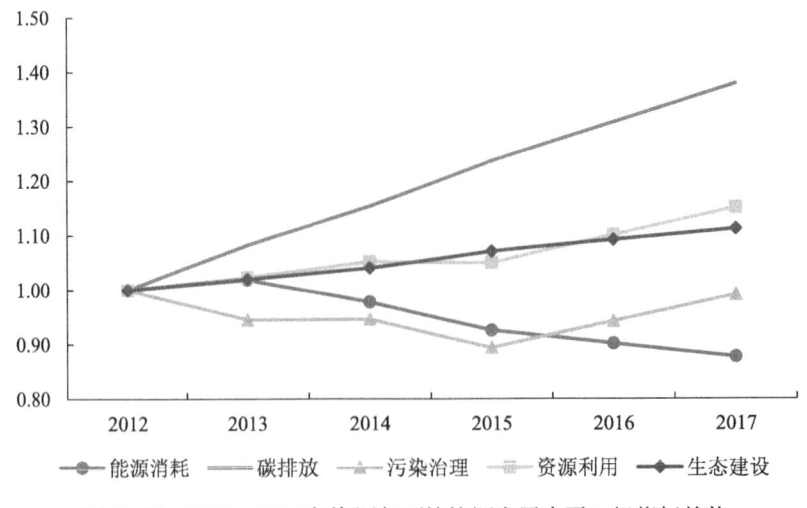

图 5-25 2012—2017 年资源与环境协调发展水平二级指标趋势

第六章　区域协调发展的动力转换

新中国成立以来，中国经济经历了社会主义工业化和三大改造，铺平了经济快速发展的道路，经历了改革开放，正式步入了经济发展的快车道，并在新时代进入到了经济的中高速稳定增长等阶段。经济规模从1978年改革开放伊始的3678.7亿元增长到2017年的82.71万亿元（当年价），以1978年不变价格计算为12.97万亿元，增长了近35倍。人均国内总产值从385元（当年价）增长到5.97万元（当年价）。1978—2017年的近40年的时间，中国国内生产总值的名义增长率接近14.5%，去掉通货膨胀的影响后，年均的实际增速仍然接近9.3%。

在这一过程中，中国各个区域经历了均衡发展—不均衡发展—均衡发展—协调发展的变化，区域发展的动力也完成了几轮调整。总的来看，中国区域发展的动力主要遵循工业化和城市化两个路径完成，但无论是工业化还是城市化的过程，区域发展的核心动力依然是要素。随着经济进入新常态，社会主义初级阶段进入新时代，区域发展的动力由要素驱动、投资驱动转向创新驱动。

对于区域发展动力的衡量，我们可以参考主流经济学中对经济增长的理解，从供给侧和需求侧给予解释，在需求方面考察的区域发展动力往往囊括消费、投资和出口3个方面；从供给方面，我们可以归结为资本、人力、知识等要素的供给。在过去经济发展历程中，需求侧的区域发展动力占据着主导地位，与工业化和城市化相互促进，共同推动着中国区域的快速增长，尤其是40余年的改革开放，极大地推动了中国经济市场化、国际化的进程，而正是市场和开放在中国区域发展的影响力的改变，导致了我国区域发展动力的变迁，具体来说，从农业部门和乡镇工业为主转向城市，但并不是单纯的城市工业；随着城市化和工业化的共同提高，城镇规模扩展，最终使得工业在城市集中。

一、区域动力转换的历程

整理现有对区域发展动力转换的研究,我们认为大体上可以分为6个阶段,具体来说:

第一阶段:1949—1978年。这一时期是中国区域发展的准备阶段。经历了战争的创伤,中国的经济发展力量已经被消耗殆尽,需要调集各方面的力量,完成经济基础的建设,在这期间,区域发展更多地依靠政府统一规划调配的资源投入。基础设施和发展环境较好的上海和东北地区率先开始经济复苏,随着政策的变化,区域发展的核心也相应调整。相对于改革开放之后的区域协调政策,这一阶段更加强调均衡发展,即通过计划经济体制的调控,国家集中资源、资金对中西部地区投资和建设,满足国防建设和产业布局调整的需求,一方面改变中国过去不合理的产业布局,破解沿海和内地经济发展不协调的局面,促进中西部地区的发展;另一方面适应恶化的国际环境,战略性地布局国防工业。

在这一阶段,农业和工业尤其是重工业成为经济建设的重要抓手。完成土地改革后,1958年,首先将农村居民集中起来,结成有规模的生产组织,即人民公社,以解决新中国成立初期农业生产设施不足等问题。在农村经济逐步稳定后,提取农村的资源促进工业部门的发展。经过近30年的发展,中国工业尤其是重工业发展的基础初步建立,同时也完成了社会福利的改善和人力资本的提高,居民预期寿命、各阶段的入学率和教育的普及率都有显著的提高。1952—1978年,年龄在16～65岁、未完成小学学业的人口比例从74%下降到40%[①]。同时,计划经济也带来了一些问题,如工业和城市的发展是以牺牲农业和农村经济为代价的,进而产生了城乡的二元分离;行政指令对区域发展的过多干预,导致了区域间要素渠道的阻塞。但总的来说,这一阶段,中国的

---

① 劳伦·勃兰特:《伟大的中国转型》。

区域发展在世界同类国家中处于领先地位,并为中国接下来40年经济的腾飞打下了坚实的基础。

第二阶段:1979—1984年。这一阶段,农村的改革率先为区域发展注入了活力。1979年,中国农村改革率先启动,开展改革试点,带来了农村经济的快速增长。在安徽等一些地区率先进行了家庭联产承包责任制,坚持在土地等生产要素集体所有制的前提下,将土地的所有权和经营权分离;统分结合的双层经营改革试验,取消了人民公社制度,分离农村的行政管理单位和经济单位;调整农村的产业结构,逐步发展乡镇企业,改革农副产品的价格体制,大幅提高农产品的收购价格,维持主要农业生产资料价格稳定。

在这一阶段,随着农民主体地位的确立、农业产品贸易条件的改善,农村经济得到快速发展,第一产业占国民经济的比重迅速上升,成为区域发展的主要动力。1978年,第一产业的比重仅为27.7%,仅约是第二产业(47.7%)的一半。到1984年,第一产业占比已经达到了31.5%,最高时达到32.8%。同期第二产业下降了4.6%,第三产业仅增长了0.9%。(见图6-1)以1978年不变价格计算,第一产业增加值由1978年的1018.5亿元增长到1984年的1914.2亿元,增幅达到87.9%,远远超过第二产业48.5%的增幅(1978年不变价格)。粮食产量由3亿吨增长到4亿吨,农民收入年平均提高13.4%。这一时期改革开放的政策极大地解放了农业生产力,使得第一产业成为这一时期的主导,在1981年和1982年,第一产业成为区域发展的最主要动力。

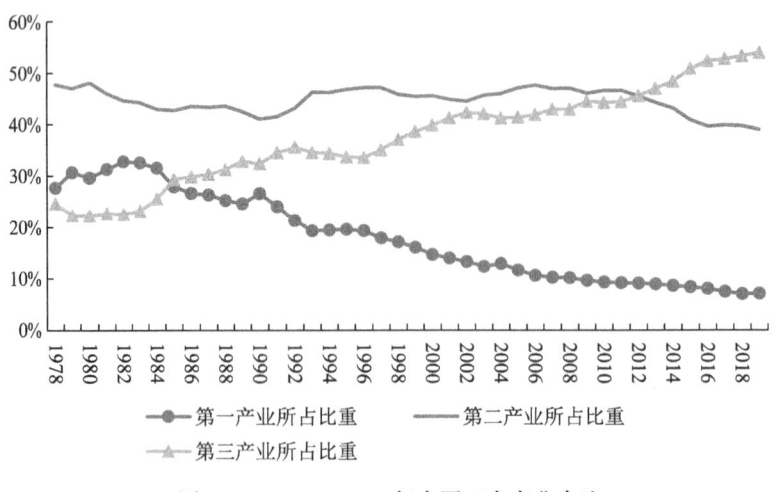

图 6-1 1978—2019 年中国三大产业占比

数据来源：EPS（经济性预测系统）中国宏观经济数据库

第三阶段：1985—1991年。在这一时期，改革开放在先期的试点中积累了足够的经验，深圳模式开始逐步推广，经济特区的开放模式向沿海、沿江拓展。改革开放所带来的资金、技术等要素成为区域发展的主要推力。东部沿海地区成为区域发展的核心区域，经济社会发展进步显著，但是城乡差距、东部沿海地区和中西部地区的差距开始扩大。通过确定社会主义经济是"公有制基础上的有计划的商品经济"，区域发展的重点逐渐从农村转向城市，激发国有企业的活力成为这一阶段经济发展的中心环节。同时，对价格、财税、金融、计划以及流通体制的改革也开始启动。

改革开放所带来的生产要素最先汇集的区域是东部沿海地区的城市，非农经济得以快速发展，区域发展的动力进一步向第二产业转换，从1985年开始，第一产业的比重就逐步下降，由1984年的31.5%下降到1991年的24%。顺应市场的需求和国际分工的角色，纺织和食品等轻工业取得了很大的发展，但是重工业的发展刚刚起步，使得在总量上，第二产业占比呈现略微下降状态。这一阶段，虽然第二产业占比有小幅下降，但是仍然是第二、三产业较快发展的时期，第三产业比重从1985年的29.4%上升到1991年的34.5%，第二产业占比始终保持在约43%的水平。在这一时期,劳动力大规模向第三产业集中,社会资源的配置逐步向第三产业倾斜。相比于1984年,第一产业的就业人数增加了25.6%,第二产业的就业人数增加了35.0%,第三产业的就业人数增加了48.1%,但是第三产业的就业人口基数依然不大,第三产业吸纳就业的能力还未显现。第一产业在经济发展中虽然占据着重要地位,但是区域发展的动力已经逐步向第二产业和第三产业转化,其中,轻工业在这一过程中的作用尤为突出。

第四阶段:1992—1998年。在这一时期,社会主义市场经济体制改革成为区域发展的重头戏,社会主义市场经济的各项体制逐渐建立、完善,区域发展的主要推手从政府向市场过渡。确立了以分税制为核心的新财政体制框架和以增值税为主的流转税体系。确立了公有制为主体、多种所有制经济共同发展的基本经济制度。取消了生产资料价格双轨制,进一步放开了竞争性商品和服务的价格,要素市场逐步形成。逐步建立起社会统筹和个人账户相结合的养老、医疗保险制度,建立了失业保险、社会救济制度及城镇居民最低生活保障制度。同时,在空间格局上,区域发展由原有的"东部率先"转向区域协调发展以缩小日益扩大的区域差距,因此,从"九五"计划起,区域协调发展就作为缩小区域差距的重要手段开始推广。

这一阶段也是重工业加速发展的时期,基础设施建设规模迅速扩大,带动了能源、交通等行业的快速发展,使得第二产业的比重大幅上升。相比于上一阶段轻工业为主的增长局面,电力、冶金、石油化工和机械制造等行业成长为国民经济快速增长的主要动力。同时,基础设施投资的大幅增加拉动了对建材、电力、运输车辆、机械设备的需求,进一步推动了第二产业的发展。除了重工业快速地发展,这一阶段,中国经济的国际化水平也显著提高。2001年中国加入世界贸易组织(WTO),正式参与国际分工合作,国际化水平大幅度提高,生产技术和管理经验的转移促成了工业化的大幅进步,农村劳动力开始大规模向城市转移,各方面的要素优势开始显现,中国经济结构从内需发展转向了外向型经济。这一阶段区域发展的主要动力转向重工业和对外贸易。

第五阶段：1999—2011 年。在这一阶段区域发展开始由量的增长转向质的提高，虽然投资、消费等传统要素依然是区域发展的主要动力，但是提升经济发展质量和可持续发展已经逐渐引起重视，城镇化和工业化互动发展成为这一阶段区域发展的主旋律。与此同时，社会主义市场经济体制进一步完善，提出了科学发展观和构建社会主义和谐社会。相应的，改革开放更加深入、细致地渗透到各个领域，如取消农业税、牧业税及特产税，放宽对非公有制资本的限制，促进非公有制经济的发展，扩大企业自主权，完善土地、劳动力、资本等生产要素的市场价格体系，加快水、电、石油、天然气等资源价格的市场化步伐。同时，在空间格局上，区域协调发展战略开始全面构建，1999年中共中央提出了西部大开发战略，使得西部地区的经济发展和基础建设取得了长足的进步；2002 年的振兴东北等老工业基地战略为东北地区带来了近10 年的高速发展；2004 年补充了中部崛起发展战略，实现了东中西的区域联动发展。

经过前一时期工业化的积累，中国区域发展进入了城市化、工业化互动发展、共同驱动的阶段。这一时期城镇化率快速提高，中国的城镇化率从 2000 年的 36.22% 增长到 2010 年的 49.68%，中国开始逐步进入以城市为主的城市化国家。快速的城镇化为房地产行业的飞速发展带来了机遇，在经历了初期的起步和发展阶段后，房地产行业进入了繁荣期。房地产行业是我国最早选定的全国性主导产业之一，长产业链条带动了钢铁、水泥等关联产业的快速发展。对于地方政府来说，土地财政成为地方财政收入的重要来源。各个区域快速的工业化和城镇化成为区域发展的主要动力。

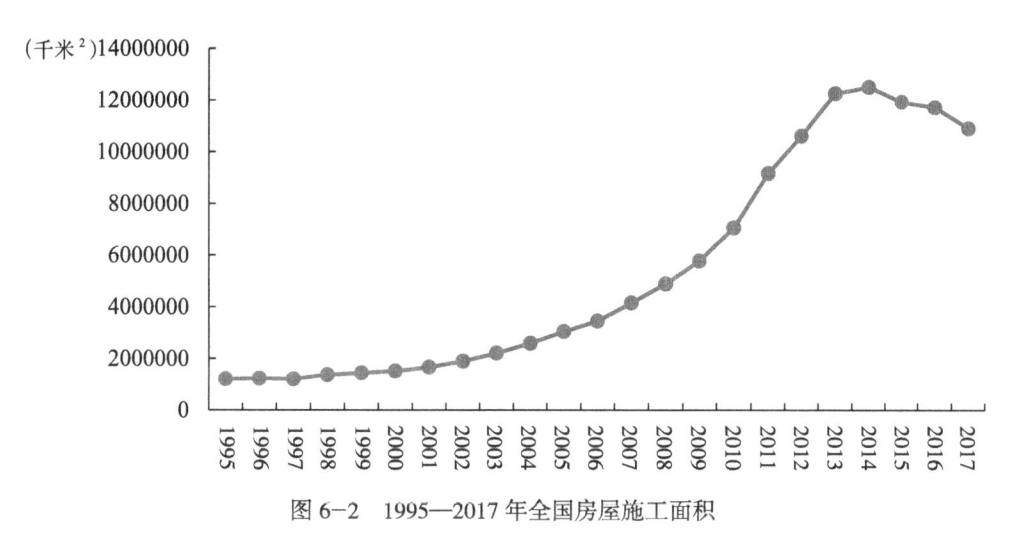

图 6-2　1995—2017 年全国房屋施工面积

数据来源：EPS 中国宏观经济数据库

第六阶段：2012 年至今。这一时期区域发展动力发生最新一轮的转换，随着经济进入新常态，一方面，投资、消费、净出口等传统要素对区域发展的驱动力递减；另一方面，经济社会的发展使得人们对区域发展的质量要求进一步提高。区域发展的动力面临着从传统的要素驱动向创新驱动转换，这是以往的几轮区域动力转换所未能呈现的，是更高层次、更为系统的区域动力的转换。显著的标志是党的十八届三中全会审议通过的《中共中央关于全面深化改革若干重大问题的决定》提出的经济、政治、社会、文化和生态文明的全面的改革。在经济下行和资源约束的双重限制下，改革的目标转向建立区域战略统筹机制、健全市场一体化发展机制、深化区域合作机制、优化区域互助机制、健全区域利益补偿机制、创新区域政策调控机制、健全区域发展保障机制 7 个方面。同时，在区域协调发展的政策规划中，更注重针对微观主体，强调跨区域和次区域的规划，完成了区域协调发展从宏观到微观的转向。（见图 6—2）

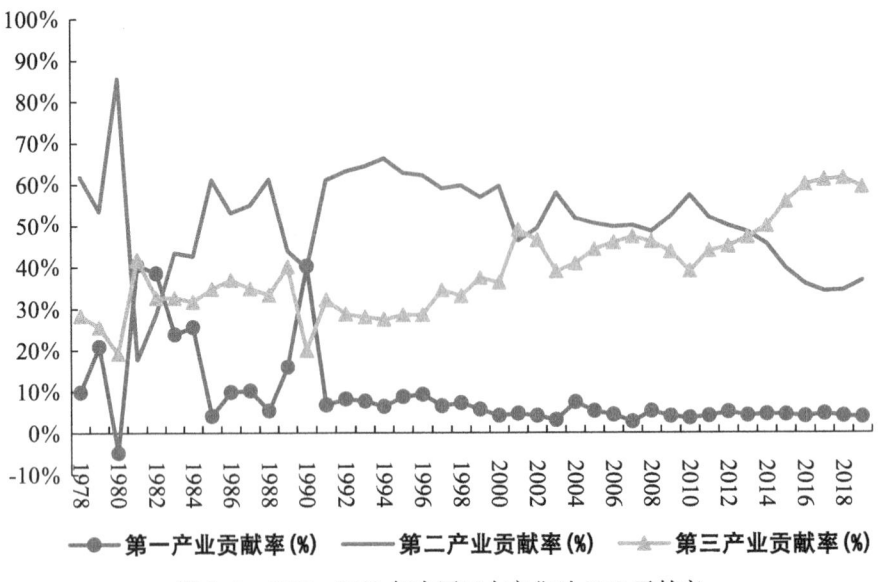

图 6-3　1978—2019 年中国三大产业对 GDP 贡献率

数据来源：EPS 中国宏观经济数据库

这一阶段区域发展动力的转换不同于以往的 5 个阶段，是新一轮的动力转换，以往的 5 个阶段，区域发展的根本动力仍是劳动力和资本等要素的驱动，依靠的是人口红利和后发优势，区域发展动力的转换只是要素内部结构的变化，本质没有改变。而在这一阶段，要素的边际产出降低，对区域发展的动力有限，导致人口红利和后发优势逐渐丧失。在这一阶段，第二产业增加值占比首度被第三产业超越，同时期第二产业对 GDP 的贡献率呈现下降趋势，而第三产业对 GDP 的贡献率则呈现上升趋势。需求、投资、出口传统驱动区域发展的"三驾马车"在这一阶段对 GDP 的贡献率也呈现出下降趋势，出口对 GDP 的贡献连续多年为负，最低值时达到了 −42.6%。随着传统区域发展动力的衰竭，区域发展转向创新驱动，实质是劳动生产率和全要素生产率的提高，经济表现为农业现代、服务业升级、高端制造业发展和城市化与现代技术的融合。（见图 6—3）

二、动力转换的空间结构视角

新中国成立 70 多年以来，我国区域发展经历了多个发展阶段，提出过"重点发展、优先发展和带动发展相协调的区域协调发展战略""在国家统一规划指导下，按照因地制宜、合理分工、各展所长、优势互补、共同发展的原则，促进区域经济合理布局和健康发展""塑造要素有序自由流动、主体功能区约束有效、基本公共服务均等、资源环境可承载的区域协调发展新格局"等战略。在区域战略和区域发展格局转变的过程中，区域发展的动力也经历了空间的转换，主要表现为各个区域间经济发展速度、区域间差异化和全要素生产率的变化。

（一）区域发展核心区的变动

区域发展重心反映了区域经济的核心，通过考察区域发展重心的移动效应、区域发展核心区和外围区的变化，进一步考察区域发展动力的空间偏移。通过人均 GDP 的标准化值可以判别核心区和外围区。核心区是指在区域经济发展中占据主导地位、经济增长快、发展质量高的地区，是区域发展的主要动力，往往可以带动周边区域发展；外围区是指经济发展相对缓慢、发展水平较低的地区，需要依靠核心区的带动、辐射而发展。判别核心、外围区域主要指标 GDP 标准化值，为某地区人均 GDP 与全国人均 GDP 之差与各省区人均 GDP 的标准差的比值。

根据数据的可得性，我们对于各省人均 GDP 的标准化值的计算以 1978 年为起始年，将计算出来的 40 年间各省人均 GDP 标准化值以 10 年为一期，选取 1978 年、1988 年、1998 年、2008 年和 2017 年的人均 GDP 标准化值，绘制成图，由于缺少台湾省的数据，因此没有研究台湾省的变化。从 1978 年各省的 GDP 标准化值可以发现，全国区域发展的差异明显，区域发展的动力核心集中在北京、上海、天津等大城市，其次是辽宁、江苏等工业较为发达的省份，但是与京津沪的差距明显。上海的人均 GDP 标准化值为 4.81，是北京的两倍多。这一时期，区域增长的动力集中在东部沿海部分先发展的城市。经过 10 年的发展，经济发展较好的区域或者说区域发展的核心区域以京津沪为核心，沿着东部沿海的带状区域展开，区域发展的动力集中在东部沿海的经济带。1998年，中西部地区的差距开始扩大，部分内陆省份受到沿海经济带的带动辐射作用，开始步入经济发展的快车道。以山东省和陕西省为例，山东省的人均GDP标准化值由1978年的0.15增长到1998年的0.26，也就是说，其人均GDP已经超过了全国的平均水平，而陕西省的人均GDP标准化值则由最初的0.21下降到-0.54。1998—2008年，区域发展的核心区域继续向中西部地区转移。与1978年相比，上海市的人均GDP标准化值已经由4.81下降到3.27，临近的江苏省和浙江省的人均GDP标准化值则分别由1978年的0.11和-0.11上升到1.05和1.22。东部沿海地区依然主导着区域的发展，但是区域发展的动力已经逐渐向内陆辐射。而到2017年，中西部地区的差距进一步扩大，而东部沿海地区和中西部较发达区域的差距呈现出缩小的趋势，同时东部沿海地区内部的差距也进一步缩小，2017年江苏省人均GDP标准化值达到了1.75，与上海市的2.47非常接近。

总的来说，区域发展的核心区域始终集中在东部沿海地区，但是经历了由点扩展到沿海经济带，最后向内陆延伸的过程，我们也大体绘制出了区域发展动力转换的空间路径。从整体上来看，区域发展的动力最终集中在京津沪几个大型城市，随着改革开放的推进，沿海地区最早获益，由几大城市连绵构成的东部沿海地区的经济带开始充当区域发展的主力，并持续到现在。随着中部崛起、西部大开发等均衡发展战略的提出，区域发展动力在空间上向内陆延伸的速度加快，但区域发展的核心区域始终保持在东部沿海地区，大体上可以总结为京沪极点—东部沿海轴带—中西部地区的转移模式。同时，向内陆的延伸也不是均质的，中西部地区自身的资源禀赋及受沿海发达地区辐射影响程度也影响着这些地区的发展。在最初，受地理位置及资源禀赋的影响，中部地区、西北地区和西南地区逐渐产生差距。随后这种大区域间的差距逐渐缩小，但是部分省份享受更多的要素投入和产业转移，其经济实力开始更快地增长，逐渐形成区域的核心，也进一步拉开了区域之间发展的差距。

（二）"四大板块"的结构变动

党的十八大以来，我国的经济发展呈现出了以下趋势：一是经济增长速度从高速逐渐转向中高速；二是经济发展方式逐渐从规模速度型转向质量效率型；三是经济结构逐渐由增量扩能向调整存量、做优增量并举转向；四是发展动力逐渐从单纯依靠资源和低成本劳动力等要素投入转向创新驱动。目前我国经济发展的实际情况则是：新旧动能仍处于转换之中，还未完全接续；深层次的机制性、体制性问题还未得到根本上的解决；资源配置的扭曲仍然存在。我国经济发展正处于增长速度换挡期、结构调整阵痛期和前期刺激政策消化期"三期叠加"的阶段。受到种种趋势性下滑力量的影响，2018年我国的经济增速继续放缓，GDP增速进一步下降到6.6%。2020—2021年，我国经济受到新冠疫情的影响，增速出现下滑，但2021年下半年开始加速恢复，全年增速达到18.1%。

在经济面临较大下行压力的背景下，党的十九大报告指出："我国经济已由高速增长阶段转向高质量发展阶段"，提出"推动经济发展质量变革、效率变革、动力变革，提高全要素生产率，着力加快建设实体经济、科技创新、现代金融、人力资源协同发展的产业体系，着力构建市场机制有效、微观主体有活力、宏观调控有度的经济体制，不断增强我国经济创新力和竞争力。"指出了未来区域协调发展战略的着力方向。从党的十九大报告可以看到，区域协调发展战略是贯彻新发展理念的关键环节，是建设现代化经济体系的重要抓手。

如何培育区域发展新动力？如何促进区域协调高质量发展？这些都是亟待解决的重大问题。本部分旨在通过回顾区域发展动力的演变趋势来探寻未来区域发展动能转变的可能路径，为实现区域高质量发展破题。

近年来，我国经济结构出现了重大变化，经济发展也面临着新一轮的重大转型，在全国层面的经济增长下降的背后是区域经济增长的乏力与区域经济格局的重塑。具体来说就表现为"四大板块"GDP增速趋缓与板块内部、板块之间经济走势的分化。

特征事实一：近年来，"四大板块"内部各省份的GDP增速都有不同程度

的放缓，大部分省区回升趋势并不明显。（见表6-1）

2012年以来，"四大板块"内部各省份的经济增长速度均有一定程度的下滑。随着我国经济进入新常态，再加上内外条件和经济发展阶段的变化，各省份经济增长均面临较大的下行压力。东部省份中，天津的GDP增速下降幅度最大，2017年增速降到多年最低点，从9%陡降到3.6%，遭遇断崖式的下跌；而东部沿海省份GDP增速相对比较稳定，保持常态水准；中部地区受到供给侧结构性改革、煤炭价格低迷等因素的影响，资源型省份山西的GDP增速降幅明显；在西部地区，资源型省份内蒙古的GDP增速下降较快，而2016年、2017年连续排名增速前三甲的重庆在2018年甚至跌到平均线以下；在东北地区中，辽宁的GDP增速自2012年以来剧烈下滑，在2015年甚至成为全国唯一负增长的省份，而近两年的增速缓慢上升，有所回暖。值得注意的是，从各省份GDP增速的变动情况来看，目前为止尚未看到明显回升的迹象。

特征事实二：2000—2018年，东、中内部GDP增速分化程度有所下降，而西部分化程度加深，东北地区近年来波动较大。

从表6-1可以看到，2012年以来，东部、中部头部省份与尾部省份的GDP增速差距呈现不断缩小的趋势，而西部各省份经济增长的分化程度则在不断拉大，东北地区则呈现出明显的波动。从全国层面来看，各省份的GDP分化程度在波动中提升。

表6-1 全国层面、区域层面各省份GDP增速的分化情况[①]

年份	东部	中部	西部	东北	全国
2000	1.18	1.13	1.23	1.09	1.22
2001	1.21	1.02	1.22	1.03	1.18
2002	1.24	1.14	1.27	1.06	1.22

---

① 笔者使用区域内各省份GDP增速前25%（75%,P75）与GDP增速后75%（25%,P25）的比值来反映经济增长的分化情况。

续表

年份	东部	中部	西部	东北	全国
2003	1.29	1.35	1.16	1.11	1.27
2004	1.18	1.13	1.11	1.07	1.21
2005	1.27	1.10	1.14	1.05	1.14
2006	1.17	1.07	1.15	1.19	1.15
2007	1.06	1.06	1.26	1.26	1.13
2008	1.28	1.11	1.33	1.27	1.30
2009	1.30	1.24	1.36	1.15	1.33
2010	1.25	1.05	1.23	1.09	1.19
2011	1.37	1.08	1.20	1.11	1.16
2012	1.32	1.11	1.12	1.20	1.26
2013	1.26	1.12	1.20	1.07	1.26
2014	1.25	1.12	1.29	1.13	1.27
2015	1.25	1.14	1.29	1.76	1.14
2016	1.16	1.12	1.28	−6.70	1.17
2017	1.13	1.09	1.32	1.36	1.20
2018	1.10	1.06	1.42	1.21	1.31

特征事实三：2000—2018年，"四大板块"的GDP增速下降明显，区域分化程度有所加深。与此同时，南北地区GDP增速有扩大的趋势。

从图6-4可以看到，2000年以来，随着西部大开发、振兴东北地区等老工业基地和中部崛起战略的实施，西部、中部和东北的GDP增速先后超过东部。在此之后，中部、西部的增速一直大于东部，而东北经历了较快增长之后，又呈现出迅速下降的趋势，并于2013年被东部反超。2012年之后，"四大板块"的经济增长均进入了下行通道。值得注意的是，若以GDP增速的标准差来测算"四大板块"的分化，可以发现2012年之后，各区域经济增长的分化程度有所加深。

图 6-4 "四大板块"GDP 增速

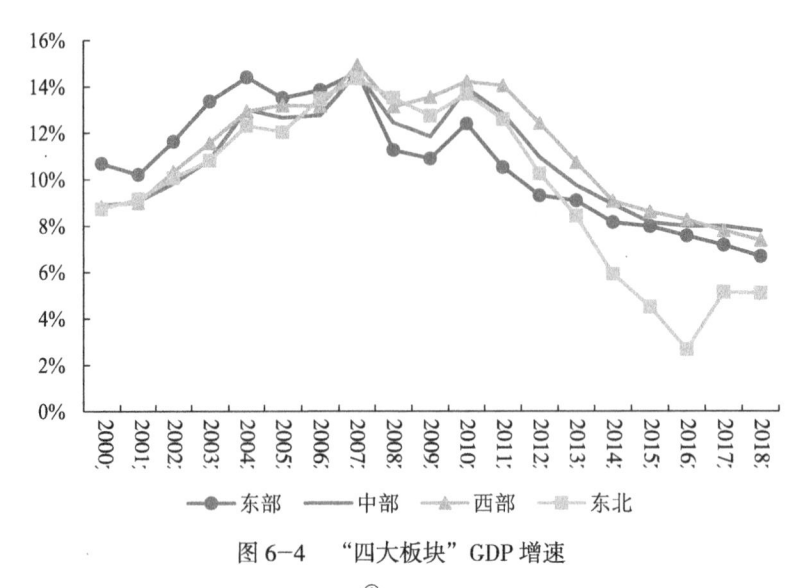

数据来源：Wind 数据库及课题组计算①

此外，南北分化的趋势也不容忽视。从南北 GDP 增速的变动情况可以看到，2012—2018 年间，北方地区的 GDP 年均增速为 7.71%，南方则为 8.61%。自 2012 年以来，北方 GDP 增速与南方的差距呈现出不断扩大的趋势，"南快北慢"的局面不断持续。（见图 6-5）

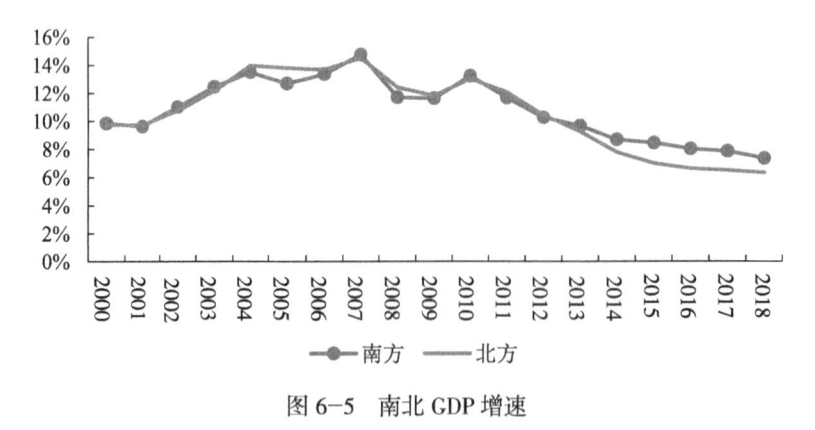

图 6-5 南北 GDP 增速

数据来源：Wind 数据库

---

① "四大板块"的 GDP 增速使用区域各省份的 GDP 占比作为权重加权得到。

三、动力转换与地区生产效率

从上述分析中可以看到，各区域经济增长虽然存在着一定的差异性，但又表现出相同的特点，那就是增速持续下降。这在一定程度上说明了仅仅依赖资源要素和投资驱动的经济增长模式已经难以为继。如何抑制下降趋势，使经济发展重拾增长轨迹？为了回答这样的问题，必须将目光聚焦在生产率上。克鲁格曼（1990）曾说，生产率不等于一切，但长期看它几乎意味着一切。

（一）基本概念与理论关系

通俗地说，一个经济体的生产率就是生产要素在整个经济体中的投入、产出比。这也就意味着，给定固定数量的要素投入，产出越多说明该生产要素的生产率越高。事实上，理解生产率的演变规律可以直接在新古典增长理论的框架下进行。根据索洛（1957）对一个经济体生产函数的经典设定——同时假定希克斯中性技术进步与规模报酬不变，我们就可以将一个经济体在 t 年的产出 Y_t 视为当年全年投入生产的资本存量 K_t 和劳动力数量的一个函数。也即

$$Y_t = A_t(K_t)^\alpha (L_t)^{1-\alpha} \qquad (6-1)$$

在上式中，A_t 是不能用生产要素投入来解释总量增长的部分，它表征的是未被测度到的其他因素，比如技术条件、制度环境等。在以往的经济学文献中，A_t 又被称为是"索洛剩余"或"索洛残差"。基于这一设定，就可以得到全要素生产率和资本、劳动生产要素生产率的定义。

劳动生产率（Productivity of Labor）：单位劳动的产出量，也即

$$\frac{Y_t}{L_t} = A_t \left(\frac{K_t}{L_t}\right)^\alpha \qquad (6-2)$$

资本生产率（Productivity of Capital）：单位资本的产出量，也即

$$\frac{Y_t}{K_t} = A_t \left(\frac{K_t}{L_t}\right)^{\alpha-1} \qquad (6-3)$$

全要素生产率（Total Factor Productivity，TFP）：不能归因于有形生产要素的那些因素的生产率，也即生产函数中的 A_t。

不仅如此，进一步来看，还可以将一个经济体的经济增长分解为劳动要素投入的增长、资本要素投入的增长和全要素生产率的增长，也即

$$\frac{\Delta Y_t}{Y_t} = \frac{\Delta A_t}{A_t} + \alpha \frac{\Delta K_t}{K_t} + (1-\alpha)\frac{\Delta L_t}{L_t} \tag{6-4}$$

基于上文对生产函数的设定以及对生产率的定义，需要说明以下几点：第一，就测算的难易程度来看，劳动生产率是最容易测算的，因为劳动投入的测算要比资本投入的测算容易得多。为了准确可靠地核算经济生产中的资本投入，不仅需要对存量资本数量进行测算，还需要设定不同年限资本存量的生产能力如何随时间推移而变化，即年限效率模式；此外，还需设定不同年份资本的退役方式，估算资本服务价格。第二，全要素生产率是一个无量纲的数据，它并非所有要素的生产率，"全"的意思是经济增长中不能归因于可观测的生产要素的部分。由于不可观察以及可能与之相关的因素众多，再加上概念上的差异以及度量上的误差，直接比较全要素生产率的数值大小并没有太大的实际意义。在现有的文献中，学者通常通过构建全要素生产率指数进行比较。第三，全要素生产率增长率——产出增长率扣除资本要素投入和劳动要素投入的增长率之后的余值——只能用来衡量除去所有可观测的生产要素以外生产率的增长。由于这些不可观测的因素中通常包括技术进步、生产效率改进、制度环境等，全要素生产率增长率也可以用来衡量效率改善、技术进步的程度等。此外，就同一个经济体而言，如果改变其生产函数中生产要素类型的数量，比如放入生产函数中的要素类型越多，那么全要素生产率的增长对经济增长的贡献就会显得越小。第四，根据上文对劳动生产率、资本生产率的定义可知，劳动生产率和资本生产率的提升实际上都是技术进步和资本深化的双重结果，只是资本深化对劳动生产率的提升是正的贡献，而对资本生产率的提升是负的贡献。

基于国民收入核算公式，我们将每年劳动者报酬在GDP中所占的比重设定为α，然后将GDP增长率、劳动投入增长率与资本投入增长率代入公式，就可以计算得到全要素生产率增长率，并将三者对GDP增长率的贡献分别计算出来。

（二）省级层面生产率的测算

我们对全国层面、地区层面、省级层面的劳动生产率、资本生产率和全要素生产率进行测算分析，以便后文进一步测算历年来劳动、资本以及全要素生产率对经济增长的贡献。

1. 劳动生产率

我们将劳动生产率作为审视生产率演变的切入点。通过测算对比"四大板块"、全国的劳动生产率，可以发现，2000年以来"四大板块"、全国的劳动生产率都保持持续增长，而东北地区的劳动生产率在2016年出现了一定程度的下降，这反映出东北地区的劳动生产率在一定程度上有所恶化，体制、机制问题仍然存在，老工业基地转型仍需加力，经济增长活力仍待迸发。东部地区一枝独秀，其劳动生产率远高于中西部和东北地区。同时，我们也发现，中西部地区的劳动生产率长期低于全国水平，而东北地区在2016年之后也降至全国水平以下。（见图6-6）值得注意的是，2012年之后，"四大板块"、全国的劳动生产率增速均有不同程度的放缓，东北地区的下降幅度最大。（见图6-7）

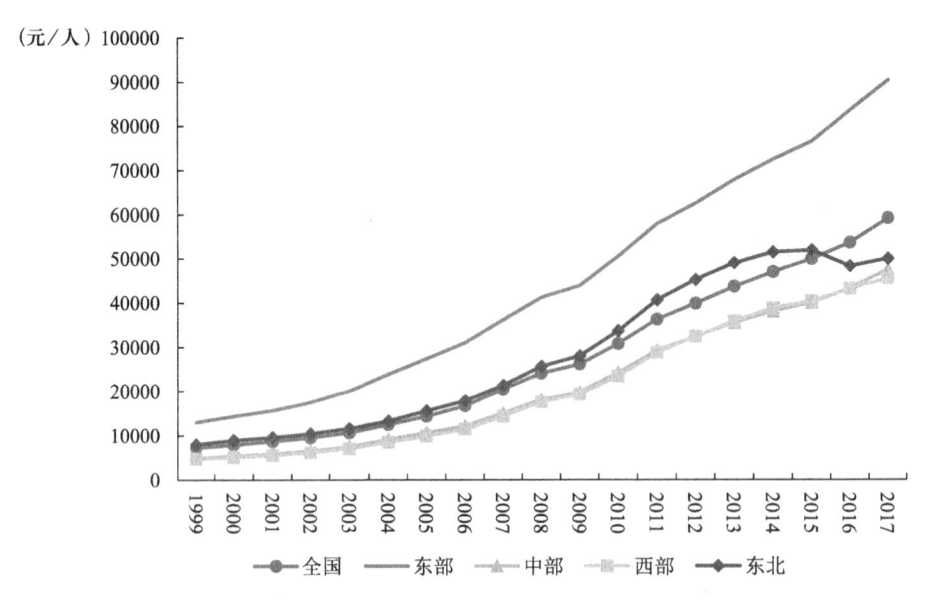

图 6-6　全国、"四大板块"的劳动生产率演变（1999—2017）

数据来源：Wind 数据库及课题组计算

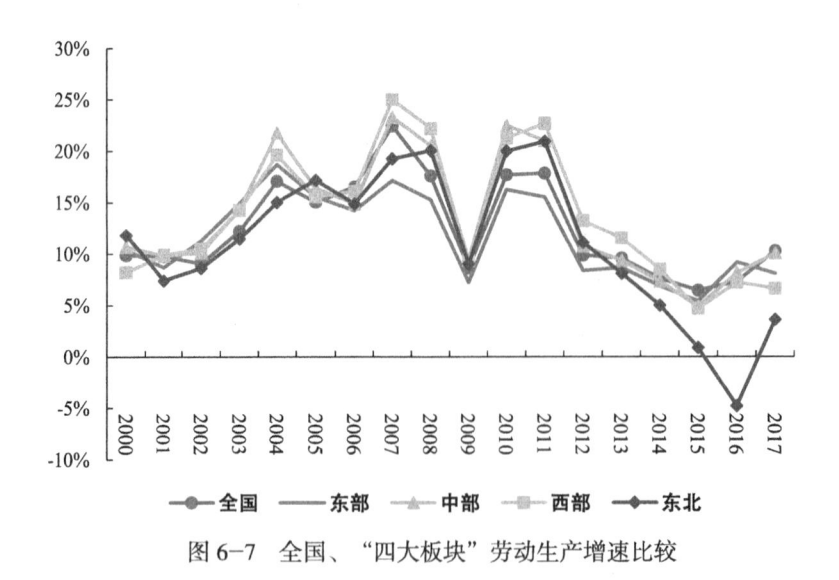

图 6-7　全国、"四大板块"劳动生产增速比较

数据来源：Wind 数据库及课题组计算

与此同时，各省份的劳动生产率的分化情况也不容乐观。从图 6-8 可以直观地看到，箱体图的高度逐年增加，意味着各省份之间的差距在不断扩大，省份

之间的分化程度不断加深。以排名第四与排名倒数第四的省份的劳动生产率之比为例，2000年该比值约为3，但2017年已经接近4。

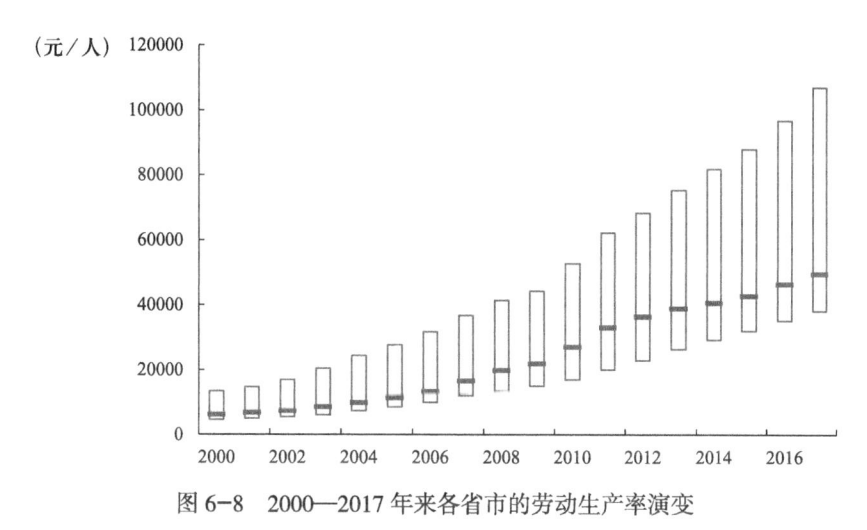

图6-8 2000—2017年来各省市的劳动生产率演变

注：图中粗黑线表示各省市劳动生产率排名的中位数，箱顶为排名第四的省份，箱底为排名倒数第四的省份，数据来源于Wind数据库及课题组计算

2. 资本生产率

测算资本生产率的关键在于各省份、全国的资本存量的估算。以1999年为基年，应用永续盘存法来计算各省份的固定资本存量。其中，使用各省份1999年的固定资本形成除以10%作为该省份的初始资本存量，使用固定资本形成价格指数对各省份各年的固定资本形成进行平减并假定各年的折旧率为9.6%。相关数据取自《中国国内生产总值核算历史资料1952—1995》《中国国内生产总值历史资料1952—2004》《中国统计年鉴》《新中国60年统计资料汇编》。

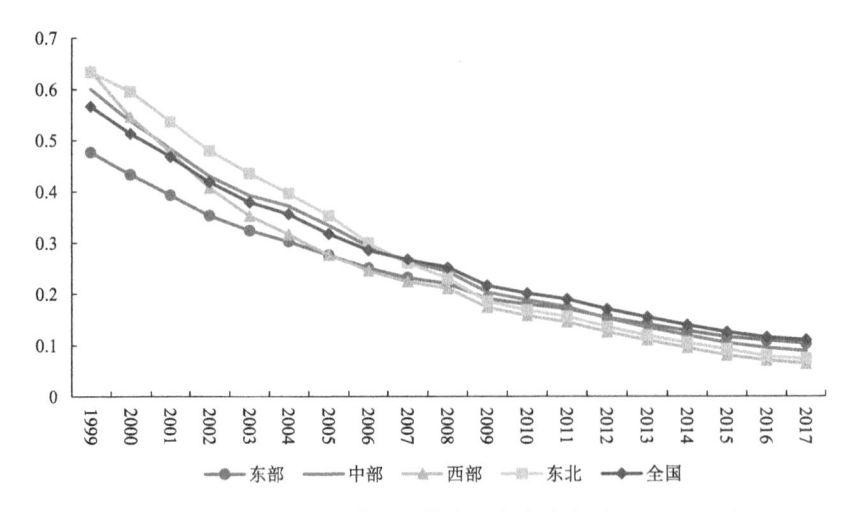

图 6-9　全国、"四大板块"的资本生产率演变（1999—2017）

数据来源：统计年鉴及课题组计算

从图 6-9 可以看到，2000 年以来，各省份的资本生产率呈现出非常明显的下降趋势，尤其是自 2011 年以来，资本生产率呈现出加速下降的趋势。分区域来看，2012 年以来，西部、东北的资本生产率的下降幅度较大，而东部的资本生产率相对来说保持着较高水平。这从一定程度上说明在资本产出效率上呈现出东高西低的特点，也反映出西部、东北投资效率低下的事实。

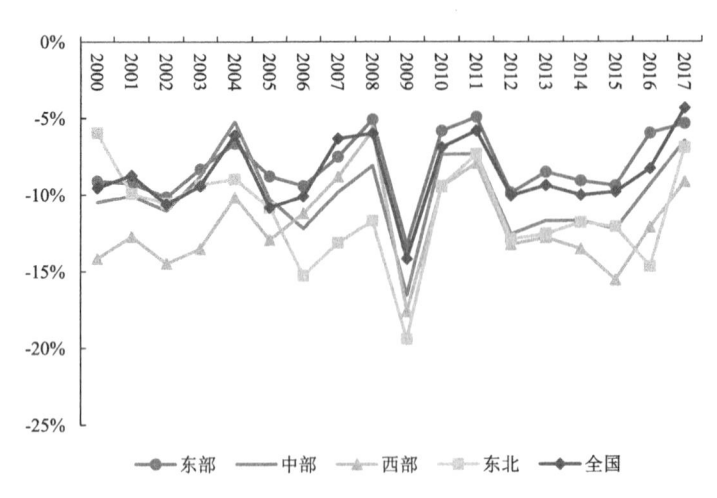

图 6-10　全国、"四大板块"资本生产率增速比较

数据来源：Wind 数据库及课题组计算

从全国、"四大板块"资本生产率的增速可以进一步直观地看到，2012年之后，资本生产率经历了从恶化到改善的过程，在此期间，东部地区资本生产率的降速要小于其他区域、低于全国水平，而中西部、东北的恶化程度相对较深。（见图6-10）

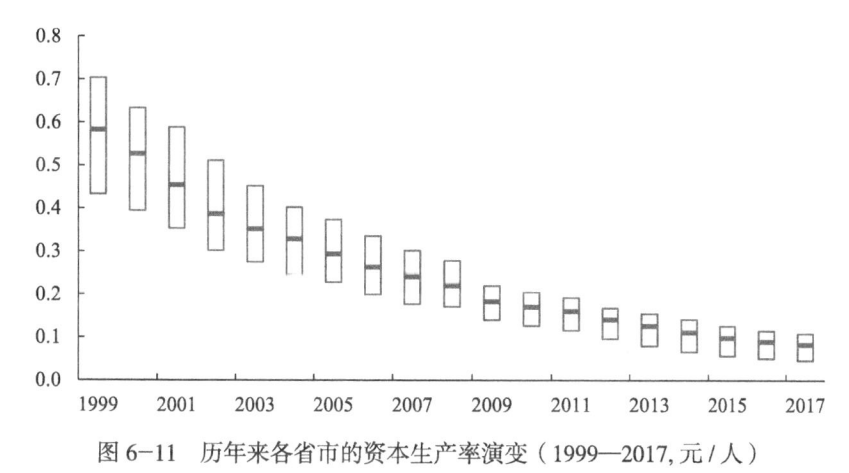

图6-11　历年来各省市的资本生产率演变（1999—2017，元/人）

注：图中红线表示各省市资本生产率排名的中位数，箱顶为排名第四的省份，箱底为排名倒数第四的省份，数据来源于Wind数据库及课题组计算

虽然各省的资本生产率均呈现出不断恶化的趋势，但对比各省份的资本生产率可以发现，与劳动生产率的地区间差距持续扩大不同，资本生产率的省份间差距在不断缩小。（见图6-11）但需要指出的是，这种下降中趋同说明资本要素的稀缺性、区域异质性在下降，投资驱动型的增长方式已经难以为继。

3. 全要素生产率增长率

在新古典增长理论的框架下，笔者采用增长核算法测算全要素生产率增长率。需要特别指出的是，增长核算法不能测算出全要素生产率的水平值，只能测算出全要素生产率增长率。

从测算的结果来看，各区域的全要素生产率增长率存在较大差异。从区域来看，全要素生产率的增长速度呈现出东部＞中部＞西部＞东北的态势。其中，东部的年均全要素生产率增速最高，达到3.41%；中部次之，为2.79%；西部与东部的差距并不大,年均增速达到 2.67%;而东北最低,只有 2.03%。其次,从变动趋势来看,2008 年金融危机以来,"四大板块"全要素生产率增速均有不同程度的下降,尤其是 2012 年以来,中部、西部、东北的全要素生产率增速的下降幅度进一步变大,并且从 2013 年开始,西部的全要素生产率增速降到了中部的全要素生产率增速以下。而东部全要素生产率增速的变动则较为平稳,没有出现明显的下降。此外,值得注意的是,东、中、西、东北"四大板块"在 2014 年均呈现出一定的回升迹象,西部、东北也已经遏制住了持续下跌的态势,中、西部、东北降幅收窄。(见图 6-12)

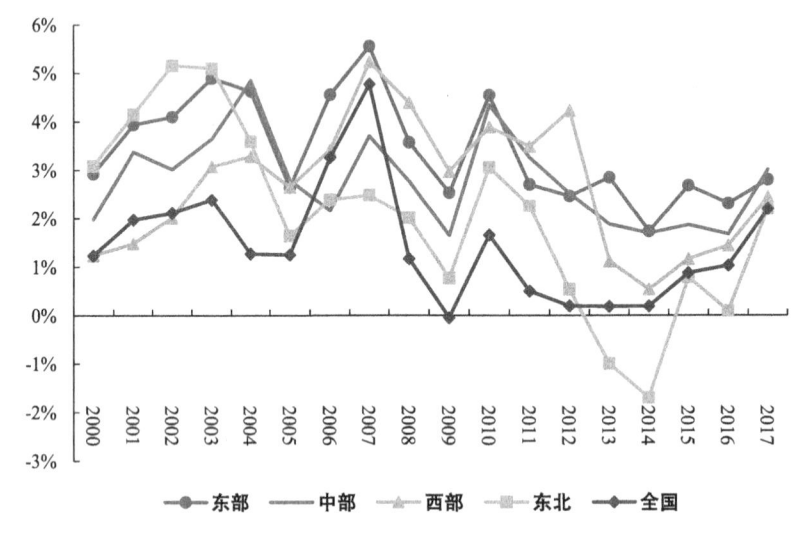

图 6-12　全国、"四大板块"全要素生产率增速比较(2000—2017)

数据来源:Wind 数据库及课题组计算

另一个值得注意的现象则是,就全国而言,各省份的全要素生产率增长率的分化程度在过去这 18 年内并没有显著的扩大或者缩小。从近两年的趋势来看,分化程度有所减小。(见图 6-13)

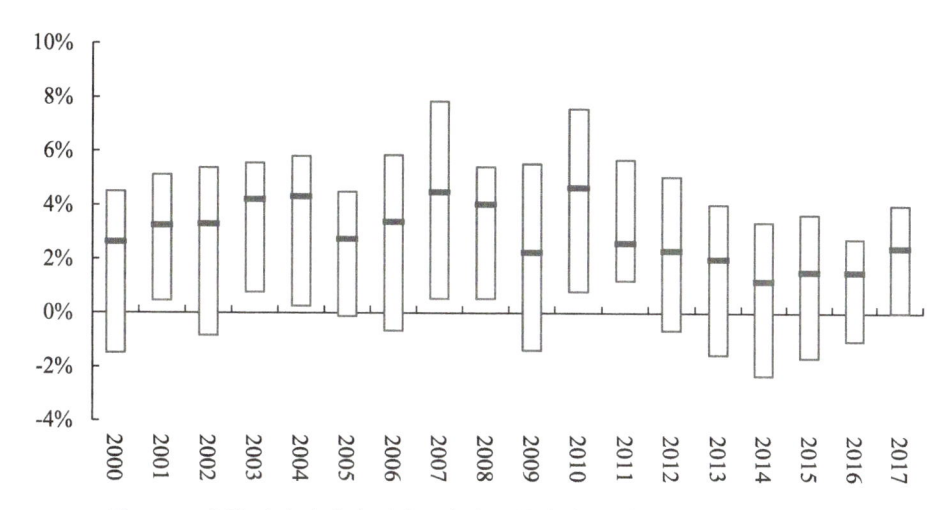

图 6-13　历年来各省市全要素生产率增长率（TFP）对比（2000—2017）

注：图中红线表示各省市 TFP 增长率排名的中位数，箱顶为排名第四的省份，箱底为排名倒数第四的省份，数据来源于 Wind 数据库及课题组计算

根据上文对全国层面、省级层面的劳动生产率、资本生产率、全要素生产率增长率的演变情况的分析可以总结以下特点：①劳动生产率持续上升，但增速放缓；②资本生产率持续下降，分化程度有所缩小；③全要素生产率增长乏力，但有回暖的趋势。不难想象，生产率提升乏力会拖累经济增长。我们不禁要问，各生产要素、全要素生产率对经济增长的贡献有多大？区域经济增长的动力模式究竟如何？

四、全要素生产率与区域经济增长

（一）全要素生产率对区域经济增长的贡献

通过对各省份的经济增长率进行了分解，测算了各省份历年来的劳动、资本及全要素生产率对 GDP 增长的贡献，进而识别出不同区域、不同省份的经济增长驱动类型。

表 6-2 各省份劳动、资本、全要素生产率年均贡献率

省份（由高到低）	全要素生产率年均贡献率	省份（由高到低）	资本投入年均贡献率	省份（由高到低）	劳动投入年均贡献率
上海	43.50%	山西	102.03%	西藏	22.86%
湖北	38.17%	宁夏	91.82%	新疆	19.26%
四川	38.11%	青海	90.17%	北京	18.51%
江苏	35.84%	内蒙古	88.88%	海南	17.33%
安徽	35.53%	陕西	84.01%	上海	13.27%
广西	35.42%	吉林	81.68%	福建	13.18%
河北	33.53%	河南	78.28%	广东	11.60%
重庆	32.70%	云南	77.14%	宁夏	8.90%
广东	32.41%	黑龙江	77.01%	黑龙江	8.68%
湖南	32.12%	甘肃	76.32%	云南	7.76%
海南	31.63%	天津	75.37%	山西	7.67%
辽宁	30.70%	贵州	71.61%	天津	7.58%
江西	30.18%	山东	70.76%	吉林	7.56%
福建	29.67%	新疆	69.76%	浙江	7.46%
浙江	29.12%	重庆	68.54%	河南	7.05%
北京	27.94%	湖南	66.95%	河北	6.74%
山东	25.35%	西藏	65.41%	安徽	5.92%
贵州	23.50%	江西	64.86%	辽宁	5.34%
甘肃	21.67%	辽宁	63.95%	内蒙古	5.17%
天津	17.05%	浙江	63.42%	江西	4.96%
云南	15.10%	江苏	62.72%	贵州	4.88%
河南	14.67%	广西	60.94%	青海	4.07%
黑龙江	14.31%	四川	60.77%	山东	3.90%
陕西	12.64%	湖北	60.09%	广西	3.64%
西藏	11.73%	河北	59.74%	陕西	3.36%
新疆	10.98%	安徽	58.55%	甘肃	2.01%
吉林	10.76%	福建	57.16%	湖北	1.74%
内蒙古	5.94%	广东	55.99%	江苏	1.44%

续表

省份（由高到低）	全要素生产率年均贡献率	省份（由高到低）	资本投入年均贡献率	省份（由高到低）	劳动投入年均贡献率
青海	5.75%	北京	53.56%	四川	1.12%
宁夏	−0.72%	海南	51.04%	湖南	0.93%
山西	−9.70%	上海	43.23%	重庆	−1.24%
全国	14.92%	全国	78.64%	全国	6.44%

数据来源：课题组测算

表6-2为全国31个省市区2000—2017年这18年间的年均全要素生产率贡献率、资本投入贡献率、劳动投入贡献率，并根据贡献的高低进行排序。从上表中可以看到：（1）全要素生产率对GDP增速贡献率最高的是上海市，超过了40%，最低的是山西，接近-10%；（2）资本投入贡献率较高的省份大多为中西部省份，整体来看，各省份的资本投入贡献率都要远高于全要素生产率贡献率；（3）劳动投入贡献率最高的是西藏，达到了22.86%，而重庆的劳动投入贡献率最低，在0%以下。（4）资本投入对经济增长的贡献最大，劳动投入对经济增长的贡献相对较小，而全要素生产率对经济增长的贡献在各省份之间存在明显的分化。从各生产要素对经济增长的贡献率的情况也可以发现如下特点：一是部分东部沿海地区省份已经基本摆脱了对生产要素投入的依赖，开始逐渐转向创新驱动经济增长；二是资源型省份对资本要素的依赖性很强，资本投入对经济增长有非常大的作用；三是对于部分西部省份来说，劳动仍然具有较强的稀缺性，劳动投入对经济增长的作用也不容忽视。整体来看，全国绝大部分省份的经济增长驱动类型仍然为要素驱动型，亟待转向创新驱动型。

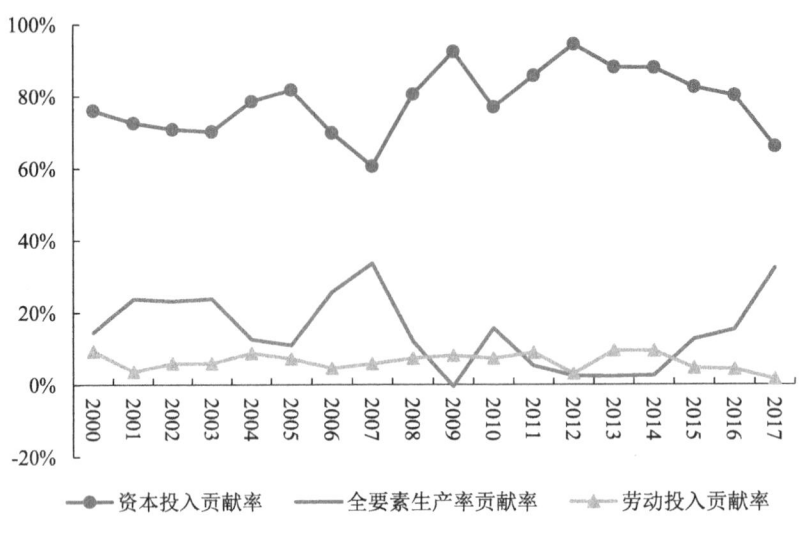

图 6-14　对中国的 GDP 增速进行分解（2000—2017）

数据来源：课题组测算

对中国的 GDP 增速进行分解可以发现，2000 年以来，劳动投入贡献率一直在低位徘徊，在最近 3 年还出现了一定的下降。与此同时，资本投入贡献率与全要素生产率贡献率均有一定程度的波动，从最近几年来看，资本投入贡献率不断下降，而全要素生产率贡献率不断上升。（见图 6-14）

进一步来分析，笔者测算了资本投入增长、劳动投入增长以及全要素生产率增长对东、中、西、东北"四大板块"的 GDP 增长的贡献。如图 6-15、6-16、6-17 所示，对区域经济增速分解可以发现，"四大板块"各年份劳动、资本、全要素生产率对经济增长的贡献率的演变趋势与全国层面的变动趋势基本相同，但也表现出区域间的差异性。

图 6-15 "四大板块"资本投入贡献率

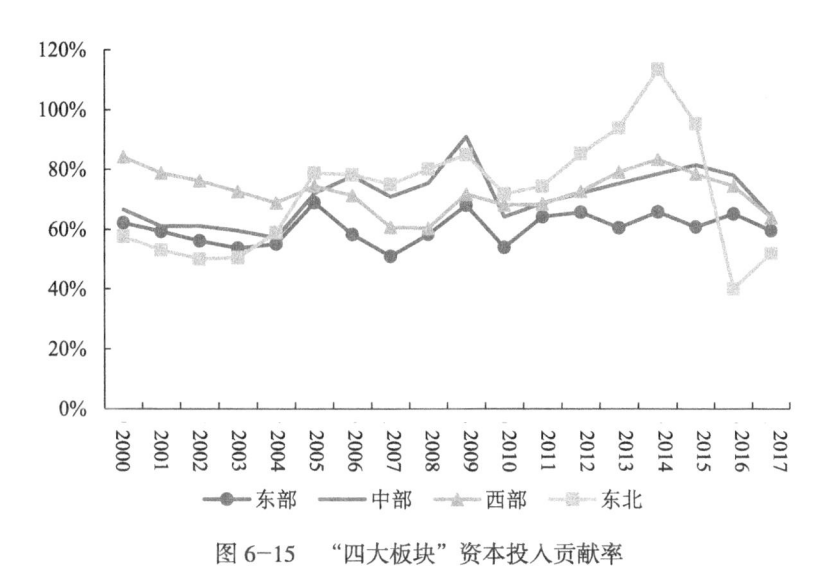

数据来源：课题组测算

从资本投入贡献率来看，中部、西部、东北的年均资本投入贡献率均在70%以上，而东部的年均资本投入贡献率为60.47%。（见图6-15）这说明，中部、西部、东北对资本投入的依赖程度相对较大，而东部经济增长对资本投入的依赖程度相对较小。近年来，"四大板块"的资本投入贡献率均有一定程度的下降，其中东北地区的下降幅度最大。

从劳动投入的贡献率来看，东部、中部、西部、东北的劳动投入贡献率都不是很高，且除了东北之外，均未呈现出较大的波动，近几年来甚至还呈现出了波动下降的趋势。（见图6-16）可能有以下3点原因：一是我国经济增长过度依赖投入拉动，经济增长方式仍然相对粗放，各省份片面强调固定资产投资的重要性，而忽略了在经济增长中"人"的重要性。二是劳动力结构的变化。伴随着中国经济的变化，我国人口年龄结构也发生了重大的结构性变化，并且适龄劳动力在总人口中的比例自2011年开始就出现了绝对的下降。而根据日本及北欧等已经出现老龄化的国家经验来看，人口老龄化往往意味着适龄劳动力人群中生产率较高的劳动力比重下降，整体的劳动生产率增速往往也会出现一定的下降，进而会拖累劳动投入对经济增长的贡献。三是我国的劳动力质量的变化。有关研究表明，2000年之后，我国的人力资本存量的增速不断下降，拖累了劳动生产率的增长，进而弱化了劳动投入对经济增长的作用。

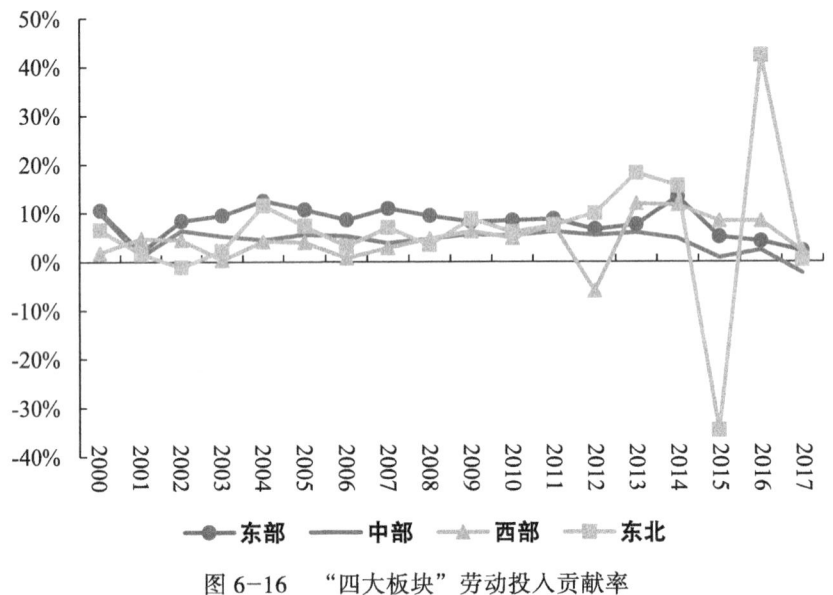

图 6-16 "四大板块"劳动投入贡献率

数据来源：课题组测算

从全要素生产率贡献率来看，则呈现出东高西低的特点，具体来说就是东部＞中部＞东北＞西部。从各年份的变动情况来看，近年来东北的波动幅度最大，但"四大板块"均呈现出波动提升的特点。（见图6-17）这说明"四大板块"正在由要素驱动向创新驱动转变，经济发展的质量有所提升。

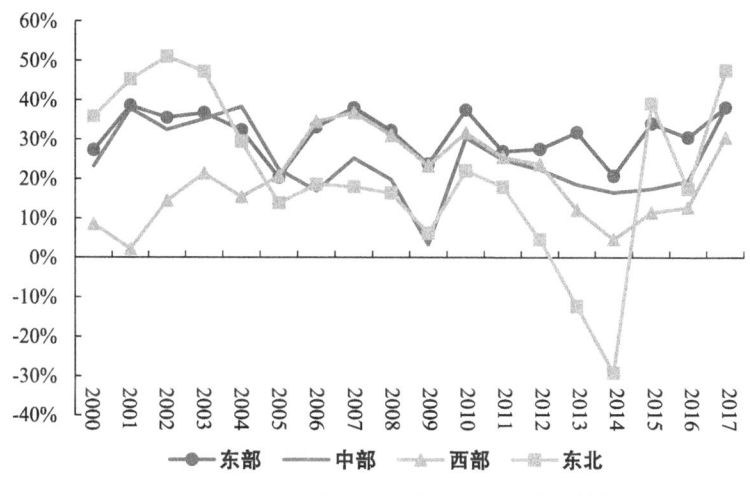

图 6-17 "四大板块"全要素生产率贡献率

数据来源：课题组测算

（二）全要素生产率的分解

由上文的分析可以发现，2012年之后，不论是全国层面、区域层面、省份层面的经济增长速度均呈现出不断下滑的趋势。从生产率来看，则表现为劳动生产率增速趋缓，资本生产率绝对下降，全要素生产率增长乏力。种种迹象都说明，一方面，区域经济增长中规模报酬递减的问题已经非常突出，投资驱动型的增长模式已经不可持续；另一方面也说明我国到了转变经济发展方式、培养经济增长新动能的关键阶段。根据国际经验，随着人均收入水平的提升和经济结构的变化，资本积累和劳动力增长会相对放缓，其对经济增长的贡献自然也会相应下降，而以技术进步和要素使用效率提高为代表的全要素生产率提升对经济持续增长的作用愈来愈重要。显然，在中国经济进入增长速度换挡的新阶段，提高全要素生产率，转变经济发展方式，实现高质量发展是当务之急。我们不禁要问，如何在传统的区域发展动力削弱之后培育区域增长新动能？是什么影响着全要素生产率的变动？笔者将从全要素生产率的视角，对全要素生产率进行分解，探寻区域发展动力的可行转换路径。

1. 全要素生产率增长率分解方法的选取

关于我国全要素生产率增长率的测算与分解，众多学者进行了广泛而深入的研究。郑京海、胡鞍钢（2005）使用非参数的DEA（数据包络分析）方法测算了省际全要素生产率增长率，并将其分解为技术进步与技术效率变化，他们的研究结果表明全要素生产率增长率经历了先高后低的过程。杨文爽、李春艳（2015）使用DEA方法测算东北地区制造业全要素生产率增长率，并将其分解为技术效率变化、技术进步、纯技术效率变化、规模经济效应变化，他们的研究结果表明技术进步是推动全要素生产率提高的主要动力。王志刚、龚六堂、陈玉宇（2006）使用SFA（随机前沿分析）方法，对改革开放以来各地区的技术效率进行了测算，并将全要素生产率增长率分解为技术效率变化、技术进步和规模经济效应变化，他们发现技术效率呈现出东高西低的态势；各地区间的技术效率差异基本保持不变，全要素生产率增长率主要由技术进步决定。王德祥、薛桂芝（2016）采用SFA方法测算并分解了城市层面的全要素生产率增长率，他们发现城市层面的技术进步并不显著；技术效率整体呈改进状态，但呈现出比较明显的层次性；规模经济效应逐年下降，是抑制全要素生产率增长率提升的主要因素。综上所述，在对全要素生产率增长率进行测算与分解方面，采用的方法主要是非参数方法（如DEA）和参数方法（如SFA）。非参数方法将测算效率的DEA方法和测算全要素生产率变化的Malmquist生产率指数结合起来，测算全要素生产率增长率并将其分解为技术变化、技术效率变化和规模效率变化；参数方法运用随机前沿分析法来计算技术效率，再采用生产前沿法测算全要素生产率增长率，并将全要素生产率增长率分解为4个部分：技术进步、规模经济效应变化、配置效率变化、技术效率变化。

表 6-3　数据包络法与随机前沿法在分解全要素生产率上的优缺点[①]

	数据包络分析 DEA 方法	随机前沿分析 SFA 方法
优点	不需要考虑生产前沿的具体形式，仅需要投入产出数据，模型的形式很容易拓展。 可以处理多产出的情况。	考虑了由测量误差等因素造成的随机误差，避免了将这些随机误差成分不恰当地计入效率项之中。
不足	在测算全要素生产率增长率方面： DEA 方法把实际产出与前沿产出的偏离全部归因于生产上的无效率，而不能从中分离出随机噪声。 DEA 方法对数据的要求较高，如果样本中存在异常点，通常会对结果造成较大的影响。 在全要素生产率增长率分解方面： DEA 方法对全要素生产率增长率的分解受制于具体的技术假设，会出现分解不彻底或分解错误的问题。	对数据要求较高，只有在价格信息可得时，才能将配置效率变动从全要素生产率增长率中分解出来。 需要对无效率项的分布形式进行假设，若假设不当，可能会造成效率值估计的偏误。

上表比较了两种方法的优点与不足。可以看到，DEA 方法在分解全要素生产率增长率上存在一些缺陷，具体来说就是 DEA 方法对全要素生产率增长率的分解受制于具体的技术假设。在规模报酬不变的技术假设下，全要素生产率增长率只能分解为技术效率改变与技术进步；而在规模报酬可变的技术假设下，技术效率才可以分解为纯效率变化与规模经济效应变化，但规模报酬可变假定下分解不出技术进步，理论上来说，不能够对全要素生产率增长率进行完全的分解。因此，必须结合规模报酬不变假定与规模报酬可变假定才能从全要素生产率增长率分解出技术进步、技术效率变化、规模经济效应变化，而我们无法同时假定规模报酬不变的生产技术与规模报酬可变的生产技术。这是因为，如果规模经济效应变化了，那么就暗示了规模报酬可变的生产技术，而技术进步反映的是规模报酬不变生产前沿而不是规模报酬可变生产前沿的移动，这就产生了一个悖论：DEA 方法只能在规模报酬不变的技术假设下将全要素生产率增长率分解为技术进步与技术效率，而要想分解出

[①] 本表内容参考了李双杰（2009）、边文龙和王向南（2016）。

规模效应变化，就要改变规模报酬不变的技术假设，而一旦改变规模报酬不变的技术假设，技术进步就无从说起。因此，在使用DEA方法对全要素生产率增长率进行分解的部分文献中，普遍存在分解不彻底的问题或者分解错误的问题。而相对于DEA方法来说，使用SFA方法模型则可能存在模型设定错误的风险以及无效率项分布假设错误的风险，但这些风险可以通过合理的模型设定加以规避。并且，SFA考虑到了随机因素对产出的影响，是对真实的生产情况更加贴切的刻画。基于以上考虑，我们采用随机前沿分析SFA方法对全要素生产率增长率进行分解。

2. 全要素生产率增长率的分解

全要素生产率的概念起源于新古典增长理论（索洛增长模型）。索洛将全要素生产率增长率定义为索洛余项，用公式表示为：$\dot{y} = \dot{A} + \sum_j S_j \dot{x}_j$。从公式中可以看到，索洛将经济增长的源泉分为了两个部分：一部分是可以用生产要素投入解释的部分，也即$\sum_j S_j \dot{x}_j$；另一部分是不能用要素投入解释的部分，也即$\dot{A}$。我们将对$\dot{A}$，也即全要素生产率增长率进行分解，对影响全要素生产率增长率的因素进行探究。Nishimizu和Page（1982）认为，在不考虑配置非效率的情况下，可以将全要素生产率增长率分解为技术进步和技术效率变动两部分。Baucer（1990）指出要素的产出弹性会发生变动，并且与投入比例不一致，他认为全要素生产率增长率还应该包括规模效应。Kumbhakar（2000）认为在投入要素的价格信息可得的情况下，基于随机前沿生产函数模型，可以将全要素生产率增长率分解为规模经济效应变化、技术进步、技术效率变动、配置效率变化。

我们使用kumbhakar（2000）的分解公式：

考虑一个单产出的随机前沿生产函数，有产出导向型的技术效率：

$$y_{it} = f(x_{it}, t)\exp(-u_{it}) \tag{6-5}$$

y_{it}是i决策单元在t期的产出，x_{it}是i决策单元在t期的投入，$f()$反映了生产技术，$u_{it} \geq 0$，是技术无效率。根据Solow对TFP（全要素生产率）增长率的定义：

$$T\dot{F}P = \dot{y} - \sum_j S_j \dot{x}_j \quad (6-6)$$

定义产出增长率为 $\frac{dy/dx}{y}$，也即 $dlny/dx$。s_j 是要素 j 在要素总成本中所占的份额，份额的计算需要用到要素的价格信息。$\dot{x}_j$ 就是要素的增长率。

对随机前沿生产函数取自然对数再对时间求导得到：

$$\dot{y} = \frac{dlny}{dt} = \frac{\delta lnf(x,t)}{\delta t} + \sum_j \frac{\delta lnf(x_j,t)}{\delta lnx_j} \frac{dlnx_j}{dt} - \frac{du}{dt} \quad (6-7)$$

在上式中，第一项 $\delta lnf(x,t)/\delta t$ 就是技术进步 TC（technical change），表示在投入要素保持不变的条件下产出随时间的变化率。第二项衡量了投入要素变化所带来的前沿产出的变化。其中 $\delta lnf(x,t)/\delta tnx$ 就是产出弹性。第三项 du/dt 是技术效率变化 TEC（technical efficiency change）。将上式代入全要素生产率增长率的计算公式中就可以得到：

$$T\dot{F}P = \frac{\delta lnf(x,t)}{\delta t} - \frac{du}{dt} + \sum_j (\varepsilon_j - S_j)\dot{x}_j \quad (6-8)$$

对上式第三项经过适当的拆分变形就可以得到：

$$T\dot{F}P = \frac{\delta lnf(x,t)}{\delta t} - \frac{du}{dt} + \sum_j (\lambda_j - S_j)\dot{x}_j + (RTS - 1)\sum_j \lambda_j \dot{x}_j \quad (6-9)$$

在上式中，$\lambda_j = \varepsilon_j/\sum_j \varepsilon_j = \varepsilon_j/RTS$，是要素 j 在规模报酬中所占的份额，$RTS = \sum_j \varepsilon_j$ 用来衡量规模报酬大小。第三项是配置效率变动，反映要素投入结构的变化对 TFP 增长率的贡献。第四项是规模经济效应变动，反映要素的规模报酬对 TFP 增长率的贡献。

为了直观地理解 TFP 及 TFP 增长率分解的经济学意义，我们以一种投入和一种产出的生产函数为例，用图形（见图 6-18）加以说明。

假定只有一种投入 x，一种产出 y，由于是单要素投入，不考虑配置效率变动。A_0 是 t 期的投入产出组合，A_1 是 $t+1$ 期的投入产出组合。首先要明确全要素生产率与技术效率（TE）的概念，以 A_0 点为例，TFP 就是从原点出发的经过 A_0 点的射线的斜率，而 TE 根据前沿生产函数是面向投入型还是面向产出型而有所不同，投入导向型的 TE 为 ED/EA，产出导向型的 TE 为 CA_0/CB。以面向产出型的前沿生产函数为例：从 A_0 到 A_1，要素投入 x 增加，由于前沿生产函数是凹的，规模报酬递减，所以从 A_0 到 A_1 不具有规模经济性；从 A_0 到 A_1 生产技术有所提高，因为前沿生产函数由 $f(x, t, \beta)$ 上移到 $f(x, t+1, \beta)$，相同的要素投入能够带来更多的产出；从 A_0 到 A_1 的技术效率 TE 也有所提高，因为从 A_1 离 $t+1$ 期生产前沿的垂直距离比从 A_0 离 t 期生产前沿的垂直距离更小，离前沿面越近，技术效率越高。

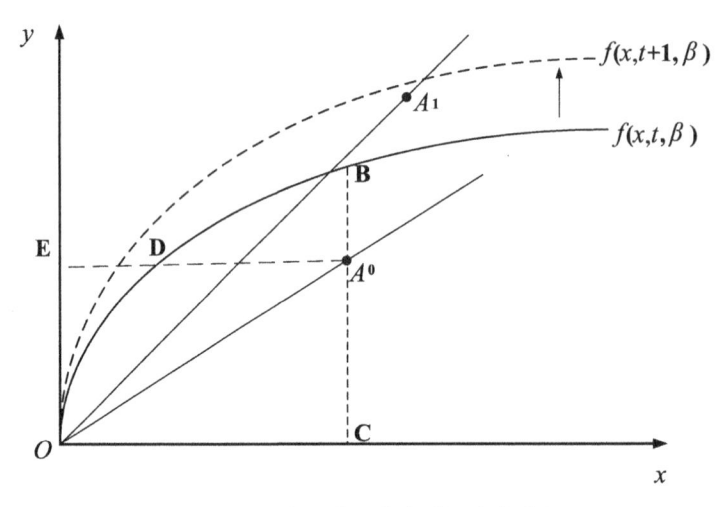

图 6-18　全要素生产率增长率的分解

3. 区域全要素生产率增长率分解

假定生产函数是超越对数形式的，使用技术效率随时间变化的随机前沿生产函数模型，基于 1978—2016 年全国 30 个省份的面板数据，分析了全国层面、地区层面的技术效率和全要素生产率增长率的变动趋势，并对全要素生产率增长率进行了分解。我们也对模型设定的合理性进行检验，检验的结果表明：超越对数形式的生产函数比较合理；技术无效率项随时间变动的设定比较合理；技术无效率项的分布形式的设定比较科学。总体来说，模型的拟合程度较好，设定较为合理。①

（1）改革开放以来全要素生产率的演变。在随机前沿生产函数模型估计的基础上，根据全要素生产率增长率的分解公式计算并分解全要素生产率增长率。从图 6-19 可以发现，使用随机前沿方法测算的全国、"四大板块"的全要素生产率增长率与上文中使用增长核算法测算的全国、"四大板块"的全要素生产率增长率的变动情况在重叠的年份呈现出一定的相似性。

从全要素生产率增长率的变动情况来看，1978—2016 年，全国层面和地区层面的全要素生产率增长率都呈现出相似的时变趋势，并且不同地区的全要素生产率增长率表现出先收敛后发散的变动趋势。全要素生产率增长率涨跌互现，波动下降。但国家层面、地区层面的全要素生产率增长率始终大于零，这说明国家层面、地区层面的全要素生产率均有明显提高。1978—2016 年，全国的全要素生产率以 3% 的平均增速增长，这与傅晓霞、吴利学（2006）的研究结果以及李宾和曾志雄（2009）的研究结果非常接近②。各地区的全要素生产率增长率分别为：东部 2.84%、中部 2.92%、西部 3.28%、东北 3.45%，各地区的全要素生产率增长率与王远方（2016）的研究结果相似，低于王志刚、龚六堂、陈玉宇（2006）的结果与周晓艳、韩朝华（2009）的结果，高于刘小二、谢月华（2009）的结果③。

---

① 回归结果与模型检验的结果在此不再展示。
② 傅晓霞和吴利学（2006）测算的 1978—2004 年全国的 TFP 增长率为 3.63%；李宾和曾志雄（2009）测算的 2002—2007 年全国的 TFP 增长率为 3.08%。
③ 王远方（2016）测算的结果（2003—2012）为：东部（3.34%）、中部（2.96%）、西部（3.24%）；王志刚、龚六堂、陈玉宇（2006）测算的结果（1978—2003）为：东部（3.67%）、中部（4.7%）、西部（4.72%）；周晓艳、韩朝华（2009）测算的结果（1990—2006）为：东部（12%）、中部（11.8%）、西部（10.4%）；刘小二、谢月华（2009）测算的结果（1978—2007）为：东部（0.7619%）、中部（1.7085%）、西部（1.9962%）、东北（0.9357%）。

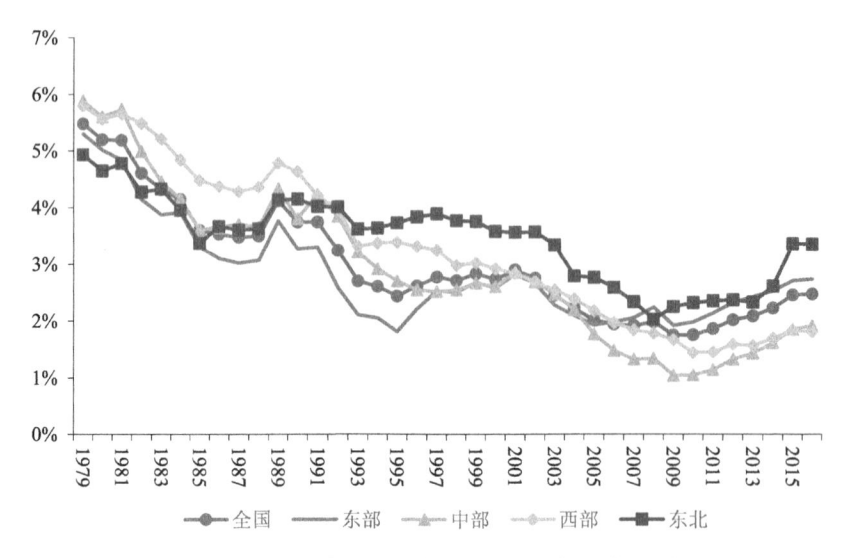

图 6-19　基于随机前沿方法测算的全要素生产率增长率的增速比较（1979—2016）

我们参照孙久文（2017）的阶段划分，从区域经济发展战略演变的视角，来分析各地区全要素生产率增长率的变动趋势，判断各地区的全要素生产率增长是否协调。1979—1998 年向沿海倾斜的不平衡发展阶段，全要素生产率平均增长率的排序为：Δ 全要素生产率$_{西部}$ > Δ 全要素生产率$_{东北}$ > Δ 全要素生产率$_{中部}$ > Δ 全要素生产率$_{东部}$，1992 年，东北超越了西部，此后，除个别年份（2008、2013），东北的全要素生产率增长率一直高于东、中、西部地区。1999—2011 年区域发展总体战略实施阶段，全要素生产率平均增长率的排序为：Δ 全要素生产率$_{东北}$ > Δ 全要素生产率$_{东部}$ > Δ 全要素生产率$_{西部}$ > Δ 全要素生产率$_{中部}$。该阶段，东部的平均全要素生产率增长率超过了西部和中部，但地区间的全要素生产率增长率差异并不像上一阶段那么明显，各区域的全要素生产率增长率有收敛的趋势。2012 年以后经济区与经济带相结合的全面协调发展阶段，各地区的全要素生产率增长率呈现出上升趋势，东北的全要素生产率平均增速仍然快于东、西、中部，中部在 2015 年超过了西部。由上述的分析可以看到，仅仅通过全要素生产率增长率的变动情况很难对各阶段全国层面、地区层面全要素生产率增长的协调程度进行判断。

（2）基于全要素生产率增长率对区域协调发展度分析。我们参考覃成林（2013）所提出的区域经济协调发展研究方法，从全要素生产率的视角，衡量样本期间全国层面、三大地带的区域协调发展程度，据此分析其变化趋势及时变特征。从全要素生产率的视角来看，按照覃成林（2013）的定义，判断区域全要素生产率增长是否协调主要有3条标准：区域之间的全要素生产率联系、区域全要素生产率增长、区域全要素生产率差异。仿照覃成林（2013）的做法：第一步用Moran's I系数测度区域之间的全要素生产率增长的联系状态；第二步用各地区全要素生产率增长率的变异系数测度区域全要素生产率增长联系状态；第三步用各地区的全要素生产率变异系数测度区域全要素生产率差异状态；第四步将上述3个指标进行算术平均，合并成一个反映区域协调发展水平的综合指标；最后，使用覃成林（2013）给出的指数函数形式计算全要素生产率视角下的区域协调发展度[①]。

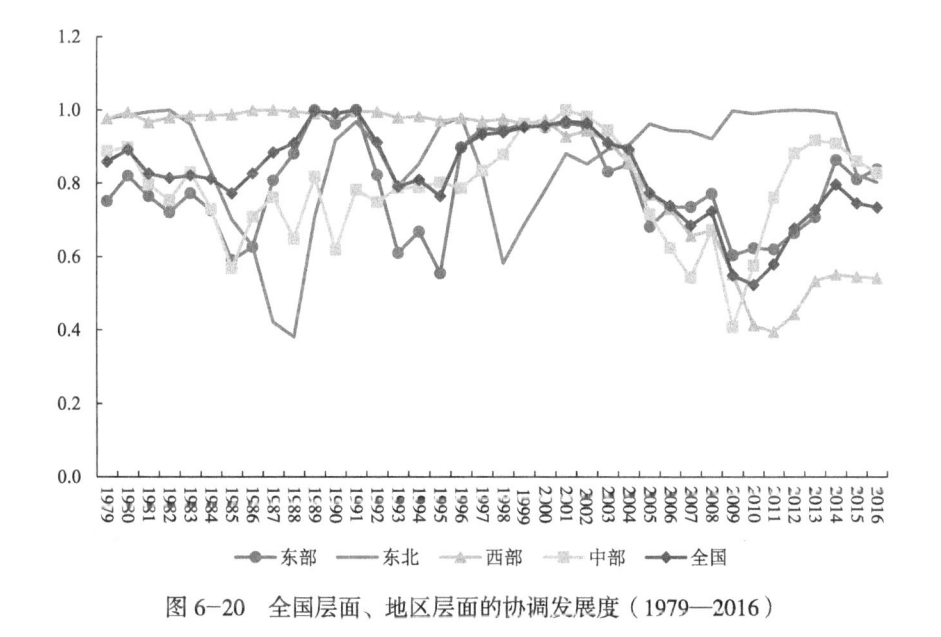

图6-20　全国层面、地区层面的协调发展度（1979—2016）

从图6-20可以看出，向沿海倾斜的不平衡发展阶段，除西部以外，全国层

[①] 区域协调发展度的取值范围是[0,1]，区域协调发展度越趋近于1，说明区域协调发展水平越高。

面、东部、中部、东北的区域协调发展度均有明显波动。其中，东部、东北的波动幅度较大：东北地区在1983年和1996年出现两次大幅度下滑，在1991年出现小幅度下滑，这说明东北地区的全要素生产率增长协调发展的连贯性与持续性较差，东北老工业基地的体制性与结构性矛盾突出，单一的产业结构与较低的经济效益严重制约全要素生产率增长的协调发展；东部在1984年和1991年也经历了明显的下滑，区域协调发展水平忽高忽低，很不稳定，这在某种程度上反映出东部地区虽然是优先发展但并没有实现协调发展，东部沿海地区尤其是东南沿海地区获得的政策支持、投资支持较多，全要素生产率增长较快，东部地区内部也出现了一定程度的不协调。而西部地区的协调发展水平虽然较高，协调发展度稳定保持在0.95以上，但这种协调是低水平的协调，这恰恰反映出西部地区缺少区域发展战略层面上的支持，区域内各个省份的全要素生产率增长没有表现出明显的差异。

在区域发展整体战略实施阶段，国家层面、东中西部的区域协调发展度都出现了较大幅度的下滑。我们将其分为三个阶段。第一阶段：加入WTO之前（1998—2001）。在中国加入世贸组织之前，全国层面、东中西部的协调发展水平都比较高，区域协调发展度均保持在0.95以上。第二阶段：加入WTO之后、金融危机之前（2002—2007）。中国加入世贸组织之后，全国层面、东中西部的区域协调发展水平均出现了明显的下滑。显然，在加入WTO的外生"冲击"下，各区域内部不同省份之间出现了一定程度的分化，一些省份能够较快地抓住加入WTO红利，实现全要素生产率的较快增长。第三阶段：金融危机之后（2008—2011）。受到2008年国际金融危机的影响，全国层面、东中西部的区域协调发展度都大幅下降，但在2010年便出现了止跌回升的趋势。这说明，金融危机之后，我国所采取的促进区域协调发展的对策，特别是密集出台的一系列区域规划和政策，有效地抵御了金融危机的负面影响，扭转了区域协调发展度下降的趋势。而东北地区在这一阶段的区域协调发展度出现了与全国及东中西部地区相反的变化轨迹，呈现出明显上升的趋势。有两个方面的原因：①20世纪90年代中后期，国家推进以搞活、搞好国有企业，特别是国有大中型企业为核心的振兴老工业基地的政策，一定程度上激发了东北的活力，缓解了东北的经济结构性问题，促进了东北地区的协调发展。② 2002 年国家提出振兴东北老工业基地，2004 年振兴东北战略全面启动，随后，国家支持东北地区发展的政策措施逐步形成，效果明显，反映在全要素生产率增长上，就表现为东北的区域协调发展度持续上升，保持着较高水平。

在全面协调发展阶段。2013 年，国家推出"精准扶贫"的扶持政策，加大了对革命老区、民族地区、边疆地区、贫困地区的扶持力度；2014 年，国家提出要重点实施"一带一路"建设、京津冀协同发展和长江经济带"三大战略"，加强了各区域间的经济联系。"精准扶贫 + 三大战略"有力地推动了区域间的协同发展。从上图中可以看到，全国、东中西部的区域协调发展度均呈现出明显上升的趋势，东北地区虽然有所下降，但保持了较高的区域协调发展水平。值得注意的是，2014 年之后，全国层面、地区层面的协调发展度均有所下降，具体原因有待进一步的研究。

（3）技术进步、效率改进与规模经济效应。从全要素生产率增长率的构成上来分析，全国层面、地区层面的技术进步和技术效率变化均呈现出稳定的变动趋势，技术进步逐年稳定提升，技术效率变动逐年稳定下降；而规模经济效应变化则出现剧烈波动，这也最终导致了全要素生产率增长率的大幅波动。

从全要素生产率增长率的组成部分的变动趋势来看，在全国层面，向沿海倾斜的不平衡发展阶段，全要素生产率的增长来自技术进步和技术效率的变化，技术进步年均增长率始终大于全要素生产率增长率，技术进步的平均增长率为5.27%，并决定了全要素生产率整体的增长趋势，技术效率的变动始终保持着下降的趋势，对全要素生产率增长的拉动作用越来越微弱，1989 年之后，技术效率变动由正变负，开始对全要素生产率增长产生负面影响；区域发展总体战略实施阶段，技术进步成为全要素生产率增长的唯一来源，但技术进步稳定增长的正面效应并不能抵消技术效率缓慢下降以及规模经济效应波动下降的负面效应，全要素生产率增长率呈现出持续的下降趋势，直到2009年之后，受规模经济效应改善的影响，全要素生产率增长率的下降趋势才有所扭转；全面协调发展阶段，虽然技术效率变动持续下降，但规模经济效应的改善再加上稳定的技术进步使得全要素生产率增长率不断上升。上述分析说明，我国自改革开放以来过度地依赖投资驱动型的发展模式，要素投入并不具有规模经济性，而技术进步才是支撑全要素生产率增长的核心驱动力。

从地区层面来看，各地区的变化趋势与全国相似。向沿海倾斜的不平衡发展阶段，各地区的平均全要素生产率增长率存在一定差异，西部最高，其次是东北、东部、中部。各地区的全要素生产率增长率主要来自技术进步，技术效率变动对全要素生产率增长率的贡献作用非常微小，对西部、东北的贡献率只有1%左右，对东部、中部的贡献率甚至为负。从全要素生产率增长率的内部结构来看：①技术进步呈现出一定的层次性，技术进步对东部的平均贡献率最大，达到了177%，这与东部地区开放较早有关。东部地区基础较好，又有着大量的政策和投资支持，能够率先引进技术并进行消化吸收，并在此基础之上改进技术，因此技术进步较快。②规模经济效应变动呈现出明显的层次性，规模经济效应下降对东部的全要素生产率增长的负面影响最大，规模经济效应贡献率仅有−76%。规模不经济问题比较突出，原因在于在规模总报酬弹性小于1的情况下，东部地区吸引和聚集了更多的投入要素，相比于其他地区的投入要素增长幅度更大，所以规模效应下降更快。规模不经济也是导致东部全要素生产率增长率较低的主要原因。

区域发展总体战略实施阶段，东北地区的全要素生产率增长率最高，西部与中部的差距不大，中部的全要素生产率增长率最低。技术进步成为各地区全要素生产率增长的唯一源泉。从全要素生产率增长率的内部结构来看：①技术进步对中部的贡献率最大，达到了345%，东部和西部的技术进步贡献率基本相同，分别为251%、256%，而东北地区的技术进步贡献率最小，仅有190%，并且明显低于其他地区。②规模经济效应变动对中部的负面影响最大，对东北的负面影响最小。③各地区技术效率变动的贡献率均大幅下降，中部地区下降较多，东部、东北下降较少。

全面协调发展阶段，各地区的全要素生产率增长率呈现出上升趋势。从全要素生产率增长率的内部结构来看：①各地区全要素生产率增长率的提高来源于规模经济效应的改善与技术进步的稳定增长。与上一阶段相比，各地区的规模经济效应贡献率均有所提高。②东北地区虽然技术进步贡献率比较低，但规模经济效应贡献率与技术效率贡献率均明显高于其他地区，这也是从区域发展总体战略实施阶段以来，东北地区的全要素生产率增长率高于东、西、中部的原因。

表6-4 各阶段TFP组成部分贡献率

阶段	平均贡献率	全国	东部	中部	西部	东北
向沿海倾斜的不平衡发展阶段	规模经济效应变动	−53%	−76%	−50%	−24%	−30%
	技术进步	152%	177%	150%	123%	128%
	技术效率变动	0.31%	0.35%	0.03%	0.57%	1.82%
区域发展总体战略实施阶段	规模经济效应变动	103%	−110%	−158%	−75%	−50%
	技术进步	255%	251%	345%	256%	190%
	技术效率变动	−52%	−41%	−87%	−81%	−40%
经济区与经济带相结合全面协调发展阶段	规模经济效应变动	−75%	−71%	−133%	−74%	−35%
	技术进步	252%	225%	362%	318%	195%
	技术效率变动	−76%	−55%	−128%	−144%	−60%
1978—2016年	规模经济效应变动	−73%	−87%	−98%	−48%	−37%
	技术进步	201%	209%	245%	194%	158%
	技术效率变动	−28%	−21%	−47%	−46%	−21%

从表6-4中可以看出，规模经济效应的下降是抑制各地区全要素生产率增长的主要因素。从样本期间全要素生产率增长率各组成部分的年均贡献率可以看出，虽然技术效率的下降也对各地区的全要素生产率的提升造成了一定的负面影响，但并不如规模经济效应下降带来的影响那么大，只有西部地区的技术效率贡献率与规模经济效应贡献率比较接近。由此可见，提升全要素生产率的关键在于

抑制规模经济效应的下降速度。

根据全要素生产率增长率的公式，可以对规模经济效应变化进行进一步的分解，将其分解为劳动规模经济效应变化与资本规模经济效应变化。

$$\text{劳动规模经济效应变化} = (RTS - 1) \cdot \lambda_l \cdot \dot{l}_{it} \quad (6-10)$$

$$\text{资本规模经济效应变化} = (RTS - 1) \cdot \lambda_k \cdot \dot{k}_{it} \quad (6-11)$$

根据劳动、资本的产出弹性以及劳动、资本的变化率，测算出劳动、资本对规模经济效应变化的影响。

表6-5 规模经济效应变化的构成（以实际GDP为权重加权计算）

（1978—2016）年均	劳动规模经济效应变化	资本规模经济效应变化	规模经济效应变化	劳动贡献率（%）	资本贡献率（%）
全国	−0.18	−1.68	−1.85	12.66	87.34
东部	−0.19	−1.97	−2.15	10.43	89.57
中部	−0.20	−1.79	−1.99	15.63	84.37
西部	−0.13	−1.03	−1.16	19.10	80.90
东北	−0.15	−1.02	−1.17	9.07	90.93

从表6-5可以看出，样本期间，资本要素对规模经济效应的贡献最大，不论是全国层面还是地区层面，贡献率都达到了80%以上，而劳动要素的贡献率只有10%左右。究其原因，可以从表中看到，无论是全国层面还是地区层面，资本要素产出弹性均大于劳动产出弹性，平均差距高达0.131之多，且样本期间内资本要素投入增长较快，资本投入的年均增长率是劳动投入年均增长率的5倍以上，在规模总报酬弹性长期小于1的情况下，要素投入特别是资本投入的高速增长使得规模经济效应不断下降。可见，要想扭转规模经济效应变动长期为负的局面，进而提高全要素生产率增长率，需要在要素投入方面进一步放缓资本投入量的增长速度，不断调整优化投资结构，加大对具有规模经济性的要素的投入，尽量减少无效投资。

根据上文的分析，可以总结出全要素生产率增长率及其构成的如下特点：

一是改革开放以来，全要素生产率增长率始终大于0，全国层面、地区层面的全要素生产率增长率均呈现出涨跌互现、波动下降的变动趋势，并且各地区的全要素生产率增长率表现出先收敛后发散的趋势。二是从区域经济发展战略演变的视角来看，向沿海倾斜的不平衡发展阶段，除西部之外，各地区的区域协调发展度均有较大波动。区域发展整体战略实施阶段，受到"外生冲击"的影响，东中西部的区域协调发展度均有明显下降，而东北地区的协调发展度却逐年上升，表现出与其他地区相反的变动趋势。进入全面协调发展阶段，随着"精准扶贫 + 三大战略"的出台，东中西部地区的协调发展水平又呈现出明显的上升态势，东北地区也保持了较高的区域协调发展水平。三是从全要素生产率增长率的构成上来看，技术进步是支撑各区域全要素生产率增长的关键因素，而规模经济效应变动是抑制全要素生产率增长的主要因素。正是规模经济效应的剧烈变动导致了全要素生产率增长率的大幅波动。对规模经济效应变动的进一步分解发现，资本要素对规模经济效应的贡献最大，要素投入特别是资本投入的高速增长使得规模经济效应不断下降，原因在于资本要素的产出弹性较高，且资本要素投入增速较快，在规模报酬递减的背景下，过高的要素投入增长率使得规模经济效应不断下降。

第七章 区域经济发展差距测度与分析

本章主要阐述中国区域发展差距问题。从发展差距的测度指标入手，揭示中国区域发展差距的现状，分解区域发展差距的构成，分析中国区域发展差距的影响因素，达到正确和全面认识中国区域发展差距的目的。

一、区域经济发展差距测度指标

区域经济发展差异是衡量区域协调发展的重要指标。准确测度区域经济发展差异的税度，是制定区域规划和区域政策的重要依据。

（一）区域经济发展差距测度指标

1. 区域经济发展差距指标选取来源

目前学术界对区域经济发展差距的研究较为丰硕，不同学者对该问题的研究各有千秋，选取的测度指标各有差异，具体内容见表7-1。

表7-1 国内学者对区域经济差异的认知

学者	观点
陈秀山等（2008）、覃成林等（2011）、孙久文（2017）	区域经济差异是指一定时期内全国各区域间人均意义上的经济发展总体水平非均等化现象，致使空间上呈现区域经济发展不平衡。测度指标是人均GDP
彭文斌等（2010）、张振翼等（2018）	将区域差异视为经济发展水平、人类总体发展水平、收入水平等差异。测度指标将GDP和人类发展指数结合
陈自芳（2014）	区域经济差异的实质是贫富差距，影响贫富差距的因素主要是收入差距。测度指标是人均收入
高志刚等（2011）	区域经济差异应包括经济发展水平差异、经济增长速度差异和经济增长贡献差异。测度指标是区域经济、城乡、环境、社会等协调发展水平指数

续表

学者	观点
张车伟（2013）、王珺（2017）	区域差异是经济发展水平的差异和收入水平的差异。测度指标是人均GDP和人均可支配收入
袁蕾（2012）	城市内部的区域经济差异主要从经济发展、社会发育和公共服务三个方面考量。测度指标是GDP、人均GDP、人均可支配收入、三甲医院数目、高中示范校数目等

基于不同学者的研究成果可知，人均GDP是一个反映人均财富的指标，能够比较充分地反映区域差异的内涵，并且从现行的官方统计数据中容易获取，数据的可信性和完整性好。由于GDP在很多国家都有统计数据可查，越来越多的学者和机构都倾向于使用人均GDP来分析区域差异。因此，我们研究中国的区域经济发展差距时，选取测度指标人均GDP，采用人口加权变异系数、基尼系数和标准差的分析方法来测度区域经济发展差距。此外，通过比较居民收入水平的差异，即选取测度指标为城镇居民人均可支配收入和农村居民人均可支配收入，来直观反映各区域主体的福利水平现状。

2. 区域经济发展差距的指标含义及测算

（1）人均GDP指标含义及测算。人均GDP反映人均经济总量的指标，是了解和把握一个经济体宏观经济运行状况的有效工具，也是衡量人民生活水平的重要标准，充分反映区域差异的内涵。数据可获得性强，比较常用，使用的年限也很长，很多学者都比较认同，所以该指标相对稳定，争议较小。

（2）人均收入指标含义及测算。人均收入分为城镇居民人均可支配收入和农村居民人均可支配收入。前者反映居民家庭全部现金收入能用于安排家庭日常生活的那部分收入，是用以衡量城市居民收入水平和生活水平的最重要和最常用的指标。后者反映的是一个国家或地区农村居民收入的平均水平。选取该指标与城镇居民人均可支配收入相对应，具有科学性。

（二）区域经济发展差距测度方法

我们主要从绝对差距和相对差距两个方面来说明区域经济发展差距，绝对差距测度分析方法以人口加权标准差为指标，相对差距测度分析方法以基尼系数、泰尔指数和人口加权变异系数为指标。

1. 人口加权标准差

$$S_w = \sqrt{\frac{\sum(Y_i-\bar{Y})\cdot P_i}{\sum P_i}} \quad (7-1)$$

式（7-1）中，S_w 为加权的标准差；P_i 为 i 区域的人口数，Y_i 为 i 区域的指标值；$\bar{Y}$ 为所有区域该指标的平均值。

2. 基尼系数

基尼系数是国际上通常用来衡量收入差异程度的一个重要统计分析指标。目前有关资料和教材中比较常用的基尼系数（G）计算公式如下：

$$G = \sum_{i=1}^{n} X_i Y_i + 2\sum_{i=1}^{n} X_i(1-V_i) - 1 \quad (7-2)$$

3. 人口加权变异系数

我们使用人口加权变异系数来测度区域发展不平衡。假设，全国有 m 个区域，并且区域 i 包含了 h_i 个省，因此，全国共有 $\sum_{i=1}^{m} h_i$ 个省。$\bar{y}_{ij}$ 表示 i 区域中 j 省的人均 GDP，N_{ij} 表示 i 区域中 j 省的人口，N_i 表示 i 区域的总人口，Y_i 表示 i 区域的 GDP，$\bar{Y}_i = Y_i/N_i$ 表示 i 区域的人均 GDP，$N = \sum_{i=1}^{m}\sum_{j=1}^{h_i} N_{ij}$ 表示全国总人口，$Y = \sum_{i=1}^{m}\sum_{j=1}^{h_i} N_{ij}\bar{y}_{ij}$ 表示全国的 GDP，$\bar{Y} = Y/N$ 表示全国人均 GDP。则全国区域发展不平衡程度可用下式所示的人口加权变异系数的平方来测度：

$$CV(Y)^2 = \frac{1}{\bar{Y}^2}\sum_{i=1}^{m}\sum_{j=1}^{h_i}\frac{N_{ij}}{N}(\bar{y}_{ij} - \bar{Y})^2 \quad (7-3)$$

式（7-3）中，$Y = (Y_1, Y_2, \cdots Y_m)$，且 $Y_i = (\bar{y}_{i1}, \bar{y}_{i2}, \cdots \bar{y}_{ih_i})$。

二、中国区域经济差距的现状与演变

(一) 2017年中国区域经济发展差距的现状分析

我们将分别从省级层面、"四大板块"层面和南北层面3个维度来分析中国区域经济差距的现状。通过剖析2017年3个维度的人均GDP、城镇居民人均可支配收入、农村居民人均可支配收入及GDP增速指标情况来反映中国现阶段区域经济发展差距的现状。

1. 省级层面

(1) 人均GDP。2017年中国人均GDP为59660元,2017年31个省份中有11个省市人均GDP超过全国平均水平,其中,北京、上海、天津和江苏位居前4名,人均GDP均超过10万元,经济发展水平最高。而西藏、广西、贵州、云南和甘肃排名靠后,人均GDP均低于4万元,经济发展水平较低。其中,北京人均GDP居首,为128994元,甘肃排名居末,为28497元,北京人均GDP是甘肃的4.5倍,差距明显。少数民族8省区中除了内蒙古排名靠前,位居第九名,宁夏排名居中,位居第十五名以外,其他无一例外均跌入后11名。

(2) 城镇居民人均可支配收入。2017年中国城镇居民人均可支配收入为36396.2元,2017年超全国城镇居民可支配收入平均水平的有8个省市,依次是北京、上海、天津、江苏、浙江、福建、广东和山东,而其他省份均低于平均水平,说明省级层面城镇居民人均可支配收入差距明显。城镇居民可支配收入超过5万元的仅有北京、上海和浙江3省市。大部分省区城镇居民人均可支配收入为3万元左右,其中上海位居榜首,为62595.7元;黑龙江城镇居民可支配收入最低,为27446元;上海城镇居民可支配收入是黑龙江的2.3倍。与此同时,通过横向对比可知,大部分省份的人均GDP和城镇居民可支配收入的位次排名大体相似。(见表7-2)

(3) 农村居民人均可支配收入。2017年中国农村居民可支配收入平均水平为13432.4元,2017年超过全国平均水平的仅有10个省市,分别是北京、上海、天津、江苏、浙江、福建、广东、山东、湖北和辽宁。其中，排名居首的是上海，为 27825 元，排名居末的仍然是甘肃，为 8076.06 元，上海农村居民人均可支配收入是甘肃的 3.4 倍，省级层面的农村居民可支配收入差距明显。同时，通过横向对比可知，农村居民可支配收入位居前 10 名的及后 10 名的省份位次与人均 GDP 的位次排名大体相似，而名次位居中间水平的省份变动明显。

（4）城乡收入差距对比分析。通过计算和对比省级层面城乡收入差距水平可知，城乡居民可支配收入差距较大，2017 年总体上呈 2.7∶1 的比例，大部分省份的城乡人均可支配收入位次相似，个别省份位次变动较大，如内蒙古城镇居民人均可支配收入位居第 9 位，但农村居民人均可支配收入位居第 20 位，城乡收入差距过大。吉林省农村居民人均可支配收入位居第 12 位，但其城镇居民人均可支配收入仅排名第 29 位，排名靠后。黑龙江城镇居民人均可支配收入排名居末，但其农村人均可支配收入位居第 18 名。吉林和黑龙江是中国重要的粮食基地，而且受国家政策扶持，农业人均可支配收入一般很稳定，但是吉林和黑龙江经济长期依赖资源行业和重型工业，部分行业产能严重过剩，产业转型升级缓慢。工业主要分布在城镇，所以对吉林和黑龙江的城镇居民可支配收入有一定影响。

（5）GDP 增速分析。2017 年中国平均 GDP 增速为 6.9%，2017 年超全国 GDP 增速平均水平的有 22 个省市。人均 GDP 位居前 10 名的省市中除了福建和重庆分别位居第 7 名和第 4 名以外，其他无一例外均跌出前 10，且经济发展程度最高的北京、上海、天津等直辖市均跌出前 20，东部沿海省份中位于长三角的江苏和浙江两省及位于珠三角的广东 GDP 增速处于全国中下等水平。而部分欠发达和不发达地区 GDP 增速骄人，其中，位居前两名的是贵州（10.2%）和西藏（10.0%），而天津（3.6%）和甘肃（3.6%）GDP 增速垫底。

贵州经济高速增长主要得益于其产业结构转型升级成效显著，尤其大数据融合发展成果显著，在数据安全、大数据立法、大数据提升社会治理现代化、大数据服务百姓生活、政府数据共享等方面发展迅速。在大数据的资源带动下，第三产业也发展迅速，较快地带动了贵州经济的发展。西藏经济增速显著主要得益于其固定资产的投资，尤其基础设施的投资。与此同时，旅游资源的开发及宣传也促进了西藏的经济发展。此外，一系列国家援藏政策的具体实施也带动了西藏地区经济的发展。

天津人均 GDP 和城乡居民可支配收入靠前，但是经济增长速度放缓，主要由于以往天津利用其港口优势重点发展了钢铁、石化等重工业产业，然而随着中国经济增速放缓，政府在环保上频出"重拳"，钢铁、石化等高耗能高污染行业受到明显冲击，高度依赖的钢铁、石化等传统工业正在式微，产业结构偏重，而其服务业发展相对滞后，产业结构转型升级缓慢，拖累了天津的经济发展。而甘肃由于自然、地理、历史、社会等原因，其经济建设仍处于滞后阶段，贫困问题较突出。

表 7-2　2017 年中国各省市区经济发展现状

地区	人均 GDP（元）	位次	城镇居民人均可支配收入（元）	位次	农村居民人均可支配收入（元）	位次	GDP 增速（%）	位次
北京	128994	1	62406.3	2	24240.5	3	6.7	24
上海	126634	2	62595.7	1	27825	1	6.9	23
天津	118944	3	40277.5	6	21753.7	4	3.6	30
江苏	107150	4	43621.8	4	19158	5	7.2	19
浙江	92057	5	51260.7	3	24955.8	2	7.8	14
福建	82677	6	39001.4	7	16334.8	6	8.1	7
广东	80932	7	40975.1	5	15779.7	7	7.5	16
山东	72807	8	36789.4	8	15117.5	8	7.4	17
内蒙古	63764	9	35670	9	12584.3	20	4.0	29
重庆	63442	10	32193.2	12	12637.9	19	9.3	4
湖北	60199	11	31889.4	13	13812.1	9	7.8	11
陕西	57266	12	30810.3	18	10264.5	27	8.0	9
吉林	54838	13	28318.7	29	12950.4	12	5.3	27
辽宁	53526	14	34993.4	10	13746.8	10	4.2	28
宁夏	50765	15	29472.3	25	10737.9	25	7.8	12

续表

地区	人均GDP（元）	位次	城镇居民人均可支配收入（元）	位次	农村居民人均可支配收入（元）	位次	GDP增速（%）	位次
湖南	49558	16	33947.9	11	12935.8	13	8.0	10
海南	48430	17	30817.4	17	12901.8	14	7.0	22
河南	46674	18	29557.9	24	12719.2	17	7.8	13
河北	45387	19	30547.8	22	12880.9	15	6.6	25
新疆	44941	20	30774.8	19	11045.3	23	7.6	15
四川	44651	21	30726.9	20	12226.9	21	8.1	8
青海	44047	22	29168.9	26	9462.3	29	7.3	18
江西	43424	23	31198.1	15	13241.8	11	8.8	5
安徽	43401	24	31640.3	14	12758.2	16	8.5	6
山西	42060	25	29131.8	27	10787.5	24	7.1	20
黑龙江	41916	26	27446	31	12664.8	18	6.4	26
西藏	39267	27	30671.1	21	10330.2	26	10.0	2
广西	38102	28	30502.1	23	11325.5	22	7.1	21
贵州	37956	29	29079.8	28	8869.1	30	10.2	1
云南	34221	30	30995.9	16	9862.17	28	9.5	3
甘肃	28497	31	27763.4	30	8076.06	31	3.6	31

数据来源：《中国统计年鉴》。本表数据不包含港澳台地区

2. "四大板块"层面

根据国务院和国家发展改革委出台的有关"四大板块"的区域规划和指导意见，研究以省市为单位。东部地区包括天津、河北、山东、江苏、上海、浙江、福建、广东和海南9省市，中部地区包括湖北、湖南、江西、安徽、河南和山西6省，东北地区包括辽宁、吉林、黑龙江3省，西部地区包括重庆、四川、贵州、云南、广西、陕西、甘肃、青海、宁夏、西藏、新疆和内蒙古12个省市区。香港、澳门、台湾地区未纳入统计分析单元。

2017年"四大板块"层面的人均GDP排名依次是：东部地区、东北地区、中部地区、西部地区；城镇居民人均可支配收入排名依次是：东部地区、中部地

区、西部地区和东北地区；农村居民人均可支配收入排名依次是：东部地区、东北地区、中部地区和西部地区；GDP增速排名依次是：中部地区、西部地区、东部地区和东北地区。整体而言，东部地区的人均GDP、城镇居民人均可支配收入和农村居民人均可支配收入指标明显优于其他区域，西部地区处于劣势，而在GDP增速方面，中部地区和西部地区要优于东部地区，东北地区居末。

（1）东部地区。"四大板块"中，东部地区经济发展水平最高，人均GDP位居前8名的省市均在东部地区，而海南与河北人均GDP比较靠后，分别位居第17名和第19名。从城镇居民人均可支配收入来看，超过全国平均水平的有4个省市，分别是北京、上海、江苏和浙江，但是海南与河北排名较后，分别位居第17名和第22名。从农村居民人均可支配收入来看，也是海南与河北的排名靠后，分别位居第14名和第15名。从GDP增速上看，除了福建和海南的GDP增速位居前10名，其他均跌至10名外，而经济发达省份北京、上海和天津分别位居第24名、第23名和第30名。此外，海南与河北省的人均GDP和城乡居民人均可支配收入都排名靠后，与其他省市有较大差距。综上可知，东部地区中经济发展水平较高的省市的经济增速在2017年明显放缓。

（2）东北地区。吉林和辽宁人均GDP处于中等水平，分别位居全国第13名和第14名，而黑龙江人均GDP位居第26名，排名靠后，与其他两省差距较大。吉林和黑龙江的城镇居民人均可支配收入位次在全国垫底，而辽宁的城镇居民人均可支配收入位居全国第10名。东北三省的农村居民人均可支配收入位居全国中等水平。三省的GDP增速位次均在全国垫底，经济增速缓慢。

（3）中部地区。湖北的人均GDP排名靠前，位居第11名。河南和山西的城镇居民人均可支配收入中排名靠后，分别位居第24名和第27名。山西的农村居民人均可支配收入排名靠后，位居第24名。江西和安徽的GDP增速排名靠前，分别位居第5名和第6名。中部地区中除了资源依赖型经济发展的山西的GDP增速缓慢，位居第20名外，其他省市均处于全国中上等水平。

（4）西部地区。西部地区整体人均GDP水平不高，但内蒙古、重庆、陕西和宁夏的排名靠前，分别位居第 9 名、第 10 名、第 12 名和第 15 名。内蒙古和重庆的城镇居民人均可支配收入排名靠前，分别位居第 9 名和第 12 名，且都超过全国城镇居民可支配收入平均水平。青海、贵州、甘肃三省的农村居民人均可支配收入在全国垫底，其中城乡收入差距最大的是内蒙古。从 GDP 增速来看，贵州、西藏、云南、重庆、四川的排名均进入全国前 10 名。整体而言，西部地区大多省份 GDP 增速在全国的排名较高。

综上，从各项经济指标对比分析可知，东部地区并不完全是发达地区，中西部地区也不完全是欠发达地区。中西部地区的 GDP 增速指标快于全国，呈现出比较明显的后发优势。

3. 南北层面

我们采用传统的南北地区划分，即以秦岭—淮河一线为南北分界参照线，以省级行政区为基本单元划分南北方。北方地区包括黑龙江、吉林、辽宁、河北、北京、天津、内蒙古、新疆、甘肃、宁夏、山西、陕西、青海、山东、河南省；南方地区包括江苏、浙江、上海、安徽、湖北、湖南、江西、四川、重庆市、贵州、云南、广西、福建、广东、海南、西藏。未将我国香港、澳门特别行政区和台湾省囊括在内。

2017 年南方地区的人均 GDP、城镇居民人均可支配收入、农村居民人均可支配收入和 GDP 增速指标均优于北方地区（见表 7-3）。北方地区除了陕西、宁夏、河南、山东和新疆的 GDP 增速尚可，略高于全国平均值，其他省份均低于全国平均值。特别是天津，增速仅有 3.6%；而南方地区则基本高于全国平均 GDP 增速，尤其是 2017 年，云南、贵州的 GDP 增速已经超过 9%。全国 31 个省市中增速排名垫底的 5 个省份分别是：天津、吉林、甘肃、内蒙古和辽宁，均位于北方。2017 年，全国有 17 个城市迈入了万亿俱乐部门槛，但隶属于北方地区的仅有北京、天津、青岛和郑州，其他 13 个城市全部在南方。此外，中国三大核心城市群中，长三角城市群和珠三角城市群均在南方，且两者发育比较成熟，已经成为带动区域经济发展的重要增长极。而唯一在北方的京津冀城市群，其经济活力下降，GDP 增速均跌出前 20 名以外。

表 7-3　2017 年中国南北区域经济发展现状

	人均 GDP（元）	城镇居民人均可支配收入（元）	农村居民人均可支配收入（元）	GDP 增速（%）
南方地区	62006.3	36319.8	14684.7	8.3
北方地区	59628.4	33541.9	13236.9	6.4

数据来源：根据《中国统计年鉴》数据整理

（1）南方地区。以现代制造业为主的南方地区中，人均 GDP 超过全国平均水平的有 7 省市，分别是上海、江苏、浙江、福建、广东、重庆、湖北，而西藏、广西、贵州和云南在全国垫底。从城镇居民人均可支配收入来看，超过全国城镇居民人均可支配收入平均水平的有 5 个省市，分别是上海、浙江、江苏、广东和福建，最低的是贵州省。从农村居民人均可支配收入来看，超过全国平均水平的有 5 省市，分别是上海、浙江、江苏、福建和广东，最低的仍是贵州。GDP 增速中，除了上海、江苏和广西以外，其他均超过全国平均水平，且江苏和广西接近全国平均水平。综上可知，南方地区的人均 GDP、城镇居民人均可支配收入和农村居民人均可支配收入在全国的排名参差不齐，但是其 GDP 增速排名优势明显。

（2）北方地区。以资源依赖型的重化工经济为主的北方地区中，人均 GDP 超过全国平均水平的仅有 4 省市，分别是北京、天津、山东和内蒙古，绝大多数省市均低于全国平均水平，最低的是甘肃省。城镇居民人均可支配收入中，超过全国平均水平的依次有北京、天津、山东，最低的是黑龙江。农村居民人均可支配收入中，超过全国平均水平的分别是北京、天津、山东和辽宁，大部分省份均低于全国平均水平，最低的是甘肃省。而 16 个省市中，仅有 5 个省市的 GDP 增速均超过全国平均水平，分别是陕西、宁夏、河南、新疆和山东，而排名靠后的 3 个省市分别是内蒙古、天津和甘肃，且处于全国最低水平。综上可知，北方地区的人均 GDP、城镇居民人均可支配收入和农村居民人均可支配收入在全国的排名参差不齐，但是其 GDP 增速排名劣势明显。

（二）改革开放以来中国区域经济发展差距的演变

我们利用标准差系数、变异系数和基尼系数测算了1978—2017年中国省级层面、"四大板块"层面和南北层面的区域经济发展差距的演变。

1. 省级层面

（1）相对差距。由图7-1可知，人均GDP基尼系数和加权变异系数变动轨迹趋势大体吻合，1978—1990年，两者呈现不断下降的趋势。其后，1991—2003年，又呈现逐渐回升的态势。随着西部大开发、振兴东北地区等老工业基地、中部地区崛起等国家战略的实施，2004年后，加权变异系数又呈现出逐年下降的趋势，从2004年的0.88下降至2014年的0.42，下降趋势十分明显，说明该时期中国各省市区域经济相对差异逐渐缩小。2014年后变异系数和基尼系数虽有轻微上扬，但涨幅甚微，基本维持水平态势。

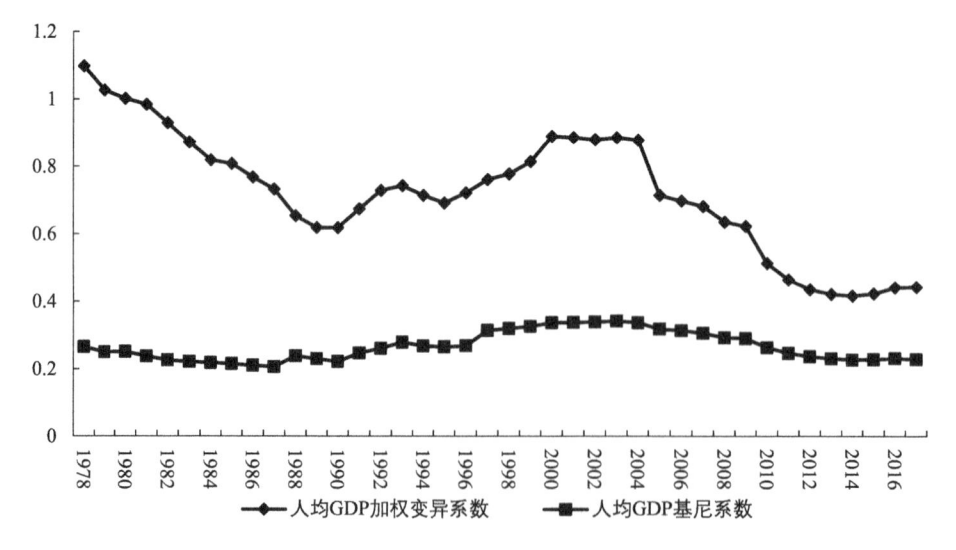

图7-1 1978—2017年中国省级层面人均GDP加权变异系数、基尼系数

数据来源：根据《中国统计年鉴》数据整理

1978年改革开放以来，党中央在总结过去的经验教训的基础上提出，中国宏观区域经济发展战略由均衡发展战略向非均衡发展战略转变。1988年，邓小平提出"两个大局"构想，加快沿海地区的对外开放，使沿海地区先发展起来，

从而带动内地的更好发展,从而使区域经济差距逐渐呈扩大趋势。1999年,党的十五届四中全会正式提出国家要实行西部大开发战略,标志着中国区域协调发展战略开始进入正式的实施阶段。2002年,党的十六大报告中指出,要支持东北地区等老工业基地加快调整和改造步伐。2004年,温家宝在《政府工作报告》中首次明确提出要促进中部地区崛起。此后,党中央、国务院出台了一系列加快其他落后地区发展的战略举措,如国家通过加大财政转移支付力度和财政性投资力度,支持革命老区、民族地区和边疆地区加快发展。这一系列政策的实施,使各省市之间的区域经济差异逐渐呈下降趋势。党的十八大以来,中央将促进区域协调发展作为一项重大任务持续推进,采取了一系列措施解决区域发展中存在的突出问题,着力补齐发展短板,促进产业梯度转移,区域发展的协调性进一步增强。故2012年后,省级层面区域经济差异略有波动但基本维持不变的态势。

综上,1978—2017年,以省级层面为尺度的区域经济发展差异经历了扩大—逐渐缩小—缓慢增大—逐渐缩小—维持不变的过程,总趋势是不断缩小至稳态。

(2)绝对差距。由图7-2可知,省级层面人均GDP的标准差在1978—1990年大体呈水平直线的轨迹,增长较为缓慢。改革开放处于"探路"阶段,为实现计划经济向市场经济的平稳过渡,采用渐进式的改革,以局部试验的方式缓慢推进。在这一阶段,中国各省区区域经济发展的绝对差距不大。1990年后区域经济发展差距迅速扩大,1992年以后,遵循南方谈话的思想建立起了社会主义市场经济体制的基本框架,一些省份,特别是东部沿海地区省份依靠基础设施、资源、能源、交通、区位或政策的先发优势,逐渐扩大了与其他省份的经济差距。相比起来,虽然其他省市具备人口、能源、资源等优势,后来也有一大批重点项目如青藏铁路、西气东输、西电东送、南水北调等的开工建设,为相关落后省市的发展提供了良好的契机。但在非均衡发展的发展战略下,这些省市还是成为了东部省市或其他发展较快城市如武汉、重庆等发展的人口腹地和资源能源供应来源，各省市的绝对差异一直处于扩大的趋势。在 2001 年中国加入 WTO 后，加快了市场化和全球化的进程，外贸井喷式增长，强有力地拉动了外贸依存度较高省份的经济增长，而处于内陆省份，特别是交通条件较差、基础设施建设落后地区，参与国际分工和承接产业转移的能力弱，造成了其发展的滞后，因此，进一步拉大了各省间的差距。

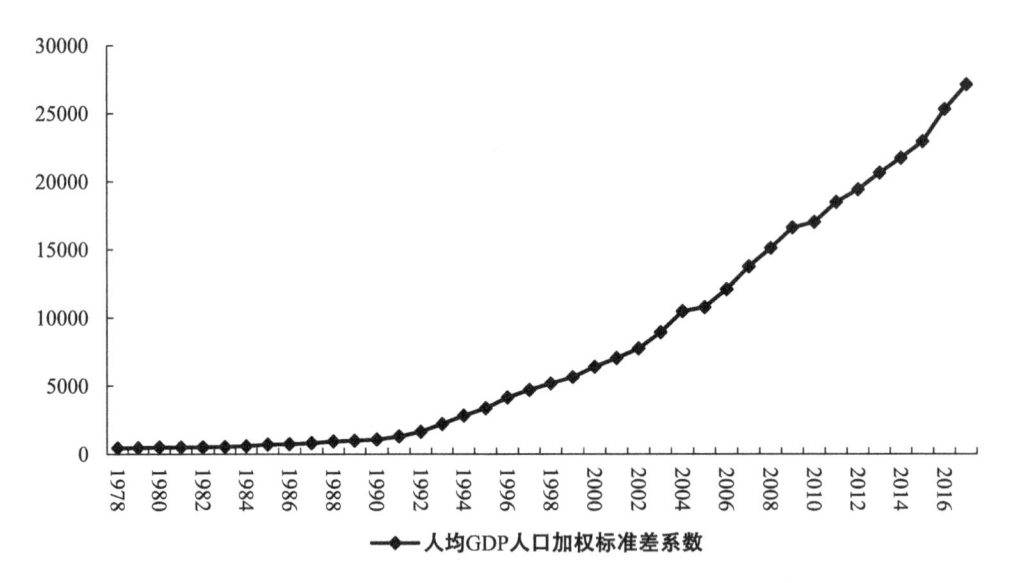

图 7-2　1978—2017 年中国省级层面人均 GDP 标准差系数

数据来源：根据《中国统计年鉴》数据整理

2. "四大板块"层面

（1）"四大板块"区域间相对差距。1978—1990 年，"四大板块"区域间人均 GDP 加权变异系数和基尼系数大体呈缓慢下降趋势，此后 1992 年邓小平的南方讲话再一次拉动了中国经济的发展，强调先让一部分地区先富起来，先富起来的地区再带动其他地区的发展。此后，我国区域差异重新拉大，区域间的差异开始大于区域内部的差异。1991 年涵盖省份最多的两个板块即东部地区和西部地区的 GDP 平均增速相差近乎为 0，而 2004 年东部地区已超西部地区，平均增速相差 1.1%，差距明显增大。而 2004—2012 年变异系数和基尼系数逐年下降，即区域经济差异呈缩小态势。随着西部大开发、振兴东北老工业基地、中部崛起等战略的相继提出,国家在中西部批复了一系列经济区,如关中—天水、中原城市区、长株潭、成渝、武汉都市圈、两江新区、兰州新区等。2009年之后,国家陆续颁布了安徽皖江城市带、广西桂东、重庆沿江、湖南湘南、湖北荆州、黄河金三角产业转移示范区。"十二五"期间,在重大工程和项目投资方面,国家把中西部和东北地区发展作为重点投资领域。通过在欠发达的西部地区布局重大项目促进区域协调发展,4年来累计在西部地区新开工重点工程97项,投资总规模1.95万亿元,有力提高了西部地区的发展速度和发展水平。这些都带动了中西部经济的发展,促进了区域差异的缩小。2012年东部地区GDP增速已从2004年的榜首位置跌至谷底,且与西部地区、中部地区和东北地区分别相差2.4%、1.5%和1.0%,差距明显缩小。

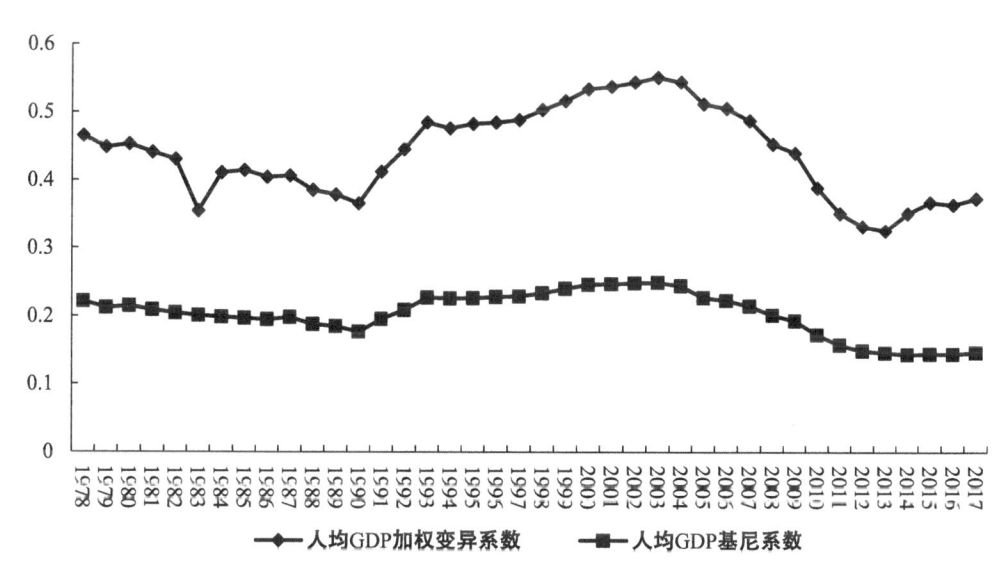

图7-3 1978—2017年"四大板块"区域间人均GDP加权变异系数、基尼系数
数据来源:根据《中国统计年鉴》数据整理

党的十八大前,是我国区域协调发展总体战略初步形成到相对成熟的阶段;党的十八大后,我国区域协调发展进入新时期。党中央在继续深入实施西部大开发、东北振兴、中部崛起和东部率先发展战略的基础上,提出并重

点实施"一带一路"建设、京津冀协同发展、长江经济带发展"三大战略",推动区域协调向更大范围和更高层次挺进。由图7-3可知,2012年后"四大板块"的人均GDP加权变异系数和基尼系数基本呈现水平直线的变动轨迹,"四大板块"和"三大战略"的叠加效应不断显现,区域经济发展的协调性得到增强。由表7-4可知,2017年东部地区与西部地区平均增速仅相差0.7%,为1991年来最低水平。故1978—2017年以"四大板块"为尺度的区域经济发展差异经历了大—缓慢缩小—逐渐增大—逐渐缩小—维持不变的过程,总趋势是不断缩小至稳态。

但需指出的是,2012年后东西差距虽大体稳定,但有轻微扩大的趋势,东西差距虽有缩小的格局,但未来有可能又被扭转。原因是:以云南和贵州为代表的中西部的内陆省份,其经济的高速增长主要得益于大体量的基础设施投资和快速工业化,但此种投资拉动型的模式,不仅影响经济增长的稳定性和可持续性,同时会引发债务风险。与此同时,西部省份在2017年整体都出现了降速,经济高速增长的中西部,正逐渐迎来相对困难的局面。随着东部地区转型升级的逐渐完成,高附加价值的产业会显现优势,增速有望回归到东部地区的常态水准,故东西部之间的发展差距,不排除重新拉大的可能,形成另一种传统和现代的产业差别。

通过对比可知,"四大板块"虽和省级层面为尺度的区域经济差异趋势相似,但不同之处在于:省级层面1978—1990年是"逐渐缩小",而"四大板块"层面是"缓慢缩小",省级层面区域经济发展差异缩小幅度大于"四大板块";省级层面1991—2004年是"缓慢增大",而"四大板块"层面是"逐渐增大","四大板块"区域经济发展差异扩大幅度大于省级层面,且在2004年达到了改革开放以来的区域经济差异最大的水平,主要是实施沿海地区率先发展的非均衡发展战略所致。

表 7-4 1991—2017 年中国"四大板块"GDP 平均增速比较（%）

	1991 年	2004 年	2012 年	2017 年
东部地区	11.0	13.6	9.5	7.0
东北地区	4.7	12.2	10.5	5.3
中部地区	4.5	12.8	11.0	8.0
西部地区	11.0	12.5	12.4	7.7

注：以 1991 年、2004 年、2012 年和 2017 年为年度考量的依据是，选取图 7-3 区域经济相对差异趋势变动的拐点所对应的年份；数据来源于《中国统计年鉴》

（2）"四大板块"区域间绝对差距。由图 7-4 可知，"四大板块"的人均 GDP 标准差在 1978—1990 年期间增长较为缓慢，1990 年后区域经济发展差异迅速扩大，说明改革开放后"四大板块"的区域经济绝对差距在扩大，并保持扩大的趋势。1978—1991 年，差距并不明显，因为改革开放前实施的"三线"建设使得东部地区的基本建设投资明显低于中西部地区，而改革开放后以非均衡发展战略为指导，将政策和资源向东部地区倾斜，使得东部地区与其他 3 个地区的差距缩小。1992 年后，基于东部地区率先发展的战略以及东部地区自身的比较优势，承接了来自经济全球化的产业转移，吸引了大量的海外投资。2001 年中国加入 WTO 后，吸引更多的投资和国际贸易的扩大，使得东部地区成为更大的受益者，也进一步扩大了区域差距。随着东部地区经济的高速增长，中西部地区和东北地区发展相对滞后，区域差距变化愈来愈大。

2001—2014 年，标准差的变动轨迹基本呈现一条斜率不变的向右上方倾斜的直线，表明绝对差距虽在扩大，但扩大的速度平稳。然而 2015 年后陡然递增，此后绝对差异逐年增大，表明 2015 年后绝对差异扩大的趋势"升级"，究其原因可能是党的十八大后重点实施的"一带一路"建设、京津冀协同发展和长江经济带发展的"三大战略"所涉及重点城市的参与，尤其"一带一路"建设初期主要以沿线国家基础设施建设和工业园区投资为主，而其所涉及城市主要是东部沿海发达省市，其 GDP 总量在全国占有较大比重，而绝对差异不仅与 GDP 增速变动有关，还与研究对象的基数有关，故短期内在一定程度上致使绝对差距扩大。

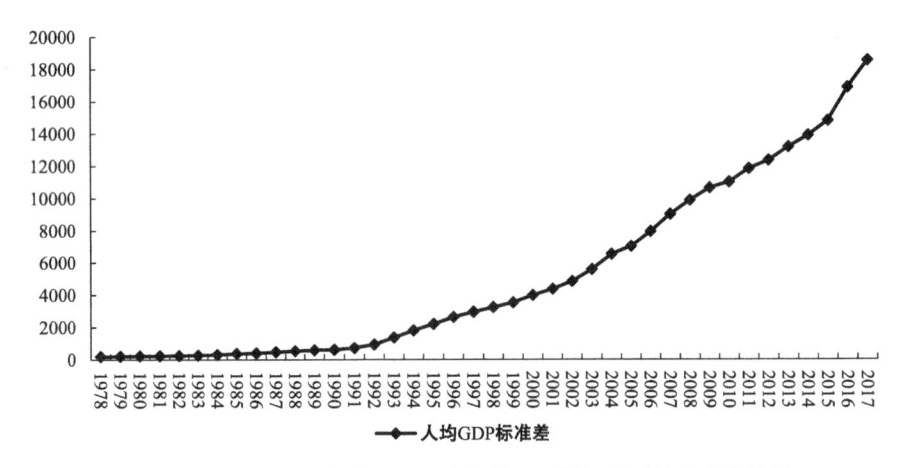

图 7-4　1978—2017 年中国"四大板块"区域间绝对差距变化趋势

数据来源：根据《中国统计年鉴》数据整理

（3）"四大板块"区域内部相对差距。由图 7-5 可知，1978—1987 年间东部地区人均 GDP 加权变异系数和基尼系数大体呈直线下降趋势，1989—1995 年间呈现倒 U 形轨迹变化，1995—2004 年呈现缓慢增长的趋势，其后呈现逐渐下降趋势。加权变异系数在 2013 年达到最低值，基尼系数在 2014 年达到最低值，分别为 0.24 和 0.17，此后出现缓慢增长的趋势。

中部地区在 1978—2017 年区内经济差距整体呈水平较平缓的波浪式轨迹变化，1978—2017 年间中部地区加权变异系数和基尼系数浮动范围甚微，但加权变异系数和基尼系数整体平均水平低于其他三大地区，即区域经济差异程度要低于东部、西部和东北地区。

东北地区在 1978—1992 年区内经济差距整体呈水平较平缓的波浪式轨迹变化，1992—1994 年呈明显的倒 V 形轨迹变化，其后出现一次倒 U 形和一次 U 形变化后，在 2015 年加权变异系数和基尼系数出现较大幅度的下降，在 2017 年达到最低值，分别为 0.13 和 0.05。

西部地区在 1978—1992 年区内经济差异呈波浪式变化，1992—1994 年呈倒 V 形轨迹变化，其后出现逐渐增长的趋势，2000 年的西部大开发战略，并没有有效解决西部区内经济相对差异扩大的问题，反而呈现逐渐扩大的趋势，主要缘于西部大开发战略实施中,获益的地区主要集中在西部地区较发达的地区,这使得西部地区区域内差距拉大。2010 年开始呈逐渐下降的趋势,主要是国家对西部落后地区加大了对口支援的力度,如 19 个省区市全面对口支援新疆,全国省区全面对口支援西藏等。

中部、东北、西部地区均在 1993—1994 年呈现不同程度的倒 V 形轨迹变化,这与 1992 年中国开始建立社会主义市场经济体制有关,各地区都在找寻适合本区域的经济发展之路,经济出现不同程度的波动。总体来看,除西部地区外,东部、中部、东北地区区内经济差异呈现波动中缩小的趋势。此外,东部地区人均 GDP 的基尼系数整体水平高于其他三大地区。

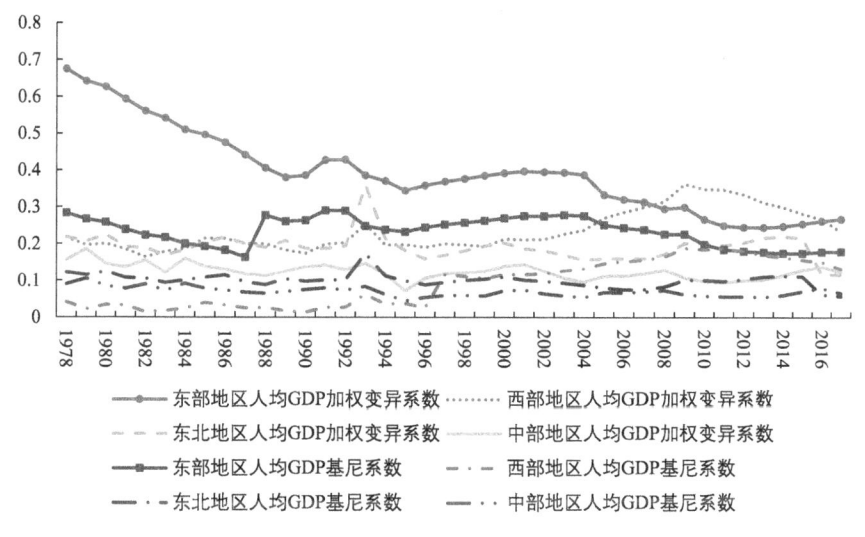

图 7-5　1978—2017 年中国"四大板块"区域内部相对差距变化趋势

数据来源:根据《中国统计年鉴》数据整理

(4)"四大板块"区域内部绝对差距。由图 7-6 可知,1978—1991 年"四大板块"各区域内部人均 GDP 的绝对差距(标准差)都很小,这段时间处于经济体制改革目标的探索时期,"四大板块"各区域内部的绝对差距不大。1992—2004 年,东部地区的绝对差距逐渐增大,并呈现持续上升趋势,远远高于"四大板块"的其他三个地区,中部地区、西部地区和东北地区的绝对差距变化很小。

一方面，由于改革开放后，为充分发挥东部地区沿海的地理优势，鼓励东部地区率先发展。20世纪80年代，国家相继设立了深圳、珠海、汕头、厦门和海南5个经济特区，以及大连、秦皇岛等14个经济技术开发区，之后又相继把长江三角洲、珠江三角洲、闽南三角洲等开辟为沿海经济开放区。因此，在东部地区内部产生了政策倾斜，经过有差别的政策的实施，到了20世纪90年代政策差别效果开始显现。1992年党的十四大确立了社会主义市场经济体制，解放和发展了生产力，东部地区内部政策内化能力的差别显现在东部地区的绝对差距上。另一方面，2000年开始实施西部大开发战略，但由于西部地区整体基础设施建设落后和产业结构等问题，实际上到2004年西部地区区域内部经济发展并没有拉开明显的差距。而中部崛起和东北振兴的区域发展政策分别在2003年和2005年才开始实施。因此，在1992—2004年，东部地区绝对差距大，而中部地区、西部地区和东北地区的绝对差异很小。2005—2014年，"四大板块"各区域内部的绝对差距都呈现增大趋势，其绝对差距从大到小分别是东部地区、西部地区、东北地区和中部地区。东部地区的绝对差距最大，总体呈现扩大的趋势。东北和西部各地区发展的基础和资源禀赋差距较大，在实施西部大开发和东北振兴的区域发展战略时，东北地区、西部地区内部的绝对差距也就拉大了。中部地区各省的政策和区位条件差距不大，因此绝对差距最小。2015—2017年，"四大板块"内部的绝对差距东部地区最大，西部地区次之，而东北地区下降到与中部地区持平的位置。东部地区仍旧保持绝对差距扩大趋势，西部地区绝对差距逐渐缩小，东北地区绝对差距急剧缩小，中部地区绝对差距增速放缓。供给侧结构性改革的推进促进了西部地区特别是东北地区的绝对差异的缩小，同时"一带一路"建设也带动了包含部分西部和东北地区的18个省市的经济发展，在一定程度上缩小了其内部的绝对差距。

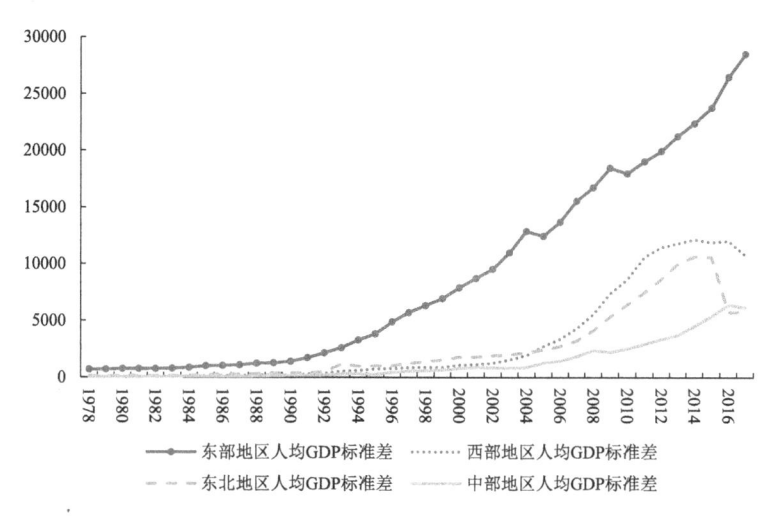

图 7-6　1978 年以来中国"四大板块"各区域内部人均 GDP 的绝对差距变化

3. 南北层面

（1）南北区域间经济相对差距。南北区域的相对差异由北方人均 GDP 和南方人均 GDP 的比值计算而得，即相对差异 = 北方人均 GDP/ 南方人均 GDP（以 1 为基点）。

图 7-7 可知，1978—1993 年，南北区域的相对差异大体呈先上升后下降的趋势，且下降趋势十分明显。在改革开放初期，北方地区的工业基础不仅体现在区位优势明显，大多数苏联援建项目基本都集中在东北三省以及陕西、山西等地，更体现在资源储量上，如煤矿大省山西和内蒙古，中国的工业化起步，基本上是靠北方地区拉动，直到 1990 年，北方人均 GDP 一直都是高于南方。但随着东南沿海的对外开放，加之 1990 年开始的浦东开发开放，带动了南方经济发展水平的持续提高，南方地区人均 GDP 追上北方，到 1994 年开始超过北方。但 1993—2013 年南北人均 GDP 差距很小，基本持平并呈现稳定状态。该期间我国的区域协调发展战略旨在缩小"四大板块"的经济差异。由上文分析可知，实施区域协调发展总体战略呈现出了良好势头，东西相对差异的缩小表明我国的区域协调发展战略和政策已初显成效，在此期间南北差异并未体现。

图 7-7 南北区域之间人均 GDP 的相对差距

数据来源：根据《中国统计年鉴》数据整理

2014 年后，南方地区的人均 GDP 持续超越北方，南北区域经济发展差距呈现逐年扩大的趋势。通过数据可知，2013—2017 年 5 年间，北方地区的 GDP 年均增速是 7.3%，南方则是 8.5%；2017 年北方的人均 GDP 仅占南方的 87.1%。全国经济增速前三名被南方地区省市占据，内蒙古和天津在 2013 年前经济增速常居榜首，在 2017 年分别跌入全国倒数二、三名。2017 年，经济十强城市中北方地区仅有北京和天津列入，二十强中仅有北京、天津、青岛、郑州 4 个城市列入，南北分化明显。究其原因主要有以下 3 点：

首先，产业结构转型速度的差异。南方地区以制造业为主，经济外向程度比较高，面对激烈的国际竞争，南方地区积极推进产业升级，形成世界级的产业集群。金融危机使得南方地区从劳动密集型制造业转向高端制造和互联网等方向发展，实现了产业转型。而北方地区则以资源和重工业为主，结构老化、环境污染、产能过剩问题严重，而国家去杠杆和环保督查政策非常严格，导致北方地区的经济发展速度放缓。与此同时，2014 年俄罗斯金融危机后油价萎靡，使得北方的资源型产品价格一直处于较低水平，对经济造成冲击。

其次，对人才的重视程度不同。南方的科技研发人员是北方的1.75倍，特别是深圳和广州，均出台了强有力的人才引进举措，大举吸纳人才。数据显示，2016—2018年，南方地区大部分省份均实现人口净流入，尤其是广东省，新增了150万以上的人口；北方地区则出现了人口的大量迁出，其中山东在2018年人口净流出42.5万人。2018年人口净流入排名前5的省市分别是广东、浙江、安徽、重庆和陕西，其中4个均为南方地区。人才的集聚将带动南方产业加速转型，大量年轻人将为南方发展带来更大活力，特别是一些高新技术人才的集聚，推动产业加快转型发展。但对于北方而言，人才的流失可能会使其更难以脱离传统的"资源能源"产业，"资源的诅咒"仍将持续。

最后，营商环境的差异。主要是体制改革推进力度差异所致，《2018中国营商环境质量报告》中，最适合经营企业的10个城市中，有8个是南方城市。由于南方率先参与改革开放，经济特区均是南方城市，珠三角则成为改革开放的前沿地带，故其市场经济的发展更为成熟，体制更为灵活，江浙的民营经济和乡镇企业发展迅速。而北方地区国企经济比重过高，民营经济发育不足，市场缺乏活力，产业转型进度缓慢，随着中国深度嵌入全球贸易分工版图，北方体制的负面效果会逐渐放大。

（2）南北区域间经济绝对差距。南北区域的绝对差异由北方人均GDP和南方人均GDP的差值而得，即绝对差异＝北方人均GDP－南方人均GDP（以0为基点）。

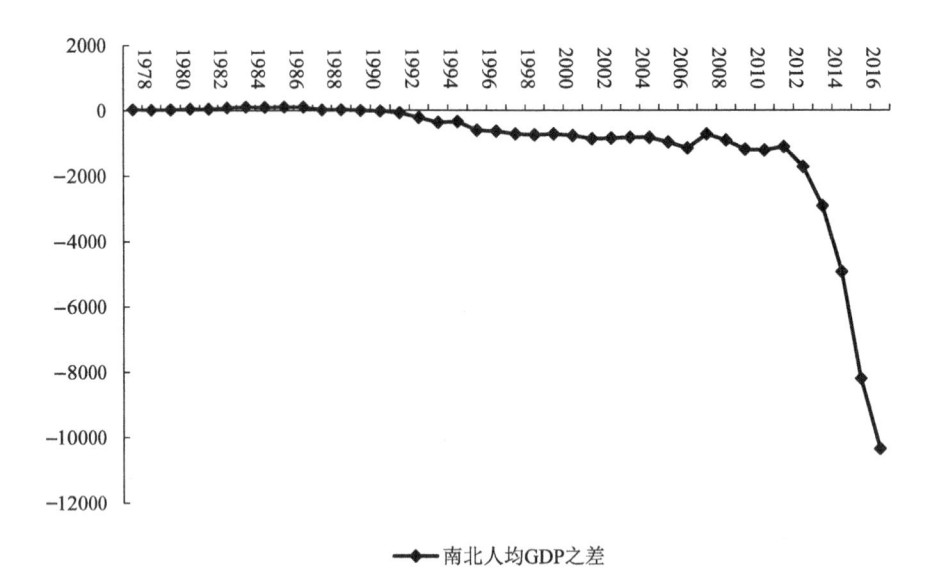

图 7-8　南北区域间人均 GDP 绝对差距

数据来源：根据《中国统计年鉴》数据整理

由图 7-8 可知，1978—2004 年南北的人均 GDP 差异大体呈水平状态，且数额较小，表明南北的绝对差异很小。2004—2013 年人均 GDP 差异呈现先缓慢上升又轻微回落的轨迹。自 2001 年中国加入 WTO 后，依赖外向型经济发展的南方地区步入发展的"快车道"，北方经济高度依赖投资拉动的重化工业价值链，产能过剩问题严重。而南方地区经济外向程度较高，特别是 2008 年金融危机后，南方经济实现了产业转型，且由于体制改革推进的力度不同，北方地区的投资环境和营商环境也不如南方地区，南北区域间经济绝对差距开始显现。而 2014 年后，南北区域间经济绝对差距呈现井喷式扩大的趋势。2014 年俄罗斯金融危机及美国页岩油的大幅开发致使全球石油价格下跌，以资源能源和重工业为主的北方地区，严重的产能过剩造成资源能源类商品价格下跌，北方地区经济发展开始大幅度放缓，东三省、山西、甘肃甚至天津等不少省市，甚至出现了明显的衰退。与此同时，南方地区不少省市积极利用新一轮科技革命，大力推动人工智能、互联网、智能制造发展，如广东、浙江、江苏等地产业已经成功实现了转型升级和提质增效,城市就业岗位增多,特别是在高端制造业和生产性服务业,进而形成了产业的良性循环。这些都推动南北发展差距逐步拉大,特别是人口、资源等生产要素密集的西南地区,近几年成为引领中国增长的"领头羊"。趋势一旦形成,往往可能进一步加速,特别是从当前南北发展现状来看,这种趋势具有持续性,预计将继续扩大。

三、中国区域经济发展相对差距的分解

（一）区域经济发展相对差距分解方法

我们借鉴 Akita 和 Miyata（2010）提出的人口加权变异系数的二重分解方法,假设全国有 m 个区域,且区域 i 包含了 h_i 个省,因此,全国共有 $\sum_{i=1}^{m} h_i$ 个省。$\bar{y}_{it}$ 表示 i 区域 j 省的人均 GDP,N_{ij} 表示 i 区域中 j 省的人口,N_i 表示 i 区域的总人口,Y_i 表示 i 区域的 GDP,$\bar{Y}_i = Y_i/N_i$ 表示 i 区域的人均 GDP；$N = \sum_{i=1}^{m} \sum_{j=1}^{h_i} N_{ij}$ 表示全国总人口,$Y = \sum_{i=1}^{m} \sum_{j=1}^{h_i} N_{ij} \bar{y}_{it}$ 表示全国的 GDP,$\bar{Y} = Y/N$ 表示全国人均 GDP。全国区域经济发展差距可用下式所示的人口加权变异系数的平方来测度：

$$CV(Y)^2 = \frac{1}{\bar{Y}^2} \sum_{i=1}^{m} \sum_{j=1}^{h_i} \frac{N_{ij}}{N} (\bar{y}_{ij} - \bar{Y})^2 \quad (7-4)$$

其中,$Y=(Y_1, Y_2, \cdots Y_m)$,且 $Y_i=(y_{i1}, y_{i2}, \cdots y_{ih_i})$。

由式（7-4）变形可得

$$CV(Y)^2 = \sum_{i=1}^{m} \left(\frac{N_i}{N}\right) \left(\frac{\bar{Y}_i}{\bar{Y}}\right)^2 CV(Y_i)^2 + CV(\bar{Y})^2 = CV_w + CV_B \quad (7-5)$$

式（7-5）将区域经济发展差距分解为区域内差距和区域间差距之和。其中,$CV(Y_i)^2$ 表示 i 区域的区域内差距,CV_w 表示 m 个区域内不平衡之和,CV_B 表示 m 个区域之间的不平衡。

假设区域 i 和全国的 GDP 来自于 k 个产业,则:

$$\bar{y}_{ij} = \bar{y}_{ij1} + \bar{y}_{ij2} + \cdots + \bar{y}_{ijk}, \bar{Y} = \bar{Y}_{i1} + \bar{Y}_{i2} + \cdots + \bar{Y}_{ik} \quad (7-6)$$

区域 i 内来自于 k 产业的人均 GDP 为 $\bar{Y}_{ik} = \frac{1}{N_i}\sum_{j=1}^{h_i}N_{ij}\bar{y}_{ijk}$,那么,区域 i 内差距按照产业来源可以进一步分解为:

$$CV(Y_i)^2 = \sum_{k=1}^{K} Z_{ik} cov(Y_i, Y_{ik}) \quad (7-7)$$

式(7-7)中,$cov(Y_i, Y_{ik}) = \frac{1}{\bar{Y}_i \bar{Y}_{ik}}\sum_{j=1}^{k}\frac{N_{ij}}{N_i}(\bar{y}_{ij} - \bar{Y}_i)(\bar{y}_{ijk} - \bar{Y}_{ik})$ 表示区域 i 的 GDP 和来源于 k 产业的 GDP 加权协方差变异系数,$Z_{ik} = \bar{Y}_{ik}/\bar{Y}_i$ 表示区域 i 内 k 产业所产生的 GDP 占区域 i 的 GDP 的份额。

同样,区域间差距按照产业来源可以进一步分解为:

$$CV(\bar{Y})^2 = \sum_{k=1}^{K} Z_k cov(\bar{Y}, \bar{Y}_k) \quad (7-8)$$

式(7-8)中,$cov(\bar{Y}, \bar{Y}_k) = \frac{1}{\bar{Y}\bar{Y}_{*k}}\sum_{i=1}^{m}\frac{N_i}{N}(\bar{Y}_i - \bar{Y})(\bar{Y}_{ik} - \bar{Y}_{*k})$ 表示全国的 GDP 和来自于 k 产业所产生的 GDP 的加权协方差变异系数,$Z_k = \bar{Y}_{*k}/\bar{Y}$ 表示全国来自于 k 产业的 GDP 占全国 GDP 的份额,$\bar{Y}_{*k} = \frac{1}{N}\sum_{i=1}^{m}N_i\bar{Y}_{ik}$ 则表示全国来自于 k 产业的人均 GDP。将式(7-7)和式(7-8)都代入式(7-5),可得式(7-9)

$$CV(Y)^2 = \sum_{i=1}^{m}\left(\frac{N_i}{N}\right)\left(\frac{\bar{Y}_i}{\bar{Y}}\right)^2 \sum_{k=1}^{K} Z_{ik} cov(Y_i, Y_{ik}) + \sum_{k=1}^{K} Z_k cov(\bar{Y}, \bar{Y}_k) = CV_w + CV_B \quad (7-9)$$

将式(7-9)两边同时除以 $CV(Y)^2$,得到式(7-10)

$$1 = \sum_{i=1}^{m}\left(\frac{N_i}{N}\right)\left(\frac{\bar{Y}_i}{\bar{Y}}\right)^2 \sum_{k=1}^{K} Z_{ik} S_{ik} + \sum_{k=1}^{K} Z_k \bar{S}_k \quad (7-10)$$

其中,$S_{ik} = cov(Y_i, Y_{ik})/CV(Y)^2$,$\bar{S}_k = cov(\bar{Y}, \bar{Y}_k)/CV(Y)^2$。

从式(7-10)可以看出,$\left(\frac{N_i}{N}\right)\left(\frac{\bar{Y}_i}{\bar{Y}}\right)^2 Z_{ik} S_{ik}$ 是区域 i 内 k 产业对全国区域经济发展差距所做的贡献,$Z_k\bar{S}_k$ 是区域间 k 产业对全国区域经济发展差距所做的贡献。因此,导致全国区域经济发展差距的产业因素或收入来源因素共有 mk+k 个。

（二）区域经济发展相对差距的空间分解

1. 中国区域经济发展相对差距变化过程

1978—2017年中国区域经济发展相对差距整体呈现为下降趋势，在这个趋势过程中表现出先快速下降（1978—1990），然后表现为上升趋势（1990—2004），再表现为下降趋势（2004—2013），然后再趋于平稳、缓慢下降的过程（如图7-9所示）。这个过程有两个明显的分界点，即1990年和2004年。1978—1990年，区域经济发展相对差距不断下降，人口加权变异系数由0.5237减小到0.2030，年均降幅为2.67%；1990—2004年，区域经济发展相对差距逐渐上升，人口加权变异系数由0.2030增大到0.3979，年均增幅为1.39%；2004—2013年，区域经济发展相对持续下降，人口加权变异系数由0.3979减小到0.1689，年均降幅为2.54%；2013年之后，区域经济发展相对差距趋于平稳。这说明，区域经济发展相对差距历经下降—上升—再下降—平稳的过程，尤其是2004年之后，区域经济发展相对差距逐渐下降，到2013年之后区域经济发展相对差距趋于稳定。

2. "四大板块"层面

先对中国区域经济发展相对差距进行第一重分解，以揭示导致其变化的空间成因。具体是将中国区域经济发展相对差距分解为东部地区、中部地区、西部地区、东北地区四大区域内部差距和这四大区域间差距之和，结果见表7-5。

表 7-5　中国"四大板块"区域经济发展差距的空间分解结果

年份	区域经济发展差距	区内经济发展差距	区间经济发展差距	年份	区域经济发展差距	区内经济发展差距	区间经济发展差距
1978	0.5237	0.4378	0.0859	1998	0.2918	0.1035	0.1883
1979	0.4649	0.3804	0.0845	1999	0.3127	0.1099	0.2028
1980	0.4455	0.3609	0.0847	2000	0.3467	0.1010	0.2457
1981	0.3931	0.3137	0.0794	2001	0.3481	0.0965	0.2516
1982	0.3605	0.2818	0.0787	2002	0.3612	0.0942	0.2670
1983	0.3303	0.2533	0.0770	2003	0.3895	0.0954	0.2941
1984	0.2971	0.2182	0.0789	2004	0.3979	0.0896	0.3083
1985	0.2730	0.1977	0.0753	2005	0.3522	0.1240	0.2282
1986	0.2488	0.1734	0.0754	2006	0.3393	0.1210	0.2184
1987	0.2368	0.1461	0.0907	2007	0.2988	0.1081	0.1907
1988	0.2258	0.1413	0.0845	2008	0.2660	0.0977	0.1684
1989	0.2084	0.1247	0.0837	2009	0.2758	0.0937	0.1821
1990	0.2030	0.1119	0.0912	2010	0.2191	0.0835	0.1356
1991	0.2220	0.1134	0.1085	2011	0.1900	0.0777	0.1123
1992	0.2446	0.1195	0.1251	2012	0.1752	0.0745	0.1008
1993	0.2763	0.1177	0.1586	2013	0.1689	0.0708	0.0981
1994	0.2484	0.1021	0.1464	2014	0.1651	0.0729	0.0921
1995	0.2432	0.1015	0.1417	2015	0.1643	0.0736	0.0907
1996	0.2526	0.0899	0.1627	2016	0.1735	0.0752	0.0983
1997	0.2706	0.0960	0.1746	2017	0.1650	0.0710	0.0940

数据来源：根据《中国统计年鉴》数据整理

由表 7-5 可以看出，1978—1990 年中国四大区域内差距显著高于四大区域间差距之和，并且 1978—1990 年时间段中国四大区域内差距变动过程与 1977—1990 年时间段中国区域经济发展差距变动过程一致（见图 7-9），可以初步判断 1978—1990 年时间段四大区域内差距是导致中国区域经济发展差距的主要原因。

同样，1991—2017 年中国四大区域间差距显著高于四大区域内差距之和，并且1991—2017年时间段中国四大区域内差距变动过程与1991—2017年时间段中国区域经济发展差距变动过程高度一致（见图7-9），主要表现为1991—2004年都呈现出上升趋势，2004年之后为下降再趋于平稳，且1993年、2000年、2009年小幅波动也具有一致性。据此，可以初步判断1991—2017年时间段四大区域间差距是导致中国区域经济发展差距的主要原因。

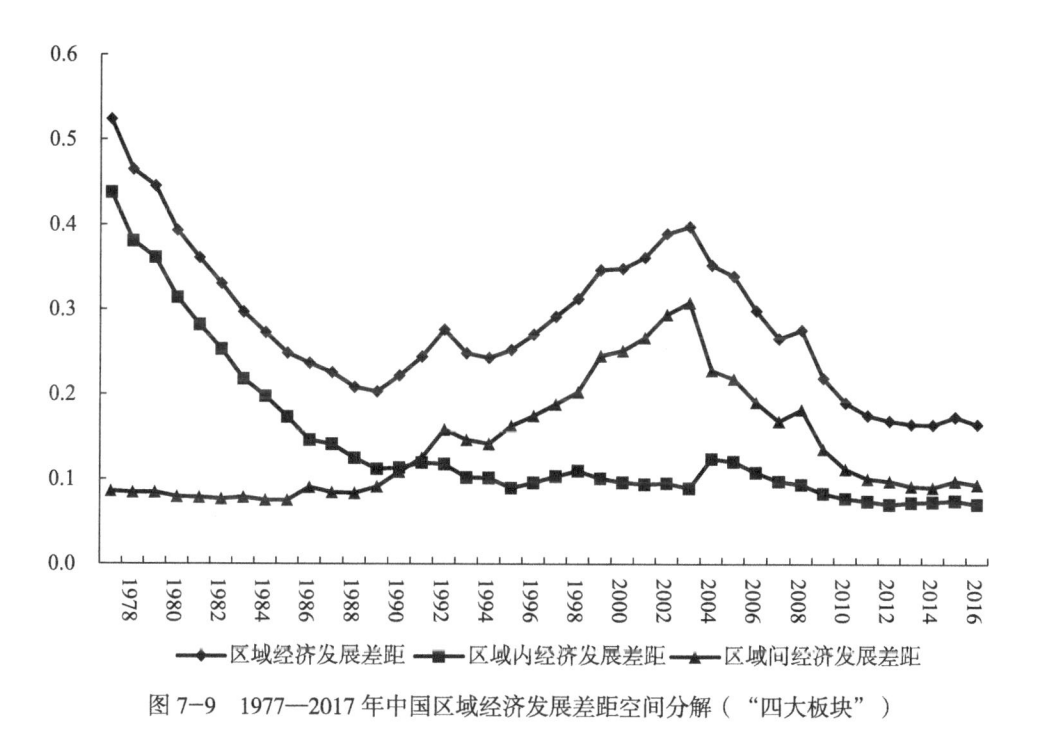

图7-9　1977—2017年中国区域经济发展差距空间分解（"四大板块"）

3. 南北层面

为深入分析区域经济发展差距，将中国区域经济发展差距分解为北方地区和南方地区两大区域内部差距和这两大区域间差距之和，结果见表7-6。

表 7-6　中国南北区域经济发展差距的空间分解结果

年份	区域经济发展差距	区内经济发展差距	区间经济发展差距	年份	区域经济发展差距	区内经济发展差距	区间经济发展差距
1978	0.5237	0.5195	0.0042	1998	0.2918	0.2884	0.0034
1979	0.4649	0.4633	0.0016	1999	0.3127	0.3094	0.0033
1980	0.4455	0.4433	0.0022	2000	0.3467	0.3438	0.0029
1981	0.3931	0.3877	0.0053	2001	0.3481	0.3451	0.0030
1982	0.3605	0.3574	0.0032	2002	0.3612	0.3585	0.0027
1983	0.3303	0.3241	0.0062	2003	0.3895	0.3879	0.0017
1984	0.2971	0.2897	0.0074	2004	0.3979	0.3966	0.0013
1985	0.2730	0.2651	0.0079	2005	0.3522	0.3464	0.0058
1986	0.2488	0.2392	0.0096	2006	0.3393	0.3330	0.0063
1987	0.2368	0.2296	0.0072	2007	0.2988	0.2959	0.0030
1988	0.2258	0.2208	0.0050	2008	0.2660	0.2631	0.0029
1989	0.2084	0.2017	0.0067	2009	0.2758	0.2728	0.0031
1990	0.2030	0.1947	0.0083	2010	0.2191	0.2150	0.0041
1991	0.2220	0.2091	0.0129	2011	0.1900	0.1851	0.0050
1992	0.2446	0.2300	0.0146	2012	0.1752	0.1703	0.0050
1993	0.2763	0.2733	0.0029	2013	0.1689	0.1649	0.0040
1994	0.2484	0.2422	0.0062	2014	0.1651	0.1600	0.0051
1995	0.2432	0.2361	0.0071	2015	0.1643	0.1595	0.0048
1996	0.2526	0.2482	0.0044	2016	0.1735	0.1654	0.0081
1997	0.2706	0.2672	0.0034	2017	0.1650	0.1570	0.0080

由表 7-6 可以看出，1978—2017 年中国两大区域区内差距显著高于两大区域区间差距，并且中国两大区域区内差距变动过程与中国区域经济发展差距变动过程一致（见图 7-9 和图 7-10）。两大区域区内不平衡变动过程呈现出了 1978—1990 年下降，1991—2004 年上升，2004 年之后下降，再趋于平稳的变动状态，并且在 1993 年、2009 年小幅波动也高度一致。据此，可以初步判断 1978—2017 年两大区域内不平衡是导致中国区域发展不平衡的主要原因。

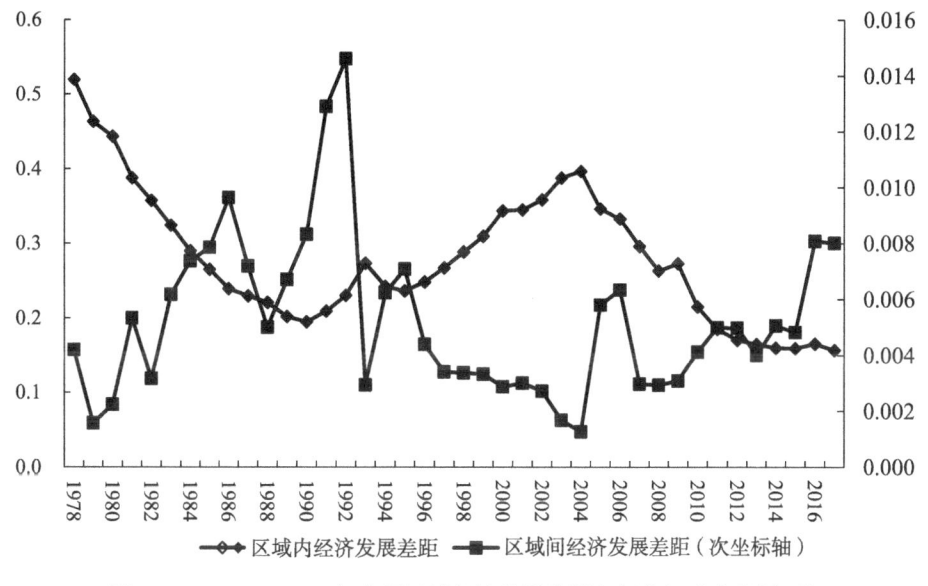

图 7-10　1978—2017 年中国区域经济发展差距空间分解（南北层面）

（三）区域经济发展差距的三次产业分解

我们选取反映中国区域经济发展差距变化过程的 1990 年、2004 年、2017 年三个重要时点，在第一重分解的基础上，继续对中国区域经济发展差距进行第二重分解，即产业分解，以分析其变化的产业成因，结果见表 7-7、表 7-8 和表 7-9[①]。

1. "四大板块"层面

表 7-7 显示，四大区域内的产业发展差距对于中国区域经济发展差距的总体贡献率均小于 63.43%。这表明，从区域产业发展差距对中国区域经济发展差距的总体贡献看，四大区域内的产业发展差距是导致中国区域经济发展差距的主要原因；从产业角度，1990 年第二产业对于中国区域经济发展差距的贡献率达到了

---

① 各表中数据为各产业、区域对区域经济发展差距的贡献率，其中，区域内差距的贡献率为东部地区、中部地区、西部地区、东北地区内部差距贡献率之和。贡献率为负，表示其作用力与差距变化的方向相反。

89.44%，第一产业和第三产业贡献率仅为 10.56%；从四大区域角度，东部地区内差距对于区域经济发展差距的贡献率达到 56.01%，超过了其他 3 个区域之和。

表 7-7　1990 年中国区域经济发展差距的产业分解结果　　　　　　（%）

	第一产业	第二产业	第三产业	总和
区域内差距	−2.40	58.19	7.64	63.43
东部地区区内差距	−1.63	50.95	6.70	56.01
中部地区区内差距	−1.00	5.87	0.72	5.59
东北地区区内差距	−0.14	0.53	0.04	0.43
西部地区区内差距	0.37	0.85	0.18	1.39
区域间差距	2.61	31.25	2.71	36.57
总和	0.21	89.44	10.35	100.00

表 7-8　2004 年中国区域经济发展差距的产业分解结果　　　　　　（%）

	第一产业	第二产业	第三产业	总和
区域内差距	−2.22	16.39	26.64	40.81
东部地区区内差距	−2.12	14.56	24.36	36.80
中部地区区内差距	−0.31	1.05	1.53	2.26
东北地区区内差距	−0.02	0.05	0.09	0.12
西部地区区内差距	0.22	0.73	0.67	1.62
区域间差距	2.03	32.62	24.54	59.19
总和	−0.20	49.01	51.19	100.00

表 7-9　2017 年中国区域经济发展差距的产业分解结果　　　　　　（%）

	第一产业	第二产业	第三产业	总和
区域内差距	−1.28	12.40	29.53	40.64
东部地区区内差距	−1.14	8.56	24.56	31.98
中部地区区内差距	−0.13	1.53	3.03	4.43
东北地区区内差距	−0.07	0.25	0.07	0.26
西部地区区内差距	0.05	2.06	1.86	3.98
区域间差距	−0.35	24.42	35.28	59.36
总和	−1.63	36.82	64.81	100.00

从表7-8和表7-9所显示的分析结果表明，一是四大区域之间的产业发展差距对于中国区域经济发展差距的总体贡献率均接近60%，在2004年和2017年，其贡献率分别是59.19%、59.36%。这表明，在2004年和2017年四大区域之间的产业发展差距是导致中国区域经济发展差距的主要原因，而四大区域内部的产业发展差距是次要原因。二是第三产业对中国区域经济发展差距的贡献高于第一和第二产业。在2004年、2017年第三产业对于中国区域经济发展差距的贡献率分别为51.19%、64.81%，与1990年产业分解比较，第三产业超过第二产业成为对于中国区域经济发展差距的主要贡献产业，并且第三产业贡献率由1990年的10.35%，提高到了2017年的64.81%；第一产业的贡献率在1990年比较小，到2004年、2017年贡献率为负，对区域经济发展差距发挥反向作用；第二产业的贡献率由1990年接近90%，到2004年略低于第三产业，再到2017年远低于第三产业贡献率，较1990年、2004年分别下降了52.62和12.19个百分点。三是四大区域内部的产业发展差距对区域内差距的贡献以东部地区的贡献率最大。2004年和2017年，东部地区对区域内差距的贡献分别占36.8%和31.98%，远高于其他3个区域。从趋势看，其贡献率比例是在不断下降的，2004—2009年共下降了4.82个百分点。中部地区、西部地区、东北地区内部的产业发展差距对区域内差距的贡献率较小，但均呈现出增大的趋势。其中，西部地区内部的产业发展差距对于区域内差距的贡献比例由2004年的1.62%上升到3.98%，增幅为2.36个百分点；中部地区由2004年的2.26%上升到4.43%，上升了2.17个百分点；东北地区的该比例上升幅度相对较小，由2004年的0.12%上升到0.26%，仅上升了0.14个百分点。

2. **南北层面**

前文在第一重分解的基础上，以四大区域对中国区域经济发展差距进行第二重分解，在此我们进一步以南北层面分析其变化的产业成因。

表 7-10　1990 年中国区域经济发展差距的产业分解结果　　　　　　（%）

	第一产业	第二产业	第三产业	总和
区域内差距	−0.11	90.11	9.94	99.94
北方地区区内差距	0.38	31.59	3.71	35.68
南方地区区内差距	−0.49	58.52	6.23	64.26
区域间差距	0.0533	0.0003	0.0043	0.06
总和	−0.06	90.11	9.94	100.00

表 7-11　2004 年中国区域经济发展差距的产业分解结果　　　　　　（%）

	第一产业	第二产业	第三产业	总和
区域内差距	−0.91	49.71	50.45	99.26
北方地区区内差距	−0.22	11.29	18.09	29.16
南方地区区内差距	−0.68	38.42	32.36	70.10
区域间差距	0.01	0.33	0.40	0.74
总和	−0.90	50.04	50.86	100.00

表 7-12　2017 年中国区域经济发展差距的产业分解结果　　　　　　（%）

	第一产业	第二产业	第三产业	总和
区域内差距	−2.55	33.94	63.71	95.10
北方地区区内差距	−0.99	8.79	26.76	34.56
南方地区区内差距	−1.56	25.15	36.95	60.53
区域间差距	0.12	2.11	2.68	4.90
总和	−2.43	36.05	66.38	100.00

表 7-10、表 7-11 和表 7-12 结果表明，一是南北区域内的产业发展差距对于中国区域经济发展差距的总体贡献率均超过 95%，在 1990 年、2004 年和 2017 年其贡献率分别是 99.94%、99.26%、95.10%，表明两大区域内的产业发展差距是导致中国区域经济发展差距的主要原因。二是南方区域内部的产业发展差距对区域内差距的贡献较北方地区大，南方地区在 1990 年、2004 年和 2017 年其贡献率分别是 64.26%、70.1% 和 60.53%。三是第二产业对中国区域经济发展差距的贡献率逐渐降低，第三产业的贡献率逐渐上升，第二产业的贡献率由 1990 年

的 90.11%，下降到 2017 年的 36.05%，而第三产业的贡献率由 1990 年的 9.94%，上升到 2017 年的 66.38%，因此，1990—2017 年导致中国区域经济发展差距的主要原因，逐渐由第二产业转变为第三产业。

四、新时代中国区域经济差距影响因素实证分析

通过前文可以得出一个基本结论：当前我国的区域经济差距依然很大。新时代到底是哪些原因导致我国区域经济差距问题？我们首先建立一个区域经济差距的理论分析框架，之后运用空间面板模型进行了检验。

（一）中国区域经济差距影响因素的理论分析

区域经济差距的形成以及引起区域经济差异的变化因素是多方面的，因此分析区域经济差异无法通过一两个因素就得出比较全面的结论。多种因素相互影响、相互作用形成了当前的区域经济差距。以往学者对此问题做了大量的研究，所做的各类影响因素分析，结论虽然各异但都有一定的合理性，并不冲突。这是因为区域经济差距本身就是一个复杂的系统，不同的时期主要原因不同；此外不同的学者所关注的视角不一样。

要充分理解一个地区的经济发展进程，就必须先寻找影响地区经济发展的因素。影响区域经济发展合理的逻辑是：地区经济发展首先要考虑要素投入，其次要考虑这些要素的配置效率，最后要考虑要素的使用效率。即使一个区域内，要素投入、配置要素、使用效率完全一致，区域内仍然会出现经济活动向某一个点集聚的情况，这时则要归结为空间格局变动力量的影响。我们基于上述理论基础，并进行了拓展，构建影响因素系统框架。（见图 7-11）

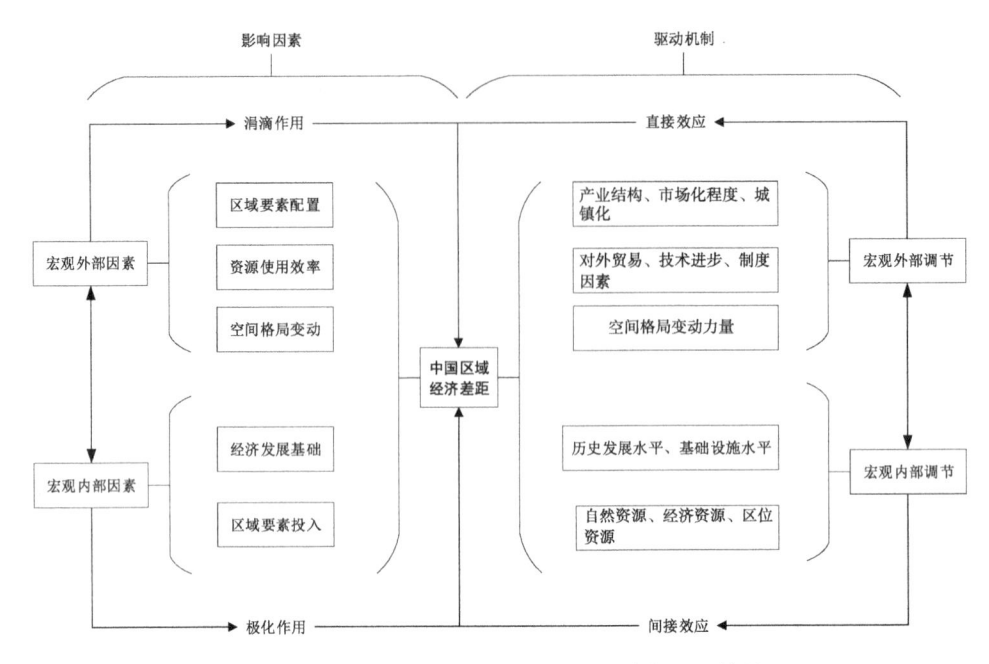

图 7-11 中国区域经济差距的影响因素与空间传导

区域经济发展基础：区域经济历史发展水平、基础设施建设。

区域资源禀赋：自然资源（要素禀赋结构、自然环境等）、经济资源（物质资本、人力资本、外商直接投资等）、区位资源。

区域要素配置：产业结构、市场化程度（政府职能）、城镇化。

区域要素使用：对外贸易、技术进步（全要素生产率）、制度因素（财政支出、惩治腐败等）等。

空间格局变动力量：区域发展战略、市场力量的作用等。

影响区域差距的具体因素，将从以上 5 个方面分析其作用的过程。

1. 区域经济发展基础

（1）区域经济历史发展水平差距。西方发展经济学中的"扩大中的缺口"理论表明，经济的初始水平与后期经济的发展有着较为密切的关系。假如存在 A 地、B 地；A 地的历史发展水平远远高于 B 地的历史发展水平，那么可能在一个很长的时期内，即使 B 地经济增长速度高于 A 地，二者之间的绝对差距仍会继续扩大。我国的东西差距是在历史上形成的，只有对各个地区的不同的发展起点有着清醒的认识，才能制定出更为科学的政策。基于以上考虑，将区域经济历史发展水平差距纳入区域经济差距影响因素框架体系。

（2）基础设施建设。基础设施与经济增长的关系是发展经济学中的重要研究课题之一。首先，基础设施投资可以直接形成有效的社会总需求，以此拉动经济增长；其次，基础设施的不断完善，可以加速生产要素流动，提高资源配置效率，增强区域间经济融合，并以此来拉动经济增长。基于以上考虑，将基础设施建设水平差距纳入区域经济差距影响因素框架体系。

2. 区域资源禀赋

（1）自然资源差异。自然资源是社会经济发展的自然基础，其最显著的特征就是分布不均衡。自然资源在一定程度上影响着区域经济的产业结构，区域最初产业结构是建立在自然资源之上。但随着经济的发展和科技的进步，自然资源在经济发展中的作用在不断弱化，因此自然资源差异，在下面的研究中，不纳入考虑的范围之内。

（2）经济资源差异。物质资本、人力资本等传统要素的富足程度影响着区域经济分工和产业经济水平，进而影响区域的经济发展水平。李嘉图的比较优势理论、赫克歇尔—俄林的要素禀赋理论等都对区域资本、劳动力等生产要素在国际贸易中的作用做过较全面的研究。从他们的研究结果可以发现，资本和劳动力等经济资源相对富足的区域比相对贫乏的区域更有利于经济发展，区域经济资源差异会导致区域经济发展的差距。此外，影响一个地区资本存量的另一个重要因素是外地区资本流入，颜伟（2010）等众位学者的研究发现，外商直接投资是我国经济结构失衡的一个重要原因，故将外商直接投资纳入区域差距的影响因素框架体系。

3. 区域要素配置

（1）区域产业结构。区域资源禀赋的差异是区域分工的基础。但随着科技的飞速发展使以经济资源差异为基础的区域分工在对区域发展作用的广度和深度方面都要远远超过以自然资源差异为基础的区域分工。一般而言，发达区域之间常采用水平分工，对欠发达区域则采取垂直分工，这种区域分工的差异使欠发达区域在市场竞争中处于极为不利的境地。可见，区域分工的差异必然会导致区域产业结构差异，由于区域产业结构状况决定了区域经济增长能力，因此区域产业结构差异是影响区域经济差距中最直接的因素。

（2）地区市场化程度。相对于东部沿海省份，中西部地带原有的经济发展水平较低，很大程度上受累于传统的保守思想。在市场化进程中，起点低，起步晚，进展慢。各地区在市场化进程不同时间和空间中的差异性，直接导致了要素配置效率的差异，进而导致了区域经济增长的差距，加剧了地区间区域经济发展的不平衡，因而市场化程度是区域差距的一个重要影响因素。

（3）城镇化。在空间经济视角下，城镇化是经济体系转换的一种体现；城镇化对经济增长往往表现出较强的正相关关系。城镇化对经济增长影响机制主要体现在：一方面城镇化会带来产业集聚和规模经济，以此提高全要素生产率；另一方面城镇化会导致人口迁移，使农业人口从生产率低的第一产业部分，转移到生产率相对较高的第二、三产业部门，以此带来总体生产率的提高，最终提高经济增长水平。基于以上考虑，把城镇化水平差异纳入区域经济差距影响因素框架体系。

4. 区域要素使用

（1）对外贸易。根据经典国际贸易理论，对外贸易不仅是"经济增长的发动机"，还会在一个国家或者地区内部产生收入分配效应。对外贸易会引起不同要素所有者收入的改变，这种对外贸易产生的所有者收入分配效应，最终会导致地区、行业的收入差距变动。因此，我们把对外贸易纳入区域经济差距的影响因素框架体系。

（2）技术进步。新经济增长理论将区域经济差距视为要素投入和全要素生产率共同作用的结果，认为内生的技术进步将会使得区域经济差距趋同。全要素生产率本质上是一种资源配置效率，产业结构优化、企业竞争、创新竞争带来的资源重新配置都能提高全要素生产率。基于此，把全要素生产率作为核心因素，纳入影响区域经济差距的影响因素框架体系。

（3）制度因素。新古典经济增长理论和新增长理论，在研究经济增长问题时，均忽略了制度因素的影响。新制度经济学家的代表人物诺斯（1994）认为，制度对经济增长的影响主要来自交易成本的节约，经济增长有赖于制度的有效变化。越来越多的经济学家注意到一国或一地区的经济发展除受到自然资源、经济资源的影响外，像政策、体制、法规等制度因素以及价值观念、文化传统和民族的心理特征等非经济因素对于经济发展也有十分重要的作用。基于此，将制度因素纳入区域经济差距的影响因素框架体系。

5. 空间格局变动力量

在市场经济背景下，即使区域内的各种生产要素（物质资本、人力资本、技术）完全同质，区域内的经济分布状况依然会呈现某种规律性，不会均匀地分布在区域内所有地方。运输成本的变化对于经济活动空间分布的影响往往存在非线性和非单调性。存在于厂商之间的引力（或向心力）与斥力（或离心力）相互作用的结果将最终决定经济活动是在特定空间上集聚还是沿着整个空间分散，因此空间格局的变动对于区域经济发展起着明显的影响作用。这种作用的结果是区域内的经济发展状况出现分化。基于此，将空间因素纳入区域经济差距影响因素框架体系。

（二）中国区域经济差距模型设计、指标体系构建与数据来源

由于空间计量技术的局限性，过往学者对空间面板计量模型的应用主要集中在只包含空间因变量滞后的空间面板自回归（PSAR）模型和只包含空间误差项自相关的空间面板误差（PSEM）模型（李婧，2010）。但实际情况是，空间效应的传导可能同时由因变量的空间滞后和随机冲击共同造成。基于这个思路，LeSage 和 Pace（2009）构建了综合考虑上述两种空间传导机制的空间杜宾（PSDM）

模型和空间自相关（PSAC）模型。不同类型的空间面板模型所假定的空间传导机制并不相同，其所代表的经济含义也不同。PSEM 模型假定空间知识溢出产生的原因是随机冲击的结果，其空间效应主要通过误差项传导；PSAR 模型则假设被解释变量均会通过空间相互作用对其他地区的经济产生影响（Anselin et al., 2008），而一般的 PSAC 模型和 PSDM 模型则同时考虑了上述两类空间传导机制，并且 PSDM 模型还考虑了空间交互作用，即一个省份的经济增长水平不仅受本省份自变量的影响，还会受到其他省份经济增长水平和自变量的影响。可见，空间计量模型的设定和选取至关重要。目前国内学者在空间问题的处理上尚缺乏严密性，大多数学者还是直接选用 PSEM 模型和 PSAR 模型，并且在模型的选择及估计参数的稳健性检验上也有所欠缺，或在应用空间 PSDM 模型时直接用空间交互项的系数来表征空间溢出效应的大小。

考虑到不同类型的空间面板模型所揭示的经济含义有所差别，为了获取拟合效果最优的空间计量模型，并探究不同类型的空间计量模型是否能够相互转化，借鉴白俊红（2017）等学者的实证思路，遵照 POLS—[PSAR 和 PSEM]—PSAC—PSDM 这一路径对模型进行设定和检验，建立如式（7-11）—式（7-14）所示的空间计量模型。其中式（7-11）、式（7-12）分别为 PSDM 模型和 PSAC 模型，而式（7-13）、式（7-14）是对 PSDM 模型和 PSAC 模型分别附加一定限制条件后得到的 PSAR 模型、PSEM 模型。

$$lndistance_{it} = u_i + \gamma_t + \rho w_i' lndistance_t + X_{it}'\beta + d_i' X_t \delta + \varepsilon_{it} \quad (7-11)$$

$$lndistance_{it} = u_i + \gamma_t + \rho w_i' lndistance_t + X_{it}'\beta + \varepsilon_{it} \quad (7-12)$$

$$\varepsilon_{it} = \lambda m_{it}' \varepsilon_t + v_{it} \quad (7-12)$$

当 PSDM 模型中的空间交互作用不存在，即 $\delta=0$ 时，或者 PSAC 模型中的空间误差项的系数 $\lambda=0$ 时，就是相应的 PSAR 模型。

$$lndistance_{it} = u_i + \gamma_t + \rho w_i' lndistance_t + X_{it}'\beta + \varepsilon_{it} \quad (7-13)$$

PSAC 模型中的因变量空间滞后项系数 $\rho=0$ 时，就是相应的 PSEM 模型。

$$lndistance_{it} = u_i + \gamma_t + X_{it}'\beta + \varepsilon_{it} \quad (7-14)$$

$$\varepsilon_{it} = \lambda m'_{it}\varepsilon_t + v_{it} \quad (7-14)$$

经典 POLS 模型,不考虑区域间的空间相关性,当式(7-11)—式(7-14)中的空间项的系数都等于 0 时,就可以得到相应的 POLS 模型。

$$lndistance_{it} = u_i + \gamma_t + X'_{it}\beta + \varepsilon_{it} \quad (7-15)$$

(三)指标变量选取

以往学者在衡量地区之间的经济差距时,多采用人均 GDP 和人均 GDP 增长率等经济增长指标,但此方法在体现经济差距时仍有缺陷。因此,在对式(7-11)—式(7-15)进行回归时,借鉴了卢洪友等(2012)的做法,采用各地区当年人均 GDP 与全国当年人均 GDP 的差值,记为 distance;同时为了考虑到可能存在的异方差性,对差值数据进行了同距平移,使其全部为正,以方便用来取对数,在计量模型中这不影响实证结果的经济意义。

在式(7-11)—式(7-15)中,X 是一组解释变量的集合,按照前文所搭建的理论框架,主要包括以下变量:

1. 资本投入变量

物质资本存量 K。以永续盘存法为基础进行折算,此方法由 Goldsmith 首次提出,具体折算过程如下:

$$K_{i,t} = I_{i,t} + (1 - \delta_{i,t})K_{i,t-1} \quad (7-16)$$

式(7-16)中,$K_{i,t}$ 为全国各省(市)在 t 期的资本存量,$K_{i,t-1}$ 为其前一期资本存量,$L_{i,t}$ 表示第 t 期的固定资本形成总额;$\delta_{i,t}$ 为固定资产折旧率。具体计算过程,借鉴张军(2004)的算法,其中固定资产折旧率借鉴单豪杰(2008)的结果,取 10.96%,2000 年的资本存量 K 采用的方法是用 2001 年的资本形成总额比上折旧率与 1953—1957 年固定资产投资形成平均增长率之和。

人力资本投入(L)。人力资本存量指标主要来源于中国人力资本和劳动经济研究中心的科研项目《中国人力资本的测量及人力资本指标体系的构建》的人力资本计算结果。

外商直接投资（FDI）。采用各个省份的实际利用外资额，来衡量外商直接投资。

2. 区域经济发展基础

历史经济发展水平（dgdp）。时间序列数据的特征是距离预测期越远的观测期数据，其影响就越小。因此采用滞后一期的GDP来衡量历史经济发展水平。

基础设施建设。由于各地的自然条件的差异，同时考虑实证数据的可获得性，采用每平方千米的公路通车里程（road）来衡量基础设施建设水平。

3. 区域要素配置

区域产业结构（pnai）。由于经济发展必然伴随着第一产业产值比重的不断下降和第二、三产业产值比重的不断上升（库兹涅茨，1985），我们采用非农产业比重来衡量产业结构水平。

市场化程度（market）。市场化程度会影响要素的配置效率，我们采用王小鲁等（2017）学者构建的市场化指数来衡量市场化程度水平。

城镇化水平（urban）。城镇化可以释放人口进入城镇之后消费以及基础设施投入的潜力进而促进经济增长，我们采用城镇人口或非农人口与各省年末总人口的比重来衡量城镇化水平。

4. 区域要素使用

对外贸易水平（trade）。扩大对外开放格局能充分利用外部资源驱动我国经济增长，我们采用进出口总额来衡量对外贸易水平。

全要素生产率（gtfp）。党的十九大报告明确提出全要素生产率是新时代经济高质量发展的核心，运用Super-SBM模型，以物质资本k、人力资本l、能源消费总量作为输入变量，以实际GDP作为期望产出、以CO_2排放量作为非期望产出，计算全要素生产率。其中，能源消费总量以各地区能源消耗14类能源消费量（焦炭、煤炭、焦炉煤气、高炉煤气、转炉煤气、其他煤气、原油、汽油、煤油、柴油、燃料油、液化石油气、天然气、液化天然气）折算成标准煤作为能源投入；CO_2 排放量采用《2006年IPCC国家温室气体清单指南》提供的折算方法估算碳排放量；各种燃料折算成万吨标准煤的能源参考热值及标准煤折算系数源于《中国能源统计年鉴》。

$$C = \sum_{i=1}^{14} C_i = \sum_{i=1}^{14} E_i \times NCV_i \times CEF_i \times COF_i \times (44/12) \quad （7-17）$$

式（7-17）中，E_i 为14类能源消费量，NCV_i 为各类能源平均低位发热量，CEF_i 是IPCC给出的能源碳排放系数，COF_i 为碳氧化因子（一般默认为1）。

制度因素。主要采用两个指标来衡量制度因素。一是财政支出指标（expenditure），采用扣除科教文卫支出的财政支出占GDP的比重来衡量。二是腐败指标，采用每万人公职人员职务犯罪案件数（corrupt）来衡量惩治腐败力度。

5. 空间格局变动力量

关于空间权重矩阵W，通常根据空间单元的邻接性来确定。但有很多学者并不采用相邻空间权重矩阵，这是因为地理邻接矩阵并不足以充分反映区域之间关联的客观事实（李婧等，2010）。经济活动的空间效应不局限于与之相邻的地区，一个地区的经济政策可以被所有地区观察到，但其影响程度会随着距离的增加逐渐衰减。此外，一个省份与之不相邻省份的空间关联强度是不同的，如采用相邻矩阵，北京和河南、新疆之间的权重都为0，但北京对与之区位相近的河南的影响肯定大于与之区位较远的新疆的影响。综合考虑，同时选取空间毗邻矩阵和空间距离权重矩阵来表示区际的空间效应，然后根据实证结果进行比对，见表7-14。

表7-13 中国区域经济差距影响因素指标体系

变量类型	一级指标	二级指标	指标符号	预期方向
因变量	区域经济差距	地区人均GDP减去全国人均GDP	distance	—
自变量	经济发展基础	滞后一期GDP	dgdp	正
		每平方千米的公路通车里程	road	负
	资本投入	物质资本投入	k	负
		人力资本投入	l	负
		外商直接投资	fdi	负
	区域要素配置	产业结构	pnai	负
		市场化程度	market	负
		城镇化水平	urban	负
	区域要素使用	对外贸易水平	trade	负
		全要素生产率	gtfp	正
		财政支出（扣除科教文卫）占GDP比重	expenditure	负
		每万人公职人员职务犯罪案件数	corrupt	负
	空间格局变动	空间相关性	ρ 或者 λ	正

（四）数据来源说明与描述性统计分析

选取中国30个省（自治区、直辖市）为研究对象，时间区间为2000—2016年相关数据。由于西藏数据缺失严重，故没有将其列入研究范围。指标中职务犯罪立案侦查案件数来源于历年的《中国检察年鉴》，其他没有经过特殊说明的数据均来自《中国统计年鉴》、《中国能源统计年鉴》以及各省（市、自治区）相应年份统计年鉴。此外，凡是以当年价格运算的指标，均以2000年为基期进行了不变价格的折算以消除价格因素的影响。对于存在统计口径变化较大的指标以趋势外推方法进行了模拟。涉及的主要变量的描述性统计如表7-14所示。

表 7-14　主要变量的描述性统计

变量	观测值	均值	标准差	最小值	最大值
distance	510	30000	12733.09	7231.318	81786.3
dgdp	510	8474.426	8632.212	242.0394	54863.82
k	510	21265.45	22476.78	566.4012	129739.5
l	510	72643.66	51995.52	2959.412	242244.4
fdi	510	265.2629	323.3905	0.609155	1490.673
road	510	0.70083	0.468243	0.02586	2.453651
expenditure	510	0.150679	0.070233	0.051272	0.50357
market	510	6.010196	1.829375	2.37	10.92
urban	510	0.492372	0.150288	0.196	0.896
corrupt	510	28.08426	9.924638	7.880085	61.65242
trade	510	5398.608	10508.3	13.22564	67692.95
gtfp	510	0.497415	0.162587	0.19543	1.047475
pnai	510	87.68082	6.507617	63.6	99.6

（五）中国区域经济差距影响因素实证分析

1. 模型测算

按照前面所提出的实证思路，首先用普通 POLS 方法进行回归分析，回归结果及残差的空间识别性如表 7-15 和图 7-12。

表 7-15　POLS 回归估计结果

变量	回归结果	变量	回归结果
lndgdp	1.419***	urban	−1.247*
lnk	−0.25	lncorrupt	−0.0703*
lnl	−0.178	lntrade	−0.0896*
lnfdi	−0.0203	gtfp	0.292
road	0.0709	lnpnai	−1.190**
expenditure	−2.141***	R-sq	0.612
lnmarket	−0.139	—	—

注：***、**、* 分别代表 1%、5% 和 10% 的显著性水平

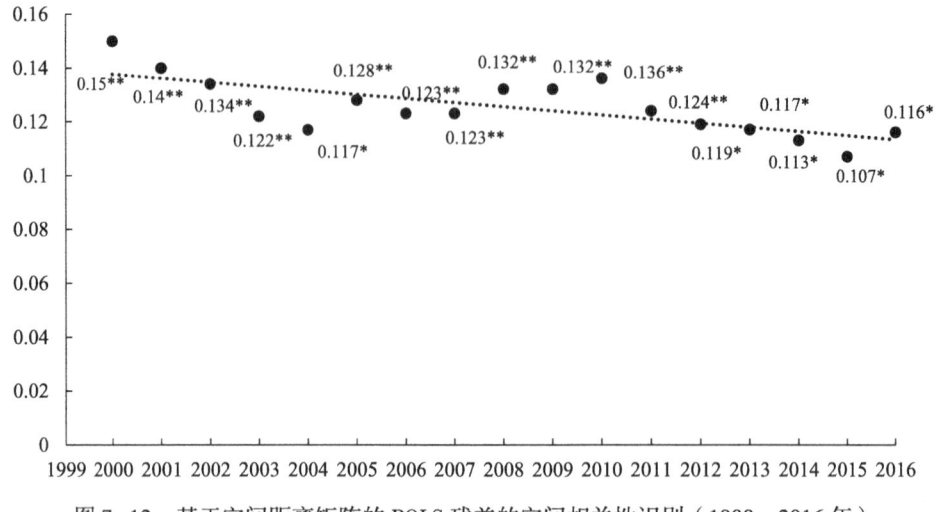

图 7-12　基于空间距离矩阵的 POLS 残差的空间相关性识别（1999—2016 年）

注：***、**、* 分别代表 1%、5% 和 10% 的显著性水平

从估计结果来看，历史因素是促进了各个地区之间的经济差距的主要原因，而非农产业结构比重提升、财政支出比重、城镇化水平、惩治腐败对缩小经济差距均有显著的促进作用。但进一步观察上图可以发现，POLS 回归残差值具有显著的空间相关性，因此利用该方法所得到的估计结果可能并不足以反映客观现实。为了提高回归结果的准确性，将选用能够将各省份经济活动空间相关性考虑在内的空间面板 PSAR、PSEM、PSAC 和 PSDM 模型进行估计，并按照 Anselin et al.（2004）提出的判断规则，选用自然对数值（Log-L）、Wald 检验和 LR 检验对模型的拟合效果进行检验，进一步经豪斯曼检验，空间面板计量模型均选用固定效应。由于受篇幅所限，这里不再赘述。

表 7-16　空间面板模型的结果

变量	PSAR		PSEM		PSAC		PSDM	
	模型 1	模型 2	模型 3	模型 4	模型 5	模型 6	模型 7	模型 8
lndgdp	1.493***	1.563***	1.375***	1.484***	1.490***	1.554***	1.590***	1.702***
	[0.000]	[0.000]	[0.000]	[0.000]	[0.000]	[0.000]	[0.000]	[0.000]
lnk	−0.217*	−0.266**	−0.131	−0.218	−0.287**	−0.295**	−0.168*	−0.343***

续表

变量	PSAR 模型1	模型2	PSEM 模型3	模型4	PSAC 模型5	模型6	PSDM 模型7	模型8
	[0.079]	[0.049]	[0.348]	[0.129]	[0.033]	[0.032]	[0.082]	[0.002]
lnl	−0.201*	−0.302***	−0.169	−0.246	−0.229*	−0.307***	−0.362**	−0.510***
	[0.09]	[0.006]	[0.313]	[0.158]	[0.058]	[0.002]	[0.044]	[0.001]
lnfdi	−0.0148	−0.0333	−0.0116	−0.0378*	−0.0165	−0.0281	−0.00109	−0.0287
	[0.427]	[0.0101]	[0.429]	[0.075]	[0.417]	[0.225]	[0.951]	[0.121]
road	0.0304	0.0303	−0.0527	−0.00062	0.0592	0.0408	−0.00441	−0.0653
	[0.605]	[0.613]	[0.637]	[0.994]	[0.296]	[0.494]	[0.956]	[0.443]
expenditure	−1.708***	−1.670***	−1.665***	−1.619***	−1.547***	−1.683***	−1.924***	−0.994***
	[0.000]	[0.000]	[0.000]	[0.000]	[0.000]	[0.000]	[0.000]	[0.000]
lnmarket	−0.213***	−0.157*	−0.155**	−0.166**	−0.187*	−0.154*	−0.147*	−0.185***
	[0.009]	[0.058]	[0.041]	[0.040]	[0.065]	[0.066]	[0.072]	[0.001]
urban	−0.75	−0.734	−0.471	−0.34	−1.007*	−0.936	−0.970***	−0.613
	[0.111]	[0.181]	[0.318]	[0.556]	[0.098]	[0.129]	[0.004]	[0.1790]
lncorrupt	−0.0481	−0.0418	−0.0202	−0.0222	−0.0507	−0.0456	0.00133	0.0237
	[0.185]	[0.257]	[0.614]	[0.623]	[0.137]	[0.200]	[0.0967]	[0.516]
lntrade	−0.0665*	−0.065	−0.0336	−0.0426	−0.0799*	−0.0746*	−0.0702**	−0.0288
	[0.068]	[0.122]	[0.393]	[0.363]	[0.059]	[0.072]	[0.013]	[0.508]
gtfp	0.319*	0.257	0.319*	0.326*	0.266*	0.228	0.255**	0.217**
	[0.039]	[0.115]	[0.082]	[0.082]	[0.060]	[0.144]	[0.030]	[0.03]
lnpnai	−1.153***	−1.117**	−1.399***	−1.252*	−0.982**	−0.942	−1.802***	−0.75
	[0.004]	[0.026]	[0.001]	[0.014]	[0.016]	[0.102]	[0.000]	[0.151]
Spatial rho	0.432***	0.466***	—	—	0.534***	0.530***	0.235***	0.158*
	[0.000]	[0.000]	—	—	[0.002]	[0.000]	[0.008]	[0.087]
lambda	—	—	0.563***	0.560***	−0.339	−0.233	—	—
	—	—	[0.0008]	[0.000]	[0.528]	[0.366]	—	—
Log−L	527.3734	504.7861	509.0701	490.5954	529.4799	505.707	612.2219	611.9598

注：方括号内数字为显著性概率，***、**、*分别代表1％、5％和10％的显著性水平

普通回归估计结果见表7-16，空间面板回归结果见表7-17。其中模型1、3、

5、7是基于空间毗邻矩阵估计结果，模型2、4、6、8是空间距离矩阵的估计结果。

由表7-17可以发现，以上空间面板模型的空间系数均显著为正，表明本省的区域经济差距会受到其他省份的影响。从拟合效果的视角来看，基于空间毗邻矩阵的PSDM模型变量系数显著的较多。为了进一步判断PSDM模型的拟合效果，我们对PSDM模型进行了Wald检验和LR检验，相应的Wald空间滞后检验、LR空间滞后检验、Wald空间误差检验和LR空间误差检验的P值均在1%的水平下显著为零，表明PSDM模型具有最优的拟合效果。基于此，我们选择PSDM模型进行分析。

模型建立后，要对其稳健性进行检验。采用了不同的空间矩阵建立空间计量模型，结果发现不论采用哪种空间矩阵，均是PSDM模型最优，虽然估计结果的系数大小略有差异，但显著性和方向并没有发生根本性改变，这表明研究结果是稳定可信的。

2. 区域经济差距的空间溢出与传导机制

（1）空间溢出效应。空间自回归系数 ρ 为0.235（表7-16，模型7），给定1%的显著性水平下，通过了假设检验，这表明中国区域经济差距存在显著的正向溢出效应。滞后一期的GDP与全要素生产率，均具有正向影响；物质资本、人力资本、外商直接投资、基础设施建设、财政支出、市场化程度、城镇化水平、惩治腐败程度、贸易水平、产业结构则对区域经济差距起到负向抑制作用。各个影响因素通过"极化作用"和"涓滴效应"对中国区域经济差距产生影响，即邻近省份的区域经济相对差距将会对本省的区域经济差距造成相应的影响。各个要素在推进或者抑制区域经济相对差距的同时也会通过空间溢出机制，传导至邻近省份，从而推进邻近省份区域经济相对差距共同扩大或者缩小。由于所选模型为空间面板杜宾模型，模型中纳入了空间滞后解释变量和与被解释变量（见表7-17），估计结果并不能直接反映其边际效用，难以准确衡量各影响因素对中国区域经济差距的影响，因此还需要对其进行直接效应和间接效应的分解，深入刻画各个影响因素的溢出传导机制。

表 7-17　空间面板杜宾模型滞后项回归结果

变量	滞后项系数 弹性系数	t 值
w*lndgdp	0.8893777	1.61
w*lnk	−0.600579**	−0.48
w*lnl	0.0515402	0.18
w*lnfdi	0.0040468	0.11
w*road	0.2233441	1.42
w*expenditure	0.8383706	0.91
w*lnmarket	0.1174405	0.63
w*urban	−2.572901***	−2.89
w*lncorrupt	−0.1482963***	−3.32
w*lntrade	−0.2072969*	−1.75
w*gtfp	−0.050879	−0.18
w*lnpnai	1.140819	1.32

注：***、**、* 分别代表 1%、5% 和 10% 的显著性水平。

（2）空间传导机制。区域经济差距自身是一个动态的概念，不仅取决各个省份自身条件的改变，还受到外在条件的影响。区域经济的空间差异，是受到经济发展基础、资本投入、区域要素配置、区域要素使用、空间格局变动等多种因素相互交织、共同作用的影响所导致的，进而形成了中国区域经济差距的传导机制。

表 7-18　各个变量对中国区域差距的直接效应、间接效应和总效应

变量名	直接效应 系数值	t 值	间接效应 系数值	t 值	总效应 系数值	t 值
lndgdp	1.666***	6.73	1.510**	2.27	3.177***	3.84
lnk	−0.207**	−2.02	−0.765***	−2.65	−0.972***	−2.88
lnl	−0.344**	−2.08	−0.052	−0.16	−0.396	−1.34
lnfdi	−0.001	−0.06	0.004	0.08	0.003	0.05
road	0.011	0.15	0.282*	1.65	0.293**	2.35
expenditure	−1.880***	−5.93	0.428	0.34	−1.452	−1.09

续表

变量名	直接效应 系数值	直接效应 t值	间接效应 系数值	间接效应 t值	总效应 系数值	总效应 t值
lnmarket	−0.142	−1.54	0.094	0.36	−0.047	−0.15
urban	−1.133***	−3.35	−3.547***	−3.22	−4.681***	−3.64
lncorrupt	−0.006	−0.18	−0.187***	−2.98	−0.193**	−2.38
lntrade	−0.081***	−2.75	−0.274**	−1.99	−0.355**	−2.4
gtfp	0.256**	2.21	0.026	0.06	0.281	0.63
lnpnai	−1.720***	−4.37	0.99	0.93	−0.73	−0.57

注：***、**、* 分别代表1%、5%和10%的显著性水平

①经济发展基础。滞后一期GDP的直接效应和间接效应系数为1.666和1.510，分别通过了1%和5%水平的显著性检验，即前期经济增长量与区域经济差距存在显著的正相关关系。经济发展基础是区域经济差距的基础原因之一。纵向来看，21世纪以来，"四大板块"的经济增长速度为11.2%、11.2%、11.8%、10.3%；除东北地区外，中、西部地区的经济发展速度略高于东部地区，说明中、西部地区的经济基础在不断提高，相对差距在不断缩小。但从"四大板块"内部横向来看，根据2017年最新数据，东部地区的江苏、广东、山东的GDP分别为89705.23亿元、85869.76亿元、72635.14亿元，同比增长速度分别为6.8%、6.0%、6.5%；中部地区的山西、安徽、江西的GDP分别为15528.42亿元、27018.00亿元、20006.31亿元，同比增长速度分别为6.5%、7.5%、8.1%；西部地区的陕西、内蒙古、新疆的GDP分别为21898.81亿元、16096.21亿元、10081.96亿元，同比增长速度分别为7.3%、3.6%、5.7%；东北地区的黑龙江、辽宁、吉林的GDP分别为15902.68亿元、14944.53亿元、23409.24亿元，同比增长速度分别为6.7%、4.3%、6.0%。可见，从前期发展水平相比，东部地区远远高于其他地区；区域间的绝对差距依然在扩大，东部地区仍然处于国内经济增长的"领头羊"地位。

基础设施建设（每平方公里的铺面公路通车里程）的直接效应、间接效应系数分别是0.011和0.282，前者没有通过显著性检验，后者在5%的显著性水平

下通过了检验，即公路基础设施建设通过间接传导与相邻省份的区域经济差距存在正相关关系。究其原因，交通基础设施建设的加快推进，能够带动路网规模、质量和运输能力实现大幅提升，是经济增长的重要推动力之一。此消彼长，本省的相对超前则意味着邻省的相对滞后，从而产生比较优势，间接导致邻省的相对区域差距扩大。

②资本投入。资本净值的直接效应和间接效应系数分别为 −0.207 和 −0.765，分别通过了 1% 水平的显著性检验，即资本存量通过直接或者间接传导与区域经济差距存在明显的负相关关系。这是因为，2000 年以来，国家为缩小区域经济差距，实现区域经济发展协调，提出了西部大开发、中部崛起、东北振兴等一系列的政策。各个省份之间围绕资本形成，合作大于竞争，以实现利益的最大化。

人力资本的直接效应和间接效应系数分别为 −0.344 和 −0.052，前者通过了 5% 水平的显著性检验，后者没有通过检验。即人力资本通过直接传导对缩小本省的区域经济差距存在正向影响。究其原因，随着中西部等落后地区的人力资本的不断提升，使得人力资本可以逐步与质量较高的国际化、现代化产业相匹配，以此缩小了本省的区域经济差距。

外商直接投资的直接效应和间接效应系数分别为 −0.001、0.004，无论从统计意义上来看，还是从经济意义上来看，均不显著，这与预期不一致。但从外商投资与 GDP 的占比来看，全国绝大部分省份的占比均不断下降。这是因为，外商直接投资在第一、三产业比重较小，而在第二产业比重过大，外商直接投资在促进我国技术密集产品出口方面的作用有待提高。从统计指标上来看，在统计核算中，外商投资半数以上比重进入了资本净值的统计，这可能导致外商直接投资这个指标与资本净值之间存在一定程度的共线性。由于各个省域并没有对所占比重进行详细的测算，目前指标上的问题尚难以解决，这也是模型中外商投资系数不显著的原因。

③区域要素配置。产业结构（非农产业比重）的直接效应系数和间接效应系数分别为 −1.720 和 0.990，前者在 1% 的水平下通过了显著性检验，后者没有通过显著性检验。这说明，产业结构通过直接传导对区域经济差距存在显著的负

相关关系。产业结构通过直接传导机制缩小了本省同全国平均水平的区域经济差距。原因在于，产业结构是联系经济活动的重要纽带，通过产业结构调整影响了要素投入产出变化在资源配置、技术效率等方面起到重要作用，这些都对区域经济差距起到了抑制性作用。

市场化水平的直接效应系数和间接效应系数分别为 −0.142 和 0.094，两者在给定 10% 的显著性水平下，均未通过显著性检验。这是因为，市场化程度对地区经济发展的影响存在门限效应，能够促进发达地区经济以更快速度发展，而对欠发达地区的带动作用较弱（孙晓华，2015），欠发达地区的市场化程度尚未到达拐点，以至于对缩小区域经济差距的作用不足。

城镇化水平的直接效应系数和间接效应系数分别为 −1.133 和 −3.547，两者在给定 1% 的显著性水平下，通过了显著性检验。即城镇化所带来的规模集聚效应通过直接传导和间接传导对区域经济差距存在显著的负相关关系。城镇化产生明显集聚效应和溢出效应，物质资本、人力资本、技术进步等生产要素通过空间传导机制缩小了区域经济差距。

④区域要素使用。对外贸易水平的直接效应系数和间接效应系数分别为 −0.081 和 −0.274，两者分别在给定 1% 和 5% 的显著性水平下，通过了显著性检验。这说明对外贸易通过直接传导和间接传导对区域经济差距存在显著的负相关关系。

全要素生产率的直接效应系数和间接效应系数分别为 0.256 和 0.026，前者在给定 5% 的显著性水平下通过了显著性检验，后者没有通过显著性检验。这说明，全要素生产率通过直接传导对区域经济差距存在显著的正相关关系。新时代，创新驱动动力的加大和新旧动能转换速度的加快加剧了全要素生产率的空间不平衡，扩大了区域经济差距，给区域协调发展带来了新的压力。

财政支出的直接效应系数和间接效应系数分别为 −1.880 和 0.428，前者在给定 1% 的水平下通过了显著性检验，后者没有通过显著性检验。这说明，财政支出通过直接传导作用于区域经济差距，二者存在显著的负相关关系。政府可以直接通过财政支出改善物质资本和人力资本等生产要素，以此来刺激经济增长；这些是市场无法通过价格手段解决的。

惩治腐败程度的直接效应系数和间接效应系数分别为 −0.006 和 −0.187，前者没有通过显著性检验，后者在 1% 的水平下，通过了显著性检验。这说明，惩治腐败不会在当期通过直接传导机制对本省的区域经济差距产生直接影响，但会通过间接传导机制对邻省的区域经济差距产生间接影响。由于量化的腐败指标，仅仅只能反映腐败的暴露程度和惩治腐败的程度，只是部分反映真实的腐败程度，故模型中未能得到惩治腐败与本省区域经济差距的负相关关系。但惩治腐败导致了邻省的区域经济差距的缩小，这个结果依然可信，这也为党风廉政建设提供了一种经济学意义上的理论支撑。

（六）主要结论

第一，采用莫兰指数考察不同省份之间的区域相对差距，发现地区经济发展存在显著的空间非均衡分布，在相邻的两个区域之间，某区域相对差的提高会导致另一区域的区域相对差的同向变化，即各个要素在扩大或者缩小区域经济相对差距的同时，会通过空间溢出机制传导至邻近省份，使邻近省份发生同向变化。同时，随着空间正相关性绝对值的逐步递减，上述非均衡分布呈逐渐缩小趋势。

第二，经济发展基础。区域经济发展基础通过空间传导拉大了区域差距。前期经济增长量与区域经济差距存在显著的正相关关系，基础设施建设通过间接传导与相邻省份的区域经济差距存在正相关关系。

第三，资本投入。资本投入通过空间传导缩小了区域经济差距。资本存量通过直接或者间接传导缩小了区域经济差距；人力资本通过直接传导对缩小本省的区域经济差距存在正向影响；外商直接投资对区域经济差距的影响不显著。

第四，区域要素配置。产业结构、城镇化水平是缩小区域差距的主要原因；市场化程度对缩小区域经济差距的作用不足。

第五，区域要素使用。对外贸易比重、财政支出比重、惩治腐败缩小了区域经济差距，全要素生产率拉大了区域经济差距。

第八章 城乡发展不平衡与城乡差距

城乡协调发展是服务于新时代区域协调发展的关键一环。当前我国城乡发展差距依然较大，集中体现为以人口城市化为导向的人口结构失衡、以城市扩张和农村萎缩为主的空间失衡、以中小城市小城镇和农村承接传统制造业转移为主的产业失衡、城乡管理体制分割的制度失衡。为此，党的十九大报告提出要实施乡村振兴战略，强调农业农村农民"三农"问题是关系国计民生的根本性问题，必须始终把解决好"三农"问题作为全党工作重中之重。本章在归纳城乡发展不平衡的主要表现和城乡差距现状的基础上，分析现象背后的原因，在此基础上提出对策建议。

一、城乡发展不平衡的主要表现

城市化水平是国家现代化的重要标志之一。改革开放40多年来，我国国内生产总值已由1978年的3679亿元增加至2018年的900309亿元，创造了举世瞩目的中国奇迹。与之相适应，我国城市化率也由1978年的17.92%提升至2018年的59.58%，年均提升1.04个百分点，到2022年更提高到了63.8%。在我国城市化迅猛推进的过程中，城乡发展不平衡与城乡差距引起了党和国家有关部门的高度关注。

（一）以人口城市化为导向的人口结构失衡

城市化是一个广义的概念，包括人口城市化、空间城市化、经济城市化、社会城市化等具体形态。改革开放以来，伴随城乡二元户籍制度的逐步解体，人口向城市集聚的速度日益加快，为城市经济建设提供了充足的劳动力。但是，在以人口城市化为导向的宏观背景下，人口结构失衡问题逐渐显现。

首先，人口城市化引发农村人口年龄结构失衡。与农村相比，城市拥有充足的就业机会、完备的基础设施、可观的工资收入，因此对农村人口产生了显著的虹吸效应。为改善家庭生活条件，具备劳动能力的农村青壮年人口会选择进入城市工作，农民工这一社会群体也就应运而生。图8-1反映了2008—2017年的农民工数量及其增长率。2008年以来，农民工数量大致呈线性上升态势。从绝对数量来看，2008年，我国农民工总数为22542万人，占农村人口总数的32.02%；到了2017年，我国农民工总数达到28652万人，占农村人口总数的比重提升至49.69%。从增长速度来看，这10年我国农民工数量年增速一直保持在1%以上，在2010年达到5.4%的峰值，与农民工数量逐年攀升的现实相印证。

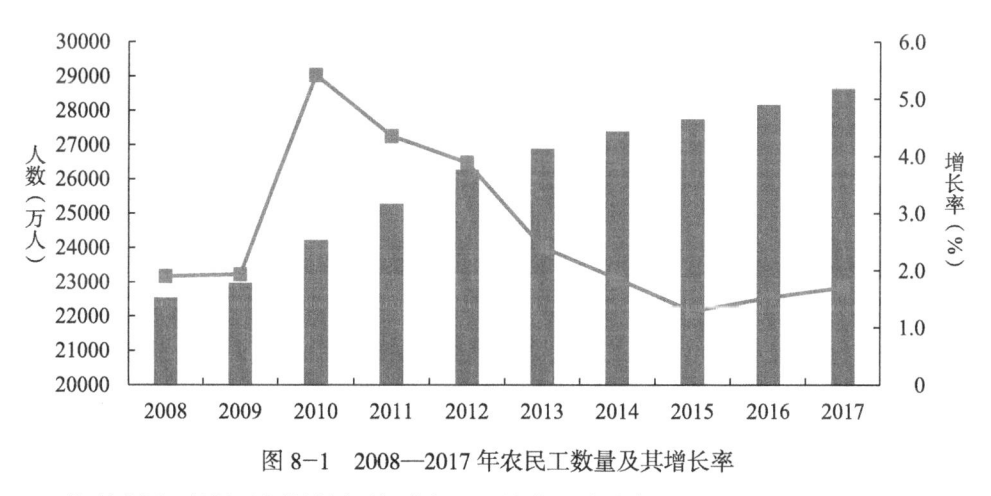

图8-1 2008—2017年农民工数量及其增长率

资料来源：根据国家统计局历年《农民工监测调查报告》整理

农民工以中青年劳动力为主，表8-1反映了2011—2017年农民工年龄构成。虽然近年来我国逐渐迈入人口老龄化时代，50岁以上的农民工占比有所提升，但中青年农民工依然占据主体地位。

表 8-1 2011—2017 年农民工年龄构成 (%)

	2011 年	2012 年	2013 年	2014 年	2015 年	2016 年	2017 年
16~20 岁	6.3	4.9	4.7	3.5	3.7	3.3	2.6
21~30 岁	32.7	31.9	30.8	30.2	29.2	28.6	27.3
31~40 岁	22.7	22.5	22.9	22.8	22.3	22.0	22.5
41~50 岁	24.0	25.6	26.4	26.4	26.9	27.0	26.3
50 岁以上	14.3	15.1	15.2	17.1	17.9	19.1	21.3

资料来源：根据国家统计局历年《农民工监测调查报告》整理

在此背景下，随着农村中青壮年劳动力大量向城市迁移，农村人口年龄结构失衡问题日益突出，大量出现的留守儿童与空巢老人是其主要表现。图 8-2 反映了 2018 年我国农村留守儿童的区域分布情况。图 8-2 中显示的 7 省农村留守儿童的集中分布区域，占全国留守儿童总量的 69.7%，虽然留守儿童数量已比 2016 年下降了 22.9%，但其依然是农村面临的突出问题。进一步分析发现，上述 7 省的留守儿童问题又以被划归为集中连片特困地区的农村最为突出。

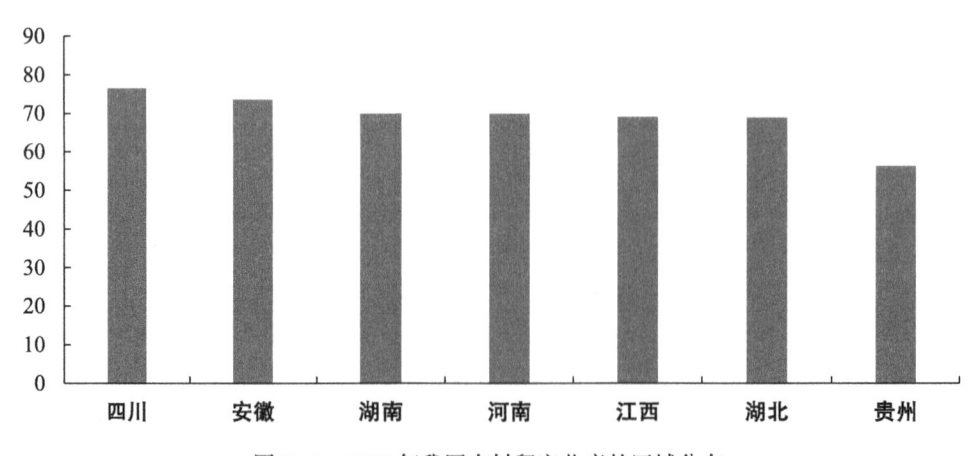

图 8-2 2018 年我国农村留守儿童的区域分布

数据来源：根据中华人民共和国民政部官网整理

根据第六次人口普查数据，2010 年我国空巢老人家庭占比高达 32.64%，农村空巢老人家庭在其中占到 94.27%。作为农村空心化问题的突出表现，农村留守儿童与空巢老人诱发了一系列社会问题。留守儿童多由老人照看，人身安全得不到有效保障。此外，由于父母家庭教育的长期缺失，容易出现孤僻的倾向，此类问题单靠学校教育难以解决，大量留守儿童因此辍学，甚至走上违法犯罪的道路。空巢老人生活起居缺乏照应，身体健康长期得不到关注，加之缺乏子女的陪伴，容易出现孤独、惶恐等心理失调症状，若得不到及时调节，会出现一系列心理问题。近年来在重庆、河南、贵州等省市的广大农村地区留守儿童和空巢老人的意外伤害事件屡见不鲜。

其次，人口城市化引发了城市常住人口素质结构的失衡。进城务工的农业转移人口数量越来越多，但其文化程度普遍不高。图8-3反映了2013—2017年农民工的文化构成情况。由图8-3可知，2013年以来农民工文化构成情况变化不大，其中，拥有初中学历的农民工占据了主体地位，稳定在总体的60%左右，拥有大专及以上学历者相对较少，我国农民工文化水平近似于正态分布。虽然城市为农民工提供了大量的就业机会和可观的工资收入，但是由于文化水平的限制，绝大多数的农民工无法胜任技术含量较高的工作。尤其是近年来，随着创新型城市、智慧城市建设的兴起，城市对于劳动力素质的要求越来越高，城市常住人口素质结构的失衡表现得更为突出：一方面，农民工绝对数量稳步增长，为城市运转提供了大量的人力资源后备军；另一方面，城市对于劳动力素质的要求也在逐步提升，对高素质劳动力的需求旺盛，然而占到劳动力市场相当比例的农民工无法达到技能门槛，加之逐渐成为农民工主体的新生代农民工对工资的预期提高，要实现工作岗位和就业需求的匹配更是难上加难，使得劳动力市场出现"用工荒"现象，城市常住人口素质结构失衡的问题更加突出。

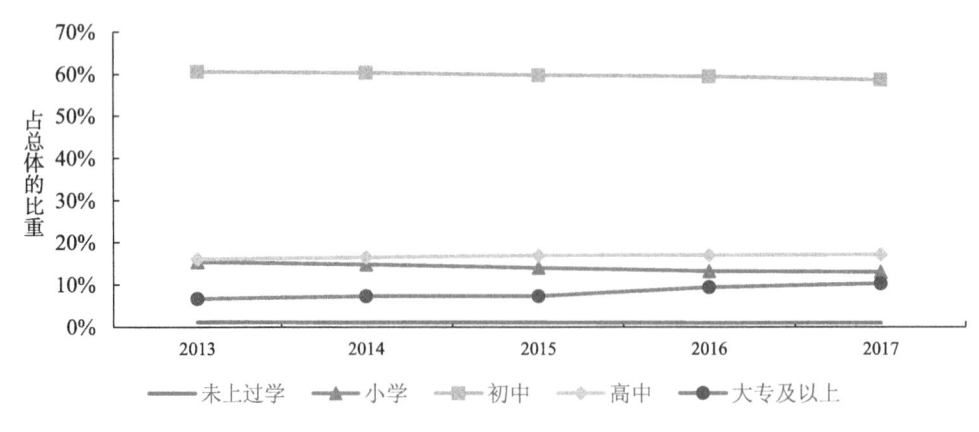

图 8-3 2013—2017 年农民工文化构成情况

资料来源：根据国家统计局历年《农民工监测调查报告》整理

（二）以城市扩张、农村萎缩为主的空间失衡

城市建设用地扩张是城市化进程中的必然现象，但我国在城市化建设中，缺乏对城乡土地利用的集中规划，不考虑当地的人口规模，通过挤占农田进行城市扩张，部分城市已经出现了大量的"空城"，城乡建设的空间失衡和以人口城市化为导向的人口失衡相交织，进一步加剧了城乡发展的不平衡。

2014 年，国土资源部（自然资源部）下发《关于推进土地节约集约利用的指导意见》，明确提出要严格控制城市新区用地，城市无序扩张、农村萎缩的局势得到一定遏制，但短时期内不可能完全消除。

第一，从城市建设的占地面积入手，分析城市扩张、农村萎缩的空间失衡问题。我国关于人均城市建设用地的划定较为复杂，在考虑城市所处气候区的前提下，考虑城市人口规模，确定了人均建设用地的浮动区间。从 2000—2016 年我国城市人均建设用地超过 100 平方米的地级市个数（如图 8-4 所示）来看，我国城市人均建设用地超过 100 平方米的地级市数量总体呈增加态势，由 2000 年的 23 个增加至 2016 年的 113 个，增加了 3.91 倍，占地级市总数的比例也由 2000 年的 7.93% 上升至 2016 年的 38.97%。

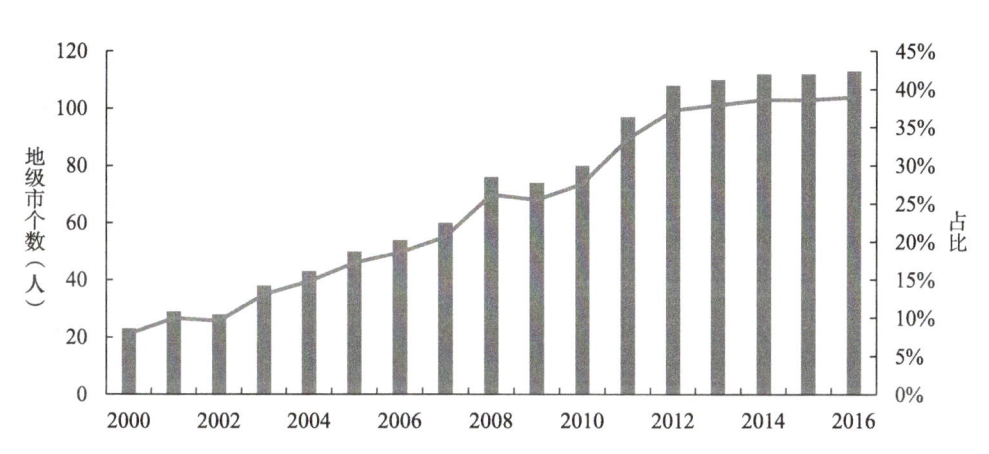

图 8-4　2000—2016 年城市人均建设用地超过 100 平方米的地级市个数及占比
数据来源：根据 EPS 中国城市数据库整理

这一现象在中西部地区表现得尤为突出，图 8-5 反映了 2000—2016 年"四大板块"城市人均建设用地超过 100 平方米的地级市个数占比。与我国东、中、西部存在梯度发展差距的现实不同的是，我国各大板块城市人均建设用地超过 100 平方米的地级市个数相差不明显。以 2016 年为例，东部、中部、西部地区比例分别为 36.36%、37.50%、36.36%，高度相似。虽然我国《城市用地分类与规划建设用地标准（2010）》中指出，对于边远地区、少数民族地区城市（镇）以及部分山地城市（镇）、人口较少的工矿业城市（镇）、风景旅游城市（镇）的城市建设，上限标准可适当放宽至 150 米^2/人，然而在经济密度相对较低的西部地区城市过度扩张的现象却普遍存在。以 2016 年为例，西部地区城市人均建设用地超过 150 平方米的地级市达 16 个，占总体的 18.18%。与此同时，由于西部地区部分地方政府将大量的公共财政资源投向城市建设，对农村建设的投入长期不足，使得以城市扩张、农村萎缩为主的空间失衡表现得更为突出。

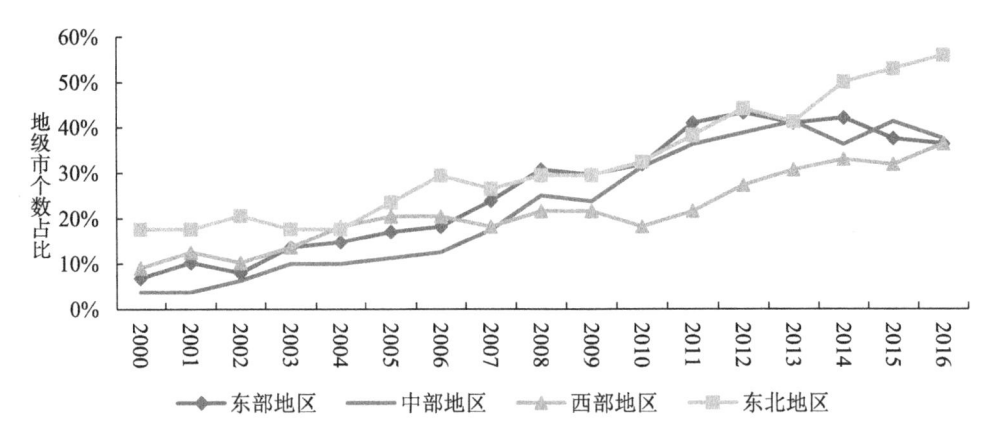

图 8-5 2000—2016 年"四大板块"城市人均建设用地超过 100 平方米的地级市个数占比

数据来源：根据 EPS 中国城市数据库整理

第二，从城市建设的扩张速度入手，分析当前城市扩张、农村萎缩的空间失衡现象。当下城市的无序扩张，集中体现为城市蔓延。所谓城市蔓延，是指非农建设用地以高速、低效、无序的方式向周边扩张的现象。部分城市"摊大饼"式的扩张，使得农村土地被大量蚕食，加剧城市与农村间的空间失衡。从 2001—2016 年城市人均建设用地增长率的统计数据看（图 8-6），城市人均建设用地增长率超过市辖区人口增长率的地级市占地级市总数的比例一直稳定在 50% 以上，在 2012 年曾一度达到 75.86%。

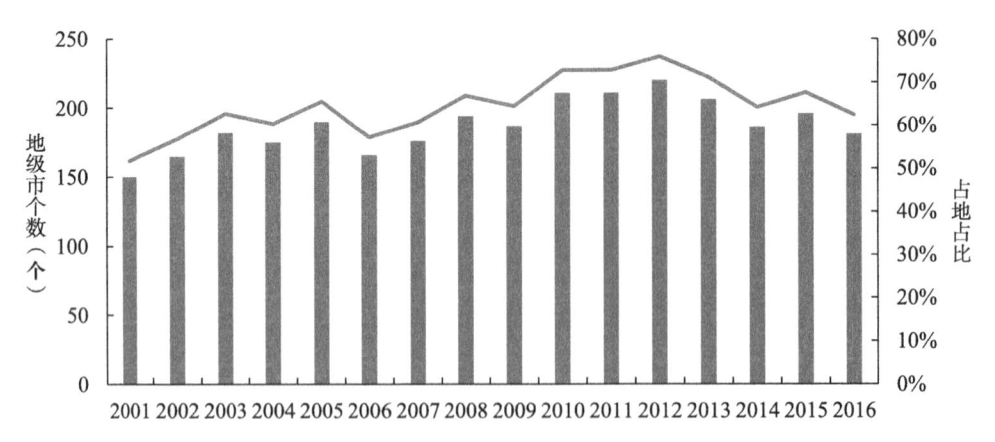

图 8-6 2001—2016 年城市人均建设用地增长率超过市辖区人口增长率的地级市个数及占比

数据来源：根据 EPS 中国城市数据库整理

在此基础上，2001—2016年"四大板块"城市人均建设用地增长率超过市辖区人口增长率的地级市占比（如图8-7所示），东部、中部、东北地区超过半数的地级市人均建设用地增长率超过了市辖区人口增长率，且在多数年份占比稳定在60%以上，在部分年份达到80%以上；西部地区2007年及以前人均建设用地增长率超过了市辖区人口增长率的地级市所占比例相对较低，但2008年以来，城市建设急速扩张，在2012年和2015年还曾一度达到72.73%的峰值，步入城市扩张的快车道。

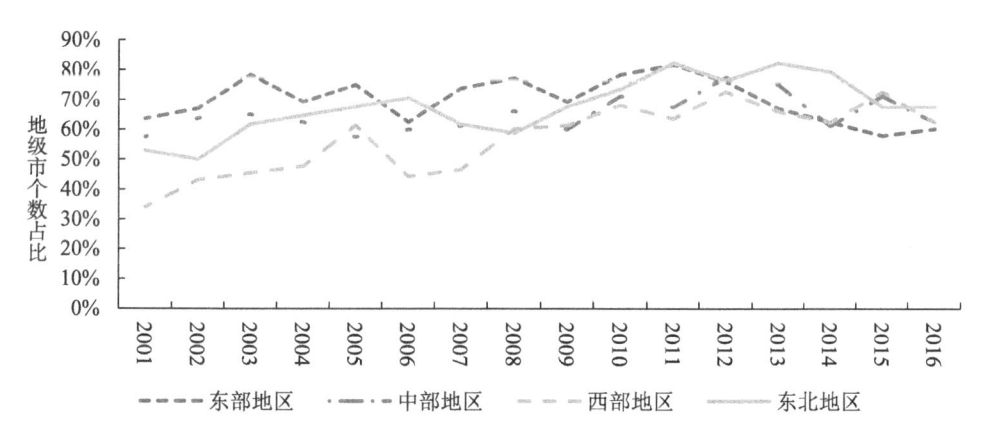

图8-7 2000—2016年"四大板块"城市人均建设用地增长率超过市辖区人口增长率的地级市占比
数据来源：根据EPS中国城市数据库整理

在城乡过度扩张的背景下，农村萎缩不仅表现为城市建设对农用土地的侵占，还与人口失衡相交织，进一步加剧了城乡发展过程中的空间失衡，该现象在西部地区表现得尤为突出。具体而言，由于城市的急速扩张，产生了失地农民这一社会群体，大量适龄劳动力只能离开农村，进城务工谋求生计。但是，西部地区农村青壮年劳动力的迁移多为跨地区流动，进入西部地区城市的人口比例并不高，人口城市化水平明显低于其他地区，使得空间城市化与人口城市化不相匹配，人口失衡与空间失衡相互交织，使得城乡发展不平衡进一步加剧。

近10年来，部分城市出现收缩现象，城市人口绝对量减少，但这并没有改变存在多年的城乡空间失衡的现象。

（三）以农村小城镇承接传统制造业转移为主的产业失衡

在城市化的中期阶段，由于城市和农村在资源禀赋、社会福利等方面的位势差，大量人口由农村流向城市，属于典型的单向流动。但对于产业而言，情况就复杂得多：随着城市地价的上涨，由于受到经营成本的制约，食品、服装、纺织、木材加工等附加值较低的传统制造业，大量由城市向周边农村地区的小城镇转移，以信息技术、新能源、环保、生物工程为代表的附加值较高的战略性新兴产业成为各城市发展的重点，对提升城市综合竞争力具有不可忽视的作用。因此，随着城市化进程向前推进，农村小城镇承接了大量的传统制造业转移，城市和农村产业失衡的现象愈加突出。下面结合京津冀地区现状，说明城市化进程中的产业失衡现象。

产业城乡间转移的现象在京津冀地区表现得非常突出。图8-8显示了2000—2017年北京、天津、河北三省市的城市建成区面积占比。由图8-8可知，2000年以来北京和天津城市建成区面积占比稳步提升，分别提升了5.82和5.87个百分点，城市建设进展迅猛，其中北京城市建设在21世纪初发展较快，天津2010年以来步入城市建设的快车道。相比之下，河北城市建成区占比变化不大，17年间仅提升了0.61个百分点。进一步从城市建成区的绝对数值来看，北京、天津两个直辖市总面积不及河北的10%，但城市建设丝毫不亚于河北11个地级市的总和，北京在2003年曾一度超越河北11个地级市城市建成区面积之和。

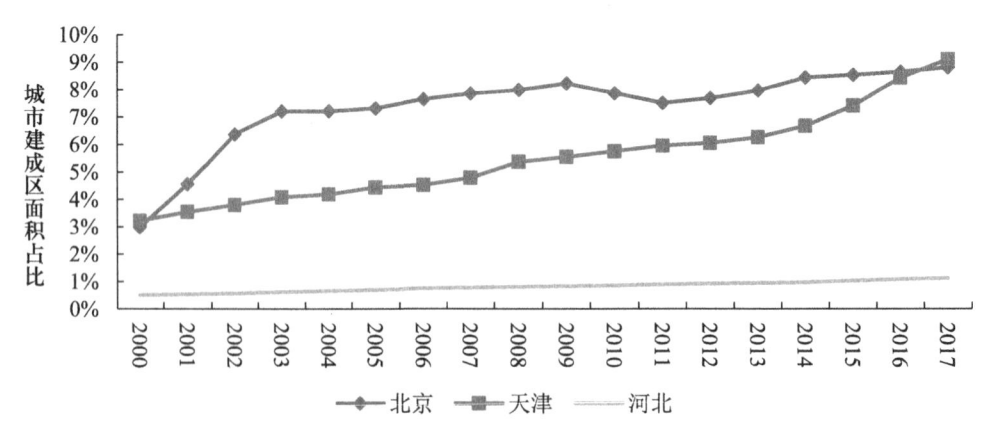

图8-8 2000—2017年北京、天津、河北三省市的城市建成区面积占比

数据来源：根据EPS中国宏观经济数据库整理

在此背景下，北京、天津与河北三省市的地价也存在显著差异。表 8-2 反映了 2009—2016 年北京、天津及河北部分地级市的综合地价。北京和天津的综合地价一直保持在领先地位，并且随着时间推移，京津两地与河北省地级市综合地价间的差距总体呈扩大态势。以北京为例，2009 年，北京综合地价分别是同其接壤的张家口、保定、廊坊的 8.25 倍、6.79 倍、4.09 倍，到 2016 年差距扩大到 24.99 倍、11.17 倍、15.10 倍。因此，对于附加值较低的产业而言，继续在北京、天津等城市化水平和综合地价较高的区域生产意味着要负担更高的成本，传统制造业从京津向河北周边地区转移成为大势所趋。由于周边农村地区地价更低，成为其转移的首选之地。

表 8-2　2009—2016 年北京、天津及河北部分地级市的综合地价　　（元）

城市名	2009 年	2010 年	2011 年	2012 年	2013 年	2014 年	2015 年	2016 年
北京	7198	8795	8986	9080	9771	28030	29330	34515
天津	4263	4844	5012	5205	5443	5630	5843	6411
石家庄	1265	1489	1708	1857	1954	3335	3479	3642
唐山	1203	1374	1445	1465	1497	1508	1513	1629
秦皇岛	1397	1517	1645	1697	1747	1836	1909	1966
邯郸	1014	1057	1123	1111	1119	1155	2334	2290
保定	1060	1225	1301	1360	1514	2681	2897	3089
张家口	872	895	974	1014	1041	1083	1211	1381
廊坊	1760	1819	1783	1750	2016	2040	2099	2286

数据来源：根据 EPS 中国国土资源数据库整理

（四）城乡管理体制分割的制度失衡

城乡制度供给不均是我国城乡发展不平衡的重要原因，集中体现为城乡二元户籍制度以及与之紧密相关的产业倾斜政策、公共服务差异化政策。

从新中国成立到改革开放前夕将近 30 年的时间内，为尽快将我国从落后的农业国变为先进的工业国，工业化成为党和国家工作的重心。工业的迅速发展需要大量的农业原材料供应，但我国农业生产水平偏低，为保证农业原材料的充分供应，通过增加农业劳动力数量以保证农业产量成为必然选择。为此，我国政府先后出台了《中华人民共和国户口登记条例》(1958)、《中共中央关于制止农村劳动力流动的指示》(1959)、《公安部关于处理户口迁移的规定》(1964)等一系列政策性文件,限制城乡人口流动,城乡二元户籍制度得以确立和巩固,成为城乡发展不平衡的制度根源。

在此背景下,城乡间劳动力、资金等各类生产要素的自由流动受到限制,农村成为计划经济背景下城市工业发展的后源地,农村生产的各类中间产品与最终产品以极其低廉的价格单向流入城市,城乡工农产品间形成巨大的价格剪刀差,城乡缺乏双向经济互动,制度失衡与产业失衡并发,城乡发展不平衡更加严重。图8-9反映了1952—1978年我国三次产业增加值占比情况。由图8-9可知,改革开放前第三产业增加值占比变化相对稳定,保持在20%～35%之间;第一产业占比总体呈下降态势,由1952年的50.50%下降至1978年的27.69%,平均每年降低0.88个百分点;第二产业增加值占比总体呈上升态势,由1952年的20.88%上升至1978年的47.71%,平均每年提升1.03个百分点。从数值上看,这种产业结构变动符合产业演进的一般性规律,但结合我国当时特殊的国情,这一趋势主要和城乡二元户籍制度、工农产品的价格剪刀差、公粮征收制度、农业税费政策是密不可分的。此外,在该时期内,农村居民若想进入城市居住,需要一系列烦琐的审批程序,否则就算自行进入城市也根本没有立足之地,与城市居民享受同等的社会公共服务也就无从谈起,成为城乡制度失衡的另一重要表现。

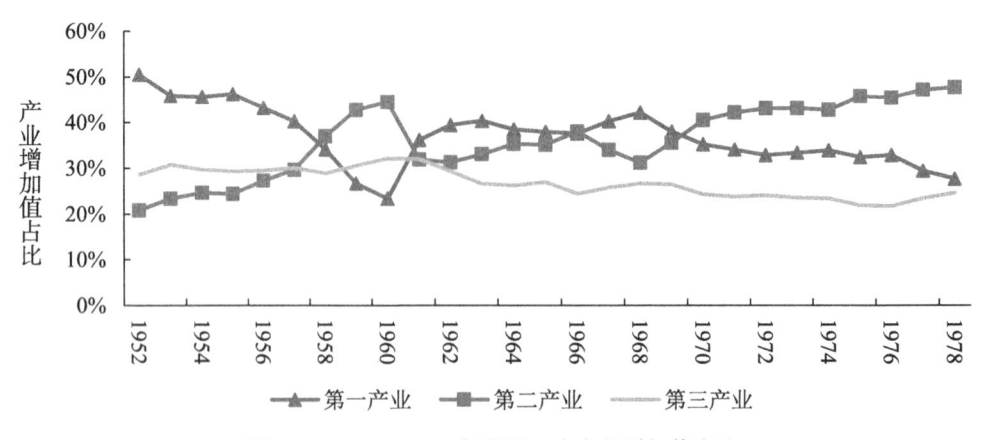

图8-9 1952—1978年我国三次产业增加值占比

数据来源:根据EPS中国宏观经济数据库整理

改革开放以来，随着家庭联产承包责任制的推行，农业生产力显著增强，大量农村劳动力获得解放，加之沿海发展战略的实施，农村剩余劳动力呈现出向附近城市及沿海发达地区城市集中的趋势，为此，国家颁行了《关于农民进入集镇落户的通知》（1984）、《中华人民共和国身份证条例》（1985），传统城乡二元户籍制度出现松动，城乡生产要素自由流动成为可能。在此背景下，工农业关系发生历史性变革，特别是随着社会主义商品经济的发展和社会主义市场经济体制的建立，计划经济时代与二元户籍制度紧密相关的产业倾斜政策被取缔，工农业发展步入正常的市场运行轨道。然而，尽管农村人口向城市流动的屏障被破除，但城乡户籍双轨制的不良影响依然存在，集中体现为进入城市的农村户籍人口并不享有与城市户籍人口同等的公共服务，"同工不同酬""同命不同价"等制度失衡现象广泛存在。

鉴于此，国家在世纪之交先后出台了《中共中央关于农业和农村工作若干重大问题的决定》（1998）、《关于推进小城镇户籍管理制度改革的意见》（2001），在鼓励人口自由流动的同时，强调要实现进入城市的农村户籍人口与城市户籍人口福利的均等化。但是，城乡户籍双轨制的不良影响依然存在。图8-10反映了2008年以来，农业转移人口及城市在岗职工月均收入的变化情况。由图8-10可知，农业转移人口的月均收入始终低于城市职工，且二者间差距呈逐步扩大的态势，导致农业转移人口在经济层面上难以融入城市生活，城乡居民尚未实现社会公共福利的均等化，使城乡制度失衡问题更加突出。

2017年，仅有18.4%的农业转移人口表示对所在城市的生活非常适应，从侧面反映出该社会群体对城市缺乏认同感，成为制度失衡在社会意识层面的表现。

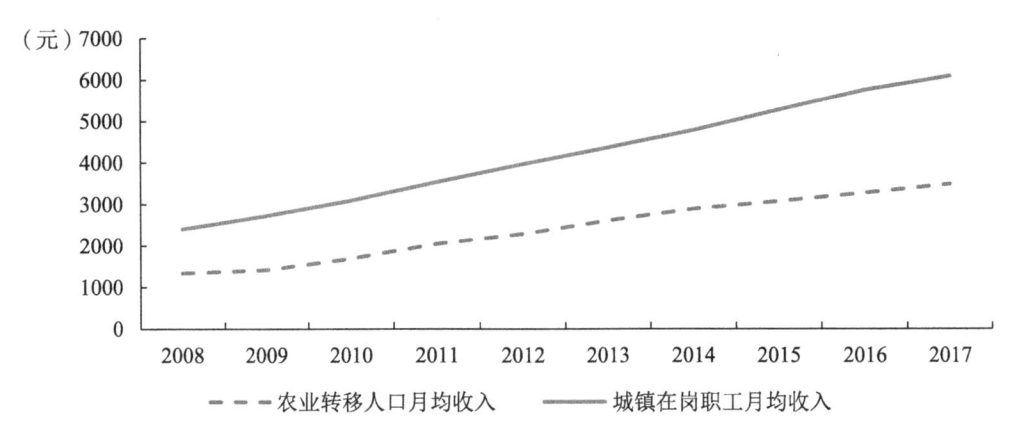

图 8-10　2008—2017 年农业转移人口及城市在岗职工月均收入情况

数据来源：根据国家统计局《农民工监测调查报告》和《中国劳动统计年鉴》整理，其中 2017 年城市在岗职工月均收入尚未公布，用线性插值结果填充

进入新时代，随着区域协调发展，消除城乡管理体制分割的制度失衡面临契机。2014 年《国家新型城镇化规划（2014—2020 年）》提出要有序推进农业转移人口市民化，给我国户籍制度的优化提出了新的要求，标志着我国城乡一体化户籍制度建设进入新阶段。在国家相关政策的大力推动下，城乡管理体制分割的制度失衡得到有效缓解。

（五）忽视中小城市过渡作用的城市体系失衡

城市建设应与资源环境相协调，与社会经济发展相适应。2014 年颁布的《国家新型城镇化规划（2014—2020 年）》围绕优化城市化布局和形态展开了系统性论述。规划明确提出要"促进各类城市协调发展"，指出增强中心城市辐射带动功能、加快发展中小城市、有重点地发展小城镇对于构建城市体系的重要作用。党的十九大报告进一步明确了这一方针，强调要形成以城市群为主体，大中小城市和小城镇协调发展的城市格局。

一般而言，大城市人才、资金、技术等各类生产要素充足，是区域经济的增长极；中小城市作为城市与农村间的缓冲地带，可作为大城市产业转移的承接地，是实现城乡协调发展的催化剂。但是，近年来我国在城市建设中存在着过度

第八章 城乡发展不平衡与城乡差距

重视大城市建设、忽视中小城市过渡作用的倾向，使得城市体系呈现出失衡状态，不利于城乡协调发展的实现。下面主要结合京津冀、长三角、珠三角三个世界级城市群，比较分析我国中小城市建设的现状。

我们分别选取北京、上海、广州，计算三个城市市辖区相关经济指标在京津冀、长三角、珠三角三个世界级城市群中的占比情况（如图8-11、图8-12、图8-13所示）。由图8-11可知，北京市辖区地区生产总值在京津冀城市群中的占比一直保持在40%以上，在2007年还曾一度达到50.06%；城市建成区面积占整个城市群的35%以上；北京市辖区人口占整个城市群的比重不及其他两项指标，但维持在30%以上，说明北京人均生产总值的优势更加明显。但是，在京津冀城市群建设的过程中，对京津周边中小城市的建设不够重视，河北城市建设与京津二地间存在鸿沟，一定程度上加剧了北京、天津对优质生产要素的虹吸效应。与北京相比，河北11地级市的城市建设严重滞后，河北的廊坊、保定、张家口、承德虽与北京相邻，但经济发展水平较低，2016年4地市辖区地区生产总值分别为北京的3.52%、4.45%、2.59%、1.19%。

图8-11 2000—2016年北京市辖区相关经济指标在京津冀城市群中的占比
资料来源：根据EPS中国城市数据库整理

由图8-12可知，上海市辖区三项经济指标均占到长三角城市群的15%以上。需要特别说明的是，长三角城市群包括上海、江苏、浙江、安徽四省市共26个地级市，覆盖范围广，占比达15%以上已经是相当高的比例。与北京的情况类似，上海市辖区人口占比略低于地区生产总值占比，说明人均地区生产总值占据了绝对优势地位。但是，与京津冀相比，长三角城市群对于中小城市的过渡作用更加重视，尤其是近年来随着长三角同城化向纵深推进，已经形成包括南京、杭州、合肥、苏州、无锡、宁波在内的多个副中心城市，带动了江浙一带乡镇企业的发展，为实现城乡协调发展提供了现实可能性。

由图8-13可知，广州三项经济指标占整个城市群的比重一直保持在25%以上。与京津冀和长三角城市群不同，作为我国城市化水平最高的区域，珠三角城市群属于典型的双中心城市体系，域内的深圳近年来甚至有超越广州的势头，两地各项经济指标之和几乎占据了珠三角的半壁江山甚至更高。相比之下，珠三角南北两翼的惠州、中山、江门、肇庆的城市建设相对滞后，城乡关联依然停留在极化效应阶段，扩散效应无法充分发挥，使得城乡发展不平衡问题也存在于珠三角这一城市化水平极高的区域。如果将整个广东省纳入分析范围，那么忽视中小城市过渡作用的问题将更加突出，如位于粤北山区的清远2016年市辖区地区生产总值、市辖区人口、城市建成区面积仅为广州的3.80%、16.32%、6.89%。城市实力较弱，对农村建设的带动力不足，城乡发展不协调成为必然结果。

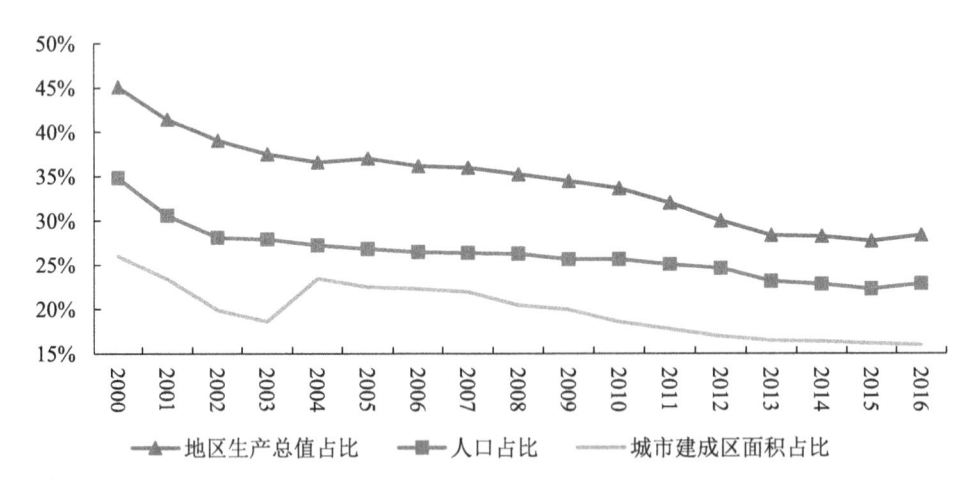

图8-12 2000—2016年上海市辖区相关经济指标在长三角城市群中的占比

资料来源：根据EPS中国城市数据库整理，其中上海2013—2015年城市建成区面积缺失，用插值法补齐

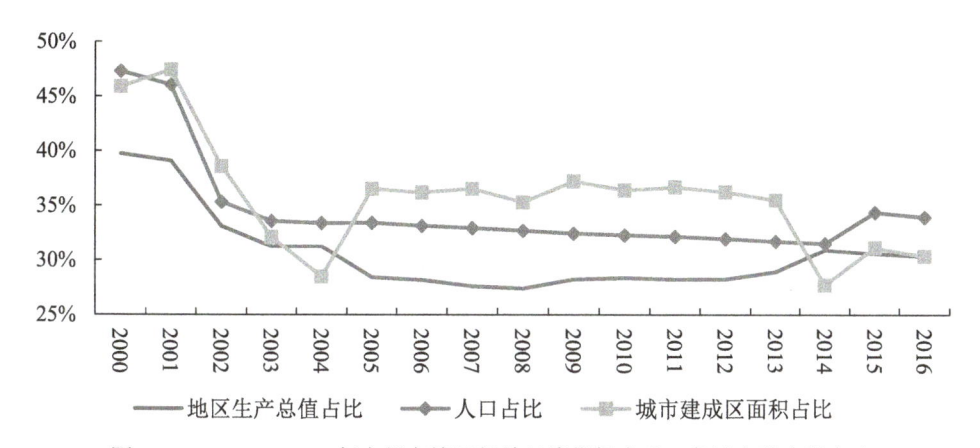

图 8-13　2000—2016 年广州市辖区相关经济指标在珠三角城市群中的占比

资料来源：根据 EPS 中国城市数据库整理，其中佛山 2015 年城市建成区面积缺失，用插值法补齐

通过上述分析，不难发现当前我国城乡发展不平衡的表现形式是多样的，共同构成贯彻落实新时代区域协调发展战略的障碍。但是，不论哪一种表现形式，都根源于将城乡关系截然对立的城乡关系失衡。要真正实现城乡一体化的战略转型，就必须围绕城乡发展不平衡的主要表现，有的放矢，助力新时代区域协调发展战略的深入实施。

二、城乡差距的跨区域比较

作为新时代中国特色社会主义建设的重要一环，实现城乡协调发展的必要性与迫切性日益提升，在我国区域协调战略构架中的地位越来越突出。在现阶段，我国城乡发展不协调与区域发展不协调相互交织，基于跨区域视角分析城乡差距，能为我国制定更加有效的区域协调发展战略、深入实施新型城镇化和乡村振兴战略提供智力支持。具体到我国各个区域，城乡差距的现状不同，对此我们围绕城市化率、城乡居民收入差距、城乡居民消费差距、城乡基础设施建设差距 4 个方面，分析东部地区、中部地区、西部地区、东北地区城乡差距的现状，在此基础上进行跨区域比较。

（一）城市化率的跨区域比较

城市化是城乡融合发展程度的有力反映。研究表明，各国城市化大致沿着一条拉平的S形曲线向前发展，以城市人口占总人口的比重为标准，以20%（30%）和70%（80%）为临界点，大致将城市化分为初期、中期和后期三个阶段。在城市化中期阶段，城市化水平迅速提升，集中体现为大量农村人口向城市空间集聚，原农村用地转为城市建设用地，由于城市对各类生产要素的虹吸效应，城乡间的差距有扩大态势。进入到城市化的后期阶段，各类生产要素向城市空间集聚的速度减缓，部分国家和地区还出现了逆城市化的现象，生产要素向农村反向流动，在这一阶段，城市和农村发展差距逐渐缩小，城乡协调发展的格局渐趋形成。

图8-14反映了2005—2017年全国及"四大板块"的城市化率。由图8-14可知，我国城市化率由2005年的43.57%上升至2017年的59.04%，平均每年增加1.29个百分点。具体到各区域，东部地区城市化水平最高，始终居于全国平均水平以上，于2011年突破60%，在2017年达到66.95%；东北地区城市化率高于全国平均水平，但近年来发展速度较慢，每年仅上升0.57个百分点，这与东北老工业基地的衰退、经济动能转换困难有关，实现城市化由中期向后期的过渡还困难重重；中部地区和西部地区城市化率低于全国平均水平，但发展速度较快，分别达到1.48个、1.43个百分点，与东部地区

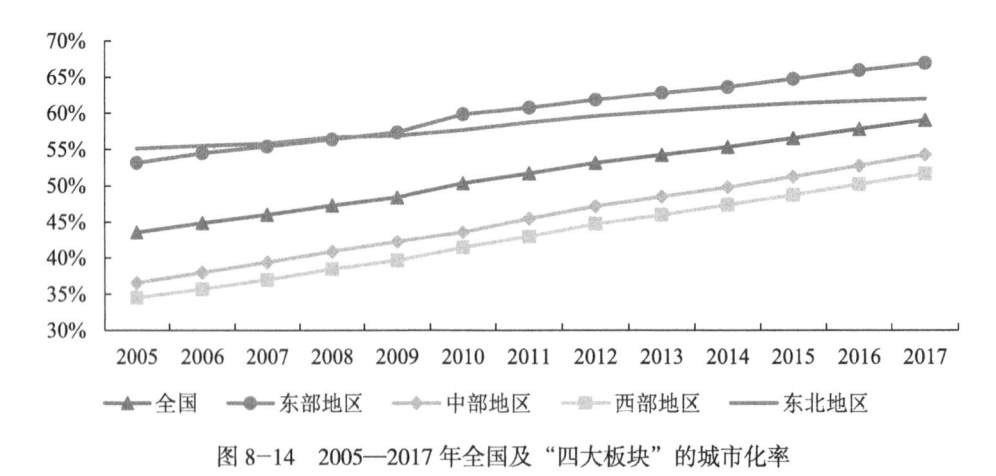

图8-14 2005—2017年全国及"四大板块"的城市化率

资料来源：根据EPS中国宏观经济数据库整理

和东北地区的差距逐渐缩小。综上,"四大板块"均处于城市化的中期阶段,城乡二元结构依然存在,在下面的分析中将围绕相关指标展开系统分析。

(二)城乡居民收入差距的跨区域比较

收入是消费的基础和前提,是居民生活质量的直接体现,同时也是城乡差距的重要体现。图 8-15 反映了 2005—2017 年全国及"四大板块"城乡居民人均收入之比。由图 8-15 可知,全国及"四大板块"城乡居民收入差距总体呈缩小态势。具体而言,从全国层面看,2012 年及以前城乡居民收入差距较大,维持在 3 倍以上,在 2006 年达到 3.34 倍的峰值,随后城乡居民收入差距趋于缩小,到 2017 年降至 2.69 倍。分区域来看,"四大板块"城乡居民收入差距基本分别在 2006 年、2009 年、2012 年达到峰值,之后差距逐渐缩小。进一步对比发现,东部地区、中部地区和东北地区城乡居民收入差距低于全国平均水平;西部地区城乡居民收入差距较大,在 2006 年达到 3.75 倍的高位,城乡二元收入结构最为明显。因此,城乡居民收入差距在不同地区存在差异,无论哪一地区,城乡居民人均收入之比均维持在 2 倍以上,城乡居民收入差距是各板块发展面临的共同难题,是推进新型城镇化和乡村振兴的绊脚石。

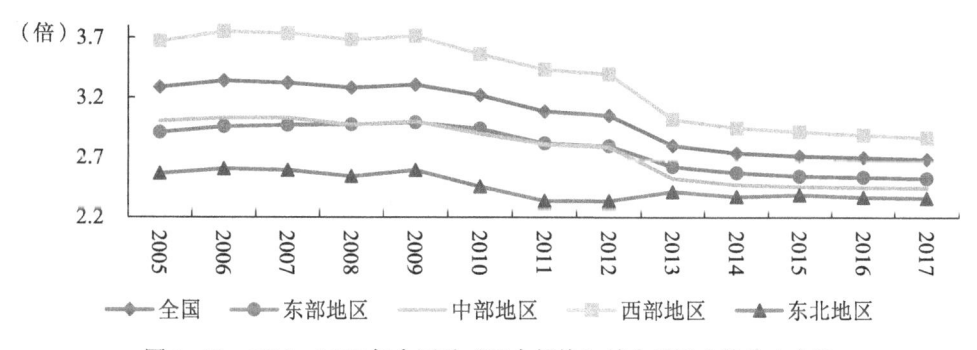

图 8-15 2005—2017 年全国及"四大板块"城乡居民人均收入之比

资料来源:根据 EPS 中国宏观经济数据库整理

但是,将城乡居民人均收入简单进行比较无法反映城乡人口结构变化对城乡居民收入差距的影响。我们引入泰尔指数,测度全国及"四大板块"城乡居民收入差距。图 8-16 反映了 2005—2017 年全国及"四大板块"城乡居民人均收入的泰尔指数。由图 8-16 可知,从全国层面来看,泰尔指数逐年下降,由 2005 年的 0.16 降至 2017 年的 0.09,说明城乡居民收入差距虽然存在,但总体不断缩小。分区域来看,按照泰尔指数由高到低排列,依次为西部地区、中部地区、东部地区、东北地区,其中西部地区的泰尔指数始终高于全国平均水平,城乡居民收入差距更大。总体上看,图 8-15 与图 8-16 的结论相互呼应。

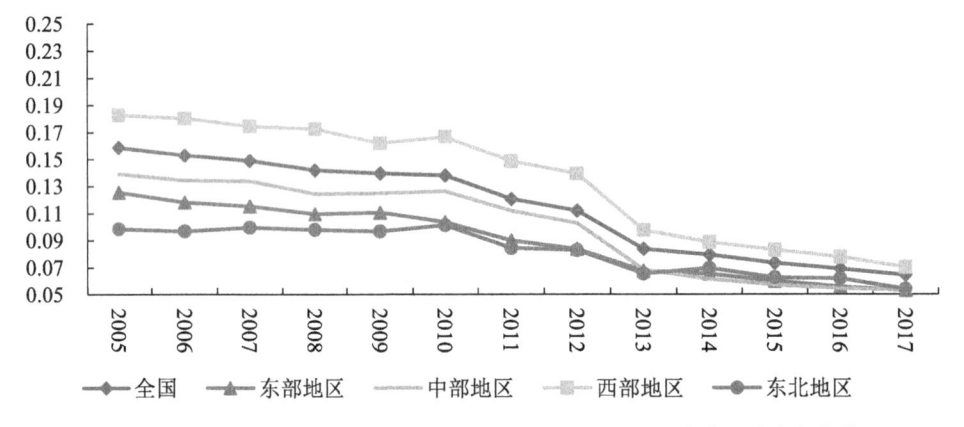

图 8-16　2005—2017 年全国及"四大板块"城乡居民人均收入的泰尔指数
资料来源:根据 EPS 中国宏观经济数据库整理

我国城乡居民收入不仅在总量上差距显著,在结构层面也存在显著差异。我国居民收入主要包括工资性收入、经营性收入、财产性收入、转移性收入 4 种形式。对于城市居民而言,工资性收入是最主要的收入来源,在各类收入中占有绝对优势地位;对于农村居民而言,随着农村生产力的显著增强,越来越多的农村剩余劳动力从土地中得到解放并进城务工,工资性收入的占比不断上升,工资性收入占比是农户分化程度的重要体现。

工资性收入在城乡居民收入结构中的比重是居民收入结构质量的表现。图 8-17 反映了 2005—2017 年全国及"四大板块"城市居民工资性收入占总收入的比重。由图 8-17 可知,我国各地区城市居民工资性收入占比历年均维持在 50% 以上,是收入的主要来源。值得注意的是,2013 年工资性收入占比出现异动,这与 2013 年城市居民人均总收入与人均可支配收入归并，统计口径出现明显调整相关。此外，我国各地区城市居民工资收入占比呈下降态势，但这并不意味着城市居民工资性收入的绝对数额在降低，而是表明城市居民收入结构趋于多元化，城市居民收入水平的提升不仅体现在量上，更反映在质的层面。

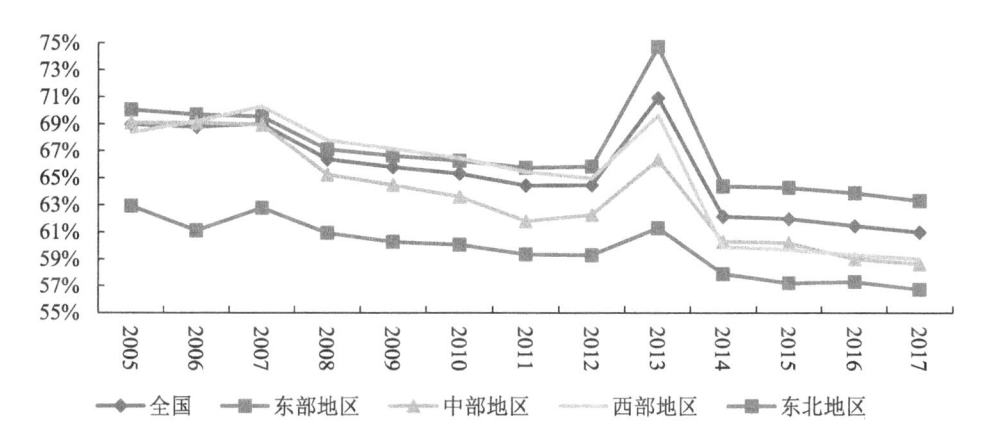

图 8-17　2005—2017 年全国及"四大板块"城市居民工资性收入占总收入的比重
资料来源：根据 EPS 中国宏观经济数据库整理

图 8-18 反映了 2005—2017 年全国及"四大板块"农村居民工资性收入占总收入的比重。由图 8-18 可知，除 2014 年以外，各地区农村居民工资性收入占比在其余年份逐年上升，2005—2017 年"四大板块"农村居民工资性收入分别上升了 5.43、3.58、2.06、6.84 个百分点，这与农户分化水平的提升、新型城镇化战略向纵深推进密不可分。将其和城市居民工资性收入占总收入的比重对比发现，2005 年二者间的差距非常明显，"四大板块"城市居民工资性收入占比分别比农村居民高 24.37%、33.91%、38.74%、40.96%，到了 2017 年，二者的差距逐渐缩小，城市居民工资性收入占比比农村居民分别高出 12.19%、19.87%、27.33%、27.95%。需要强调的是，工资性收入占比大致呈现倒 U 形的演化轨迹，在第一阶段居民工资性收入占比呈上升态势，当达到一定的临界点后，工资性收入占比会趋于下降，但无论在哪一阶段，工资性收入的绝对数额都是不断上升的。第二阶段占比下降是由于收入总额提升更快、收入结构趋

于多元化。总体上看，我国城市已经步入第二阶段，农村尚停留在第一阶段，因此，农村居民不仅收入总额比城市居民低，农村居民消费结构质量也不及城市居民。

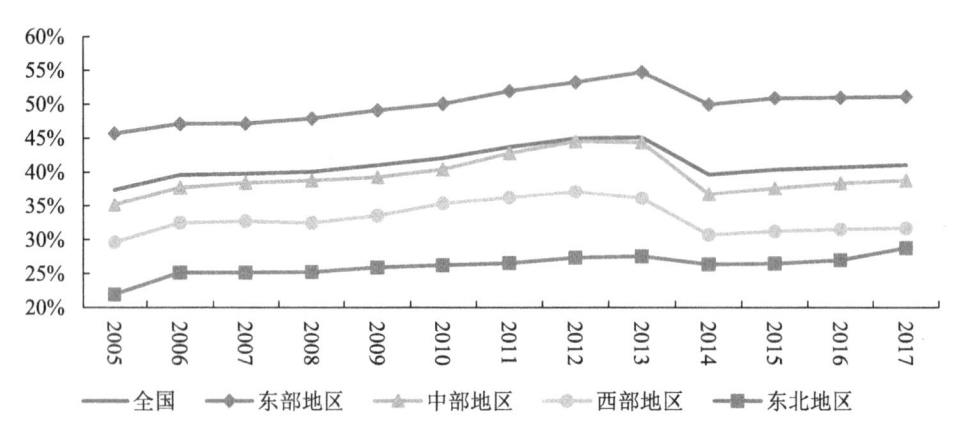

图 8-18 2005—2017 年全国及"四大板块"农村居民工资性收入占总收入的比重
资料来源：根据 EPS 中国宏观经济数据库整理

（三）城乡居民消费差距的跨区域比较

收入与消费存在正向关联，由于城乡居民收入存在差距，加之城乡消费观念的不同，城乡居民消费必然存在差异。图 8-19 反映了 2005—2017 年全国及"四大版块"城乡居民人均消费支出之比。由图 8-19 可知，全国及"四大板块"城乡居民消费差距总体呈缩小态势。分区域来看，西部地区在多数年份高于全国平均水平，其他三个地区均低于全国平均水平；东北地区在 2012 年及之前城乡居民消费差距最小，之后中部成为城乡居民消费差距最小的地区。与城乡居民收入差距的情况大体相似，城乡居民二元消费结构存在于各大板块之中，是新时代统筹城乡发展、实施新型城镇化和乡村振兴战略的绊脚石。

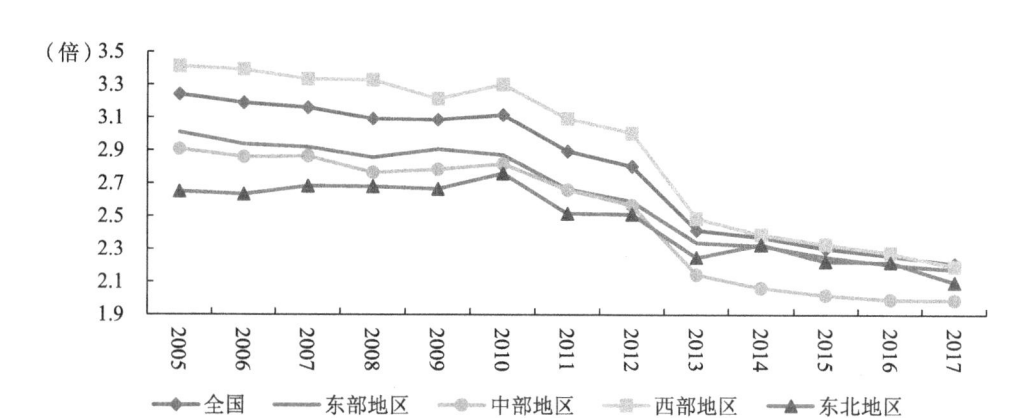

图 8-19　2005—2017 年全国及"四大板块"城乡居民人均消费之比
资料来源：根据 EPS 中国宏观经济数据库整理

仿照对城乡居民收入差距的讨论，将城乡人口结构变动纳入考虑范畴，类比计算全国及"四大板块"城乡居民消费差距。图 8-20 反映了 2005—2017 年全国及"四大板块"城乡居民人均消费的泰尔指数。由图 8-20 可知，将"四大板块"按照泰尔指数由高到低排列，依次为西部地区、中部地区、东部地区、东北地区。进一步将城乡居民消费的泰尔指数与收入的泰尔指数对比发现，东部、中部、西部地区城乡居民收入的泰尔指数小于消费的泰尔指数，西部地区相反，说明不同板块城乡协调发展面临的主要障碍存在差异。

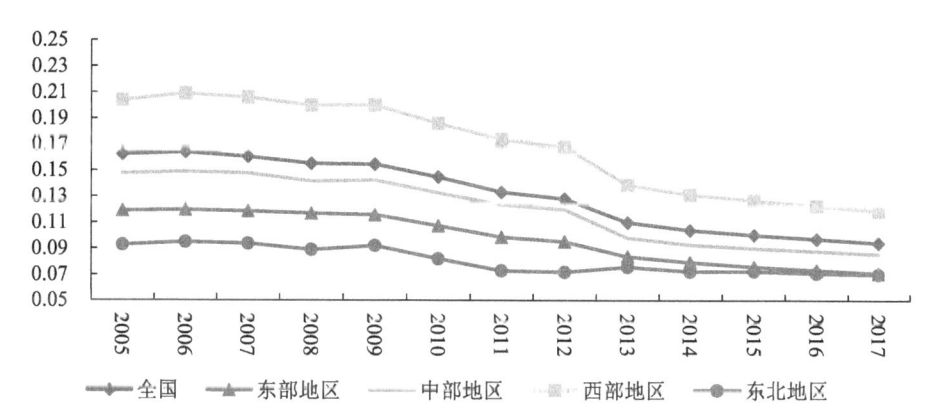

图 8-20　2005—2017 年全国及"四大板块"城乡居民人均消费的泰尔指数
资料来源：根据 EPS 中国宏观经济数据库整理

城乡居民消费差距不仅体现在消费总量上，在消费结构层面也有所反映。一般而言，食品支出占消费总支出的比重（即恩格尔系数）越低，居民消费质量越高。根据联合国的划分标准，恩格尔系数60%及以上为贫困，50%~59%为温饱，40%~49%为小康，30%~39%为富裕，30%以下为最富裕。图8-21和图8-22分别反映了2005—2017年全国及"四大板块"城市居民和农村居民的恩格尔系数。由此可知，全国及各大板块城市、农村居民恩格尔系数均呈下降态势，城乡居民生活水平稳步提升。进一步观察发现，"四大板块"城市居民恩格尔系数相对更低，2005年各地区城市居民均已达到富裕阶段，向着最富裕阶段进发，"四大板块"城市居民先后于2015年、2014年、2016年、2014年迈入最富裕阶段。相比之下，农村居民水平提升空间还很大，2005年"四大板块"农村居民生活基本处于小康阶段，西部地区更是处在温饱与小康阶段的边缘。由于东部地区和东北地区经济基础相对较好，在2010年以前农村居民进入了小康阶段，中部、西部地区农村居民消费质量提升相对较慢，分别于2012年和2013年进入小康阶段。综上，通过对城乡居民恩格尔系数实际值的分析，发现全国及各大板块农村居民消费质量比城市居民低，城乡居民消费总量和质量的二元结构共同构成城乡差距的具体表现。

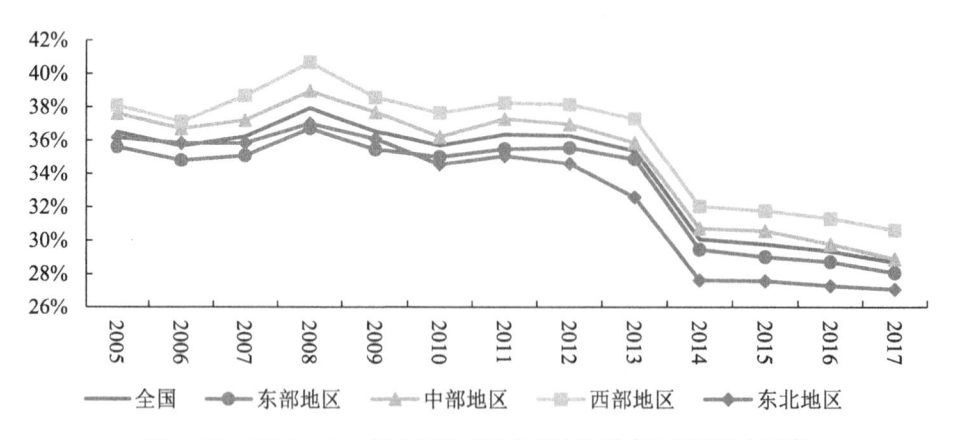

图8-21 2005—2017年全国及"四大板块"城市居民恩格尔系数

资料来源：根据EPS中国宏观经济数据库整理

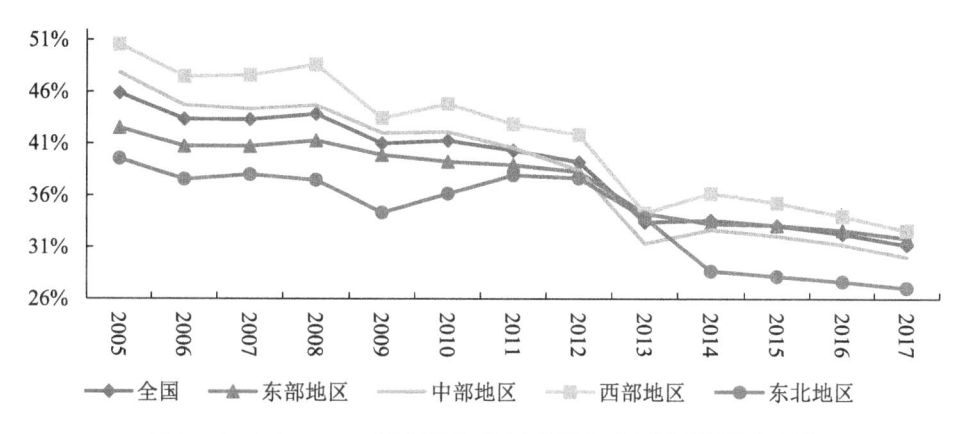

图 8-22　2005—2017 年全国及"四大板块"农村居民恩格尔系数

资料来源：根据 EPS 中国宏观经济数据库整理

为进一步明确城乡居民消费质量的差距，我们核算了城乡居民恩格尔系数之差（如图 8-23 所示）。总体上看，城市居民恩格尔系数比农村居民低，但二者间的差距不断缩小，2005—2017 年东部、中部、西部、东北地区城乡居民恩格尔系数之差分别下降了 3.07、9.07、10.46、3.38 个百分点，说明城乡居民消费质量的二元结构虽然存在，但随着区域协调发展进入新时代，这种二元结构正不断被削弱，深入实施新型城镇化战略、乡村振兴战略面临重大机遇。值得注意的是，在少数年份，部分地区农村居民恩格尔系数曾一度低于城市居民：东部、中部、西部地区 2013 年的农村居民恩格尔系数比城市居民低，这与 2013 年城乡统计口径的调整有关。

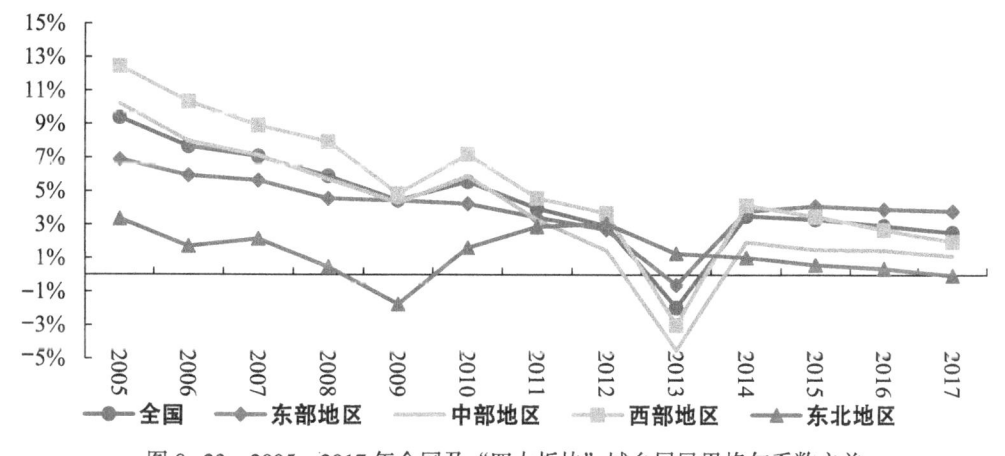

图 8-23　2005—2017 年全国及"四大板块"城乡居民恩格尔系数之差

资料来源：根据 EPS 中国宏观经济数据库整理

(四)城乡基础设施建设差距的跨区域比较

城乡差距不仅反映在城乡居民收入和消费上,还表现在基础设施建设层面。基础设施建设为提升居民生活质量奠定了坚实的物质基础,其完备程度是居民生活质量的重要体现。在我国,基础设施建设资金的城乡分配长期不均,大量资金流向城市,使城市建设能与西方发达国家媲美。相比之下,农村建设相对滞后,部分农村的建设甚至还落后于许多发展中国家。

公共道路为方便居民日常出行提供了可能,是基础设施建设的重要内容。图8-24和图8-25反映了2006—2016年城乡居民人均拥有的道路面积。由图8-24可知,各地区城市居民人均拥有的道路面积均呈扩大态势,且除东北地区外,其他三个地区人均面积间的差距不断缩小:2016年东部、中部、西部地区人均道路面积分别为12.87平方米、12.60平方米、12.71平方米。这在一定程度上反映出城市基础设施建设的总体质量稳步提升。由图8-25可知,除2007年农村居民人均拥有的道路面积有所下降外,其余年份均逐年扩大,其中东部地区农村道路建设水平总体领先。但将二者对比可以发现,农村道路建设总体滞后于城市,以2016年为例,东部、中部、西部、东北地区农村居民人均拥有的道路面积分别为城市的59.36%、34.53%、25.89%、35.65%。城乡道路建设水平的差距不仅反映在面积上,还体现在道路质量上,后者无法通过核算统计指标呈现,但却是客观存在的现实。具体而言,城市道路多已经过硬化,车辆运行的平稳性高;农村道路还有相当部分是沙石路,对通行车辆寿命的损耗较大。

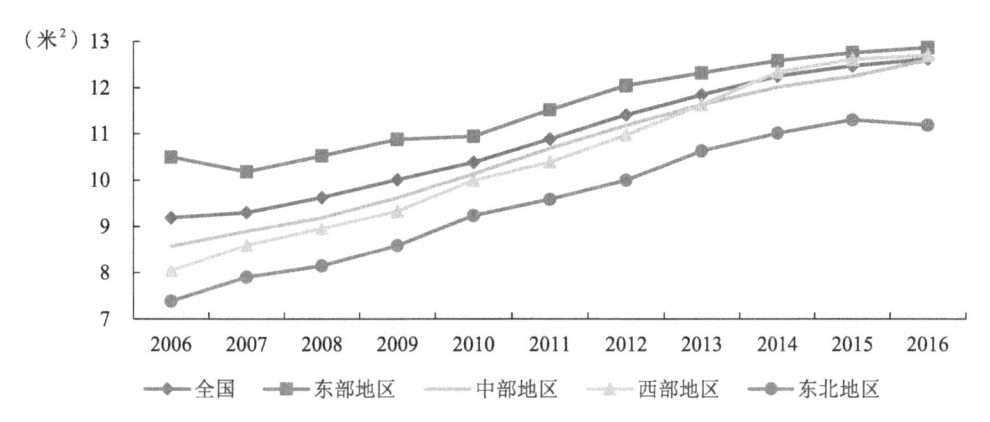

图 8-24 2006—2016 年全国及"四大板块"城市居民人均拥有的道路面积

资料来源：根据 EPS 中国宏观经济数据库、中国城乡建设数据库整理

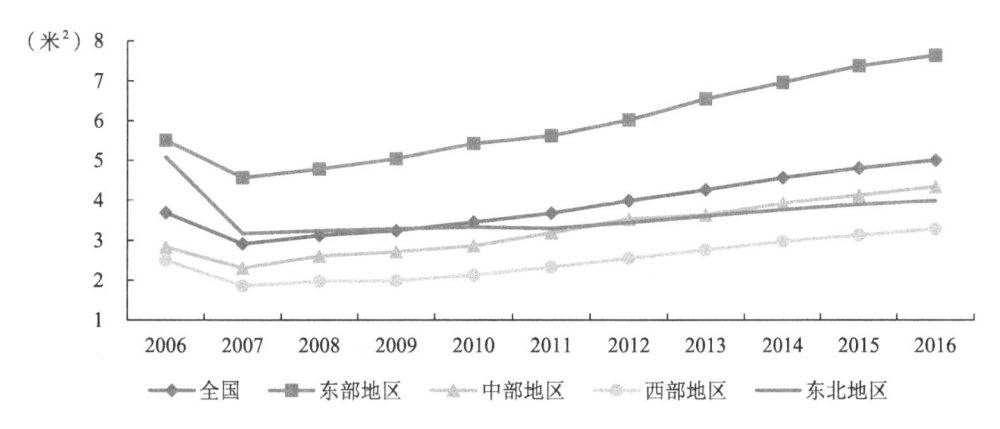

图 8-25 2006—2016 年全国及"四大板块"农村居民人均拥有的道路面积

资料来源：根据 EPS 中国宏观经济数据库、中国城乡建设数据库整理，由于西藏数据严重缺失，不纳入考虑范围。中国城乡建设数据库关于村镇的统计包括建制镇、乡、镇乡特殊区域、村庄，镇乡特殊区域在 2009 年才纳入统计范畴，本章只考虑乡镇一级的道路

城乡差距不仅反映在居民物质生活层面，也反映在精神文化领域。图 8-26 和图 8-27 反映了 2005—2015 年城乡居民每百人拥有的公共图书馆藏书量。由图 8-26 可知，东部地区每百人公共图书拥有量一直高于全国平均水平，在 2012 年突破 100 本大关，城市居民享有丰富的公共文化资源；东北地区在 2007 年及以前低于全国平均线，2008 年以来攀升至平均线以上；中部地区和西部地区公共图书资源相对匮乏。由图 8-27 可知，东部地区农村居民每百人公共图书拥有量占据绝

对优势地位，其他三个地区间的差异不明显，徘徊在全国平均水平上下。通过与图 8-26 对比容易发现，与城市相比，全国及"四大板块"农村居民每百人公共图书拥有量相对较少，折射出我国农村公共文化资源相对匮乏的现状。

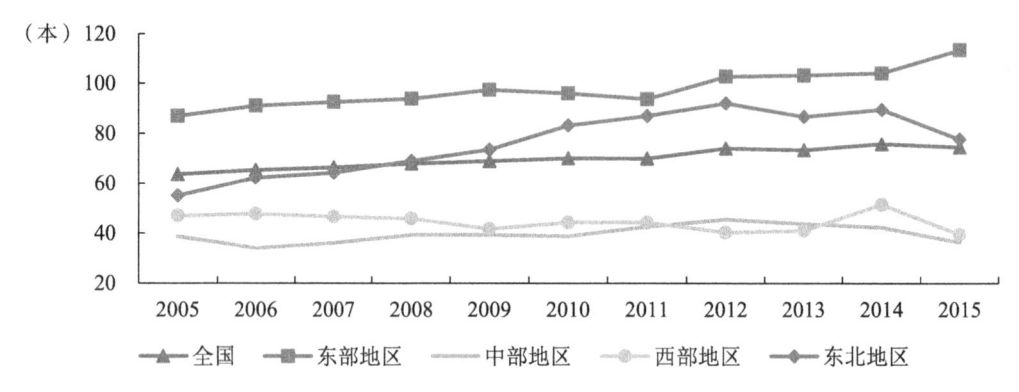

图 8-26　2005—2015 年全国及"四大板块"城市居民每百人公共图书馆藏书拥有量
资料来源：根据 EPS 中国城市数据库整理，其中西藏数据严重缺失，不纳入考虑范围

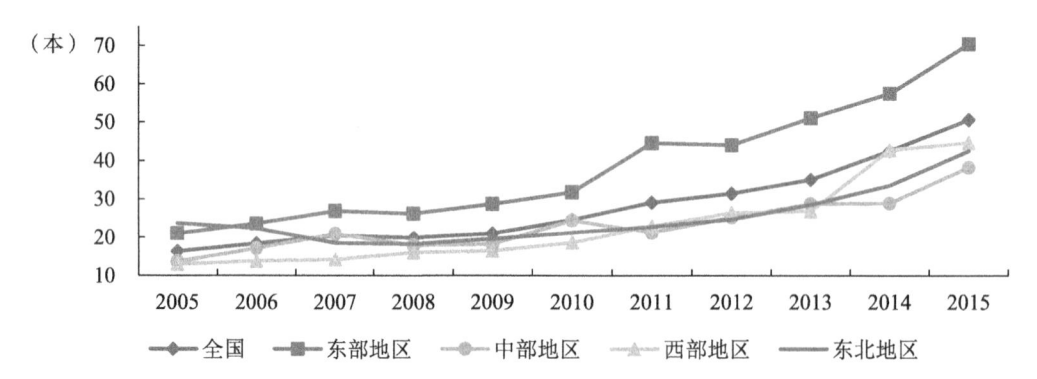

图 8-27　2005—2015 年全国及"四大板块"农村居民每百人公共图书馆藏书拥有量
资料来源：根据 EPS 中国城市数据库整理，其中西藏数据严重缺失，不纳入考虑范围

具体到各地区内部的省市，北京、天津、上海、新疆等地农村居民每百人公共图书拥有量较低，但其背后的原因不尽相同：北京、天津、上海作为东部地区的发达省市，经济实力雄厚，城市化水平较高，城市成为公共文化资源供给的主力军，农村公共图书供给总量较少，但因为农村居民总人数也逐年迅速下降，农村居民每百人公共图书拥有量并不低，与城市居民间虽然存在差距，但差距较小；

新疆作为西部省份的典型代表，社会经济发展水平相对较低，城市与农村公共资源文化供给均不够充足，加上当地城市化水平不高，农村人口众多，因此农村居民每百人公共图书拥有量也相对较低，与城市居民间的差距更加悬殊。上述省市是"四大板块"城乡公共文化资源供给的典型代表，深刻反映出我国城乡文化资源供给不协调的现状，在经济相对欠发达的中西部地区表现得尤为突出。

本部分在进行城市化率跨区域比较的基础上，以全国以及"四大板块"为对象，依次对城乡居民收入总量、收入结构、消费总量、消费结构、不同类型的基础设施进行了分析，全方位展现了各个地区城乡差距的现状，以及城乡差距在各个地区内不同的特征。研究发现，我国城乡差距与区域差距相互交织，使城乡发展不协调与区域发展不协调并发，成为贯彻落实新时代区域协调发展战略过程中必须破除的障碍。

三、城乡发展不平衡与城乡差距的原因分析

根据城乡发展不平衡和城乡差距的表现，城乡之间的鸿沟不仅体现在人民的收入、消费以及地方的产业发展、经济增长等经济层面，还体现在人口结构、空间布局、管理制度、城镇发展、基础设施、社会福利等方面。本部分结合现有研究以及现实表现，探究城乡发展不平衡与城乡差距的原因。

（一）城乡二元经济结构

城乡二元经济结构即以社会化生产为主要特点的城市经济和以小农生产为主要特点的农村经济并存的经济结构，是解释城乡发展不平衡与城乡差距的根本原因。

早期经济学家从不同部门的生产效率出发，研究二元经济对城乡差距的影响。如亚当·斯密认为城市以工业为主导的生产体系分工的生产效率高于农村以农业为主导的生产体系，由此导致了两者之间的收入差距。目前也有诸多学者认

为城乡经济体系是导致城乡差距的重要原因,如陈斌开和林毅夫(2010)认为重工业导向的发展战略使得城镇化率较低且城乡收入不平衡程度较高。张延群和万海远(2019)认为三产劳动生产率比值、农村从事农业人口比重等是中国城乡收入差距的长期决定因素。

伴随农业生产效率提高,大批剩余劳动力得以解放,城乡差距尤其是收入差距也相应演变。刘易斯(1954)、拉尼斯和费景汉(1961)、哈里斯和托达罗(1970)等经济学家将视角聚焦于农村剩余劳动力,认为农村边际产出为零的劳动力向城市转移,逐步扭转城乡二元经济结构,并强调发展农村经济是解决城乡收入差距的根本途径。但有学者提出"转移阻碍"的观点,即由于农村剩余劳动力进入工业部门,劳动力供给得到补充,工业部门工资会长期不变或增长缓慢,即产出增加并未带来相应的工资上升,因此工人要求增加工资,劳资关系僵化,并在相当程度上影响农村剩余劳动力的继续转移,阻碍城乡差距的缩小。

循环累积因果规律(关系)是城乡二元经济结构的内在规律。城市劳动生产率较高,居民人均收入高,消费市场广。教育、医疗、交通等公共服务设施良好,吸引大批企业入驻,同时带来集聚利好。城市发展得到腾飞,就业、收入、消费、投资等优势愈加显现,城市规模进一步扩大,进而形成良性的循环累积因果效应。而农村则面临生产要素流失等问题,形成发展劣势,进而拉大与城市的差距。

就中国二元经济结构而言,由于经济结构和主导产业差异,城乡产业的边际劳动生产率存在差异,由于人为的户口划分等因素,二元经济结构特征更为明显,城乡劳动力流动壁垒较高。但也有观点认为,由于历史原因、新中国成立初期重化工业政策、政府指令性计划等,中国的城乡二元经济结构不同于经典理论中讨论的二元经济结构。

中国的城乡二元经济结构由于其特殊性,衍生出产业的二元结构、就业的二元结构、市场的二元结构、消费的二元结构、区域经济的二元结构等,并在经济发展中产生一系列负向效应,如"三农"问题、城乡收入差距、城乡市场分割等。由此可见,中国城乡二元经济结构是城乡发展不平衡和城乡差距的重要原因。

产业结构是城乡二元经济结构的具体表现，也是影响城乡发展不平衡和城乡差距的重要原因。产业结构变迁通过影响城乡经济结构、区域经济结构、城镇化和劳动力流动、制度变迁以及技术进步等因素来影响城乡差距。农业经营方式对缩小城乡收入差距的效果而言，农业大户效果最佳，农业专业合作社效果次之，土地流转效果不大；产业集聚尤其是工业、建筑业、第三产业集聚对收入差距有显著影响，且建筑业集聚作用最大。

随着中国人口流动限制逐渐放开，劳动力由边际劳动生产率较低的农业部门向边际劳动生产率较高的工业部门和服务业部门转移。这导致人口由农村向城镇大规模流动，城乡人口结构、人口密度产生明显差距，即城市劳动力比重较高、人口密集，农村老龄化、空心化严重。其原因一方面为农村劳动力向城市流动，由于城市产业的边际生产率较高，农业转移人口收入增加，提高了农户的家庭收入，进而缩小了城乡收入差距；另一方面由于农业劳动力减少，农村的个体边际生产率提高，农业产出增加，进而提高了农户家庭收入，缩小城乡差距。

消费是拉动经济的"三驾马车"之一，也是反映居民生活质量的指标之一。西方现代主流消费理论包括在确定性条件下的绝对收入假说、相对收入假说、持久收入假说、生命周期假说以及在不确定性条件下的随机游走假说、预防性储蓄假说、流动性约束假说；以收入作为考量消费的首要条件，认为影响消费的因素主要包括消费意愿和消费能力两大方面，具体涵盖收入、财富、收入预期、公共支出、收入差距、消费习惯、流动性要求等方面。此外，消费文化、制度等也会对消费决策产生作用。就城乡消费而言，城镇的要素高度集聚，带来生产分工、专业化以及生产效率的提升，进而使得居民收入较高，为其高消费奠定了基础。而且，城乡生活环境和生存模式的差异导致两地消费模式不同。城市专业化分工程度较高，市场经济发达，而农村自给自足可满足较大的消费需求。由此可见，收入水平、生产模式、消费文化等均是影响城乡消费差异的重要原因。

由此可见，城乡二元经济结构尤其是不同的产业结构，对城乡发展不平衡以及城乡差距存在显著影响。不同的经济结构不仅导致城乡经济增长方式不同，还会通过两者的经济联动影响劳动力、资本等生产要素流动，进而通过不同的作用机理影响城乡发展。

（二）城乡发展中的制度约束

城乡发展中的制度约束来源已久。20世纪50年代计划经济体制的确立，标志着城乡的割裂。经济转型中的双轨制又使得城乡发展失衡。在改革开放过程中，生产要素放开流动，但循环累积因果规律发挥作用，城市实现了快速发展。城乡分治的行政方式使得城乡行政、财政等资源不均，一定程度延缓了农村的发展。在制约城乡发展的制度约束中，户籍制度较为突出，是造成城乡发展不平衡与城乡差距的重要原因。

自20世纪50年代以来中国实施新的户籍管理制度，将就业性质、公共服务、社会福利等根据人口户籍进行划分，并形成了城乡二元经济结构。城乡二元经济结构是经济演化的必然阶段，但中国城乡分割的户籍制度在相当程度加深了城乡的分割和差距。人为设置的城乡划分一方面便于地方管理，另一方面也是城乡发展不平衡与城乡差距的根源。根据国家统计局数据，2018年人口城镇化率为59.58%，户籍城镇化率为43.37%，两者相差16.21%，人户分离的人口高达2.86亿人。

目前，我国社会保险制度碎片化较为严重，不同人群在社会保障待遇上差距显著。城乡居民分别入保虽是现阶段适应城乡发展状况的必然选择，但也强化了城市与农村的居民身份差异。由此可见，去除城乡身份标签，继续加大户籍改革力度，解绑户籍赋予的政治、就业、教育、社会保障等权利，均衡化公共服务供给，是推动城乡居民平等发展的首要条件。

（三）公共产品与服务供给

在城乡公共产品与服务供给中，教育、医疗、社会保障、基础设施等差异，不仅是城乡发展不平衡和城乡差距的重要表现，还是影响城乡收入差距等其他因素的重要原因。城乡之间之所以存在公共产品与服务供给的差距，一方面是由于两地的分工差异，另一方面也存在特定时期的人为干预。马克思认为城乡关系经历城乡分离、工业化与城市化、城乡融合三个阶段。考虑到在早期以及工业化发展的过程中城市和农村的分工，城乡必然会在人口、空间等方面表现出各自的特征，此时公共产品必然根据城乡的人口密度、发展要求等进行供给，但特定时期也会出现政府干预。利普顿于1977年提出政府政策偏向的观点，即在二元经济结构下，通过价格与政府的倾斜，城市工业的资本可以得到快速积累，有利于工业化的推进与发展。这些政策也在各国的发展中得到运用。相较于农村，城市拥有更为完善的生产条件和发展要求，经济产出和生产效率也高于农村，同时城市集聚人口的能力强，居民对公共服务的要求也较高。

目前，我国城乡基本公共服务差距主要表现在基础教育、医疗卫生、基础设施等方面。这些因素是地区和人口发展的基本条件，其城乡差距将导致城市和农村发展不平衡状况加剧，农村居民的人力资本积累、农村的发展条件弱于城市居民。

1. 教育与医疗

教育和医疗直接服务劳动力，是人力资本积累和维护的核心板块。随着市场经济的不断发展，城乡居民共同参与劳动力市场，居民收入将高度依赖自身的人力资本和劳动供给，这在前文中的工资性收入占全部收入的比重逐渐上升也可得到印证。由此可见，人力资本和劳动供给是影响城乡居民收入差距的首要因素。城乡在教育和医疗上的差距，直接影响城乡居民的人力资本积累和参与劳动力市场的能力，进而导致城乡发展不平衡与差距进一步扩大。

教育水平差异是中国城乡收入差距最重要的影响因素，贡献程度高达34.69%，并通过构建行为主体模型，分析教育经费对城乡收入差距的影响，发现城市偏向的教育经费投入政策是城乡教育水平、城乡收入差距扩大的重要决定因素。考虑到公共服务供给的效率，目前，中国城乡教育差距主要表现在基础教育上。农村不仅缺乏良好的基础设施，还欠缺优质的师资队伍和合理的教育理念。

2. 交通基础设施

我们以交通基础设施为例，分析基础设施供给差距对城乡发展不平衡的影响。根据现有研究，学者普遍认为交通基础设施对经济增长有显著的正向作用。根据库兹涅茨倒 U 形理论等，经济增长又与收入分配之间存在关系，即经济增长会扩大收入不平衡趋势；在经济发展到一定水平时，扩大趋势会趋于稳定；当经济水平进一步提升时，收入分配差距将缩小。

在分类讨论时，有学者认为新型交通基础设施对城镇化水平较高的城镇地区影响更为显著，但是对农村的影响并不显著，这是由获得的便利性等因素决定的（Chandra，2000）；也有学者认为发展中国家基础设施改善有助于缓解收入不平衡，对发达国家影响并不显著。以高铁建设为例，存在一定程度的虹吸效应和抑制效应，即发达地区通过虹吸效应集聚更多要素，对周边城市和乡村发展有一定的抑制效应，且由于较高的价格，收入较低的群体依旧会选择普通火车，进而造成马太效应。

由此可见，交通基础设施的建设及通达性会通过优化要素配置，提高劳动力就业机会并调整城乡经济结构，进而缓解城乡发展不平衡并缩小城乡差距。因此，在建设基础设施时，不仅需考虑其经济效应，还应对居民实际福利以及获得的公平性等方面进行考量。通过合理规划不同种类的交通设施建设，关注福利均等化以及产业结构变化，因地制宜与不同等级城市以及农村达成优势互补，进而推动经济增长和城乡协调发展。

第九章 区域协调发展与产业转移

缩小区域间经济发展差距,实现区域经济协调发展,是构建社会主义和谐社会的必然要求。在市场经济体制下,缩小区域间经济发展差距,既要依靠政府的宏观调控,更要依靠市场的力量。国内产业区域转移的实施,是同时发挥政府宏观调控与市场的作用,从而实现区域经济协调发展的战略措施。本章分析推动国内产业区域转移,将促进生产要素流向的区域间变化、工业化布局的区域间变迁以及产业结构的区域间调整,为缩小东、中、西部的区域经济发展差距,实现区域经济协调发展奠定坚实的产业基础。

一、产业转移的理论研究

产业转移的理论研究最早可以追溯到19世纪初的区位理论,并在20世纪下半叶获得了长足的发展。许多学者,如克鲁格曼、藤田昌久、雷蒙德·弗农、小岛清等都对此做了深入的研究,提出了一些代表性的理论和模型。国内在19世纪末逐渐兴起关于产业转移的研究。

(一)古典区位理论与新古典区位理论

古典区位理论和新古典区位理论都假定市场供给不受市场需求约束和单个企业行为追求利益最大化,利用局部均衡的分析方法,研究产业内单个企业的区位选择。古典区位论最早的研究可以追溯到德国经济学家杜能(Tuner,1826)开创的农业区位论。杜能从不同地段地租出发,研究了因地价不同而引起的农业分带现象。杜能考察问题的方法也称为"孤立化的方法",即排除其他要素(诸如土质条件、土地肥力、河流灌溉条件等）的影响，只探讨决定运费成本的市场距离的作用。由于农场主的生产活动是追求地租收入最大化的活动，因此农场主会在不同的地段选择获得最大化收益的农作物进行生产，从而形成了农业土地利用的杜能圈结构。杜能的研究表明，农业生产方式的空间配置以城市为中心，由里向外依次为自由式农业、林业、轮作式农业、谷草式农业、三圃式农业、畜牧业这样的同心圆结构。

杜能从运费成本的角度研究农业经济活动空间布局，而劳恩哈特（Launhardt, 1882）是第一个试图解决为使运输成本最小化的厂商区位择优问题。劳恩哈特认为运输成本是影响企业区位决策最重要的影响因子。他利用"节点原理"（nodetheo-rem, 1900—1902），求解三个区位怎样连接成一个"V"或"Y"的问题，从而得到单个企业的空间布局格局。韦伯（Weber, 1909）认为影响企业区位抉择的因素不仅包括运输成本，而且还包括劳动力成本和集聚因素。他以原料指数（指需要运输的原料的重量与制成品重量之比）分析运输成本与工业区位的关系；同时提出劳动力系数概念（指劳动力成本指数与所需运输的总重量之比），并以此分析劳动成本与工业区位的关系，在运费、工资和集聚三者关系中寻求最小成本区位。

克里斯塔勒（Christaller, 1933）认为经济活动区位影响要遵循运输最小化原则、市场原则和行政原则。他通过引入以六边形市场组织中心地系统的概念从而提出了"中心地"理论。对于克里斯塔勒的"中心地"理论藤田昌久和克鲁格曼（1999）认为"中心地"理论并没有涉及家庭或企业的决策影响，也没有解释促进中心地形成的机理问题，因此该理论只能说是宏观上对经济活动的布局具有一定的指导意义，而并没有解决现实经济系统中单个家庭或企业的布局问题。

廖什（Losch, 1939）则博采众长，构建了独具特点的理论体系——市场区位理论。与杜能和韦伯等最低成本学派比较而言，廖什认为区位主要由市场需求量和产品销售范围大小共同决定。廖什的市场区位论更强调市场利润，他提出了最大收益区位论（也称为最大需求理论）。廖什试图将一般均衡理论应用于经济活动空间布局中，既强调个别工厂区位的决定，同时也重视经济系统的总体均衡。廖什用一般化假设代替通常的"其他条件不变"假设，假设同一经济系统中原材料和人口分布均等，并把经济活动的空间布局看成经济系统单个家庭和厂商的互动过程，认为经济系统中竞争消费者、生产者相互影响，他们的行为共同决定区位系统的均衡。

艾萨德（Isard，1956）对古典区位论进行了拓展，他利用凯恩斯的宏观均衡分析方法突破区位研究的微观化问题，通过引入比较成本与投入产出分析等方法论证工业区位的布局，从而形成宏观区位论。他把空间要素纳入分析框架中，研究重点由以前的单个企业或部门的区位决策转向区域综合分析，将单个企业的最佳模型加以扩大，建立一般均衡的区域空间模型，包括生产厂商、交通运输、商业流通、社会政策、生态环境等组成部分。他研究了区域总体均衡以及各种影响要素对区域总体均衡的作用机制。虽然他也已经意识到空间关系中总是会出现垄断性因素，但他并没有建立起规模经济和不完全竞争相融合的空间模型，也未能将空间问题带入经济理论的核心。

总的来看，古典和新古典区位理论对要素的分析不断丰富，从单一强调运输成本，到分析劳工成本、利润、产供销关系等。以农业区位论和工业区位论为代表的古典区位论，以古典政治经济学地租学说、比较成本学说为理论基础，提出成本最小区位论，开创了从"空间"角度研究人类经济活动理论视角；以市场区位理论为代表的新古典区位理论，以均衡价格理论为基础，强调产品的市场价格、供求、竞争、运输成本在区域经济活动区位选择中的重要影响，更加强调了市场区位和利润最大化的作用。古典和新古典的绝大部分区位理论虽然具有较强的理论逻辑性，但在各种假设条件的严格限定下，构造简单而关键的环境，特别是市场完全竞争、区位主体理性经济人和完全信息假设，与现实还有很大差距。特别是在完全竞争和规模报酬不变的一般均衡范式下，如果忽略掉自然资源的空间非均匀性，所揭示的是一个自给自足的社会典型，无法解释现实中的企业所具有的市场扩张能力，更不能解释大规模经济集聚现象的出现和增长。

（二）新经济地理学的解释

以新经济地理理论为基础的现代区位理论与以传统的古典和新古典区位理论为基础所决定的企业区位选择不同，新经济地理理论中的区位理论是在垄断竞争的市场结构和规模报酬递增的假定下，借用"冰山运输"的处理方法，利用Dixit-Stigliz垄断竞争模型，解释经济活动的空间集聚和"中心—外围"（C-P）空间结构的形成。该理论从报酬递增、规模经济、集聚经济、溢出效应等角度探讨企业区位的选择。许多经济学家对此做了深入的研究，如克鲁格曼（1991）、Martin（1999）、Bergman和Feaer（1999）等。克鲁格曼（1991）通过构建中心—外围（C-P）模型，说明了一个国家或区域的制造业企业倾向于选择在市场需求较大的地方，但一个较大的市场需求则又取决于制造业企业的分布。所以，中心—外围模型的出现依赖于运输成本、规模经济与国民收入中的制造业份额。Gersbach和Schmutzler（1999）研究了产业外部环境与内部溢出效应对企业区位选择的影响，他们认为成本递减促进产业集聚，同时一个区位内存在产品创新的多重均衡。Walz（1996）的研究结果表明，地方的经济增长源自产业部门的地理集中所表现出的持久的生产率增长，这同样与技术等要素的溢出效应密切相关。Martine（1999）认为随后的其他企业能够从该区域聚集形成的外部经济中获益。Helsley和Strange（1990）建立了企业和劳动者之间相互匹配过程的模型，以此说明聚集经济的一个来源是随城市规模扩大的劳动力市场的改善。在大城市，企业可能更容易找到所需要的熟练工人，工人可能更容易找到适合的工作。企业和工人相配的预期质量，随城市规模而提高。克鲁格曼（1993）研究表明当运输成本足够小、投入品可替代性为零、国民收入中制造业比重足够大时，制造业仍然会出现空间上的产业集聚。克鲁格曼和滕田昌久（1995）放宽农民不能自由流动的假定，证明了C-P模型仍然成立，但对于一个国家或地区而言，也可能出现多个产业集聚中心。

近年来，相关学者在新经济地理模型的基础上不断深入研究导致产业向某个地区集聚的其他因素。Picard和Zeng（2005）认为克鲁格曼的C-P模型忽略了农业部门对制造业发展的作用，他们认为对于大多数发展中国家而言，农业为制造业提供了充足的劳动力（即使是无技能），他们的研究显示农业部门的各项指标都会显著地影响制造业的空间布局。Okubo（2009）认为产业之间存在前向联系和后向联系，并利用贸易成本测算地区间产业集聚水平的变化。他的研究表明贸易成本逐渐下降会导致产业集聚水平的逐步升高而非突然升高。同时贸易自由化并没有改善"中心—外围"存在的福利水平的差异，反而导致中心地区的福利上升，外围地区福利下降。陈良文和杨开忠（2007）在C-P模型的分析框架下，加入城市内部通勤成本和马歇尔外部规模经济效应，发现当存在马歇尔外部规模经济效应时，即使运输成本为零，经济活动可能出现唯一的单个集聚中心的稳定均衡。由于城市内部通勤成本的存在，经济活动的集聚程度有所降低。梁琦和吴俊（2008）将中国行政制度改革纳入C-P模型分析框架中，发现"减少形成层级"能够削弱"中心—外围"结构，从而缓解城乡发展差距。

（三）产业转移理论模型

产业内单个企业的区位选择是区域产业转移的微观行为，产业内多数企业向某一个地区集中，构成区域产业转移的宏观行为。

有关产业转移的理论研究，特别是早期的产业转移理论研究，并不是在严格的新古典经济理论框架下开展，直到20世纪70年代末，小岛清理论被推出后，产业转移理论分析进入了一个产业经济理论和新古典经济学理论结合的时代。按产业转移理论发展过程，重点梳理产业转移理论的主要理论模型，包括赤松要的雁行理论、雷蒙德·弗农的产品生命周期理论、小岛清的边际产业扩张理论。这些理论构成了当今产业区域转移理论基础。

1. 日本经济学家赤松要的雁行模式

日本经济学家赤松要在 20 世纪中期提出了雁行理论与雁行模式。雁行理论的主要内容是，由于经济发展的比较成本结构是动态的和不断变化的，在后进工业国家的工业化进程中，最初阶段是出口初级产品和进口工业制品，随着本国工业的发展，产生进口替代效应，即由本国制造的制成品代替进口产品，使工业制品的进口开始减少。伴随本国工业制品的比较优势增大，产品生产规模扩大，转向出口工业制品，以代替原来出口的农产品，从而进入出口替代阶段。赤松要将这种变化表现在坐标图上，由出口初级产品和进口工业制品，到本国工业崛起，再到本国工业制品的大量出口，这三条曲线的变化走向，宛如列队飞行的鸿雁，故而取名雁行理论。赤松要在 1974 年出版的《废金货币与国际经济》一书中，提出了以最发达国家为顶端，处于各个不同发展阶段的国家顺序排列，形成地区性雁行模式。这是由于：随着资本的积累和经济发展，劳动力不足、工资成本上升等因素，会使轻工纺织等劳动密集型产业丧失比较优势，这些产业便开始由发达国家向劳动力丰富、工资水平尚低的发展中国家转移。发达国家缩小本国的劳动密集型产业，而将力量用于扩大资本和知识密集型产业。当后进国家的工业结构升到一个新的层次时，发达国家的工业结构则上升到一个更高的层次。雁行理论与雁行模式成为产业转移的最初的理论基础。

2. 雷蒙德·弗农的产品生命周期理论

产品生命周期理论由哈佛大学教授雷蒙德·弗农提出。原是用于阐明产品生命周期的，后来成为分析产业转移的重要理论基础。弗农认为，工业发达国家的产品先是国内生产，然后出口，再进口。但这与赤松要的雁行理论中提出的后发工业国产业发展经历消费品国外进口、消费品国内生产、消费品出口、资本品进口替代的产业发展路径不同。其基本内容如图 9-1 所示。工业发达国 A 是具有新产品开发能力的国家（如美国）。

工业发达国 A

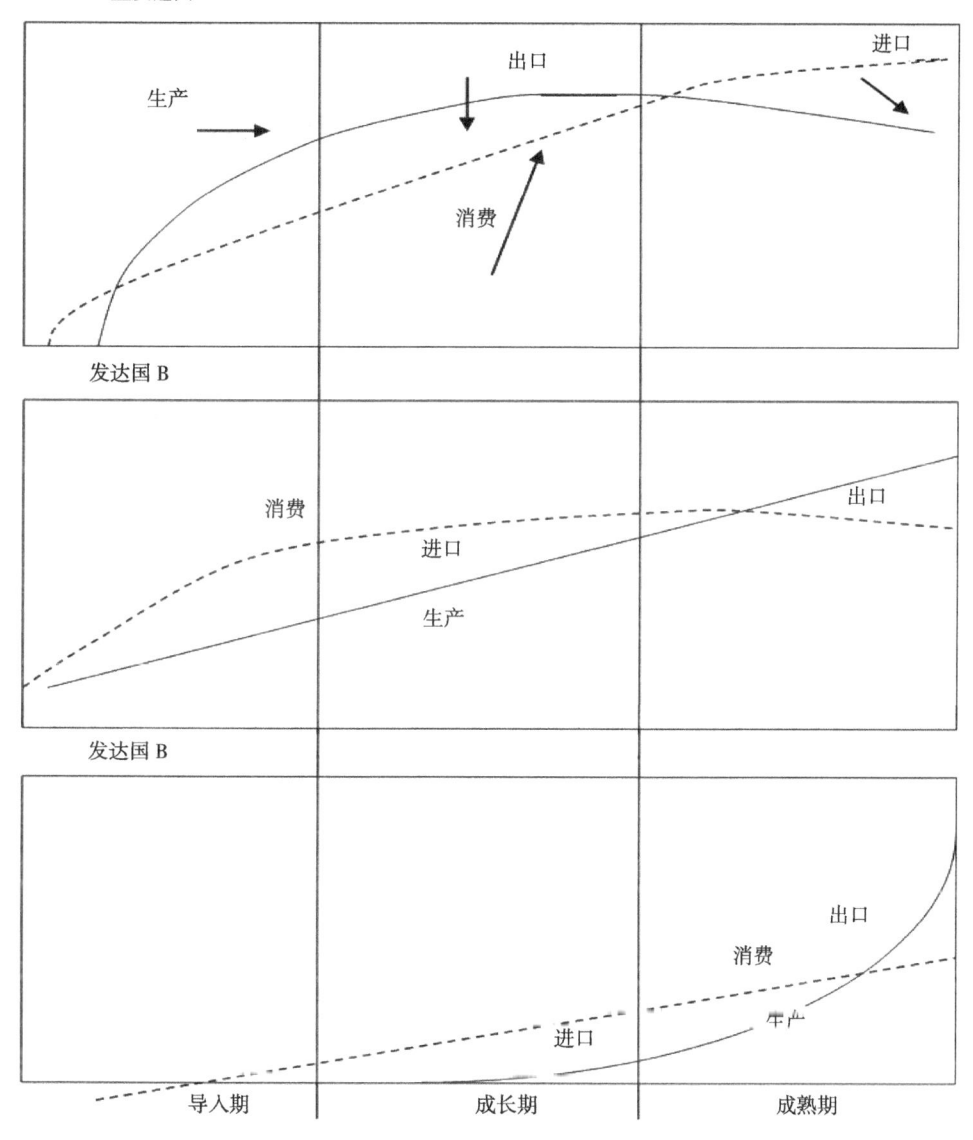

发达国 B

发达国 B

导入期　　　成长期　　　成熟期

图 9-1　弗农理论：产品生命周期

注：消费和生产分别用虚线和实线表示，出口和进口分别用消费和生产两曲线的差的面积表示。图表来源于陈建军：《要素流动、产业转移和区域经济一体化》，浙江大学出版社，2009 年版，第 69 页

如图 9-1，第一阶段为新产品导入期。在此阶段，由于消费者对新产品不熟悉，生产者必须不断开拓市场，扩大生产规模，这时的生产和销售主要面向国内。第二阶段为成长期。在此阶段，随着该产品国内需求市场的扩大和生产技术的不断成熟，该产品开始进入国内大规模生产阶段。本国生产的该产品不仅满足国内市场的需求，并且还能向比 A 国经济稍逊一等的发达国家 B（如欧洲、日本）出口。第三阶段为成熟期。在此阶段，一方面由于该产业的国内需求市场逐渐趋于饱和，产品销售开始递减，另一方面其他发达国家（如 B 国）逐渐掌握生产该项产品的技术，再加上 B 国由于具备生产该产品更低的劳动力成本，使得 B 国该产品的竞争力超过了 A 国。至此 A 国开始将该产品的生产向生产成本较低的国家和地区转移，而国内需求也变为从海外进口。

产品生命周期理论认为，产业是生产具有同类或类似产品的企业的集合。产业的发展经历产生、发展、成熟和衰退的过程。企业由于拥有某种垄断优势，如运输条件、劳动力、技术等方面的优势，具备生产某种产品独特的能力，并且只在国内生产。但随着产业的发展，产品的生产逐渐走向成熟、生产技术日益标准化、同类产品厂家不断增加，从而产生更加激烈的市场竞争，企业为了继续获得竞争优势，就会转移到更具有比较优势的地区生产，从而出现产业区际转移。

按照该理论的解释，当产品进入成长期后，产业实际上就开始转移了。承接这一阶段的产业转移的国家或地区必须具有较强的投资能力，有足够的熟练工人和一般技术人员，管理水平较强。到了产品成熟阶段后，该产业也进入成熟阶段，承接这个阶段的产业的国家需要的是大量廉价的普通具有技术的劳动力和一个广阔的不断成长的市场。比如一些经济不够发达的国家，其经济快速增长，且具有大量廉价劳动力和巨大市场，成为成熟产业转移的承接地。

3. 日本小岛清的边际产业扩张理论

边际产业扩张理论是日本的小岛清（1973）提出的。该理论的中心思想是某国（投资国）应当将本国不具备比较优势的产业向海外转移，而承接这种产业转移的国家（投资对象国）则具备或潜在具备该产业发展的比较优势。如图 9-2 所示。

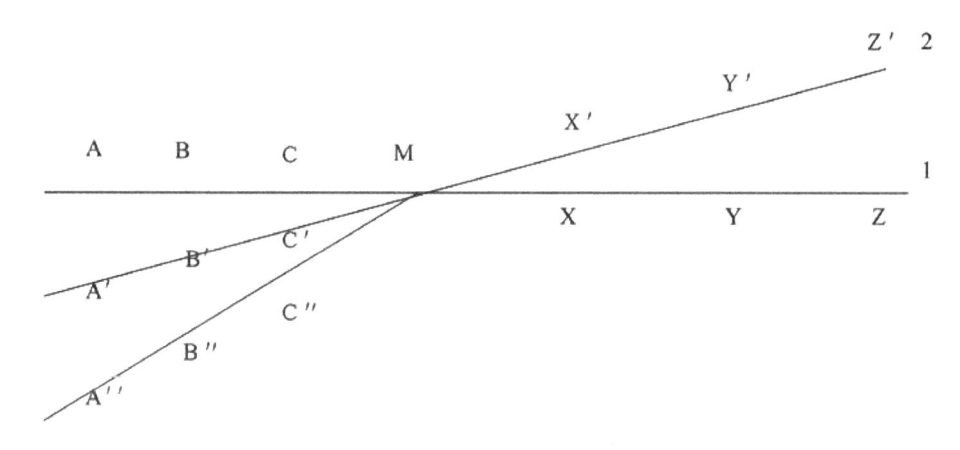

图 9-2　小岛清对外投资理论的经济意义说明

资料来源转引自陈建军：《要素流动、产业转移和区域经济一体化》，浙江大学出版社，2009 年版，第 71 页

投资国的企业则将原本投入本国失去比较优势的那些经营资源转移到具有比较优势的其他国家和地区的产业，这样对投资国和投资对象国而言增进了各自的福利。小岛清利用一个简单模型阐述了他所提出的边际产业扩张理论所产生的投资国和投资对象国的"双赢"效果。

图 9-2 中，轴线 1 和轴线 2 分别表示投资国和投资对象国的生产成本。对于投资国而言，从 A 到 Z 产品成本依次升高；对于投资对象国而言，从 A′ 到 Z′ 产品成本依次升高。在 M 产品上，两国的生产成本相等。但由于投资对象国在生产 A′、B′、C′ 产品方面具有更低的成本优势。因此，投资国将在本国生产 A、B、C 产品的生产转移到投资对象国，由于投资国加大对投资对象国 A′、B′、C′ 产品相关产业的投资，这样投资对象国在生产 A′、B′、C′ 产品的比较优势进一步扩大，这些产品的价格进一步降低，即由 A′、B′、C′ 降低到 A″、B″、C″，而投资国可以以更低的价格从投资对象国进口 A、B、C 产业的产品。小岛清用这个模型阐述了产业转移理论。

边际产业扩张理论本质上是投资国和投资对象国之间的动态产业转移理论。转移的产业对投资国而言是具有劣势的产业，对于投资对象国而言是具有发展潜力的产业。产业转移会给双方带来福利。但这是一种垂直型产业分工，单纯按照这种产业转移模式，后进国家将永远处于国际产业分工中的低级阶段。

另外，小岛清指出，产业发展水平相近的国家之间可以采取"协议性的产业内部交互投资"，即可在产业内部发挥比较优势互相投资。因此在我国当前产业区际转移过程中，中部地区不仅承接东部的传统劳动密集型产业的转移，同时应积极推动与东部地区的产业合作，承接资金、技术密集型产业转移。

（四）国内产业转移理论研究

近年来，国内的很多学者也对产业转移等经济现象进行了深入的研究。他们在传统理论研究的基础上，对产业转移的理论研究取得了一定的进展。一般认为，产业转移作为市场经济中普遍存在的现象，是经济学前沿课题，受到国内外学者广泛关注，被认为是提高中国国际竞争力、解决区域产业结构矛盾冲突、实现区域经济协调发展、推动产业结构优化升级的重要途径。

1. 重合产业理论

重合产业是指发达国家与发展中国家在某一特定时期存在的技术构成相似的同类产品生产部门。随着产业贸易与产业投资的发展，这种重合产业会不断出现、发展和持续演变。当产业深化不足以弥补他国相对较低的成本优势时，只能通过产业转移进行调整。这是由于产业转移不仅能使重合产业摆脱高成本的劣势，而且能够实现重合产业价值的二次增值。

卢根鑫（1994）的研究认为重合产业是产业转移基础条件，随着贸易与投资发展，重合产业不断成长和演变，发展中国家有成本优势，发达国家必须通过重合产业转移来摆脱成本劣势，实现重合产业价值增值。

产业转移的方式为产业贸易与产业投资。一方面，发达国家通过产业贸易，将重合产业所需的资本品、中间品等出售给发展中国家，使之扩大重合产业生产，从而满足对重合产业产品的需求。另一方面，发达国家通过产业投资，将重合产业所需的大部分生产要素转移到发展中国家生产，从而满足自己的需求。因此，产业转移的浪潮往往体现为世界范围内的产业调整以及产业在地区分布的变化。

2. 梯度推移理论与反梯度推移理论

关于区域产业转移理论在国内存在一定的争议，影响较大的当数著名的梯度推移理论和反梯度推移理论之争。20世纪下半叶以来，区域经济学家克鲁默和海特等人以赫希曼和威廉姆斯的不平衡发展理论为依托，以弗农等人首创的产品生命周期理论为依据，创立了区域发展梯度推移理论。为适应我国经济建设实践的需要，许多学者在20世纪80年代中后期也依次提出了梯级产业转移的构想。何钟秀、夏禹龙、冯之浚等国内学者明确提出了经济发展战略理论——梯度理论，认为区域之间存在着经济技术梯度，推动经济发展的创新活动（包括新产品、新技术、新产业、新制度和管理方法等）主要发生在高梯度区域，然后依据产品周期循环的顺序由高梯度区域向低梯度区域推移，梯度推移主要通过城市系统来进行。刘再兴、陈栋生从自然要素、经济要素、社会因素、人力资源、生态环境质量、政策制度层面拓展为广义梯度理论，把梯度推移理论从单向度发展为多向度。

梯度推移理论认为，中国区域经济发展客观上存在着东部、中部和西部三大地带，这三大地带由于地理位置、劳动力素质、科技水平、经济基础等方面的差异，形成了经济技术的整体梯度，生产力的空间推移应从区域间梯度差异的实际情况出发，首先让有条件的高梯度地区（东部沿海地区）引进资金和先进技术，然后逐步依次向第二、第三梯度（中、西部地区）转移，并通过三大地带间经济发展的推移，逐步缩小地区间差距，实现区域经济均衡发展。

反梯度推移理论则认为，我国生产力水平呈东、中、西三级梯度态势是客观的事实，但落后的低梯度地区只要政策得当、措施得力，也可以直接引进并采用世界先进技术，发展自己的高技术，实行超越式发展，然后向高梯度地区进行反推移。

事实上，梯度推移理论与反梯度推移理论之争的核心是国家优先发展高梯度地区还是低梯度地区的战略抉择问题。其实质是东部与中西部地区尤其是西部地区之间的利益之争，这涉及区域发展战略、产业政策、区域平衡等方面的政策选择问题，是主观性的区域间政策支持之争。

二、产业转移对区域协调发展的影响

产业转移与区域不平衡发展是区域经济学重要的研究热点。产业转移既是生产要素在区域间流动的配置过程，也是企业在区域空间的位移过程和产业在区域间的调整过程，这种过程必然会对区域经济发展产生很大的影响，这种影响既包括对转出区的影响也包括对承接地的影响。它不仅是发达区域产业结构调整升级的重要途径，也是欠发达区域产业启动与发展的机遇。

（一）产业转移动因研究

关于产业转移的动因，学术界一般从产业供给条件、产品需求状况、国家的发展战略和政策制度、经济发展的外部环境和内部环境等方面展开分析。国内对承接产业转移动因的讨论众多，研究人员和学者纷纷提出自己的观点。

陈建军（2002）结合浙江105家企业的问卷调查报告，研究了特定地区现阶段产业区域转移现象，认为导致企业进行产业转移决策的主要因素分为两类：市场扩张因素和资源利用因素；戴宏伟（2003）认为由于生产要素禀赋的不同，不同地区在产业结构方面具有极大的差异性，这种产业梯度与要素禀赋的差异带动了要素的跨区域流动与组合以及区域之间的经济合作，推动产业在区际的转移；蒋满元（2008）认为市场化、工业化、区域一体化是广西承接产业转移的动力来源；王忠平、王怀宇（2007）提出区域间比较优势差异是区域产业转移的根本动力，并从区际产业转移的动力角度提出区际产业转移的定量衡量指标；蔡昉、王德文和曲玥（2009）在金融危机背景下以及大国假设下，认为小国雁阵模式是指独立经济体之间的产业转移和承接，而大国雁行模式则表现为一个独立经济体内部地区之间的产业转移和承接。他们从经验上实证了21世纪以来中国地区制造业增长和生产率提高的格局变化，即东北和中部地区比沿海地区有更快的全要素生产率提高速度和贡献率。因此，通过实现产业在东、中、西部地区的重新布局，即沿海地区的产业升级、转移与中西部地区的产业承接，可以在中、西部地区回归其劳动力丰富比较优势的同时，保持劳动密集型产业在中国的延续。

喆儒（2006）通过构建中国区域发展的雁行模式，研究了中国面临的产业转移的内部条件。她认为，作为大国经济的中国，国内已具有完整的社会分工体系，产业、产品结构，并能够满足大部分国内需求，没有必要也不可能完全依附外资拉动国内产业结构升级。但是作者没有就我国区域分工体系，产业、产品结构，以及国内需求的地区差异进行实际经验分析。蔡昉（2009）认为中国是一个大国经济体，由于其内部的异质性，中国具备产业梯度转移的雁行模式。他详细分析了劳动力成本和劳动生产力的地区差异对于产业转移的影响，并指出中部地区具备承接东部地区产业转移的劳动比较优势。根据中国的经验，雁行模式的未来发展趋势应该是建立在动态比较优势基础上的。但是日本大山道广（1990）在其著名的大山模型中，用一个模型证明了国际贸易的必要条件是比较优势，但国际产业转移和对外投资的必要条件是绝对优势。无论是从地区比较优势还是绝对优势角度衡量，我国地区分工差距明显存在。但是鲜有文献从评价承接产业转移能力的角度衡量我国地区分工差距。马涛、李东等（2009）运用主成分分析的方法，以2001—2006年各省区的工业相关数据，对全国各地区承接产业转移的能力进行综合评价和比较。同时，他们进一步从各地区的成本因素、市场潜力因素、投资环境政策、产业配套能力、技术研发水平和经济效益因素6个方面找出各地区在承接产业转移能力上的优势和不足。

地区专业化是影响产业转移的重要因素，从地区专业化角度审视中部地区承接产业转移的能力，不失为研究中部地区产业转移的一个新的视角。对于一个国家地区专业化水平及其趋势进行分析，有两条路径：一个是从行业入手，在对各行业的地区专业化水平分析的基础上，讨论国家的地区专业化水平及其进展；

另一个是从地区入手，对各地区的专业化水平分析的基础上，讨论国家的地区专业化水平及其进展（Krugman，1991a；Kim，1995）。樊福卓（2009）在封闭经济假设和地区间需求结构一致的假设下构造了地区专业化的度量指标——地区专业化系数；这一度量指标更具有一般性，产业结构差异系数、空间分布差异系数、绝对利差及行业分工指数等指标只是作为它的特例而存在。

（二）产业转移规律的研究

关于国际产业转移一般规律方面的研究，吕政、杨丹辉（2006）总结国际产业转移的总体规模与地区分布的特点是：国际产业转移的地区分布不均衡，发达国家之间的产业转移是国际产业转移的主流；国际产业转移呈现多方向、跳跃式的发展；国际产业转移中的产业集聚效应日益突出。原小能（2004）结合国际产业转移的实践，总结出国际产业转移新的特点和发展趋势：第三产业投资成为国际产业转移的新热点；国际产业转移出现了跳跃性；生产外包成为国际产业转移的新兴主流方式；国际产业转移出现产业供给链整体搬迁趋势；国际产业转移由产业结构的梯度转移逐步演变为增值环节的梯度转移。张平、吴艳华（2009）结合我国的一些情况和发展中国家的一般特点，总结出5点国际资本和产业转移的新规律：由产业结构的梯度转移逐步演变为增值环节的梯度转移；第三产业成为国际投资的一个新兴领域；国际产业转移的速度放缓，但单个企业投资规模上升；国际产业转移的方式由传统的OEM（原始设备制造商）转向现代的"服务外包"方式；国际产业转移的主要地区仍然是东部沿海开放地区，但是已经开始重视中西部地区。

李善同、冯杰（2002）提出在未来区域发展中大企业在跨区域资源配置中的作用更加突出，网络型基础设施进一步完善将使地区间联系更为便利；合理的产业分工体系将逐步形成，跨区域经济交流与合作将进一步加强。陈耀（2009）总结我国国内产业转移有以下5个趋势：产业转移的规模扩大，领域拓宽，层次提高；从单个企业的零散迁移发展为集群式整体性转移；企业开始按照价值链分工，调整优化生产区位布局；东部企业的外迁过程受到当地政府的积极引导；中部地区成为产业资本"西进"最重要的聚集地。孙久文、胡安俊（2012）对产业转移的次序和规律进行了研究，并对于我国区际产业转移的规律进行了总结。

（三）产业转移的区域影响

产业转移伴随着相关经济发展要素的共同转移，除了物质因素外，还会伴随着管理观念的输入和输出，人才、技术等的流动，对移出地和承接地都有不同方面的影响。同样的，不同的生产经营环境也会影响产业转移本身的发展路径，产业转移的前、中、后期都需要承接地、移出地、企业等的密切协调与配合。总体来说，产业转移对转出地和承接地均有不同的影响，并且产业转移对双方来说都是一把有利有弊的双刃剑，下面就产业转移对移出地和承接地不同的影响做具体分析。

1. 对移出地的影响

第一，缓解资源稀缺和资本过剩问题。资源稀缺问题已经成为制约许多地区经济增长的一大因素，也是产业转移的主要动因之一。首先，产业转出后，转出地能够更顺利地获得相关资源，有效地缓解劳动力成本上升、原材料稀缺、交通运输成本和企业交易成本提高等诸多的不利因素。比如我国东部地区一些失去比较优势的产业转移出去后，可以缓解当地日益加剧的人口、资源、环境压力，使一部分生产要素解放出来，转移到优秀产业中去，从而为产业转型升级腾出资源与发展空间（杨国才，2009）。其次，产业转移能够缓解移出地资本过剩问题，提高其资本要素收益。发达地区在经济发展过程中积累了大量资本，根据政治经济学理论，资本有机构成提高后，收益率将下降。通过产业转移将资本要素转移到资本相对稀缺的地区，从而为移出地大量过剩的资本找到获得大量利润和利息的出路，有助于资本要素收益率的提高。

第二，增强移出地企业及区域竞争力。从长期看，合理的产业转移措施不仅有助于提高迁移企业的整体竞争力，也将有助于提高移出地域的整体竞争力

（魏后凯，2003）。首先，产业转移对移出地企业的技术以及管理水平提出了更高的要求，倒逼移出地企业不断提高其技术水平和管理经营能力。其次，产业移出地在向产业承接地输出企业的过程中同时还输出了本地的经营理念，有助于构建以移出地为核心的区域经济合作圈或经济共同体，提高区域整体竞争能力。最后，产业转移有助于移出地产业结构调整与升级。在一个区域发展到一定阶段后，其衰退产业与创新产业会在各个方面产生冲突而出现产业拥挤情况。移出地将已经失去比较优势的劳动密集型和层次较低的资本技术密集型制造业输出到承接地后，自身可以腾出更多的资源发展信息产业和新兴服务业，从而实现产业结构转换和升级，达到区域竞争力提高的目的。

第三，导致失业及产业空心化。产业转移任何时候都有可能是一把双刃剑，不仅会对移出地产生积极影响，也可能对转出地产生消极影响。首先，产业的外移在短期可能会带来失业问题，目前大部分移出地向外转移的多是劳动密集型产业，而本地的新兴产业多为对劳动力需求较少的资本密集型产业，这就会导致移出地工作机会减少，且短期内会出现较严重的劳动力需求与供给结构不匹配，造成失业问题。其次，产业转移还可能削弱移出地的技术优势以及造成移出地"产业空心化问题"。移出地转移出去的多为技术构成水平低的产业，这会使移出地较承接地有更高的技术优势，但是在生产基地移出本地后，移出地企业可能不再进行大规模的、系统性的新技术研发，难以在重大创新上有新的突破，从而造成移出地高精尖技术领域发展滞后，造成产业空心化。

2. 对承接地的影响

第一，技术溢出和资源利用率提高。技术溢出指的是在产业转移过程中，移出地的先进技术被承接地消化吸收所导致的技术进步，以及技术转移过程中所带动的承接地的经济增长。技术溢出效应产生途径有两个：一是移出产业所包含的技术本身被承接地模仿、消化、吸收，使得承接地产业的技术水平提高；二是具有相对先进技术的移入产业能够与承接地其他产业之间产生广泛、复杂、密切的技术经济联系，带动承接地相关产业的发展，并促使移入产业技术得以在关联产业中溢出。

在资源利用方面和移出地相对应，承接地一般具有竞争性的工资水平和相对宽松的自然资源总量，而资本、技术等要素短缺。产业作为生产要素的综合体，其转移往往伴随大量的劳动力、资本、技术、管理经验以及企业家才能等生产要素的跨区域流动，承接地能够迅速利用这些稀缺的资源，为区域经济的起飞创造条件。同时，先进产业的转入有助于承接地原有生产要素的充分合理利用，实现生产要素的跨区域合理配置。

第二，产业结构优化。产业转移会直接影响欠发达的承接地产业结构的变动，为产业升级提供契机。转入承接地的产业相对于承接地原有产业具有一定的技术优势，在其进入承接地后，使承接地产业结构中采用先进技术的部门在数量上和比例上增加，并会通过产业前后向联系带动相关产业的发展，从而促进区域产业升级优化。杨英（2006）在研究广东承接国际产业转移情况中提出，1979—2005年广东省大规模地承接国际产业转移，使广东从以农业为主的落后的传统经济体系，发展成为外向型区域经济体系。

第三，就业带动和观念更新。产业转移对承接地就业的带动作用主要体现在以下三个方面：一是就业机会的增加。Ali（1992）、Mckeon（2004）等学者通过实证论述了产业转移会增加承接地的就业岗位数量。二是产业转移可以提高承接地劳动者素质。一方面是转入企业原有员工的进入，另一方面是转入企业对于新入职员工的培训，以适应生产需求。三是引起就业结构发生变化。转移产业进入承接地后会吸引其他产业的劳动力进入该产业，从而引起该产业的劳动力比重发生变化，影响就业结构（卢根鑫，1994）。

另外，产业转移还会伴随着与市场经济相适应的新思想、新观念和新管理方式及企业家精神的传播与扩散，对欠发达地区的传统观念起着融合、更新、改造作用，提高其区域制度环境的改善和自我发展能力。王军（2004）指出，对承接地而言，在产业转移过程中输入的先进技术被承接地消化吸收后会导致承接地的技术进步，带动承接地经济增长。同时产业转移也带来了先进的管理理念，使承接地企业能够优化企业组织结构，提高企业运营效率，提升利润。

第四，对承接地的负面影响。一是导致环境破坏与污染加重，谢姚刚（2004）指出发达国家所制定的环境保护政策普遍较发展中国家严格，这会导致污染产业从发达国家转移到发展中国家，使发展中国家成为"污染避难所"。二是导致产业结构失衡与固化，影响产业级差的缩小。陈秀山、徐瑛（2008）针对空间经济学所关注的区位锁定效应，对制造业产业空间结构变动过程和结果进行度量，发现扩散过程对于区域产业结构冲突的贡献远大于聚集过程，接受扩散且被聚集的地区产业结构冲突性最强。三是影响承接地区自主创新与工业的发展。王军（2004）指出，依据比较优势原则进行的产业转移，对承接地而言，其承接的产业是偏重于利用自然资源要素和劳动力要素的低成本优势，造成承接地一味接受传统产业转移而缺乏创新，打破了承接地原有产业的低效垄断局面，而且自主性和稳定性受到影响。

（四）产业转移对区域经济差异变化的促进机制

地区经济的发展与当地产业布局有密切的关系，产业的转移伴随着产出的空间转移，对移出地和承接地的经济发展都有不同程度的影响。由此，地区间经济差异也会随着产业转移的发生产生变化，其对区域经济差异变化的影响机制主要有以下三个方面：

1. 极化效应与扩散效应

产业转移不仅是区域间相互作用关系的结果，也是区域间关系变化的促进因素。一般情况下，移出地的经济发展水平高于承接地，转出产业在移出地缺乏比较优势，但是在承接地却属于具有比较优势的产业。发达区域向欠发达区域转移产业的主要原因在于二者存在经济发展水平的差异，这就造成了移出地和承接地之间存在天然的不平等地位，发达的移出地处于主动与核心地位，欠发达的承接地处于被动和从属地位。因此产业转移和要素流动对区域间关系的效应主要体现在两个方面。第一，极化效应。也就是欠发达地区的劳动力、资金、技术等要素向发达地区集聚，由于经济发展要素向发达区域集聚，欠发达地区的发展机会减弱，发达区域与欠发达区域的经济发展差距拉大。第二，扩散效应。在发达区域的经济发展到一定程度后，随着拥挤成本和交易费用的增大，生产成本上升，规模不经济逐渐出现，从而引起经济发展要素从发达地区转向欠发达地区，并导致区域间发展差距缩小。国内众多学者对此进行过研究，陈刚（2001）认为，产业转移是欠发达地区启动、发展的良好契机，最终会导致区域经济差异缩小。魏后凯（2003）认为，上述效应对提高转移产业的生产能力、增加就业机会、提高整个地区的产业竞争力和经济总量，带动地区经济繁荣具有重要作用。

2. 区域专业化分工

产业转移推动区域间产业分工的调整。产业的空间分工包括垂直空间分工和水平空间分工。垂直空间分工是不同产业按经济发展水平、技术水平、资源禀赋和市场状况在空间上的分工；水平空间分工是指在同一产业的同一部门内，按产品生产的不同工艺环节等所进行的产品差异化分工或生产工序上的分工，是比较高层次的生产专业化分工。欠发达地区产业结构的重要特征是以初级产品生产为主的资源与劳动密集、技术层次较低的传统产业比重较大，而比较优势也是以传统产业的生产要素为主，在区域分工中的地位和层次都比较低。对于欠发达地区，产业转移带来了资本、技术等稀缺要素的迅速积累，有助于区域新的主导产业或支柱产业的形成，从而推动传统产业的比较优势的转换升级，提升欠发达区域在区际分工中的地位以及区域间产业分工的优化和升级（赵张耀和汪斌，2005）。游霭琼（2005）还提出，产业转移有助于垂直分工向水平分工演变。

3. 加强区域间联系

产业转移是加强区域间经济发展联系的重要渠道。其具体表现为以下两个方面：一是产业转移在强化区域间产业分工的同时，可以提升经济活动中的协作意识，并且由于产业转移的可能发生，各区域会更加重视在区际竞争中本地比较优势的发挥以及区际协作中利益的获得，这会进一步增强区域间的经济联系。二是区域间产业转移实现的基础是打破区域之间的市场壁垒以及生产要素的行政障碍。因此，通过产业转移能够强化区域间的经济发展联系，促进区域间的发展带动作用，推动经济协调发展。

三、我国产业转移的现状分析

加快区域产业转移，是我国推进区域均衡发展的内在需要，也是新时期坚持创新、协调、绿色、开放、共享的发展理念和推进供给侧改革的重要战略体现。在新的发展环境与新形势下，我国区域产业转移应把握好其内在机理。

（一）产业转移指数测算方法

产业转移表现为不同时期地区产业活动的空间分布变化，一般情况下，通过比较地区产业经济指标的此消彼长来说明产业转移的方向和程度。国内外关于产业转移的识别方法存在较大差异，发达国家具备完善的企业区位信息，可以依据企业的区位变迁来直接判断产业转移的规模和方向。国内由于缺乏企业地理区位变动的详细数据，一般采用间接指标测度转移程度，如以产业份额为基础的区位熵、绝对份额指标、赫芬达尔指数、外商直接投资及省外投资额、产业梯度系数和基于区域间投入产出的转移指标。

为了精确反映转移前后的差异，Zhao和Yin（2011）依据份额变动的思想使用衡量产业转移的新方法，该方法将产业转移看作一个事件，转移发生前产业的发展比较平缓，转移的发生会导致较大变动，转移发生前后产业经济指标的相对变化量即为转移的大小。因此，如果将转移发生前的年份定义为基期，则地区产业转移的程度可以定义为：

$$IR_{ci,t} = P_{ci,t} - P_{ci,t_0} = \frac{q_{ci,t}}{\sum_{c=1}^{n} q_{ci,t}} - \frac{q_{ci,t_0}}{\sum_{c=1}^{n} q_{ci,t_0}} \qquad (9-1)$$

其中，$IR_{ci,t}$指c地区t年i行业的转移程度，$q_{ci,t}$代表c地区t年i行业的产值，n为全国地区总数，$\sum_{c=1}^{n} q_{ci,t}$表示该行业的全国产值。

尽管式（9-1）通过不同地区的产业相对变化间接地识别了产业转移程度，

但没有充分考虑由于地区经济规模扩大带来的行业自然增长,包括产出扩张或是企业数量的上升。也就是说,某地区某一行业产值占全国份额的增减可能主要来自于本地区总体生产规模的变动,而不是其他地区的产业迁移。基于这种考虑,孙晓华等(2018)对式(9-1)进行改进,加入地区经济规模占全国总体经济规模的比重,以消除地区生产状况变化给行业份额造成的干扰,改进后的产业转移程度可以表示为:

$$IR'_{ci,t} = P'_{ci,t} - P'_{ci,t_0} = \frac{q_{ci,t}}{\sum_{c=1}^{n} q_{ci,t}} \bigg/ \frac{\sum_{i=1}^{m} q_{ci,t}}{\sum_{i=1}^{m}\sum_{c=1}^{n} q_{ci,t}} - \frac{q_{ci,t_0}}{\sum_{c=1}^{n} q_{ci,t_0}} \bigg/ \frac{\sum_{i=1}^{m} q_{ci,t_0}}{\sum_{i=1}^{m}\sum_{c=1}^{n} q_{ci,t_0}} \quad (9-2)$$

将改进后的 $IR'_{ci,t}$ 界定为产业转移指数,m 为所考察的行业数量,$q_{ci,t}$ 代表 c 地区 t 年 i 行业的生产规模,$\sum_{c=1}^{n} q_{ci,t}$ 表示地区全部行业的总体规模。为了更加全面地刻画地区间产业转移的现实情况,同时采用产值和企业数量代表行业生产规模进行测算,既体现某地区行业生产要素的收缩与扩张,又反映了企业数量的空间流动。如果 $IR'_{ci,t} > 0$,表明所考察年份 c 地区 i 行业规模相对于初期发生了转入;若 $IR'_{ci,t} < 0$,则意味着 c 地区该产业相对于初期发生了转出。这样,改进后的产业转移指数既体现了产业转移的方向性,又可以反映地区间产业转移量的大小。

(二)我国产业转移现状的实证分析

在外部经济环境和内部经营条件变化的情况下,产业转移与生产要素的使用密切相关。不同要素密集型行业在土地、劳动、资本和技术等资源的使用方面存在一定差别,加之每一类生产要素对价格变动的敏感程度和空间流动性也不尽相同,从而导致劳动、资本和技术密集型行业随着生产所在地经济环境的变化,在利益最大化驱使下出现迥异的空间变迁路径。相反,同一类要素密集型行业由于生产要素的投入比例比较相近,往往表现出一致的空间转换特征,下面将分别测算劳动、资本和技术密集型行业的转移指数,以发现中国制造业转移的大致规律。基期选择是产业转移程度测算的前提，这里将2006年作为基期，其依据是：2006年，中国沿海省份"用工荒"愈发严重，劳动力使用成本不断上升。同时，大量的研究表明，2006年沿海省份的劳动密集型制造业陆续出现向中、西部转移的情况，步伐不断加快，资本、技术密集型行业在2006年以前一直向沿海地区集中，直到2006年向其他地区转移才始露端倪。因此，以2006年作为中国制造业转移的基期是合理的。产业转移指数测算所用到的行业产值和企业数量数据均来自于2007—2017年的《中国工业经济统计年鉴》，按照国际通行标准，把制造业中二位数行业合并为劳动密集、资本密集和技术密集三大行业类型。如表9-1所示。

表9-1　要素密集型行业分类标准

行业分类	制造业行业
劳动密集型	纺织业，纺织服装、服饰业、皮革、毛皮、羽毛及其制品，制鞋业，木材加工和木、竹、藤、棕、草制品业，家具制造业，其他制造业，废弃资源综合利用业
资本密集型	农副食品加工业，食品制造业，酒、饮料和精制茶制造业，烟草制品业，造纸和纸制品业，印刷和记录媒介复制业，文教、工美、体育和娱乐用品制造业，石油加工、炼焦和核燃料加工业，非金属矿物制品业，黑色金属冶炼和压延加工业，有色金属冶炼和压延加工业，金属制品业，金属制品、机械和设备修理业
技术密集型	化学原料和化学制品制造业，化学纤维制造业，医药制造业，橡胶和塑料制品业，通用设备制造业，专用设备制造业，汽车制造业，铁路、船舶、航空航天和其他运输设备制造业，电气机械和器材制造业，计算机、通信和其他电子设备制造业，仪器仪表制造业

按照改进后的产业转移衡量方法［见公式（9-2）］，对中国31个省份2006—2016年制造业产业转移指数进行了测算。将2006—2016年划分为3个阶段，阶段Ⅰ为2006—2009年，阶段Ⅱ为2009—2013年，阶段Ⅲ为2013—2016年。各省产业转移情况如表9-2、表9-3、表9-4所示。

表 9-2　各省劳动密集型产业转移情况（2006—2016 年）

劳动密集型产业	阶段 I	阶段 II	阶段 III
北京	−0.00091	0.014447	−0.00856
天津	−0.00694	0.071479	0.164877
河北	−0.06365	0.062022	0.265685
山西	−0.04519	−0.02722	0.000407
内蒙古	−0.09464	−0.13313	−0.20198
辽宁	0.069826	0.125428	0.129352
吉林	−0.00259	0.154629	0.491203
黑龙江	−0.03075	0.129451	0.659219
上海	−0.0501	−0.09691	−0.15244
江苏	−0.1161	−0.35618	−0.58454
浙江	0.063749	−0.12465	−0.46558
安徽	0.042535	0.275029	0.483168
福建	0.154175	0.318296	0.48007
江西	0.071392	0.217956	0.428653
山东	0.046588	0.026937	−0.19003
河南	0.067746	0.232951	0.31359
湖北	0.008723	0.101274	0.064052
湖南	0.005642	0.105202	0.268613
广东	0.077028	0.233809	0.292765
广西	−0.01731	0.221494	0.647807
海南	−0.09492	−0.13479	−0.14602
重庆	0.04143	0.109583	0.104252
四川	0.055419	0.172145	0.248967
贵州	−0.00811	0.079111	0.417858
云南	−0.00543	0.021412	0.134716
西藏	0.20532	0.353309	0.17861
陕西	−0.06952	−0.06646	−0.04944
甘肃	−0.01467	0.037455	0.1481
青海	0.046389	0.035464	0.072981

续表

劳动密集型产业	阶段 I	阶段 II	阶段 III
宁夏	−0.02913	−0.06291	0.02089
新疆	−0.02636	−0.23299	−0.30955

表 9-3 各省资本密集型产业转移情况（2006—2016 年）

资本密集型产业	阶段 I	阶段 II	阶段 III
北京	−0.01309	−0.06775	−0.15136
天津	0.138917	0.251482	0.297199
河北	−0.02708	−0.12031	−0.23214
山西	−0.03209	−0.11189	−0.15859
内蒙古	−0.04731	−0.09034	−0.06802
辽宁	−0.11621	−0.14989	−0.14582
吉林	0.08708	0.126156	0.159007
黑龙江	0.005637	0.144005	0.184831
上海	−0.07353	−0.08941	−0.08298
江苏	−0.02406	−0.07019	−0.03969
浙江	−0.00908	−0.00599	0.002106
安徽	−0.0519	−0.1668	−0.22266
福建	0.057218	0.092769	0.133222
江西	−0.07404	−0.19267	−0.25886
山东	−0.05373	−0.08707	−0.08487
河南	−0.05527	−0.16261	−0.24997
湖北	0.009445	0.0463	0.027225
湖南	−0.11388	−0.25882	−0.29907
广东	0.029102	0.061449	0.084457
广西	−0.0248	−0.05972	−0.10927
海南	0.356247	0.326565	0.335618
重庆	−0.02449	−0.03529	−0.06924
四川	−0.03214	−0.06589	−0.12537
贵州	−0.05428	−0.0247	−0.0184
云南	−0.07562	−0.08697	−0.04862

续表

资本密集型产业	阶段Ⅰ	阶段Ⅱ	阶段Ⅲ
西藏	0.005665	0.074754	0.276435
陕西	−0.01602	0.080088	0.103736
甘肃	−0.05407	−0.10953	−0.05766
青海	−0.06302	0.004716	0.046482
宁夏	−0.0724	−0.00192	0.031642
新疆	−0.16372	−0.1893	−0.21499

表9-4 各省技术密集型产业转移情况（2006—2016年）

技术密集型产业	阶段Ⅰ	阶段Ⅱ	阶段Ⅲ
北京	0.008462	0.06048	0.154484
天津	−0.12481	−0.23046	−0.24801
河北	0.01138	0.069191	0.151406
山西	0.000844	0.072058	0.172662
内蒙古	0.034354	0.078421	0.110272
辽宁	0.069501	0.08971	0.122878
吉林	−0.07992	−0.13922	−0.20167
黑龙江	−0.02303	−0.17168	−0.25296
上海	0.072325	0.099402	0.117179
江苏	0.055083	0.136705	0.129187
浙江	0.024905	0.049593	0.039329
安徽	0.02617	0.086314	0.099294
福建	−0.05904	−0.12989	−0.24425
江西	0.037358	0.113574	0.132164
山东	0.040042	0.072351	0.098254
河南	0.019332	0.083274	0.155146
湖北	−0.01165	−0.05746	−0.03273
湖南	0.077482	0.185543	0.213765
广东	−0.02996	−0.08311	−0.12604
广西	0.002186	−0.01047	−0.01421
海南	−0.30954	−0.27226	−0.20984

续表

技术密集型产业	阶段 I	阶段 II	阶段 III
重庆	0.011553	0.014737	0.062255
四川	0.005922	0.017111	0.074427
贵州	0.020957	−0.01689	−0.03097
云南	0.029645	0.038183	0.05786
西藏	−0.0687	−0.14942	−0.21495
陕西	0.009414	−0.06929	−0.0465
甘肃	0.009016	0.049401	0.063247
青海	0.019185	−0.03285	−0.01775
宁夏	0.050369	−0.00156	−0.02454
新疆	0.165036	0.251009	0.285393

资料来源：据相关统计数据计算

由于资本规模测算的产业转移指数无法准确反映制造业转移的真实情况，我们选择以销售产值衡量的转移指数加以分析。由分大类行业的测算结果可知，劳动、资本和技术三类要素密集型行业的地区间转移均存在扩大趋势。

时间上来看，2006—2009 年，资本密集型制造业转移幅度最大，随后是劳动密集型制造业，最后是技术密集型制造业，尽管三者存在转移幅度的差异，但基本上持平；2009—2013 年，三类制造业转移速度都增幅明显，增幅最大的是劳动密集型制造业，资本密集型制造业和技术密集型制造业的地区间转移也毫不逊色；到了 2013 年，劳动密集型制造业转移速度急剧增加，明显超越了资本密集型制造业和技术密集型制造业，部分省市转移速率开始放缓，虽然资本密集型行业和技术密集型行业转移也快速增长，可增幅相比上一阶段略有下滑。上述测算结果既反映出要素成本升高带来地区间比较优势的不断转换，又证实了地区间产业梯度的存在性。

2006—2009 年，劳动密集型制造业主要表现为从华北、东北和西北部地区转入中部和广东、福建、浙江、山东和辽宁等沿海地区的特征，其中福建吸纳了最多的劳动密集型制造业转入，中部的河南、江西和东部的浙江次之。河北、内蒙古和山西则是劳动密集型制造业转出最多的地区。劳动密集型制造业作为对于劳动力数量和质量有一定要求的行业，不难理解其整体上由劳动力数量相对较少、质量相对较低的区域转入劳动力数量相对较多、质量相对较高的区域的趋势；2009—2013年，劳动密集型制造业转移情况与上一阶段略有不同，西南部的云南、贵州和广西，西北的甘肃，京津冀和东北地区均由上一阶段的劳动密集型制造业转出地变为转入地，而与之相对应的仅有浙江由转入地变为转出地。这大致反映出劳动力大省的劳动密集型制造业承载力逐渐饱和，因而劳动密集型产业开始向其他区域转移；2013—2016年，北京不断将劳动密集型制造业转出，以疏解非首都核心功能。此外，部分地区也在此时开始空前规模地承接劳动密集型制造业的转入，其中以西南部、中部和东北最为突出，此阶段的劳动密集型制造业转移主要是缘于创新驱动和高质量发展的提出，除广东和福建以外的劳动密集型制造业密集分布的东部沿海地区，积极响应党中央决策转出该类产业。整体上来看，转出后的劳动密集型制造业主要向中部和西南集聚，契合当前产业转移的战略思路。

  2006—2009年，资本密集型制造业转入地分布呈现"中间两点，南北两块"的态势，这两个点状转入区域分别是湖北省和天津市，两个块状转入区域分别是北方的黑龙江和吉林以及南方的广东、福建和海南。东北地区在此时仍然具有工业基础雄厚的优势，而广东和福建是沿海开放的省份，所以在这一阶段资本密集型制造业不断涌入这两块区域。2009—2013年，资本密集型制造业转移空间分布没有太大变化，值得一提的是，中部的湖南、江西、安徽和河南四省资本密集型制造业转出大大加速，超越了以往水平，而与湖北相邻的陕西也由上一阶段的转出地变为转入地。这是缘于劳动密集型制造业的涌入导致中部省份的产业结构战略发生变化，于是资本密集型制造业开始另觅发展之地。2013—2016年，资本密集型制造业转出速率加速的态势向北蔓延，覆盖了山西和京冀地区，浙江和宁夏与上一阶段的陕西一样，由转出地变为转入地。山西过去长期依赖资源开发型产业发展经济，但随着产业结构单一的弊端凸显和环境污染的日益加深，山西不断将属于资本密集型制造业的资源开发型产业转移出去，河北和山西情况类似，高污染的钢铁厂也在转移以适应新时代要求。整体上来看，相对于劳动密集型制造业，资本密集型制造业整体上扩散幅度稍大，与阶段Ⅰ呈现的"中间两点，南北两块"的转入地空间分布基本无差别，这几个区域的资本密集型制造业转入的背后不难看到东北振兴、中部崛起和沿海地区产业转型等国家战略的身影。

2006—2009年，技术密集型制造业转移速率相对偏慢，其转移趋势与资本密集型制造业恰恰相反，呈现"点上转出，多地开花"的局面，主要转出地是中部的湖北、北部的天津和东北地区以及东南沿海的广东、福建和海南。技术密集型制造业的普遍转入说明了此时互联网和计算机行业的不断壮大，各地均开始出台政策吸引和吸收相关精尖企业。2009—2013年，技术密集型制造业主要转入西南和北部地区。其中，东部地区主要转入京津冀和长三角覆盖区域，东北地区主要转入辽宁，中部则由湖北转出到其他中部地区，西部的四川和重庆是主要转入地区，绝大多数省市区产业转移绝对值份额增加了。北京和上海作为主要的人才集中地，自然吸引了技术密集型制造业在两地的孵化，并且不断辐射周边所覆盖的区域，而西部的四川和重庆作为区域经济发展的领头羊，也使得技术密集型制造业在这里落地生根。2013—2016年，与上一阶段相比，技术密集型制造业转移的空间分布变化不大，但转入速率却大幅提高，主要体现在京冀、山西和河南三个地区，而转出速率大幅提高的仅有福建一省。可见京冀、山西和河南均以实际行动通过调整产业结构以实现创新驱动发展。整体上来看，技术密集型制造业除了向京冀和长三角地区转移外，非但没有转入珠三角地区，反而是从那里转出了不少技术密集型制造业，这在某种程度上表明，珠三角地区的技术密集型产业主要是第三产业，而非制造业。

在空间维度上，三类要素密集型制造业均在省际出现大规模转移。劳动密集型制造业呈现以东南沿海和西北地区为核心，向东北、中部和西南地区转移的特征；资本密集型产业则表现为以河南、安徽、江西和湖南的中部地区为主转出区，大部分西部地区为次转出区，转入广东、福建与江苏，以及西藏和部分东北地区；技术密集型产业持续转入新疆，除此之外，呈现由相对南部的地区向相对北部的地区转移的趋势。

从行业角度看，不同类型的制造业具有不同的转移特征。可以发现，劳动、资本和技术要素密集型行业的空间转移呈现出一定的规律。从全国范围来看，三类密集型行业均出现了大范围的空间迁移，随着要素成本差异的不断扩大，沿海发达地区的产业倾向于向周边次发达地区转移，形成典型的"洼地效应"，而中西部落后地区的要素则向区域内经济社会环境更优的地区汇聚，形成新的比较优势；其中，劳动密集型制造业总体向中部集聚，资本密集型制造业总体向东南和东北地区扩散，技术密集型则主要表现为转入除广东外的经济发达省份。

四、我国中西部地区承接产业转移中的挑战及建议

我国当前产业转移的总体趋势为劳动密集型产业多向中西部地区转移，较为发达的东部沿海地区资本密集型产业的比重逐渐升高。部分地区也出现技术密集型产业转出现象，产业发展正进入较为高级的阶段。我国产业转移当前阶段应当主要关注东部地区产业转出及中西部地区在承接相关产业的问题。

（一）承接地面临的问题

国内产业转移一般都经过各个方面的统筹研究，认为承接地的经济发展程度弱于移出地。产业的移入总体上是能够提高承接地的平均产业结构水平的，但是当前我国在产业转移中，承接地还面临许多问题，影响转移产业的落地以及承接产业的良好发展。

1. 缺乏承接产业转移的长期规划

中西部地区各省市区承接产业转移的积极性很高，但对如何承接产业转移

的研究不够深入，出台的相关政策不够系统，在承接产业转移过程中不具有针对性。一些地方政府着眼于眼前利益，为了保证辖区的 GDP 增长、工业产值、就业率等指标，并使其财政有稳定的税收来源，往往不顾本地区经济发展实际，盲目引进低端产业项目甚至高污染项目，不利于地区产业结构的有效升级和经济社会的可持续发展；同时，也导致区域之间招商引资的恶性竞争，从而加大承接产业转移的成本。

2. 产业综合配套能力不足，投资环境有待改善

中西部地区承接产业转移具有一定的产业基础，但未形成综合配套优势。集聚经济的空间差异是影响企业空间定位与再定位的关键因素之一，目前中西部地区已基本形成钢铁、汽车、纺织、石化、有色金属、原材料等支柱产业，装备制造业和高新技术产业具有一定的优势。但与东部地区相比，中西部地区产业整体实力仍然较弱，产业结构的上下游配套能力不强，尚未形成规模较大、配套齐全的产业集群，不具备具有良好协作配套能力的产业链和具有较强竞争力的价值链。这些都极大地影响了各种生产要素的流动，降低了企业生产环节的配套支持能力，增加了企业的经营成本和经营风险。同时，处于价值链高端的配套企业的缺失，制约了整体产业层次的提升。

投资环境是地区形象的综合反映，是招商引资的先决条件。与东部地区相比，中西部地区在投资的硬环境和软环境方面都存在明显差距，特别是在软环境方面。从硬环境来看，尽管国家投入大量资金，但中西部地区交通通信等基础设施建设仍相对薄弱。从软环境来看，一是中西部地区生产性服务业发展相对滞后，现代物流业发展滞后，增加了企业的运输成本；金融服务体系还不健全，信贷、保险、金融等行业服务网点和服务水平不发达，企业融资比较困难。二是劳动者整体素质不高，中西部地区技术工人和管理人才相对短缺，但科技创新能力不够强，科技成果转化率低。三是中部地区公共服务效率有待提高，承接产业转移的政策措施不到位、不系统，政府部门权力意识偏重、服务意识较差、审批项目复杂且环

节多，外贸企业报关、报检耗时长，效率低；法制环境、经营环境、生活环境、人文环境等方面也有待进一步的改进。

3. 承接产业转移的主体不明确，利益协调机制尚未建立

产业区域转移是市场经济条件下的企业行为，但由于深处中国内陆地区的中西部地区长期受计划经济的影响，"大政府、小社会"的管理模式还未完全消除，政府往往在承接产业转移过程中发挥更多的作用。一方面，束缚了企业承接产业转移的积极性，降低了市场活力；另一方面，也扭曲了市场机制的资源配置功能，不利于经济效率的提高。同时，不能与主要发达地区实现产业转移的有效对接，在相当程度上影响到中西部地区产业结构的优化和调整。

产业转移对转入地来说是增加 GDP 和税源的途径，而对转出地来说是减少 GDP 和税源的损失。因此，在财政分权和 GDP 考核的绩效机制作用下，地方政府之间势必针对产业转移展开激烈的"税源博弈""资源效益博弈""环境效益博弈""声誉政绩博弈"。当前，东、中、西部地区之间利益协调机制尚未建立，东部发达地区从自身利益最大的角度出发，通过省内不同区域间共建产业园区等方式，不断引导产业向省内欠发达地区转移，而这势必阻滞产业向中西部地区转移的步伐。同时，由于中西部地区各省份之间的利益协调机制尚未建立，地方政府之间为了争夺产业转移资源，竞相压价、放宽环境准入标准，结果不利于产业在空间的有效配置。

4. 生态环境约束

随着东部地区生态环境压力日益增大，居民对高质量环境需求的增加，东部地区对企业的环境规制强度不断提高，污染性产业的生存空间不断压缩。在这种背景下大量污染性产业通过废物资源化利用、拯救后发地区濒危企业、淘汰产业或设备转移、资源开发等途径，转移到中西部地区，尤其是中部地区。目前，皮革、陶瓷、水泥、化工等高污染产业通过产业向中西部地区转移的同时，也实现污染转移。中西部大部分地区生态条件脆弱，属于国家主体功能区规划中的"限制开发地区"和"禁止开发地区",尤其是西部地区,生态环境的可承载力低下日渐成为影响经济发展的重要因素;再加上产业转移梯度性、选择性和趋利性的特征,导致发达地区转移出大量环保不达标、能源消耗量大、高投入低产出的企业,这些都加重了中西部承接地生态环境的压力,使中西部地区面临着明显的生态困境。

(二)促进区域产业转移的建议

经过前文分析,可以看到地区间产业转移是一个系统的、复杂的问题,面临很多障碍,因此必须采取必要的措施,引导东部地区产业向中西部地区有序转移。当然,一定要注意到,产业转移是经济发展的客观规律,政策措施的制定必须符合这一规律而不能与之相悖,政府的政策导向应该强调引导作用。

1. 发挥中心城市作用,实现产业承接的空间布局从分散式向集中式转变

我国的中西部地区约占整个国土面积的81.7%,广阔的土地对承接产业转移的阻碍作用体现在两方面:一是不同地区间距离过大,这不仅仅增加了运输成本,还形成了技术交流的障碍;二是人口分布不均,中部地区依靠全国约10.7%的土地,承载全国约26.51%的人口,而西部以占全国71%的土地,承载全国约28%的人口。这决定了中西部在承接产业转移时应当采取集中式承接的方式,这不仅有利于提升当地的城镇化质量,还有利于提高承接产业转移的经济绩效。除政府引导外,企业自主区位选择在实施集中式承接过程中具有不可忽视的作用。由于转移企业更倾向于选择产业基础好、基础设施完善、制度成本较低、市场更大的地区,因此中西部地区的大中城市成为企业选择的目标。当前,中西部地区的国家中心城市和区域性中心城市承接产业转移要从以下几方面着手:

首先,中心城市应当致力于设计更好的产业支持政策,给予转移产业更好的落地条件。各市应把产业园区作为承接产业转移的重要载体和平台,要加强对现有产业园区的整合,引导转移产业和项目向更大的产业园区集聚,形成各具特色的产业集群。地理上距离较近的城市应当发挥协同作用,在承接产业的选择上相互协调，以达到最优的效果。

其次，积极支持承接企业提高创新能力。要将创新资源陆续投向企业，逐步增强对企业创新基础能力建设的投入力度，并在此基础上积极支持产业技术创新战略联盟根据产业发展需求培育创新链。应积极支持具备条件的企业承担或参与工程中心、重点实验室、技术转移平台建设。进一步鼓励企业在承接地成立研发中心，合理支持企业与承接地科研院所开展合作，不断强化企业的根植性。合理塑造技术创新服务平台，借助一系列政策鼓励入驻的中小企业主动参与创新。陆续革新科研院所体制，把更多的资源集中于企业绿色转型升级的关键性技术研发和推广应用领域，逐步形成与产业、区域经济紧密联系的技术研发、成果转化机制，且以此为基础，大力促进协同创新。支持龙头企业与承接地高等院校、科研院所、行业协会相关联的上下游企业培育与发展研发机构，有效解决企业转型升级中的核心技术难题。基于知识创造、创新成果快速转移扩散的发展目标，不断加强科技中介机构的培育与发展，增强面向社会的科技信息、决策咨询服务的能力。

最后，积极发展职业教育，快速补齐人才短板。中西部地区普遍存在人才缺乏的问题，职业教育最主要的贡献之一是满足劳动力市场的技能需求，缓解一些行业技能短缺的状况，并且有培养周期短、与实际应用结合紧密等优点。要充分了解劳动力市场和各行业的技能供求状况，实现产学研融合。合理有效地制定相关职业教育政策，确保职业教育项目和课程都具有较高的行业相关性。提升职业教育的公众认可度，促使更多的学生把参与职业教育和技能培养视作引以为傲的选择，将成为"大国工匠"作为职业目标。

2. 依托产业园区，优化承接模式

产业园区能够有效集聚产业，通过资源共享，克服外部负效应，带动关联产业，从而有效地推动产业集群的形成。目前我国国家级产业园区共计626家，省级产业园区1166家。根据同济大学发布的《2017中国产业园区持续发展蓝皮书》，2016年全国365家国家级经开区和高新区的GDP合计为170946亿元，超过全国GDP的1/5；合计上缴税收29327亿元，超过全国的1/4；合计出口创汇55254亿元，

占全国总出口创汇的 2/5。因此，依托产业园区，通过政府引导产业转移，完善产业园区之间的承接政策，实现东中西各个产业园区内产业有序转移是我国产业转移的主要方式之一。

第一，中西部地区产业园区应加强集群招商。依托产业园区的政策优势，可以加速各类生产要素的集聚，通过产业园区建设推进产业转移。在区域经济发展中，产业集聚发挥了重要作用，通过市场力量调整产业集聚的区域分布，加快区域产业转移以促进中西部经济中心的形成。其中，集群招商已被证明是一种有效的承接产业转移的模式，从市场细分和市场分工的原则出发，利用产业配套环境和产业集群效应，致力于对集群内配套项目、相关企业进行招引。集群招商的关键在于引进龙头企业，发挥龙头企业的带动作用。充分发挥产业园区、周边上市公司或行业龙头企业的优质资产端优势。园区可以与上市公司等行业龙头企业合作，或引入国内外知名投资机构，共同设立产业发展基金，为上市公司的科技创新和产业转型升级服务。在帮助上市公司做强做大的同时，进一步发挥其行业引领和产业集聚功能，充分发挥园区在产业招商、吸引人才等方面的新优势。

第二，为了实现产业转入地与产业转出地有效配合与衔接，应充分发挥产业转移示范区的示范作用，由产业转出地和产业转入地共同建设"飞地经济"，打破原有行政区划的限制，共同实施行政管理和经济开发，实现两地资源互补、协调发展。产业转入地主动加强与发达省市的园区对接，积极探索园区共同开发、共同收益的模式，为承接东部地区产业转移、产业转型升级和集群化发展提供良好条件。将产业转移示范区由点对点的企业转移升级为区对区的产业转移，由单纯的资金承接转变为项目承接，由以往发达地区带动不发达地区转变为二者共同发展、互惠互利。充分发挥产业转入地的市场规模效应，吸引企业入驻，通过产业转入地的市场规模优势促进竞争优势的形成。

第三，加强中西部地区产业园区的招商引资力度。在中西部设立产业园区，通过产业园区内税收优惠、提供产业用地和水电补贴等政策，降低企业的生产成本，提高产业园区的吸引力。为企业提供搬迁补贴，降低产业转移的成本，确保产业转移以后能够在产业转入地持续获得市场竞争优势。产业的发展是各个关联产业协同推进的结果，东中西部所处的工业化阶段不同，由此导致了产业转出地和产业地处于不同的发展阶段，为了促进国土空间结构与经济结构的均衡，建议产业分梯度依次转移到中西部地区，因为产业承接地将进入的工业化阶段恰好是产业转出地已经经历过的工业化阶段。

第四，产业园区应注重科创平台建设，发展服务经济。传统工业园区建设经常忽视科创平台建设，服务经济较为滞后。为了有效承接东部地区的优质产业转移，要努力打造科创经济载体和环境，具体措施包括：一是建设孵化器、众创空间和科技加速器；二是吸引科研院所分支机构、公共实验室和企业研发中心，建立公共技术交流平台等；三是引进多元化的创新人才，打造互动交流平台，促进跨界创新，通过优质的科创服务提升产业园区的产业吸引力。传统工业园区通常存在重生产、轻服务的问题，这也为承接和发展服务业提供了空间。为此，应通过服务经济规模和质量的提升吸引制造业企业入驻，一方面，要积极承接生活商贸型服务业，如餐饮、购物、休闲娱乐、社区服务等，满足园区内产业工人的生活需要；另一方面，为满足制造业的发展需要，应加快仓储物流、会展商贸、教育培训、技术服务、检验检测等生产性服务业转移，助推产业的集聚和转移。

3. 因地制宜，在不同区域实施差异化的产业转移政策

区域间产业梯度转移要获得最大效益，需要发挥区域比较优势，综合考虑自然资源、环境容量、要素价格、运输成本和产业特征等因素，形成良性互动、优势互补、分工合理、特色鲜明的现代化产业发展格局。我们通过分析"四大板块"的特点，提出各板块产业转移的主要思路和重点任务。

（1）东部地区。东部地区在改革开放后承接了大量的国际产业转移，加上国家政策的扶持，经济发展水平不断提升，远远领先我国其他地区。随着经济发展水平不断提升，东部地区自然资源日渐匮乏，劳动力价格日益抬升，传统产业已不具备生产优势，且无法带动地区经济持续增长，产业转型升级迫在眉睫。

一方面，东部地区的资源和劳动力已不再具备优势，因此要推动资源密集型和劳动密集型等传统产业向中西部地区转移。降低转移企业的门槛，简化办理程序，完善转移后续保障，并为企业转型升级提供政策支持。另一方面，东部地区要依托雄厚的产业基础和相对完善的市场机制，积极承接国际高端产业转移，完善区域营商环境，吸引外商来华投资，将东部地区建设为我国先进制造业的先行区、参与经济全球化的主体区。同时，发挥人才集聚和资源集中的优势，依托高校和科研院所，建设全国科技创新与技术研发基地。

（2）东北地区。东北地区作为老工业基地，20世纪90年代以来逐渐走向衰落。此外，市场化改革缓慢、对外开放滞后是东北地区的突出短板。但东北地区的相对优势也十分明显：自然资源丰富，劳动力数量充足、成本较低且素质较好，工业基础雄厚，加上地处东北亚中心，具有巨大的对外开放潜力。

首先，加快传统产业转型升级。依托良好的制造业基础，扩大与制造业强国和国内发达地区的技术合作，提升重大技术装备自主化程度，加强核心技术与关键零部件研发，加快制造业转型升级，打造具有国际竞争力的装备制造业基地和国家新型原材料基地。其次，发展附加值高、带动力强的高新技术产业。设立高新技术开发区，打造具有代表性的高新技术产业，使东北地区成为重要的技术研发与创新基地。最后，加快对外开放的步伐，探索设立辽沪特别合作区、吉浙特别合作区、黑苏特别合作区等，共同打造对外开放新平台。此外，还要推进沿边重点开发开放试验区的创新发展，增加货物贸易量，强化生产技术的交流，将东北地区建成我国北方重要的开放窗口和东北亚地区合作的枢纽。

（3）中部地区。中部地区经济基础相对薄弱，但是其优势十分明显。中部地区自然资源丰富、劳动力数量巨大、人力资源储备丰富、工业体系门类齐全。同时，中部地区在地理位置上具有承东启西、沟通南北、维系四方的重要作用，交通基础设施相对完善，在承接产业转移方面具有得天独厚的优势。

首先，在承接产业转移过程中，中部地区作为国家重要的粮食和制造业基地，应将食品加工、装备制造、汽车及零部件制造作为承接重点，各省要依据当地资源条件和已有产业基础，加强主动招商，在细分领域错位发展，促进产业集群形成。

其次，对中部地区一些产业条件好和产业联系度高的城市群进行集中投资和重点开发，重点加强武汉城市群、皖江城市群、中原城市群和长株潭城市群的建设，在这些地区培育农产品深加工群、新型能源产业群、化工产业群、汽车产业群等，发挥产业集群效应，为承接东部产业转移和加工贸易转移创造良好的配套环境。最后，积极引进东部地区电子信息、机械等高端产业，增强地区可持续发展能力。

（4）西部地区。西部地区的经济发展较为落后，地处内陆、交通不便，运输成本高昂。但是，西部地区在以下多个方面具有明显优势：地域辽阔、自然资源储备丰富、劳动力数量多且成本低。西部地区是我国向西开放的桥头堡，同时西部地区还能享受多种政策优惠。

西部地区是产业转移的重要承接区，要发挥重庆、成都、西安等区域性重点城市的领头作用，利用当地的科技、人才资源优势，积极吸引发达国家和东部地区的电子信息产业以及高端加工制造业，打造区域性高新技术和先进制造业基地。最后，加大向西开放的力度。产品运输成本高昂是制约西部地区承接产业转移的重要因素，如果能够向西打通市场，就能做到就近生产、就近出口，化被动为主动，化劣势为优势。

第十章　区域协调发展与土地制度

　　改革开放40多年来，中国经济发生了翻天覆地的变化，实现了中国式的经济奇迹。这说明在改革的过程中，我国的经济制度表现出了巨大的优越性，为经济的腾飞提供了良好的条件。在众多改革的领域中，土地制度是极具中国特色的一个领域，在经济发展的过程中起到了至关重要的作用。中国的土地制度为经济发展提供了广阔的政策空间，为平衡我国区域经济空间布局，促进区域经济协调发展提供了良好的政策工具。例如，在改革开放初期，我国区域战略向东部沿海地区倾斜，在土地政策方面，东部地区也走在全国的前列，例如我国第一宗土地协议出让就发生在深圳市，并且长期以来我国出让的土地也主要集中在东部地区。然而，21世纪以来，为了缓解区域经济发展的差距，中央实施了区域协调发展战略，土地工具也成为了实施区域协调发展战略的有力抓手。自2003年来，中央开始实施向中西部的土地供应政策，并限制跨省区的耕地占补平衡，这些举措保证了东西部地区土地供应的差距，推动经济活动突破胡焕庸线向中西部转移。

一、理论基础与制度背景

（一）土地工具的研究基础

　　土地作为农业经济中财富的基础，很早就被经济学家纳入了研究的范畴。例如，马克思认为土地是"一切生产和存在的源泉"，威廉·配第认为"土地是财富之母，而劳动则为财富之父"，马歇尔把土地视作生产的4个要素之一，并分析了土地对于国家财富增长的作用。然而，随着经济学的进一步发展，经济学逐渐淡化了对土地问题的研究。与古典经济学、新古典经济学普遍将土地作为财富的根本要素不同，现代的经济增长模型普遍强调技术进步在经济增长上的作用，而仅将土地抽象成为资本的一部分。这种变化的原因一方面在于学者为了追求模型求解和分析的简便，另一方面也在于经济学家认为土地对经济发展的约束越发宽松。例如，舒尔茨认为"在英国、美国及其他许多科技高度发达的社会，经济已经摆脱了原先由土地施加的桎梏"。因此，土地问题的研究和经济增长的研究逐渐分离，经济增长的研究一般聚焦在宏观层面，很少考虑土地问题；而土地利用的文章一般研究微观层面的问题，忽视了土地利用变化和宏观经济增长的联系。

然而，正如戴维·罗默指出"土地的固定供给可能对我们的生产能力是一种严格约束"，经济增长研究对于土地问题的忽视使其存在一些局限，特别是在区域经济增长领域，土地对于区域经济增长的影响更加不容忽视。因此，在主流的经济增长研究文献逐渐忽视土地问题的同时，区域经济学、经济地理学等领域的学者却没有停止对于土地问题的探索。早在19世纪，区位论的先驱杜能就论述了土地利用和农业生产的区位选择的关系；也有学者将住房用地引入新经济地理学的框架内，使其成为分散力的一个来源；还有一些研究试图将区域经济与土地市场联系起来，认为土地市场可以改变区域经济发展模式和福利分配。近年来有关土地规制、土地价格、土地资源错配和土地利用模式等土地相关的问题吸引了越来越多国外学者的关注。

在美国，地方政府主要利用土地规划（regulation）和区划（zoning）政策控制城市的空间结构，土地规划对城市发展模式和经济增长模式具有巨大的影响，因此许多学者分析了土地规制的政策效果。研究认为，土地规划似乎与市场机制下的城市结构存在矛盾，而且由于严格的土地规划限制了城市核心地区的土地利用，所以可能导致城市蔓延（sprawl）和去中心化（decentration）的出现；另外也有研究发现土地规划会促使污染企业转移到规制宽松的区域，从而加重生态的破坏以及污染的空间转移。土地价格也是土地的重要属性，一方面，土地价格波动以及其导致的消费、投资变化可以对宏观经济周期起到重要影响，例如 Chaney

（2012）等研究发现1993—2007年土地价格的上涨提高了企业的投资；另一方面，土地价格的上涨会直接导致房地产价格的上涨，进而很大程度上影响到宏观经济的波动。因此，许多学者对于土地价格的影响因素进行了研究，结果表明土地供给的限制、基础设施和自然环境等因素都会影响到土地的价格。另外，土地资源的错配问题近几年吸引了经济学者的关注，例如Brandt（2013）、Restuccia和Santaeulalia-Llopis（2017）等研究了土地的资源错配问题；而Adamopoulos（2017）等研究了土地资源错配对于农业生产效率的影响。还有一些土地相关的文献研究了土地利用模式问题，其内容非常广泛，包括房地产发展、自然保护区建设和城市蔓延等方面。

国内对于土地问题的研究重点和国外有很大的区别，其根本原因在于在欧美等国土地私有制的制度设定下，政府的作用主要体现在规划的角度。然而，我国的土地制度是土地归国家或集体所有，土地出让很大程度上受到政府的控制。因此，我国土地问题的研究也表现出明显的中国特色，例如，大量研究关注了城乡用地二元化、建设用地供给、土地出让市场化、土地财政、以地引资以及以地融资等极具中国特色的问题。

这些研究从各个侧面深入探讨了土地在我国经济发展中的独特作用，然而其视角往往聚焦在土地问题的某一个侧面，很少有将土地要素视为经济发展的政策工具的综合论述，但是在中国经济改革和发展的实践中，土地往往是各级政府加快经济发展、促进经济转型和优化经济布局的重要工具。因此，笔者从土地作为政府政策工具的视角，在梳理我国土地制度改革过程的基础上，着重分析土地作为空间政策工具、财政政策工具和产业政策工具在我国经济发展中起到的作用及其带来的潜在成本，从而为未来中国更好地利用土地这一政策工具促进经济增长、优化经济结构和平衡空间布局提供参考。

（二）制度背景

在我国的历史长河中，土地制度改革对于经济社会结构的变革起到决定性的影响。新中国成立后，中国土地制度发生了翻天覆地的变化。在计划经济时期，城镇建设用地主要通过划拨的形式进行配置。1986年中央政府颁布了《中华人民共和国土地管理法》，明确了城市土地使用权可以有偿出让。1987年9月8日，深圳市以协议的形式第一次有偿出让了城镇建设用地，拉开了建设用地土地由无偿划拨转向有偿出让的序幕。1990年出台的《城镇国有土地使用权出让和转让暂行条例》明确将国有建设用地的所有权和使用权进行分离，允许市县级地方政府土地使用权转让。这段时间，土地制度的改革打破了计划经济时期以划拨为主的土地资源配置方式，提高了资源配置的效率，也为地方政府招商引资提供了有力的谈判工具。但是，这段时期的土地出让一般以协议出让为主，存在巨大的寻租空间，可能滋生腐败行为，而且地方政府为了招商引资往往展开"底线竞争"，以极低的地价将土地出让给企业，造成了资源配置的扭曲与土地资源的浪费。

为了解决上述问题，进入21世纪以后，建设用地出让市场化的进程正式开启。2001年4月，国务院发布了《关于加强国有土地资产管理的通知》，提出要"大力推行国有土地使用权招标、拍卖出让"，并且在地方的实践中，市场化的土地出让方式逐渐演变为招标、拍卖和挂牌三种。2002年5月国土资源部颁布《招标拍卖挂牌出让国有土地使用权规定》，明确规定各类经营性用地必须以招拍挂形式进行出让，并且在2004年要求商业、旅游、娱乐和商品住宅等城市经营性建设用地只能通过招拍挂的方式出让。之后市场化改革逐渐扩展到了工业用地，2006年国土资源部颁布《招标拍卖挂牌出让国有土地使用权规范（试行）》和《协议出让国有土地使用权规范（试行）》要求地方政府事先在中国土地市场网上公布土地出让计划，出让之后公布土地出让结果；此后国务院颁布的《关于加强土地调控有关问题的通知》提出建立工业用地出让的最低价标准，并且要求工业用地必须采用招拍挂的方式出让；2007年国土资源部发布《招标拍卖挂牌出让国有建设用地使用权规定》，明确规定工业用地要采用招拍挂的方式出让。土地市场化改革有效地抑制了低价出让工业用地的现象，提高了土地资源的配置效率，促进了经济增长。但是，由于土地市场化改革重点在于放开了土地需求侧的市场化竞争，然而地方政府依旧垄断着土地的供给，因此，当前的土地市场还不是一个完全竞争的市场结构，需求端的竞争带来了土地价格的快速上涨。

总之，改革开放以来我国形成了一套极具特色的土地制度。在这个制度内，土地市场在供给方面由政府完全垄断，而在需求端的市场化程度不断加深，并且，在土地的供给侧，中央政府和地方政府具有截然不同的作用，中央政府决定着土地供给的数量，而地方政府很大程度上控制着土地的价格。在中央政府的角度，城镇土地所有权归国家所有，给了中央政府垄断土地供给的权力，而且中央政府通过农村集体用地不得用于建设和保证耕地的占补平衡等规定，限制了地方政府的建设用地数量。因此，地方的供地数量受到中央分配的用地指标的严格约束，中央政府可以通过控制土地的供给来影响区域经济发展。

而对于地方政府而言，一方面地方政府的供地数量受到中央政府供地指标的限制，而另一方面地方政府又完全垄断着本地建设用地的供给，这赋予了地方政府很大的政策空间。地方政府不仅可以将土地作为招商引资谈判的重要工具，也可以将土地作为资产，为地方财政提供资金来源。在招商引资方面，地方政府一方面可以通过土地价格和补贴等手段吸引目标厂商，另一方面也可以在审批的过程中实现对厂商的选择，从而优化本地的产业结构。在财政方面，1994年分税制改革后，地方政府的税源收入受到了很大的限制，但是垄断的土地市场为地方政府提供了"以地生财"的途径。有研究表明，某些年份中土地出让价款可占财政收入的40%。而且2008年金融危机后，地方政府可以通过建立融资平台进行债务融资，其中大部分融资以土地出让金作为抵押，所以土地又为地方政府提供了"以地融资"的途径。总之，土地为地方政府提供了广阔的政策空间，并且在当前的体制下，地方政府有"政治锦标赛"的压力和区域间相互竞争的倾向，这进一步促使政府乐于将土地作为政策工具推动经济的发展。

综上所述,我国的土地制度与国外土地私有的制度有着巨大的差别。这个制度具有以下几个特点:第一,土地市场在供给方面由政府完全垄断,而在需求端的市场化程度不断加深;第二,在土地的供给侧,中央政府和地方政府具有不同的作用,中央政府决定着土地供给的数量,而地方政府很大程度上控制着土地的价格。这个土地制度赋予了政府很大的政策空间,使政府具备了利用土地工具调控区域经济发展的能力。我国各级政府均有能力也有意愿将土地作为政策工具,调控区域经济的发展,并且中央政府和地方政府的政策目标、调控手段也存在很大差别,为我们深入理解土地工具在区域经济发展中的作用提出了一个很好的课题。

(三)土地配给的演变与现状

21世纪以来,我国国有土地出让面积出现高速上升。国土资源部数据显示,1999年,土地出让面积约为6.21万公顷。随着经济不断发展,土地出让面积和土地出让收入的规模逐年增加。2003年,我国国有土地出让总面积增长到19.36万公顷,土地总成交价款增至5421.31亿元。在之后十数年中,土地出让无论在总面积还是总成交价格上开始以较快速度增长。自2003年起,土地出让总体呈上升趋势,2013年全国土地出让总面积飞速增至37.48万公顷,年均增长率达到20.8%,土地出让总价款也相应同比增加了56.0%,土地交易市场的发展达到了历史最高峰值。然而,土地出让的上涨态势并未得以持续,2013年后,土地出让面积开始逐年下降。近年来看,土地市场开始进入下降通道。截至2017年,全国土地出让总面积为23.08万公顷,相比2013年来说,下降了14.4万公顷。在出让的国有土地中,新增土地是重要的因素,根据分析发现,2008年前新增土地占所有出让土地的比例约为40%,而2008年后发生了大幅度的提升,到2011年后新增土地的占比已接近70%,之后的年份保持平稳。(见图10−1)

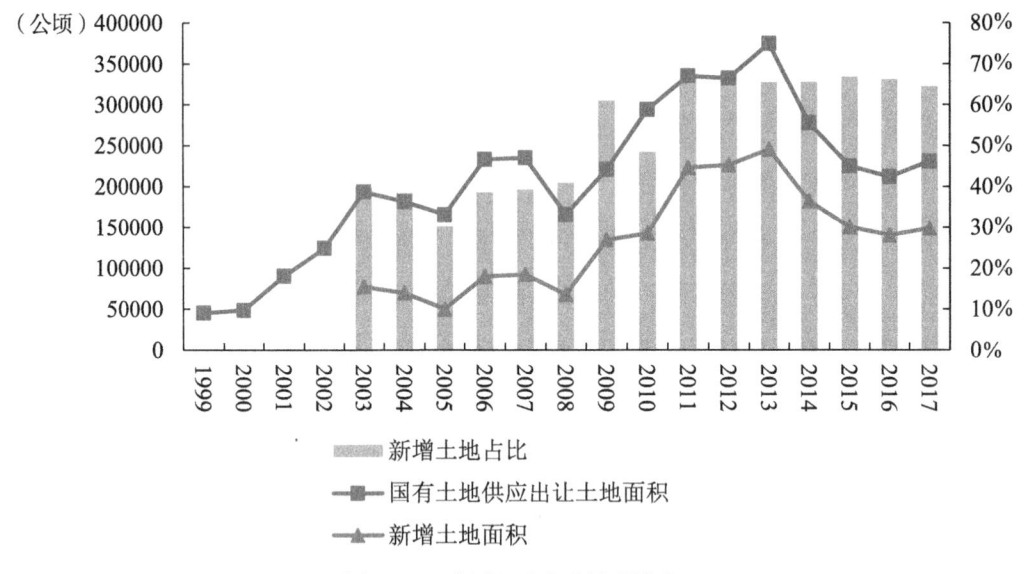

图 10-1 全国土地出让情况演变

数据来源：中国土地网

土地出让面积和价格高速上涨的同时，土地出让的平均价格也在迅速上涨。通过计算得出，全国土地出让平均价格从 2003 年的每公顷 280.02 万元增至 2013 年的每公顷 1167.15 万元，年均几何增长率为 122.62%。而且尽管 2013 年后土地出让的总面积和总价格有所下降，但是土地的平均价格仍然一路飙升。截至 2017 年，价格已达 2251.4 万元每公顷，接近 1999 年的 20 倍之多。（见图 10-2）

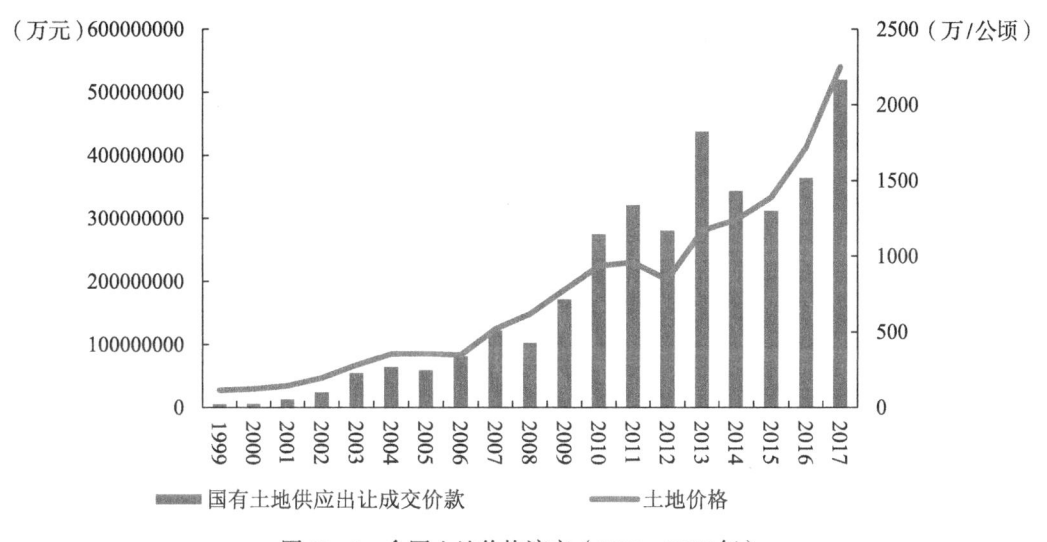

图 10-2　全国土地价格演变（1999—2017 年）

数据来源：中国土地网

二、土地作为政策工具的实践

（一）以土地优化区域空间结构

通过上述制度背景分析，我们发现当前的土地制度赋予了中央政府调控地方供地数量的能力，而且在我国的政策实践中，中央政府也积极利用土地作为实施空间政策的工具。在改革开放初期，我国区域战略向东部沿海地区倾斜，在土地制度改革方面，东部地区也走在全国的前列，例如我国第一宗土地协议出让就发生在深圳市。东部沿海地区宽松的土地政策在客观上对了改革开放后东部地区经济的快速增长起到了促进作用，低廉的土地价格成为吸引外商投资的有利条件，而外商投资带动了技术的提升和制度的优化，共同促进了区域经济的发展。

然而，21世纪以来东西部的区域差距不断扩大，所以中央政府先后实施了西部大开发、东北等老工业基地振兴和中部崛起等战略，区域协调发展战略逐渐形成，土地工具也成为了实施区域协调发展战略的有力抓手。自2003年来，中央政府开始实施倾斜于中西部的土地供应,中西部土地出让的成交面积不断上升。2003年中西部建设用地出让占总数的29.5%,而2016年中西部建设用地出让占比上升为54.6%。同时,中央政府也严厉打击土地违法行为,并且限制跨省区的耕地占补平衡,这些举措保证了东西部地区土地供应的差距,推动经济活动突破胡焕庸线向中西部转移。

中央政府利用土地作为空间政策的工具还体现在更加微观的层面,即利用土地政策的倾斜平衡大中小城市发展,以及支持自由贸易区和贫困地区等特殊类型区域的发展。例如2018年国务院下发的《关于支持自由贸易试验区深化改革创新若干措施的通知》明确规定:"编制下达全国土地利用计划时,考虑自贸试验区的实际情况,合理安排有关省(市)的用地计划;有关地方应优先支持自贸试验区建设,促进其健康有序发展。"《全国土地利用总体规划纲要(2006—2020年)调整方案》明确提出优先安排脱贫攻坚用地,为贫困县优先安排建设用地指标。这些土地政策倾斜对调整城市、区域层面的经济空间结构起到了重要作用。

在中央政府以土地作为空间政策工具,调控我国经济空间布局的过程中,土地要素发挥作用的机制一方面在于土地作为经济活动的空间载体,具有准入许可的性质,政府通过严格控制土地供给,可以直接限制本地的企业数量;另一方面在于政府通过控制土地的供给,推动了土地价格的上升,从而带动其他要素价格的上涨与优化。例如,研究表明偏向中西部的土地供给推高了东部地区的劳动力成本,也有研究表明土地供给的限制是房价上涨的原因,土地供给的增加可以降低房地产价格,要素价格的上涨利用市场作用推动了产业的空间转移。

(二)以土地引导区域产业发展

正如上文所述,地方政府有强烈的加快本地经济发展的动机,"土地财政"一部分的功能就是为地方的产业发展提供支撑,所以土地要素也一直作为产业政策的工具。事实上,在改革开放的早期,低廉的地价一直是地方政府吸引企业投资的重要条件。对于工业企业而言,低廉的地价不仅可以降低企业入驻的建设成本，而且在经营过程中可以以较高的价格抵押土地，从而进行融资，甚至在项目结束后还可以以高于成本的价格进行转让，获得土地转让收入。因此，低廉的地价对企业投资有着很大的吸引力。地方政府也积极利用土地作为政策工具引资，有学者将其概括为"土地引资"假说，并且认为以"土地引资"是政府建设各种工业园区、低价出让土地的主要原因。研究表明，低廉的工业用地价格对企业起到了补贴效应，土地工具对地区工业增长起到了推动作用。

土地作为产业政策工具还体现在政府可以利用土地影响区域的产业结构。由于制造业可以为地方提供持续的税收收入，对于地方经济有很强的带动作用，而商业用地、住宅用地对经济的带动能力较弱，因此长期以来采取了压低工业用地地价，提高商业用地和住宅用地的出让价格的做法。2016年我国商业用地地价为6937元/米^2，而工业用地地价仅为782元/米^2。这种供地策略一方面造成了制造业的超常发展，使中国成为低端制造业的中心；另一方面却抑制了服务业的发展。地方政府利用土地影响当地的产业结构，还可以通过对企业进行选择实现，如上文所述，土地本身就具有准入许可的性质，地方政府通常会设计特定的程序来实现在土地出让过程中对企业进行选择。例如，首先地方政府对土地使用权出让进行公告，投资商进行投资申请，然后经过地方政府的层层审批、登记进入出让的流程，再通过招拍挂或者协议的方式实现土地的出让，最后签署土地出让协议，厂商开工建设。在这个流程中，地方政府可以通过层层审批将土地出让给特定行业的企业，从而调整当地的产业结构。

另外，政府可以通过土地工具来推动产业升级。正如上文所述，2003年后中央政府逐渐缩紧了东部沿海地区的土地供给，这倒逼东部地区的产业进行升级与转型。一方面，由于土地供给受到限制，东部地区的地方政府有更大的激励将有限的土地资源配置给高端产业，因而对入驻的企业进行选择，从而推动区域的产业升级；另一方面，市场机制也可以在此过程中发挥作用。例如，有限的建设用地指标加之偏向于工业的土地供给，推高了地方商业用地和住宅用地的价格，这又进一步转嫁为企业和居民的经营、生活成本。研究表明，成本的上升对低端产业的排斥作用更大，因此可以促进产业由低端向高端的演变。

（三）土地工具的经济成本

土地工具的积极运用为我国经济高速发展提供了很大助力，但是和大多数政策工具一样，土地工具的使用也存在一些潜在的成本。这些潜在的成本引发了土地价格上涨、地方政府债务问题、资源利用效率下降和产业结构失衡等问题（见图10-3），其中有些问题甚至成为困扰我国经济进一步发展的核心问题。

第一，由于土地总量的控制和供给方垄断需求端竞争的土地市场结构给了政府推高土地价格的能力。而中央政府为了平衡区域经济空间格局，对东部地区土地供给实施了严格的限制，地方政府为了获取更高额的土地出让金，有着强烈的推高地价的激励，在这些因素作用下我国建设用地出让价格出现了急剧攀升。2003年我国土地出让平均价格为280万元/公顷，而到了2016年价格上涨到1721万元/公顷，年均涨幅高达39.6%。土地价格上涨引发了一系列恶果，比如，土地价格的上涨推高了企业的成本，推动了房地产价格的上涨，吸引资金更多地流入房地产领域，为实体产业的融资带来了困难。土地价格上涨伴随的房地产价格上涨还带了很强的分配效应，不仅加大了居民的消费压力，而且促使收入差距进一步扩大。

第二，土地作为财政工具带来的另外一个问题就是地方政府债务问题。土地融资可以使地方政府较容易地得到大量的资金，而且由于官员更注重自己任期内的政绩，会倾向于追求短期内的经济增长，因此地方官员有强烈的动机在自己任期内大量发债，将还债的问题留给继任者解决，这些因素导致了地方政府债务的飙升。2008—2015年我国债务总额年均增长20%，2015年底超过了20万亿美元，债务率在2018年大约为1.2，但是在2015年已高达2.1。大量的债务不仅挤出了制造业的投资，而且通过金融市场、土地市场等渠道向企业部门和民政部门传导，这提高了我国经济运行的系统性风险，并且土地财政和政府债务等问题相互交织，进一步提升了管控风险的复杂程度。

第三，一些研究注意到了利用土地作为政策工具可能导致资源配置效率下降这一弊端。比如地方政府以低廉的地价作为吸引产业发展的工具，这引发了土地利用效率低的问题。早期工业开发区的大规模兴建导致了大量的土地浪费，2003年全国开发区规划面积达到3.86万平方公里，而经过国土资源部的清理整顿后，2006年开发区面积减少为不足1万平方公里，压缩比例达到74.1%。另外，中央政府以土地作为空间工具也可能造成效率损失，因为东部地区的土地利用效率往往高于中西部地区，因此控制东部地区土地供给，增加中西地区的土地供给会使整体的土地利用效率下降。

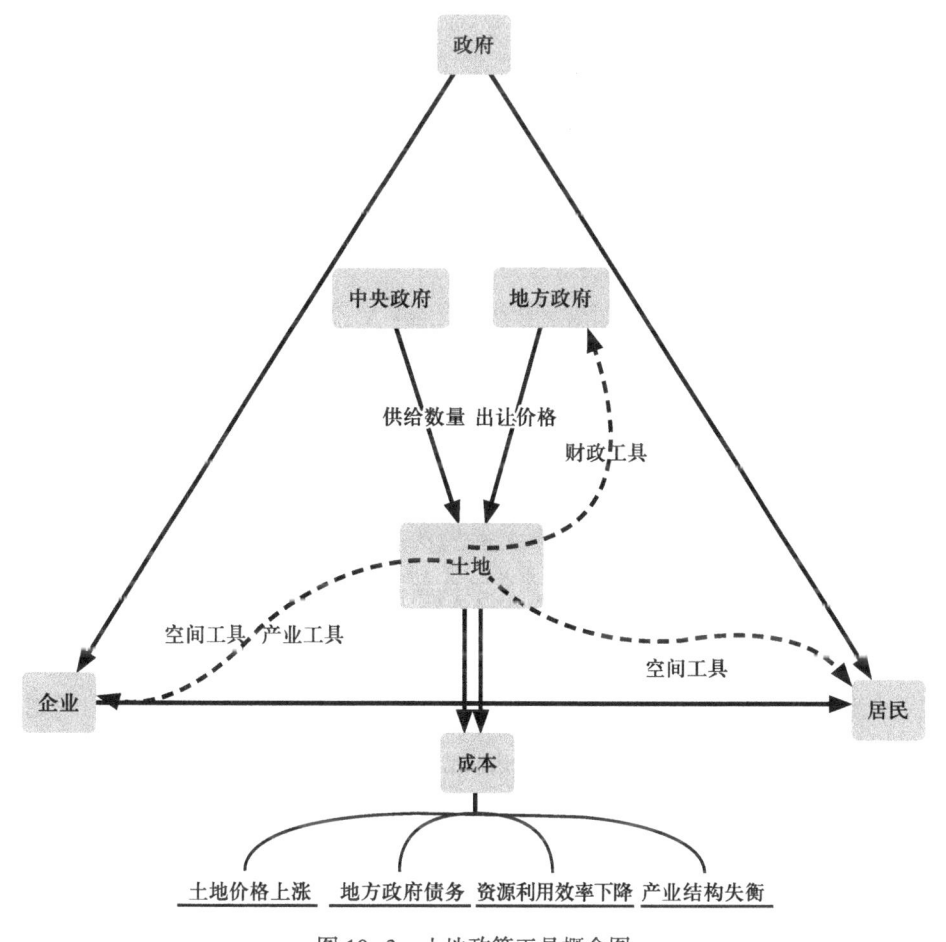

图 10-3　土地政策工具概念图

第四，土地工具的不当使用会导致产业结构的失衡。首先，地方政府为了本地产业发展，低价出让工业用地会导致工业的过度投资，廉价的土地对企业产生了补贴效应，扭曲了企业的投资成本，引发了企业过度投资的问题，使有些不具备生产条件的企业进入市场，这不仅降低了生产效率，也导致了产能过剩的问题。其次，政府一方面压低工业用地价格，另一方面提高商业和住宅用地的价格，不仅推高了房价，而且提高了经济体系运行的成本，成为我国经济脱实向虚的重要推手，近年来土地价格上涨降低了工业增长速度。最后，政府利用土地作为产业政策工具，可能会提高产业结构的刚性，降低城市的产业多样化程度。

三、政策建议

改革开放以来，土地对我国的经济腾飞发挥了重要的作用。当前，我国经济步入新常态，经济由高速增长转向高质量发展的关键阶段，积极合理地利用土地工具，是实现经济发展质量变革、效率提升和动力转化的有效途径。我国土地制度具有城乡二元结构、中央政府和地方政府多层控制以及供给端垄断、需求端竞争等特点，这个独特的土地制度赋予了政府很大空间，利用土地作为政策工具调控经济发展。土地工具对于我国区域经济协调发展的影响主要体现在以下两个方面：第一，土地为我国区域发展战略的实施提供了有力抓手，土地是经济活动的空间载体，中央政府可以通过调控土地资源的配置，推动区域协调发展战略等空间战略的实施；第二，土地作为产业政策工具，在政府招商引资、调整产业结构和推动产业升级特别是引导产业布局方面也起到了重要作用。

土地工具的积极运用在取得巨大成效的同时，也带来了一些潜在的问题，有些问题甚至是困扰经济进一步发展的核心问题。一是土地的价格问题，由于土地总量的控制、地方政府对土地财政的依赖和供给方垄断、需求端竞争的土地市场结构，土地价格近年来迅速蹿升，引发了房地产过热、经济运行成本上升和经济脱实向虚等一系列结构性问题。二是地方政府债务问题，地方政府债务高度依赖于土地出让，土地融资的滥用导致了地方债务的迅速膨胀，进而通过金融市场、土地市场等渠道向企业部门和民政部门传导，造成了我国经济的系统性风险。三是资源配置问题，非市场的资源配置方式往往效率较低，政府用低廉的土地价格进行招商引资的竞争造成了土地资源的浪费，空间非中性的土地供给可能会降低整体的土地利用效率。四是产业结构的失衡，低价出让工业用地，高价出让商业用地和住房用地的做法，一方面造成了工业企业的过度投资，另一方面也造成了房地产泡沫等问题。

综上，在未来深化改革、推动经济高质量发展的过程中应该更加高效、科学地利用土地工具。具体而言，第一，应该更加重视土地工具在我国经济发展中的作用，积极利用土地工具。我国土地制度为中央和地方政府提供了一个高效率、低成本的政策工具，在过去改革和发展过程中起到了关键作用，在未来推进区域协调发展、经济高质量发展的过程中也会发挥重要作用。第二，进一步完善土地工具的使用机制，深化土地制度改革。过去由土地引发的种种问题往往源于土地工具的过度使用和过度依赖，因此未来应当制定更加有效的土地利用机制，规范地方政府土地出让和土地抵押。第三，应当更加关注土地价格，防范系统性风险。由于土地财政、土地融资和土地引资等机制，土地价格成为连接政府财政、金融市场和企业经营的关键因素，过高的土地价格会影响企业经营，削弱经济长期增长动力，过低的土地价格会加剧地方政府债务压力，提高短期内的经济风险。因此应当关注、调控土地价格，并完善土地市场的运行机制，从价格机制和政策引导两方面着手，推动区域经济协调发展。

第十一章 城乡协调发展与乡村振兴

本章在回顾我国脱贫攻坚政策的基础上,总结脱贫攻坚的伟大成就,分析在实现绝对贫困人口脱贫、贫困县摘帽和解决区域性贫困问题之后的城乡协调发展现状,提出通过乡村振兴实现城乡协调发展的路径。

一、巩固拓展脱贫攻坚成果

消除贫困是举世关注的人类发展重大课题,也是一个世界性难题。一方面,贫困人口的经济社会发展情况关系到人类公平与正义,同时对经济社会的可持续发展具有重大影响;另一方面,在老少边穷的深度贫困地区,脱贫难度极大,脱贫攻坚具有长期性与复杂性。

(一)我国脱贫攻坚的政策回顾

新中国成立以前的中国社会处于"普遍贫困"的状态。新中国成立后,居民的整体收入水平偏低,与发达国家存在阶段性差距。到改革开放初期的1978年,中国的贫困发生率为30.7%。改革开放以来,我国的扶贫战略与政策经历了4个阶段:

1. 第一阶段

1978—1985年改革开放初期。在这一阶段,改革开放和农村经济的快速发展为农村创造了大规模减贫的宏观环境。1979—1985年是我国农村贫困状况得到快速缓解的时期,贫困人口在这期间明显减少。按世界银行的贫困线标准衡量,贫困发生率从33%下降到11.9%,贫困人口由2.6亿人下降到0.96亿人。这时期的扶贫政策体现在以工代赈、"三西"①农业建设以及扶贫方针的初步确定。"以工代赈"计划于1984年开始实施，是由国家计划委员会安排投资，为改善贫困地区基础设施建设而设立的扶贫计划。以工代赈要求被救济的贫困对象以劳务付出的形式参与社会工程建设，进而获得资金或实物救济。以工代赈的实施取得了良好的效果，在贫困地区建设了一大批公路、通信、人畜饮水工程等基础设施，改善了贫困地区生产生活环境。"三西"农业建设是1982年12月10日，国务院决定对以甘肃省定西为代表的中部干旱地区、河西地区和宁夏西海固地区实施的农业建设计划，该计划专项拨款20亿元，建设期10年。"三西"农业建设通过兴修水利工程、开展科技服务和人员培训，解决了自然条件恶劣地区的区域性贫困问题，在我国扶贫开发进程中有着重要的地位和意义，为之后大规模有组织、有计划的全国性区域扶贫开发积累了宝贵的经验。扶贫方针的初步确定是指1984年9月29日国务院颁布的《关于帮助贫困地区尽快改变面貌的通知》，成为中国1986年以后扶贫工作的基本指导文件。该通知明确提出了针对贫困地区的优惠政策，主要内容包括：第一，对贫困地区从1985年起，分情况减免农业税，最困难的免征农业税5年，困难较轻的酌量减征1～3年；第二，鼓励外地到贫困地区兴办开发性企业（林场、畜牧场、电站、工厂等），5年内免交所得税；第三，部分缺衣少被的严重困难户，可由商业部门赊销给适量的布匹和絮棉，需要蚊帐的赊销给蚊帐，赊销贷款免息。

2. 第二阶段

1986—2000年反贫困政策体系形成时期。在这一阶段中，国务院于1994年4月15日颁布实施的《国家八七扶贫攻坚计划》成为指导中国农村扶贫开发工作的纲领性文件，该计划明确提出了要集中人力、物力、财力，动员社会各界力量，力争用7年左右的时间，到2000年底基本解决当时全国农村8000

---

① "三西"指甘肃的河西、定西地区和宁夏的西海固地区。

万贫困人口的温饱问题。《国家八七扶贫攻坚计划》的主要措施包括：帮助贫困户进行土地改良和农田基本建设，增加经济作物和果树的种植，增加畜牧业生产，创造更多的非农就业机会；使大多数乡镇通路和通电，改善多数贫困村的人畜饮水问题；普及初等义务教育与初级预防和医疗保健服务；加强扶贫资金管理，减少扶贫资金的漏出和提高扶贫投资的可持续性；动员各级党政机关、沿海省份和重要城市及国内外其他机构广泛参与扶贫。在这一阶段中，扶贫瞄准机制得以构建。1986年第一次确定了国定贫困县标准，涉及两个部分：一是1985年人均收入低于150元的县和年人均纯收入低于200元的少数民族自治县；二是对民主革命时期做出过重大贡献、在海内外有较大影响的老区县，给予重点照顾，放宽到年人均纯收入300元。《国家八七扶贫攻坚计划》对国定贫困县的标准进行了重新调整。具体标准是：以县为单位，凡是1992年年人均纯收入低于400元的县全部纳入国家贫困县扶持范围，凡是1992年年人均纯收入高于700元的原国定贫困县，一律退出国家扶持范围。由此，确定了592个国家重点扶持的贫困县。

3. 第三阶段

2001—2010年新世纪初期阶级。在这一阶段，扶贫开发政策呈现了新变化。这时期扶贫开发的基本对象主要是尚未解决温饱问题的贫困人口和初步解决温饱问题的温饱人口。整村推进扶贫、产业扶贫开发、劳动力培训、自愿式开发移民等扶贫开发途径更加全面。这一阶段的农村发展政策主要是为实现党的十六大所提出的中国要在2020年全面建设小康社会中关于农村全面小康社会的目标（主要农村人均可支配收入达到6000元、农村合作医疗覆盖率达到90%、农村养老保险覆盖率达到60%、恩格尔系数达到0.4以下、农村文化娱乐消费支出比重7%等）而出台实施的。扶贫专项政策可以视为全面建设小康社会的具体路径，但其覆盖面不仅仅是扶贫。从2004年开始，中央政府连续13年出台以"三农"为主题的一号文件，强调了"三农"问题在中国社会主义现代化建设和全面建设小康社会时期"重中之重"的地位，这些政策文件或多或少都与农村扶贫有关系。在这一阶段，2001年5月颁布的《中国农村扶贫开发纲要》是继《国家八七扶贫攻坚计划》之后，又一个指导中国农村扶贫开发工作的纲领性文件。纲要提出新时期中国扶贫工作的奋斗目标是：尽快解决少数贫困人口温饱问题，进一步改善贫困地区的基本生活条件，巩固温饱成果，提高贫困人口的生活质量和综合素质，加强贫困乡村的基础设施建设，改善生态环境，逐步改变贫困地区经济、社会、文化的落后状况，为达到小康水平创造条件。

4. 第四阶段

2011—2020年脱贫攻坚完成阶段。这一阶段，扶贫攻坚的总体目标为，到2020年，稳定扶贫对象不愁吃、不愁穿，保障其义务教育、基本医疗和住房。贫困地区农民人均纯收入增长幅度高于全国平均水平，基本公共服务主要领域指标接近全国平均水平，扭转发展扩大差距。在这一阶段，《中国农村扶贫开发纲要（2011—2020年）》（以下简称《纲要》）颁布实施，扶贫开发的扶助对象有所变化，在扶贫标准以下具备劳动能力的农村人口成为扶贫工作的主要对象。扶贫范围突出了集中连片特殊贫困地区：六盘山区、秦巴山区、武陵山区、乌蒙山区、滇桂黔石漠化区、滇西边境山区、大兴安岭南麓山区、燕山—太行山区、吕梁山区、大别山区、罗霄山区，以及西藏、四省藏区、新疆南疆二地州。这时期主要扶贫方式也发生了变化，《纲要》将扶贫开发与社会保障有效衔接，坚持专项扶贫、行业扶贫、社会扶贫相结合。扶贫方式日趋丰富多元，包括异地搬迁、以工代赈、整村推进、产业扶贫、以龙头企业发展带动贫困户脱贫、加强对贫困户的技能培训确保其就业、对贫困家庭学生学业补贴、培育科技龙头企业、加大科技成果推广、发展农产品专业合作组织。在这一阶段，习近平总书记在湖南省花垣县十八洞村考察扶贫开发工作时，首次提出"精准扶贫"概念。精准扶贫，重在"六个精准"——扶持对象精准、项目安排精准、资金使用精准、措施到户精准、因村派人精准、脱贫成效精准，着力解决扶持谁、谁来扶、怎么扶、如何退的问题，变"大水漫灌"为"精准滴灌"。2015年10月16日，习近平总书记在减贫与发展高层论坛上首次提出"五个一批"的脱贫措施,即发展生产脱贫一批、易地搬迁脱贫一批、生态补偿脱贫一批、发展教育脱贫一批、社会保障兜底一批,为打通脱贫"最后一公里"开出破题药方。2015年11月29日,中共中央、国务院颁布《中共中央 国务院关于打赢脱贫攻坚战的决定》(以下简称《决定》),进一步强调要实施精准扶贫方略,要广泛动员全社会力量并将"五个一批"涵盖在内。《纲要》与《决定》调动整合了专项扶贫、行业扶贫、社会扶贫等多方力量,形成了多措并举、有机结合、互为支撑的"三位一体"大扶贫格局。扶贫开发政策与精准扶贫政策使扶贫对象的瞄准实现了"区域+个体"的结合,完善健全了扶贫瞄准机制,既考虑到了致贫的地域特点,又考虑到了致贫的个体因素,有利于在推动贫困地区整体脱贫的同时实现贫困户个体的脱贫。

(二)我国脱贫攻坚取得的伟大成就

回顾我国改革开放40多年来扶贫战略与政策的演化,可以发现我国的扶贫战略与政策日趋强调精准,政策工具日益增多,政策力度不断加大,尤其是2012年以来,党中央将扶贫开发放在极其重要的位置,紧紧围绕2020年全面建成小康社会这一目标,不断加大财政专项扶贫资金投入,不断运用多种扶贫方式,引入除政府外的市场、社会等多元主体参与扶贫开发,收到了良好的成效,取得了巨大的成就。截至2018年底,按照现行的2300元(2010年不变价)的扶贫标准,中国贫困人口从2010年的16567万减少至1660万,贫困发生率也由2010年的17.2%减少至1.7%。到2020年底,全面完成了"精准扶贫"的任务,消灭了绝对贫困人口。中国在反贫困事业上取得的成就也对全球扶贫事业做出了巨大的贡献:一是中国减贫人口全球最多,根据联合国《千年发展目标2015年报告》,1990年,中国极端贫困人口占总人口的61%,而到2014年已经下降至4.2%,到2017年已经降到3%以下,对全世界减贫贡献率超过70%(见图11-1);二是中国扶贫工作为世界提供了很多可参考的方案。

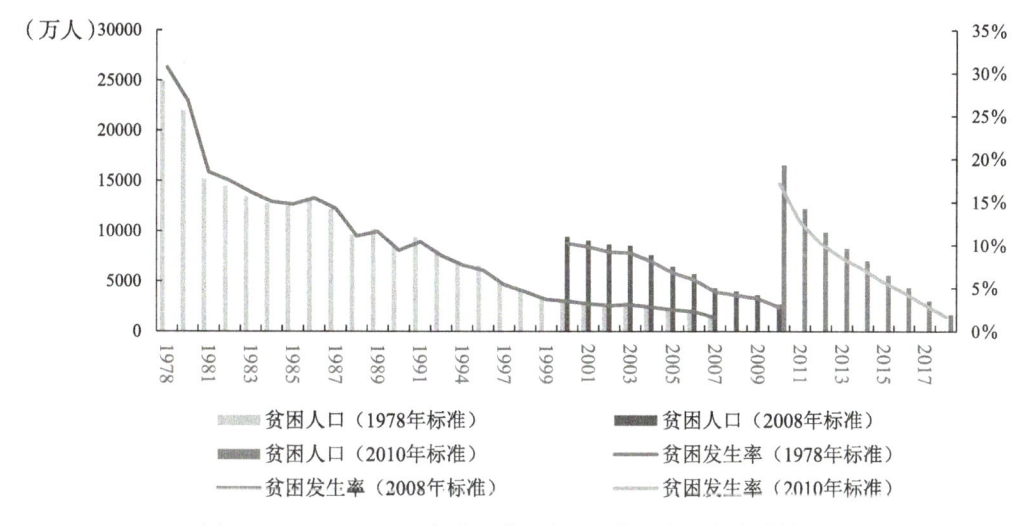

图 11-1 1978—2017 年我国贫困人口和贫困发生率变动情况

资料来源：《中国统计年鉴》

在脱贫攻坚取得巨大成就的同时，我们也要看到，巩固拓展脱贫成果的任务仍然非常艰巨。从集中连片特困区 2013—2018 年的各项指标来看，其整体的人均 GDP 增速虽然高于全国平均水平，但仍有 6 个片区的人均 GDP 增速落后全国。从人均 GDP 的绝对数值来看，增速高并不能弥补基数低的事实，连片贫困区与全国人均 GDP 的绝对差距还在进一步扩大；连片贫困区农村居民人均可支配收入也呈现出与人均 GDP 相同的特点，14 个集中连片贫困区农村居民人均可支配收入增速均高于全国平均水平，但由于基数与全国水平差距太大，各片区农民人均收入与全国的绝对差距仍在不断拉大。从连片特困区的消费情况来看，一方面连片特困区人均消费支出上升，消费占收入的比重下降，另一方面，食品外的其余支出比重升高。除食品烟酒外，连片特困区各项人均消费支出数量与全国水平的差距均缩小，说明连片特困区居民有更多的资金能够购买食品以外的产品。从交通基础设施与公共服务来看，近些年来国家对贫困地区尤其是连片特困区的基础设施和公共服务投入不断增加，交通的畅通性已经达到较高水平，而公共交通的便利情况还较弱，自然村能便利乘坐公共汽车的农户比例偏低,四省藏区甚至还不到50%。虽然目前连片区基本可以保证自然村与外界的信息沟通,但农户使用网络的便利程度和普及度仍有待提升。从集中连片特困区的分析中,可以看到,连片特困区的各项经济指标虽有巨大改善,但与全国平均水平仍有不小差距;而深度贫困地区由于生态条件极为脆弱、基础设施滞后、教育和社会文明发展滞后、经济基础薄弱等不利因素的制约,保持并巩固扶贫效果、进一步开展脱贫攻坚工作仍面临不小的挑战。

脱贫攻坚工作的大力开展,精准聚焦于贫困地区特别是集中连片特困地区、深度贫困地区,着力于贫困地区的扶贫开发,在改善贫困地区落后面貌、提高贫困地区群众的生活水平与享有公共服务水平的同时,也对缩小城乡差距大有裨益,更为乡村振兴战略的实施奠定了坚实的基础。从这个角度上来说,脱贫攻坚有助于缓解城乡发展的不平衡、有利于乡村振兴的开展,有利于区域协调发展的实现。脱贫攻坚与区域协调发展联系密切,脱贫攻坚是缩小城乡差距的重要一环,是实现乡村振兴的基础。

(三)脱贫攻坚的巨大成果

2021年2月25日,习近平总书记庄严宣告:经过全党全国各族人民共同努力,在迎来中国共产党成立100周年的重要时刻,我国脱贫攻坚战取得了全面胜利,现行标准下9899万农村贫困人口全部脱贫,832个贫困县全部摘帽,12.8万个贫困村全部出列,区域性整体贫困得到解决,完成了消除绝对贫困的艰巨任务。

1. 脱贫攻坚的整体成效

我国脱贫攻坚工作取得显著成效。党的十八大以来,按照2010年中国农村贫困线标准测算,贫困人口从2010年的16567万人大幅下降至2019年的551万人。2019年末,贫困发生率为0.6%,2020年底实现9899万人的整体脱贫,按照规划的脱贫目标及任务,取得了战胜绝对贫困的胜利。2019年末,832个贫困县减少至52个,94%的贫困县实现摘帽,通过多次分期分批的年度考核与效果评估,

832个贫困县于2020年底全部摘帽，这是一个划时代的成就。解决区域性贫困问题，减贫任务完成之后，14个集中连片特困地区将不再存在，反贫困的区域重点将转到"三区三州"这些深度贫困地区。

8年来，脱贫攻坚的成效还反映在以下几个方面：一是贫困地区农民收入年均增长幅度逐步高于当前全国农民平均水平。建档立卡贫困人口人均纯收入从2015年的2982元增加到2020年的10740元，年均收入增幅比全国农民收入年均增幅高20个百分点。二是贫困地区基础设施得到显著改善。贫困地区使用经过净化处理自来水的农户比重从2015年的36.4%提高至2019年的60.9%，①炊事用主要能源为柴草的农户比重从2015年的54.9%降低至2019年的34.8%，贫困地区农村百户移动电话拥有量从2015年的209部增加至2019年的268部。三是贫困地区公共服务水平明显提升。贫困地区义务教育阶段控辍保学实现动态清零，贫困人口享受义务教育机会和接受教育服务水平持续稳步提高；贫困地区所在自然村有卫生站的农户比重从2015年的90.4%提高至2019年的96.1%，农民基本实现小病不出村，常见病、慢性病不出县。四是贫困地区人居环境得到极大改善。贫困地区所在自然村垃圾集中处理的农户比重从2015年的43.3%提升至2019年的86.4%；2019年底，所在自然村内主要道路硬化路面的农户比重达到99.5%；居住钢筋混凝土和砖混材料结构住房的农户比重从2015年的52.5%提高至2019年的70%。②

2. 脱贫攻坚的成功经验

脱贫攻坚取得举世瞩目的成就与我国的政策、制度、资金和人员等各方面的扶持密切相关。首先，"精准识别"贫困人口是实现脱贫攻坚的前提条件。脱贫攻坚当中，我国农村地区实际用于识别贫困人口的措施，主要是通过"建

---

① 数据来源于历年《中国农村贫困监测报告》，下同。
② "三区"指南疆四地州、西藏以及青海、甘肃、四川、云南四省的藏区；"三州"指云南怒江州、四川凉山州和甘肃临夏州。

档立卡"制度来完成。建档立卡第一次实现了到村到户到人,通过对每个贫困户建档立卡的形式,摸清贫困人口底数、贫困程度和贫困原因,每年实行动态调整,及时做到剔除识别不准人口和对新识别贫困人口的补录,提高扶贫措施的有效性。其次,向贫困村选派驻村人员和驻村工作队是实现脱贫攻坚的工作保障。自2013年脱贫攻坚工作启动以来,一直保持做到每年有近100万人在岗开展驻村帮扶。针对驻村帮扶工作中可能出现的问题,专门印发了加强驻村工作队选派管理的指导意见,规范日常帮扶工作人员管理,强化工作绩效考核中的责任制和激励制。驻村干部在扶贫工作中发挥了重要作用,打通了精准扶贫的"最后一公里"。再次,就地分类实施各项政策举措是实现脱贫攻坚的根本途径。这些措施主要有产业扶贫、就业扶贫、易地搬迁扶贫、生态扶贫、教育扶贫、交通扶贫、水利扶贫、健康扶贫、危房改造扶贫、电力扶贫、网络扶贫和旅游扶贫等等,本着因地制宜、因村因户因人分类施策的基本扶贫原则,把各项政策举措落到实处。最后,机制得当是实现脱贫攻坚的制度保障。为保证贫困户的退出机制的畅通和脱贫户的稳定,明确贫困县、贫困村以及贫困户退出的标准,严格把关脱贫摘帽。为杜绝弄虚作假,搞形式主义,制定了脱贫摘帽滚动规划和年度减贫计划,循序渐进。地方政府委托第三方对脱贫户进村入户调查评估,对摘帽县和贫困人口进行严格的定期脱贫验收,确保贫困退出结果的真实性。针对贫困户的稳定问题,建立了防止返贫监测和帮扶机制,对已摘帽但不稳定的贫困户和在贫困标准边缘徘徊的易致贫户进行监测,一旦发现问题,及时组织采取针对性的帮扶措施,防止已摘帽贫困户返贫和易致贫户成为新贫困户的特殊情况发生。

3.巩固拓展脱贫攻坚成果的后续要求

我国刚刚解决绝对贫困的问题,相对落后地区和低收入人口问题成为当下的主要问题,要向缓解相对贫困战略转型,我国需要一个相对较长的巩固和拓展脱贫攻坚成果的过渡期,需要考虑其后续要求。第一,要建立与实现现代化相适应的反贫困战略。相对贫困是一种长期性的贫困现象,需要长期的反贫困战略。

"十四五"期间贫困治理工作的主要目标是巩固拓展脱贫攻坚成果,从个体上看,低收入人口是重点工作对象。低收入人口包括已脱贫但易返贫人口和易致贫人口(边缘人口)。对重点关注对象,需要延续低收入人口收入持续提高的一系列相关优惠政策。第二,要建立区域瞄准的新标靶。在过渡期仍然存在一个类似"扶谁"的瞄准问题,这个瞄准的靶子,就是相对落后地区。相对落后地区的本质是与发达地区的发展差距问题,用"相对落后地区"来描述未来的重点扶持地区,可以为长期的反贫困战略形成一个区域范围的约束。从国土空间角度看,要建立区域瞄准的新标靶,需要从我国的行政管理体制出发,以县级行政区为主要空间尺度,可根据县级行政区内所含发展水平较低的乡村数量来确定定点帮扶县。第三,要保持政策的延续稳定。在过渡期内保持脱贫政策的稳定性和连续性,做到脱贫不脱政策,是巩固拓展脱贫攻坚成果的重要保障措施。未来5年过渡期内,国家将继续实行摘帽不摘责任、摘帽不摘政策、摘帽不摘帮扶、摘帽不摘监管等政策措施。

(四)乡村振兴战略

乡村振兴是党的十九大提出的一项重大战略,在脱贫攻坚取得胜利,国家进入建设社会主义现代化的新发展阶段后,工作重心就转入了全面实施乡村振兴战略的时期。

1. 乡村振兴战略的主要任务

中央对乡村振兴战略实施的是"三步走"的时间表:2020年,乡村振兴取得重要进展,制度框架和政策体系基本形成;2035年,乡村振兴取得决定性进展,农业农村现代化基本上实现;2050年,乡村全面振兴,"农业强、农村美、农民富"全面实现。

乡村振兴战略的总体要求是:产业兴旺、生态宜居、乡风文明、治理有效、生活富裕。具体途径是:第一,产业振兴。产业振兴是全面乡村振兴的一大重点,培育好产业发展,对提高乡村自身的"造血"能力十分关键;产业振兴更是全面乡村振兴的大难点，主要因我国第一产业基础薄弱，农户生产单位小且散，难以形成系统的现代第一产业发展体系。第二，人才振兴。人才振兴是全面乡村振兴的关键点，每年愿意扎根农业农村的高校毕业人才不多，根源还是在于城乡差距较大。脱贫攻坚工作中的选派驻村人员和驻村工作队的政策举措要继续实施，重点鼓励新型年轻干部驻村，为乡村注入新活力。第三，生态振兴。和城市相比，良好的生态环境应该是农村的绝对优势，把握运用好这一绝对优势对促进城乡均衡发展非常关键。第四，文化振兴。文化振兴是全面乡村振兴中的重要精神支撑，在丰富农民口袋的同时，还要丰富农民的脑袋。目前在农村类似高额结婚彩礼这样的恶习还普遍存在，提高农民的文化素质，逐渐杜绝不良风气的蔓延。第五，组织振兴。组织振兴是全面乡村振兴的重要保障，建设好乡村基层干部组织，为开展乡村全面振兴工作提供智力支持和人力支持。

2. 巩固拓展脱贫攻坚成果与乡村振兴的衔接点

要实现巩固拓展脱贫攻坚成果与乡村振兴有效衔接，需要把握好"巩固、拓展"两个关键词的内涵。巩固脱贫攻坚成果的内涵，一方面是确保已脱贫但易返贫人口、易致贫人口（边缘人口）的稳定性；另一方面是对低收入人口和低收入地区的一系列帮扶政策的持续实施。拓展脱贫攻坚成果的内涵，一方面是帮扶对象的拓展，从原来的个人和群体向区域拓展，惠及的对象进一步扩大，拓展了帮扶政策的包容性；另一方面是贫困标准的拓展。在延续脱贫攻坚期间贫困标准的前提下，考虑多维贫困标准，如纳入收入/消费、受教育机会、医疗卫生以及水电等基本服务指标，逐渐与2025年后的相对贫困标准靠近。巩固脱贫攻坚成果是衔接乡村振兴的基础，拓展脱贫攻坚成果是衔接乡村振兴的有效手段。

2020年之后，反贫困战略本身存在组织机构是否调整、政策体系如何设计、扶持对象和区域不确定、具体目标和扶持力度都需要调整等重大问题。

从国家角度看：当绝对贫困已经解决，相对贫困问题逐渐成为主要贫困问题之后，扶贫工作应该放在什么位置？在乡村振兴战略中居于何种地位？应该以什么样的政治态度、多大的组织力量和财政力量缓解相对贫困问题？

从国土空间角度看，乡村振兴战略是面向全国各类乡村的发展战略。全国乡村的特点不一，由于2020年消灭绝对贫困后我国贫困问题将进入相对贫困时期，全国的乡村可以分为相对贫困村和其他类型村，这两类地区在实施乡村振兴战略时必然会有些不同。"将减贫工作纳入乡村振兴战略"，必然要求确定相对贫困村及其所在地区在乡村振兴战略中的政治地位、扶助力量的大小、组织领导形式和政策倾向等战略问题。

从人口发展角度看，乡村振兴战略是面向全国乡村居民同时需要全国相关机构组织和市场主体参与的战略。同空间的分类一样，未来乡村人口可分为相对贫困人口和其他类型人口，这两类人口的扶助办法也存在不同。如何将相对贫困人口纳入乡村振兴战略，也要求确立相对贫困人口的政治地位、受扶助力量的大小和受扶助路径办法等。

从原来参与扶贫的政府机构和工作人员的角度看：扶贫纳入乡村振兴战略，是否意味着工作重心的转换？对待相对贫困人口的重视程度和态度是否要改变？面向相对贫困人口的扶助路径和办法是否要改变？扶贫的组织架构和管理考核是否要改变？

从社会和国有企事业单位的角度看：扶贫纳入乡村振兴战略，是否意味着原来对接扶贫的任务要减轻？政府鼓励社会力量参与扶贫的政策是否会有变化？未来社会和国有企事业单位的扶贫热情会不会衰退？

但贫困工作纳入乡村振兴战略还存在以下一些具体问题：

首先，乡村振兴战略的实施范围不像贫困县那样明确。《乡村振兴战略规划（2018—2022年）》将乡村分为集聚提升类、城郊融合类、特色保护类和搬迁撤并类。各类乡村目前还没有明确的数量、范围和标准。因为要综合考虑乡村发展的趋势、现状，尤其面对复杂的疫情、国内外经济社会政治形势，明确全国各个乡村的类型还需要一段时间的研究，但是，2020年脱贫攻坚已经接近尾声了，必须有方案接续两项战略。

其次,乡村振兴的目标不如反贫工作的目标明确。迄今为止,乡村振兴战略的目标主要是指到2050年实现"农业强、农村美、农民富",这和脱贫目标的贫困人口收入水平和贫困发生率等严格数字考核相比,显然是不够明确的。乡村振兴战略有具体数字的目标不是针对单个乡村或居民个体提出的要求,而是针对全国乡村整体提出,比如"农村自来水普及率达到80%"。这样的目标下分到全国各省市,建设目标不覆盖的部分可能恰好正是贫困地区的相对贫困村。

最后,乡村振兴的工作更容易出现"精英捕获"现象,导致相对贫困村和相对贫困人口被忽视。以"振兴"为目的的发展目标和以扶贫为目的的目标是存在区别的。"振兴"是可以纵容甚至主动利用"精英捕获"规律促进部分人口、部分地区、一些部门"先富起来"的。从区域层面看,容易出政绩的自然是发展相对好的农村,为了突出政绩或打造"模范村",地方上不可避免将一些资源向相对发达的乡村倾斜,导致乡村发展中出现"精英捕获"现象。个体层面,资源和扶助精力面向乡村的"精英群体"自然更容易产生效果,因而,个体层面也带有"精英捕获"现象。这种问题在相对发达一些的地区或没有贫困人口的地区自然是可以忽略的,集中优势资源向更容易出效果出成绩的乡村,有利于形成模范效应,构建农村地区的增长极,形成带动作用。但扶贫工作的一个重要特点是尽可能消除"精英捕获"现象,将资源重点倾向"非精英"而且是能力最弱、条件最差的地区与人口。在有相对贫困农村和相对贫困人口的地区,如果乡村振兴也是"精英捕获"的,那相对贫困地区和相对贫困人口很容易被忽略,发展缓慢甚至返贫。

3. "十四五"期间的工作任务

理论上来讲,相对贫困是一个将永远存在的问题。因为,无论相对贫困的标准如何划定,相对贫困的本质是差距问题:从空间地域层面来看,是发展水平最低的地区的发展问题；从个人层面来看，是最低收入者或发展能力最低的个人的发展问题。以现实情况来看，2013—2019年，我国相对落后地区农村人均可支配收入从6079元增加到11567元，由占全国平均水平的64.5%增长至72.2%，仍然处于全国相对低水平状态。绝对差距扩大了：2013—2019年贫困地区农村人均可支配收入与全国平均水平的绝对差距由3351元上升至4454元。同时，这个成果还存在不稳定性，疫情发生前有数据显示我国还有200万人是返贫风险人口和300万是边缘致贫风险人口，疫情影响和国内外形势变动下，相对贫困人口的就业和服务收入受影响，会进一步加大这种不稳定性。不论是从扶贫成果的不稳定性还是从实现共同富裕这一政治理念来看，2020年后，反相对贫困仍然是国家工作的一项重要内容。但是，从国家发展考虑看，国家发展面临国际形势变化和国内建设现代化乃至国家统一等问题，在未来，社会热点对扶贫工作的关注必然会减少。因而，建立长效工作机制就成为反相对贫困的必然要求。乡村工作具有长期性，因而将反贫困工作纳入乡村振兴是具有重大意义的。

乡村振兴和反贫困的路径有很多相同之处，最终目标都是实现富裕，但首要目标并不相同。乡村振兴和反相对贫困都包括发展产业、扩大人才基础提升人力资源水平，涉及文化建设和生态建设等工作。以反相对贫困为目的的这些工作重在培养相对贫困人口融入市场的能力，提升相对贫困人口素质，创造相对贫困人口的就业机会，而以"振兴"为目的的各项工作以本地经济发展为主，可不以就业难度大的相对贫困人口为重点，甚至可能忽视对相对贫困人口的关注。实际上，扶贫工作比其他的工作更需要面向科技知识少、发展能力差的老百姓，交流沟通需要的时间可能会更久，工作推进难度大。当扶贫不作为相关工作人员的主要任务时，很可能出现其他工作对扶贫工作组织、人员及工作时间和精力的挤占。

二、城乡发展差距变动分析

在全面建成小康社会、实现第一个一百年奋斗目标的关键阶段，缩小城乡区域发展差距至关重要。在胜利完成脱贫攻坚之后，绝对贫困问题得到解决，贫困县摘帽，集中连片贫困地区基本消除，我国的城乡协调发展出现新的特征。

导致城乡发展不平衡的主要原因有三点。一是传统的城乡二元结构，即以社会化生产为主要特点的城市经济和以小农生产为主要特点的农村经济并存的经济结构从根本上造成了城乡发展差距。二是国家宏观制度约束，制度约束使得改革开放之前城乡处于割裂状态，在经济转型中又进一步拉大了城乡发展差距，而在改革开放之后，生产要素放开流动，循环累积因果规律发挥作用，城市实现了快速发展，城乡发展差距逐步拉大。户籍管理制度的限制、公共投入的城市偏好以及不完全的农地转让权也在一定程度上强化了城乡二元经济，加重了城乡发展差距。三是公共产品与服务供给，在城乡的公共产品与服务供给中，教育、医疗、社会保障、基础设施等差异，不仅是城乡发展不平衡和城乡差距的重要表现，还是影响城乡发展差距等其他因素的重要原因。城乡在基础教育、医疗卫生、基础设施等地区和人口发展的基本条件上的差距加剧了城市和农村发展不平衡。

城乡发展差距主要表现在人均可支配收入、消费结构、基础设施水平、享有公共服务水平上的差距。我们选用全国和省级层面的城镇居民与农村居民的人均可支配收入、恩格尔系数、人均道路面积、每百人公共图书藏书拥有量来定量反映城乡绝对差距与相对差距的演变情况。绝对差距即城乡相应指标之差，相对差距即城乡相应指标之比。在数据分析的基础之上，我们总结了城乡发展差距的特征如下：

（一）城乡居民人均可支配收入的绝对差距不断扩大，相对差距有所缩小

可支配收入是指居民家庭获得并且可以用来自由支配的收入，是居民拿到手的收入。它是消费的基础和前提，是居民生活质量的直接体现，同时也是城乡发展差距的最重要、最直观的体现。农村居民纯收入是否达到贫困线以上也是判断贫困与否的重要依据。通过比较2013年以来全国层面、省级层面的人均可支配收入的绝对差距和相对差距，我们发现：城乡居民人均可支配收入的绝对差距有扩大的趋势，而相对差距有所缩小。

从整体来看，如图11-2所示，2013—2018年，全国城乡居民的人均可支配收入绝对差距逐年上升，从2013年的17037.4元上升到2018年的24633.8元。在绝对差距扩大的同时，相对差距有所缩小，城乡人均可支配收入之比由2013年的2.81下降到2018年的2.69。绝对差距扩大与相对差距缩小，说明农民人均可支配收入的同比增速虽然快于城镇居民，但还不足以完全抵消初始水平低的劣势。

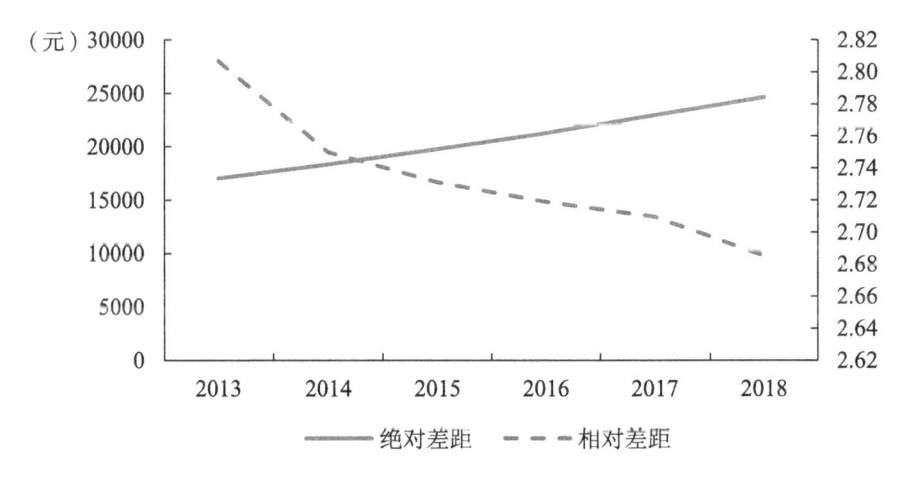

图11-2 2013—2018年城乡居民人均可支配收入的绝对差距与相对差距
数据来源：历年《中国统计年鉴》及课题组测算

从省级层面城乡人均可支配收入的绝对差距来看，与全国层面的绝对差距

的变动情况相似。如图 11-3 所示，箱线图的箱体高度逐年拉大，且箱线图位置逐年向上移动，这说明各省份城乡居民的人均可支配收入的绝对差距逐年拉大。截至 2018 年，各省份城乡人均可支配收入绝对差距最大值超过 41000 元，最小值也超过 15000 元，均比 2013 年明显上升。

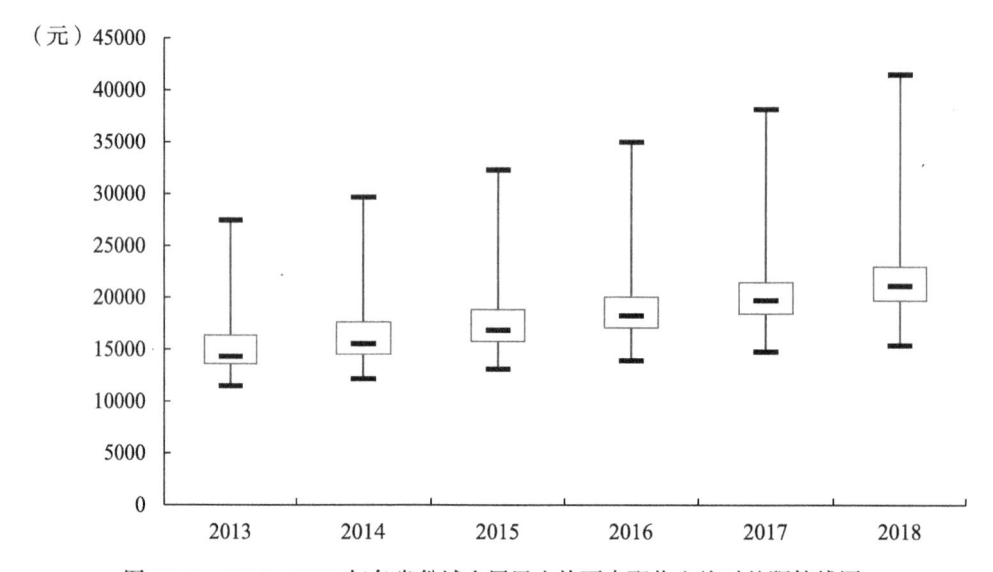

图 11-3　2013—2018 年各省份城乡居民人均可支配收入绝对差距箱线图

注：图中箱体中的黑线是各省份城乡居民人均可支配收入绝对差距的中位数，箱顶为下四分位数，箱底为上四分位数，箱线顶端是最大值，底端为最小值。数据来源于 EPS 中国宏观经济数据库及课题组测算

从省级层面城乡人均可支配收入的相对差距来看，与全国层面的相对差距的变动情况相似。如图 11-4 所示，箱线图的箱体高度逐年有微小的缩小，且箱线图位置逐年微小向下移动，这说明各省份城乡居民的人均可支配收入的相对差距逐年缩小，但缩小幅度并不大。截至 2018 年，各省份城乡居民人均可支配收入之比最大值为 3.40，最小值为 1.86，均比 2013 年有小幅下降。

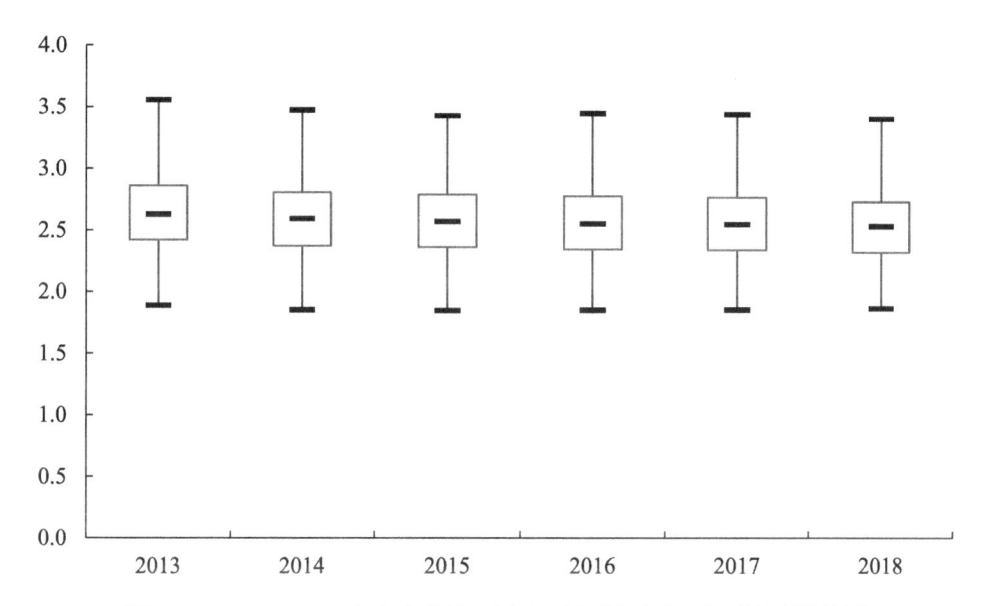

图 11-4　2013—2018 年各省份城乡居民人均可支配收入相对差距箱线图

注：图中箱体中的黑线是各省份城乡居民人均可支配收入相对差距的中位数，箱顶为下四分位数，箱底为上四分位数，箱线顶端是最大值，底端为最小值。数据来源于 EPS 中国宏观经济数据库及课题组测算

（二）城乡居民恩格尔系数的绝对差距与相对差距均呈现出缩小态势

恩格尔系数是食品支出总额占个人消费支出总额的比重。它能够从消费结构的角度反映出居民的消费质量的高低，是衡量一个家庭富裕程度的主要标准之一。恩格尔系数越低，居民消费质量越高。恩格尔系数也是联合国划分贫穷与富裕的重要参考指标之一。我们使用城乡居民人均食品烟酒消费支出占城乡居民人均消费支出的比例来测算恩格尔系数。结果表明，城乡居民的恩格尔系数无论从绝对差距还是相对差距来看均有所缩小。从整体来看，全国层面城乡居民的恩格尔系数绝对差距与相对差距均有明显的下降，其中相对差距的下降幅度更大。这说明，农村居民的消费结构在不断优化，消费质量在不断提高，生活水平在不断改善，见图 11-5。

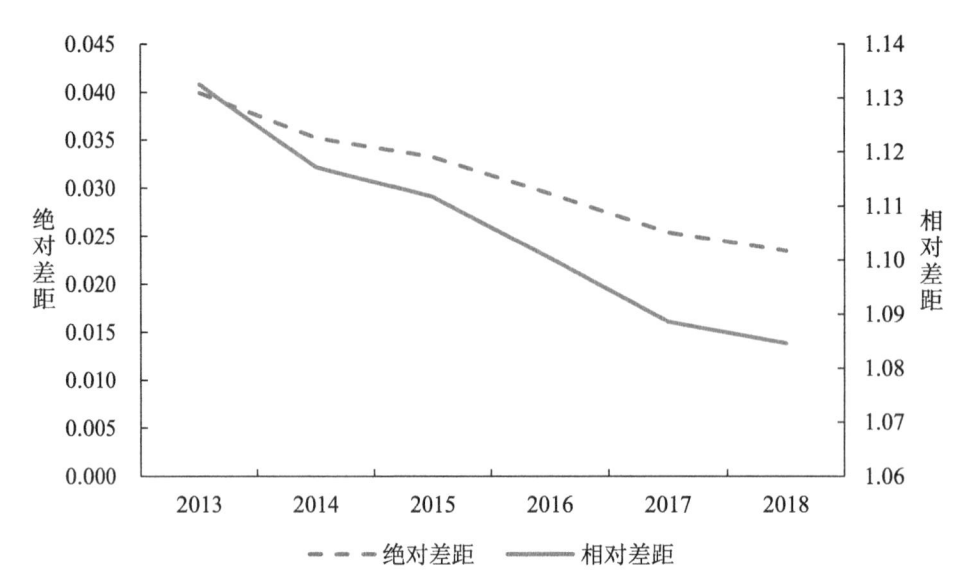

图 11-5 2013—2018 年城乡居民恩格尔系数绝对差距与相对差距

数据来源：历年《中国统计年鉴》及课题组测算

从省级层面城乡居民恩格尔系数绝对差距来看，与全国层面的变动情况呈现出一定程度的相似性。从图 11-6 可以明显看到，2013—2014 年，箱线图有明显的跳增，之后逐年下移。并且，历年的箱线图均有处于零刻度线以下的部分，这说明在部分省份，农村居民的恩格尔系数比城镇居民的恩格尔系数要低。

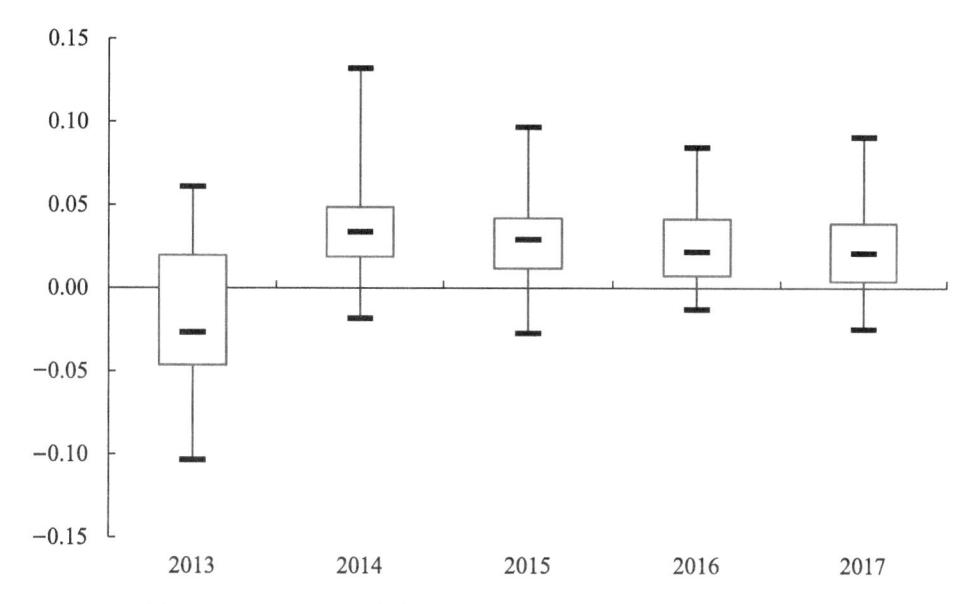

图 11-6　2013—2017 年各省份城乡居民恩格尔系数绝对差距箱线图

注：图中箱体中的黑线是各省份城乡居民恩格尔系数绝对差距的中位数，箱顶为下四分位数，箱底为上四分位数，箱线顶端是最大值，底端为最小值。数据来源于 EPS 中国宏观经济数据库及课题组测算

从省级层面城乡居民恩格尔系数的相对差距来看，也呈现出与全国层面相对差距变动情况一定的相似性。如图 11-7 所示，除了 2013 年的明显跳增，箱线图整体呈现出逐年下降的趋势，但下降的幅度非常微小。

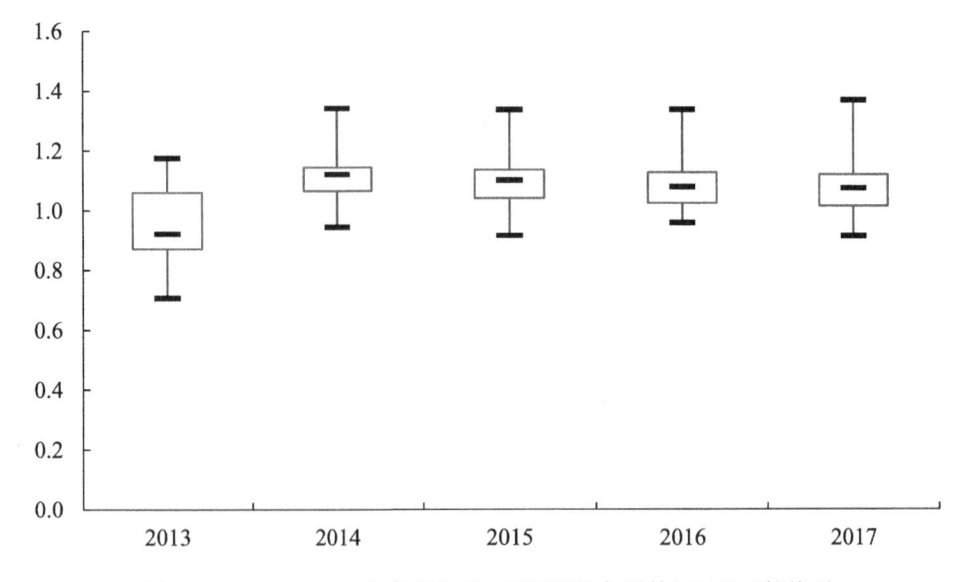

图 11-7　2013—2017 年各省份城乡居民恩格尔系数相对差距箱线图

注：图中箱体中的黑线是各省份城乡居民恩格尔系数相对差距的中位数，箱顶为下四分位数，箱底为上四分位数，箱线顶端是最大值，底端为最小值。数据来源于 EPS 中国宏观经济数据库及课题组测算

（三）城乡基础设施建设的绝对差距有所上升，相对差距有所下降

基础设施建设为提升居民生活质量奠定了坚实的物质基础，其完备程度是居民生活质量的重要体现。公共道路为方便居民日常出行提供了可能，是基础设施建设的重要内容。采用人均道路面积来部分地表征城乡在基础设施建设方面的绝对差距与相对差距。从整体来看，如图 11-8 所示，城乡人均道路面积的绝对差距呈现出逐年上升的态势，且绝对差距扩大速度有所提升，相对差距呈现出一定程度的下降，城乡人均道路面积之比常年在 2~3 这一区间波动。

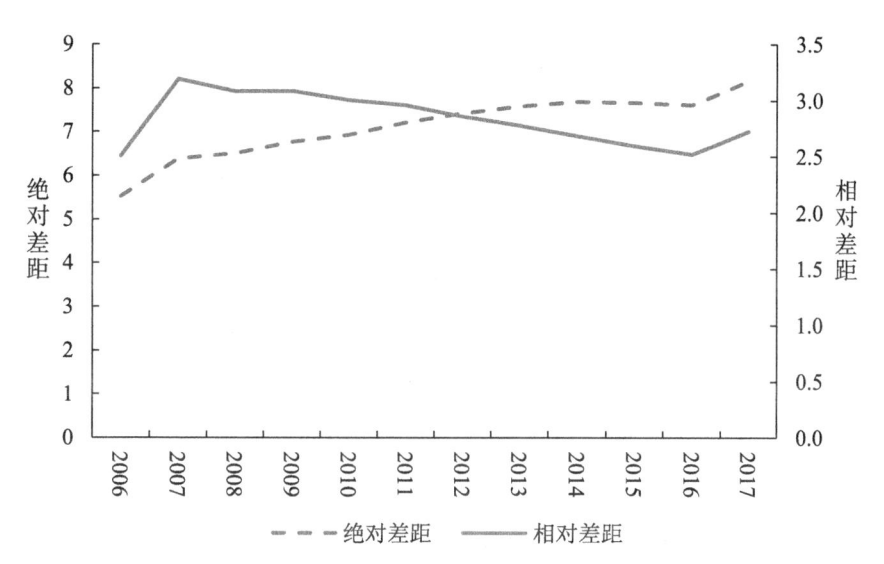

图 11-8　2006—2017 年城乡人均道路面积的绝对差距与相对差距
数据来源：EPS 中国宏观经济数据库、中国城乡建设数据库及课题组测算

从省级层面城乡人均道路面积的绝对差距来看，与全国层面绝对差距的变动趋势相似。如图 11-9 所示，箱线图位置逐年上移，但箱线图箱体高度也有所增加，这反映出不同省份之间城乡基础设施建设的绝对差距出现了一定程度的分化。截至 2017 年底，城乡人均道路面积绝对差距的最大值为 19.01 平方米，最小值为 3.48 平方米，均比 2006 年有明显的提高。

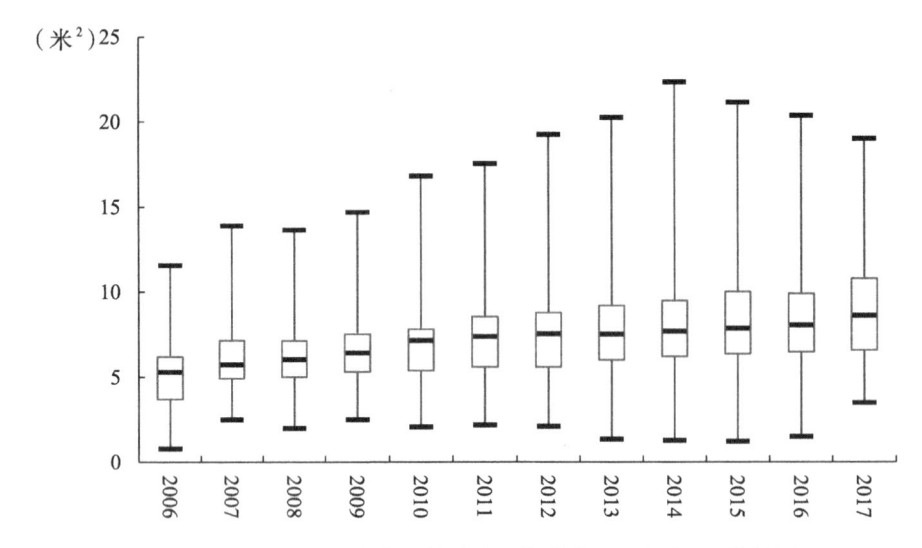

图 11-9　2006—2017 年各省份城乡人均道路面积绝对差距箱线图

注：图中箱体中的黑线是各省份城乡人均道路面积绝对差距的中位数，箱顶为下四分位数，箱底为上四分位数，箱线顶端是最大值，底端为最小值。数据来源于 EPS 中国宏观经济数据库及课题组测算

从省级层面城乡人均道路面积的相对差距来看，与全国层面相对差距的变动情况有一定的相似之处。如图 11-10 所示，除了 2006—2007 年有明显的跳增之外，之后年份箱线图缓慢下移，且箱线图箱体的高度也有所缩小，这说明各省份城乡人均道路面积的相对差距的分化程度也在下降。

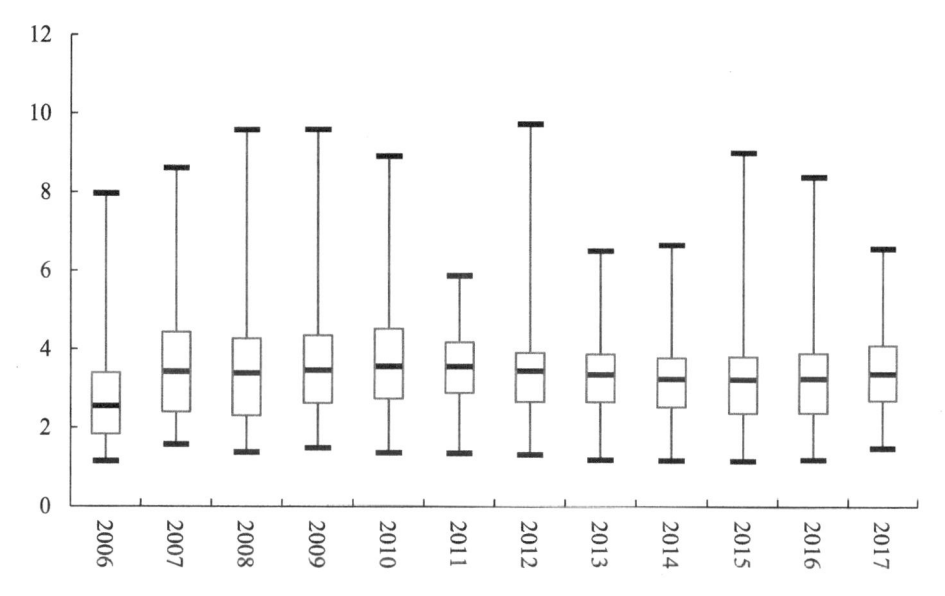

图 11-10　2006—2017 年各省份城乡人均道路面积相对差距箱线图

注：图中箱体中的黑线是各省份城乡人均道路面积相对差距的中位数，箱顶为下四分位数，箱底为上四分位数，箱线顶端是最大值，底端为最小值。数据来源于 EPS 中国宏观经济数据库及课题组测算

（四）城乡公共服务水平的绝对差距与相对差距均有所下降

公共服务涵盖了教育、科技、文化、卫生、体育等公共事业的内容，公共服务是政府提供的公共产品，旨在满足居民在生活、生存与发展上的多元需要。公共服务水平的高低直接影响到居民的生活质量。我们采用居民每百人公共图书馆藏书拥有量（本、册）来部分地表征城乡在公共服务水平上的绝对差距与相对差距。

从整体来看，如图 11-11 所示，城乡每百人公共图书馆藏书拥有量的绝对差距与相对差距均呈现出逐年下降的趋势，且无论是绝对差距还是相对差距，缩小速度在近年来都有所提升，这从一定程度上反映出城乡公共服务水平差距在不断改善。

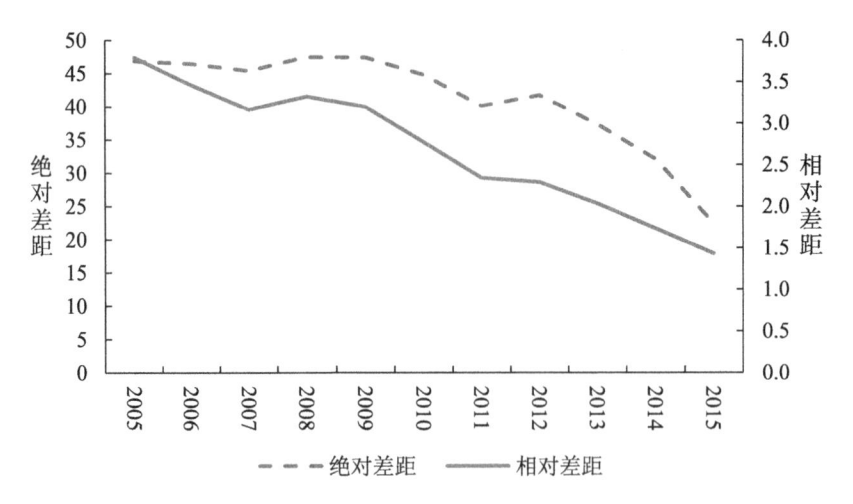

图 11-11 2005—2015 年城乡居民每百人公共图书馆藏书拥有量的绝对差距与相对差距

资料来源：根据 EPS 中国城市数据库整理，其中西藏数据严重缺失，不纳入考虑范围

从省级层面城乡每百人公共图书馆藏书拥有量的绝对差距来看，与全国层面绝对差距的变动趋势相似。如图 11-12 所示，箱线图逐年下移，且从 2008 年开始，各年箱线图均有位于零刻度线以下的部分，这说明部分省份城乡每百人公共图书馆藏书拥有量的绝对差距开始出现逆转，农村的公共服务水平在一定程度上还要优于城市。但箱线图箱体高度却呈现出逐年增高的趋势，这在一定程度上说明各省份在公共服务水平上的分化程度在加深。

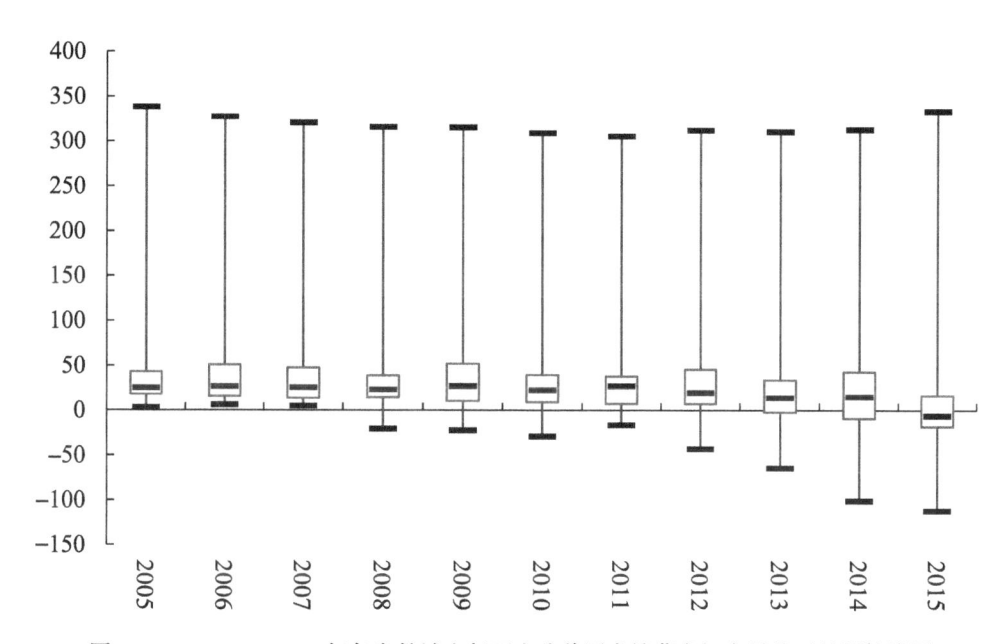

图 11-12　2005—2015 年各省份城乡每百人公共图书馆藏书拥有量绝对差距箱线图

注：图中箱体中的黑线是各省份城乡每百人公共图书馆藏书拥有量绝对差距的中位数，箱顶为下四分位数，箱底为上四分位数，箱线顶端是最大值，底端为最小值。数据来源于 EPS 中国城市数据库及课题组测算

从省级层面城乡每百人公共图书馆藏书拥有量的相对差距来看，与全国层面相对差距的变动情况比较相似。如图 11-13 所示，箱线图逐年下移，但是箱线图箱体的高度有所增高，说明个同省份的分化程度有所加剧，一方面一些省份的农村公共服务水平已经与城市比较接近甚至优于城市，另一方面还有一些省份农村的公共服务水平还远远低于城市。

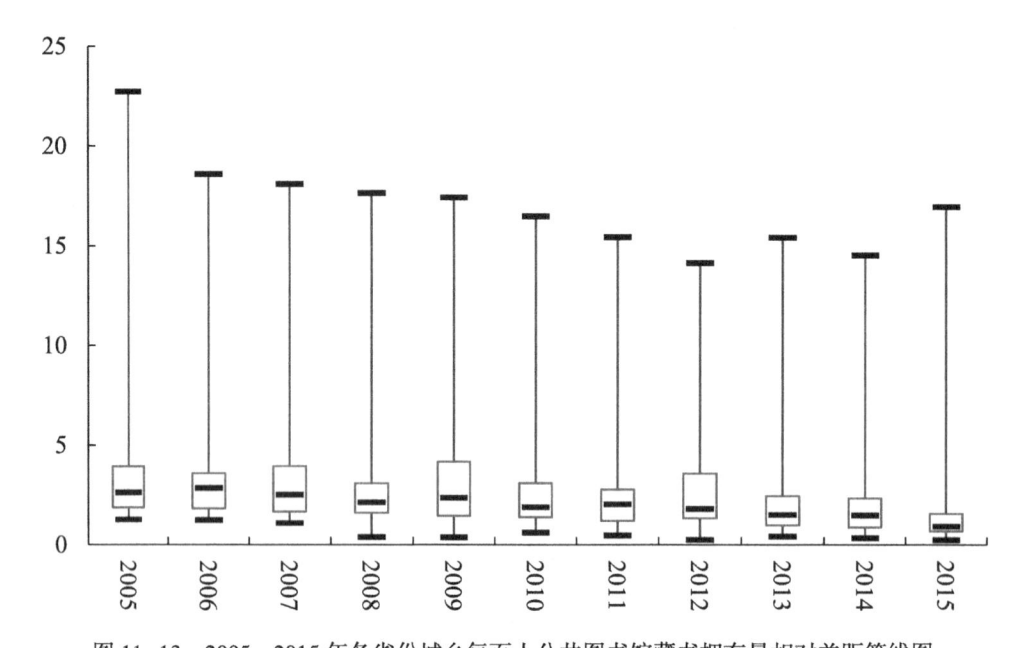

图 11-13 2005—2015 年各省份城乡每百人公共图书馆藏书拥有量相对差距箱线图

注：图中箱体中的黑线是各省份城乡每百人公共图书馆藏书拥有量相对差距的中位数，箱顶为下四分位数，箱底为上四分位数，箱线顶端是最大值，底端为最小值。数据来源于EPS中国城市数据库及课题组测算

从上述分析中可以看到，从人均可支配收入、消费结构、基础设施建设、公共服务水平上，农村取得了长足的进步与发展，城乡在人均可支配收入、消费结构、基础设施建设、公共服务水平上的相对差距均在一定程度上呈现出不断缩小的态势，但在诸如人均可支配收入、人均道路面积上，城乡之间的绝对差距反而呈现出扩大的趋势。如何在城乡相对差距不断缩小的良好局面下，进一步地缩小城乡在各个方面的绝对差距，以真正实现城乡协调发展？我们认为，缩小城乡发展差距要放在脱贫攻坚的大背景下来重新审视。可以说，当前新型城镇化仍处于试点探索期的阶段，脱贫攻坚对缩小城乡发展差距至关重要，是重要一环。脱贫攻坚的推进实施能够有效地缩小城乡发展差距，进而实现城乡协调发展。具体来说，在脱贫攻坚的过程中，通过精准扶贫，采用政府分配型精准扶贫方式，对丧失劳动能力的农村贫困人口进行财政和专项资金的补贴来精准扶持，能够使其

不愁吃、不愁穿，义务教育、基本医疗和住房安全有保障；采用政府主导型精准扶贫方式，通过"互联网+"扶贫、电商扶贫、绿色生态扶贫、特色产业扶贫、资产收益扶贫等多种方式，能够使具有劳动能力的农村贫困人口走上致富道路，并且在精准扶贫的过程中，农村的基础设施建设、公共服务水平也能够得到有效提高；采用市场主导型精准扶贫方式，能够最广泛、最有效地调动社会各方的资源来扶助农村的贫困人口，以实现农村贫困人口收入的提高，生活水平的改善，享有公共服务水平的提升。

三、乡村振兴与区域协调发展

脱贫攻坚完成之后，我国农村地区的经济社会取得了长足发展，居民生活水平得到了明显改善。正当脱贫攻坚进入最后的冲刺攻坚阶段时，党的十九大提出了乡村振兴战略，到2020年，乡村地区工作进入巩固拓展脱贫成果与乡村振兴相衔接的时期。

学界对脱贫攻坚与乡村振兴的关系多有讨论，目前主要有三种观点。一是差异性，关注乡村振兴与脱贫攻坚的根本不同，指出两个战略的目标和侧重点并不相同。二是过渡性，强调脱贫攻坚和乡村振兴的逻辑顺序，强调必须先完成了脱贫攻坚这一决胜全面建成小康社会的前提任务，才能实施乡村振兴，助力全面建成小康社会和社会主义现代化。乡村振兴是最终的战略目标，具有前瞻指导性，而脱贫攻坚则属于前者的部分内容和前序工作。没有脱贫攻坚打基础、筑基石，乡村振兴根本无从谈起。三是耦合性，强调乡村振兴与脱贫攻坚推进过程中的共享共融。乡村振兴的实现，是多个要素系统相互耦合、协同推进的结果。脱贫攻坚作为实现乡村振兴的一个子系统，不能脱离乡村振兴的导向，在乡村振兴的背景之下，我们通过梳理脱贫攻坚与乡村振兴的理论和实践，来探寻脱贫攻坚与乡村振兴的关系。

首先需要强调的是，脱贫攻坚和乡村振兴均有独立完整的战略论述与部署，两者既不能混为一谈，也有必然的战略联系。脱贫攻坚与乡村振兴的不同之处在于，两者的出发点和侧重点均有所差异。从区域性来说，乡村振兴是先天性的区域战略，而脱贫攻坚是后天性的区域战略。《乡村振兴战略规划（2018—2022年）》明确指出："乡村是具有自然、社会、经济特征的地域综合体，兼具生产、生活、生态、文化等多重功能，与城镇互促互进、共生共存，共同构成人类活动的主要空间。"乡村先天存在，具有先天且鲜明的区域导向。而脱贫攻坚尤其是精准扶贫则首先是人口导向，主要是为了帮扶低收入人群脱离贫困，由于低收入人口往往分布在乡镇、农村，这种客观上的空间分布后天赋予了脱贫攻坚以区域性。从全局性来说，乡村振兴是具有全局意义的整体规划，脱贫攻坚侧重经济层面的具体帮扶。乡村振兴是全方位、多角度、高标准的振兴与重塑，要求对乡村的政治、经济、文化、生活、环境进行多维度治理。脱贫攻坚侧重于解决低收入个体的经济问题，主体工作如两不愁三保障，即不愁吃、不愁穿，义务教育、基本医疗、住房安全有保障均是经济意义上的帮扶。从紧迫性来说，乡村振兴是阶段式递进的部署，脱贫攻坚是底线式突破的任务。根据《中共中央　国务院关于实施乡村振兴战略的意见》，乡村振兴分三步走，2020年、2035年、2050年是三个重要时间节点，由此可见，乡村振兴的时间线比较长。

脱贫攻坚与乡村振兴也具有很多相似之处。从产生背景来看，"三农"问题和农村居民贫困问题比较突出是脱贫攻坚与乡村振兴战略产生的共同背景，习近平总书记在党的十九大报告中强调："农业农村农民问题是关系国计民生的根本性问题，必须始终把解决好'三农'问题作为全党工作重中之重。"这是党中央对"三农"问题地位的总判断，既再次强调了"重中之重"的地位，又将"三农"问题定调为"关系国计民生的根本性问题"。当前形势下，决胜全面建成小康社会和建设社会主义现代化国家的最薄弱环节在农村，中国未来可释放的最大内需也来源于广大乡村地区，经济社会发展中最明显的短板仍是"三农"，没有农业农村的现代化，就没有整个国家的现代化。"三农"问题中最突出、最迫切、最根本的仍是农民的贫困问题，因此产生了乡村振兴和脱贫攻坚。从针对的问题来看，虽然脱贫攻坚注重精准，乡村振兴注重全面，但脱贫攻坚与乡村振兴旨在解决的农村问题也有很多重合之处。从农村问题的方方面面都可以看到脱贫攻坚与乡村振兴战略的烙印。

针对农村产业结构单一的问题，脱贫攻坚、精准扶贫中突出产业扶贫，通过发展产业，使扶贫形成可持续的态势。产业扶贫能够充分利用当地的资源、人力优势，培养经济支柱产业，让产业带动地方经济发展，优化农村的产业结构，改善农村产业结构单一的局面。乡村振兴战略规划的总体要求也提出农村要产业兴旺，要在加快农业转型升级的过程中壮大特色优势产业、推动农村产业深度融合、培育新产业新业态。

针对生态环境问题，脱贫攻坚通过采用退耕还林、退牧还草、退田还湖的补助政策，一方面有效改善了贫困农村地区的生态环境、水土保持，另一方面也通过相关的补贴政策使得农村贫困居民增收。乡村振兴规划的总体要求也提出农村要生态宜居，要建设生态宜居的美丽乡村，推进农业绿色发展、持续改善农村人居环境、加强乡村生态保护与修复。

针对基层治理紊乱的问题，脱贫攻坚在强调精准扶贫时，强化了基层的落实，提高了对贫困村、乡镇、县等各级领导的工作要求，加强了问责和监督，提高了基层的治理水平，此外，驻村帮扶等方式也提高了基层的治理能力。乡村振兴战略规划的总体要求也提出乡村要治理有效，要健全现代乡村治理体系，加强农村基层党组织对乡村振兴的全面领导，促进自治、法治、德治有机结合，夯实基层政权。

针对乡村文化不振的问题，脱贫攻坚中，教育扶贫是打好脱贫攻坚战的重要举措。治贫先治愚，扶贫先扶智。习近平总书记曾多次强调，扶贫必扶智，让贫困地区的孩子们接受良好教育，是扶贫开发的重要任务，也是阻断贫困代际传递的重要途径。"治愚"和"扶智"的根本就是发展教育。相对于经济扶贫、政策扶贫、项目扶贫等措施，教育扶贫牵住了贫困地区脱贫致富的"牛鼻子",是打好脱贫攻坚战的根本保障。乡村扶智为乡村文化振兴奠定了坚实的基础,有助于在乡村弘扬优秀传统文化,厚植文化道德素养,有利于精神文化、非物质文化的保护与传承,也有助于乡村居民思想觉悟、道德水准、文明素养、科学素养的提升。乡村振兴战略规划的总体要求也提出乡村要乡风文明,要繁荣发展乡村文化,加强农村思想道德建设,弘扬中华优秀传统文化,发展乡村特色文化产业。

针对农民生活贫困的问题,脱贫攻坚通过精准扶贫、精准施策,采用多种途径,调动各方力量,聚焦于农村贫困人口这一全面建成小康社会上最艰巨的任务、最突出的短板,可以说,脱贫攻坚显著地改变了农村地区贫困落后的面貌,极大地提高了农村居民的生活水平与生活质量。乡村振兴战略规划的总体要求也提出农村要生活富裕,要在构建乡村振兴新格局中坚决打好精准脱贫攻坚战,深入实施精准扶贫精准脱贫,重点攻克深度贫困,巩固脱贫攻坚成果。

脱贫攻坚和乡村振兴均指我国发展不平衡不充分问题,顺应人民日益增长的美好生活需要而诞生。两者之间既存在区域性、全局性、紧迫性的不同,更存在施策目标上的内在统一,即两者都旨在解决农村突出存在的产业结构单一的问题、生态环境问题、基层治理紊乱的问题、乡村文化不振的问题、生活贫困的问题。可以说,脱贫攻坚是乡村振兴的基础,脱贫攻坚能够优化乡村的产业结构,能够提升基层治理的水平,能够提振乡村文化,能够消除乡村的绝对贫困,进而为乡村振兴战略的实施奠定良好的软硬基础,有助于实现乡村产业兴旺、生态宜居、乡风文明、治理有效、生活富裕的总体目标。

四、实施乡村振兴战略促进城乡协调发展的路径

脱贫攻坚工作的顺利完成是乡村振兴战略取得胜利的重要前提基础,乡村振兴战略是对脱贫攻坚工作的巩固和深化,二者是统一体,乡村振兴战略旨在解决当前城乡发展不均衡不充分的问题,为全体居民创造美好生活。因此,乡村振

兴战略是巩固拓展脱贫攻坚成果的重要方向，是解决相对贫困问题的必然选择。

（一）分类实施乡村振兴的政策举措

结合脱贫攻坚工作的后续要求和乡村振兴战略的主要任务，实现巩固拓展脱贫攻坚成果同乡村振兴有效衔接的路径可以从以下4个方面入手，根据乡村类型的不同，在各个方面制定出不同的政策举措。

第一，产业发展方面。

产业振兴是乡村全面振兴的重点任务，同时产业扶贫是脱贫攻坚工作中的有力措施，产业发展可以成为实现巩固拓展脱贫攻坚成果同乡村振兴有效衔接的动能来源。针对相对贫困村，要继续保持脱贫攻坚工作中所实施的一系列产业扶贫政策举措，给予其足够的过渡时间，随着其接近全国乡村发展水平的程度，再将原有的产业扶贫政策举措有序地撤出。针对其他类型村，根据乡村自身所特有的优势资源，打造各乡村的农业全产业链。

第二，绿色发展方面。

生态振兴是乡村全面振兴的主要任务之一，同时绿色扶贫也是脱贫攻坚中的重要举措，其中易地扶贫搬迁和生态保护移民就是绿色扶贫的"标志性工程"，既解决了当地贫困问题，又缓解了生态压力。在过渡期内，要分类实施绿色发展措施，即对乡村的帮扶举措要各有侧重，针对相对贫困村，还是应该以保障民生、巩固脱贫成果为主，逐渐开展绿色帮扶新举措，推进向其他类型村的绿色帮扶举措过渡，解决生态性相对贫困问题。

第三，就业培训方面。

就业扶贫是脱贫攻坚工作中的又一项基础性扶贫工程，这方面的帮扶举措有提供生态公益岗位、劳动力转移就业扶持和返乡就业等。此外，在脱贫攻坚期间，利用扶贫资金建设了一批厂房、设备，打造扶贫车间，鼓励就地就近就业，但其生产运营是依靠扶贫资金维持，如果没有后续政策的跟进，这部分村自身将难以实现独立持续运营。那么针对具有这种情况的相对贫困村，要发展新型就业扶贫举措，逐步实现"被动扶"向"主动扶"的局面转变。

第四，基本公共服务方面。

基本公共服务主要涉及的基本点有基本的就业保障、养老保障、生活保障，基本的教育和文化需要，基本的健康需要。针对相对贫困村，要制定专项支持，巩固脱贫攻坚成果，要做到保障老年人生活水平不低于扶贫标准；推进相对贫困村的教育基础设施和教学水平向全国平均水平靠拢，保障相对贫困村基本公共服务的可获得性。

（二）提出低收入人口增加收入的制度设计

1. 巩固与扶持

乡村振兴战略的实施范围不像贫困人口、贫困户和贫困县那样明确。《乡村振兴战略规划（2018—2022年）》将乡村分为集聚提升类、城郊融合类、特色保护类和搬迁撤并类。各类乡村目前还没有明确的数量、范围和标准。因为要综合考虑乡村发展的趋势、现状，尤其面对复杂的疫情、国内外经济社会政治形势，明确全国各个乡村的类型还需要一段时间的研究。

乡村振兴的目标不如脱贫攻坚工作的目标明确。迄今为止，乡村振兴战略的目标主要是指到2050年实现"农业强、农村美、农民富"，这和脱贫目标的贫困人口收入水平和贫困发生率等严格数字考核相比，显然是不够明确的。乡村振兴战略有具体数字的目标不是针对单个乡村或居民个体提出的要求，而是针对全国乡村整体提出，比如"农村自来水普及率达到80%"。这样的目标下分到全国各省市，建设目标不覆盖的部分可能恰好正是贫困地区的相对贫困村。

国家政策扶持方面。在过渡期内，与其他类型村相比，不仅要保持，还要加大对相对贫困村的财政和金融的投入，缩小相对贫困村在基本公共服务、基础设施、生态建设与全国乡村平均水平的差距；完善信贷政策，充分发挥信贷作用，加大对相对贫困村的贷款支持力度，建立针对相对贫困村人群的可持续保险扶贫政策。

2. 保障共同富裕

乡村振兴的工作更容易出现"精英捕获"现象，导致相对贫困村和相对贫困人口被忽视。以"振兴"为目的的发展目标和以扶贫为目的的目标是存在区别的。"振兴"是可以纵容甚至主动利用"精英捕获"规律促进部分人口、部分地区、一些部门"先富起来"的。从区域层面看，容易出政绩的自然是发展相对好的农村，为了突出政绩或打造"模范村"，地方上不可避免地将一些资源向相对发达的乡村倾斜，导致乡村发展中出现"精英捕获"现象。个体层面，资源和扶助精力面向乡村的"精英群体"自然更容易产生效果，因而，个体层面也带有"精英捕获"现象。这种问题在相对发达一些的地区或没有贫困人口的地区自然是可以忽略的，集中优势资源向更容易出效果出成绩的乡村，有利于形成模范效应，构建农村地区的增长极，形成带动作用。但扶贫工作的一个重要特点是尽可能消除"精英捕获"现象，将资源重点倾向"非精英"而且是能力最弱、条件最差的地区与人口。在有相对贫困村和相对贫困人口的地区，如果乡村振兴也是"精英捕获"的，那相对贫困地区和相对贫困人口很容易被忽略，发展缓慢甚至返贫。

3. 探讨全新路径

乡村振兴和反相对贫困的路径有很多相同之处，最终目标都是实现富裕，但首要目标并不相同。乡村振兴和反相对贫困都包括发展产业、扩大人才基础提升人力资源水平，涉及文化建设和生态建设等工作。以反相对贫困为目的的这些工作重在培养相对贫困人口融入市场的能力，提升相对贫困人口素质，创造相对贫困人口的就业机会，而以"振兴"为目的的各项工作以本地经济发展为主，可不以就业难度大的相对贫困人口为重点，甚至可能忽视对相对贫困人口的关注。实际上，扶贫工作比其他的工作更需要面向科技知识少、发展能力差的老百姓，交流沟通需要的时间可能会更久，工作推进难度大。当扶贫不作为相关工作人员的主要任务时，很可能出现其他工作对扶贫工作组织、人员及工作时间和精力的挤占。

从一般意义上来讲，乡村振兴战略的目标和发展水平高于扶贫工作，但全国农村在区位、自然条件、经济水平、文化特点和社会特点等方面有很大不同，这意味着乡村振兴的发展路径是复杂的，到目前为止，还没有特别明确的乡村振兴路径。前段时间山东省实施撤村并居引发的社会争议从一个侧面说明了乡村振兴之路不明确，因地制宜的振兴策略仍在探索中。相对来说，扶贫工作已经有了较多成功、特色的发展路径，将扶贫融入乡村振兴战略中，需要注意扶贫领域相关工作经验的延续。

4. 完善社会扶助机制

在精准扶贫战略的带动下，国家公务单位、国有企事业单位、社会民营组织机构、企业团体和个人等积极参与扶贫工作，在组织形式、工作对接、扶贫措施和方法创新等多方面都取得了很丰硕的成果，形成了很多可推广可借鉴的经验。应该研究探讨稳定的社会扶贫工作机制，将已经取得的经验和相关工作机制加以改善，以体制机制的形式沉淀下来，形成社会扶贫的长效工作机制。

（三）促进相对落后地区发展的建议

1. 明确反贫困的持久性，树立共同富裕的理念

相对贫困问题是一个长期存在的问题，要有长期作战的心理准备，确立政府对于扶助相对贫困地区和相对贫困人口帮扶的决心。在解决绝对贫困问题之后，在相关会议和媒体上要强调国家对于实现共同富裕的信念不变，仍将持续关注相对贫困地区的发展与相对贫困人口的生活和发展，向社会传递国家扶持相对贫困人口和地区的决心，一方面稳定相关工作人员的心态，防止扶贫工作懈怠，另一方面给予相对贫困地区和相对贫困人口"定心丸"。

2. 从国家层面确立促进相对落后地区发展的重要地位，形成组织保障

将现在的扶贫办更改为重点扶助机构，负责划定反相对贫困的区域、人口及目标的确定，协调教育、公共卫生、交通、民政等部门形成多部门协同的扶助机构。省级及以下扶贫机构的负责人由书记等主要领导担任，保障扶贫工作的顺利进行。组织部对挂职、入职贫困地区和反贫困机构的工作人员在考核方面给予一定的倾斜。

3. 制定扶持低收入人口的基本原则，实现工作重心的转移

应对全国乡村进行科学规划梳理，尽快确定国家级重点相对贫困村名单。将全国乡村分为原国家级贫困县的贫困村（非新划定相对贫困村，简称"原贫困村"）、新划定国家级重点相对贫困村（可能含原国家级贫困县的贫困村，简称"新划相对贫困村"）和其他村庄三类。原贫困村的区域扶贫政策按照国家政策延续执行一段时间，防止返贫；新划相对贫困村则重点实施相对扶贫战略；其他村庄加快推进乡村振兴战略的实施。在这种情况下，县级以上地区的类型有一些可能无法完全分开，比如，含"原贫困村"的县可能同时含有"新划相对贫困村"，政策的分类推进也就无法以县级为单位进行划分。因而，建议相对贫困扶贫政策的区域瞄准单元进一步精准化，从国家级重点贫困县瞄准到国家级重点相对贫困村。

4. 实行乡村振兴战略的"托底"工程

乡村振兴战略难免因"精英捕获"现象忽视对弱势群体的帮扶，因而，实施保障性扶贫工作机制，对年老、残疾、有重大疾病、小孩等群体提供相应的养老、残疾人保障、重大疾病保障、教育保障等，探索形成常态化的保障工作机制、绩效考核机制、工作路径的经验交流和总结机制。这有利于以实施振兴战略为工作重点的地区将工作精力集中到振兴战略的实施中，有利于防止人口需保障人员落入或重新落入贫困状态。

5. 为促进相对落后地区发展提供组织、人才和资金保障

我国反贫事业取得重大保障的一个原因是提供了强有力的政治重视和组织保障，进而引导财政等资金的投向。反相对贫困的工作政治、组织和财政等保障仍然不可或缺。应根据相对贫困村的规模、数量、相对贫困程度和扶助需要，国家级、省级、地市级、县级四级政府部门均明确乡村振兴中用于相对贫困村和相对贫困人口的财政资金数量、工作人员比例、组织机构、社会资源目录等各类资源，防止面向相对贫困村的资源被占用。

6. 制定新的考核标准

明确相对扶贫考核目标和办法，如对相对贫困村和相对贫困人口在教育、医疗、居民收入和发展能力等方面提出明确要求，以实际绩效压力推动反相对贫困工作的进行。当然，相对贫困状态下的反贫工作办法和考核机制与精准扶贫时期可能不同，比如，保障性扶贫工作更注重工作过程、信息公开、办事便利等方面的考核。

第十二章　区域协调发展与金融差异

金融业是当代经济发展不可或缺的重要组成部分。作为服务业部门，金融业提供大量的就业岗位和税收，在2018年中国企业500强排行榜前10名中，除腾讯和中国移动外，其余8家企业均为金融机构企业[①]。作为资金融通的渠道，金融业为实体经济发展服务，担负活跃市场的任务，同时参与宏观经济调控，对宏观经济和地区经济发展有"命脉"作用。作为信用生产和使用部门，金融业对社会信用及经济信用建设起到巨大的推动作用。在一些地区，有的金融机构除维持经济社会的市场化发展外，还承担着重要的社会责任。随着我国经济外向度不断提高，金融的开放程度也不断提升，我国金融业参与国际事务的条件也不断提升。基于金融对经济社会的重要影响，区域金融的发展也将重重影响地区经济的发展并对地区经济参与国际经济产生重要影响。作为区域经济的一部分，基于习近平总书记关于服务实体经济是金融工作的重要任务之一，以及当前对金融服务实体经济的呼吁，本章将重点放在金融促进经济发展也就是其他产业发展方面，讨论我国地区之间的金融发展情况，区域金融对地区经济增长的作用，并对我国金融空间发展提出建议。

一、我国金融资本的区域分布差异与演变

金融发展涉及金融资本的储存情况和金融资本的使用情况，本部分主要通过统计分析金融机构存贷款情况、小额贷款、上市公司等指标，以及对信贷资产安

---

① 财富中文网，2018年中国企业500强排行榜，http://www.fortunechina.com/fortune500/c/2018-07/10/content_309961.htm.2018-07-10/2019-04-05。

全等情况,研究我国省市区、"四大板块"、南北地区等不同尺度的区域差异情况。

(一)各省市区存贷款情况分析

存款是经济活动资金的重要来源,而贷款是金融业支持经济活动的最传统也是最基础的方式,存贷款余额是金融发展能力的基本指标,银行业金融机构的地区存贷款情况基本上反映了地区的金融发展水平,其区域差异也基本反映了金融业的差异情况。

1. 银行业金融机构各项存款余额的地区差异

各地区之间银行业金融机构存款总量差距很大。如图12-1所示,2016年,银行业金融机构各项存款余额最多的是广东省,拥有18万亿元,是最后一名西藏的41倍。即便是东部地区内部,广东省各项存款余额是海南省的19.7倍,是天津的3倍。银行业金融机构存款总量前6名均为东部省份,分别是广东、北京、江苏、上海、浙江、山东,6省市各项存款余额总量占全国的49.3%。中部地区省份各项指标排名在10~20名之间。西部地区中,四川省存款数量较多,排名第七。存款余额后10名除东北地区的黑龙江和吉林,以及东部地区的海南外,均为西部地区省份。

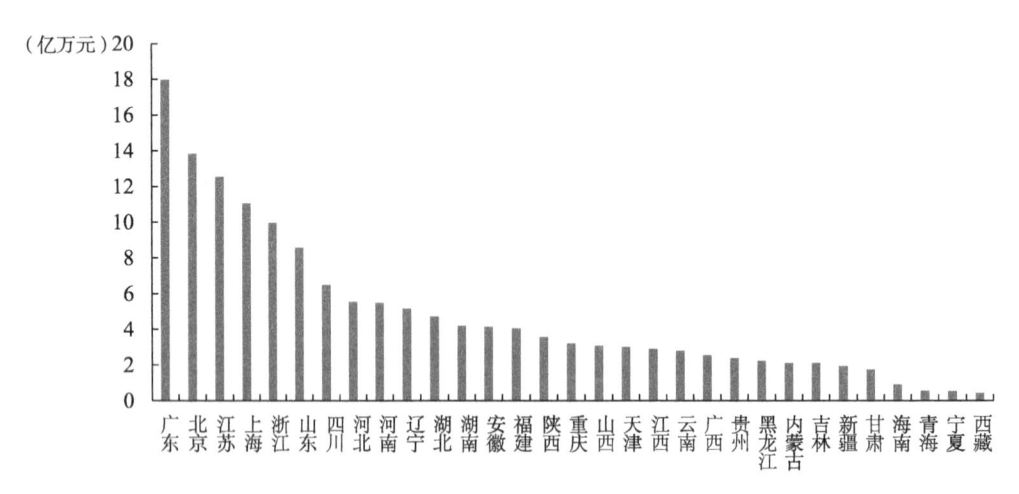

图12-1 2016年各地区银行业金融机构各项存款余额

资料来源:EPS中国金融数据库、国家统计局

"四大板块"方面，如图12-2所示，东部地区金融存款余额占主导地位，2016年，东部地区金融存款余额占全国的58.3%，其次是西部地区，占全国的18.9%，中部地区金融存款余额占全国比重仅为16.4%，东北地区仅为全国的6.4%。从发展趋势看，东北地区银行业金融机构存款余额占全国比重不断下降，中部和东部地区在1993年后占比基本平稳，西部地区在2008年以来略有上升。

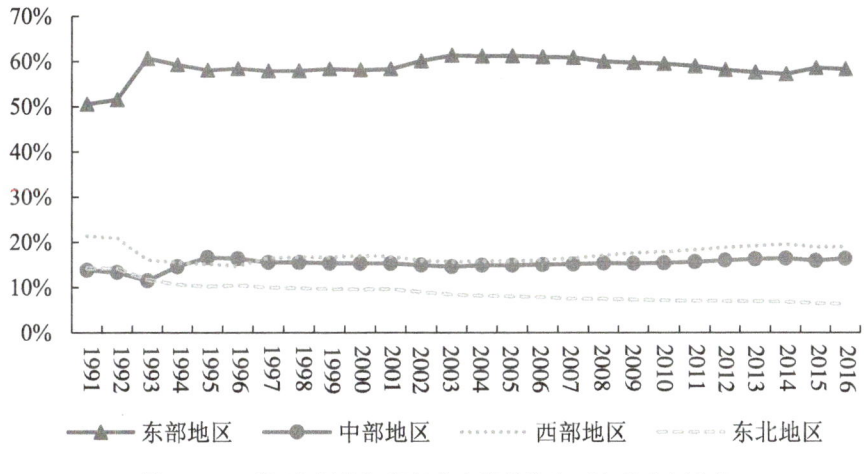

图12-2 "四大板块"银行业金融机构各项存款余额占比

资料来源：EPS中国金融数据库、国家统计局

如图12-3所示，"四大板块"银行业金融机构各项存款余额呈稳定上升态势，尤其是2007年以来，存款余额增长明显。从增长率看，"四大板块"地区增长率变化趋势在1995年以后相似，除在2008年金融危机出现后，2008—2010年存款余额的增长率较大，其他年份一直呈波动下降态势。1992—2016年间，东部地区大多数年份银行业金融机构各项存款余额同比增长率低于全国平均水平。西部地区1998、2000年和2004—2014年共13年银行业金融机构各项存款余额增长率大于全国，其余年份低于全国平均水平。中部地区2004—2008年、2010—2014年及2016年银行业金融机构各项存款余额同比增长率高于全国平均水平，其余年份低于全国平均水平。中西部金融机构各项存款余额同比增长率在2006—2014年间均高于东部，这在一定程度上有利于缓解中西部发展资金短缺

问题，但2015年，中西部地区人均贷款增长率低于东部，虽然2016年增长率又一次超过东部地区，但未来并不确定稳定向地区间金融存款余额收敛的方向发展。东北地区仅在1996年、2008年和2012年三年高于东部，其余年份均低于东部地区。东北地区银行业金融存款余额与其他地区的差距进一步拉大。

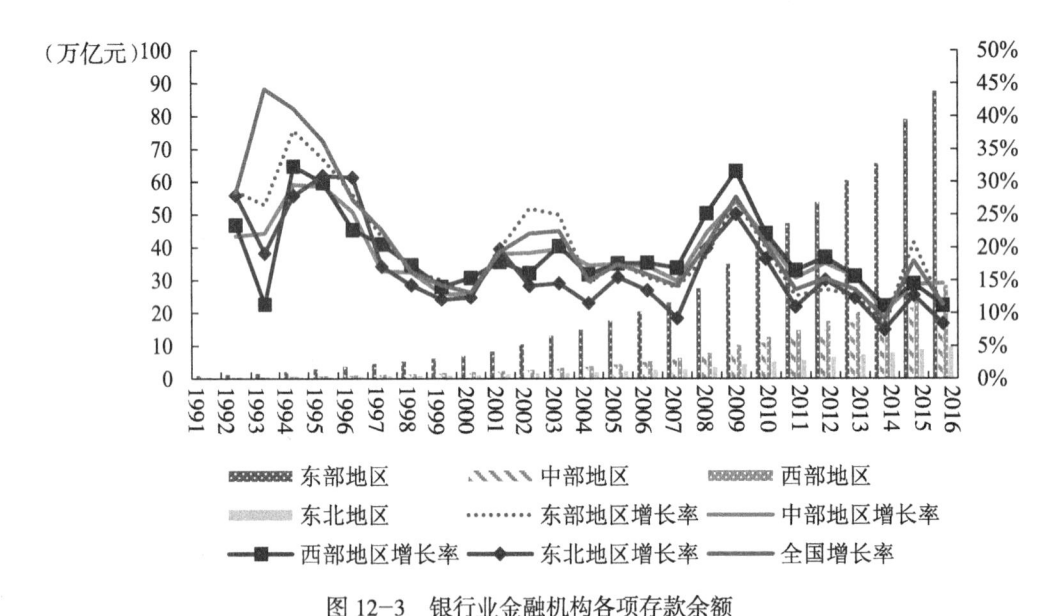

图 12-3 银行业金融机构各项存款余额

资料来源：EPS中国金融数据库、国家统计局

近些年，我国南北方经济差距逐渐拉大，金融业的发展是否也出现南北差异是一个要考虑的问题，比较一下南北方金融发展差距：北方地区指北京市、天津市、内蒙古自治区、黑龙江省、吉林省、辽宁省、山东省、河北省、河南省、陕西省、山西省、青海省、甘肃省、宁夏回族自治区、新疆维吾尔自治区，面积约560万平方千米，人口约8.1亿。南方地区指上海市、江苏省、浙江省、安徽省、江西省、福建省、湖北省、湖南省、广东省、广西壮族自治区、海南省、四川省、云南省、贵州省、西藏自治区及香港、澳门、台湾，面积约400万平方千米，人口约5.8亿。

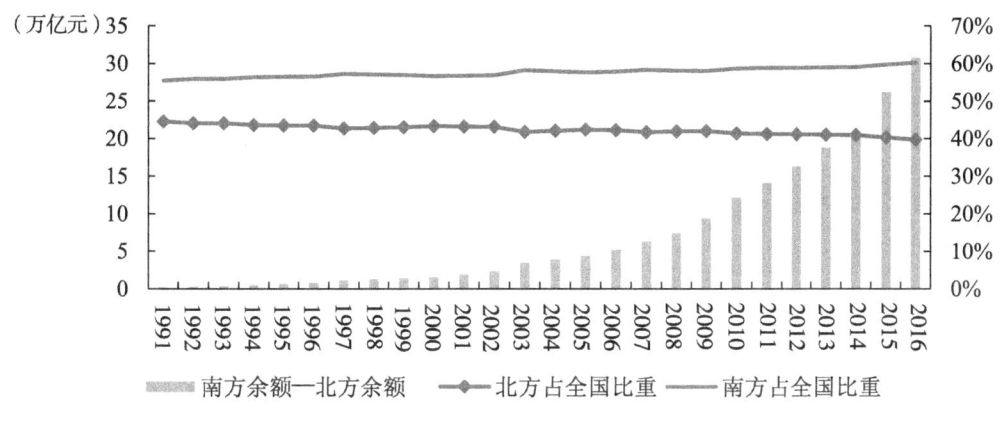

图 12-4 我国南北方地区银行业金融机构各项存款余额

资料来源：EPS 中国金融数据库、国家统计局

我国南方地区银行业金融机构各项存款余额多于北方地区，且南北方绝对差距越来越大。1991—2016 年，南方地区金融机构各项存款余额占全国比重从 55.5% 上升到 60.3%，北方地区比重则从 44.5% 下降到 39.7%。两者之间的实际数额差距从 0.2 万亿上升到 30.8 万亿（见图 12-4）。从年增长率看，南方地区除 1995 年、1998—2000 年、2004—2005 年、2008—2009 年低于北方地区外，其余年份均高于北方地区（见图 12-5）。

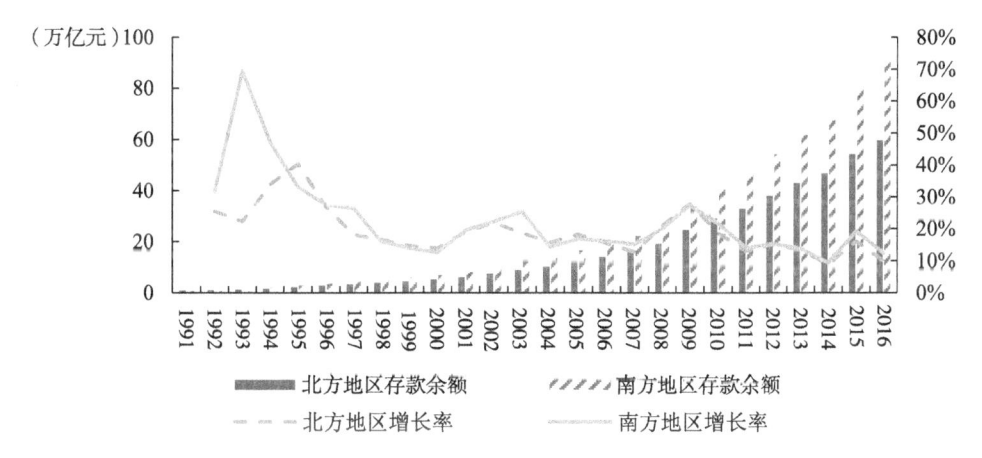

图 12-5 我国南北方地区银行业金融机构各项存款余额及增长率

资料来源：EPS 中国金融数据库、国家统计局

从银行业金融机构人均各项存款余额来看，如图12-6所示，北京最高，2016年为63.69万元/人，是最低的广西的12.1倍。其次是上海，为广西的8.67倍。其余省份与京沪的差距也比较大。人均存款余额前6名分别为北京、上海、天津、浙江、广东、江苏，均为东部省份。西藏地区和辽宁地区人均存款余额也超过了全国平均水平。

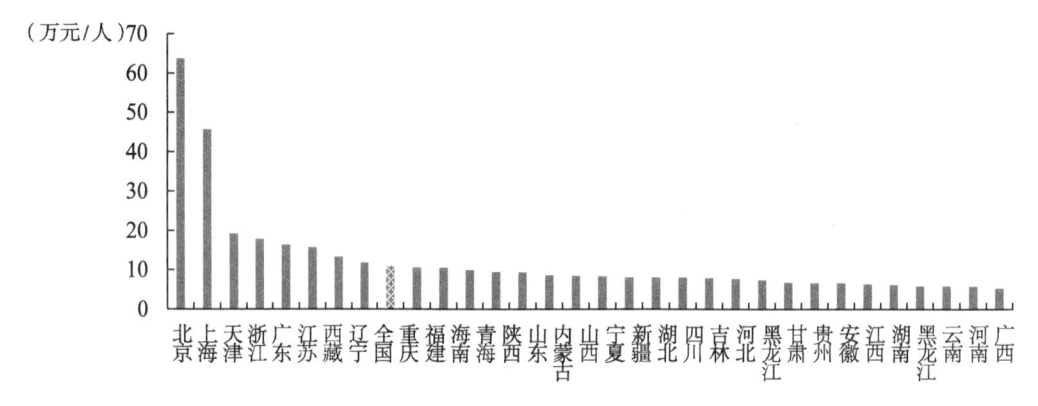

图12-6 2016年各省银行业金融机构人均各项存款余额

资料来源：EPS中国金融数据库、国家统计局

"四大板块"方面，东部地区银行业金融机构人均存款余额始终高于全国水平，且这种优势越来越强，中西部地区银行业金融机构人均存款余额始终低于全国平均水平。如图12-7所示，东北地区银行业金融机构人均存款余额从2004年起低于全国水平，且与全国的差距越来越大。2016年，东部地区人均存款余额分别是中部、西部和东北地区的2.47倍、2.18倍和1.89倍。

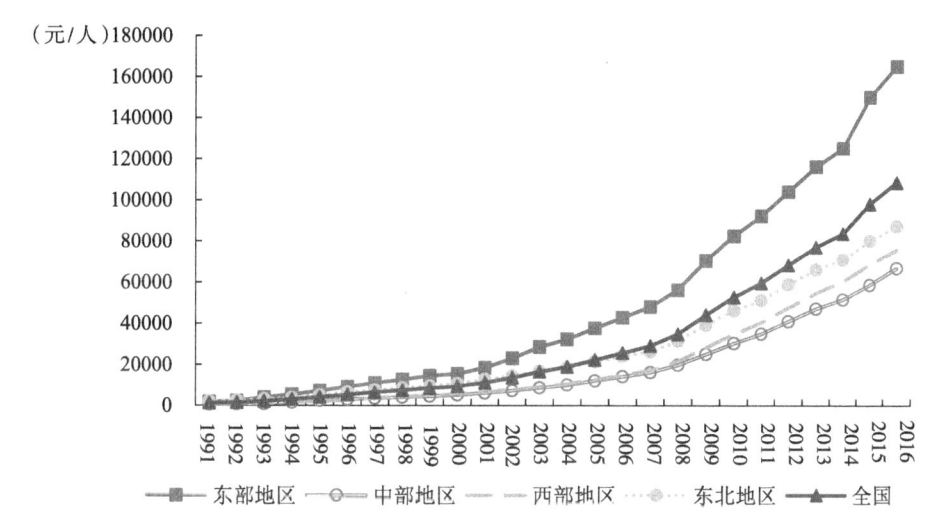

图 12-7 "四大板块"银行业金融机构人均各项存款余额

资料来源：EPS 中国金融数据库、国家统计局

从人均存款余额的基尼系数看，如图 12-8 所示，2004 年以来，全国（省市区层面）银行业金融机构人均各项存款余额的基尼系数下降，区域差距呈收敛状态，但仍然大于 0.35。东部地区 2013 年基尼系数超过全国水平，在"四大板块"中其内部分化是最严重的，但东部地区基尼系数也呈下降态势，说明板块内的分化现象好转。1991 年以来，西部地区和中部地区该项指标呈波动下降态势，说明中部地区和西部地区板块内部差异变小。东北地区的基尼系数略有增高，但数值变化不大。"四大板块"之间的基尼系数基本小于东部地区，大于其他三大板块，同时从 2004 年以来呈下降态势。

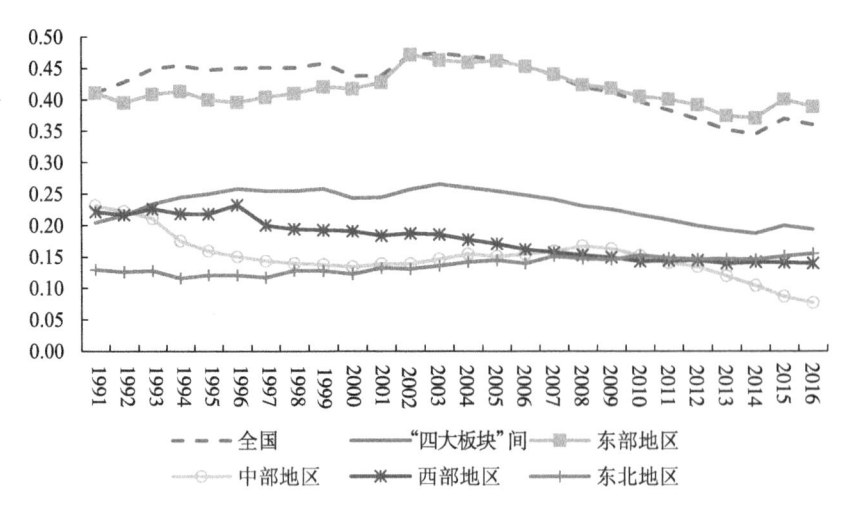

图 12-8　银行业金融机构人均各项存款余额基尼系数

资料来源：EPS 中国金融数据库、国家统计局

从南北地区的存款余额基尼系数看，如图 12-9 所示，1992—1998 年，南方地区人均各项存款余额的不平衡程度大于全国（根据各省级数据计算）水平，北方地区则低于全国水平。2005 年以后，北方地区该指标的基尼系数超过全国平均水平。2004 年以来，南方地区和北方地区的人均各项存款余额的基尼系数呈波动下降态势，地区间的人均各项存款余额总体差异变小。

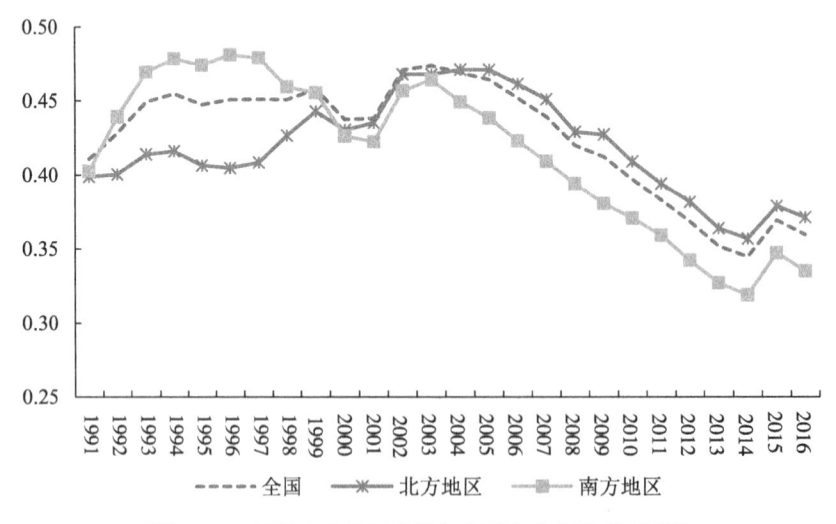

图 12-9　我国南北地区人均各项存款余额的基尼系数

资料来源：EPS 中国金融数据库、国家统计局及笔者测算

从全国整体、"四大板块"及南方地区和北方地区各自的银行业金融机构人均存款余额基尼系数来看，地区差异趋于收敛状态。但从地区间差距的绝对数值来看，不论是人均额还是总额，差异仍然处于扩大的状态，尤其是南方地区和北方地区差距不断拉大。

2. 银行业金融机构各项贷款余额的地区差异

从各省市区的层面看，在银行业金融机构各项贷款余额总量方面，各省、市之间各项贷款余额情况有较大差异，其中，广东省 2016 年该指标数值为 11.09 万亿元，为西藏的 36 倍。东部广东、江苏、浙江、山东、北京、上海银行业各项金融机构贷款余额为全国前 6 名，占全国总量的 45%。（见图 12-10）

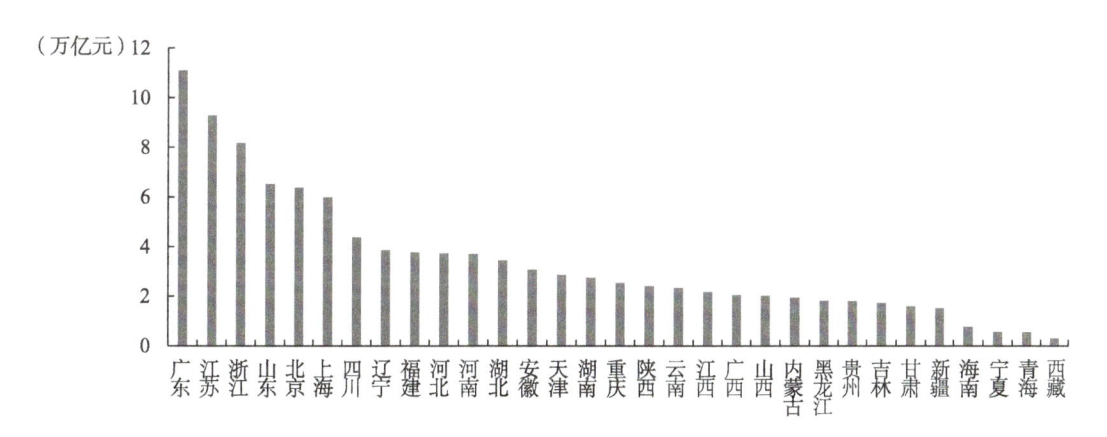

图 12-10 各地区银行业金融机构各项贷款余额

资料来源：EPS 中国金融数据库、国家统计局

在银行业金融机构人均各项贷款余额方面，北京、上海、天津、浙江、江苏、广东仍然在全国前列。2016 年，北京市人均贷款余额为 29.33 万元，是最低省份河南省的 7.5 倍。中部地区省份人均贷款余额均低于全国平均水平。（见图 12-11）总量和人均排名变化较大的是天津和山东，天津市银行业金融机构各项贷款余额总量为第十四名，人均为第三名；而山东省银行业金融机构各项贷款余额总量为第四名，人均情况仅为第十五名，且低于全国水平。西藏、青海、宁夏、内蒙古等西部地区以及东部的海南省虽然银行业金融机构贷款余额总量

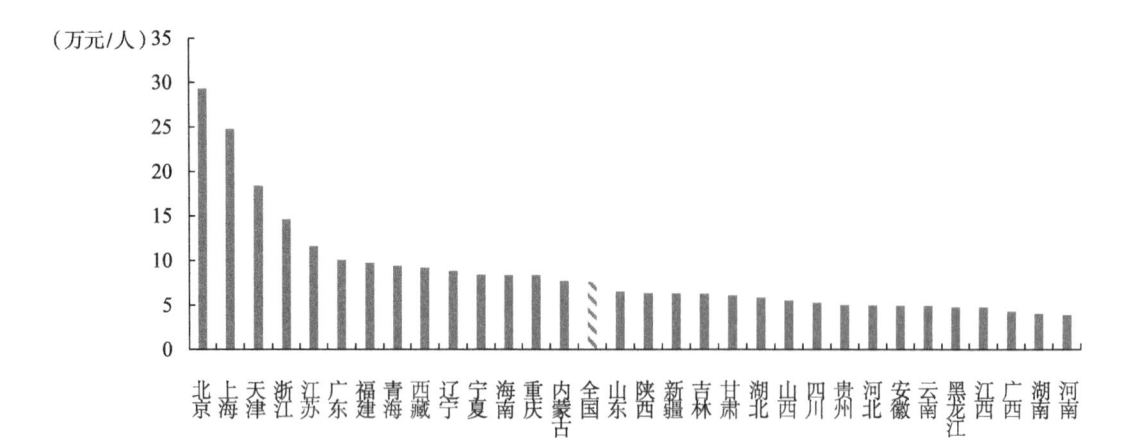

落后，但人均水平相对较高，高于全国平均水平。

图 12-11　2016 各地区银行业金融机构人均各项贷款余额

资料来源：EPS 中国金融数据库、国家统计局

从"四大板块"情况看，东部地区贷款余额最高，2016 年达 58.6 万亿元，占全国的 56%；其次是西部地区，占全国的 20% 以上；再次是中部地区，占全国的 16%；东北地区占比最低，不到全国的 10%。东部地区贷款余额分别是中部、西部和东北地区的 3.4 倍、2.66 倍和 7.92 倍。从银行业各项贷款余额的增长率看，2006 年以来，西部地区银行业金融机构人均各项贷款余额增长率高于其他板块，2009 年以来，中部地区该指标增长率超过东部地区，2011—2015 年，东北地区银行业金融机构各项贷款余额增长率超过东部地区，但 2016 年又被东部地区反超。西部地区该项指标增长率最高超过东部地区 5.55 个百分点，中部增长率超过东部地区最高水平也曾达到 4.97 个百分点，但 2016 年，中西部地区与东部地区的贷款余额增长率之差分别缩小到 3 个和 0.5 个百分点，中西部赶超的势头在减缩。（见图 12-12）

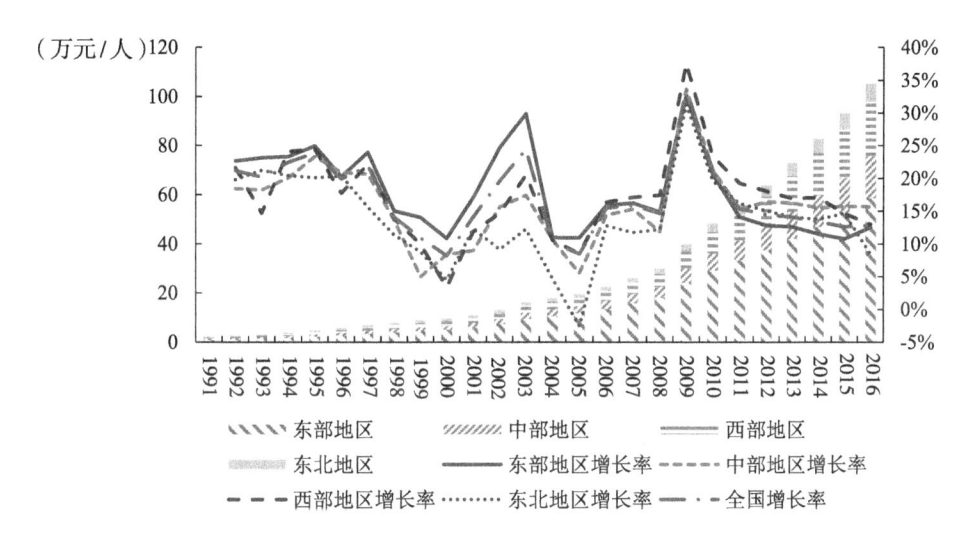

图 12-12　1991—2016 年"四大板块"地区银行业金融机构各项贷款余额

资料来源：EPS 中国金融数据库、国家统计局

"四大板块"的银行业金融机构人均各项贷款余额仅有东部地区超过全国平均水平，其次是东北地区，第三是西部地区，第四是中部地区。2016年东部地区人均贷款余额为110713元，是中部地区的2.36倍、西部地区的1.88倍、东北地区的1.63倍、全国的1.45倍。（见图12-13）"四大板块"之间银行业金融机构各项贷款余额的差别、人均的差异小于总量的差异。考虑到中西部地广人稀的情况，人均指标可能更具有比较意义。尽管如此，人均贷款余额的绝对差额仍然是比较大的。2006年以来，中西部地区人均贷款余额的增长率基本高于东部地区，这为缩小板块间金融贷款余额的差额奠定了基础。

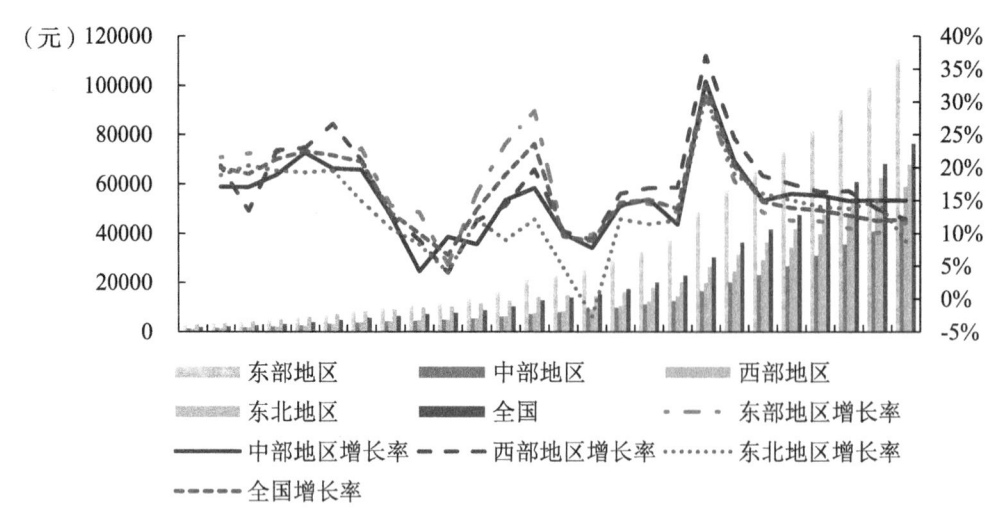

图 12-13　1991—2016 年"四大板块"银行业金融机构人均各项贷款余额

资料来源：EPS 中国金融数据库、国家统计局

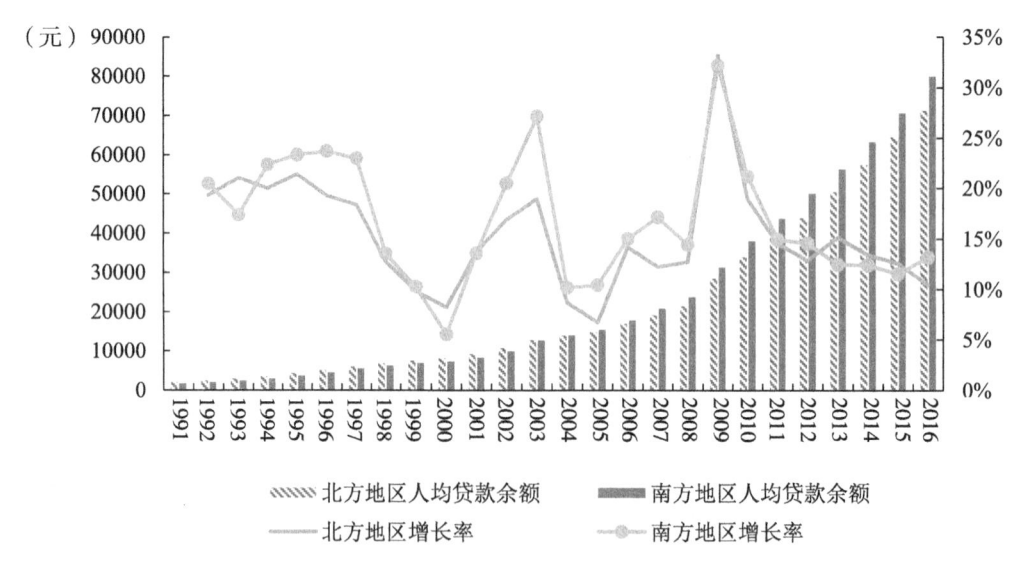

图 12-14　1991—2016 年南北方地区银行业金融机构人均各项贷款余额

资料来源：EPS 中国金融数据库、国家统计局

如图 12-15 所示，从基尼系数的发展趋势看，自 2004 年以来，南方地区、北方地区及全国水平上，人均贷款余额的不均衡情况得到改善。"四大板块"内

部及之间自 2010 年以来不平衡性也得以改善。"四大板块"内部，东部地区人均贷款余额的基尼系数较高。2004 年以来，南方地区和北方地区与全国人均贷款余额的基尼系数非常相近。2013 年以来，东部地区的该项指标趋于 0.3。可以看出，我国人均贷款余额的不平衡性主要还是体现在东部内部及东部与其他三个板块之间。从基尼系数的绝对值看，人均贷款余额的基尼系数的最大值在 0.3 附近，低于人均存款余额的分布差异。

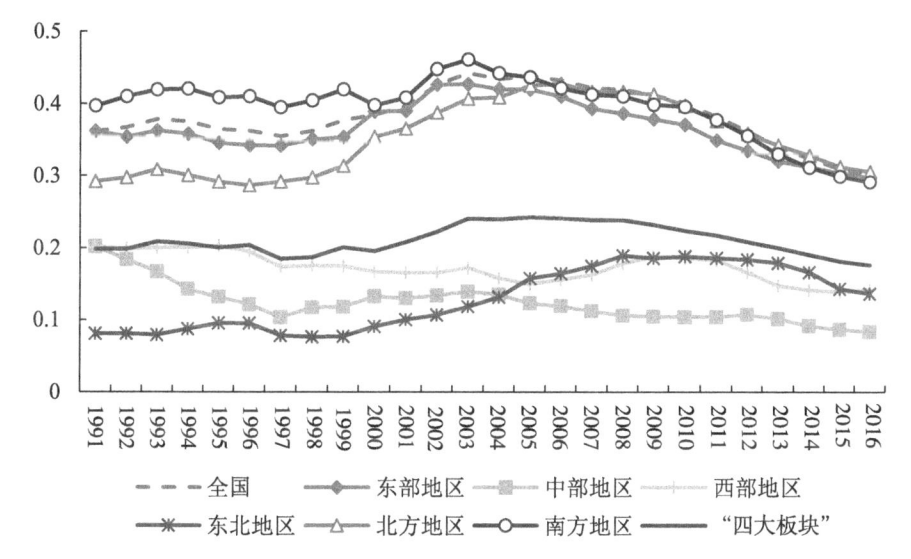

图 12-15　1991—2016 年银行业金融机构人均各项贷款余额基尼系数

资料来源：EPS 中国金融数据库、国家统计局

（二）农村信用社存贷款的地区差异

农村信用社贷款余额主要面向农村地区，可以看作全国农村地区金融情况的发展指标。但是因为东部地区城镇化水平较高，从总量上看，西部地区农村信用社存款数额最高，2015 年占全国的 42.7%，其次是中部地区，占 34.8%，第三是东部地区，城镇化水平较高的东北地区农村信用社贷款余额数量最少，仅有 6.2%。（见图 12-16）南北方情况方面，南方农村信用社存款余额数量高于北方，且自 2012 年以来，年增长率超过了北方。（见图 12-17）这意味着未来南北方

农村信用社存款余额差异将进一步拉大。

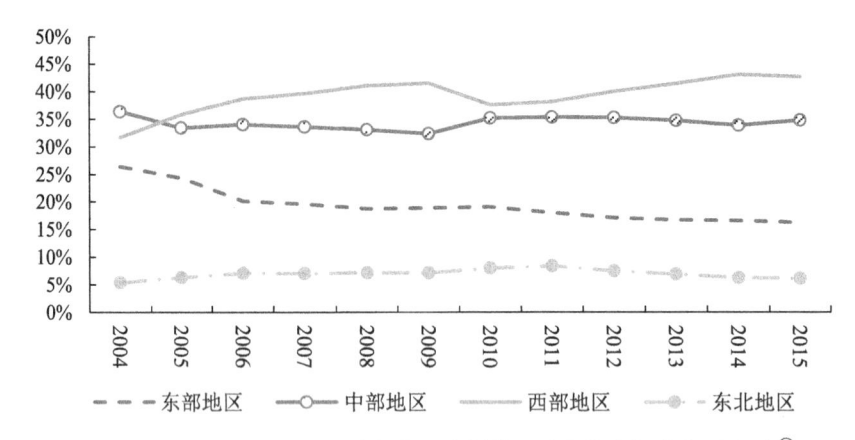

图 12-16　2004—2015"四大板块"农村信用社存款余额占全国比重[①]

资料来源：EPS 中国金融数据库、国家统计局

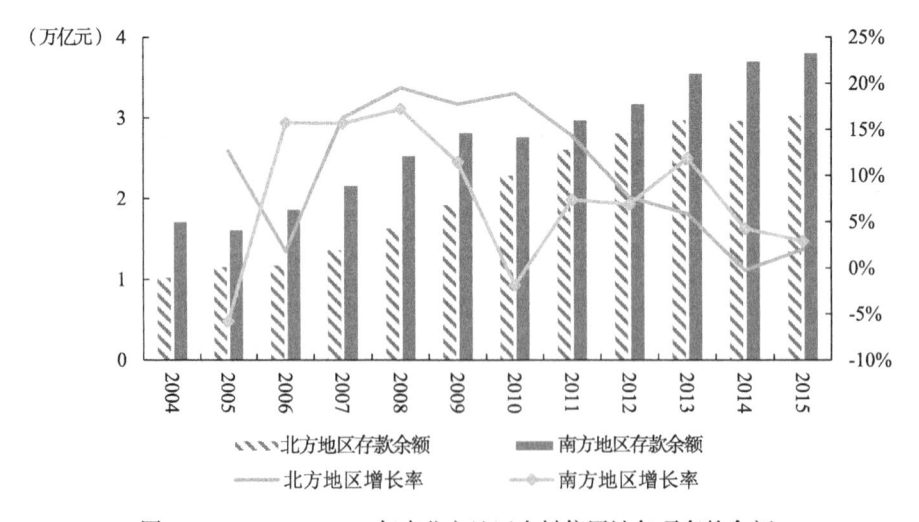

图 12-17　2004—2015 年南北方地区农村信用社各项存款余额

资料来源：EPS 中国金融数据库、国家统计局

从人均情况看，农村信用社乡村人均（乡村人口）各项存款余额从最初的"四大板块"之间最大差距（中部减东部）为 598 万元和北方比南方人均

---

① 注：北京、上海、重庆、西藏无数据。

多 835 万元，上升到"四大板块"之间最大差距（西部减东部）4943 万元和北方比南方人均多 3322 万元。（见图 12-18）"四大板块"之间和南北之间的差距不断拉大。

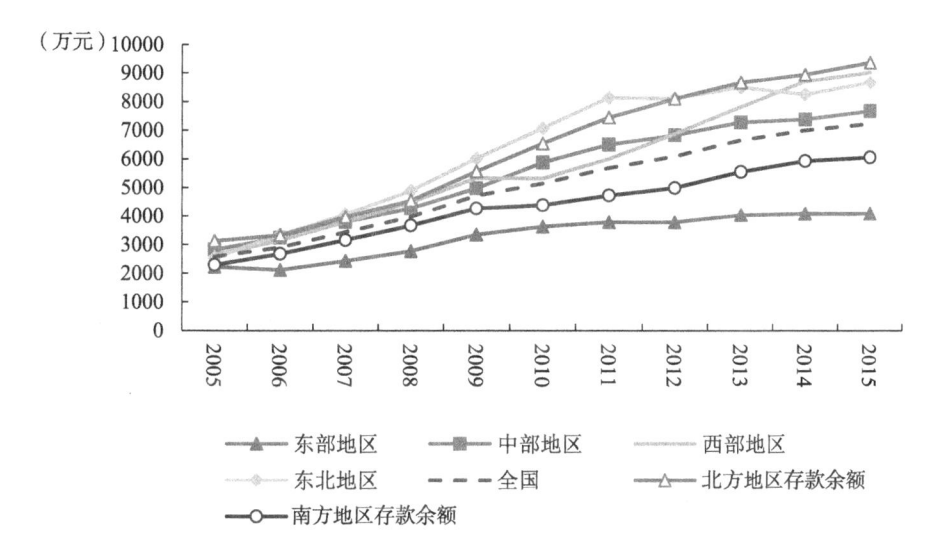

图 12-18　2005—2015 年农村信用社人均（乡村人口）各项存款余额

资料来源：EPS 中国金融数据库、国家统计局

从省份情况看，这个指标与银行业金融机构存贷款等指标的地区排名也有很大不同。农村信用社人均（乡村人口）各项存款余额前 6 名分别是山西、河北、陕西、云南、海南、内蒙古。（见图 12-19）这些地区银行业金融机构各项贷款余额处于中下游，同时总体经济发展水平也不高，农村地区发展对农村信用社贷款的依赖比较大。对于这些地区，建议加大农村金融方面的扶持力度。

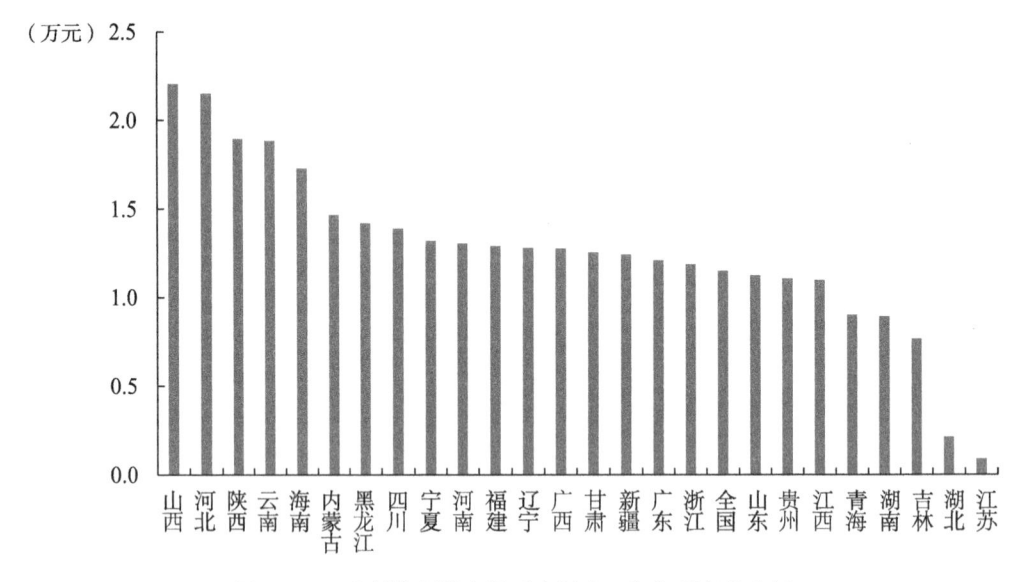

图 12-19　农村信用社人均（乡村人口）各项存款余额

资料来源：EPS 中国金融数据库、国家统计局

（三）非银行信贷融资的地区差异

非银行信贷融资是社会融资渠道的重要部分，对于实体经济的发展有巨大的促进作用。其中的直接融资方式有利于有效利用社会闲散资金，对中小微型企业的发展和促进社会创业有重要意义和作用。

1. 社会融资规模

社会融资规模是指一定时期内实体经济从金融体系获得的全部资金总额，全面反映金融对实体经济资金支持总量。它是我国 2010 年首创的金融指标，对于衡量经济和金融发展、制定货币和财政政策有重要意义，自推出以来，受到了各界的广泛关注。

从"四大板块"情况看，我国东部地区社会融资规模最大，且自 2014 年以来，占全国比重呈上升趋势。2016 年，全国社会融资规模为 16.7 万亿元，其中东部地区社会融资规模达到 9.7 万亿元，是全国的 58.1%。其次是西部地区，2016 年为全国的 18.6%，数额为 3.1 万亿元，但 2014 年以来其社会融资规模占全国比重呈下降态势。中部地区年社会融资规模占全国比重比较稳定，2016 年为 17.4%，数额为 2.9 万亿元。东北地区社会融资规模最少，2016 年仅为 0.94 万亿元，仅为全国的 5.6%。（见图 12-20）

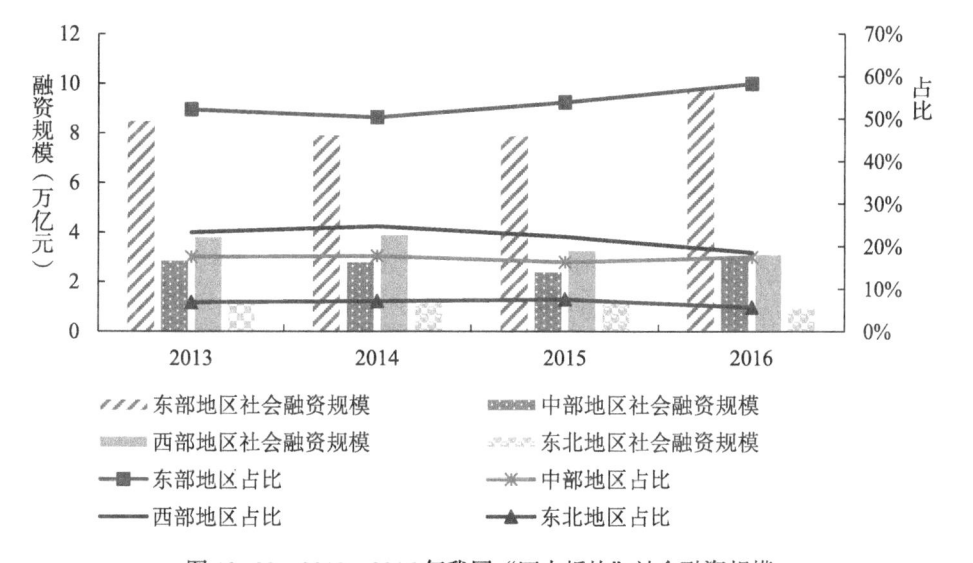

图 12-20　2013—2016 年我国"四大板块"社会融资规模

资料来源：EPS 中国金融数据库、国家统计局

从省份情况看，各省的社会融资规模差距较大，广东、江苏、北京、上海、山东、浙江 6 个东部省份规模最大，合计占全国的 47.2%。2016 年，广东省社会融资规模 21155 亿元，是全国的 12.7 倍，为最后一名宁夏地区的 40 倍。（见图 12-21）2013—2016 年，各地区社会融资规模标准差分别为 3376、3354、3540 和 4671，各地区差距基本呈增大态势。

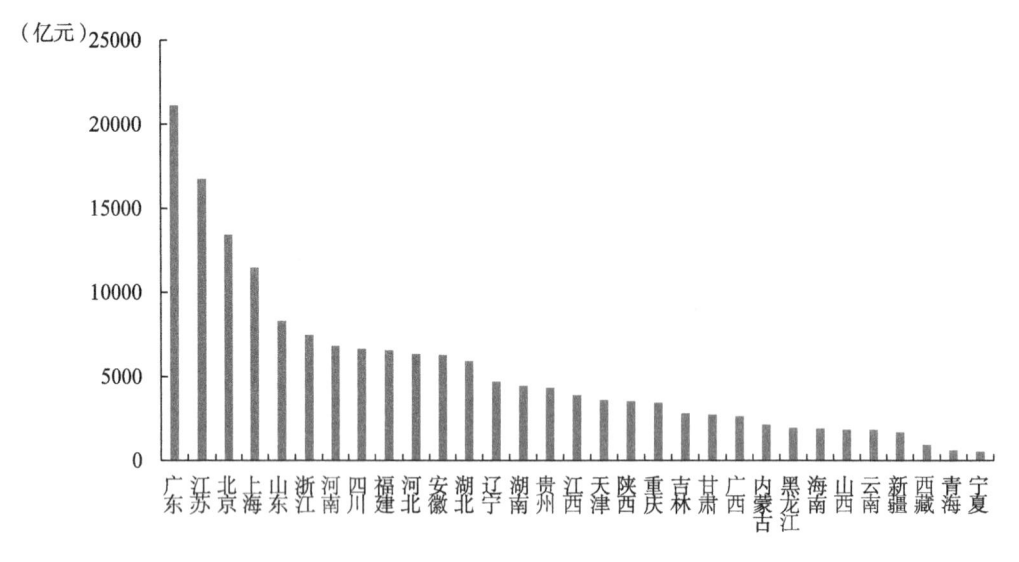

图 12-21　2016 年各地区社会融资规模

资料来源：EPS 中国金融数据库、国家统计局

从社会融资总额的基尼系数看，分地区总额社会融资额基尼系数大于分地区人口分布的基尼系数且逐年上升。从人均社会融资额看，"四大板块"中，东部地区人均社会融资额的基尼系数最大，其次是西部地区，第三是东北地区，差异最小的是中部地区。南北区域的划分中，北部地区人均社会融资额的基尼系数大于南部地区。从发展趋势看，全国分地区、"四大板块"中的西部地区以及南方地区的基尼系数呈逐年上升趋势。东北地区人均社会融资差异在 2013—2015 年逐年增大，但 2016 年下降。（见图 12-22）

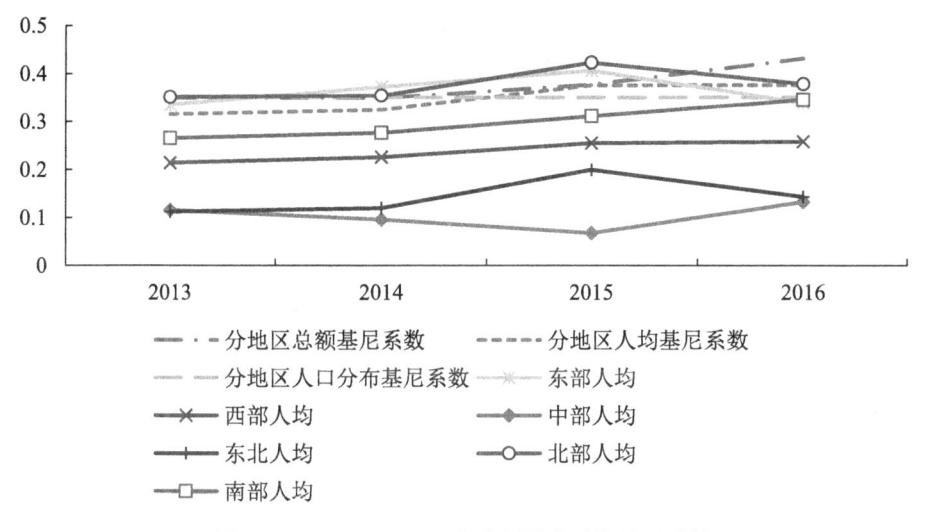

图 12-22　2013—2016 年我国社会融资基尼系数

资料来源：EPS 中国金融数据库、国家统计局及笔者测算

2. 上市公司情况

公司上市是进行直接融资的主要方式之一。同时，上市公司情况可以体现一个地区经济的活跃程度，因为通常产生一家上市公司需要有庞大的非上市公司基数。在此，通过国泰安经济金融研究数据库整理的上市公司数量，对地区经济活力和直接融资情况进行简单衡量。

从各省市区看，广东省上市公司数量最多，为 389 家，是数量最少的青海省的 32.4 倍，其次是浙江、北京、江苏、上海、山东。前 6 名均为我国东部地区省市。（见图 12-23）

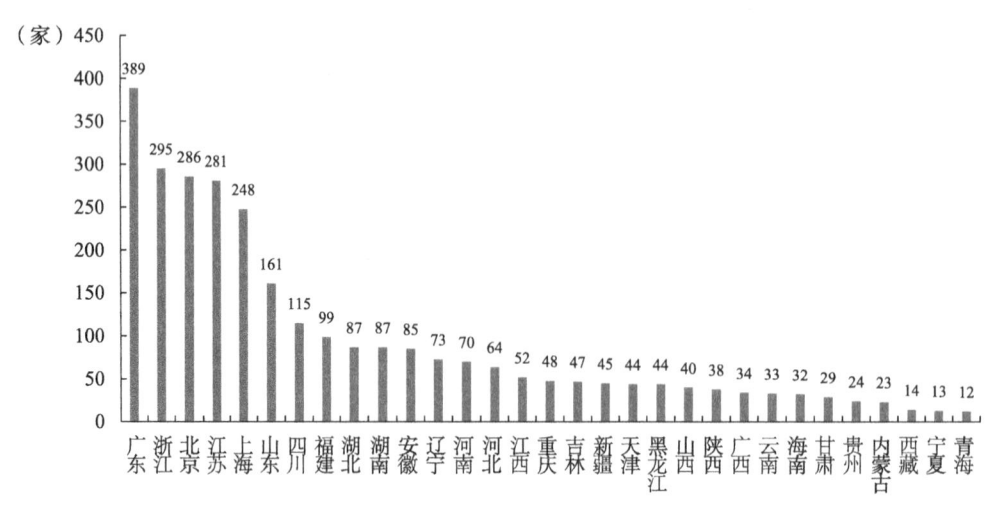

图 12-23　1990—2016 年全国分地区新上市公司数量

资料来源：Wind 数据库

从"四大板块"情况看，上市公司主要集中在东部地区。1990—2016年，东、中、西、东北地区上市公司数量分别为1899家、421家、428家和164家，分别占全国的65.2%、14.5%、14.7%和5.6%。（见图12-24）平均每个省份上市公司数量分别为190家、70家、36家、55家。

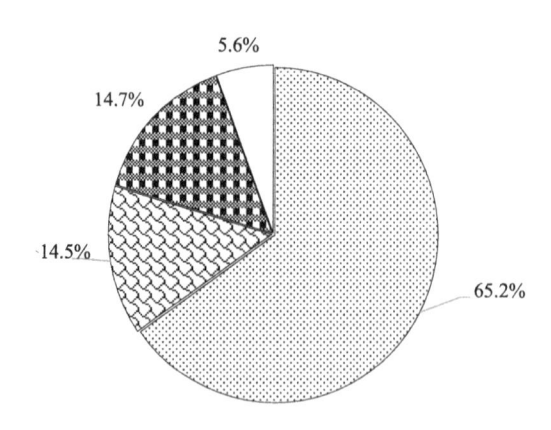

图 12-24　1990—2016 年以"四大板块"为注册地的公司上市总量

资料来源：Wind 数据库

南北方差异方面，北方地区上市公司数量总共989家，南方地区1923家，分别占全国的34%和66%。从南北分布情况看，1990—2016年，除2001年北方地区比南方地区新增上市公司多1家外，其余年份南方地区新增上市公司数量均比北方多，且1993年、2011年、2015年和2016年，南方地区上市公司数量比北方分别多82家、120家、96家和131家。这期间，我国北方地区上市公司数量共计989家，南方地区1923家，南方地区是北方地区的1.94倍。（见图12-25）

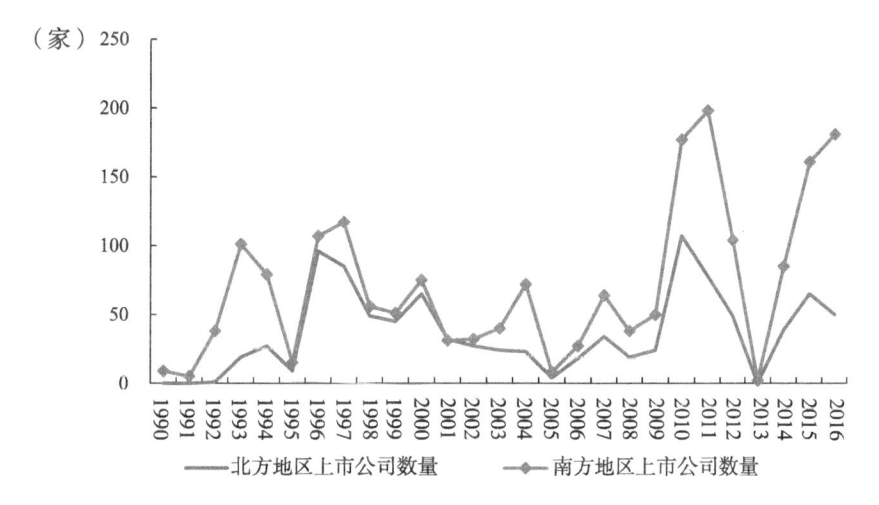

图12-25　1990—2016年我国南北方地区新增上市公司情况

资料来源：Wind数据库

3. 小额贷款情况

小额贷款是金额在1万到20万之间的贷款，其主要贷款对象为"三农"或中小微企业，对于初创企业和欠发达地区农村个人创业等具有重要的意义。我国在2008年出台了《关于小额贷款公司试点的指导意见》，以规范民间借贷市场，同时提高小额贷款对经济活动的促进作用。有关国有银行支持小微企业发展的意见建议、规划等文件也不断发出，具体刺激措施也不断出台，比如2018年国家财政部、税务总局通知，对金融机构的小额贷款利息收入免征增值税。根据EPS中国金融数据库的数据，2012—2016年，我国小额贷款数量从5921.38亿元上升到9272.8亿元，年均增长11.87%。

"四大板块"方面,从总量情况来看,东部地区最多,其次是西部地区,第三是中部地区,第四是东北地区。(见图12-26)从人均情况看,2014年西部地区人均小额贷款余额超过东部。东部和西部地区小额贷款余额情况远好于中部和东北地区,2016年,东、西部地区人均小额贷款余额分别为736万元和899万元,分别是中部、东北地区的1.8倍、1.6倍和2.2倍、1.9倍。中部地区人均小额贷款余额最少,2016年仅为409万元。(见图12-27)

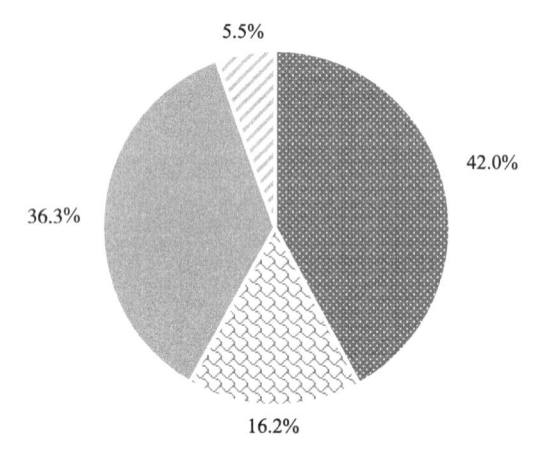

图12-26 2016年我国"四大板块"小额贷款总量分布

资料来源:EPS中国金融数据库、国家统计局

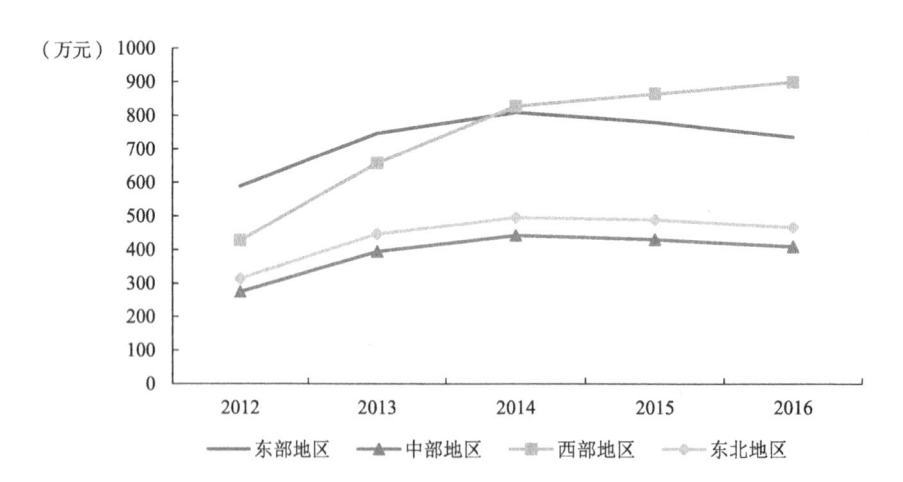

图12-27 我国"四大板块"人均小额贷款余额情况

资料来源:EPS中国金融数据库、国家统计局

人均小额贷款的南北方发展情况也有较大差异，2012—2016年，每年南方人均小额贷款余额均为北方地区的2倍以上，且多数年份南方增长率大于北方，未来差距可能会进一步拉大。（见图12-28）

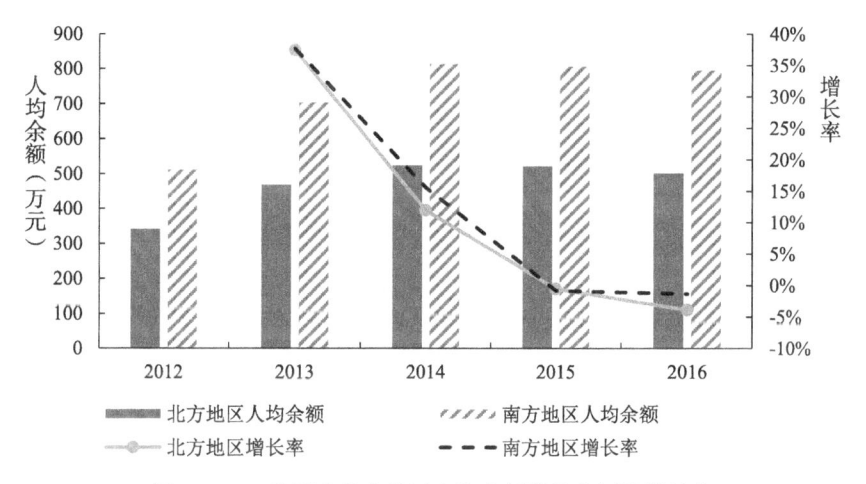

图12-28 我国南北方地区人均小额贷款余额及增长率

资料来源：EPS中国金融数据库、国家统计局

小额贷款余额省际差别较大。2016年，重庆市小额贷款余额最多，为991.4亿元，是倒数第二名青海省的22倍。前6名重庆、江苏、浙江、广东、四川和广西小额贷款余额比例占全国48%，且全部来自南方。（见图12-29）

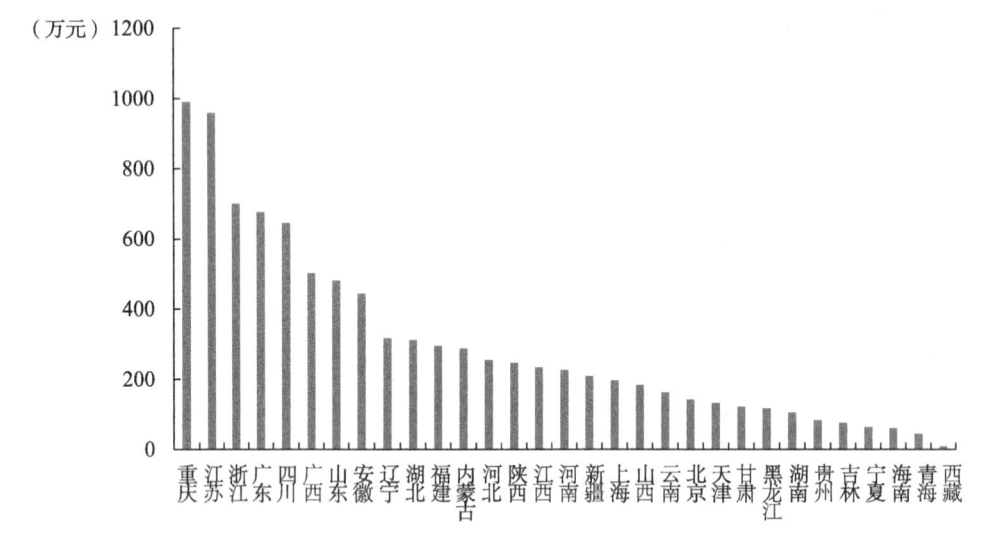

图 12-29 2016年各地区人均小额贷款余额

数据来源：国泰安经济金融研究数据库

4. 天使投资机构的地区发展差异

天使投资作为面向创业者的权益资本投资方式，对创业具有巨大的孵化作用。这类机构往往集中于市场条件活力较高、创业环境较好、创业数量较多的经济发达地区。从图 12-30 可以看出，东部地区天使投资机构注册地数量最多，且远超其他三个板块。1999—2014 年，东部地区共注册成立 5351 家机构，中部地区 437 家，西部地区 604 家，东北地区仅有 174 家。从各省市区情况看，1999—2014 年，北京、上海天使投资机构数量均超过了 1000 家，两市合计占全国总量的 37.48%。北京、上海、广东、浙江、江苏这五个地区天使投资机构注册量占全国的 71.76%。天使投资机构的分布严重不平衡。（见图 12-31）

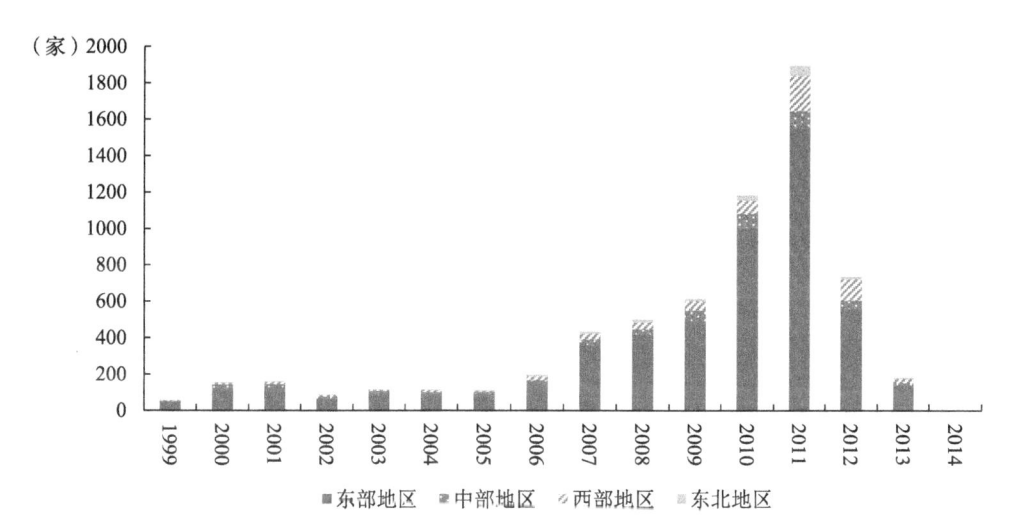

图 12-30　1999—2014 年我国天使投资机构注册数量

数据来源：国泰安经济金融研究数据库

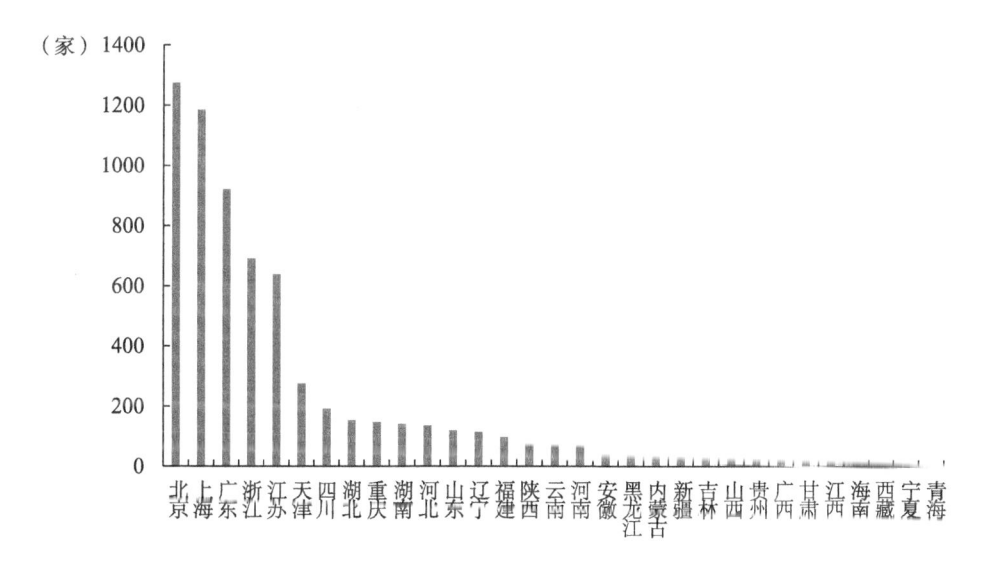

图 12-31　1999—2014 年我国各地区天使投资机构注册数量

数据来源：国泰安经济金融研究数据库

二、金融发展与区域经济增长

金融作为经济活动的重要影响因素，深刻地影响着区域经济的增长。关于金融发展与经济增长关系的探讨，存在不同的观点。大部分学者认为金融发展与经济增长之间存在正相关性，也有部分学者认为金融发展对经济增长并没有显著的影响，甚至会在某种情况下起到抑制作用。

（一）理论基础

古典经济学家最早认识到与货币密切联系的各种金融活动对经济发展具有重要的促进作用。亚当·斯密在《国民财富的性质和原因的研究》中肯定了审慎的银行活动能增进一国的产出，增进产出的方法在于使无用的资本变为有用，使不生利的资本生利。这就是目前人们所普遍接受的金融中介资本分配和再分配职能论。

金融信用媒介论则认为金融信用仅具有调节资本余缺的作用，它既不造成资本增加，也不造成资本减少，而只是将既定的资本从一个人手中转移到另一个人手中。约翰·穆勒继承了金融信用媒介论，指出信用没有创造资本，但是促进了资本的流动，使资本在生产中得到更有效利用，有效资本的增加带来了社会总产出相应的增加。约翰·穆勒在其名著《政治经济学原理》中提到，"虽然信用只是使得资本从甲的手上转移到乙的手上，但资本通常是转移到在生产上更能有效利用资本的人的手中"，因此，一国的现有资本总量虽然不因信用而增加，但可使用的资本数量却得到了提升，从而处于更具效率的生产活动状态。随着信用基础的扩大，利用信用的各种方法得到发展，越来越多的资本用于生产性用途。这样一来，社会的总产出自然得到提高。

熊彼特（Schumpeter）第一个将金融中介的发展置于经济发展的中心地位，强调金融在经济增长中的重要性，他认为银行的信用创造和信用之间的关系是理解资本主引擎的关键。熊彼特指出，银行具有信用创造的能力，这是经济发展的动力，其具体作用在于为创新的实现、为生产要素的新组合提供必需的购买力，而这种购买力并非来自银行所吸收的储蓄和真实的票据贴现与抵押，而是来源于银行的信用创造。尤其在经济发展的初期，银行信用的作用更是不可忽视的。熊彼特在《经济发展理论》中分析了金融促进经济增长的路径，他主要强调了金融对技术创新的重要性，认为银行应该通过甄别并提供资金给那些最具有新产品开发和生产能力的企业，以促进科技创新。

在西方发达经济体出现长期滞胀以及第一次世界大战后新兴发展中国家出现资金短缺的背景下，金融体系效率低下的现实引起了越来越多的重视，金融发展与经济增长之间的长期关系开始成为研究关注的重点，现代金融发展理论得以初步建立，并不断发展完善。金融发展作用于经济增长的机制与金融发展的路径选择则是贯穿其中的两条主线。

有关金融发展与经济增长关系的理论可以追溯到熊彼特（1912），他说明了功能良好的银行通过甄别并向最有机会在创新产品和生产过程中成功的企业家提供融资而促进技术创新。技术创新被视作金融体系对经济增长发挥作用的基本渠道之一。希克斯（Hicks, 1969）认为，英格兰的金融体系通过为巨大工程筹集资本，从而在工业革命发挥了关键性作用。具体而言，金融的发展在当时集中体现为股份公司和有限责任公司的发展。资本积聚被视作金融体系对经济增长发挥作用的另一基本渠道。但这些研究都停留在理论层面的分析，没有进行相应的实证研究。

20世纪40—60年代，金融被视作资本积累、工业化的工具而处于附属地位。20世纪60年代中期，市场的作用逐渐受到重视，为金融产业的发展营造了良好的环境。20世纪60年代末—70年代初，一些经济学家开始研究金融与经济发展间的关系，以肖（Shaw）、戈德史密斯（Goldsmith）、麦金农（Mckinnon）和格利（Gurley）等为代表的经济学家们分别出版了研究经济发展与金融发展的专著，至此创立了金融发展理论。金融发展的含义是不断演进并逐步丰富完善的。戈德史密斯在1969年出版的《金融结构与金融发展》中指出，各国金融机构的差异能够反映其金融发展的程度，为此提出包括"金融相关比率"在内的8个定量指标衡量金融结构状况。同时揭示金融发展的内在演化路径，即各国金融结构不同，但金融发展的趋势是相似的。他认为金融发展就是金融结构的变化，并以金融结构为研究对象，通过对35个国家1860—1963年金融数据进行实证分析，结果表明金融结构对经济增长有巨大的促进作用。他还提出"金融结构即金融工具与金融机构的相对规模""金融结构的变迁即金融发展"的理论观点，开创了现代金融发展理论的先河。

而后，麦金农和肖出版了专著《经济发展中的货币与资本》和《经济发展中的金融深化》，以发展中国家为研究对象，集中研究货币金融与经济发展的内在联系，分别提出了金融抑制和金融深化理论。金融抑制理论概括了发展中国家金融抑制独特性，即货币化程度低，金融体制存在着发展不平衡和低效率的现象，政府对经济和金融的干预不适当。金融深化理论主张发展中国家解除金融管制，进行金融自由化改革。虽然这些理论对更充分认识金融发展与经济增长之间的关系具有积极意义，但是主张构建完全没有政府干预的金融市场从发展中国家的改革实践来看是有极大危害的。

格利和肖发展了熊彼特等人的思想，认为金融发展是经济增长的一个必要条件，并首次通过建立模型分析金融在经济中所发挥的作用。他们通过分析金融中介的作用探讨了不同结构金融系统，即金融结构对经济增长的影响，也由此引发后来一系列关于金融系统的比较研究。20世纪50—60年代，大量学者深入研究了金融与经济增长的关系。

帕特里克（Patrick, 1966）最早提出金融发展与经济增长因果关系。他在《欠发达国家的金融发展和经济增长》一文中提出需求带动、供给引导金融的问题。他认为，金融体系可改进现有资本构成并有效配置资源，从而刺激储蓄和投资，因此，欠发达国家需采用优先发展金融的货币供给带动政策。与需求推动的政策的不同在于，它不是在经济发展产生对金融服务的需求后考虑金融的发展，而是在产生需求以前就提前发展金融体系，即金融发展可以是主动的、相对先行的，也可以是被动的、相对滞后的。

20世纪90年代，金融发展理论研究进入以内生增长模型为核心的新阶段，在对金融发展与经济增长关系上，强调将金融因素视为产业结构调整的必要手段及内生增长的重要推动力。金和莱文（King and Levine, 1993）从金融功能的角度研究金融发展对经济增长的影响，尤其是对全要素生产力的影响。他们设计了Depth（等于M2/GDP，用于衡量金融中介的规模）、Bank（用于衡量一国商业银行相对于中央银行的规模，等于商业银行的信贷资产除以商业银行的信贷资产与中央银行国内资产之和）、Private（用于衡量商业银行对私营企业的贷款，等于商业银行以对私营企业的贷款除以国内信贷总量减去银行间贷款之差）和Privy（在性质上同Private指标相同，等于商业银行对私营企业的贷款除以GDP）4个指标，在系统地控制了影响长期经济增长的其他因素的情况下，研究发现，金融中介的规模和功能的发展不仅促进了资本形成，而且刺激了全要素生产力的增长和长期经济增长。相反，金融发展不足会导致"贫困陷阱"。

进入新世纪以后，学者们越来越将金融发展理论的重点放在金融自身发展和演进的决定因素等方面的问题上。研究从经济学、法学、政治学和社会学等不同视角出发，探究不同国家金融发展程度的形成原因。同时，对金融发展与经济增长关系的研究也融入新的元素。其中，中国金融发展与经济增长研究成为对转型国家金融发展的关注热点。

（二）研究设计

1. 样本选取与模型设定

为全面分析我国金融发展水平与经济增长的关系，同时考虑到数据的可获得性，我们选取中国 31 个省、自治区、直辖市 1995—2016 年的面板数据作为研究样本，进行实证检验。建立如下面板模型：

$$GDP_{it}=\beta_0+\beta_1 FIR_{it}+\beta_2 FE_{it}+\beta_3 ind_{it}+\beta_4 thi_{it}+\beta_5 cfr_{it}+\beta_6 popul_{it}+\mu_{it} \quad (12-1)$$

其中，GDP_{it} 为取 i 地区 t 年份的 GDP，FIR_{it} 为 i 地区 t 年份的金融发展规模，FE_{it} 为 i 地区 t 年份的金融系统效率，ind_{it} 为 i 地区 t 年份的工业化程度，thi_{it} 为 i 地区 t 年份的第三产业发展程度，cfr_{it} 为 i 地区 t 年份的资本形成率，$popul_{it}$ 为 i 地区 t 年份的人口总量，μ_{it} 为随机误差项。

2. 变量选取

被解释变量是 GDP_{it}，选取按当年价计算的 GDP 来衡量地区经济增长水平。核心解释变量是 FIR_{it} 和 FE_{it}，分别用于衡量地区金融发展的规模和效率，由于缺乏各地区 M2、金融资产、社会融资规模等方面的统计数据，无法直接获得 FIR 指标，因此我们选取银行业金融机构存贷款余额占 GDP 的比重作为衡量金融发展规模的指标，选取贷款余额与存款余额之比用于衡量金融发展效率。

对于控制变量的选取，我们从产业结构、社会人口和金融体系 3 个方面进行考虑，其中产业结构变量包括工业化程度 ind（工业增加值占 GDP 的比重），第三产业发展程度 thi（第三产业增加值占 GDP 的比重），社会人口方面选取地区总人口 popul，金融体系方面选取资本形成率 cfr（资本形成总额占 GDP 的比重）。

变量的描述性统计如表 12-1 所示。从中可以看出，我国金融发展和经济增长均存在地区间不平衡的现象。

表 12-1　变量描述性统计

变量	定义	平均值	标准差	最小值	最大值
GDP	国内生产总值（取对数）	8.49	1.32	4.03	11.30
FIR	金融发展规模（存贷款余额/GDP）	2.58	1.01	1.06	8.13
FE	金融系统效率（贷款余额/存款余额）	0.80	0.19	0.23	1.63
ind	工业化程度（工业增加值/GDP）	0.38	0.10	0.07	0.59
thi	第三产业发展程度（第三产业增加值/GDP）	0.40	0.08	0.25	0.80
popul	总人口数量（取对数）	8.05	0.88	5.48	9.34
cfr	资本形成率（资本形成总额/GDP）	0.54	0.16	0.23	1.40
consum	居民消费总额（取对数）	7.51	1.26	3.34	10.35
loan	贷款余额/GDP	1.11	0.37	0.54	2.65

资料来源：EPS 中国金融数据库、国家统计局

（三）实证结果

对固定效应模型和随机效应模型进行 Hausman 检验，结果表明固定效应模型的结果显著优于随机效应模型。表 12-2 为固定效应模型的实证结果。

从表 12-2 可以发现，金融发展规模与经济增长正相关，金融发展效率与经济增长负相关，这说明金融发展可以拉动经济的增长，但我国金融发展对经济增长的机制可能主要是通过规模的提升来实现，而非提升金融发展效率。

表 12-2　金融发展与经济增长回归结果

变量类别描述	变量名称	GDP
核心解释变量	FIR	0.453***
		（11.85）
	FE	−1.486***
		（−12.34）

续表

变量类别描述	变量名称	GDP
控制变量	ind	4.294***
		（10.72）
	thi	3.744***
		（8.73）
	popul	2.570***
		（11.46）
	cfr	1.844***
		（13.96）
	_cons	−16.27***
		（−9.49）

注：***、**、*分别表示在1%、5%、10%的显著性水平下通过检验。括号内为t检验统计量。资料来源于EPS中国金融数据库、国家统计局

  银行业金融机构存贷款余额与国内生产总值之比还可以反映我国间接融资的比例，即以银行为主导的间接融资体系的相对比例对经济增长的作用，这说明我国经济增长是通过间接融资相对占比的提高来拉动的。不同于欧美等发达国家直接融资占比接近七成的情况，我国间接融资反而一直处于占比较高的状态。间接融资占比过高加大了我国经济新常态下去杠杆的难度。因为在间接融资下，银行作为间接融资的主要中介，在完成信用转换的同时，积累了全社会大部分债务违约风险。不良债务的核销会侵蚀到银行的净资产，从而导致其资产负债表进入衰退周期，甚至发生社会资产价格坍塌和经济通缩的情况。因此，在社会实质去杠杆之前，有必要先降低银行业杠杆，平衡直接融资和间接融资的比例关系。

  改革开放以来，我国经济增长的模式集中体现为高投资、高储蓄、高出口，这一增长模式使我国经济取得了飞速的发展，但也在一定程度上埋下了结构性的隐患。Song和Storesletten（2011）认为，中国经济发展的结构性问题很大程度上源自扭曲的金融结构，融资市场被国有银行所控制，因此生产效率较低的国有企

业部门能够较为便利地进入融资市场，而生产效率更高的私营企业面对的是更难进入的融资市场，其资本更多来自于企业的储蓄。随着经济的不断发展，金融规模的增长对经济增长的边际贡献不断减小，要想实现进一步的经济转型和发展，必须注重金融资源的配置效率。

（四）分区域讨论

考虑到我国各省、自治区、直辖市的具体发展状况不同，为得出更加细致有针对性的结论，有必要对整体样本进行分组回归。按照"四大板块"的划分标准，将我国31个省、自治区、直辖市划分成东部地区、中部地区、西部地区和东北地区。4个区域相关变量的描述性统计如表12-3至表12-6所示。

从表12-3至表12-6中可以看出，1995—2016年，我国东部地区GDP和FIR平均值都处于全国最高水平，而FE平均值处于全国最低水平。这反映了东部地区经济和金融发展水平较高，融资方式多样，不仅仅依赖于间接融资。西部地区金融发展和经济增长指标的标准差较大，说明西部地区内部的发展也很不均衡。

表12-3　东部地区描述性统计

变量	平均值	标准差	最小值	最大值
GDP	9.09	1.22	5.90	11.30
FIR	2.98	1.43	1.24	8.13
FE	0.74	0.12	0.48	1.04
ind	0.39	0.11	0.12	0.53
thi	0.44	0.10	0.31	0.80
$popul$	8.14	0.87	6.58	9.31
cfr	0.49	0.09	0.23	0.83
$consum$	8.00	1.20	5.03	10.35
$loan$	9.22	1.27	6.32	11.62

资料来源：EPS中国金融数据库、国家统计局

表 12-4　中部地区描述性统计

变量	平均值	标准差	最小值	最大值
GDP	8.83	0.92	6.98	10.61
FIR	2.07	0.52	1.25	3.93
FE	0.80	0.17	0.47	1.25
ind	0.41	0.06	0.27	0.54
thi	0.36	0.05	0.25	0.55
popul	8.64	0.33	8.03	9.18
cfr	0.49	0.11	0.28	0.78
consum	7.92	0.83	6.19	9.63
loan	8.70	0.93	6.94	10.52

资料来源：EPS 中国金融数据库、国家统计局

表 12-5　西部地区描述性统计

变量	平均值	标准差	最小值	最大值
GDP	7.76	1.34	4.03	10.40
FIR	2.58	0.68	1.06	6.45
FE	0.83	0.22	0.23	1.63
ind	0.34	0.09	0.07	0.49
thi	0.38	0.06	0.28	0.56
popul	7.65	0.98	5.48	9.34
cfr	0.60	0.20	0.30	1.40
consum	6.84	1.30	3.34	9.49
loan	7.85	1.38	3.96	10.69

资料来源：EPS 中国金融数据库、国家统计局

表 12-6　东北地区描述性统计

变量	平均值	标准差	最小值	最大值
GDP	8.73	0.85	7.04	10.26
FIR	2.28	0.40	1.64	4.06
FE	0.85	0.22	0.51	1.46

续表

变量	平均值	标准差	最小值	最大值
ind	0.43	0.07	0.24	0.59
thi	0.37	0.05	0.27	0.54
popul	8.17	0.20	7.86	8.39
cfr	0.50	0.16	0.31	0.84
consum	7.75	0.72	6.37	9.25
loan	8.74	0.81	7.28	10.56

资料来源：EPS 中国金融数据库、国家统计局

各区域固定效应模型回归结果见表 12-7。

表 12-7　分区域回归结果

变量	东部地区	中部地区	西部地区	东北地区
FIR	0.485***	0.895***	0.438***	−0.135
	（7.25）	（7.05）	（8.06）	（−0.81）
FE	−1.240***	−1.741***	−1.056***	−0.118
	（−3.29）	（−7.78）	（−6.51）	（−0.42）
ind	3.379***	1.534**	7.214***	−0.163
	（3.58）	（2.37）	（12.15）	（−0.20）
thi	1.456**	−3.194***	5.867***	4.221***
	（2.03）	（−3.38）	（9.72）	（3.25）
popul	3.819***	2.220**	−0.0999	23.63***
	（11.12）	（2.25）	（−0.24）	（6.95）
cfr	2.666***	3.878***	1.776***	1.791***
	（6.69）	（9.95）	（8.88）	（4.98）
_cons	−25.81***	−12.18	2.514	−186.3***
	（−9.57）	（−1.45）	（0.82）	（−6.75）

注：***、**、*分别表示在1%、5%、10%的显著性水平下通过检验。括号内为 t 检验统计量。
资料来源于 EPS 中国金融数据库、国家统计局

从表 12-7 中可以看出，东部地区、中部地区和西部地区的核心解释变量的估计系数的正负号均未发生改变，且在 1% 的水平显著，这进一步证实了模型估计的稳健性。

东北地区的核心解释变量不显著，进一步对东北地区的 3 个省份分别进行了回归分析，结果显示，东北地区 3 个省份金融发展效率对经济增长的影响均不显著。但吉林金融发展规模对经济增长有正向促进作用，且在 1% 的水平下显著；辽宁、黑龙江的金融发展规模对经济增长呈现负相关关系，分别在 1% 和 5% 的水平下显著。

三、区域金融安全与效率

（一）信贷资产安全情况的地区差异

信贷资产安全情况方面，EPS 中国金融数据库显示，2016 年，中部、西部、东北地区商业银行不良贷款率分别为 0.73%、2.15% 和 1.64%（东部地区没有统计数据）。西部地区和东北地区商业银行不良贷款率较高。从各地商业银行不良贷款率来看，内蒙古最高，为 3.57%，其次是云南 3.07%，第三是福建。东部地区福建、山东、浙江不良贷款率较高，中部地区山西、江西不良贷款率较高，东北地区吉林、辽宁不良贷款率较高，西部地区最多，内蒙古、云南、四川、山西、青海不良贷款率较高。（见图 12-32）

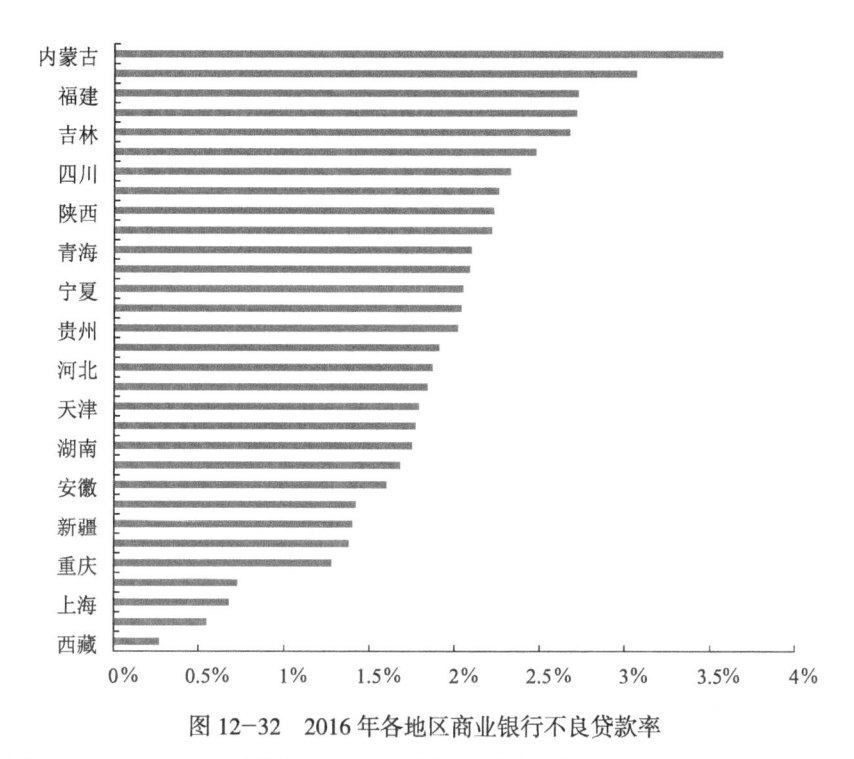

图 12-32　2016 年各地区商业银行不良贷款率

资料来源：EPS 中国金融数据库、国家统计局及笔者测算

（二）金融存贷比的时空演变

金融存贷比可以反映银行的盈利水平，同时能反映经济热度，还是一个衡量银行业流动性风险的指标。中央银行曾经规定商业银行监管存贷款比率不得大于 75%，这一指标是针对银行金融机构的，因地区银行存贷比情况没有标准，在此将这一指标作为一个参考。

各省市区之间金融存贷比的差异较大。2016 年，我国各地区金融存贷比处于 0.46（北京市）和 1.04（宁夏）之间。宁夏、青海、天津、福建、内蒙古、甘肃、海南、云南、浙江、吉林、广西、黑龙江、重庆、新疆、山东、贵州、江西共 17 个省市区的金融存贷比超过了 75%，宁夏和青海甚至都超过了 100%。（见图 12-33）这一方面可以说这些地区的银行业盈利水平较高，另一方面也说明这些地区银行业风险较大。这些地区中既有西部省份，也有东部较发达地区。金融存贷比最低的是北京、上海和广东，原因可能跟这些地区的存款总量比较大，且非银行金融机构的融资渠道比较多有关系。

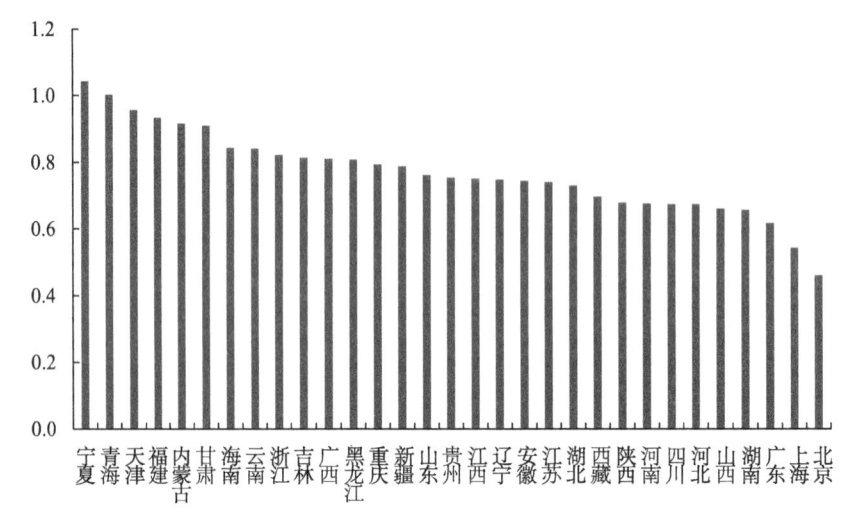

图 12-33　2016 年我国各地区银行业金融存贷比

资料来源：EPS 中国金融数据库、国家统计局及笔者测算

"四大板块"间和南北方地区的金融存贷比差异较小。1991 年以来，我国银行业金融存贷比持续下降，从 1.139 下降到 2016 年的 0.702，"四大板块"和南北方地区的变化趋势与全国相同。各大板块之间及南北方地区之间的差别不大。在 2016 年，各分区域存贷比在 0.67 ~ 0.78 之间。银行业金融存贷比是金融领域中少有的区域差异较小的指标。东北地区这一比率在 2015 年以后略微变大。（见图 12-34）

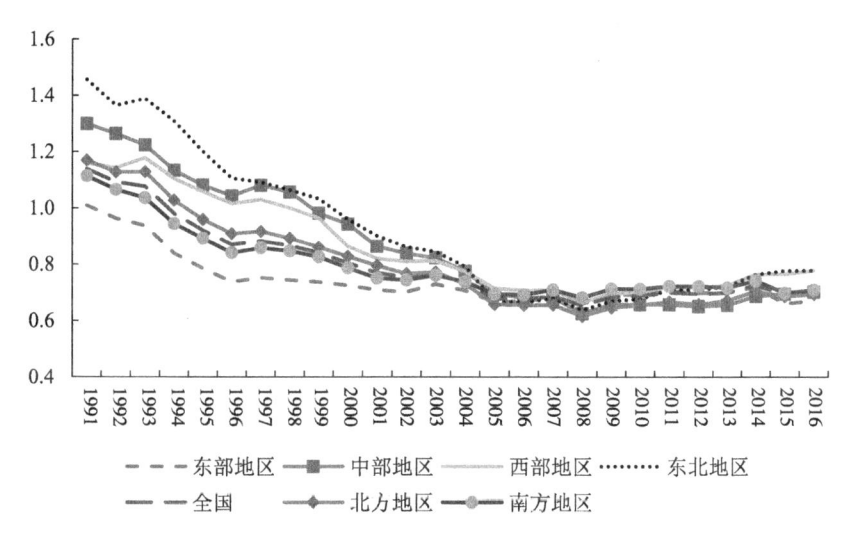

图 12-34 我国银行业金融机构存贷比

资料来源：EPS 中国金融数据库、国家统计局及笔者测算

（三）地方债务问题

地方债务产生渠道是多样的，包括各类发展开发性贷借款、国有企业亏损与对外借款、员工工资福利拖欠、社保资金缺口等，可分为显性债务和隐性债务。根据 Wind 数据库整理（本部分数据来自该数据库），2017 年全国地方政府债务总额高达 549884 亿元。其中，显性债务总额为 164706 亿元，占比 30%；隐性债务总额为 385178 亿元，占比 70%，为显性债务的 2.3 倍。四川、江苏、广东、山东和浙江债务量最高，这 5 省地方债务约占全国的 28%。债务最高的四川省的债务量是债务最低的西藏地区的 9.25 倍。（见图 12-35）

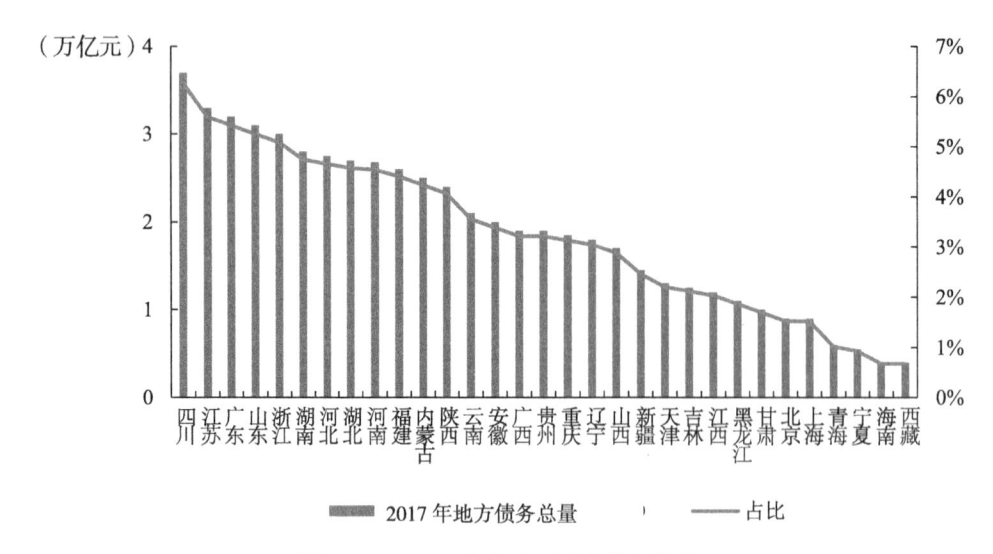

图 12-35　2017 年各地区地方债务总量

资料来源：EPS 中国金融数据库、国家统计局及笔者测算

从债务绝对数量来看，东部地区债务存量最高，西部地区次之，东北地区最低。（见图 12-36）东部地区的江苏、浙江和山东等省债务存量较高。西部地区的四川、内蒙古、陕西等债务存量较突出。中部地区的湖南、湖北和河南债务存量较高。从债务率情况看，全国总债务负债率为 64.28%。西部地区地方政府显性债务率最高，为 98.37%，超过了国际货币基金组织 90% 的标准。总负债率更是高达 110.39%。

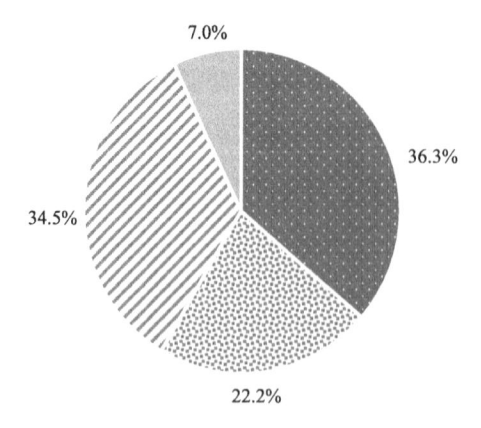

图 12-36　2017 年我国"四大板块"地方债务总量占比

资料来源：EPS 中国金融数据库、国家统计局及笔者测算

第十三章　资源型地区和特殊类型地区发展

本章阐述党的十九大报告把实施区域协调发展战略作为"贯彻新发展理念，建设现代化经济体系"的重大举措之一，对促进区域协调发展做出重要部署，提出要加大对革命老区、民族地区、边疆地区、贫困地区等特殊地区的支持力度，支持资源型地区经济转型发展等指向明确、针对性强的政策措施。这些新的部署，是党中央立足我国国情、应对时代课题的战略安排，也是进一步推进区域协调发展的行动指南。

一、资源型地区经济转型发展

资源型地区主要是指以煤、石油、天然气等能源资源，以及铁、铜等矿产资源开发为主导的经济体系，当与其配套的社会劳动集中到一定规模后形成的经济地域。资源型地区大部分是国家的能源基地，也是国家典型的老工业基地，曾经为新中国的工业基础建设提供了强有力的支撑，改革开放以后，仍然担负着经济发展的引擎作用。从一定意义上说，资源型地区是社会生产力发展到一定阶段的产物，特别是在传统经济的体制下，资源型地区响应国家的号召，本着支援国家经济建设的奉献精神，廉价或者无偿为国家做贡献。这些地区伴随着生产力的发展而不断发生着变化，有的地区因为资源的枯竭而经济衰退，有的地区则因为非矿替代产业的发展不完善，或者关联产业不能纵伸，而导致经济滞缓。因此，摒弃传统的资源优势思维，适时转变资源型经济开发模式，调整和改造资源型经济体系，以期实现区域经济的转型和跨越发展势在必行[①]。党的十九大报告提出，

---

① 牛建平，吕志祥.资源型地区经济转型的困境及出路[J].前沿，2012（23）:103-105.

实施区域协调发展战略，支持资源型地区经济转型发展，为资源型城市加快发展、转型发展、创新发展提供了难得的历史机遇。资源型地区要打破传统路径依赖，加快新旧动能转换，推动经济转型发展。

（一）资源型地区经济转型的困境

2013年，国务院发布《全国资源型城市可持续发展规划（2013—2020年）》，规划范围包括262个资源型城市，其中地级行政区（包括地级市、地区、自治州、盟等）126个，县级市62个，县（包括自治县、林区等）58个，市辖区（开发区、管理区）16个。资源型城市是以本地区矿产、森林等自然资源开采、加工为主导产业的城市类型，最主要的特点是依托自然资源为主导产业，经济结构的单一导致就业结构的单一，而在资源面临枯竭、企业经营乏力时，职工下岗失业问题就会显现。因此，单一结构是资源型地区的典型特征，也是资源型地区经济转型面临的最大的困境。随着我国经济迈入增长速度换挡期、结构调整阵痛期，资源优势在产业分工体系中的比较优势明显减弱。在推动经济转型，促进经济持续健康发展的过程中，如何破解资源型地区单一结构问题，提高资源型地区的抗风险能力，是实现资源型地区经济转型的重要议题。

近年来，我国区域经济发展呈现出地区分化的趋势：经济结构优良的区域在危机面前表现从容，经济发展持续向好；东北三省、山西、河北等单一结构地区，经济增速下滑，财政收入下降，发展困难。根据区域经济理论，过于单一的产业结构会影响到区域的可持续发展能力。对于产业结构单一的地区来说，一旦主导产业或支柱产业出现衰退，整个地区就很容易陷入经济衰退甚至萧条中，这是由产业结构过于单一所形成的抗击风险能力差所致。同时可以发现，东北三省、山西、河北等单一结构地区均为资源型地区，因此，资源型地区经济转型问题的关键突破点即在于破解资源型地区单一结构的问题。

资源型地区的经济发展很大程度上依附于矿产资源的原生态开采和粗放式的增长，这种经济发展模式导致了产业结构的畸形单一发展和经济结构模式的不平衡。资源型地区有着丰富的资源，其经济的发展与资源的开发息息相关。资源开采型经济的生产规模较大，发展基础较稳固，持续时间较长，便于形成较强的行业垄断。但正由于能源原材料工业建设规模比较大，生产要素占用比较多，一旦建成定型，其产品换代速度和工艺改进措施，都是与轻加工工业无法比拟的。因此，产业刚性强，这也导致了其产业结构的重新布局比较困难，也影响了整个产业转型的布局。以东北地区为例，东北地区是资源型地区和结构单一型区域的典型代表，过去依靠煤、石油等资源以及相应的单一传统产业支撑发展起来，在资金的强力作用下，资源型产业得到快速发展，成为最重要的支柱产业和高度专业化生产部门。但是整个经济的发展主要依靠资源型产业的支撑，产业结构缺乏扩展性的产业集聚，导致了产业的单一化，产业结构缺乏弹性，产业升级慢。经过长期过度开发，如今面临着资源枯竭、产业衰退的尴尬局面，因而没能使资源优势真正转化为经济优势，很难适应全球经济一体化背景下的日益严峻的国内外市场竞争。

单一结构的区域基本上可以分为两种类型：一类是以自然资源为依托而兴起的区域，这些区域依托一种或者几种自然资源，逐渐形成以自然资源的开采和加工为主导的产业格局，比如山西大同、内蒙古的鄂尔多斯、黑龙江的大庆等。这些区域都是依托当地丰富的自然资源而兴起的，随着近年来环境约束力的不断增大，同时受到国际大宗商品价格走低的影响，逐步走向衰退的行列。还有一类区域是以加工制造业为主的城市，也就是我们所说的单一产业区域，这些单一产业的区域的形成往往具有历史原因，比如国家的政策、原有的工业基础等，如湖北的十堰、四川的攀枝花、河北的唐山、东北地区一些单一产业城市等。一旦这些区域所依托的产业不景气，这些区域也就步入了衰退行列。

近年来，我国区域经济发展出现了比较明显的分化现象，一些产业结构比较齐全，顺应产业发展的方向，超前调整、超前转型的地区，出现了转型成功的繁荣。如重庆、贵州连续数年保持10%左右的高增长率。形成鲜明对比的是，产业结构相对单一的东北三省、山西省、河北省等，经济增长持续放缓，财政收入出现负增长，个别地方甚至出现断崖式经济下滑的迹象。

这些结构单一地区，或严重依赖于当地的自然资源，或仅靠某一项或几项支柱产业支撑。一旦这个行业出现危机，就会造成一个地区的经济增长失速，甚至让一座城市的经济崩溃。国家统计局发布的统计数据显示，2018年我国经济增速有所放缓，其中东北地区低迷的表现尤其令人关注。2018年，辽宁、吉林、黑龙江三省的经济增速分别是5.7%、4.5%、4.7%，位列全国后五位，经济增速滑出合理区间，东北成为"四大板块"中唯一整体放缓的地区（见图13-1）。增速后五位的另外两个省份分别是山西（4.9%）、河北（6.5%）。从2018年我国各省市区增长速度可以看出，排在后五位的仍然有吉林、黑龙江、辽宁，此外还有资源型地区内蒙古。

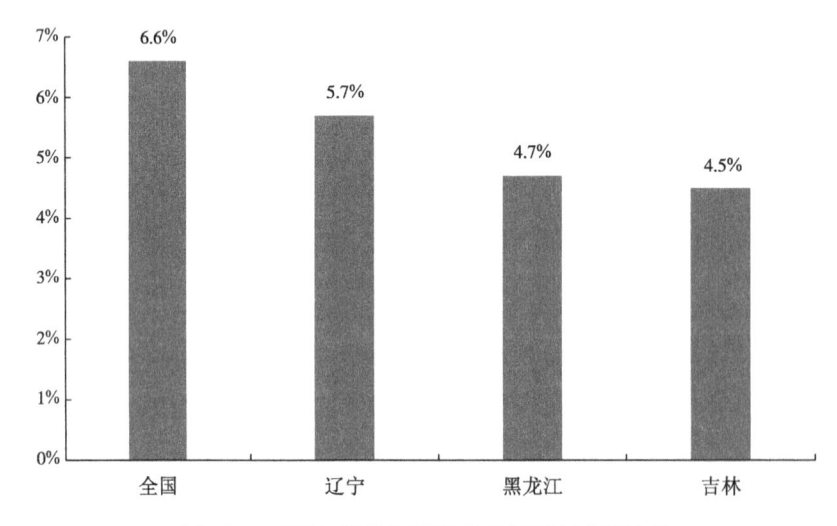

图 13-1 2018 年东北三省 GDP 增速与全国比较

资料来源：《中国统计年鉴》

不难发现，出现经济增速大幅下降的省份普遍为资源型产业结构单一地区：东北地区是我国的传统重工业基地，不仅有资源型城市，还有产业单一型城市；山西省"一煤独大"由来已久，长期以来都是能源大省；河北省则是钢铁大省，其产量甚至超过整个欧盟国家的总和；内蒙古煤炭、矿产资源丰富，也是资源富集地区。这些资源富集、结构单一地区经济增长速度低于全国的平均水平。

产业结构单一区域的产生不是偶然的,有着深刻的历史和理论上的原因。从理论上看,专业化生产理论是基础性的根源。多年来,我们一直奉行专业化生产,一个地区或城市专门发展一种行业,生产一种产品,甚至生产一种产品的某一个部分,是我们产业与区域规划追求的效果之一。在计划经济年代,专业化生产理论上升到了政治经济学的主要理论层面;改革开放之后的区域经济学,则把提高主导产业的产值比重规划为地区发展的重要目标。新中国成立之后的计划经济照搬苏联。苏联主张地区专业化与"全国一盘棋",每一个地区(城市)都是一个专业化地区,只有与其他地区合作才能保证本身的发展。苏联解体之后原各加盟共和国经济的倒退,就是专业化生产的一种结果。我国的产业布局不完全是苏联模式,但东北等地区还是打下了苏联模式的烙印。

问题的关键不在于专业化的理论,而在于对专业化理论的理解和应用。从20世纪80年代的产业布局学开始,就有学者强调专业化生产与综合发展相结合;到今天的新经济地理学,学者们仍然强调城市化经济与地方化经济相结合。所以,对于综合性理论的某一个侧面的过度强调,会造成灾难性的后果。

(二)资源型地区经济转型的途径

资源型地区大多产业结构单一,首要面临的是产业选择问题,其次才是如何发展问题。只有把握好产业选择和发展的次序,资源型地区才能在产业转型中步入合理路径。

1. 比较优势和绝对优势结合

资源型地区一般都具有资源丰富且开发容易的发展优势,这些优势一般都是绝对优势。绝对优势是区域早期发展赖以生存的根基,特别是对东北地区等资源型单一结构区域而言更是如此。比较优势则是当今社会经济分工协作的基础,也符合现代区域发展的思想。绝对优势和比较优势可以相同,也可以存在差异。绝对优势是不变的,但是比较优势是随着时间的推移而变化的。所以在新兴产业的选择上必须把握住绝对优势和比较优势相结合的原则:关键是比较优势,当然也要兼顾自身的绝对优势。东北等资源型单一结构区域的衰退与其过于依赖主导产业有关，主要根源为其先前的绝对优势无法转化为比较优势。只有产业选择符合区域内分工比较优势思想，资源型区域产业转型才有良好的基础。

2. 区别对待、分类规划资源型地区发展

资源型地区的产业转型在总体上存在一些共性，但是也存在一些明显的差异，比如区位、产业类型、发展基础。就区位差异而言，每个区域所处的区位是不同的，所处的区域发展也是不同的。因此转型产业选择不能一概而论。我们承认内因在区域发展中占据重要作用，但是在当今经济社会发展分工秩序下，外因同样是至关重要的。就资源型区域个体区位而言，处于沿海的区域和处于内陆的区域就不能相提并论。同样，在强调城市群和经济带发展的当下，所属城市群和经济带的差异也是资源型地区产业选择必须考虑的因素。产业类型主要是指资源型地区是资源开采型、资源初加工型还是资源深加工型，当然这些类型地区还包括许多子类型。例如，资源开采型区域就可以分为石油、煤炭、铁矿等各大类，资源加工型区域也可以相应地分为许多小类型。不同的产业类型有自身的特点，也有自身已积累的基础，所以不同资源型地区在选择新兴产业时基础是不一样的。区域的发展又离不开已形成的基础，尤其是对亟须选择产业升级的资源型单一结构区域而言。

3. 坚持市场导向和市场配置资源

中共中央《关于全面深化改革若干重大问题的决定》中明确提出，要使市场在资源配置中起决定性作用。因此，资源型地区在转型升级中要发挥市场的决定性作用，尊重市场和产业演进的一般规律，在此基础上可以通过政策的引导促进产业转型升级的推进。只有坚持市场导向，资源型地区产业才能符合未来和当下区域比较优势思想；但是新产业一般都比较弱小，也需要政府的政策扶持。东北等地的一些资源型区域在我国发展初期为国家做出了很大贡献，因此在其产业转型过程中，国家应给予一定的产业发展扶持政策，根据其自身特点制定相应的产业扶持政策。在制定产业扶持政策中，需要将原有的产业和未来产业市场潜力结合考虑，因势利导，促进资源型地区顺利转型升级。

4. 坚持科技引领和人才保障并举

促使产业转型升级离不开高新科技的保障，这是现阶段我国整体经济转型的方向，也是世界经济发展的大趋势，更是资源型单一结构区域升级的必然路径。其中，资源开采和加工单一型区域产业升级的路径包括两个方面：一是通过高新技术促使产业升级；二是发展高新技术产业。但是，单靠区域自己的力量无法做到这一点，还需要加大政府对区域科技的投入力度。而人才是科技发展的保障，高科技人才的引入能为产业转型奠定基础。

5. 坚持环境保护与节能减排

资源型地区中主导产业大部分为高耗能、高污染、高排放产业，这些产业曾经在我国经济建设中发挥了巨大作用，但是也对环境造成了极大的破坏，与我国现行的以人为本和生态城市等理念严重背离。因此，在实施产业升级或者发展接续产业时应当避免选择该类型产业，保护生态环境。但是，实行过于严格的环境政策势必会导致某些资源型地区发展受限，造成经济断崖式下跌。因此，科学的做法是以环境保护为终极目标，以节能减排为实现路径，加大企业技术改造升级，通过节能减排技术实现环境保护。

6. 执行国家战略，融入区域经济

21世纪，我国地区经济发展的下一个阶段就是要发挥市场在配置资源中的决定性作用，打破区域之间的行政壁垒，加强区域内城市之间的经济交流和合作，深入和扩大区域内核心城市的经济联系和范围，促进资源在更大的范围内实现合理配置，促使区域内城市实现合理分工，通过融入城市所在区域，实现城市产业转型和升级。要在《全国主体功能区规划》《国家新型城镇化规划（2014—2020年）》的基础上，结合实施"一带一路"建设、京津冀协同发展、长江经济带建设、粤港澳大湾区等战略，明确我国城市发展空间布局、功能定位。要以城市群为主体形态，科学规划城市空间布局，实现紧凑集约、高效绿色发展。各城市要结合资源禀赋和区位优势，明确主导产业和特色产业，强化大中小城市和小城镇产业协作协同，逐步形成横向错位发展、纵向分工协作的发展格局。京津冀协同

发展、长江经济带、粤港澳大湾区和"一带一路"是我国现在实施的重要战略和提倡的重要倡议，资源型地区的发展既要发挥本区域的比较优势，也要与未来国家重点发展区域和方向紧密联系，紧紧抓住国家发展所带来的机遇，促使产业顺利转型升级。煤炭等资源型区域和钢铁等加工产业区域可以利用好"一带一路"倡议，一方面向沿线国家销售过剩产能而积累产业转型的资金，另一方面要积极鼓励大企业走出去，在沿线国家投资，充分利用沿线国家发展而产生的需求和市场机遇，减轻转型带来的阵痛。

（三）资源型地区经济转型的建议

资源型地区要想保持经济持续健康发展，一定要适应中国宏观经济进入转型新阶段、新常态的客观变化，加快调整、加速转型，改变结构单一的现状，才能克服困难，保持经济可持续发展。结合资源型地区经济转型的困境和途径，提出以下建议：

第一，保持生产能力，减小生产规模，通过产业链条的延伸和扩展，提高产品加工的深度，提高产品的附加值和技术含量。

第二，大宗商品价格的周期性波动是世界经济发展的必然规律，我们需要区别对待低迷的产业，石油、粮食、木材不是绝对过剩的产业，保持产能很有必要，只有煤炭产业产能过剩，去产能需要加快进行。

第三，引进和发展新兴产业。不放弃原有产业而发展新兴产业，是增量发展的思路。培育和促进城市中新兴产业的发展，包括采取一些力度较大的措施，动员和引导各种民间资本的投入，以逐步形成综合发展、多样化的产业结构。

第四，资源型地区转型长效机制的建立，对资源型地区转型发展起到一定的推动作用，例如资源开发补偿机制、衰退产业援助机制、新兴产业扶持机制，因地制宜地构建差异化的转型路径，更需要加快构建这些机制。

第五，大力发展中小微企业，促进多元化发展，也是解决问题的重要途径之一。因为中小企业大多是多样化的产业构成，一般不大可能介入能源等领域。

资源型地区大多由于产业结构单一，存在"一业独大"的现象，这对民营经济和中小企业存在"挤出效应"。要实现资源型地区的转型升级，必须营造良好的营商环境，加大对中小企业和小微企业的支持力度，促进企业的多元化发展。

第六，充分发挥资本市场的作用，力推产融结合对改变资源型地区单一结构的情况也非常重要。资本市场的核心作用是融资，资本只有进入实体经济中进行循环，才能真正带动区域经济的发展，而产业的快速发展则会产生巨大的融资需求，能够促进区域资本市场的繁荣。资源型地区要成功实现转型发展，首先要从解决单一结构问题开始，这就要求必须采取与传统制造业和重工业发展不同的路径，其发展应更加依赖创业投资的发展和对重化工业的金融支持。面对资源型区域实体经济投融资渠道的狭窄，大力推动产融结合，实现虚拟资本与产业经济相结合，是促进资源型地区经济转型的关键。

二、特殊类型地区加快发展

（一）特殊类型地区发展概述

所谓特殊类型地区，是指老少边贫地区。我国老少边贫地区由于自然条件不利以及经济基础薄弱，呈现出贫困人口规模大、贫困程度深、减贫成本高的特点。针对老少边贫这些特殊类型困难地区脱贫难度大的现状，党的十九大报告进一步将老少边贫地区置于区域协调发展战略的优先位置，切实加大对老少边贫等特殊地区发展的扶持力度，坚持精准扶贫和集中连片开发相结合，集中力量支持"三区三州"等深度贫困地区和特殊贫困群体脱贫攻坚，重点解决好实现"两不愁三保障"面临的突出问题。

老少边贫地区基本上处于我国的中西部山区和丘陵地区，若以县为统计单元，我国共有1000多个老少边贫县，约占全国总县数的一半。其中，老区是指在第二次国内革命战争和解放战争时期创立的革命根据地所在的县。半数以上贫困人口在少数民族地区。我国共有民族自治地方155个，其中自治区5个自治州30个自治县（旗）120个。除了5个自治区外，其他自治地方主要分布在云南、贵州、四川、甘肃和青海5省。而边区是指沿陆地国境线的县级行政区划单位，陆地边境县共计134个，主要集中在吉林、黑龙江、内蒙古、新疆、西藏、云南和广西。欠发达地区主要分布在西部的12个省区市。由于历史、社会、地理等原因，特殊类型贫困地区经济发展落后，多数还保留着比较落后的生产生活方式，社会发育程度低，社会事业发展与现代社会的效率观念、生活方式有着很大的差距。因病、因灾造成的返贫率非常高。基本物质和服务的缺乏，使之失去发展的机会。因此，特殊类型地区的贫困有着独特的特点和性质。与全国的基本状况相比，其贫困状况严重得多。在国家592个扶贫开发工作重点县中，少数民族县267个，老区县147个，边区县42个。[①]贫困问题、"三农"问题、民族问题、宗教问题、边境稳定问题和生态问题等在这些地区交织，使得扶贫工作极富挑战性。要让它们进入小康社会，必须下更大的决心、花更大的力气和投入，而国家已经具备了这样的经济实力。以上这些因素也促使特殊类型地区成为我国扶贫攻坚的主战场。1986年，六届全国人大四次会议把扶持老少边贫地区尽快摆脱经济文化落后状况作为一项重要内容，列入了"七五"计划。由此开始，扶持老少边贫地区的发展成为我国地区政策的一项明确的任务。《中国农村扶贫开发纲要（2001—2010年）》把贫困地区尚未解决温饱问题的贫困人口作为扶贫开发的首要对象；扶贫开发的重点是中西部少数民族地区、革命老区、边疆地区和特困地区[②]。

从人均GDP的数值看，连片贫困区远低于全国的平均水平，且绝对差距进一步拉大。2018年，14个片区中人均GDP最高的四省藏区的人均GDP仅为全国的59.5%。而且，从绝对数量来看，2018年各片区人均GDP与全国平均水平的差距都进一步拉大了，除西藏2018年与全国平均水平的差距比2013年的差距增长数量小于1万元（0.38万元）外，其余地区的人均GDP与全国平均水平的

---

① 国家统计局.中国农村贫困监测报告[M].中国统计出版社，2009.
② 匡远配.新时期特殊类型贫困地区扶贫开发问题研究[J].贵州社会科学，2011（3）：75-80.

差距增量均超过了1万元。六盘山区、大兴安岭南麓山区、燕山—太行山区、大别山区、四省藏区和新疆南疆四地州人均GDP与全国平均水平的相对差距也进一步拉大，其中四省藏区和大兴安岭南麓山区人均GDP占全国平均水平的比重分别下降了11个和9个百分点。其余片区的人均GDP与全国平均水平的相对差距缩小，其中西藏人均GDP占全国平均水平的比重上升了12.9个百分点，滇桂黔石漠化区上升了6.3个百分点，其他片区仅上升1~2.6个百分点。

片区县人均经济规模与全国平均水平差距巨大。2018年，片区人均GDP最小值仅为全国平均水平的8.2%，四省藏区人均GDP最小值是所有片区最小值中最大的，但仅为全国平均水平的27.6%。六盘山区和秦巴山区人均GDP最小值均低于全国平均水平的10%。

各片区县的发展差异较大，片区间与片区内部呈分化态势。2018年乌蒙山区人均GDP最低，为1.78万元，仅为最高片区四省藏区的46.5%，是全国平均水平的27.7%。各片区人均GDP最高值与最低值的倍数关系在3倍以上，分化最严重的是四省藏区、六盘山区、罗霄山区和西藏，其人均GDP最大值与最小值相差10倍以上。（见表13-1）

表13-1　2013—2018年各片区人均GDP情况　　　　　　　　（元）

片区名称	项目	2013年	2014年	2015年	2016年	2017年	2018年
六盘山区	最大值	69684	74382	73812	81402	92489	135253
	最小值	3619	4499	4675	4994	5476	5260
	倍数	19.26	16.53	15.79	16.30	16.89	25.71
秦巴山区	最大值	42629	41487	44487	47887	53712	56907
	最小值	4644	5394	5754	6135	5357	6172
	倍数	9.18	7.69	7.73	7.81	10.03	9.22
武陵山区	最大值	30573	35426	39914	44088	49869	55313
	最小值	6711	9190	10614	11292	12109	12718
	倍数	4.56	3.85	3.76	3.90	4.12	4.35

续表

片区名称	项目	2013年	2014年	2015年	2016年	2017年	2018年
乌蒙山区	最大值	21817	23141	26608	30415	34967	36554
	最小值	6221	5390	5787	6307	6965	7245
	倍数	3.51	4.29	4.60	4.82	5.02	5.05
滇桂黔石漠化区	最大值	26174	30695	33933	40742	48624	51605
	最小值	4764	4998	5623	6190	6769	6810
	倍数	5.49	6.14	6.04	6.58	7.18	7.58
滇西边境山区	最大值	27987	27875	29004	32604	39327	36336
	最小值	7264	8188	9209	10200	11393	12127
	倍数	3.85	3.40	3.15	3.20	3.45	3.00
大兴安岭南麓山区	最大值	46404	47373	49832	49124	52444	54030
	最小值	9336	10498	11350	12018	13980	15286
	倍数	4.97	4.51	4.39	4.09	3.75	3.53
燕山—太行山区	最大值	28998	30862	32434	34757	36921	39219
	最小值	8587	9326	9598	10447	11510	11771
	倍数	3.38	3.31	3.38	3.33	3.21	3.33
吕梁山区	最大值	32754	36277	30744	31971	40647	49853
	最小值	6198	6826	6361	6418	7997	8917
	倍数	5.28	5.31	4.83	4.98	5.08	5.59
大别山区	最大值	24711	27447	29525	32005	34500	37935
	最小值	5530	6043	6798	7544	8298	9198
	倍数	4.47	4.54	4.34	4.24	4.16	4.12
罗霄山区	最大值	165548	179361	189385	209105	239571	267986
	最小值	10417	11426	12545	13532	14988	15922
	倍数	15.89	15.70	15.10	15.45	15.98	16.83
西藏	最大值	98498	113477	127475	145019	164978	187683
	最小值	6824	7794	9019	10177	11249	11677
	倍数	14.43	14.56	14.13	14.25	14.67	16.07
四省藏区	最大值	415421	402071	256914	355134	387176	552444
	最小值	9806	11047	12487	13794	15818	17804
	倍数	42.36	36.40	20.58	25.75	24.48	31.03

续表

片区名称	项目	2013年	2014年	2015年	2016年	2017年	2018年
新疆南疆四地州	最大值	28456	31383	34430	32820	49860	53936
	最小值	5138	5865	6675	6738	7782	8113
	倍数	5.54	5.35	5.16	4.87	6.41	6.65
片区整体情况	最大值	415421	402071	256914	355134	387176	552444
	最小值	3619	4499	4675	4994	5357	5260
	倍数	114.80	89.37	54.96	71.12	72.28	105.03

注：本表中四省藏区数据按照户籍人口计算

分县域经济实力变动情况。片区县的人均GDP分布以1万～5万元最多，由2013年的79.7%增加至2018年的89.7%，人均GDP低于1万元的比例由18.4%减少到4.6%，但人均GDP超过5万元的县域很少，2018年仅有39个，比重为5.7%。若各县人均GDP能够保持2013—2018年的增长率，则到2025年将有445个县的人均GDP可以达到1万～5万元，占全部片区县的64.6%，达到5万元以上的县将达到235个，占比34.1%。（见表13-2）

表13-2　2013—2018年片区各县人均GDP分布　　　（个）

收入分级	2013年	2014年	2015年	2016年	2017年	2018年
5万元以上	13	16	18	25	30	39
1万元～5万元	549	587	612	624	619	618
1万元以下	127	86	59	40	40	32
合计	689	689	689	689	689	689

注："单位"个"指片区县的个数，本文下同

但是，片区县域人均GDP占全国的比重变化较小，2013—2018年，约80%（2017年该比例为79.68%除外）以上的县域人均GDP低于全国平均水平的一半，45%和20%左右的县域人均GDP分别低于全国平均水平的1/3和1/4，这说明这些年，尽管绝对贫困的情况不断改善，但相对全国平均水平，片区县的相对落后状态没有得到改善。（见表13-3）

表 13-3　片区县人均 GDP 小于全国平均水平的个数　　　（个）

	2013 年	2014 年	2015 年	2016 年	2017 年	2018 年
<全国	670	670	671	672	670	670
<全国 1/2	561	556	557	553	549	559
<全国 1/3	341	325	311	298	303	313
<全国 1/4	172	160	142	133	132	152
<全国 1/10	2	1	2	1	3	3

部分片区县的经济增长较缓慢。如表 13-4 所示，2013—2018 年，57.3% 的片区县人均 GDP 增长率不低于全国平均水平（8.17%），但有 37 个（占比 5.37%）片区县人均 GDP 年均增长率小于 1%，还有 156 个片区县（占比 22.6%）人均 GDP 增长率小于 6%。

表 13-4　2013—2018 年 14 个片区县域人均 GDP 年均增长率情况　　（个）

片区名称	增长率元1%	1%≤增长率<2%	2%≤增长率<3%	3%≤增长率<6%	6%≤增长率<8.17%	增长率≥8.17%
六盘山区	9	2	4	8	18	20
秦巴山区	0	1	1	8	14	51
武陵山区	1	0	1	5	16	41
乌蒙山区	2	2	0	7	12	15
滇桂黔石漠化区	0	0	0	3	8	69
滇西边境山区	0	0	0	5	14	37
大兴安岭南麓山区	4	1	2	7	3	2
燕山—太行山区	4	3	2	8	8	8
吕梁山区	0	0	1	3	2	14
大别山区	0	1	0	2	16	17
罗霄山区	0	0	0	1	1	21
西藏	6	1	1	4	8	54
四省藏区	9	2	3	19	12	32
新疆南疆四地州	2	1	1	9	6	14
合计	37	14	16	89	138	395

1. 片区县居民收入情况

（1）整体及分片区收入与消费情况。从增长速度看，如表13-5所示，2013—2018年，14个片区的农村居民人均可支配收入年均增速均高于全国平均水平，所有片区的农村居民人均可支配收入年均增速均超过了10%。其中，新疆南疆四地州增速最高，达到16%。2018年，连片特困地区农村居民人均可支配收入10260元，人均收入水平相当于全国农村平均水平的70.2%，比2013年提高0.7个百分点。分片区看，六盘山区人均收入最低，仅为全国的57.9%，吕梁山区倒数第二，为全国的58.7%。新疆南疆四地州最高，为全国平均水平的81.9%，其次是大别山区，为全国的81.5%。秦巴山区、武陵山区、大兴安岭南麓山区、罗霄山区、西藏占全国比重在70%～80%之间。其余片区农村人均收入为全国平均水平的60%～70%。

2013—2018年，连片特困区全体农村居民人均可支配收入占全国水平的比例不断提升，表明二者之间的相对差距缩小，其中乌蒙山区、罗霄山区和新疆南疆四地州的比重变化超过10个百分点。农村人均可支配收入占全国比重增幅最大的是新疆南疆四地州，从2013年占全国的60.4%上升到2018年的81.9%，上升了21.5个百分点，数值比2013年增长了110.4%。变化最小的是吕梁山区，从2013年占全国的55.8%上升到占全国的58.7%，仅上升2.9个百分点，比2013年的5259元增长了63.2%。

但片区农村人均收入与全国的绝对差距仍在不断扩大，2018年比2013年的差值增大了883元。与全国平均水平的绝对差距仅有新疆南疆四地州是减小的（差距下降了1096元），其余片区农村人均可支配收入与全国平均水平的绝对差距均进一步拉大，尤其是六盘山区、滇西边境山区、大兴安岭南麓山区、燕山—太行山区、吕梁山区、四省藏区6个片区2018年农村人均收入与全国平均水平的差距比2013年均增大了1000元以上。

表 13-5　2013—2018 年连片特困区农村人均可支配收入情况　　　　（元）

片区名称	2013年	2014年	2015年	2016年	2017年	2018年	年均增速
全部片区	5956	6724	7525	8348	9264	10260	11.5%
六盘山区	4930	5616	6371	6915	7593	8459	11.4%
秦巴山区	6219	7055	7967	8769	9721	10869	11.8%
武陵山区	6084	6743	7579	8504	9384	10458	11.4%
乌蒙山区	5238	6114	6992	7994	8776	9985	13.8%
滇桂黔石漠化区	5907	6640	7485	8212	9109	10151	11.4%
滇西边境山区	5775	6471	6943	7754	8629	9540	10.6%
大兴安岭南麓山区	6244	6801	7484	8399	9346	10338	10.6%
燕山—太行山区	5680	6260	7164	7906	8593	9530	10.9%
吕梁山区	5259	5589	6317	6884	7782	8583	10.3%
大别山区	7201	8241	9029	9804	10776	11919	10.6%
罗霄山区	5987	6776	7700	8579	9598	10800	12.5%
西藏	6553	7359	8244	9094	10330	11575	12.1%
四省藏区	4962	5726	6457	7288	8018	9040	12.7%
新疆南疆四地州	5692	6403	7053	7868	9845	11975	16.0%
全国	9430	10489	11422	12363	13432	14617	9.2%
全国—片区	3474	3765	3897	4015	4168	4328	−2.4%
片区/全国	0.632	0.641	0.659	0.675	0.690	0.702	1.243%

资料来源：2013—2017 年集中连片特困区数据来自《中国农村贫困监测报告》；全国数据来自国家统计局；2018 年收入数据为国家统计局发布数据

片区县农村居民人均可支配收入差异较小，片区内部的最大最小值倍数关系在 1.2～3.65 区间内。片区间的收入差异相对大些，582 个片区县的收入最大值为最小值的 5 倍多。

从消费情况看，一方面，连片特困区人均消费支出上升，消费占收入的比重下降。如表 13-6 所示，2017 年连片特困区农村居民人均消费支出为 7915 元，是全国农村居民平均消费水平的 72.3%，比 2014 年高 1.9 个百分点；占片区农村居民人均收入的比重为85.4%，比2014年降低4.9个百分点。另一方面，食品外的其余支出比重升高。除食品烟酒外，连片特困区各项人均消费支出数量与全国水平的差距均缩小。说明连片特困区居民有更多的资金能够购买更多食品以外的产品，食品烟酒产品消费支出所占比重由2014年的36.9%下降到2017年的34%。虽然贫困地区农村居民食品支出减少可能与受政府与社会在食品方面的补助或捐赠有关，但因其他各支出均有较大水平的提升，所以基本可判定特困地区人均收入已经不属于恩格尔系数所指示的贫困类别。

表13-6 连片特困地区与全国农村消费水平和结构对比

项目	2017年连片特困地区人均消费支出（元）	2017年全国农村人均消费支出（元）	2014年全国—连片特困地区（元）	2017年全国—连片特困地区（元）	2014年连片特困地区相当于全国农村平均消费水平	2017年连片特困地区相当于全国农村平均消费水平
人均消费支出	7915	10955	2485	3040	70.4%	72.3%
食品烟酒	2693	3415	609	722	78.4%	78.9%
衣着	443	612	152	169	70.2%	72.4%
居住	1668	2354	544	686	69.1%	70.9%
生活用品及服务	486	634	132	148	73.9%	76.7%
交通通信	918	1509	418	591	58.7%	60.8%
教育文化娱乐	878	1171	285	293	66.9%	75.0%
医疗保健	696	1059	277	363	63.3%	65.7%
其他用品和服务	134	201	67	67	58.9%	66.7%

（2）分县域农村居民人均可支配收入。人均收入方面，如表13-7所示，2015—2018年，低收入县域数量减少，中高收入的县域数量增加，超过一半的片区县收入大于1万元。到2018年，仅有4个县农村人均可支配收入在5000元以下，为吕梁山区临汾市的大宁县、永和县、汾西县和吕梁市的石楼县，此外，吕梁山区的吉县、兴县、临县、岚县和六盘山区的积石山保安族东乡族撒拉族自治县收入也较低，低于6000元。

表 13-7　片区县农村人均可支配收入分布　　　　　　　（个）

收入分级	2015年	2016年	2017年	2018年	2020年
大于1万元	27	69	165	314	487
5000～1万元	533	502	411	264	93
5000元以下	22	11	6	4	2
合计	582	582	582	582	582

注：不包括西藏和新疆南疆四地州

但是，2015—2018年，片区县农村居民收入占全国平均水平的比重变化较小，98%以上的县低于全国平均水平，到2018年，在12个片区（不包括西藏和新疆南疆四地州）的582个片区县中，仍有41.24%的县农村居民收入低于全国平均水平的2/3，且有比重约8%的县低于全国平均水平的一半。

县域农村人均可支配收入年均增长分布如表13-8所示。2013—2018年，低于全国平均水平（9.2%）的共计164个片区县，占比（除西藏和新疆南疆四地州外的片区数量）达到28%。这意味着，未来这些县的农村居民收入与全国平均水平持续拉大，相对贫困程度将增加。

表 13-8　2013—2018年片区县域农村人均可支配收入年均增长分布（个）

片区名称	增长率<3%	3%≤增长率<6%	6%≤增长率<9.2%	增长率≥9.2%
六盘山区	0	0	46	15
秦巴山区	1	4	28	42
武陵山区	0	0	3	61
乌蒙山区	1	0	3	34
滇桂黔石漠化区	1	3	3	73
滇西边境山区	0	0	4	52
大兴安岭南麓山区	1	1	2	15
燕山—太行山区	0	0	10	23
吕梁山区	0	5	8	7
大别山区	0	3	16	17
罗霄山区	0	0	1	22

续表

片区名称	增长率<3%	3%≤增长率<6%	6%≤增长率<9.2%	增长率≥9.2%
四省藏区	1	1	18	57
合计	5	17	142	418

注：不包括西藏和新疆南疆四地州

2. 交通基础设施和公共服务

良好的交通条件是区域发展的首要前提，也是促进贫困地区发展的基本要求。近些年来国家对贫困地区尤其是连片特困区基础设施和公共服务投入不断增加。根据《中国交通年鉴（2017）》，仅2016年，连片特困区高速公路、普通国省干线、农村公路的固定资产投资就达到3611.6亿元，占全部扶贫重点地区[集中连片特困地区、国家扶贫开发工作重点县、少数民族县（不含西藏）、边境县（不含西藏）、革命老区]的53.9%。截至2017年，除秦巴山区、乌蒙山区、滇桂黔石漠化区和四省藏区外，其他10个片区所在自然村通公路的农户比重均达到了100%，交通的畅通性已经达到较高水平。而公共交通的便利情况还较弱。自然村能便利乘坐公共汽车的农户比例偏低，四省藏区甚至还不到50%。

信息化是制约经济增长和影响消除贫困的重要因素，网络设施是贫困地区获取外界信息和开拓市场的关键途径。近些年，连片特困区的信息扶贫投入取得了较好的成效。如表13-9所示，有线电视信号方面，2017年所在自然村能接收有线电视信号的农户比重除西藏和四省藏区分别为77%和85.7%以外，其余片区均达到90%以上，14个片区整体上达到96.3%，其中大兴安岭南麓山区和吕梁山区已达到100%。网络宽带服务方面，2017年除西藏、四省藏区之外，其他自然村通宽带的农户比重超过了70%。连片区所在自然村能通宽带的农户比重整体上达到85.6%，比2015年提高了15.6个百分点。可以看出，目前连片区基本可以保证自然村与外界的信息沟通，但农户使用网络的便利程度和普及度仍有待提升。

表13-9　2017年贫困地区基础设施和公共服务情况

片区名称	A1	A2	A3	A4	A5	A6	A7
全国贫困区	99.9%	65.7%	99.8%	87.4%	88.0%	84.7%	92.2%
集中连片特困地区	99.9%	65.7%	99.9%	85.6%	88.0%	84.7%	91.3%
六盘山区	100.0%	84.2%	100.0%	85.3%	90.9%	83.6%	96.2%
秦巴山区	99.9%	67.5%	99.7%	87.3%	85.3%	81.9%	95.2%
武陵山区	100.0%	62.7%	100.0%	80.4%	81.1%	80.9%	91.4%
乌蒙山区	99.8%	53.2%	100.0%	72.7%	92.1%	86.4%	86.3%
滇桂黔石漠化区	99.9%	55.4%	99.8%	86.2%	90.7%	83.4%	89.8%
滇西边境山区	100.0%	51.2%	100.0%	83.8%	85.0%	78.9%	88.7%
大兴安岭南麓山区	100.0%	90.4%	100.0%	94.3%	87.7%	82.3%	95.9%
燕山—太行山区	100.0%	86.7%	99.7%	92.8%	82.1%	86.0%	96.2%
吕梁山区	100.0%	82.6%	100.0%	76.2%	58.8%	63.5%	81.8%
大别山区	100.0%	66.6%	100.0%	95.4%	95.7%	93.4%	90.5%
罗霄山区	100.0%	67.3%	100.0%	96.0%	91.7%	90.6%	89.0%
西藏	100.0%	51.0%	99.0%	27.1%	95.1%	90.2%	73.0%
四省藏区	96.7%	48.1%	96.6%	59.7%	78.8%	73.6%	82.8%
新疆南疆四地州	100.0%	73.7%	100.0%	98.1%	97.2%	98.6%	95.1%

注：A1 所在自然村通公路的农户比重；A2 所在自然村能便利乘坐公共汽车的农户比重；A3 所在自然村通电话的农户比重；A4 所在自然村通宽带的农户比重；A5 所在自然村上小学便利的农户比重；A6 所在自然村上幼儿园便利的农户比重；A7 所在自然村有卫生站的农户比重

在消除贫困救助过程中，医疗和教育是对减贫有重要作用的公共服务。2016年连片特困地区的医疗卫生机构床位数达到90万张，比2011年增长了69.8%；2017年，14个片区整体上自然村有卫生站的农户比重达到92.2%，除西藏外，其余片区均达到80%以上。教育方面，我国扶贫政策历来重视教育提高贫困人口发展能力、阻断贫困代际传递的作用，一直强调教育在扶贫中的重要地位，在扶贫过程中坚持扶贫与扶智相结合。2016年各片区自然村上小学便利的农户比重达到60%以上，2017年连片区整体上达到88%，为教育扶贫、阻断贫困传递打下了基础。但同时仍然也存在较多上小学不便利的自然村，尤其是吕梁山区所在自然村2017年上小学便利的农户比重仅为58.8%。根据实地调研情况，贫困人口的教育还面临身体条件不适合学习、失学人口超龄、失学人口心理上对学习的抵触等情况，控辍保学率不稳定。

（二）特殊类型地区发展的难点

老少边贫地区往往面临着恶劣的自然条件、薄弱的经济条件和不利的社会条件，这些客观条件都是老少边贫地区长期陷于贫困的原因。地形条件限制、生态环境恶劣、地理位置偏远、经济基础薄弱、基础设施和基本公共服务欠缺、政策环境匮乏、人力资本缺乏等因素构成了老少边贫地区减贫的重大障碍。多种不利条件叠加导致老少边贫地区经济发展动力不足，贫困人口集中，成为精准扶贫攻坚的重点。从整体来看，老少边贫地区的精准扶贫主要存在以下难点：

1. 基础设施和基本公共服务不完善

老少边贫地区基础设施缺乏和基本公共服务不完善，成为掣肘地区经济发展与脱贫攻坚的瓶颈。老少边贫地区大多交通闭塞，缺乏交通运输通道与运输网络，这些地区水利、电力、网络信息、物流等基础设施缺乏，卫生、教育、文化等公共服务设施落后，社会保障和公共服务水平亟待提升。

2. 产业基础薄弱，缺乏特色

产业是一个地区实现内生性增长的关键，老少边贫地区经济发展相对滞后，产业基础薄弱，缺乏主导和特色产业，产业层次低，大多数地区以农业生产或畜牧养殖为主，未充分发挥本地的比较优势。另外，老少边贫地区远离市场，对资源的开发程度不高，很难吸引企业入驻。这些发展劣势造成了农户收入单一、收入不稳定、地区内生发展动力不足的状况。

3. 产业扶贫模式单一，创新不足

过去的产业扶贫政策大多是同质化的经济增长政策，在一定时期取得了明显的效果，但是随着扶贫工作的推进，这种同质化的、单一的产业扶贫模式产生

了诸多弊端。老少边贫地区地域面积广，地区间要素禀赋不同，自然条件和社会条件存在差异，如果采取"一刀切"的扶贫政策，运用同一种扶贫模式，势必会降低减贫效率。

4. 扶贫对象易返贫，"造血"能力不足

老少边贫地区由于经济基础薄弱，农民增收渠道单一、收入水平低，加之基本公共服务不完善，部分已经脱贫的贫困人口因病返贫、因婚返贫、因学返贫等问题突出。另外，部分扶贫对象的参与度不高，思想观念落后，未形成脱贫的内生动力，政府的"输血"工作未转化为"造血"能力。

5. 地区肩负脱贫致富和安全稳定任务

在老少边贫的部分地区特别是少数民族地区和边疆地区，由于历史和诸多现实问题，尤其是受国际环境变化的影响，极端民族主义、民族分裂主义和恐怖主义盛行，严重影响着当地的经济发展和社会稳定。因此，这些地区除了要脱贫致富外，还肩负着守土戍边、安全稳定的职能，相对而言，这些地区的精准扶贫工作面临的困难更多。

（三）特殊类型地区扶贫开发的政策思路

1. 推进基础设施建设

推进基础设施建设是实现贫困地区群众生存权、发展权的基础和前提，也是老少边贫地区精准扶贫工作的重点任务，因此，应着力加强老少边贫地区交通、水利、能源、信息和物流等基础设施建设。

第一，推进交通基础设施建设。建设交通基础设施是贫困地区实现脱贫的基础条件，"要想富，先修路"，老少边贫地区一方面要构建交通骨干通道；另一方面，要通过"百万公里农村公路工程"，硬化农村道路，改善贫困乡村生产生活条件，保障贫困地区交通外通内连。

第二，提升水利设施保障能力。保障贫困地区居民吃水、用水，是关乎贫困人口生存发展的基本问题，老少边贫地区应加大重大水利设施和小型水利工程的投入，提高水资源开发利用水平和饮水安全的保障能力。

第三，推动能源工程开发建设。应保障老少边贫地区供电服务全覆盖，建成结构合理、技术先进、安全可靠、智能高效的现代农村电网。另外，依托当地的优势资源，推动风电、水电等能源工程开发建设，走出"资源诅咒"。

第四，加强信息和物流设施建设。信息网络和物流发展对于经济发展至关重要，老少边贫地区应着力推进"宽带乡村"示范工程，完善农村快递揽收配送网点建设，加强贫困地区物流的硬件和软件的投入力度，实现"工业品下乡"和"农产品进城"双向流通。

第五，改善人居环境和社区服务体系。一是要对农村的危房给予改造、开展生活污水和垃圾处理等人居环境整治工作；二是加强贫困村基层公共服务设施建设，拓展学前教育、养老服务、殡葬服务等功能；三是依托"互联网+"拓展综合信息服务功能，逐步构建线上线下相结合的农村社区服务新模式，实现农村社区公共服务多元化供给。

2. 培育特色优势产业

习近平总书记强调："发展产业是实现脱贫的根本之策。要因地制宜，把培育产业作为推动脱贫攻坚的根本出路。"突出产业脱贫的"治本"作用，关键在于"因地制宜"，这就要求老少边贫地区充分利用当地的资源禀赋，充分发挥当地的比较优势。同时，老少边贫地区普遍存在产业基础薄弱、科技含量不高、资金投入不足等问题，要解决这些现实问题，就要求当地政府从实际出发，厘清思路，制定因地制宜的产业发展规划，从观念、资金、技术等方面加强引导和支持，培育当地特色优势产业。

3. 创新产业扶贫模式

扶贫政策不能"一刀切"，需要多角度、多领域探讨扶贫模式，目前各省区市出台和完善了"1+N"扶贫政策举措，旅游扶贫、电商扶贫、光伏扶贫、生态扶贫、农林产业扶贫等，成效明显。老少边贫地区应立足当地的优势资源，以市场为导向，充分发挥企业、专业合作社、干部、网商的积极作用，探索"龙头企业＋示范园＋贫困户""专业合作社＋基地＋贫困户""干部＋基地＋贫困户""网商＋服务站＋贫困户"等产业模式。未来，促进科技成果向贫困地区转移转化的科技扶贫也将发挥重要作用，以解决贫困地区产业发展和生态建设的关键技术问题。

4. 注重精神扶贫和社会参与

精准扶贫不能只是政府"一头热"，既需要扶贫对象开动脑筋、勤奋努力、积极谋出路，也需要广泛的社会参与。扶贫要扶"志"，也要扶"智"，从思想观念上改变教条灌输，致富手段上摆脱单纯的物质输送，通过创新、产业发展，激发扶贫对象的内生动力。扶贫的目的是让贫困对象获得基本的生活保障，依靠自身的努力走向富裕的生活，因此，扶贫政策应实现由向贫困人口"输血"到提升"造血"能力的转变。另外，脱贫人口极易出现返贫现象，有待建立反贫困监测的动态机制，对脱贫人口的动态进行追踪，扶贫政策的制定应将返贫现象纳入考虑范围，并强化贫困人口的脱贫基础。

5. 做好生态环境的保护

精准扶贫问题并不是简单的经济问题，它还涉及了生态、文化的问题。老少边贫地区往往生态环境恶劣，自然资源紧张，或是人口数量超过了自然环境所能承载的范围，造成人地关系紧张。对贫困地区的扶贫问题进行研究和探讨时，不能忽略生态环境和外部环境对贫困地区经济发展的影响。"既要绿水青山，也要金山银山"，贫困地区的减贫工作不能以牺牲生态环境为代价，应牢固树立保护生态环境的理念。对于资源贫乏、人地关系紧张的地区，可以考虑有序迁出部分人口，降低生态压力，对于迁出人口可以实施一定生态补偿。也可开展退耕还林、退耕还草工程，加大生态环境保护修复力度。

6. 加强民族特色保护与产业兴边

在少数民族地区推进精准扶贫工作的过程中，应加强对文化的保护，在保护少数民族特色村镇的基础上，开展民族特色村寨和民族特色小镇建设，打造特色旅游品牌和旅游线路，带动少数民族传统手工艺发展和农民增收。对于部分边境地带或沿边地区守土戍边的乡镇，不宜开展异地搬迁扶贫，因此应着力加强这些地区的基础设施建设，实施产业兴边和民生安边工程，通过开展跨境旅游合作区或完善边民补贴机制实现这些地区贫困人口的精准脱贫。

三、沿边地区经济开放发展

2015年公布的《推动共建丝绸之路经济带和21世纪海上丝绸之路的愿景与行动》对沿边地区在"一带一路"倡议中的发展定位进行了阐释，2016年国务院进一步提出了《关于支持沿边重点地区开发开放若干政策措施的意见》，2017年5月和2019年4月，我国先后举办两届"一带一路"国际合作高峰论坛，把"一带一路"倡议推向新的高度。我国广大的沿边地区尤其是沿边口岸将成为未来扩大内外开放的主要抓手，沿边地区也由开放的末梢成为开放的前沿。

（一）沿边省区的发展

1. 沿边省区的经济地理概况

中国背靠亚欧大陆，大陆陆路边境线长达2.2万千米，是世界上陆地边界线最长的国家。沿边分布着139个县级行政区，区域面积200万平方千米，人口2450万人，分别占国土面积的20.8%和总人口的1.8%。

我国的沿边省区包括辽宁、吉林、黑龙江、内蒙古、甘肃[①]、新疆、西藏、云南和广西9个省级行政区，除甘肃外，其余8省区国土面积约占全国总面积

---

① 由于甘肃与内蒙古相接的省界较短，且其省域狭长，大部分地区属于内陆，因此本部分未做考察。

的57%，但2018年常住人口不足全国总人口的19%，GDP也仅为全国GDP的14%。8个沿边省区与朝鲜、俄罗斯等14个国家接壤。按照"四大板块"区分，黑龙江、吉林和辽宁构成了东北地区，内蒙古、新疆、西藏、云南和广西属于典型的西部偏远地区。

由图13-2可以看出，在改革开放之前，沿边省区人口占全国的比重一直在稳步上升，这其中的主要原因是国家的支边建设和限制较紧的人口流动政策；改革开放之后，尽管计划生育政策对少数民族影响较小，但沿边地区的人口比重并没有相应提高，这很可能是由于改革开放之后人口向沿海流动，产生"孔雀东南飞"的现象。同时，沿边省区的GDP占全国比重却在起伏中有所下降。

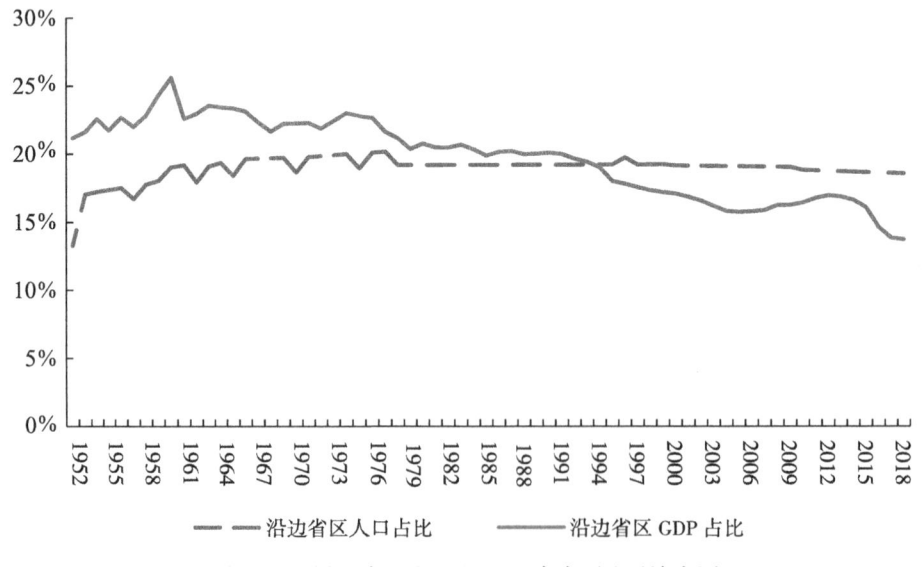

图13-2 沿边省区人口和GDP占全国比重演变图

数据来源：《中国统计年鉴》

2. 沿边省区发展的阶段划分和区域比较

我们根据沿边省区经济总量占全国比重的演变情况，将沿边地区的经济发展历程大致分为5个阶段。根据自然地理条件，我们进一步将沿边8个省区分为东北、西北和西南三个区域，东北为东三省，西北包括内蒙古和新疆，西南包括西藏、云南和广西三省，研究它们的经济发展演变。

如图13-3所示，沿边省区GDP占比的波动与东北地区的波动基本一致，尤其是前三个阶段。因此，在下文中，我们将更加具体地研究沿边省区总体经济发展的波动情况，其中，前三个阶段主要考察东北沿边的发展，后两个阶段结合西北和西南沿边的发展进行讨论。

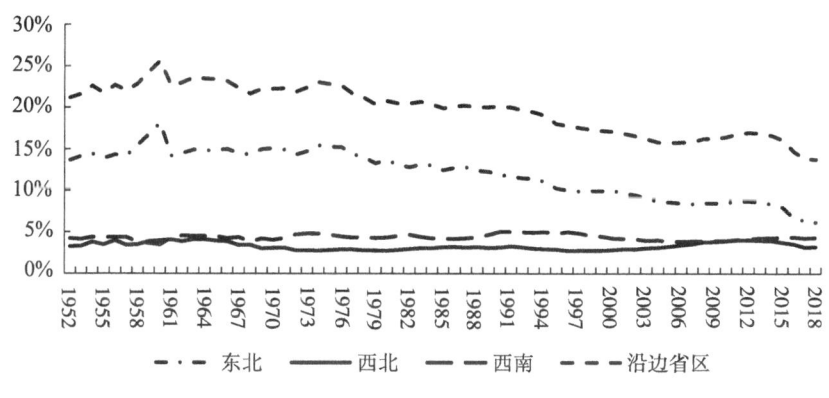

图13-3 沿边省区细分GDP占全国比重演变

数据来源：《中国统计年鉴》

（1）跨越发展阶段：1949—1960年。这一阶段沿边地区经济社会最显著的特点是人口大量流入沿边地区，东北地区的经济发展实现了大跨越。东北地区是国民经济恢复时期和"一五"计划期间国家重点建设的地区。在国民经济恢复时期，苏联向我国提供援建项目共42个，其中有30个在东北地区。在"一五"计划期间，东北地区的投资额占全国比重近40%，迅速成为中国最大的工业基地。同时，在人口方面，新中国成立以来，人口大规模迁入东北地区，自发迁移和计划迁移都比较活跃。一方面，工业发展带来了大量计划迁移的职工人口；另一方面，由山东和河北等地"闯关东"到东北的农民已近25万人。而新疆的人口在这一时期也获得了空前的增长，主要是由于国家动员支援新疆建设，1954年新疆生产建设兵团的成立为新疆增加了大量人口：从1957年到1961年的5年间，净迁入人口高达112.4万人，特别是1959年净迁入人口51.1万人，以有组织的支边青壮年和大量自动支边的灾民、难民为主，而西南地区在此阶段较为稳定。

（2）波动发展阶段：1960—1974年。在这个阶段，沿边地区经济发展尽管保持了一定的水平，但有所起伏，同时沿边地区内部经济结构发生重大变化。由于20世纪60年代中苏关系破裂造成边境的紧张形势和美国在中国东南沿海的攻势，自1964年起，中共中央在中国中西部地区的13个省、自治区进行了一场以战备为指导思想的大规模国防、科技、工业和交通基本设施建设。东北的大量工业转移到以西南为主的内陆地区。受此影响，尽管东北经济有所停滞，但西南和西北地区的经济发展得到提振，因此本时期沿边省份的经济总体发展水平仍然较高[①]。

（3）滞后发展阶段：1974—2003年。在这个阶段，沿边地区经济发展开始滞后于其他地区，经济总量占全国的比重不断下滑。这种经济相对下滑主要是受到改革开放的影响，沿海地区的快速发展吸引了大量经济要素，使得沿边内陆地区尤其是东北三省的经济发展大大滞后。尽管1999年实施的西部大开发战略让西北地区经济发展提速，但短期仍然未能弥补东北经济下滑的负面作用。

（4）提振发展阶段：2003—2012年。在这个阶段，沿边地区的经济发展重新提振。主要得益于西部大开发和东北振兴两大战略同时发力，扭转了东北经济持续走低的态势，同时西北和西南地区经济进一步加速发展，使得沿边地区的经济总量占比有所提高。

（5）开放发展阶段：2012年以来。在这一阶段，沿边地区的发展未能延续前几年的良好势头，又开始走下坡路。西部大开发和东北振兴的政策红利已经基本耗尽，同时又受到国内经济转型、深化改革和外部经济环境恶化的影响，

---

① 值得注意的是受"大跃进"影响，1960年沿边地区发展异常提速，但紧接着1961年便跌落下来，此处作为统计上的异常点看待。

相对全国水平而言，在沿边地区中，除了西南地区经济仍然有所增长外，东北和西北的经济总量占比都开始下滑。但随着"一带一路"建设的进一步深入，这一阶段沿边地区发展的重要特点是开放程度不断加深，未来势必对沿边发展有积极作用。

更具体地看，我们考察一下各省人均GDP的演变情况。

从1952—2018年的人均GDP演变情况看，在改革开放之前，尤其是在1984年经济体制改革之前，全国的人均GDP一直在较低的水平缓慢增长，但之后各地的人民生活水平都有了显著提高（见图13-4）。为了更细致地考察这期间各省份的相对增长情况，我们以1984年经济体制改革为界，将1952年以来的发展历史划分为两个阶段。

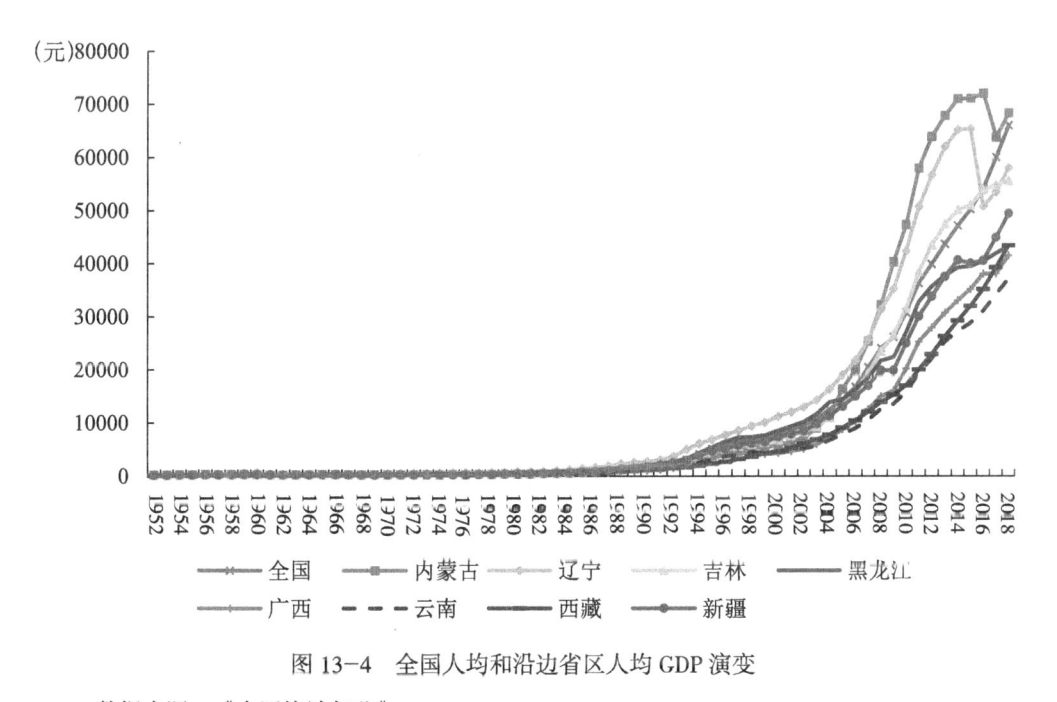

图13-4 全国人均和沿边省区人均GDP演变

数据来源：《中国统计年鉴》

在第一个阶段，即改革开放之前，东北三省的人均GDP无论在数量还是增速上都领先于全国和其他沿边省份，这与我国改革开放前实行的重工业优先发展战略密切相关，东三省是我国最早、改革开放前最受重视的重工业基地，"共和国长子"这一称号足以体现其受到国家政策的空前优惠，东北地区也在这段时期获得了跨越式发展。同时，内蒙古、新疆和西藏也获得了一定程度的发展，与全国水平相近，相对而言，云南和广西发展水平较低，大大落后于全国水平。值得注意的是，在新中国成立初期，8个沿边省区中，吉林、新疆、内蒙古、辽宁和黑龙江5省区的发展水平都高于全国平均水平，而到了改革开放初期，东北三省和西藏成为沿边省份中领先全国发展水平的地区。

在第二个阶段，即经济体制改革之后，尤其是20世纪90年代之后，各地的发展明显上了一个新台阶。内蒙古作为资源能源大省迅速赶超了辽宁，与辽宁和吉林成为人均GDP高于全国平均水平的地区。但其他沿边省区仍然落后于全国发展水平。其中，云南仍然为最落后的沿边省份，广西发展明显提速，并超过了西藏。黑龙江的人均GDP由高于全国水平跌落至大大落后于全国水平，而同时新疆和全国的水平也进一步拉大。

从1952—2018年人均GDP年平均增长率来看，我们发现，只有广西和云南的发展速度超过了全国水平，其他6个省区与发达地区的差距逐渐拉大（见图13-5）。可以认为，改革开放以来，从人均GDP的指标来看，相对于全国其他地区，沿边省区总体的发展并没有迎头赶上，甚至相对落后了。

在这种沿边地区发展不利的区域经济格局下，"一带一路"倡议的提出对沿边省区来说是难得的机遇，沿边口岸是对外开放最直接的抓手，需要切实利用好借助沿边口岸发展沿边开放经济的发展时机，积极落实"十三五"规划提出的开放发展观念。

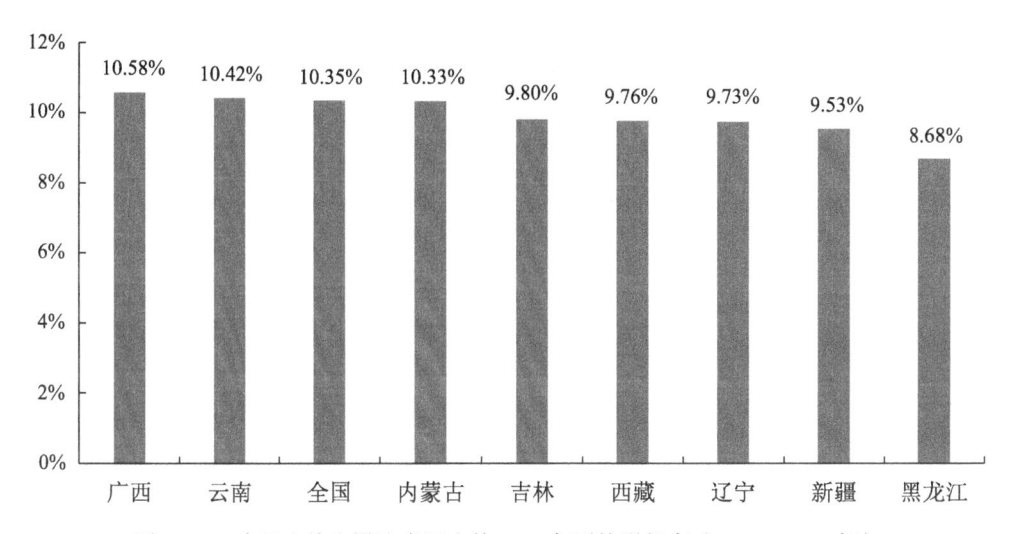

图 13-5　全国人均和沿边省区人均 GDP 年平均增长率（1952—2018 年）

数据来源：《中国统计年鉴》

（二）沿边口岸的发展

1. 沿边口岸经济概况

中国的沿边开放体系包括了口岸和经济合作区等多种形式的地理空间单元，但口岸城市是最基础的部分，其余的区域经济形式都是必须以口岸为基点向外辐射而形成的，因此沿边口岸经济是本部分的研究重点。

发展沿边开放经济的重要意义有如下三点：首先，扩大沿边开放，发展以口岸城市、试验区、边境和跨境经济合作区以及次区域经济合作区为代表的沿边开放区域是落实"一带一路"倡议的重要抓手，有利于全面扩大对外开放水平；其次，沿边地区往往是经济社会发展相对落后的地区，发展沿边开放经济是扶贫开发、维护边疆经济社会稳定的重要手段；再次，沿边地区具有得天独厚的区位优势，发展沿边口岸经济可以充分利用区位优势，发展沿边贸易。

截至 2016 年 12 月 31 日，全国共有对外开放口岸 300 个，其中空运口岸 73 个、水运口岸 136 个、公路口岸 71 个、铁路口岸 20 个。（见表 13-10）

表 13-10 全国开放口岸数量统计表　　　　　　（个）

省区	空运口岸	水运口岸	公路口岸	铁路口岸
内蒙古	4	0	12	2
辽宁	2	9	1	1
吉林	2	2	11	3
黑龙江	4	15	4	2
广西	3	8	6	1
云南	4	2	11	1
西藏	1	0	3	0
新疆	3	0	14	1
沿边省区合计	23	36	62	11
其他省份	50	100	9	9
全国	73	136	71	20

数据来源：《中国口岸年鉴》（2017年版），下同

其中，空运口岸由于受地理距离约束较小，因此往往位于相对发达的大城市地区。而水运口岸除了在河流港口设置以外，同时高度依赖海岸线，大多布局于沿海发达省份，沿边省区的水运口岸多数为内河口岸，发展规模较小，不占绝对优势。

相对而言，受地理距离约束的公路口岸和铁路口岸主要分布在沿边省区中。沿边省区公路口岸的数量占全国的87%，而铁路口岸数量占比也超过全国的一半。从另一个角度看，公路口岸和铁路口岸与境外边疆城市往往有直接往来，在口岸国界线两侧可以进行高强度的经济社会交往，相对空运口岸和水运口岸具有较大的发展潜力。另外，我国2018年的进出口商品中通过公路和铁路运输的进出口总值占所有运输方式的20%以上，仅次于水路，超过航空、邮件以及其他运输方式，因此我们主要关注沿边省区的陆路即公路和铁路口岸发展。

2. 沿边口岸经济的发展

伴随着中国经济社会的巨大变革，沿边经济的发展也伴随着国家的相关政

策经历了一系列演变。从新中国成立之后到改革开放之前，尽管我国与一些邻国签订了边境贸易的相关协定，但是从20世纪60年代初至70年代末，由于周边国际形势的恶化，更由于国内"左"倾错误的影响，除了极少量零散的自发性边民互市活动，中国与周边大部分国家的边境贸易基本上处于停滞阶段，沿边口岸同样也处于原始落后状态。在改革开放之后，伴随着对内改革和对外开放的沿边口岸的发展也逐渐步入正轨，并经历了总体向好的起伏发展阶段。

以"一带一路"倡议为背景，国务院于2015年9月通过的《关于支持沿边重点地区开发开放若干政策措施的意见》支持沿边开放。可以预见，"一带一路"建设的推进，意味着沿边口岸的发展进入了崭新的历史阶段，口岸发展受到的政策支持力度之强也是前所未有的。随着"一带一路"倡议的逐步实施，口岸经济的三层效应都将进一步提升，尤其是依托口岸城市发展的自由贸易和经济合作区将成为重中之重。同时，国家新型城镇化规划也对沿边城市的发展进行了专门部署，到2020年之前重点发展丹东、喀什、东兴、樟木等分别面向东北亚、中亚、西亚、东南亚和南亚的38个边境城市。

除了沿边口岸本身的发展之外，我国从政策层面设立了以口岸城市为核心的多层次沿边开放体系。沿边口岸城市在物流条件上具有不可比拟的优势，以这些口岸为依托，我国先后成立了17个边境经济合作区，将生产和流通环境相结合，最大化沿边城市的区位优势（见表13-11）。

表13-11 中国的边境经济合作区

内蒙古2个	
满洲里边境经济合作区	二连浩特边境经济合作区
辽宁1个	
丹东边境经济合作区	
吉林2个	
中国图们江区域（珲春）国际合作示范区	和龙边境经济合作区
黑龙江2个	
黑河边境经济合作区	绥芬河边境经济合作区

续表

广西 2 个	
凭祥边境经济合作区	东兴边境经济合作区
云南 4 个	
畹町边境经济合作区	河口边境经济合作区
临沧边境经济合作区	瑞丽边境经济合作区
新疆 4 个	
伊宁边境经济合作区	博乐边境经济合作区
吉木乃边境经济合作区	塔城边境经济合作区

在跨境经济合作方面，中国与老挝签署《中国老挝磨憨—磨丁经济合作区建设共同总体方案》，这是继与哈萨克斯坦建立中哈霍尔果斯国际边境合作中心之后，中国与毗邻国家建立的第二个跨国境的经济合作区，将促进两国经济优势互补，便利贸易投资和人员往来，加快两国边境地区发展。

从更宏观的视角看，我国已经形成了以大湄公河为核心的面向东南亚和南亚的国际次区域合作、以中亚为核心的面向中亚的国际次区域经济合作和以图们江为核心的面向东北亚的国际次区域经济合作三大格局。随着"一带一路"倡议的推进，以俄罗斯和蒙古国为重点合作对象的中俄蒙经济走廊也会逐渐加快建设步伐。

总结来看，我国已经初步形成了以沿边口岸为基础，以边境城市、边境经济合作区、跨境经济合作区和国际次区域合作为平台的多层次沿边开放体系。

（三）沿边经济发展的问题

尽管新中国成立以来，我国的沿边经济发展已经取得了巨大成就，但目前发展也遇到了诸多不可忽视的问题，总结来看，我国沿边经济发展的主要问题有以下 5 点：

第一，沿边经济发展的外生性和不确定性仍然显著。受到位置偏远、基础条件差、历史欠账多、周边环境影响大等多方面因素制约,沿边地区发展长期以来相对比较落后。相较沿海开放战略已推行了30多年,沿边地区的开放发展重点始于后金融危机时期,全球经济形势不确定性大增,贸易保护主义抬头,经济与政治问题交织在一起,还面临反恐和民族矛盾等问题。跟沿海地区相比,沿边地区人才匮乏、基础设施建设滞后、特色优势产业体系尚未形成、投资贸易便利化水平不高、地方财力薄弱、开发开放面临资金短缺等突出问题,沿边地区的发展主要还是依赖中央政府的资金和政策扶持,发展的自生能力不足。

第二,沿边经济的总体发展水平较低,缺乏工业基础且不成规模。为了管理的便利,我国对沿边边境贸易的地域范围、主体资格和贸易业态都有严格的规定,并实施针对性管理。但是,这种缺乏兼容性的管理模式使沿边开放与中国的总体开放处于割裂状态,工业发展缺乏腹地而不成规模,商品贸易层次较低,缺乏规模和品牌,导致边境贸易"过货"化和对外贸易代理化等问题。当前中国沿边的开放合作基本以边境小额贸易和边民互市贸易为主,但内外贸结合的商品市场以及配套产业不活跃,边境工业投资与生产的发展未得到有效推动。沿边经济的孤立化造成发展可持续性不够,对当地人力资源和物质资源的吸纳和利用范围有限,富民效果不显著。

第二,沿边经济发展政策的差别化、针对性和倾斜度不足。历史时期的沿边开发开放模式以复制沿海地区经验为主,即使目前国家出台了一些新的政策,在运用和实践方面的先行先试不足,经济合作区在投资贸易、土地、财税和外事等体制机制上突破难度较大,部分边境管理政策已不适应边境地区开放发展需要,也没有强有力的政策措施促进资金、人才、技术等核心生产要素向沿边地区集聚。在若干政策支持中,差别化的经济政策、产业政策并没有得以细化落实,挖掘本地和周边市场潜力发展也会受到"一刀切"政策的影响,例如西南边区发挥自身水电资源、矿产资源优势发展清洁载能产业的进程受制于较高的工业用电价格从而进展缓慢。

第四,沿边地区与周边国家和地区的合作机制不健全。首先,由于缺乏协调和资金支持，我国沿边省区目前参与和推动的国内外区域合作机制不够完善，制约了国际大通道、经济走廊、跨境经济合作区建设，与中亚、南亚和东南亚地区等国的区域合作组织层次低、权威性不足，地方政府由于授权限制，一些利好的政策措施不能付诸实施。其次，沿边地区目前与周边国家建立各类合作机制、平台，与深化合作、务实合作的现实需求相比，这些机制和平台的政治、外交和经济的聚集效应还不够显著，有些还停留在较低层次，在促成经贸合作、推进高层对话、敲定合作项目、提升影响力等方面的作用还有待进一步加强，运作这些机制和平台的制度基础、运营模式、专业化程度还有待提升。在外资审批制度、行政性垄断、政府采购制度、环保标准及知识产权制度等方面，存在未与国际规则接轨的地方。最后，自从国家开始重视沿边地区发展以来，地区之间抱团发展的观念尚未形成，未能进行统筹定位和协调联动发展。许多边境省份提出或正在建立边境贸易区（城）或跨境经济合作区，这是推进与周边国家共建"一带一路"的重要抓手，但缺乏规范政策，存在重复准备、无序规划现象，造成了恶性竞争。

第五，口岸管理水平滞后。沿边地区紧贴周边市场，但多、双边在金融、交通运输、海关、检验检疫、出入境管理等方面制度衔接、协调滞后，口岸管理职能分散在多个部门，协调难度大。口岸通关及进出口环节的行政审批事项繁杂，涉及多部门，通关环节多，规章制度、操作程序各不相同。口岸开放和升格的申报、审批、验收程序以及口岸临时开放的审批手续复杂、环节繁多，口岸通关现场侵入、干扰式检查检验比例太高，查验效率低下，最终导致资金进出受限制，货物进出不快捷，人员进出不便利，进一步制约了沿边、临近周边市场优势的发挥。此外，口岸科技化水平与大通关升级版建设要求不适应。通关查验设施设备不足，科技化、信息化水平不高，给沿边地区的口岸大通关升级版建设带来较大压力。电子口岸建设工程进展缓慢，影响和制约了"三个一""单一窗口"等通关协作改革的进程。

（四）借"一带一路"倡议促沿边经济发展

随着我国三大区域发展战略的明确，国家对区域协调发展和对外开放更加重视，"一带一路"倡议被称为中国进入"对外开放4.0时代"的标志。沿边地区作为对外开放尤其是内陆开放的直接窗口，需要从国家区域发展战略的高度，在国家相关部门的支持配合下，紧紧把握"一带一路"倡议的政策红利，结合扩大沿边开放地区的实际需要，以"政策沟通、设施联通、贸易畅通、资金融通、民心相通"为任务，加快发展沿边开放经济。

第一，从中央政策扶持着手，提高沿边经济发展政策的倾斜度和精确度。

十八届三中全会对全面深化改革、扩大开放的重要任务进行了系统安排，党中央、国务院先后出台了《关于加快沿边地区开发开放的若干意见》、《关于沿边地区开发开放规划（2014—2020）》和《关于构建开放型经济新体制的若干意见》等文件，2016年印发了《关于支持沿边建设重点地区开发开放若干政策措施的意见》。在此基础上，各沿边省区在制定并执行政策细则时，需要因地制宜，切实考虑本省沿边地区的特殊性，有重点、有针对性地研究国家政策并落实意见，重点考虑战略意义强的节点地区，先行先试，加快建设沿边开放开发重点试验区，构造沿边地区增长极，避免政策执行的"撒胡椒面"和"一刀切"。

第二，从基础设施建设着手，改善沿边地区经济发展和人民生活的硬件条件。

多数沿边地区地处内陆山区，地广人稀，尽管近些年的道路和通信等基础设施条件改善明显，但不管从数量还是质量上都仍然远远落后于东部沿海地区，甚至不如中西部内陆地区。研究表明沿边地区落后的基础设施条件对经济发展造成了严重的制约，同时也阻碍了全面小康建设的进程，无法满足沿边地区人民的生产生活需要。因此，提高沿边开放的前提是中共中央必须加大对基础设施建设的支持力度，提高转移支付力度，统筹安排引导丝路基金、亚洲投资银行、国家开发银行等金融机构，专门加强对沿边基础设施建设的资金支持，加强"通道"建设。同时，沿边地区需要提高自身的主观能动性，抓紧"一带一路"和新时期扶贫开发等倡议和战略重点的契机，做好发展的远景规划，丰富融资渠道，加快生活和生产基础设施的建设进程。

第三，从体制机制改革着手，加强沿边地区经济发展的灵活性和发展环境的特惠性。

沿边地区自然和社会经济条件都无法与国内其他地区竞争，只有特惠的制度供给才可能改善沿边地区的发展速度，但短期内实现沿边经济的全面跨越式发展难度很大。因此，发展沿边经济的理性路径是选择一些区位优势明显、工商业基础较好、有战略发展意义的口岸作为改革重点，支持其在开发开放方面先行先试，可以考虑对条件比较好的口岸县进行设市工作"试点"，顺应简政放权的趋势，赋予口岸地区政府更高的发展自主权，因地制宜地探索新模式，筑就"政策高地"。针对目前发展遇到的问题，改革试点应该聚焦于与国外的区域发展合作机制、通关便利化以及边境贸易规范化等重点领域。

第四，从设立边境和内陆地区的自贸区入手，加强与内陆国家的区域合作。

当前，国际贸易领域的竞争日趋激烈。国际贸易增速近年来一直低于国际GDP的增速，对我们的国际贸易空间造成一定程度的挤压。TPP（跨太平洋伙伴关系协议）、TTIP（跨大西洋贸易与投资伙伴关系协定）和PSA（多边服务业贸易协定）等区域性贸易组织的谈判，以及由此可能形成的一系列贸易协定，将使我国的贸易大国地位面临巨大的危险。这些新背景给我国带来巨大的挑战，我们如果没有更开放的体制机制，就无法应对这些挑战。在内陆边境地区建立自由贸易试验区，是我国应对国际贸易新挑战的一个重要手段，也是实施更加积极主动向西开放战略的一项重大举措。满洲里、二连浩特、霍尔果斯、喀什等口岸地区和乌鲁木齐、呼和浩特等沿边省区的省会城市，都是可以选择的具体位置。

第五，从优化合作环境着手，强化与周边国家在经济、人文和非传统安全等领域的合作。

沿边经济健康可持续发展的基础是安定的环境。我国沿边地区北部对接俄蒙欧大通道，西部对接中国—中亚关系与上海合作组织，西南则需要发展中国东盟自贸区和中国与印巴关系。沿边地区与这些周边国家和地区在历史上语言相通、文化同源、宗教相近、习俗相似，在文化、宗教、习俗等方面互相传承、借鉴，今后应在民族文化、宗教、教育和培训、学术交流等领域加强与周边的交流与合作。由于历史、自然、经济等原因，与沿边地区相邻的大多数周边国家和地区的社会发育程度低，社会事业发展还处在较低水平。这些地区的贫困问题、民族宗教等社会问题给区域内各国带来严峻挑战。同时，沿边地区与周边国家在共同应对自然灾害、气候变化、贩卖毒品、非法移民、商品走私等非传统安全领域有相互需求。应进一步建立和完善沿边与周边国家和地区的相关合作机制，增进互信，减少和消除分歧与冲突，维护地区稳定，为增进往来创造必要条件。

第十四章 区域政策体系的构建

我国改革开放以来区域政策演变，大致可分为三个主要阶段：1978—1998年，以东部沿海地区崛起为标志的区域不平衡发展阶段；1999—2005年，以区域发展总体战略实施为代表的区域协调发展阶段；2006年至今，以众多试验区、新区和国家级区域规划密集出台为特征的区域协调发展新阶段。区域政策为我国经济腾飞和区域经济版图的优化做出了历史性的贡献。进入新的阶段以来，密集的区域政策文件的出台推动了区域经济协调发展的深化和细化。区域发展总体战略、主体功能区战略的密切配合和一系列新区、改革试验区以及区域规划的合理匹配将大大促进我国区域协调发展格局和体制机制改革进程。与此同时，当前区域政策也存在一些争论和挑战。一方面，区域政策出台之后的贯彻落实面临严重的问题，区域协调机制的建立和区域政策体系的完善是重要任务。另一方面，一系列区域政策和区域规划出台带来区域政策泛化的质疑，区域政策应当力避普惠化倾向。

改革开放以来，我国区域经济发展战略与政策共经历了4个阶段——区域重点发展、区域中性发展、区域协调发展、全面区域协调发展（见表14-1）。

表14-1 改革开放以来我国区域经济发展战略与政策的演进与发展

区域经济政策	推动主体	发展思路	空间性	代表理论	政策结果
区域重点发展（改革开放—20世纪80年代中期）	地方政府	计划经济下地区间基于资源禀赋和技术等级的大尺度排序	非均衡	梯度理论、反梯度理论、东部重点论、战略重点西移论、中部崛起论	三大地带间差距的扩大

续表

区域经济政策	推动主体	发展思路	空间性	代表理论	政策结果
区域中性发展（20世纪80年代末—90年代初期）	中央政府	计划经济下地区间基于交通联系和城镇布局的多尺度开发	具体的均衡	三沿战略、四沿战略、三环区域经济结构、T字形布局战略、π形布局战略	地域间经济联系加强
区域协调发展（20世纪90年代中期—21世纪初期）	初级市场（宏观经济市场）	市场经济下地区间基于比较优势和资源环境的地理分工（即专业化与多样化的均衡存在）	均衡与非均衡并存	区域经济协调发展战略、非均衡协调发展战略、沿江经济带以互补互动为中心协调发展战略	短期内抑制区域差距的扩大
全面区域协调发展（21世纪初期至今）	市场深化（微观经济市场与服务化转型后的政府）	市场经济下地区间基于市场融合与空间差异的集聚与分散形态（城市群与非城市群）	均衡化与非均衡的空间变形	经济带战略、城市群战略、"四大板块"战略、海陆统筹战略	原有区域间差距缩小，区域内差异扩大

资料来源：根据权衡《中国区域经济发展战略理论研究述评》[引自《中国社会科学》，1997，（06）：45-52]改编

一、重构区域政策的理论与实践要求

（一）区域政策的理论特质和实践原则

区域政策是国家所有政策类型中唯一能够对经济版图产生积极空间干预的政策手段。它不但作用于空间差异的弥合、区域发展的协调，而且能够在促进优势区域加快崛起的过程中打造提高国家竞争力的空间抓手。这些功能的实现都有赖于区域政策所独有的理论特质，正是这些特征使区域政策成为不可取代的独立体系。

1. 区域政策的空间性

空间性是区域政策最突出的理论特征之一，也是区域政策区别于一般的宏观经济政策的关键所在。空间性是经济活动的本质属性，经济生产的空间层次性、空间尺度以及空间依赖性和异质性问题是任何国家在制定经济政策时都无法回避的现实问题。

（1）区域政策的层次性和空间尺度。区域政策必须考虑空间层次性和空间尺度的影响，不同的空间尺度存在不同的经济聚集和分散的影响机制。迄今为止，我国已经形成区域发展总体战略、主体功能区战略和众多改革试验区、国家级区域规划等一系列空间尺度划分，将区域政策的空间层次进行初步的界定。不同空间层次和空间尺度的区域具有不同的区域内聚性、区际差异性，这将对政策的实施效果产生显著的影响。

区域政策在空间层次性和空间尺度的把握上容易产生两个偏差。一是空间层次界定过于宽泛、尺度过大容易导致政策的普惠性偏差。比如，在"四大板块"的划分之下，很多区域性的政策如西部大开发、振兴东北地区等老工业基地的举措，空间重点不突出、遍地开花，造成区域政策的普惠性影响实施效果。二是对空间层次的把握过低、尺度过小造成各地政策碎片化和随意化问题。众多国家级区域规划和综合配套改革试验区的设立一方面明确了区域政策的空间重点，另一方面如果空间层次划分不当也容易造成各地政策碎片化、随意化的问题。这种情况不但无法形成政策合力，反而造成对国家区域政策体系的冲击。因此，把握区域政策的合理层次、形成科学有序的空间尺度体系，对保障政策实施效果具有重要意义。

（2）区域政策的空间依赖性和空间异质性。空间依赖性是指一个区域与周围区域存在显著的相互影响和相互依赖，这种影响可以是正向的，也可以是负向的。空间依赖性最突出的表现就是产业集群的出现以及城市群、经济带的形成。区域政策的实施效果受空间依赖性的显著影响，因此在制定区域政策时必须考虑不同政策的空间作用对政策效果的强化或者抵消作用，根据空间依赖的方向和范围确定政策的范围和手段。在现实中,空间依赖性是经济活动在空间上自发形成的,该范围与行政区划往往不一致。我国的区域政策实践是以行政区为空间单位进行政策干预,各区域之间缺乏相应的组织协调制度。因此区域政策的实施中空间依赖关系往往被行政边界割裂造成效率损失,这一过程伴随着区域矛盾和冲突。建立完善的区域协调机制,有助于利用区域政策空间依赖性改善整体经济绩效。

空间异质性是指经济活动和结构关系在不同区域有不同表现。区域政策必须考虑到经济版图的空间分异,从空间异质性出发制定差异化的举措,因地制宜地进行区域发展调控和引导。忽视空间异质性将导致政策"一刀切"问题,降低区域政策的针对性和有效性。从空间异质性出发,区域政策应当进一步突出分类指导、差异化发展的要求,在保证整体政策协调配合的基础上分区域实施因地制宜的发展政策。

2. 区域政策的相对开放性

区域政策的相对开放性来自区际关系的竞合性。一方面国家各区域都服从中央政府的统一领导,广泛的区域间产品、劳动力、资本和知识溢出等方面的联系和交流是区域的本质属性,区际协调符合区域整体利益;另一方面,各个区域都是独立的利益主体,区域之间存在的竞争关系又使各区域无法完全一致行动。因此,区域政策既不像单区域的宏观政策一样完全开放,享有共同市场、共同要素和共同利益,也不像国际贸易政策一样注重区域保护,利用关税、配额等手段保护本地市场。区域政策具有相对开放性,并且这种开放的程度会随着经济发展逐渐增强。

改革开放以来,我国为激发地方发展活力实行大规模放权,赋予地方主体地位。随之而来的是各地的盲目建设和地方保护主义。为能够在与其他地区的竞争中占据优势,各地纷纷展开"原料大战""市场大战",甚至"以邻为壑",恶性竞争。尽管近年来地方保护问题逐渐消弭,但区域之间分工合作、优势互补的态势依然不明显。区域政策如何把握相对开放性的程度和发展方向,促进区域之间的关系更多转到优势互补、合作双赢上来，是摆在我们面前的重要课题。

3. 区域政策的局部干预性

作为国家政策的一种类型，区域政策首先具有干预性，即区域政策是政府对经济版图的公共干预。我国区域政策的干预性具有自身的特点。

第一，我国区域政策是以缩小差距和打造增长极为目标进行的局部干预。与苏联等计划经济国家相比，我国的区域政策干预地区不是全部国土，也不承担全部的开发责任；我国的干预是对重点地区的局部干预。与西方市场经济国家相比，我国的干预不但关注"问题地区"的开发，而且关注具有发展优势的潜力地区的崛起。西方发达国家拥有良好的经济基础，而发展中国家的基本国情和特征决定区域政策必须放眼国际竞争和增长极培育，对优势地区、潜力地区的崛起应当给予更大的支持。

第二，我国区域政策是"多元主体、上下协同"的公共干预。区域政策在组织上是"来自上面"的政策，天然具有"自上而下"的特征，必须体现国家意志。同时区域政策的制定和实施也不能脱离地方的协调配合，一方面要发挥地方政府的主动性为政策的制定提供参考，同时调动地方政府、企业和社会组织等多元主体的积极性来保障区域政策的贯彻落实。区域政策的制定和实施一方面需要协调整体与局部的关系，既服从整体利益，又调动局部的活力；另一方面需要协调多利益主体之间的区际关系，破除地方保护、促进合作共赢。"多元主体、上下协同"的组织特征是区域政策发挥干预效应的重要保证。

（二）区域政策的现实指导

1. 区域政策的空间布局

生产消费活动的空间集中是城市经济学兴起的基础，伴随城市规模扩大和城市化内涵的拓展，区域—城市逐渐成为一国经济的隆起地带。被视为空间经济常态的"不均衡"现象会造成各种尺度上的中心—外围格局，那么，经济效率的空间化在社会平面上就表现为区域间差距扩大。改革开放以来的区域重点发展战略正是一种基于新古典政策思维的市场化手段，着重强调制造业的再布局和生产要素的迁移。由于我国特殊的户籍政策，区域差距扩大过程中也巩固了城乡二元结构，地区落后与乡村贫困重合度极高。此时，我国的空间政策呈现沿海经济特区的点状分布特征，政策的试验性和区域敏感性强，形成了以地区投资为主要手段的空间政策工具。

这一阶段政策工具效果显著，深圳一跃成为全国对外开放前沿阵地，国家对这种政策进行"带状"复制，并主张发展中小城市，以形成区域经济走廊（带）。其空间政策是泛化的沿海沿边开放和国家级新区的"遍地开花"。这一政策快速抬高我国宏观经济增速，大多数区域的交通联系逐步构建起来。

2. 区域经济关系与区域经济高质量发展

在新时代，我国区域政策表现出一系列新特点。深入研究区域政策新特点对于准确把握我国区域政策未来走向具有重要意义。第一，区域政策的空间尺度不断细化。我国区域政策的空间尺度划分经历了不断调整的过程。从新中国成立初期毛泽东同志在《论十大关系》中着重论述沿海和内地的关系，到邓小平同志提出"两个大局"思想，再到"三大地带"的区域划分，我国区域政策空间尺度都很大。21世纪初期，我国形成"四大板块"划分的区域发展总体战略，为后来区域政策的空间划分奠定基本格局。在此基础上，进入新时代以来我国推出了一系列更加精细的区域规划，将区域政策的空间划分从板块层面缩小到跨省份层面，进一步缩小到省级和省内的层面。第二，区域政策更加关注体制改革和内生驱动。纵观我国改革开放以来的经济发展历程，基本的规律是以开放促改革。这一方面带动了我国经济的迅速发展并融入世界；另一方面，高度依赖开放和外需的经济增长方式造成了我国经济内外失衡、内需不足和发展模式不可持续的困境。体制改革和内生驱动成为我国区域经济发展的必然选择。进入新时代以来我国区域政策在坚持对外开放的同时，更加关注体制改革和挖掘内生增长动力，最突出的标志就是一系列改革试验区的设立。第三，区域政策制定更加兼顾地方诉求。区域政策作为一种公共干预，首先体现国家意志，同时必须兼顾地方利益诉求。只有服从中共中央的统一规划，区域政策才能实现有效的区域分工合作，保障整体利益最大化；只有兼顾地方利益诉求，调动地方贯彻落实区域政策的积极性，才能使区域政策真正落到实处，发挥应有的作用。

正如一国从自给自足的封闭经济走向参与国际分工和商品贸易能够改善其福利水平，区域的整体性、多元性和开放性都会推动区域经济发展，并加快实现区域经济一体化。当前，区域经济政策在顶层设计和多层次发展战略上已大大丰富，未来应该梳理清楚这些政策的体系关系，并予以细化、深化和长效化。

二、新时代区域经济政策建议与实施方案

（一）新时代区域经济政策框架

面对之前出台的一系列区域战略、政策和规划，2019 年区域经济政策体系由"四大板块＋三大战略＋新型城镇化＋多级新区"向"顶层设计＋七大战略（南北平衡、生态保护）＋区域合作＋对外开放"转变。具体而言，正视我国南北经济分化的区域特征，继续以京津冀协同发展和粤港澳大湾区来引领南北经济，以长江作为天然生态屏障来维系东中西一体化基础，形成"东西开放、南北平衡"的发展格局。（见图 14-1）这也是空间平衡机制的逻辑所在——克服板块之间的发展落差、释放东中西地区之间的梯度势能。

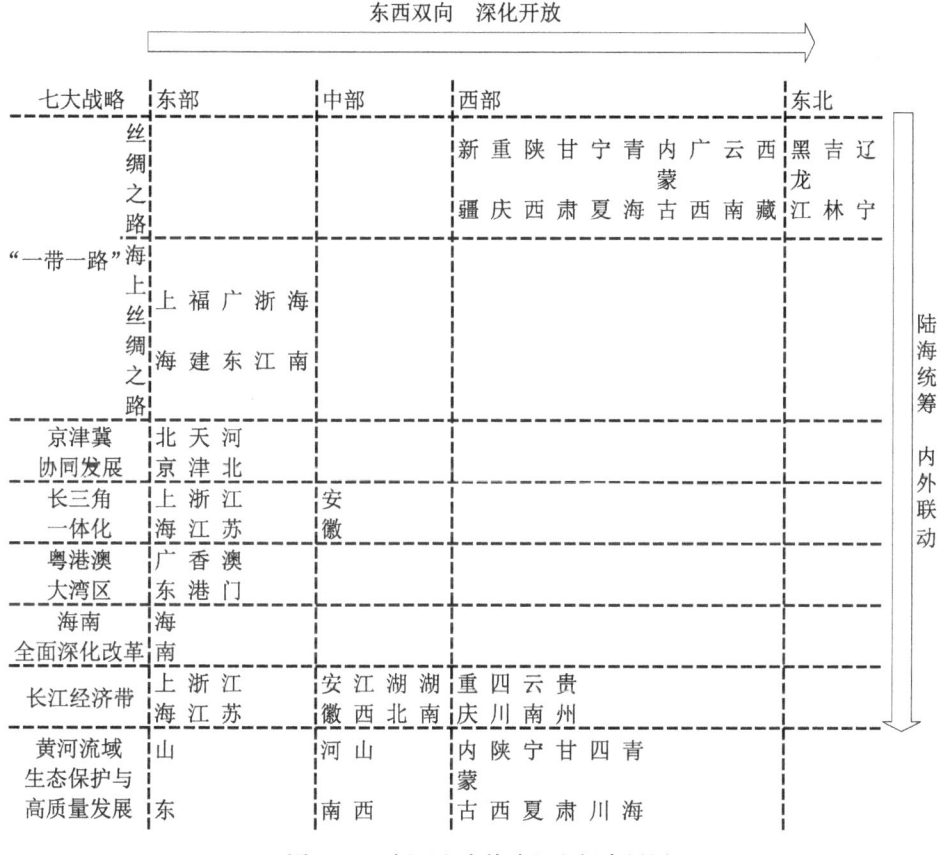

图 14-1 新"七大战略"空间布局图

七大战略	东部	中部	西部	东北
"一带一路" 丝绸之路 / 海上丝绸之路	上海 福建 广东 浙江 海南		新疆 重庆 陕西 甘肃 宁夏 青海 内蒙古 广西 云南 西藏	黑龙江 吉林 辽宁
京津冀协同发展	北京 天津 河北			
长三角一体化	上海 浙江 江苏	安徽		
粤港澳大湾区	广东 香港 澳门			
海南全面深化改革	海南			
长江经济带	上海 浙江 江苏	安徽 江西 湖北 湖南	重庆 四川 云南 贵州	
黄河流域生态保护与高质量发展	山东	河南 山西	内蒙古 陕西 宁夏 甘肃 四川 青海	

东西双向 深化开放 →

陆海统筹 内外联动 ↓

资料来源：根据相关资料整理而成

区域发展战略应具有三大特性：融合性、统筹性和协调性。融合性体现在区域发展战略不应成为区域争夺政策、资金红利的主要对象，而是区域合作和开放的机遇与窗口，防止行政区思维的桎梏；统筹性是指区域发展战略从空间上应该囊括发达和欠发达地区，既支持发达地区的经济效率提升，又保障欠发达地区的经济相对公平，避免过度的区域倾向性；协调性则强调区域发展战略应立足区域优势并能整合区域资源，发挥区域间分工协作的功效。我国新"七大战略"融合了经济带、城市群和广大农村地区，转变二元海陆关系，重新审视经济格局，并能抓住南北经济特征和东西区域优势。2019 年，新"七大战略"的实施更侧重于高质量发展，即避免过度依赖 GDP 核算的经济绩效，而转向"以人为本"

的区域繁荣上来。因此，区域发展战略作为区域政策的第二层级，都未直接使用市场经济的政策工具。

同时，区域经济政策体系中还包括众多类型区域规划（城市群规划、板块的五年规划、各类经济区规划、国土规划、具体经济规划、区域合作规划等）、大型基础设施建设计划、区域间经济合作方案和协议以及中央试点的特殊区域建设计划等内容。这些内容作为区域发展战略的补充，着重于区域的发展定位和发展方案，其本质上是对需求侧的一种结构性安排。如何发挥这些政策工具的理性功能，在于这些具体政策工具对需求的了解和认识。2019年是这些具体的区域经济政策不断落实、完善和提升的一年，在新的区域经济特征之下，需要切实以收入的稳定增长、生产力的转型升级、发展的全面深化以及资源生态的可持续性作为区域发展的主要特征。区域规划的定位、区域合作的分工方案、区域建设的资源投入，都应该考虑到这些问题，这也是我国宏观经济高质量发展的空间基础。

政策的完善和提升应该秉持细化、深化和长效化的方向。细化即实践化，包括环境共治的方案、跨界发展的空间构建、区域互助的多方面途径、公共服务的全面均等化以及区域规划编制管理等。深化即市场化，包括了要素流动性的保证、区域分工市场的构建、国际化发展的潜力提升以及区域发展监测与评估问题。长效化即法治化，包括了区域交易平台的构建、区域合作的保障、利益补偿的机制化、差异化调控政策以及区域发展法律法规。

过去区域经济的高速增长只是量化经济下的最优路径，但偏离质量的发展最终是无本之木，经济动力的丧失会宣告区域的衰落。那么如何保障区域经济的发展原动力，现代化产业体系和现代化治理体系的构建是必要的手段。一方面，全面构建包括产业、市场、收入分配、城乡区域发展、绿色发展、全面开放的现代化经济体系，大力发展实体经济，以创新驱动发展，积极推动城乡区域的协调发展。另一方面，全面构建包括目标、机制、法治、监督的现代化治理体系，保障国家—区域尺度的制度化和法治化，以长效化机制保障区域合作，以动态激励和多维监督来规范市场主体。当然，对于市场化程度不高的区域在进行市场化改革的同时，也要注重政策的差别化和动态化。

（二）区域政策体系完善

1. 基于行业的区域差异政策

目前，我国的区域政策基本上是以行业（领域）政策为主要依托，重点体现区域差别，而且很多区域政策都是在国家的相关规划中制定的。比如国家针对西部地区的政策主要体现在中共中央、国务院《关于深入实施西部大开发战略的若干意见》中，制定了财政、税收、投资、金融、产业、土地、价格、生态补偿、人才、扶持10个领域的政策。东北地区和中部地区也有类似的政策。在《全国"十三五"易地扶贫搬迁规划》中，有专门针对易地扶贫搬迁的政策，列入易地扶贫搬迁内容的区域和人员，就可以享受相应的政策。针对贫困地区，国务院专门印发了《"十三五"脱贫攻坚规划》，分别制定了相应的财政、投资、金融、土地、干部人才五大领域的倾斜性政策，14个集中连片特困地区的片区县、片区外国家扶贫开发工作重点县，以及建档立卡贫困村、贫困户享受相关的政策。

2. 以基本公共服务均等化、基础设施互联互通和人民生活基本保障为目标

"区域繁荣"向"人的发展"政策转变似乎面临一个悖论：一方面，市场失灵论甚嚣尘上，"空间中性"既难作为又可能导致效果违背初衷，实现密度、距离和分割三者最优也并非一蹴而就；另一方面，尽管《2009年世界发展报告：重塑世界经济地理》指出应该最少且最后使用空间干预政策，但现实中地区政策实践仍然十分普遍，这种"万金油"式的空间政策会给"问题地区"带来非常严重的"药物依赖性"，从而导致一系列政策重叠、冲突，恶化区域一体化的制度环境。

回顾我国实行的区域政策，不难发现其泛化、短期化现象明显，精细化政策到2005年才开始大力推进。新中国成立后，工业西进战略的推进使我国一直保持区域经济"二分法"格局——沿海和内地，这时的政策意图是要扭转过去工

业布局不均衡的格局。改革开放后,"两个大局"开始分化为"三大地带",沿海优先发展战略将我国区域发展的梯度拉开,这是市场化转型过程中市场选择和政府干预交叉形成的。21世纪以来,东北地区从地带中析出,"四大板块"格局基本形成,这是政府干预下的区域协调发展格局。2010年的《全国主体功能区规划》与"十三五"期间提出的"四大战略"意在加强东中西东北联系、统筹海陆,扭转之前东西部发展差距较大的局面。近来关于南北差距的研究方兴未艾,协调经济带之间的发展关系将成为这一尺度上的关键课题。

因此,鉴于劳动力不完全流动、市场的区域性分割以及产业集聚带来的空间外溢,理论上占优的"空间中性"政策往往泛化而被扭曲,"地区导向"的干预政策更容易实施。当前,我国沿海的珠三角和长三角基本实现了人均收入水平的空间均衡,具备实施"空间中性"战略的现实基础,但在大尺度上仍然存在梯度。下一步,我们需要在权衡效率和公平的前提下,通过集聚经济的空间外溢来跨越"区域差距拉大"这一陷阱,进而形成"大分散、小集聚"的空间格局。

3. 以协调区域利益、发挥区域优势为抓手

区位条件、国家主体功能分区等诸多条件的限制,使得我国城乡区域之间的利益关系相互交织。为了实现我国整个国民福利的最大化和分配的相对公平化,我国初步建立起兼顾效率和公平的区际利益协调政策体系。一是初步建立对口支援和对口帮扶体系。我国形成了针对新疆、西藏、内蒙古和青海、四川、云南、甘肃四省藏区的对口支援体系,建立了针对贫困地区和落后地区的对口帮扶体系,通过对口支援和对口帮扶,促进了我国边疆地区、少数民族地区、落后地区加快发展。二是探索建立横向生态补偿机制。我国按照区际公平、权责对等、试点先行、分步推进的原则,不断完善横向生态补偿机制,拓展了主要生态功能区用于生态建设和民生改善的资金来源渠道,促进了流域上下游之间的协调发展。三是促进城乡区域之间的协作与合作。通过政府搭台、企业唱戏的办法,不断促进互补性强、合作潜力大的区域间开展对口协作与合作,实现城乡区域间互利共赢发展。

4. 建立区域政策支撑保障体系，健全与经济政策的联动机制

区域政策在实施中后期必然出现精准性、时滞性问题，必须完善区域政策的评估机制和法律体系，形成完整的政策反馈调整动态机制。

根据新时代我国区域发展中存在的不平衡不充分等主要问题以及实施区域协调发展战略的主要目标取向，围绕区域人均收入、经济发展、基本公共服务、生态环境等重点领域，加快建立并不断完善区域协调发展评价指标体系，科学客观评价区域协调发展状态，为科学制定区域政策提供参考。同时针对国家发布的区域规划，参照经济社会发展五年规划，开展区域规划实施中期评估和后期评估，为及时调整和完善区域规划中的相关区域政策提供支撑。此外，抓紧研究制定促进区域协调发展条例，明确部门职能分工，规范区域政策内容。明确国务院有关部门在统筹区域政策中的具体职责，明确地方政府在推进区域政策实施中的权利、责任和义务，明确社会组织、科研机构、企业等参与区域政策制定和参与区域政策实施的作用。推进区域政策制定的规范化制度化，在总结实践经验和借鉴国外成功做法的基础上，逐步推进促进区域协调发展立法工作，使区域政策制定和实施有法律法规支撑。

（三）正确处理区域发展战略与地区区域发展政策

全国性区域发展战略可视为一种集体理性的空间"自觉"行为，地方性区域发展政策则是个体理性的空间"自觉"行为。以往，我国区域发展实践呈现出"强空间弱政策、强经济弱社会、强开发弱运营、高消耗低效率"的特征，这导致发展阶段无序、发展空间不平衡和发展政策失调等结果。

因此，全国性区域发展战略与地方性区域发展政策应扭转发展中的观念偏差和方式错位，立足区域分工和协调来推动区域协调发展；地方性发展政策应创新政策手段和柔化区域尺度，为区域发展的制度转型提供微观基础。

1. 全国性区域发展战略

2005年以来，我国的区域发展政策开始向"地区导向"的思路转变，政策精确性有所提高,包括划定新区、设立改革试验区以及出台顺流域、跨省、省内甚至市内的发展规划。2017年进入区域经济政策的新时代,在以"顶层设计+七大战略(南北平衡、生态保护)+区域合作+对外开放"为空间战略的大背景之下,都市圈建设和乡村振兴成为全国性区域发展战略的主要着力点。

表14-2 新时代全国性区域发展战略

类型	内容	性质	创新
现代化都市圈	推进基础设施一体化、强化城市间产业分工协作、加快建设统一开放市场、推进公共服务共建共享、强化生态环境共保共治、率先实现城乡融合发展、构建都市圈一体化发展机制	建设指导意见	都市圈信息网络一体化、都市圈技术交易市场联盟
乡村振兴	构建乡村振兴新格局、加快农业现代化步伐、发展壮大乡村产业、建设生态宜居的美丽乡村、繁荣发展乡村文化、健全现代乡村治理体系、保障和改善农村民生、完善城乡融合发展政策体系	发展规划	城乡发展空间、城乡融合发展政策体系
区域协调发展新机制	建立区域战略统筹机制、健全市场一体化发展机制、深化区域合作机制、优化区域互助机制、健全区际利益补偿机制、完善基本公共服务均等化机制、创新区域政策调控机制、健全区域发展保障机制	机制设计	区域交易平台和制度、区域性行业协会、多元化横向生态补偿机制
新型城镇化	加快农业转移人口市民化、优化城镇化布局形态、推动城市高质量发展、加快推进城乡融合发展	建设重点任务	收缩中小型城市、放开放宽落户条件

资料来源:根据相关整理

2017年以来,区域政策开始摆脱"地区导向"型区域政策,尤其是特区、各类改革试验区和省域经济规划,而是转向"空间中性"型区域政策,以都市圈、乡村地区为主要实施空间,着重区域协调发展机制的创新,尤其是注重"人的发展"。区域政策的实施逻辑是在优化城镇格局、提升都市圈发展质量的基础上,大力发展乡村地区,用新型城镇化统率二者,形成一套"远期规划+近期指导意见(任务)+机制设计"的政策方案,这样才能平衡城乡、南北发展差距,改善东中西发展格局。

从长期来看,我国区域协调发展需要构建三大机制来加强空间经济联系、平衡空间关系和推动绿色发展,因此区域协调发展机制应包括带状连接机制、空间平衡机制和绿色协调发展机制。

一是要构建带状连接机制。从地域上看,"一带一路"建设、京津冀协同发展和长江经济带战略均是跨省级行政区乃至连接国内外的空间安排。从内容上看,都强调基础设施互联互通、重点领域率先突破和体制机制改革创新,通过改革创新打破地区封锁和利益藩篱。这三项顶层设计的深入实施,促使我国区域经济版图从主要依靠长三角、珠三角和京津冀三大引擎带动的传统格局,向区域联动、轴带引领、多极支撑的新格局转变,这必将为促进区域协调发展注入新的动力。经济带中的区域之间如何协同发展、如何创新内部机制、如何加强经济联系,将是下一步研究的重点。

二是构建空间平衡机制。空间效率和空间平衡一直是影响中国经济地理格局的两难选择。20世纪80年代实施东部地区率先发展政策以来,东部地区凭借区位、要素和政策优势迅速崛起,板块间差距不断拉大,大的空间尺度的聚集和不平衡发展成为主要趋势。克服板块之间的发展落差、释放东中西地区之间的梯度势能,构成经济地理格局优化的主要思路。

三是构建绿色协调发展机制。将绿色发展从理念转化为实践,需要在区域空间上有明显的印记,这就是要造就绿色的国土空间,形成绿色发展方式。在产业发展上,要大力支持绿色清洁生产,对传统制造业实行绿色改造,推动建立绿色低碳循环发展的产业体系,更新改造工艺技术装备,为产业转型升级提供良好契机。

2. 地方性区域发展政策

地方性区域发展政策类型较丰富,包括各类新区、改革试验区和多类型的经济规划(见表14-3)。这些地方性区域发展政策的审批门槛较低,尤其是省域发展规划,因此相互之间存在重叠和冲突。这就导致沿海地区的发展政策更为密集,发展机遇更多,吸引人力和资金;内陆成为人口洼地,处于低速增长的阶段。如何将二者统一于一个政策框架,是未来我国区域协调发展的主要难题。

表14-3 新时代地方性区域发展政策

类型		名称	数量		
			沿海	内陆	兼顾
新区		上海浦东新区、天津滨海新区、重庆两江新区、浙江舟山群岛新区、甘肃兰州新区、广东广州南沙新区、陕西西咸新区、贵州贵安新区、山东青岛西海岸新区、辽宁大连金普新区、四川天府新区、湖南湘江新区、江苏南京江北新区、福建福州新区、云南滇中新区、黑龙江哈尔滨新区、吉林长春新区、江西赣江新区、河北雄安新区	11	8	0
改革试验区	综合配套改革试验区	上海浦东新区综合配套改革试点、天津滨海新区综合配套改革试验区、重庆市和成都市全国统筹城乡综合配套改革试验区、武汉城市圈和长株潭城市群全国资源节约型和环境友好型社会建设综合配套改革试验区、深圳市综合配套改革试点、沈阳经济区国家新型工业化综合配套改革试验区、山西省国家资源型经济转型综合配套改革试验区、浙江义乌市国际贸易综合改革试点、厦门市深化两岸交流合作综合配套改革试验区、黑龙江省两大平原现代农业综合配套改革试验	5	7	0
	金融改革试验区	温州市金融综合改革试验区、珠三角金融改革创新综合试验区、泉州金融综合改革试验区、云南省广西壮族自治区沿边金融综合改革试验区、山东省青岛市财富管理金融综合改革试验区	4	1	0
	其他试验区	上海、广东、天津、福建、辽宁、浙江、河南、湖北、重庆、四川、陕西、海南自由贸易试验区，宁夏、贵州内陆开放性经济试验区	7	7	0
	产业转移示范区	安徽皖江城市带、广西桂东、重庆沿江、湖南湘南、湖北荆州、黄河金三角、江西赣南	0	7	0
海洋经济规划		《山东半岛蓝色经济区发展规划》《浙江海洋经济发展示范区规划》《广东海洋经济综合试验区发展规划》《全国海洋功能区划（2011—2020年）》《福建海峡蓝色经济试验区发展规划》《广西、山东、福建、浙江、江苏、辽宁、河北、天津海洋功能区划》《海南、上海、广东省海洋功能区划（2011—2020年）》《全国海洋主体功能区规划》	8	0	0

续表

类型	名称	数量 沿海	数量 内陆	数量 兼顾
区域规划	《珠江三角洲地区改革发展规划纲要（2008—2020）》《江苏沿海地区发展规划》《横琴总体发展规划》《黄河三角洲高效生态经济区发展规划》《长江三角洲地区区域规划》《海南国际旅游岛建设发展规划（2010—2020）》《海峡西岸经济区发展规划》《河北沿海地区发展规划》《平潭综合实验区总体发展规划》《前海深港现代服务业合作区总体发展规划》《珠江—西江经济带发展规划》《青岛西海岸新区总体方案》《赣闽粤原中央苏区振兴发展规划》《促进中部地区崛起规划》《鄱阳湖生态经济区规划》《皖江城市带承接产业转移示范区规划》《中原经济区规划》《武汉城市圈区域发展规划》《洞庭湖生态经济区规划》《晋陕豫黄河金三角区域合作规划》《广西北部湾经济区发展规划》《关中—天水经济区发展规划》《甘肃省循环经济总体规划》《成渝经济区区域规划》《云南省加快建设面向西南开放重要桥头堡总体规划（2012—2020年）》《西部大开发"十二五"规划》《陕甘宁革命老区振兴规划》《天山北坡经济带发展规划》《青海省柴达木循环经济试验区总体规划》《云南桥头堡滇中产业聚集区发展规划（2014—2020年）》《东北振兴规划》《辽宁沿海经济带发展规划》《中国图们江区域合作开发规划纲要》《东北振兴"十二五"规划》	14	19	1
合计	区域规划	15	19	1
合计	区域政策	30	0	

资料来源：以周玉龙和孙久文（2016）的资料为基础进行了更新

中共中央与地方发展政策往往存在不平衡性：中央政策强调宏观控制，以政治逻辑为导向，以工具理性为思路，手段刚性，制度比较刻板；地方政策强调微观实施，以市场逻辑为导向，以交往理性为思路，手段弹性，制度可以协商。中央和地方政策的出发点与立足点、灵活性与持续性都有很大不同。中央与地方的政策关系在改革开放初期出现"一控就死，一放就乱"的现象，而在改革开放后期出现"上有政策，下有对策"的局面。特别在土地政策问题上，中共中央强调耕地保护、生态用地保护、占补平衡，而地方从各自的利益出发有强烈的扩张需求，规划修编就是扩编，光占不补、实占虚补、大占小补等。因此，地方性区域发展政策更侧重于开发和投入，相邻区域间的发展政策存在竞争甚至冲突。

新时代区域协调发展应更加注重微观基础的夯实，其抓手在于都市圈建设。都市圈是我国新型城镇体系格局中的重要一环。从我国区域协调发展的状况来看，形成"大城市—都市圈—城市群"的空间格局具有重要的现实意义。与单一大城市相比，都市圈的作用在于实现城市跨区域合作，从而形成发展的整体空间。同时，都市圈在公共服务、人力、资金、产业和知识集聚上具有更大规模优势和效率组合，集聚形式不再是简单的产业集群，而演变成产业配对。当前我国区域协调发展的主题词是高质量，2013年底中央经济工作会议指出："要继续深入实施区域发展总体战略，完善并创新区域政策，缩小政策单元，重视跨区域、次区域规划，提高区域政策精准性，按照市场经济一般规律制定政策。"

都市圈是指在交通、资源环境、经济、技术、社会等多方面存在联系的多个都市形成连绵辐射区，因此在空间承载力、市场集聚力和网络化效应上具有先天优势。我国城镇化建设自2012年进入新型城镇化以来，城镇化的高质量推进缓慢，主要原因是城镇化发展尚未与区域协调相统一，城市—区域的空间层级没有构建。2017年发布的《全国国土规划纲要（2016—2030）》对国土空间还做了分类分级规划，最终形成"四区一带"——主要城市化地区、农村地区、重点生态功能区、矿产资源开发集中区及海岸带。对于城市化地区的综合整治主要包括建设用地高效化和城市环境质量化。

此外，区域开放合作是新时代区域协调发展的应有之义。除了推进我国主要的几大城市群一体化建设之外，重点支持东北、西北、西南和华南地区城市向东北亚、中亚、东南亚和南亚地区对外开放，加快建设面向国际的综合交通枢纽和开发开放基地，发展建设面向国际区域合作的陆路边境口岸城镇，构建全方位对外开放格局。国内的区域合作也有《关于支持"飞地经济"发展的指导意见》作为指导。

因此，新时代的区域协调发展应该更加注重城镇化的微观提升、区域的对外开放和区域间的多维跨领域合作。

第十五章　新时代区域协调发展的动力转换路径

中国区域的发展经历了不同的阶段，呈现出多种动力的转换，区域发展动机经历了农业—工业这种产业间的转换，也经历了东部沿海—中心内陆这种空间的移动。经历了几十年的快速发展，中国的经济总量快速增加。但是随着国内外经济环境的变化，区域发展动力经历了新一轮的转换，旧的区域发展动力逐渐衰减，新的区域发展动力不足。与以往的动力转换相比，新一轮的动力转换面临着各种复杂多样的国内外环境，因此也呈现出不同于以往的特征。

一、新一轮动力转换的环境

新一轮的动力转换面临"百年未有之大变局"的新的国内外发展环境，环境变化使新一轮动力转换面临不同的机遇和挑战。

（一）外部环境

相比于以往的几轮动力转换，新一轮的动力转换面临的外部环境更加复杂、严苛，受到外部环境的影响和冲击也更大。总的来说，可以归纳为经济危机带来的全球经济复苏乏力、科技革命带来的"再工业化"和全球贸易低迷带来的贸易摩擦。

1. 全球经济复苏乏力

2008年爆发的经济危机重创了世界经济，源起于美国的金融危机蔓延到其他地区发展成了欧洲的债务危机和新兴市场的产能过剩危机。虽然全球经济已经度过了经济周期的低谷，但是复苏进程还很缓慢。

世界上主要发达经济体的增长率略有回升，主要得益于经济危机以来持续的宽松的货币政策和国际原油价格下调。特朗普当选美国总统后，推行的"再工业化"政策促进了美国制造业的再发展，使得美国的经济和就业保持稳定增长，2018年9月，美国的失业率降到3.7%，这是自1969年以来的最低水平，低于里根时代的最低失业率5%和克林顿时代的最低失业率3.9%。但是，特朗普执政特点所带来的政策不确定性和与其他国家冲突加剧的可能性增加，也会影响到美国乃至世界经济的稳定性，因此，各个机构对于美国未来经济走势并不持乐观态度。

欧元区国家的经济也步入了经济复苏的轨道，但是经济增长幅度不大，主要是欧元区的经济重心集中在德、法、意等国家，而这些国家即将或刚刚结束大选，产业和经济难有大的结构性改变，同时，难民问题持续发酵，英国脱欧的后续影响，由实际工资水平下降、税收增加等问题造成的"黄马甲"的蔓延，为欧元区国家的经济复苏带来了极大的不确定性，造成了巨大的阻碍。

因此，无论是美国还是欧元区国家，持续的量化宽松政策导致流动性大幅增加，货币政策有效性降低，在现阶段，提振市场需求的效果不显著，国家大宗商品价格不振，新发展动力不足，难以有效支持经济的增长。因此，受制于国际金融环境，我国国内的宽松的货币政策难以见效，外向型经济为主的区域发展面临冲击，依靠刺激需求的政策仅能在短期生效，缺少长期发挥效能的机制，还需要依靠动力转换和经济结构改进来推动区域发展。

2. 科技革命与分工格局改变

在金融危机发生前，国际分工体系呈现"欧美消费、东亚生产、中东拉美提供资源"的大三角关系，欧美国家是主要的消费市场，而欧美国家也往往通过负债的形式保持高的消费水平和社会福利；东亚国家是主要的生产基地，但是东亚国家的生产往往集中在价值链的最低端，高端制造业不足，凭借低要素成本的优势组织生产；中东、拉美、非洲等地区是主要的能源和原材料输出地，部分地区依靠出售资源获得良好的发展，但是也有部分地区基础设施薄弱，发展条件差，仅能依靠出售资源获得发展。

随着美国"再工业化"的推进，各国也加强了高端制造业的建设，吸引制造业回流，使得原有的分工系统发生改变。首先，欧美等消费国家改变以往的经济发展模式，大力推进制造业尤其是高端制造业的回流，一方面建立本国经济发展的稳固基础，可以在经济复苏中抢占先机，获得更长效的发展动力；另一方面，加快发展新兴产业，推进新一轮科技革命和制造业的融合，在新一轮科技革命中抢占制高点，把握全球分工产业链的高端环节。其次，随着各项要素成本的提高，低成本已经不再是东亚部分生产国家，尤其是早期享受人口红利、发展较早的国家的优势，劳动力的低成本优势已经难以成为推动区域发展的主导力量。同时，新的信息技术、生物技术、材料技术、能源技术等的涌现对传统制造业冲击巨大，因此需要加快传统制造业和新技术的结合才能保证在将来继续参与全球分工。最后，新能源的快速发展和环境资源约束的日趋收紧对传统的能源市场形成了巨大的挤压，同时，国际原油价格的下降迫使资源出口大国改变传统的过分依赖资源出口的模式。

在新的外部条件下，发达国家纷纷在高新技术产业上谋求突破，推动新技术的应用与制造业的结合，抢占新产业和新技术的制高点。新兴市场国家则立足于使本国的比价优势和新兴技术相结合，通过发展智能制造业谋求跨越式发展。资源出口国家会着眼于提升自身资源的产出效率和附加值，延长资源产业链，推动产业多元化。因此，各国会对新技术的开发和应用投入大量人力和物力，促进技术的综合和多元化应用。

3. 全球贸易低迷和贸易摩擦

在过去的40年中，全球的货物贸易为全球经济增长做出了巨大的贡献，但是随着全球生产力的快速扩张和经济危机后的需求紧缩，出现了全球性的产能过剩，国际贸易大幅度收缩。对于我国来说，出口是推动区域发展的重要动力之一，在经济危机爆发之后，我国的出口份额在全球的比重虽然保持增长，但是增速已经放缓。在全球贸易持续低迷的情况下，各国的出口贸易恐怕难有起色。

全球贸易的持续低迷可以由经济活力不足，传统经济增长动力衰退，投资不振，国际间的要素、产品交流受阻来解释。当前，利率水平处于相对低位，扩大基础设施、新兴产业、人力资本投资对贸易和经济复苏至关重要。但由于发达经济体债务高企，财政扩张政策受限，新兴市场受制于经济治理机制不完善和企业债务水平高企，扩大投资面临诸多瓶颈。当前，全球价值链贸易增长仍在放缓，可大规模产业化的新技术尚未形成，新技术对设备投资拉动力不足，都对全球投资增长形成抑制。

同时，现阶段各个国家对高新技术产业的竞争趋向白热化，新产业的发展需要有足够规模的市场来提供支持。与以往相比，过大的贸易逆差所受到的关注更多，而为了给新兴产业发展提供更充足的市场，各国往往会尽可能地扩大出口、降低进口以保证本土产业的市场。以美国为代表的发达国家出台以贸易保护为核心的贸易政策，使得现阶段的国际贸易形势雪上加霜，贸易摩擦频发。

（二）内部环境

新一轮的区域发展动力转换不仅面临着前所未有的外部冲击，还面临着全新的内部环境，其中最主要的包括我国经济进入新常态，进入新时代社会主义初级阶段，主要的生产结构面临着深刻调整，来自要素的阻力逐渐增大。总的来说，可以归结为劳动年龄人口减少、传统产业面临困境和资源环境约束收紧。

1. 劳动年龄人口减少

随着我国逐渐进入人口老龄化社会，人口结构不断发生变化，劳动年龄人口下降，过去一段时间极大地推动我国区域发展的人口红利逐渐消失，劳动力成本逐渐上升，劳动力成本从比较优势向劣势转化。根据第七次全国人口普查数据，我国是全球唯一的老年人口过亿的国家，2010年我国60岁以上老年人已经达到1.78亿，占全球老年人口的23.6%。这意味着全球1/4的老龄人口集中在中国。我国规定男子16~60周岁、女子16~50周岁的人口为劳动年龄人口，2012年我国劳动年龄人口数量首次出现下降，当年净减少205万人，2013年、2014年、2015年又分别减少244万人、371万人、487万人，至2017年，劳动年龄人口累计减少约2200万，人口抚养比呈现逐年上升趋势。同时，我国劳动参与率也呈现下降趋势，今后一个时期劳动力供给总量将进入下降通道，农村可供转移的年轻劳动力较为有限。同时，预计我国劳动人口在2021—2030年将以较快速度减少。

随着我国产业技术水平的不断提高，劳动力供给的结构性不足问题开始显现，如职业技术人才的缺失，尤其是一线高级技术工人的缺口巨大。2017年全国就业人员有7.7亿人，技术工人仅有1.65亿人，其中高技能人才仅4700多万人，仅占就业人员的6%。虽然提高高级技术工人待遇、加强技术工人培训体系建设等政策安排已经提上了新时期产业工人建设的日程，但是距离体系完善、发挥作用尚需很长一段时间。

劳动年龄人口减少带来的另一个影响是间接地降低了储蓄和投资水平。劳动年龄人口的不断下降会导致人口抚养比的不断上升，随着人口年龄结构的变化，劳动年龄人口的抚养负担逐渐加重，导致储蓄率逐年下降，居民储蓄率从2010年的16%下降到2017年的7.7%，达到了历史最低点。储蓄率的下降会直接导致投资的减少，我国投资对国民生产总值的贡献率由2010年的54.8%下降到2017年的32.1%。虽然，投资对经济驱动能力减弱的原因是多方面的，但是，劳动年龄人口减少对依靠投资驱动经济高速增长局面的改变始终是不容忽视的。

劳动年龄人口减少还导致劳动成本的提高。在过去很长的一段时间内，人口红利是支撑我国经济发展的重要动力，劳动力由生产效率较低的第一产业部门向生产效率较高的第二产业和第三产业部门转移，推动了全要素生产率的持续提升。但是，现阶段第一产业劳动力的转移已经逐渐接近尾声，一方面，随着转移劳动力数量的增加，第二、第三产业部门劳动力边际报酬递减，同时，乡村振兴等战略的实施提高了第一产业部门的生产效率，留住了大批的劳动力；另一方面，劳动年龄人口的持续减少使得劳动力的供给总量下降，第一产业部门没有更多的新生劳动力向第二、第三产业部门转移。因此，"用工荒"频繁在各地出现，尤其是劳动密集型制造业集中的省份。劳动年龄人口减少推动了劳动力成本的持续上涨，人口红利消失，与东南亚等国家竞争时不再占据优势，人口成本逐步由经济发展的优势转变为劣势。

2. 传统制造业产能过剩

制造业是中国目前的第一大产业，主导着中国经济发展的命脉，2017年我国制造业产值为24.2万亿元，占当年国内生产总值的29.34%。制造业的兴衰直接关系着国家经济增长的速度。改革开放40多年来，我国的现代工业体系逐步健全、完善，发展成为世界第一制造大国。中国制造业的大规模扩张为中国经济高速增长做出了突出贡献。在这一过程中，伴随着我国制造业内部结构的不断转型升级，自主研发能力的不断提升，从附加值低、消费品为主的轻工业逐渐发展成完整的工业体系，并在航空航天、高速铁路、超级计算机、光伏发电设备、信息通信等尖端领域完成了历史性突破。但是，经历了快速的工业化之后，长时间的粗放增长、先进管理手段和管理系统缺乏、同类制造业的重复建设等问题逐渐浮现出来，我国的制造业尤其是传统制造业面临着严重的产能过剩，严重限制其发展。

我国产能过剩的问题暴露已久，为了应对国际金融危机，政府采取了扩张性的财政政策，固定资产投资快速增长，形成了大量的企业生产设备。同时，针对交通和电力行业追加的大量公共基础设施投入和地方大兴土地财政，房地产快速发展，进一步刺激了钢铁、水泥、电力等行业的快速扩张，逐渐形成了传统制造业如煤炭、钢铁、有色金属冶炼、纺织、石油化工等行业的产能过剩。其中又以钢铁、煤炭和电解铝行业尤为严重。

相应地，我国去产能的工作自2006年便启动了，在2015年底提出供给侧改革后被赋予了更重要的意义。但是，由于传统制造业中的企业构成以国有企业为主，行业自行调整产业的能力很弱。同时，地方政府在国民生产总值、就业、财政收入等指标的限制下，被迫不断补贴产能过剩企业，使得去产能效果不明显。表15-1梳理了我国2006年以来出台的去产能的相关政策文件，不难发现，水泥、煤炭、电解铝等过去的潜在产能过剩行业在几年内发展成了产能过剩行业,去产能政策执行的情况不容乐观。

产能过剩使得我国的制造业尤其是传统制造业陷入整体低迷,引起企业产品积压,价格降低,利润空间进一步压缩,进而导致企业倒闭或者依靠政府的"输血"勉强维持;另外,企业开工率持续走低,使得就业受到冲击。我国制造业企业向银行融资借款非常普遍,尤其是一些前期投入高、规模大的行业,其主要投资来源于银行的信贷,产能过剩,企业经营能力下降,资金链断裂,会使得银行坏账增加,催生金融风险。因此,我国产能过剩的问题不能忽视,在产能过剩背景下区域发展动力转换的任务也将更加艰巨。

表 15-1　国家发布调节产能过剩相关政策

时间	政策文件	产能过剩行业	潜在产能过剩行业
2006年3月12日	《国务院关于加快推进产能过剩行业结构调整的通知》	钢铁、电解铝、电石、铁合金、焦炭、汽车	水泥、煤炭、电力、纺织
2009年9月26日	《国务院批转发展改革委等部门关于抑制部分行业产能过剩和重复建设引导产业健康发展若干意见的通知》	钢铁、水泥、平板玻璃、煤化工、多晶硅、风电设备	电解铝、造船、大豆压榨
2010年2月6日	《国务院关于进一步加强淘汰落后产能工作的通知》	电力、煤炭、焦炭、铁合金、电石、钢铁、有色金属、建材、轻工业、纺织	
2013年10月15日	《国务院关于化解产能过剩矛盾的指导意见》	钢铁、水泥、电解铝、平板玻璃、船舶	
2016年2月4日	《国务院关于钢铁行业化解产能过剩实现脱困发展的意见》	钢铁	
2016年2月5日	《国务院关于煤炭行业化解产能过剩实现脱困发展的意见》	煤炭	

3. 资源环境约束收紧

中国实现了奇迹般的经济快速增长,完成了人类历史上人口参与规模最大的工业化过程,但是,这一时期的发展是以资源浪费和环境污染为代价的。在过去的高速经济增长下,资源环境的问题还不够尖锐。但是随着经济进入新常态,我国经济规模进一步扩大，能源资源消耗日益增加，传统的粗放型经济增长模式没有根本性的转变，对资源的消费、环境的污染和破坏逼近其所能承载的上限，经济发展进入了瓶颈期。

中国是世界上人口最多的国家，因此，虽然中国的资源条件在种类和规模上都具有优势，但是人均占有水平远远低于世界平均水平，更不能和美国、德国等先进工业化国家相比。我国已经探明的矿产资源总量约占世界的12%，仅次于美国和俄罗斯，居世界第三位，但我国人均资源占有量不足，仅为世界人均占有量的58%，居世界第五十三位。所以，与其他国家相比，中国的工业发展从起步就面临着比世界上其他国家更严峻的资源和环境约束。

从资源的层面来看，中国工业化进程开始以来，能源的需求数量持续上升，根据中国社科院发布的《中国能源前景2018—2050》研究报告预测，中国能源需求已经接近峰值，将逐步下降，2020年全国能源总量预计将下降到44.7亿吨标准煤，到2030年全国能源总量预计下降到41.8亿吨标准煤，在2050年预计进一步下降到38.7亿吨标准煤的水平并保持稳定。但是，能源需求总量的减少并不能说明我国面临的能源约束状况得到了改善，如在能源总需求量下降的同时，对天然气的需求正在快速增长。预计2050年中国的天然气消费需求将超过8000亿立方米，届时中国天然气进口将增至超过6300亿立方米，进口依存度达到78.5%。过去粗放式的发展基于我国优越的自然资源禀赋，使得经济增长过度依赖生产要素的投入，从而陷入"资源陷阱"，在我国各类资源的开采、使用水平越过高峰开始下降之后，经济发展受到抑制，成为经济进一步发展的瓶颈，需要长时间来进行结构调整和资源替代。

从环境的层面来看，我国经济发展面临的环境约束也日益收紧，环境问题逐渐成为影响人们身体健康、制约经济发展的重要因素。一个地区或一座城市生态环境的状况决定了其经济发展的上限，因此，环境的约束成为区域发展不得不考虑的一个重要限制因素。根据生态环境部于2018年5月公布的2017年《中国生态环境公报》，2017年，全国338个地级及以上城市中，有99个城市环境空气质量达标，占全部城市数的29.3%。（见图15-1）2017年，长江、黄河、珠江、松花江、淮河、海河、辽河七大流域和浙闽片河流、西北诸河、西南诸河的1617个水质断面中，与2016年相比，Ⅰ类水质断面比例上升0.1个百分点，Ⅱ类下降5.1个百分点，Ⅲ类上升5.6个百分点，Ⅳ类上升1.2个百分点，Ⅴ类下降1.1个百分点，劣Ⅴ类下降0.7个百分点。其中，可以作为饮用水水源的Ⅰ类、Ⅱ类、Ⅲ类水质分别仅占2.2%、36.7%和32.9%，其中，优势水质主要集中在西北和西南部分经济相对欠发达地区。可以发现，虽然随着近年来人们环境保护意识的提高，环境问题有所改善，但是其对区域发展的影响和限制依然存在。此外，东部发达地区的经济发展是以放弃环境为代价取得的，因此，经历了40年的发展，发展观念发生转变，需要改变过去传统的粗放式的发展模式，而这也是区域发展的动力转换过程中必须重视的内部环境之一。

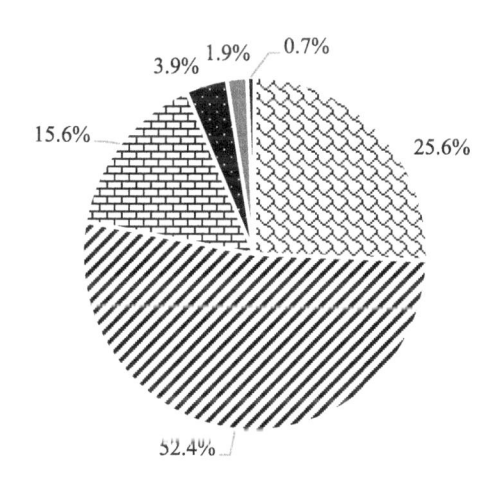

图15-1 2017年全国338个城市环境空气质量级别比例

数据来源：中国环境监测总站

二、区域经济发展动力转换的特征

中国区域经济发展动力经历的几轮转换呈现出不同的特征，但是，总的来说，前几轮动力转换主要呈现宏观经济失衡的特点（刘伟，2016），主要特征表现为经济总量的调整和不同产业部门、不同区域之间的转移和调整。新一轮的动力转换中，部门内部结构调整的特征则更加明显。具体来说，可以从以下 3 个方面分别阐述：

（一）实体经济供需结构调整

在我国经济社会发展的历程中，很长一段时间，各地方政府都把 GDP 作为政绩考评的主要标准，因此以产业建设为主导的区域竞争持续了 30 多年；同时，由于政府对市场的信息掌握并不完全，政府选择的主导产业往往具有很高的同质性，最终造成了实体经济供需结构的失衡。具体表现为低端供给过多，中高端供给不足；传统产业供给过多，新兴产业供给不足；劳动、资本密集型产品供给过多，技术密集型产品供给不足。

此外，改革开放 40 多年来经济的快速增长使得全国各个区域都获得了快速的发展，其中带来的最为显著的结果就是城市化率的提升和居民收入水平的提高，相对应地，需求结构也在发生变化。一方面是新一轮的区域发展动力转换过程中，伴随着居民需求结构的升级，对于产品品牌、质量和性能的要求逐渐提高，对服务的个性化、多样化和高端化的要求逐渐增多。非价格竞争的影响力逐渐接近甚至在部分行业超过价格竞争的影响力。另一方面，对旅游、养老、文化、保健等行业的需求快速增长，对医疗、教育等行业的需求逐渐向个性化定制和产业链的中高端迈进。

供给侧表现出对传统路径的依赖以及需求侧的结构性变化共同造成了市场供给和需求的失配，具体来说就是供给结构的调整速度明显滞后于需求结构升级的速度。表现为低端产品的供给过剩以及高品质的商品和服务的需求难以得到满足，从而造成部分内需外流，导致传统产业尤其是制造业的产能利用率不足，而这种实体经济供需的失配，一方面是由于产业发展尤其是传统产业发展的路径依赖以及地方政府的以 GDP 为核心的考评体系束缚了生产要素沿着生产链向中高端环节转移；另一方面，在过去的长时间的区域发展中，过多地采用直接扩大投资的方式来促进经济发展，长时间的投资刺激使得投资驱动的边际效果递减，同时，当时的问题在短期被掩盖，并进一步积累，在经济形势恶化的条件下集中爆发。总的来说，供给和需求的结构性差异的主要问题集中在供给侧，需要集中力量于供给侧的结构性改革，推动各类生产要素有效配置。因此，新一轮区域发展动力转换将呈现实体经济结构不断调整的特征。

（二）虚拟经济与实体经济关系调整

虚拟经济是与实体经济相对应的一种经济模式，从具有信用关系的虚拟资本衍生而来，随着信用经济的高度发展而发展，在实际的经济运行中，任何一个发达的经济体的发展都离不开虚拟经济。总体来看，中国的虚拟经济发展萌芽于改革开放之后，可以从1978年起分为3个阶段。第一阶段，初始阶段，从改革开放开始到1997年金融危机爆发，在此之前，中国并未受到过较大规模的经济冲击，对虚拟经济的建设处于起步阶段。第二阶段，稳步发展阶段，从1997年到2002年十六大召开，这是中国加入世界分工体系之后面临的第一次较大规模的经济冲击，中国在这一过程中承受了巨大的压力，以积极的态度采取了谨慎稳健的金融政策，注重防范经济风险，也是在这一阶段，以金融业为核心的虚拟经济稳步发展。第三阶段，十六大召开到美国次贷危机爆发。在十六大报告中，提出了要正确处理虚拟经济和实体经济的关系，随着有价证券、期货、期权等虚拟资本交易体系的成熟和完善，中国虚拟经济的发展步入了快车道。随着次贷危机爆发，虚拟经济和实体经济的关系被重新审视，2017年3月，李克强在第十二届全国人民代表大会第五次会议的《政府工作报告》中强调要防止经济"脱实向虚"。习近平总书记也多次指出实体经济的支撑作用，发展重心由虚拟经济向实体经济转移，虚拟经济与实体经济的关系面临新的调整，而这一过程与最新一轮的区域发展动力转换紧密相关。

虽然在宏观层面上，虚拟经济的发展面临降速，但是对于区域发展来说，虚拟经济依然十分重要。虚拟经济可以打破区域发展的限制因素，其高流动性的特征可以最大限度地降低地理边界和空间距离对传统要素流动的影响，进而实现区域内部和区域间资源高效、快速的配置和再配置。改革开放 40 年来，虚拟经济的快速发展为中国区域的快速发展做出了突出的贡献，以金融、房地产为核心的行业一度成为区域经济发展质量的重要标杆，但是由于实体经济的产能过剩和虚拟经济高杠杆带来的高回报使得虚拟经济的收益更高，资本的趋利性使得社会资本大量流向虚拟经济领域；同时，随着电子技术和网络高科技的迅猛发展，巨额资金划转、清算和虚拟资本交易均可在瞬间完成，这为虚拟资本的高度投机创造了技术条件，提供了技术支持，提高了资金流动速度，变相地增加了虚拟货币的发行量。但是，随着虚拟经济的快速发展，其高度的不稳定性、高风险性和高投机性带来的危害开始显现。世界经济对国内区域发展的负面冲击不断延续，虚拟货币过量发行、银行信贷呆账坏账增多、地方政府和企业债务负担加重，进而使得经济的抗风险能力下降，金融系统运作环节断裂，阻碍实体经济发展。截至 2016 年，我国的杠杆率已经达到了 257%，使得经济运行中的风险大大增加。

因此，新一轮的区域发展动力转换要注意虚拟经济和实体经济关系的调整，但是无论是调整两者的关系还是给虚拟经济的发展降速，都不是指弱化虚拟经济，而是使其适应实体经济的发展，使得两者协调发展，相互促进。一方面，优化实体经济的发展环境，巩固实体经济发展的基础环境，为实体经济的发展提供便利，具体来说，丰富实体经济融资的方式、来源和渠道，通过具体的财税手段引导虚拟经济中的生产要素向实体经济流动；另一方面，对政府预算进行控制和安排，合理控制政府尤其是地方政府的财政支出，降低地方债务规模，加强金融体系改革，通过去杠杆等措施保证虚拟经济高质量稳定发展。

（三）房地产经济与实体经济关系调整

房地产行业兼具虚拟经济和实体经济的属性，同时，对区域发展影响大，不能单纯地归入虚拟经济和实体经济的范畴。房地产业作为国民经济发展的支柱产业，其前向和后向的产业链条长，在带动相关产业发展的同时吸纳大量的就业。此外，房地产业的发展还有效地补充了地方政府的财政收入，土地财政成为地方政府扩大财政收入、投资、融资的关键部分。房地产业的发展对中国经济发展的影响极深，根据国家统计局的数据，2016年房地产销售额为11.7万亿元，对GDP的贡献为74.4万亿元，由支出法计算对GDP贡献占比15.8%。同时，房产交易特别是二手房的交易又带有虚拟经济的性质，通过房产为媒介实现财富在买家和卖家之间的转移而没有创造新的产品，更重要的是，土地财政和金融杠杆推动的高房价泡沫一旦破裂，就会引发金融系统风险。2017年居民按揭贷款余额占银行总贷款余额的比重已经由2009年的9%上升为2017年的17%。因此，其对实体经济和区域发展的影响需要单独考量，区域发展动力的新一轮转换将伴随着房地产经济和实体经济的调整，并以其为显著的特征。

调整房地产经济和实体经济的关系，需要从两方面入手。一方面是引导房地产经济与实体经济融合发展，另一方面是房地产业自身的调整和发展，主要表现为房地产的去库存。在融合发展中，对土地所有权转让之后的使用加以限制，在转让的地块上布局具有地方特色的产业，并建设配套的服务设施，综合发展。通过产业和配套服务设施的建设，实现产城融合发展。在房地产去库存的过程中，重点的工作是化解三、四线城市的房地产库存，2016年，三、四线城市的房地产库存占比超过了80%，远高于一、二线城市，此外，在一、二线城市房地产库存显著下降的同时，三、四线城市的去库存效果并不显著。信贷货币条件的过度放松放大了居民的购买能力，吹大了房地产的泡沫。因此，今后一个时期，要坚持因城施策，根据不同城市的状态确定相应的土地供给指标、住宅用地比例等。

三、新一轮动力转换的主要方向

（一）推动供给侧改革

供给侧改革是从现阶段区域发展供需错配的问题入手，在实体经济方面，表现为去产能、去库存，在虚拟经济方面，表现为去杠杆，从而调节供需结构，培育区域发展的长期动力。

在这一阶段的区域发展动力转换的过程中，产能过剩矛盾尤为突出，部分行业同时出现周期性过剩和绝对性过剩的现象，产品供给远大于需求，使得工业产品价格持续下降，企业利润被压缩，企业亏损不断扩大。2018年《政府工作报告》提出的去产能目标为：减钢铁产能3000万吨左右，退出煤炭产能1.5亿吨左右，淘汰关停不达标的30万千瓦以下煤电机组。但是，相比于过去几年来的去产能工作，新的去产能工作将面临更大的阻力。首先，经过过去多年的去产能工作，亏损企业基本都已经被关停，剩余的企业尚能保持盈利，主导去产能的积极性不足；其次，在去产能后，煤炭企业对投资建设全新的产能表现得并不积极。因此，接下来的去产能工作除了继续加大力度外还需要注重优化行业结构，统筹做好化解过剩、优化结构、保障供给等工作，逐步实现从总量性去产能为主向结构性去产能、系统性优产能为主的转变，促进钢铁、煤炭全行业持续健康发展。同时要加强行业运行监测分析，及时采取有效的措施，促进价格保持在合理区间，不能暴涨暴跌。通过产能置换指标交易等市场化手段，加大煤炭优质先进产能的释放力度。

而去库存的工作以二、三线城市房地产的去库存为重点，经过过去一段时间房地产的去库存工作，商品房的待售面积存量出现明显下降，缓解了房地产市场的压力，对稳定区域发展、托底地区经济具有积极意义。尤其是在2018年两会召开后，人口户籍、公积金以及税费等方面的政策陆续推出，而这些政策的主要方向也是针对二、三线城市的房地产，同时，也要求保证金融发展的稳定性，如督促各省级市场利率定价自律机制根据房地产形势变化及地方政府调控要求，及时对辖区内商业性个人住房贷款最低首付款比例进行自律调整。同时，在去库存的大背景下，各个城市需要继续根据自身的情况"因城施策"，赋予地方一定程度首付比例的调整权，不再采用"一刀切"的政策，以满足分化的不同区域房地产市场的供需情况。

（二）扩大内需和要素升级

新一轮区域发展动力转换面临着新的环境，需要调整供给和需求结构以缓解供需错配的问题。在过去几轮区域发展动力的转换中，区域发展的动力始终没有摆脱传统的"三驾马车"，关于需求的调整也局限在凯恩斯需求理论的框架中。单纯从需求的角度分析，从改革开放开始到20世纪90年代，消费需求贡献了拉动经济发展的主要力量，无论是占GDP的比重还是对GDP的贡献率，消费的占比都远高于投资和出口的占比。随后，以投资为主导的需求拉动开始逐渐成为主导力量，最显著的是2006年以后固定资本形成对经济增长的贡献率超过42%，但是投资对于经济增长的贡献率仍低于消费的贡献率。在新一轮的区域动力转换的过程中，国内外环境的变化使得我国投资和出口动力逐渐减弱，未来经济增长在很大程度上将依靠国内需求特别是消费需求。但是，由于我国尚未建成全面的小康社会，消费能力有限，单纯地依靠消费型内需拉动生产的力度不足，因此，需要进行更多的政策安排和引导来扩大内需，形成消费主导型的经济增长动力。

从供给角度来说，新一轮区域动力转换需要以要素升级为抓手。在过去中国经济发展的模式中，要素低成本是所谓"中国模式"的重要特色，这些低成本要素包括劳动力、资金、能源、土地等。但是随着"刘易斯拐点"临近，中国要素低成本的红利期即将结束，而过去对低要素成本的过度依赖造成了中国的产业成为全国分工体系的"价值洼地"，必须通过要素升级来促进经济增长。在新一轮动力转换的过程中，发展的重点需要从要素数量的增加转向生产效率的提高，大力推进原创性技术进步，依靠原创性技术进步推动经济增长，并依靠技术进步的长效动力机制维持经济的稳定增长；通过持续提高人均受教育程度，实现人力资本由成本优势向质量优势的转换，实现高人力资本环境下的自主创新，为创新驱动发展提供基础保证；通过提高能源、土地等各项资源的使用效率，摆脱过去的粗放式发展的形式，以适应日益收紧的环境和资源的约束。因此，要素升级是我国新一轮区域发展动力转换的重要抓手。

（三）区域、产业结构调整

在以往的几轮区域经济发展的动力转换中，主要的目标是经济发展的平衡和总量的增长。在过去几十年中，中国 GDP 总量快速增长，随着经济形势和发展环境的变化，区域发展进入新常态，需要更加注重内部结构的调整，处理好结构调整和经济增长的关系，因此，新一轮区域发展动力转换需要以区域、产业结构的调整为抓手。

从产业结构调整的角度，工业是过去经济增长的主导。随着整个工业化进程的推进，我国区域发展主要推动的产业呈现出农业—轻工业—能源、原材料等资本密集型行业—设备制造等技术密集型行业—服务业的转变过程，过去很长一段时间的区域发展支柱产业是资本密集型重化工业，经济发展是粗放型的工业化增长模式。在新的发展环境下，需要推动工业化升级，在新一轮区域发展的动力转换中，增长的主要动力产业将仍是第二产业，但是第三产业尤其是服务业和第二产业尤其是制造业的界限会日益模糊，第二产业和第三产业不是非此即彼的关系，而是相互补充、相互促进的统合发展，实现工业和服务业"双轮驱动"。

以往粗放式的发展模式，虽然让中国快速完成了城镇化和工业化，但是造成的资源消耗和环境污染问题十分严重，这种生态结构的失衡必然影响经济增长的可持续性。因此，产业结构调整的内容还包含了对生态、资源约束的适应。在新一轮的区域发展动力转换中，必须优化排放结构，实现绿色发展；中西部地区应借鉴东部地区发展经验，提高资源利用效率和环境治理水平，以缩小绿色经济效率水平的地区差异。

从区域结构调整的角度，工作的重点集中在城镇化、区域协同、城乡统筹 3 个方面。改革开放 40 多年来，城镇化对经济增长贡献显著。我国城镇化率已由 1978 年的 17.92% 上升到 2017 年的 58.52%。城镇化可以通过缓解城镇劳动力供给限制、提升人力资本和科技投入、拉动消费和投资需求、带动产业结构升级等机制及要素积聚、规模经济、分工专业化、创新中介等效应促进区域发展。但是，随着城镇化的过快发展，部分地区片面追求"建城"速度，产业的城镇化和人口的城镇化速度严重滞后，使得城镇化的质量不足，对区域发展的促进作用衰退，其与区域发展的关系呈现出"S"形曲线的城镇化规律。

得益于改革开放为东部地区带来的要素投入，长期以来，我国东部地区经济增速总体快于中西部地区。然而，近年来东部地区增速趋缓，中西部地区的后发优势进一步发挥，经济增长动力的空间来源趋于多元化，区域协同发展格局日渐形成，在新一轮区域发展动力转换的过程中，不同的区域要根据自身发展环境统一布局，协同发展，包括东部地区经济的提质增效、东北地区传统制造业的转型升级、中部地区产业的承接以及西部地区在发展中摆脱对资源型产业的依赖。城乡统筹发展是改革开放以来我国经济社会发展的重要战略目标，也是新一轮区域动力转换的重要抓手，过去的几轮区域发展动力转换中，我国在推动基本公共服务均等化、保障农民权益、促进农民工市民化、取消农业税、推进农村土地流转等方面取得了突出的成就。但是，中国经济的城乡二元结构依然存在，城乡一体化发展尚有巨大的改善空间。需要在城乡空间、城乡经济、城乡社会、城乡生态等多个维度继续推进，以城乡一体化增强经济增长动力，实现城乡"多维共生"。

（四）制度环境改善

从中国几轮区域发展动力转换的政策背景来看，区域发展动力的转换也是市场经济改革不断深化，社会主义市场经济体制不断完善的过程。在计划经济时期，经济增长主要由政府主导；改革开放后，政府干预减弱使得非国有经济实现快速发展，有力地促进了经济增长，区域发展的制度环境得到了极大的改善，在市场化改革的不断探索中建立了中国特色社会主义制度，涉及经济领域的有公有制为主体、多种所有制经济共同发展的基本经济制度，按劳分配为主体、多种分配方式并存的分配制度，关乎区域发展的产权制度、户籍制度、土地流转制度等不断完善，对于区域发展起到了极其重要的促进作用。

但是，现有的各项制度仍然存在着很大的完善空间，在某些领域和部分地区，还存在着对地区发展掣肘的情况，如相比于东部沿海地区，东北地区和中西部地区的营商环境相对较差。此外，在新一轮的动力转换中，过去一段时间一系列的市场化改革的红利逐渐消失，新的利益集团正在形成，改革进入深水区。相比于过去以地方政府为核心结成的利益集团，采取区域保护的政策，进行区域大战的情况，新一轮区域发展动力转换中形成的利益集团呈现出跨区域、跨行业、垄断性的特点。因此，新一轮区域动力的转换需要加强制度环境改善，要保持经济可持续发展，必须进一步深化体制改革，提升政府清廉度、降低政治型交易费用，提升收入分配的公平性，扩大教育、医疗、养老、文化体育等公共服务领域的覆盖范围、服务质量和服务效率。区域发展制度环境改善是新一轮区域发展动力转换顺利完成的保证，单靠市场自身的调整难以实现制度的完善，也就不足以支撑长期的发展，需要依靠行政力量从经济的实际需求出发全方位地完善区域发展的各项制度，为区域的增长建立长效机制。

（五）新产业发展平台建设

新一轮的动力转换更需要在改革创新领域发力，完成新的动能转化。但是，在当前的经济环境下，新动能、新产业发展仍然面临着很多要解决的问题。新兴产业的规模效应和集聚效应不足，难以完全弥补传统产业衰退带来的缺口；东部沿海地区或基础设施完善地区新旧动能转化的过程较为顺利，但是发展较为落后的地区或东北等老工业基地，这些主导产业单一且占比巨大的地区的新旧动能转换的问题较大。因此，在新一轮区域发展动力转换的过程中，虽然明确了需要从高速增长转向高质量增长，但是经济运行仍不能完全脱离传统发展路径。需要通过系统、协调的政策规制来促进这一进程落实到高新产业发展的具体层面，可以发现，高端要素的供给在现阶段稍显不足，如高精尖人才，专业技术人才，先进的企业生产、管理技术，通达的要素流通渠道，等等。

为了解决这些问题，就需要进一步完善各类发展平台。如具有政策试验与推广性质的国家级新区，各类试验区、示范区等区域功能平台，应进一步发挥先行先试的政策优势，以体制机制改革促进经济活力的迸发，以科技创新促进生产能力的提升。建立具有区域合作、资源共享性质的区域技术创新平台，区域物流、信息平台，从而提升产业发展的基础环境，降低区域合作的信息成本、谈判成本、履约成本，从而引导优势创新资源集中于重点领域以带动区域主导产业的发展。在新产业发展平台建设的过程中，需要激发更多社会力量，实现平台建设主体的多元化，通过政府、市场和科研部门的合作，形成产学研分工良好、有效补充的合作关系。通过平台间合作、平台与企业间的合作，形成紧密、高效的产业网络，更好地聚集区域内分散的资源，同时发挥各个微观主体的比较优势，实现资源的共享和有效配置。

（六）促进生产率提升

培育和壮大区域发展新动力，要以提升生产率为主线，以提高经济发展的质量和效益为目标，让新动能成长为主动力，使区域发展呈现出新旧动能协同驱动、平稳接续的良好格局，促进区域经济迈入中高速增长、迈向中高端水平，实现区域高质量发展。围绕提升生产率这条主线，关键是围绕两种生产要素，提升三个关键效率——劳动生产率、资本生产率以及全要素生产率。

（1）提升人力资本，释放人才质量红利，推动资本深化，提升劳动生产率。在我国劳动力结构发生重大变化的背景下，提升我国劳动生产率增速要以提升人力资本、释放人才质量红利、推动资本深化为重点。一是实施人力资本提升战略，大规模增加职业教育的投入，提高劳动者素质，促进产业工人人力资本升级，弥补人口数量红利下降。同时，加大力度，释放明确积极信号，吸引一大批海外留学人才和外国人才到我国尤其是西部、东北地区就业创业。二是改变对低成本劳动力的片面依赖，加快推进户籍、医疗、教育、社会保障等领域的改革，打破劳动市场的种种壁垒，适时、适当调整个人所得税和人才补贴，完善人才激励机制，重点激发和释放知识型、专业型劳动力的活力，加快释放人才质量红利。三是重视劳均资本的高低是决定劳动生产率高低的重要基础，要对设备升级、机器人利用持包容欢迎态度，进一步促进资本深化，提高劳均资本存量水平。此外，还要从长期着手，结合产业升级方向和人才需求趋势，加快我国教育体系改革。

（2）抑制泡沫、振兴实体，提升资本生产率。我国的资本深化仍然有很大的空间，当前全国层面、区域层面的资本生产率下降，反映的并不是我国资本投资过度的问题，而是资本投资的主体、投向和效率不足问题。因此，提高资本生产率，关键是要处理好谁来投、用什么机制投、投向哪里的问题。一是坚决抑制资本泡沫，下决心遏制金融和房地产领域的炒作性、投机性资本，遏制资金资本"脱实向虚"，为恢复实体资本收益率创造良好的环境。二是开放投资准入，打破资本流动的制度障碍，促进资本在不同行业间充分流动和有效配置。三是加快推进国有企业改革，硬化国有企业预算约束，切实做到各类企业在竞争领域的平等竞争，增强民营、外资企业的投资信心。四是鼓励和规范对外投资，特别是有序开展对资源、能源等大宗商品领域和关键技术领域的投资。五是扩大公共领域和国家战略领域的投资。在公益性、规模过大、投资周期长的领域，如公共服务、生态环境、国土整治、人力资源、科学技术、国防能力等领域，加大国家战略性投资。

（3）完善激励机制，加强知识产权保护，提升全要素生产率。当前全国层面、区域层面全要素生产率的增长乏力主要是由规模经济效应恶化、技术效率下降导致的，而技术进步则对全要素生产率的增长起到了很好的支撑作用。生产要素的投入已经不足以支撑新的增长动力，需要解放思想，加快推进供给侧结构性改革，完善创新激励机制，加强知识产权保护，促进技术前沿拓展和技术扩散并重发展，尽快实现创新驱动型经济增长。一是加快要素市场改革，促进要素价格形成机制的市场化转变，特别是在资金、土地、能源的基础领域，更好地发挥价格在资源配置中的作用。二是通过市场手段促进产业重组，促进产业间的协作和创新，优化资源在产业间的配置效率。三是进一步加强统一市场的建设，促进区域间分工合作，减少重复建设和恶性竞争。四是完善激励机制，特别是完善知识型劳动力的激励机制，激发科研人员的积极性与创造力，加快科研成果的转化和应用，促进技术效率提升与技术前沿拓展。进一步加大行政审批事项的下放力度，提高简政放权的含金量，打破部门间的信息孤岛，充分利用信息化手段，提高各级政府的服务和监管能力，降低创新的制度性成本。加大产学研用协同发展力度，促进技术创新与技术应用的无缝接轨。五是强化知识产权保护，提高对侵权行为的惩戒力度和执行力度，鼓励合法有偿的知识产权交易和使用。顺应城市化规律，加快落实各项与非户籍常住人口落户相关的政策，发挥人才的集聚效应，提升知识密度，促进理念的碰撞与知识的溢出。

第十六章　新时代区域协调发展战略的实践创新

改革开放以来，我国区域经济和国土空间发展战略经历了多个阶段。从改革开放初期的向沿海倾斜的非均衡发展战略，到21世纪前10年的西部大开发、东北振兴、中部崛起和东部率先发展的区域发展总体战略。党的十八大以来，我国区域发展战略转向区域协调发展战略。国家重大区域战略不断融合发展。国际方面，积极推动共建"一带一路"，推动构建人类命运共同体。进入"十四五"时期，区域重大战略成为区域协调发展的最新实践。京津冀协同发展、长江经济带发展、粤港澳大湾区建设、长三角一体化发展和黄河流域生态保护与高质量发展等国家战略稳步实施，特殊区域、问题区域发展不断受到重视，陆海空统筹发展逐步完善。区域协调发展战略是新时代国家重大战略之一，是贯彻新发展理念、建设现代化经济体系的重要内容。

一、区域重大战略

在"十四五"规划当中，提出了"区域重大战略"，包括京津冀协同发展、长江经济带发展、粤港澳大湾区建设、长三角一体化发展和黄河流域生态保护与高质量发展5个重大战略，是区域协调发展战略的重中之重。

（一）京津冀协同发展

1. 概况

京津冀地缘相接、人缘相亲，地域一体、文化一脉，是我国经济最具活力、开放程度最高、创新能力最强、吸纳人口最多的地区之一，也是拉动我国经济发展的重要引擎。京津冀的合作源远流长，早在1982年《北京城市建设总体规划方案》便提出了首都圈的概念，1986年在天津市的提议下成立了环渤海地区市长联席会，21世纪以来，京津冀经济圈、首都圈等概念陆续提出，京津冀区域合作有着深厚的历史基础。

然而，近年来京津冀区域的经济社会发展却出现了各种各样的问题。例如，北京人口过度膨胀、交通日益拥堵、大气污染严重、房价持续高涨、社会管理难度大，引发一系列经济社会问题。同时，资源过度开发、环境破坏严重和公共服务差距较大等因素也制约着京津冀的发展。在这种背景下，2014年2月26日，在京津冀协同发展工作座谈会上，习近平总书记的讲话首次将京津冀协同发展上升到国家战略层面。自此，京津冀协同发展成为全社会关注的重要问题，京津冀区域协同发展步入新的阶段。习近平总书记从顶层设计、产业对接协作、城市布局和空间结构、环境容量和生态空间、现代化交通网络系统和市场一体化等方面提出了7点要求，为经济及协同发展指明了方向。

2. 京津冀协同发展现状

（1）经济发展差距。京津冀区域的发展差异是京津冀区域问题的重要来源，缩小京津冀地区间的发展差距是京津冀协同发展的要求之一。图16-1是京津冀11个地级以上城市的2000—2017年实际GDP。可以发现，京津冀三大区域的城市经济发展差距大，北京作为国际化大都市，聚集了大量优质生产要素，是名副其实的龙头老大。天津作为直辖市，具有悠久的发展历史和雄厚的经济基础，近年来与北京的差距不断缩小。而河北各市则与北京、天津相差甚远，2017年，河北省GDP总量最大的是唐山市，但也只有北京GDP的33%、天津GDP的38%。从区域内部看，河北省内各市发展差距也较大，第一梯队是唐山、石家庄，第二梯队是保定、邯郸、沧州，第三梯队是廊坊、邢台，第四梯队是衡水、秦皇岛、张家口和承德。从发展趋势来看，京津冀协同发展战略提出后，京津冀经济发展的不均衡程度有所缓解，主要是省级层面的经济发展差距有所缩小，这表明京津冀协同发展战略促进了区域经济协调发展，缩小了区域发展差距，特别是河北和京津的差距。

图 16-1 京津冀各市历年实际 GDP

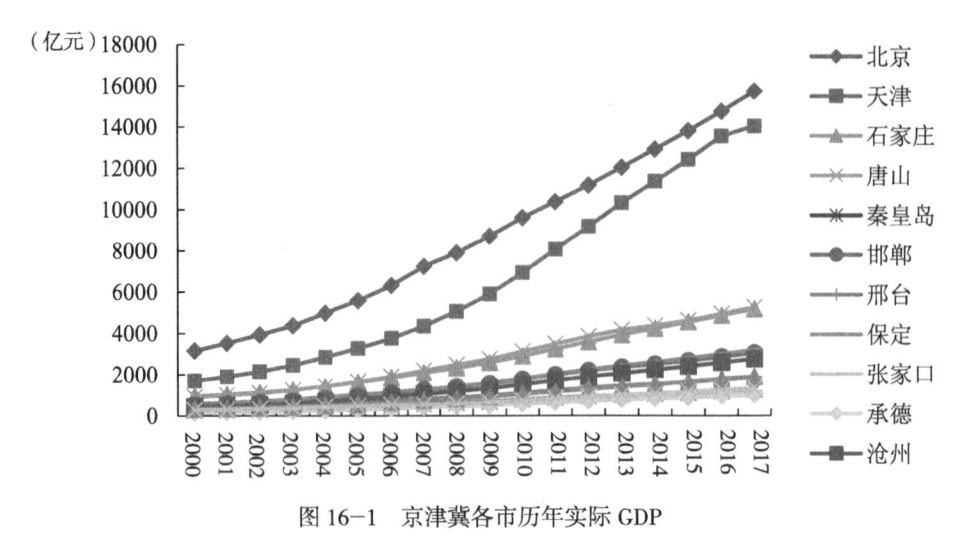

资料来源：根据中经网统计数据库

（2）产业结构。京津冀协同发展既要求三地有紧密的经济联系，又要求三地有明确的产业分工，形成一个相互补充、相互促进的产业体系。从三大产业来看，京津冀三地的产业结构各有不同。2017 年，北京第一、二、三产业占比分别为 0.43%、19.01%、80.56%，天津第一、二、三产业占比分别为 0.91%、40.94%、58.15%，河北第一、二、三产业占比分别为 9.2%、46.58%、44.21%。北京的第一产业占比已经接近 0.5%，北京已经步入了第三产业占绝对优势的"服务化"经济阶段，天津第三产业已大幅超过第二产业。河北三大产业分布较为平均，第二、三产业占比大致相同。这也说明三地之间的产业分工具有很大的合作空间。近年来北京市的定位不断明确，北京市"四个中心"的定位促使北京的产业结构向高新产业转变，而一般性的制造业则需要往外转移。另外，天津和河北的专业化分工程度较低。由于历史上二者的定位接近，地区之间的主导产业相近，产生了同质化的竞争。而且在北京大力疏解非首都功能的同时，天津和河北均争取承接北京的产业转移，进一步使得两者的专业化分工下降。

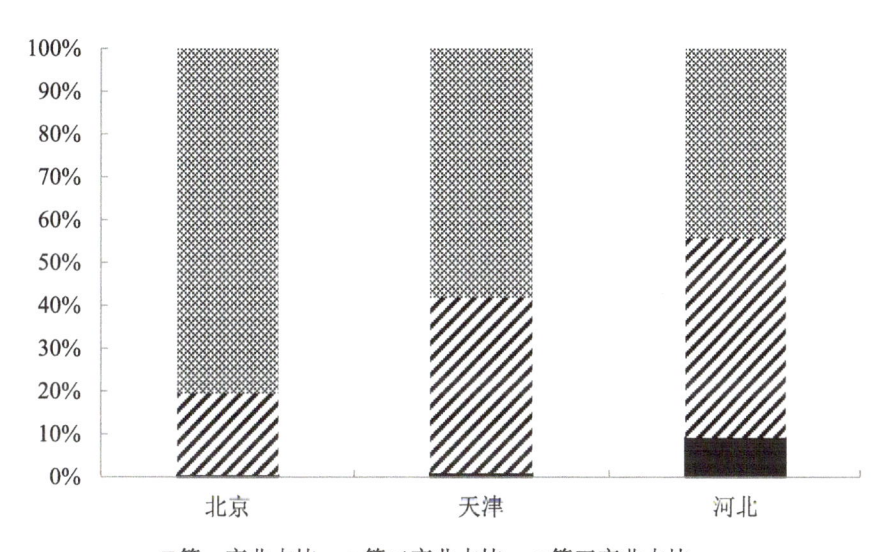

图 16-2　2017年京津冀三大产业占比

资料来源：根据中经网统计数据库整理

（3）基本公共服务。京津冀三地在基本公共服务方面资源严重不均。教育方面，河北省九年义务教育阶段的学校数量远高于北京和天津，但从高中教育开始，高中学校数量急剧下降。北京作为全国政治中心、文化中心、科技创新中心和国际交往中心，拥有了全国最顶尖的教育资源。天津依靠直辖市、毗邻北京的区位优势以及优惠政策获得了较高质量的高等教育资源。河北省内高等教育质量相对落后，省内更多为专科院校，缺少国内知名的重点大学。医疗服务方面，医疗资源特别是高端资源主要集中在京津地区。

3. 未来发展方向

京津冀协同发展已经取得了阶段性进展，总体上的原则已基本确定，各领域的合作已经初步展开。因此，明确京津冀协同发展战略实施落地的主要思路和重点任务有以下4点：第一，疏解北京非首都功能，实现产业错位发展；第二，坚持绿色发展，加强生态环境建设；第三，优化区域空间结构，完善交通体系建设；第四，提升河北承接能力，推进公共服务均等化。将上述任务落实的推进路径有以下4条：

（1）疏解北京非首都功能。调整中央和北京市政府空间布局。打造中央行政办公区，政治中心是首都的基本职能，合理的行政区划是实现这一职能的有效途径。优化中央机构空间布局，突出首都的核心政治功能。对于为中央机关提供服务的辅助性机构，应按照"四个定位"的要求，结合中央机关的实际需求，对其进行有序疏解。

调整中心城市内部产业结构，使中心区域内的核心业务更加集中，更具效率和竞争力，疏解金融部门的服务后台功能，其中张家口是首选的承接城市。梳理、整合集中、拓展高新技术产业和文化创意产业园区的布局，使其成为支撑北京经济进步发展的主要动力源。旅游业方面，与河北、天津合作，共同打造旅游线路。在医疗与教育方面，外移部分科研基地，加快京津冀高校的协同发展，优化医疗设施布局外移至养老产业基地。

（2）优化区域产业分工和区域空间格局。要明确京津冀产业转移和一体化协同发展的方向。北京市应围绕建设"四个中心"的目标，以疏解非首都功能为重点，着力构建高精尖经济结构，形成以高端服务业为主的产业结构；天津市应着力打造全国先进制造研发基地、北方国际航运核心区、金融创新运营示范区，密切与京冀合作；河北省应以化解优势富余产能、推进结构调整、优化生态环境为重点，强化创新驱动力。根据产业梯度转移的规律，以及各地区产业结构不断升级的需要，引导京津产业向河北转移。其中第二产业属于成本导向的发展产业，在土地供应与税收优惠等方面给河北更多的政策，在天津与河北之间划定发展边界，减少内部竞争；第三产业属于服务导向的产业，产业跟人走。因此，需要根据区位条件在北京周边建设若干"反磁力中心"，吸引第三产业向这些地方转移。

目前，京津冀协同发展战略的空间布局按照"一核、双城、三轴、四区、多节点"的思路建设。坚持贯彻这个思路，要重视培育京张发展轴，加强河北北部和京津冀核心城市的联系，构建多中心网络化的空间格局。

（3）构建现代化的交通网络体系。实现公路交通的互联互通，从构建京津冀区域互联互通公路网络出发，重点建设北京大外环高速公路，打通省际"断头路"，畅通和扩容大通道，加强城市间放射状道路建设和城市内公共交通建设，建设北京市大外环的物流接驳中心。构建城际快速轨道交通网络，建设形成等级化、分级辐射状的轨道交通枢纽体系，通过快速轨道交通连接京津冀区域各个重要城市和节点地区。统筹区域内机场的建设和管理。建设以大兴国际机场、北京首都机场为核心，天津机场为辅助，石家庄机场为备降，各地通用机场为网络的整个京津冀机场体系。推动津冀港口合作和差别化发展。培育环渤海港口群和知名大港，为环渤海地区崛起提供支撑。

（4）公共服务一体化建设。劳动就业方面。改革跨城乡区域差别性就业政策，健全劳动者平等就业制度；整合建立覆盖全区域的就业和人才信息共享平台；建设京津冀职业技能开发培训基地；建立覆盖城乡、区域互认的职业技能评价公共服务体系；实施统一完善的创业激励政策。

公共教育和医疗卫生方面。加强区域合作，保障公共教育投入；优化京津冀公共教育资源的配置，建立合理的教育资源配置机制，探索高等教育一体化；优化地区间的医疗卫生资源配置，积极共同培养和引进医学专业人才，建立京津冀统一药品供应和安全保障体系。

社会保险方面。加强对贫困落后地区社会保险事业的支持；逐步推进社会保险制度城乡衔接；完善社会保险信息网络系统；提高社会保险覆盖面，完善社会保险跨省区转移续接机制。

公共文化体育方面。设立专项财政资金，保障农村和落后地区文化体育资源供给，三地统筹解决人才缺乏、队伍薄弱等突出问题；加快文化体育资源共享平台和制度一体化建设。

（二）长江经济带发展

1. 概况

纵观世界史，河流是文化繁衍和传播的重要依托。对于一个国家而言，江河的畅通、港口的繁荣是其经济实力和国家竞争力的重要衡量标准。20世纪密西西比河流域的发展推动了美国的强势崛起，而莱茵河流域的发展促进了法国、德国和荷兰的长期繁荣。我国长江横贯东中西，连接东部沿海和广袤的内陆，依托黄金水道打造新的经济带，具有独特优势和巨大潜力。

20世纪90年代，国家就提出发展长三角及长江沿岸地区经济的战略构想。2013年7月，习近平总书记在武汉考察时表示，长江流域要加强合作，发挥内陆河运作用，把全流域打造成黄金水道。9月，国家发展改革委和交通部开始起草《依托长江建设中国经济新支撑带指导意见》，提出从综合交通、产业转型等6个方面再造长江经济带。2014年4月28日，李克强总理在重庆召开座谈会，正式把长江经济带上升到国家战略。

长江经济带包括沪、苏、浙、皖、赣、鄂、湘、川、渝、滇、黔11个省市，占国土面积的1/5，拥有约6亿人，是我国新的支撑带。长江经济带蕴含丰富的水资源、矿产资源等自然资源；是仅次于沿海经济带的中国经济增长"第二极"；拥有丰富的劳动力资源，科技人才优势突出，对外开放意识较强；具有强大的航运能力和较为完善的综合交通体系。长江经济带具有重要的战略意义：一方面，长江经济带将成为中国经济发展新支撑带，成为"牵一江而动全国"的巨龙；另一方面，长江经济带的树形发展格局对全国东中西协调发展具有特殊意义。

2. 发展现状

（1）经济发展情况。从经济总量来看，如图16-3所示，长江经济带GDP总量呈上升趋势。1995年长江经济带GDP为23752亿元。以1995年为基期，2017年长江经济带的实际GDP为232372亿元，约是1995年的10倍。长江经济带经济总量占全国的比重逐年呈上升趋势，1995年占全国38.72%，2017年占全国 55.22%，上升幅度较大。从实际 GDP 增速来看，如图 16-4 所示，长江经济带历年 GDP 增速均高于全国平均水平。从 1996—2017 年，长江经济带 GDP 年均增速为 10.9%，全国 GDP 年均增速为 9.1%。

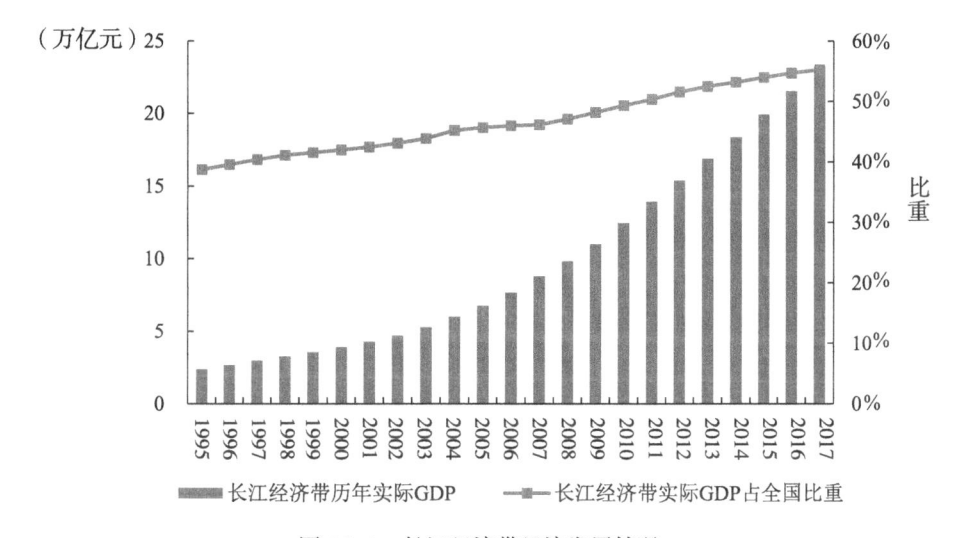

图 16-3　长江经济带经济发展情况

资料来源：根据中经网数据库整理

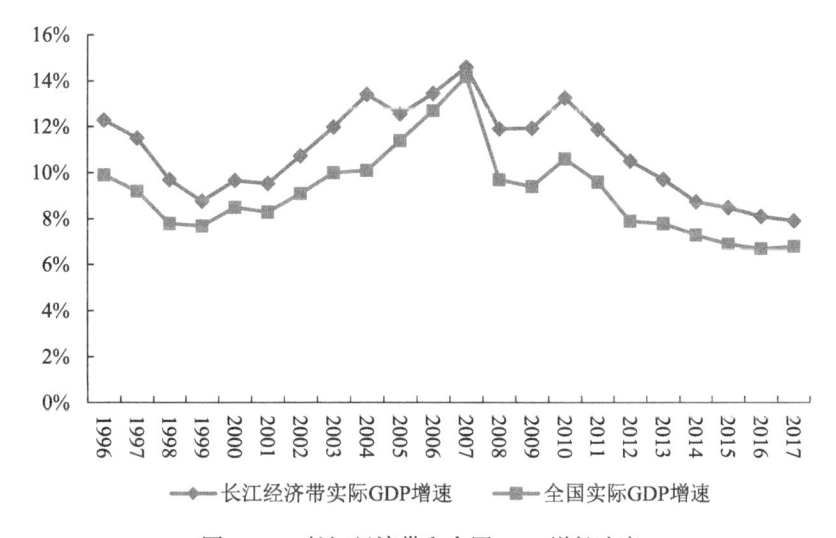

图 16-4　长江经济带和全国 GDP 增长速度

资料来源：根据中经网数据库整理

从人均GDP看，如图16-5所示，2000年长江经济带人均GDP比全国平均水平低272元，2003年首次超越全国平均水平，之后一路领先，到2017年高出全国平均水平8187元。

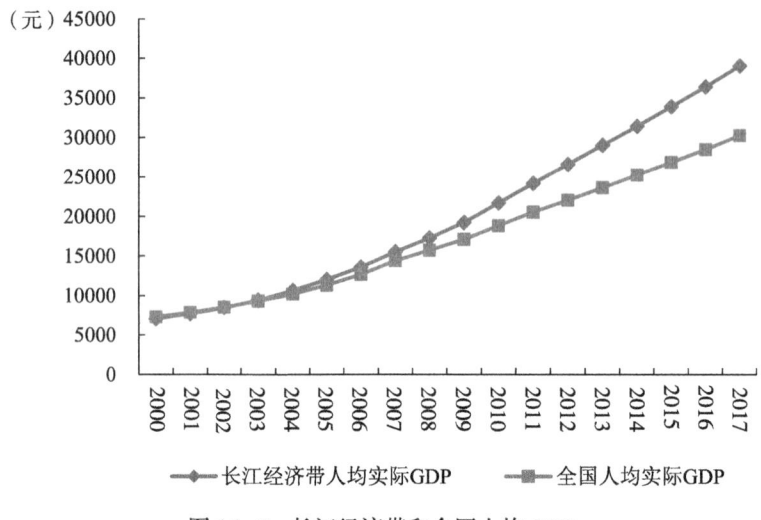

图16-5 长江经济带和全国人均GDP

资料来源：根据中经网数据库整理

（2）产业结构。从产业结构看，如图16-6所示，长江经济带产业结构整体处于"二三一"的产业发展阶段。第一产业占比不断下降，从1999年的19.31%一直下降到2017年的8.52%。第二产业占比从1999年的44.50%上升到2013年的47.69%，之后便开始下降，一直下降到2017年的41.84%。第三产业占比稳中有升，从1999年的36.20%上升到2017年的48.26%。总体来看，长江经济带产业结构层次提升较快，现在仍有提升空间。

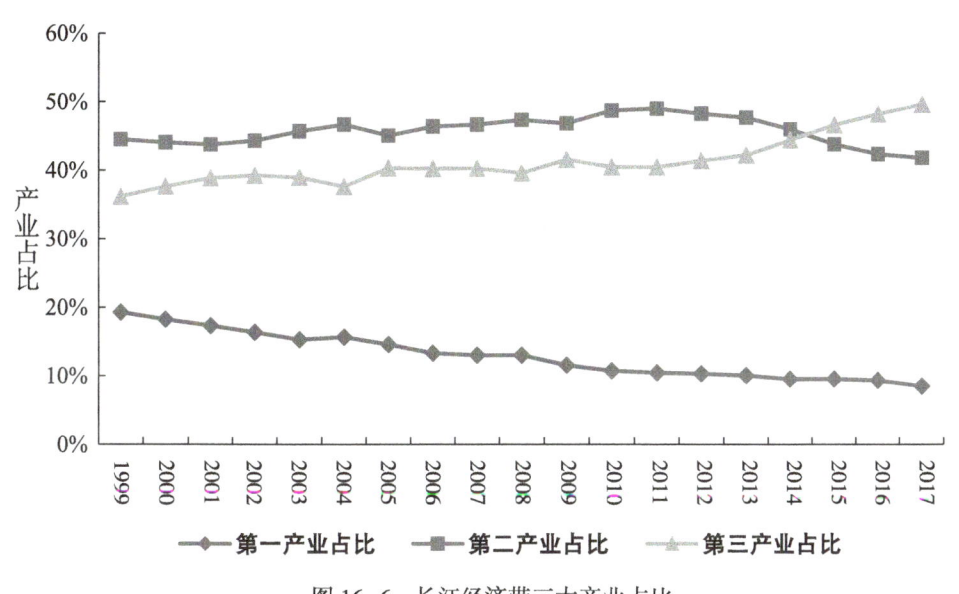

图 16-6　长江经济带三大产业占比

资料来源：根据中经网数据库整理。

（3）对外贸易。1988年以来，除长三角的开放城市和开放地区以外，国家又相继开放了芜湖、九江、武汉、重庆、黄石、宜昌、万县、涪陵等沿江城市，批准三峡库区包括宜昌、秭归、兴山、巴东等为长江三峡经济开放区。长江经济带也乘此东风，对外贸易额和利用外资额迅速增长。2000年长江经济带进出口总额为1457亿美元，至2016年已经跃升为17920亿美元，占全国进出口总额的比重从1999年的30.72%上升到2016年的43.63%。

3. 未来发展方向

20世纪80年代以来，长江经济带整体呈持续快速发展态势，在经济总量、人均经济量、产业结构、对外贸易等方面都超过全国平均水平，在全国的经济地位基本奠定。但仍然存在区域开发落后、区域联动较差、产业结构趋同严重、生态环境恶化、经济带内部各区域发展差距较大等问题。解决这些问题，要在以下4个方面采取有力的改革措施：

（1）依托长江黄金水道建设综合立体交通走廊。长江经济带横跨东中西三大板块，以长江作为联系纽带，是连通我国各板块的最具优势的交通走廊。要注重发挥水运成本低、能耗少的竞争优势，加强航道疏浚治理，提高通航标准，推广标准化船型，增强长江运能。以沿江重要港口为节点和枢纽，统筹推进水运、铁路、公路、航空、油气管网集疏运体系建设，打造网络化、标准化、智能化的综合立体交通走廊，使长江这一大动脉更有力地辐射和带动广阔腹地发展。

（2）依托长江经济带形成层次分明的产业链。长江经济带产业协调的目标，应以资源和市场为导向，以国家产业政策为依据，形成具有当地特色的支柱产业，形成若干各具特色、优势互补的经济区域。为了解决产业趋同问题，长江经济带的产业协调可以分4段进行布局：第一段，长三角及沿江经济带下游东段，即苏、浙、沪三省市，依靠资金和技术上的优势发展高端制造业和服务业；第二段，长江经济带下游地区西段，即皖、赣两省，应以合肥、南昌为中心，主动接受长三角的辐射和产业转移，发展资源型及资源加工型产业；第三段，长江经济带中游地区，即鄂、湘两省，以武汉为中心，发挥丰富的资源和巨大的航运优势，以高水耗大运量的基础工业和钢铁、机械制造、建材工业为方向，轻重兼顾，协调发展；第四段，长江经济带上游地区，即川、渝、滇、黔，凭借土地和劳动力优势发展第一、二产业。

（3）突出中心城市和城市群的带动作用。在长江经济带发展中，应充分发挥上海、武汉和重庆等中心城市的辐射带动作用，着力利用好长三角、长江中游和成渝城市群、黔中和滇中区域性城市群的带动引导作用。首先，应该充分发挥以上海为核心的长三角城市群引领作用，按照国际城市群的水平继续打造，使其成为长江经济带经济发展和城镇化的先行者。其次，培育发展长江中游城市群，以武汉为经济中心，辐射长江中下游平原地区，坚持工业化与农业现代化协调发展，发挥承东启西的关键点作用。再次，促进成渝城市群一体化发展，同时坚持新型工业化发展战略，打造长江流域地区制造业生产高地，使其成为长江经济带经济发展的重要推动力。最后，推动黔中和滇中区域性城市群发展，此处是长江经济带两头开放的重要一头，应推动基础设施建设，把资源转化成社会效应。如此，最终实现"由点带线、由线带面"的长江经济带全流域全面发展。

（4）加强生态环境的保护和治理，走可持续发展之路。首先，牢固树立人与自然和谐相处的思想。其次，长江生态安全关系全局，要按照科学发展观的要求，处理好发展和保护的关系，避免产业转移带来污染转移。最后，要加强生态系统修复和综合治理，做好重点区域水土流失治理。具体而言，一是积极推进节能减排。大力发展绿色港口、生态航道、新能源船舶和高效的行业服务，着力运用低碳、节能、生态环保的新结构、新材料、新工艺、新装备，尽量减少对环境的扰动。二是严格控制污染源头。加快建立完善船舶流动污染源控制和港口污水处理制度，维护"清洁长江"。三是切实提升资源集约节约利用效率。加强规划，统筹协调，强化监管，切实提升长江岸线、水域锚地和陆域用地的集约化程度，建成以低消耗、低排放、低污染、高效能、高效率、高效益为主要特征的长江绿色航运体系。四是牢固树立人水和谐的理念，维护健康长江，保护好长江水资源。

（三）粤港澳大湾区建设

1. 出台背景和实施内容

2016年3月，《国民经济和社会发展第十三个五年规划纲要》正式发布，明确提出支持港澳在泛珠三角区域合作中发挥重要作用，推动粤港澳大湾区和跨省区重大合作平台建设。2017年7月1日，《深化粤港澳合作推进大湾区建设框架协议》在香港签署，进一步完善创新合作机制，建立互利共赢合作关系，共同推进粤港澳大湾区建设。为了进一步提升粤港澳大湾区在国家经济发展和对外开放中的支撑引领作用，支持香港、澳门融入国家发展大局，增进香港、澳门同胞福祉，保持香港、澳门长期繁荣稳定，让港澳同胞同祖国人民共担民族复兴的历史责任、共享祖国繁荣富强的伟大荣光。中共中央、国务院于2019年2月发布了《粤港澳大湾区发展规划纲要》。粤港澳大湾区包括香港特别行政区、澳门特别行政区和广东省广州市、深圳市、珠海市、佛山市、惠州市、东莞市、中山市、江门市、肇庆市（以下称珠三角九市），总面积5.6万平方千米，2017年末总人口约7000万人，是我国开放程度最高、经济活力最强的区域之一，在国家发展大局中具有重要战略地位。发展目标是到2022年，综合实力显著增强，国际一流湾区和世界级城市群框架基本形成。到2035年，大湾区形成以创新为主要支撑的经济体系和发展模式，国际一流湾区全面建成。

粤港澳大湾区以香港、澳门、广州、深圳四大中心城市作为区域发展的核心引擎，发挥各自城市的比较优势，做优做强城市经济，增强四大核心城市对周边区域发展的辐射带动作用。表16-1展示了规划纲要提出了4个核心城市的功能、发展方向和定位。各个城市分工协作，错位发展，避免同质竞争，不断打破生产要素流动的制度壁垒。规划纲要指出粤港澳大湾区要深化创新合作，构建开放型融合发展的区域协同创新共同体，建设全球科技创新高地和新兴产业重要策源地。构建主要城市1小时通达智慧城市群，建设全面覆盖、泛在互联的智能感知网络以及智慧城市时空信息云平台、空间信息服务平台等信息基础设施，大力发展智慧交通、智慧能源、智慧市政、智慧社区。粤港澳大湾区承载着引领经济转型、加强区域合作的重要使命。

表 16-1　粤港澳大湾区核心城市功能、发展方向和定位一览表

城市	功能	发展方向	定位
香港	巩固和提升国际金融、航运、贸易中心和国际航空枢纽地位，强化全球离岸人民币业务枢纽地位、国际资产管理中心及风险管理中心功能	推动金融、商贸物流、专业服务等向高端增值方向发展，大力发展创新及科技事业，培育新兴产业，建设亚太国际法律及争议解决服务中心	更具竞争力的国际大都会
澳门	建设世界旅游休闲中心	建设中国与葡萄牙语国家商贸合作服务平台	以中华文化为主流、多元文化共存的交流合作基地
广州	充分发挥国家中心城市和综合性门户城市引领作用，全面增强国家商贸中心、综合交通枢纽功能	培育提升科技教育文化中心功能	国际大都市
深圳	发挥作为经济特区、全国性经济中心城市和国家创新型城市的引领作用	加快建成现代化国际化城市	具有世界影响力的创新创意之都

资料来源：根据相关政府文件整理

2. 粤港澳大湾区战略可能的实施效果和潜在问题

图 16-7 反映了 1990—2017 年粤港澳大湾区的 GDP 及其占全国的比重。从大湾区 GDP 总量来看，1990 年大湾区 GDP 为 964.55 亿元，到 2000 年达到了 7525.63 亿元，是 1990 年的 7.80 倍。从大湾区 GDP 增速来看，大湾区 1990—2010 年 GDP 平均增长 20.11%，比同期全国平均水平高出 3.44 个百分点。作为我国经济发展的龙头，粤港澳大湾区近年来保持了强劲的增长态势，大湾区经济总体发展水平较高，人均 GDP 领先于京津冀和长江经济带，在经济总体格局中的地位日益突出，与港澳间的位势差逐渐消失。粤港澳大湾区战略的推动无疑会加快国家经济的一体化程度，提高经济资源的配置效率，实现区域更为协调的发展，建设更为开放、包容和自信的现代化国际城市群。

与此同时，粤港澳大湾区战略在推进过程中也可能存在一些困难，具体而言有二：①政治和社会制度差异导致香港、澳门与珠三角地区在经济交流方面存在困难。由于内地实行中国特色社会主义制度，香港和澳门是资本主义制度，二者具体到经济体制方面而言存在着较大差异，香港和澳门对内地实行的中国特色社会主义制度认可度较低，在粤港澳大湾区战略推进过程中，符合粤港澳

三方需要的制度供给很难达成，中国特色社会主义制度的优越性在建设粤港澳大湾区经济过程中面临新的挑战。粤港澳大湾区在5.6万平方千米的地域范围内存在着两种不同的社会制度、三个相互独立的关税区，客观上限制了人才流、物资流、资金流、信息流等生产要素的自由流动，导致三地在深度融合方面尚存在不少障碍。在"一国两制"的制度框架下，粤港澳都有共同的国家利益，但是具体到地方，三地存在着不少利益冲突，粤港澳大湾区建设需协调解决好三个地方的合作和竞争并存的关系，由于香港和澳门高度自治，协调成本不可小视。②粤港澳大湾区内部城市间的发展差距较大且缺乏整体协同性，香港、

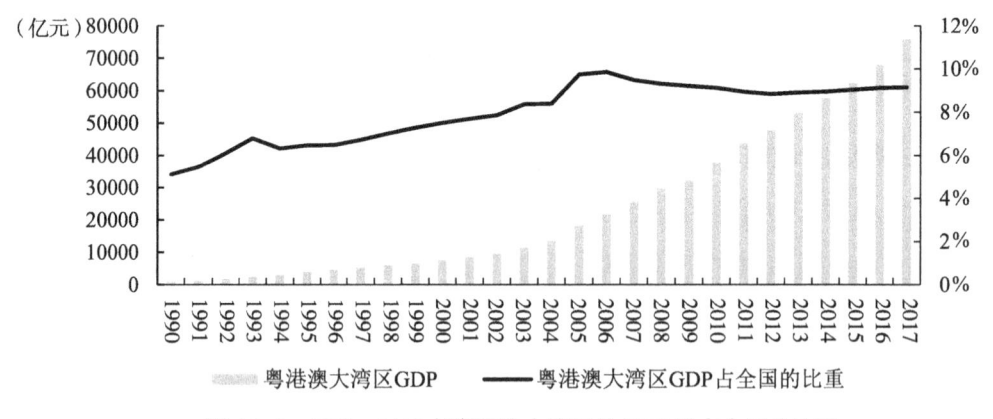

图 16-7　1990—2017 年粤港澳大湾区的 GDP 及占全国的比重

资料来源：EPS 数据库及笔者测算

深圳、广州均是大湾区的超大城市，无论是在经济总量、产业发展层次还是在城市发展水平等方面都已进入国际一流城市行列，而肇庆、江门等地经济社会发展程度则较低，仍处于国内三、四线城市行列。珠江口东西两岸在经济实力、产业发展阶段、常住人口数量等方面差距较大，东岸有香港、深圳两个国际化大都市，而西岸则缺乏发展引领城市。粤港澳大湾区各城市在交通基础设施一体化、新兴产业错位发展、土地资源集约利用、生态环境共治共享、公共服务均等化等方面整体协调难度较大，一些领域存在同质化竞争和资源错配，未形成城市群效应。

3. 粤港澳大湾区战略未来走向

粤港澳大湾区拥有深圳、香港和广州三个超级大城市，已具备建成国际一流湾区和世界级城市群的良好条件。未来粤港澳大湾区的发展方向有三：（1）完善协调机制。编制《粤港澳大湾区城市群发展规划》，推进规划落地，三方每年定期召开磋商会议，协调解决大湾区发展中的重大问题和合作事项。粤港澳大湾区战略推进的焦点是与香港的全方面合作，关键在于三地对于粤港澳大湾区战略的认可度和配合度，从规划到国家多个部委、粤港澳三地各方能够达成共识，形成合力面临的困难较多，未来的粤港澳大湾区战略可能会给予香港、澳门更多的参与大湾区建设的决策权，充分发挥香港和澳门建设大湾区的积极性，避免只是内地一方面决策、单方面推动的局面。对于粤港澳大湾区建设和发展，需要成立由广东、香港和澳门三方组成的协调机构，联合发布大湾区建设的联动机制和各项实施政策。（2）健全实施机制。制度设计要实现自上而下的顶层设计与自下而上的基层建设相互结合，三地每年提出推进粤港澳大湾区建设年度重点工作，由广东省人民政府和香港、澳门特别行政区政府共同建立推进粤港澳大湾区发展日常工作机制，更好发挥广东省发展和改革委员会、香港特别行政区政府政制及内地事务局、澳门特别行政区政府在合作中的联络协调作用，推动规划深入实施。（3）扩大公众参与。强化粤港澳合作咨询渠道，吸纳内地及港澳各界代表和专家参与，研究探讨各领域合作发展策略、方式及问题。发挥粤港澳地区行业协会、智库等机构的作用，支持工商企业界、劳工界、专业服务界、学术界等社会各界深化合作交流，共同参与大湾区建设。加强粤港澳大湾区的宣传推介。充分征求三地民众的发展诉求，充分发挥粤港澳大湾区人民群众建设美好家园的热情。

（四）长三角一体化发展

1. 发展阶段

从长三角一体化在 20 世纪 80 年代提出，到 2018 年国家领导人提出将长三

角一体化上升为国家战略,中间经历了漫长的曲折过程。可以分为以下 4 个阶段:

第一阶段(1982—1988):上海经济区的成立与消亡。1982 年 12 月,国务院批准设立以上海为中心,包括苏州、无锡、常州、南通、杭州、嘉兴、湖州、宁波、绍兴长江三角洲的 9 个城市主体的上海经济区。上海经济区的设立对于打破传统计划经济体制的条块分割、走依靠中心城市的路子、探索开放式与网络型经济区的建设具有重要的意义。但由于中央行政调控不足,尤其是在财政分权制度、"行政区经济"的冲击下,各地方政府纷纷出于自身利益以及官员政绩的需要,产生了许多偏离中央政府宏观调控目标的行为。1988 年 6 月 1 日,国家计委撤销了上海经济区规划办公室,成立 6 周年的上海经济区宣告解散。

第二阶段(1992—2010):稳定的"15(+1)"模式。为了继续推进中国改革开放进程与区域经济一体化发展,长三角地区的协同发展与区域合作问题再次引起国家的密切关注。1992 年,由上海、苏州、无锡、常州、南通、杭州、嘉兴、湖州、宁波、绍兴、舟山、扬州、南京、镇江 14 个城市的市经协委(办)发起,组织并成立长三角协作办(委)主任联席会,以此来推动长三角地区经济联合、协作以及区域治理。在此基础上,上述 14 个城市和新成立的泰州于 1997 年组建了一个新型跨区域经济协调组织——长三角城市经济协调会,并在 2003 年 8 月吸纳浙江台州为正式会员。至此,长三角城市经济协调会基本形成"15(+1)"模式。长三角"15(+1)"模式的限定遵守了"地域相邻、经济联系相依"原则,并通过经济协调会以全权负责长三角地区的经济协同发展与治理,一方面有助于长三角区域发展规划的整体编制,另一方面有利于降低地方保护主义、破除"行政区经济"的藩篱,对长三角经济一体化与可持续发展具有举足轻重的作用。

第三阶段(2010—2017):"北上、南下、西进"范围不断扩大。随着长三角地区内外城市之间经济联系的不断增强,长三角稳步向江苏北部、浙江南部、安徽东部等地区进行了扩容。2010 年 5 月,国家发展改革委发布《长江三角洲地区区域规划》，将长三角区域范围界定为苏浙沪全境内的 25 个地级市。其中原有的 16 个城市为核心区，在此基础上，加进了苏北的徐州、淮阴、连云港、宿迁、盐城和浙西南的金华、温州、丽水、衢州。2016 年，《长江三角洲城市群发展规划》发布，在 2 省 1 市 25 城市的基础上去掉了江浙的一些城市，同时将安徽省的 8 个城市纳入长江三角洲城市群。最终的范围包括上海市，江苏省的南京、苏州、无锡、南通、泰州、扬州、盐城、镇江、常州，浙江省的杭州、湖州、嘉兴、宁波、舟山、绍兴、金华、台州，安徽省的合肥、芜湖、马鞍山、铜陵、安庆、池州、滁州、宣城，总数为 26 个地级市。

第四阶段（2018—2020）：长三角一体化上升为国家战略。2018 年 2 月长三角区域合作办公室正式挂牌成立，重点研究制定了《长三角一体化发展行动计划（2018—2020）》等，区域合作不断走向纵深。4 月，习近平总书记对推动长三角一体化发展做出重要指示，明确了"更高质量一体化发展"的目标追求，"上海进一步发挥龙头带动作用，苏浙皖各扬所长"的推进路径，"凝心聚力抓好落实"的关键保障，为新时代长三角合作与发展指明了方向。11 月，在首届中国国际进口博览会开幕式上，习近平总书记在主旨演讲中宣布支持长三角区域一体化发展上升为国家战略，着力落实新发展理念，构建现代化经济体系，推进更高起点的深化改革和更高层次的对外开放，同"一带一路"建设、京津冀协同发展、长江经济带发展、粤港澳大湾区建设相互配合，完善中国改革开放空间布局。2019 年 3 月，李克强总理在《政府工作报告》中提出，将长三角区域一体化发展上升为国家战略，编制实施发展规划纲要。在 6 月 18 日举行的长三角一体化发展理论、方法和实践高端论坛上，长三角区域合作办公室副主任阮青表示，国家层面的长三角一体化发展规划纲要已编制完成，目前长三角两省一市正根据此制定细化的实施方案，在三地政府同意后，将联合报批。

2. 长三角一体化模式借鉴

长三角一体化是我国比较成功的区域经济一体化发展的尝试，其多种做法值得借鉴学习。

首先,制度方面,长期演进之下,长三角地区的经济合作主要有三个层面:一是副省(市)长级别的沪苏浙经济合作与发展座谈会;二是长三角15个城市市长级别的长江三角洲城市经济协调会;三是长三角各城市政府职能部门之间的协调会。其中,长江三角洲城市经济协调会是最具实质性的一个工作会议。纵览长江三角洲城市群的经济社会发展历史,国家发改委已经成为长三角发展规划的统领机构,长三角城市经济协调会已经成为区域内各项事务的"大管家"。在组织机构方面,协调会实行轮值和常任相结合的运作方式,上海市为常任主席,执行主席由各成员城市轮值担任。在运营模式方面,协调会实行"热点主题、常设专题、前沿课题、合作协议"(简称"三题一议")的运转模式。协会高效前沿的运作模式为长三角一体化进程的推进起到了不可磨灭的作用。

其次,一体化是一种在众多主体并存的环境中追求协同配合、彼此呼应、互动并进的关系协调至高境界。区域经济一体化要求各地区在多个方面实现一体化,例如空间一体化、市场一体化、产业一体化、创新一体化、交通一体化、信息一体化、贸易一体化、公共服务一体化、生态环境一体化、制度一体化等。长三角一体化在交通一体化、市场一体化、要素一体化等方面相比于国内大部分地区表现更好,但是在其他方面,如制度仍存在地区壁垒。长三角城市群发展到目前阶段,是要求突破行政壁垒、在新型城市合作中带来新的发展增量,通过技术进步与创新的管理体制机制,形成名副其实的更强、更巨、更聚的世界级城市群。当前阶段的行政区主导下的城市群发展脉络,已经不再适应这种新的需求。

最后,长三角各城市圈具有鲜明的分工定位。在区域经济一体化方面,在产业链和价值链的不同的环节,各城市圈正在形成互补分工的关系。长三角三省一市的优势与短板各不相同,需各扬所长。上海更加综合,鲜明的优势是创新能力、服务业发展水平、科技人才的会聚;江苏是制造业最密集的地区,尤其是先进制造业；浙江民营经济发达，片区经济与块状经济实力较强；安徽则有较为充足的劳动力资源，新兴产业发展迅猛。这种差异性构成了不同地区合作的基础。这种差异性使得不同城市圈的产业定位发生变化，同时伴随着产业转移与区域分工的形成。

（五）黄河流域生态保护与高质量发展

黄河流域面积约 79.5 万平方千米，流经青海、四川、甘肃、宁夏、内蒙古、山西、陕西、河南及山东 9 个省区，其中多个省份与丝绸之路经济带省份重合。黄河是我国华北和西北的重要生态屏障，在黄河流域落实生态文明建设和区域协调发展战略，构建黄河生态经济带战略，强化顶层设计，统筹推进黄河流域及相关省区生态安全、环境良好、经济社会合理发展，意义重大。2018 年 5 月水利部黄河水利委员会副主任牛玉国在《学习时报》发表署名文章《构建黄河生态经济带战略》，文章指出建设黄河经济带"有利于促进黄河文化的传承与交流，弘扬中华民族传统文化，增强文化自信；有利于各省区之间优势互补、增强合作，缩小东中西部之间的发展差距；有利于打破行政分割和市场壁垒，推动经济要素有序自由流动、资源高效配置、市场统一融合，促进区域经济协同发展和经济提质增效升级"。义章进一步提出构建黄河生态经济带战略。对黄河生态经济带发展进行顶层设计和规划布局，统筹协调环渤海经济区、中原经济区、西安—天水经济区等区域性发展战略，修改调整区域战略规划指导思想，使之符合"共抓大保护，不搞大开发"和以生态保护、生态文明建设为目标的发展思路，引导和促进各省区转变经济发展方式，优化经济发展结构，强化生态环境保护的整体协调联动机制，走出一条生态优先、绿色发展之路。

黄河源头及上游是生态涵养、水源补给、保护生物多样性的重点区域，生态比较脆弱，人员比较稀疏，经济发展落后，诸多学者建议应以生态保护为主，重点发展生态经济和文化旅游业等；黄河中游的黄土高原区是黄河粗泥沙的主要来源地，也是造成黄河下游"地上悬河"的重要原因，应偏重于防止泥沙注入和水土流失、加快病险淤地坝除险加固和坝系建设、巩固退耕还林还草成果，使经济建设与生态保护同步进行；黄河下游人口密集，经济发达，则应注重防止水资源浪费，依托黄河三角洲高效生态经济区做好经济开发与生态保护，实现新旧动能转换、高质量发展。

黄河流域内经济发展差距较大，根据不同的经济发展阶段，拟定不同的发展定位，以实现合理的区域分工，实现区域协调发展。如图16-8所示，黄河上游人均GDP小于黄河下游，黄河中游人均GDP小于黄河上游。例如，2017年山东人均地区生产总值为72807元，是人均地区生产总值最低省份甘肃的2.55倍。内蒙古自治区的人均地区生产总值为67764元，是甘肃的2.24倍。黄河流域的各个省间经济发展差距呈现出不断拉大的趋势。黄河沿岸每个区域承担不同的责任，面临着不同的发展任务和方向，需要统一的黄河经济带协调沿岸的经济发展，加强沿岸的区域分工与合作，以实现黄河各区域的协调发展。

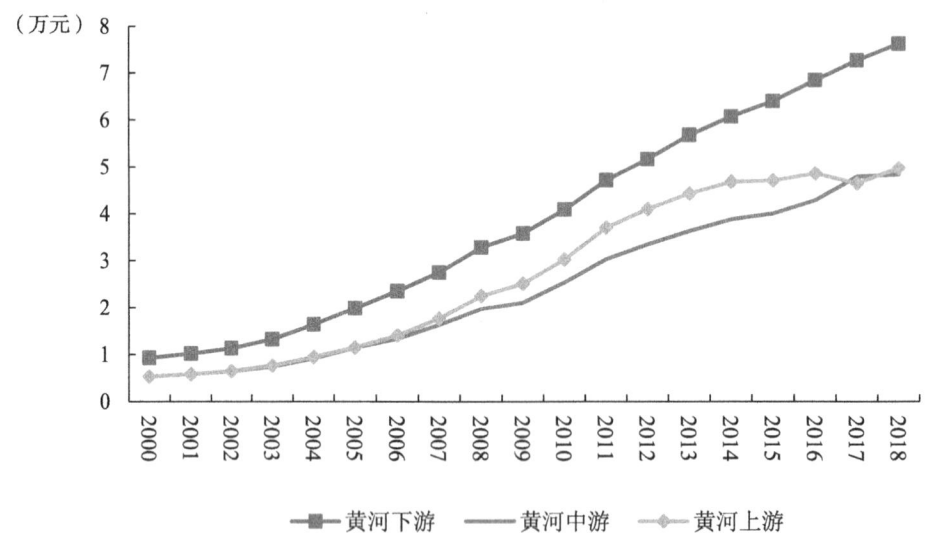

图16-8　黄河上中下游人均GDP对比

资料来源：EPS数据库及笔者测算

黄河经济带发展战略的实施,目的是保护黄河沿岸的生态环境和协调黄河沿岸的区域经济发展。图16-9显示,从2010年开始黄河经济带人均GDP由高于长江经济带转向低于长江经济带,并且差距在不断扩大,黄河经济带战略的实施有望扭转这种差距扩大的趋势,进一步改善黄河沿岸的生态环境,优化黄河经济带的产业分工和布局。已有的研究认为黄河经济带战略有助于对接"一带一路"建设,实现东中西部和南北区域经济和社会的协调发展。

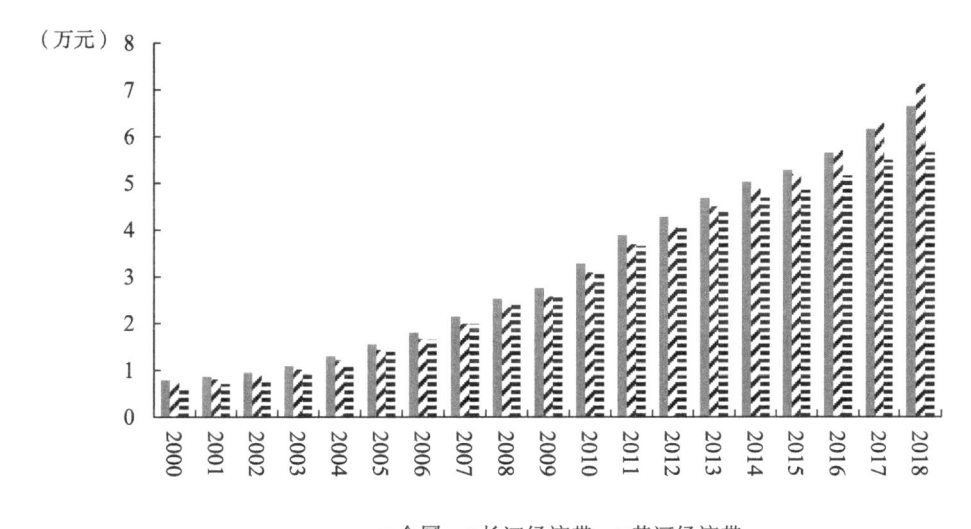

图16-9 黄河经济带与全国、长江经济带的人均GDP水平

资料来源:EPS数据库及笔者测算

中国经济目前是南强北弱,振兴北方经济对国家大局来说意义重大。黄河经济带联系了北方的诸多重要城市,与长江经济带南北呼应。首先,虽然黄河经济带战略还处于学者论证阶段,为了平衡南北经济发展的差距,黄河经济带战略未来很可能上升为国家战略。随着长江流域生态环境改善,国家能够动用更多的资源治理黄河流域的生态环境,黄河经济带很有可能借鉴长江经济带的发展和管理经验。其次,黄河经济带有望成为整个国家实现生态优先、绿色循环低碳发展和供给侧结构性改革的重点区域。最后,黄河经济带涉及的都市圈和城市圈众多,包括山东半岛、中原地区、关中平原、山西中部、呼包鄂榆、

兰州—西宁、宁夏沿黄等区域，未来可能以都市圈、新区和城市群建设为契机，加快黄河经济带建设。未来黄河经济带可能以发展绿色经济为重心，建设绿色黄河经济带，对黄河经济带丰富的旅游资源给予总体规划，从而促进旅游业与乡村振兴和扶贫攻坚、特色城镇兴起，以及资源型地区经济转型发展和区域协调发展。

二、"四大板块"战略

为缩小区域经济差距，促进区域协调发展，构建高效、协调、可持续的国土空间开发格局，从"九五"计划期末，我国先后出台了一系列政策措施促进中西部地区的发展，提高中西部地区对外开放水平，增强东部地区对中西部地区发展的支持，1999年、2003年和2004年先后提出了西部大开发、东北振兴、中部崛起战略。为深化实施我国区域总体发展战略，"十一五"规划从国土空间角度将我国大陆区域划分为"四大板块"，即东部、东北、中部和西部。东部地区包括北京、天津、河北、上海、江苏、浙江、山东、福建、广东、海南10个省市，中部地区包括山西、安徽、江西、河南、湖北、湖南6个省份，西部地区包括内蒙古、广西、重庆、四川、贵州、云南、陕西、甘肃、宁夏、青海、新疆、西藏12个省（自治区、直辖市），东北地区包括黑龙江、吉林、辽宁3个省份。"十一五"规划"实施区域协调发展总体战略"中提出要坚持实施推进西部大开发，振兴东北地区等老工业基地，促进中部地区崛起，鼓励东部地区率先发展的区域发展总体战略，健全区域协调互动机制，形成合理的区域发展格局。"十二五"规划更加突出"四大板块"的发展战略的实施力度，提出要推进新一轮西部大开发、全面振兴东北地区等老工业基地、大力促进中部地区崛起、积极支持东部地区率先发展。"十三五"规划则对"四大板块"发展战略进行了进一步的深化。在强调区域发展总体战略实施的延续性的同时，引入了"一带一路"建设、京津冀协同发展、长江经济带发展"三大战略"，"三大战略"与"四大板块"发展战略相辅相成，互为补充，互相促进。"十四五"规划则赋予了"四大板块"在实现现代化进程中的首个任务。

（一）出台背景和实施内容

1. 西部大开发

1978年改革开放以来，我国经济取得了飞速的发展和举世瞩目的成就。在非均衡的区域经济政策下，东部沿海地区凭借优越的地理位置，以及大量的政策支持，走在对外开放的前端，逐渐形成了可持续的良好发展机制。然而，与此相伴随的是生产力空间布局的非均衡现象和东西部地区经济差距的不断扩大，从而拖累中国经济的整体发展，引发诸多社会问题。

首先，经济发展水平差距大。1998年，西部地区GDP占全国的13.9%，仅相当于东部地区的42.6%。1979—1998年，西部地区GDP年均增长率为9.47%，低于东部地区的10.9%，也低于全国水平的10.22%。其次，地区基础设施差距大。1998年，西部地区每万千米通车里程相当于全国平均水平的35%，全国没有通公路的乡镇大部分集中在西部地区。城乡电力、用水、通信设施严重滞后。最后，西部地区的落后是社会经济总体发展水平的落后，政治运行效率、科技文化教育、企业发展环境等都和东部地区存在非常大的差距。

西部地区落后的发展现状日益严峻，严重影响到中国区域经济的协调发展。为了加快西部地区经济发展，缩小区域经济发展差距，1999年党中央和国务院提出了西部大开发的区域发展战略，把加快西部开发作为国家发展的一项重要战略任务。2000年10月，国务院发布《关于实施西部大开发若干政策措施的通知》，标志着西部大开发战略上升为国家战略。2004年3月，国务院发布《关于进一步推进西部大开发的若干意见》。2010年6月，《中共中央、国务院关于深入实施西部大开发战略的若干意见》发布，对下一个十年实施西部大开发战略做出部署。为了更好地实施西部大开发战略，国务院先后批复《"十五"西部开发总体规划》、《西部大开发"十一五"规划》、《西部大开发"十二五"规划》以及《西部大开发"十三五"规划》。这些政策、规划包括基础设施建设、税收优惠、财政转移支付、产业发展、资源环境保护、人才培养等多个方面，有力地促进了西部地区的发展。

2. 东北振兴

新中国成立初期，我国的投资布局和区域经济发展主要以平衡发展论为指导。为了尽快建立和恢复我国的工业体系和国民经济体系，国家首先以具有丰富资源和雄厚工业基础的东北地区为经济建设的重点。其中，在"一五"计划期间，国家将全国基本建设投资的1/4用来扩建和新建东北地区的重工业，另外苏联援建的重点建设工程项目也集中在东北三省。东北地区成为我国重要的工业基地，为中国的工业体系和国民经济体系的恢复做出了重要的贡献。过分追求地区平衡发展的战略忽略了效率原则，地区差距缩小并没有取得预期的效果。改革开放之后，我国实施非均衡发展战略，优先发展东部地区。东部沿海地区以其区位优势和较好的经济基础，成为新一轮国家投资建设的重点，而东北地区的投资建设逐渐减少。东北地区面临的体制性、机制性和结构性矛盾日益严重，进一步发展面临着一系列困难和问题：市场化发展水平和程度较低，经济发展动力不足；国有经济占比过高，民营经济发展滞后；经济结构调整缓慢，第三产业发展不充分；资源城市产业转型困难，接续产业亟待发展。中国在2001年加入WTO，东北地区的农业发展又受到较大的冲击，东北地区的经济增速开始放缓，在全国经济总量中的占比逐渐下降。

面对东北地区逐渐减缓的经济增长速度和衰退的经济发展趋势，2001年11月中共十六大报告提出，支持东北老工业基地加快调整和改造，支持以资源开采为主的城市和地区发展接续产业。2003年10月，《中共中央 国务院关于实施东北地区等老工业基地振兴战略的若干意见》印发，正式启动实施东北地区等老工业基地振兴战略。12月，国务院决定成立振兴东北地区等老工业基地领导小组。2004年，国务院振兴东北地区等老工业基地领导小组办公室正式成立，负责东北地区等老工业基地调整改造和振兴工作。2009年，国务院发布《关于进一步实施东北地区等老工业基地振兴战略的若干意见》。党的十八大以来，党中央对东北振兴又有重大部署，2016年2月，《中共中央、国务院关于全面振兴东北地区等老工业基地的若干意见》发布，明确了未来10年东北地区等老工业基地振兴的总体目标、战略定位、主要任务和配套措施，明确了东北地区"五基地、一支撑带"的发展定位，成为新时期实施东北振兴战略的顶层设计。11月国务院出台《关于深入推进实施新一轮东北振兴战略加快推动东北地区经济企稳向好若干重要举措的意见》，《东北振兴"十三五"规划》颁布实施。一系列关于东北振兴的政策与规划的出台与实施，在一定程度上加快了东北的国企改革进度，重塑了东北的产业竞争力，提升了东北保障民生的水平，缓解了资源枯竭城市存在的突出问题，改善了东北的生态环境与基础设施，进而增强了东北的综合实力。

3. 中部崛起

继东部沿海地区率先发展起来，涌现出环渤海、长三角、珠三角等城市群，以及中共中央提出西部大开发的战略，中部地区成了"被遗忘的区域"。中部地区经济发展严重滞后于东部沿海地区，为此，中共中央提出了中部崛起的重大战略决策。2004年3月，温家宝总理在《政府工作报告》中，首次明确提出促进中部地区崛起。12月，中央经济工作会议再次提到促进中部地区崛起。2005年3月，温家宝总理在《政府工作报告》中提出，抓紧研究制定促进中部地区崛起的规划和措施。2006年4月，《中共中央 国务院关于促进中部地区崛起的若干意见》发布。5月19日，国务院办公厅发出《落实中共中央、国务院关于促进中部地区崛起若干意见有关政策措施的通知》。2008年1月，国家发展改革委牵头建立促进中部地区崛起工作部际联席会议制度。2009年9月，国务院常务会议讨论并原则通过《促进中部地区崛起规划》。2010年8月，国家发展改革委印发《促进中部地区崛起规划实施意见的通知》。2012年8月，国务院发布《关于大力实施促进中部地区崛起战略的若干意见》。2016年12月，国家发展改革委印发《促进中部地区崛起"十三五"规划》，确定了新时期中部地区在全国发展大局中的战略定位：全国重要先进制造业中心、全国新型城镇化重点区、全国现代农业发展核心区、全国生态文明建设示范区、全方位开放重要支撑区。中部崛起战略的实施有力地促进了中部地区的经济社会发展，"三个基地、一个枢纽"即（粮食生产基地、能源原材料基地、现代装备制造及高技术产业基地、综合交通枢纽）的地位日益巩固，一系列有关中部崛起的配套政策规划也显著地提高了中部地区居民的生活水平，改善了中部地区的生态环境，促进了中部地区的改革创新，加快了中部地区的对外开放进度。

4. 东部率先

东部地区开放较早，发展水平较高，对全国的整体经济发展与其他区域的发展起到了重要的带动辐射作用。改革开放后，邓小平提出了"两个大局"的区域发展思想，在此思想的指导下，中共中央做出了一系列支持东部率先发展的倾斜政策，如设立经济特区、经济技术开发区和沿海开放地区，开发浦东，设立综合配套改革试验区等。党的十八大以来，东部率先发展再发力，上海、北京被确定为全国科技创新中心，京津冀、上海、广东被确定为全面创新改革试验区，17个国家自主创新示范区中有9个位于东部地区，自由贸易试验区中有5个位于东部地区。以上充分表明，东部率先发展仍然在我国区域发展战略中扮演着重要的角色。东部地区的改革成功经验能够对其他地区起到示范作用，东部地区的发展能够有力带动相对落后的中部、西部、东北的发展。

表16-2回顾了"四大板块"战略从初步提出到逐渐形成再到不断深化的政策历程。可以看到，以"四大板块"为核心内容的区域发展总体战略经过了多年的酝酿与完善。"十一五"规划首次以规划的形式对"四大板块"的发展进行了集中论述，此后，"四大板块"战略不断深化，反映在"十三五"规划中就是深入实施西部开发、东北振兴、中部崛起和东部率先发展的区域发展总体战略。

表 16-2　我国全面协调区域发展战略初步形成过程

时间	文件、会议或者小组名称	具体内容
1999 年 3 月	《国务院关于进一步推进西部大开发的若干意见》	提出了进一步推进西部大开发的十条意见
1999 年 12 月	中央经济工作会议	正式提出西部大开发战略，明确中央政府集中援助中西部地区
2000 年 2 月	《政府工作报告》	正式实施西部大开发战略
2001 年 8 月	《关于西部大开发若干政策措施的实施意见》	规定西部大开发的实施范围和具体政策
2002 年 11 月	党的十六大报告	支持东北等老工业基地加快调整和改造
2003 年 10 月	《中共中央　国务院关于实施东北地区等老工业基地振兴战略的若干意见》	提出了振兴东北地区的指导思想、原则、任务和政策措施
2003 年 11 月	老工业基地领导小组	以温家宝总理为组长的振兴东北地区等老工业基地领导小组成立
2004 年 3 月	《政府工作报告》	首次提出促进中部崛起
2004 年 4 月	振兴东北等老工业基地办公室	国务院成立了振兴东北地区等老工业基地办公室，全面启动振兴东北等老工业基地战略
2004 年 12 月	中央经济工作会议	由温家宝总理提出要抓紧研究制定支持中部地区崛起的政策措施
2005 年 11 月	中央经济工作会议	"促进区域经济协调发展是结构调整的重大任务"，促进中部崛起成为当年经济工作六项任务之一
2006 年 3 月	"十一五"规划纲要	强调要坚持实施推进西部大开发，振兴东北地区等老工业基地，促进中部地区崛起，鼓励东部地区率先发展的区域发展总体战略
2006 年 4 月	《中共中央　国务院关于促进中部地区崛起的若干意见》	要求把中部地区建设成全国重要的粮食生产基地、能源原材料基地、现代装备制造及高技术产业基地和综合交通运输枢纽
2011 年 3 月	"十二五"规划纲要	提出要推进新一轮西部大开发、全面振兴东北地区等老工业基地、大力促进中部地区崛起、积极支持东部地区率先发展
2015 年 11 月	"十三五"规划纲要	提出要深入实施西部开发、东北振兴、中部崛起和东部率先发展的区域发展总体战略

资料来源：根据相关政府文件整理

（二）实施效果分析

根据统计数据对"四大板块"的各种经济发展指标，进行描述性统计分析。

1999—2017年，我国经济总体呈现较大波动。2008年金融危机的发生，使全球经济陷入长期低迷的状态，在国际经济联系日益紧密的情况下，我国也遭受到金融危机的影响，2008年GDP增速开始下滑。2009年，我国采取4万亿元投资刺激经济增长，这一措施虽然避免了中国经济同世界经济同步下滑，但也带来产能过剩、巨额财政赤字等隐患。可以看到2009年经济增速下降程度放缓，2010年经济增速有所上升，但2010年以后，经济增速持续下降。随着人口红利衰减、"中等收入陷阱"、风险积累、国际经济格局调整等一系列内因与外因的作用，2011年以后，中国经济增速持续放缓，经济增长以年均10%左右的高速增长转变为7%左右的中高速增长，经济逐渐步入新常态。

如表16-3、图16-10所示，各大板块的经济增长趋势大体上相同，但仍存在一些差别。进入21世纪，各地区经济增长开始持续加速，但各板块增速发力的时间点存在细微差别。西部地区经济增速在2000—2007年持续增加，尤其是2002—2005年增长幅度最大，几乎每年都较上年增加1个百分点。而这几年也是西部大开发从提出到全面实施的阶段，反映出西部大开发在实施初期效果明显。东北地区的GDP增速除2005年有所下降之外，2000—2007年中的其他年份均保持增长趋势，但是增长幅度不如西部地区大。值得注意的是，东北地区经济增速在2004年和2006年增长最快，说明东北振兴战略实施初期显现出一定的效果。中部地区的GDP增速除2005年有所下降之外，2000—2007年中的其他年份同样均保持增长趋势，但经济增速的增长幅度没有明显的集中趋势。其中，2004年经济增速的增长幅度最大，比2003年增加了2.3个百分点。其次是2007年，经济增速较2006年增加了1.3个百分点，这也是中部崛起战略实施之后，中部地区经历的首个经济增速快速增长的时期。各板块的人均实际GDP增速呈现出相似的变化规律。（见表16-4、图16-11）

表 16-3 "四大板块"实际 GDP 增长率　　　　　　　（%）

年份	西部地区	东北地区	中部地区	东部地区	全国
1996	10.3	10.2	13.3	12.2	9.9
1997	9.6	9.3	11.5	11.6	9.2
1998	8.8	8.5	9.0	10.5	7.8
1999	7.3	7.9	7.8	9.9	7.7
2000	8.5	8.7	8.8	10.5	8.5
2001	8.9	9.2	9.0	10.2	8.3
2002	10.3	10.1	9.8	11.6	9.1
2003	11.4	10.8	10.7	13.4	10.0
2004	12.9	12.3	13.0	14.4	10.1
2005	13.2	12.2	12.7	13.6	11.4
2006	13.5	13.7	13.2	14.3	12.7
2007	14.9	14.0	14.5	14.6	14.2
2008	13.0	13.4	12.5	11.3	9.7
2009	13.5	12.7	11.9	10.9	9.4
2010	14.2	13.6	13.9	12.4	10.6
2011	14.1	12.6	12.9	10.5	9.6
2012	12.4	10.2	11.0	9.3	7.9
2013	10.7	8.4	9.8	9.1	7.8
2014	9.0	5.9	8.9	8.2	7.3
2015	8.6	4.5	8.1	8.0	6.9
2016	8.2	2.2	8.0	7.6	6.7
2017	7.6	5.1	8.0	7.2	6.8

资料来源：根据中经网统计数据库整理

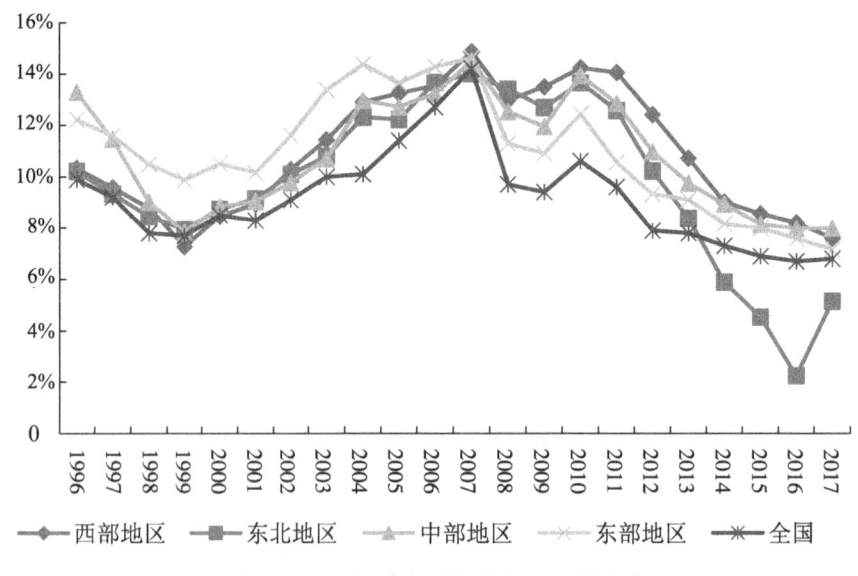

图 16-10 "四大板块"实际 GDP 增长率

注：各板块实际 GDP 增长率计算方法如下：以 1995 年为基期，根据各省（自治区、直辖市）的 GDP 实际增长指数，计算出各省（自治区、直辖市）的实际 GDP；然后将各年份各地区的实际 GDP 汇总得到各板块实际 GDP；最后计算出各板块的实际 GDP 增长率。后文涉及市级 GDP 均按照此方法计算。资料来源：根据中经网统计数据库整理

表 16-4 "四大板块"人均实际 GDP 增长率 （%）

年份	西部地区	东北地区	中部地区	东部地区	全国
2001	9.0	8.9	8.4	9.3	7.5
2002	9.9	9.9	9.2	10.6	8.4
2003	10.7	10.7	10.2	12.2	9.3
2004	12.7	12.2	12.3	13.1	9.5
2005	13.7	12.1	15.1	12.5	10.7
2006	13.2	13.0	13.1	12.6	12.1
2007	14.6	13.6	14.4	12.9	13.6
2008	12.5	13.2	12.0	9.7	9.1
2009	13.0	12.3	11.5	9.3	8.9

续表

年份	西部地区	东北地区	中部地区	东部地区	全国
2010	15.2	13.1	13.7	10.0	10.1
2011	13.6	12.5	12.6	9.7	9.1
2012	11.8	10.1	10.5	8.5	7.4
2013	10.1	8.4	9.3	8.4	7.3
2014	8.4	5.9	8.4	7.4	6.7
2015	7.7	4.8	7.5	7.3	6.4
2016	7.4	2.6	7.3	6.7	6.1
2017	6.8	5.5	7.4	6.3	6.2

资料来源：《中国统计年鉴》及笔者测算

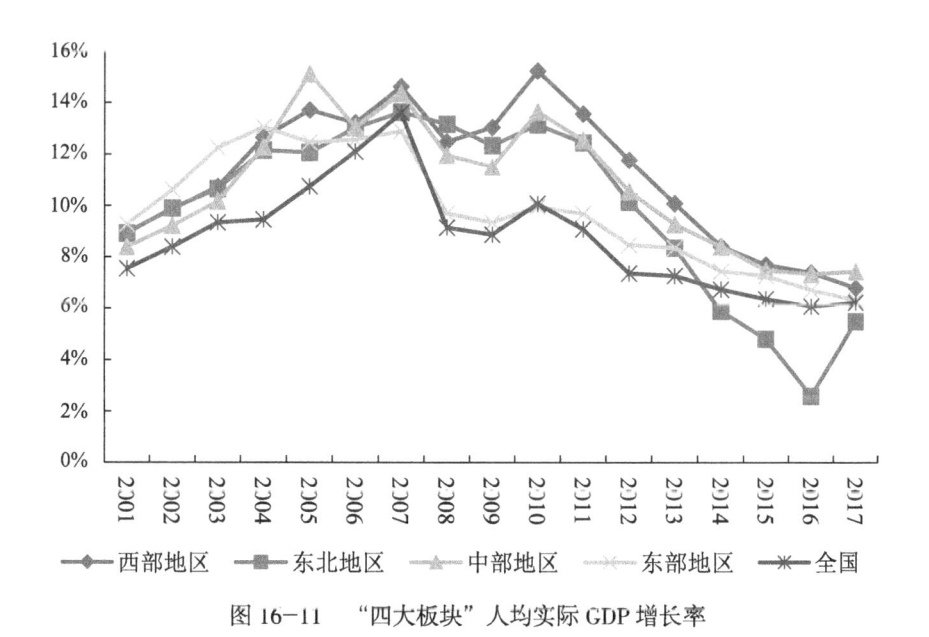

图 16-11 "四大板块"人均实际 GDP 增长率

注：各板块人均实际 GDP 增长率计算方法，以上文计算的各板块实际 GDP 除以各板块总人口得到各板块人均实际 GDP，再计算出各板块的人均实际 GDP 增长率。资料来源：根据中经网统计数据库整理

（三）未来发展走向

1. 有针对性地对各板块提供政策供给，促进区域协调发展

"四大板块"之间存在较大的差距，东西差距和南北差距并存，且各大板块的发展问题不同：西部地区面临贫困落后问题，东北地区面临萧条衰退问题，中部地区面临发展停滞问题。造成当下区域格局的原因既与各板块自身发展路径有关，也与区域政策有关。因此，应加大对问题区域的政策供给，有效弥合区域之间的发展差距。政策的供给应该具有针对性，实现对问题区域"对症下药"。对于贫困落后的地区，应加大对落后地区的产业扶持力度，改善贫困地区的基础设施，从财政政策、产业布局、土地指标、环保容量、项目审批等方面向落后地区倾斜，加大信贷投入，扩大信贷规模，增强融通能力，提升落后地区发展经济的"造血"功能，促进革命老区、民族地区、边疆地区、贫困地区经济社会加快发展。对于东北地区的萧条问题，应该增加改善营商环境、激活体制机制等方面的政策。对于发展停滞的地区，要积极引进产业和人才，合理利用本地优势，盘活经济发展活力。

2. 突破行政区划束缚，实现区域经济发展的"均衡协调"

"四大板块"战略重点解决国土全覆盖与板块协调发展问题，核心是在国土全覆盖的情况下解决如何实现区域经济的协调发展问题。在经济发展步入新常态的背景下，"四大板块"仅是以地理位置考虑行政区划对我国区域进行的划分，但行政区划并不等于经济区划，同一板块内部经济发展特征可能存在不同，不同板块之间的某些地区经济发展特征反而相似。均衡协调是中国经济多极化趋势下多支点、多层次空间经济协调。均衡协调更加强调突破行政区划的束缚、实现区域经济协调发展，在比"四大板块"划分更细尺度上的中国经济各个增长极和经济支点之间找寻新的空间经济平衡。以协调发展战略为代表的区域协调发展战略要求突破原有行政区划的束缚，实现区域经济的协调发展，建立优化的区域空间体系，逐渐形成以城市群发展为核心、发展轴打造为引导、经济区合作为重点的国土开发空间模式，形成全面区域开发新格局。

3. 建立区域协调机制，加快要素自由流动

从地域上看，国内各区域内部自行协调的难度较大。到目前为止，大多数地区的区域一体化协调机制还没有完全建立。高层次的合作磋商协调机制还不够完善，缺乏整体合作的理念和合力，在产品、生产要素、服务市场等多个层面都还不够统一；不规范竞争、各自为政的问题还比较普遍；等等。这些方面成为制约当前乃至未来区域经济一体化深入发展的桎梏。

考虑到区域一体化的进程和特征，要继续推动区域一体化的深层次发展，进一步发挥中心城市的带动作用，加大区域经济整合力度，提升区域产业分工合作水平。要继续完善发展思路，整合区域经济社会发展的综合目标，注重规划协调，建立区域利益协调机制，加强各层次主体之间的密切配合，从而提升区域的整体竞争力，构建和谐的区域关系。加强区域产业分工，实现区域发展方式的转型。

三、新型城市化战略

城市化也称城镇化，是指随着一个国家或地区社会生产力的发展、科学技术的进步以及产业结构的调整，由以农业为主的传统乡村型社会向以工业（第二产业）和服务业（第三产业）等非农产业为主的现代城市型社会逐渐转变的历史过程。城市化是当今世界上重要的社会经济现象，全球城市化发展速度迅猛，从1950年的30%发展到2018年的55%，即当今全球有半数以上的人生活在城市中。

城市化是现代化的必由之路，是保持经济持续健康发展的强大引擎，是加快产业结构转型升级的重要抓手，是推动区域协调发展的有力支撑，是解决"三农"问题的重要途径和促进社会全面进步的必然要求。因此加快城市化进程是我国实现现代化的必然要求。

（一）我国城市化政策的演进

我国城市化政策大概分为以下 3 个阶段：

第一阶段是 1979—1993 年，是控制农村剩余劳动力流动、大力推进乡镇企业发展和小城镇建设的阶段。这一阶段，中央政府认为随着农业现代化的发展，逐渐节省下来的大量农业劳动力不可能也没有必要都进入大城市，因此有计划地发展小城镇建设和加强城市对农村的支援。通过积极发展小城镇和乡镇企业来吸引多余的农业劳动力，达到就地转化的效果。

第二阶段是 1993—2002 年，是确立有中国特色的城镇化道路的阶段。在这一时期，以开发利用和合理配置人力资源为发展劳动力市场的出发点，对于农村剩余劳动力，不再限制其流动，而是鼓励这些劳动力向非农产业逐步转移，引导其在地区之间有序流动。在这期间，我国的城市化政策管理思路也发生了转变，从之前的控制大城市规模、发展小城镇的思路，到一方面要注重小城镇建设，但要合理布局，注重实效；另一方面，应逐步形成合理的城镇体系。这种城镇体系"在着重发展小城镇的同时，积极发展中小城市，完善区域性中心城市功能，发挥大城市的辐射带动作用"，"走出一条符合我国国情、大中小城市和小城镇协调发展的城镇化道路"。

第三阶段是 2002 年至今，是推动大中小城市和小城镇协调发展、探索区域协调发展机制、确立新型城镇化道路的阶段。2002 年召开的中共十六大，在城市化政策的演变中发挥了承上启下的重要作用。党的十六大报告首次提出中国特色的城镇化道路，即坚持大中小城市和小城镇协调发展；对小城镇的进一步发展做出了规范，提出发展小城镇要以现有的县城和有条件的建制镇为基础，科学规划，合理布局；并再次确认要消除城镇化发展的体制和政策障碍，引导农村劳动力合理有序流动。十七大报告进而总结了有中国特色城镇化道路的五大原则，即统筹城乡、布局合理、节约土地、功能完善、以大带小；与十六大相比，特别提出了"以增强综合承载能力为重点，以特大城市为依托，形成辐射作用大的城市群，培育新的经济增长极"。城市化政策重心由小城镇转向大都市。党的十八大报告则定下了具体的方针："科学规划城市群规模和布局，增强中小城市和小城镇产业发展、公共服务、吸纳就业、人口集聚功能。"在继续坚持大中小城市和小城镇协调发展的基础上，十八届三中全会强调"优化城市空间结构和管理格局，增强城市综合承载能力"，"建立和完善跨区域城市发展协调机制"，成为进入21世纪后城市与区域发展的一个小结。

（二）我国城市化发展现状

1. 我国城市化进程

改革开放政策的实施，无论是城市还是农村，社会经济各项事业有了新的活力。随着国家强制因素的减少和市场活力的注入、农村工业化和城市内部产业的发展，大量人口就近进入小城镇或者大城市，对城市化进程起到了极大的推动作用。我国城镇化率逐年呈上升趋势，1982年为21.13%，到2011年首次超过50%，2017年达到59.52%。（见图16-12）

截至2017年末，中国各省域（指中国大陆31个省级行政区）的城镇化率可以分成4个层次：第一层次包括上海、北京、天津3个直辖市，城镇化率为80%～90%；第二层次包括广东、江苏、浙江、福建、江西、重庆、辽宁7个省市，城镇化率为60%～70%；第三层次包括黑龙江、山东、湖北、吉林、宁夏、海南、山西、陕西、河北、湖南、安徽、青海、内蒙古13个省区，城镇化率为50%～60%；第四层次包括四川、新疆、广西、河南、云南、甘肃、贵州、西藏8个省区，城镇化率不足50%。一方面是改革开放40多年来，中国城市迅速崛起，城镇化推进速度超过世界其他地区。另一方面也要深刻意识到，中国城市化进程还存在区域发展不均衡、城市规划不合理、产业结构不协调等问题。

图 16-12 我国城镇化率变化情况

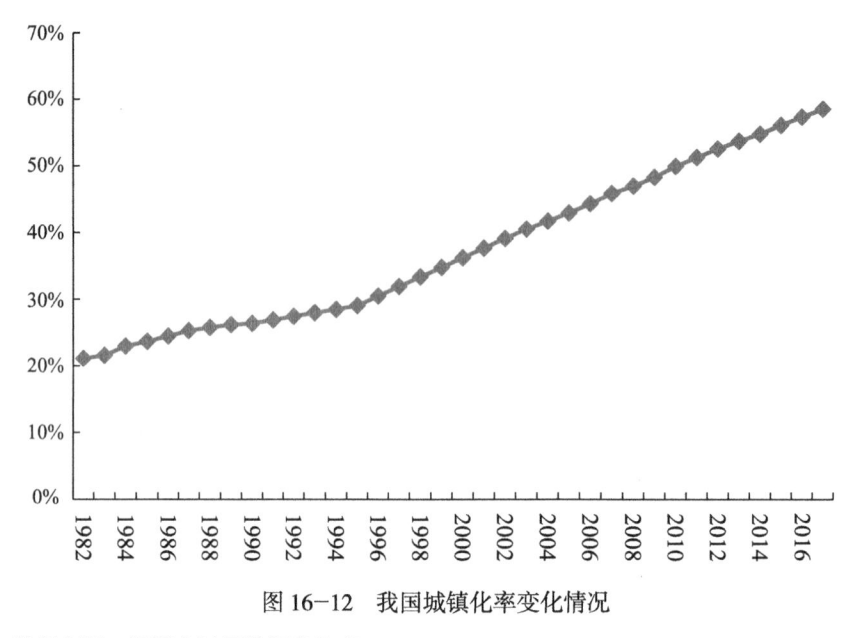

数据来源：根据中经网数据库整理。

2. 各类规模城市情况

我国城市化政策由注重小城镇发展到注重大中小城市和小城镇协调发展，再到跨区域城市协调发展，体现了我国城市化进程中发展思路的演变。与此相伴随的，是相继出现了各类规模的城市。2014年国务院颁发了《关于调整城市规模划分标准的通知》（国发〔2014〕51号），以城区常住人口为统计口径，将城市划分为5类7档（见表16-5）。该通知对城区和常住人口的界定为："城区是指在市辖区和不设区的市，区、市政府驻地的实际建设连接到的居民委员会所辖区域和其他区域。常住人口包括：居住在本乡镇街道，且户口在本乡镇街道或户口待定的人；居住在本乡镇街道，且离开户口登记地所在的乡镇街道半年以上的人；户口在本乡镇街道，且外出不满半年或在境外工作学习的人。"

表 16-5　国务院城市规模划分标准

城市等级		城市常住人口（人）
超大城市		1000 万以上
特大城市		500 万 ~ 1000 万
大城市	Ⅰ型大城市	300 万 ~ 500 万
	Ⅱ型大城市	100 万 ~ 300 万
中等城市		50 万 ~ 100 万
小城市	Ⅰ型小城市	20 万 ~ 50 万
	Ⅱ型小城市	20 万以下

数据来源：住房城乡建设部城乡规划管理中心资料（2014）

城市数量方面，小城市的占比约为 70%，中等城市占比约为 15%，大城市占比约为 10%，其余为特大城市和超大城市。城市城区常住人口方面，Ⅱ型大城市和Ⅰ型小城市人口最多，超大城市、中等城市、Ⅰ型大城市、特大城市和Ⅱ型小城市依次递减。

3. 城市群

城市群指的是在特定的地域范围内聚集相当数量的不同性质、类型和等级规模的城市，依托一定的自然环境条件，以一个或两个超大或特大城市作为地区经济的核心，借助于现代化的交通工具和综合运输网络的通达性，以及高度发达的信息网络，发生与发展着城市个体之间的内在联系，共同构成一个相对完整的城市"集合体"。

我国城市群规划相继出台（见表 16-6），东部地区的京津冀、长三角、珠三角城市群继续提升，中部的中原城市群和长江中游城市群日渐成熟，东北中部城市群开始复苏，位于西部地区的成渝城市群、黔中城市群、滇中城市群、藏中南城市群、天山北坡城市群、兰州—西宁城市群、宁夏沿黄城市群和关中城市群 8 个城市群有较大的发展。城镇化作为重塑我国经济地理的主要动力，不断平衡我国的区域经济发展格局，拓展我国经济发展空间腹地，为我国宏观经济增长找寻新的空间动力。

表 16-6　中国主要城市群

规模	名称	定位
国家级城市群（5个）	长江三角洲城市群、京津冀城市群、珠江三角洲城市群、长江中游城市群、成渝城市群	以国家中心城市为核心，形成带动全国经济发展并有全球影响力和竞争力的增长极，优先建成国家级城市群，最终建成世界级城市群
区域性城市群（8个）	哈长城市群、山东半岛城市群、辽中南城市群、海峡西岸城市群、关中城市群、中原城市群、北部湾城市群、天山北坡城市群	国家二级城市群。在国家经济发展中带动区域经济发展的重点城市化地区，一般以一个以上国家中心城市或国家区域中心城市为核心城市
地区性城市群（6个）	包呼鄂榆城市群、晋中城市群、宁夏沿黄城市群、兰州—西宁城市群、滇中城市群、黔中城市群	中西部地区各省重点发展区域，尚处于城市群发育的初级阶段，未来通过努力有望培育成为规模较小的地区性城市群

注：2016 年以前业内将中国城市群格局概括为"5+9+6"，即区域性城市群为包括江淮城市群在内的 9 个。在 2016 年出台的"十三五"规划中没有提及江淮城市群，将原江淮城市群包含的部分地市划归到长三角城市群，另有一小部分划归到长江中游城市群中，故在这里概括为"5+8+6"格局

第二次世界大战以后，各国城市化进程的一个显著特点是大城市发展较快，然后城市外围扩展，在一个经济发达、交通便利的地区不断聚集，并在有利的地理位置上产生新的城市。美国的大西洋沿岸、日本的本岛中南部沿海区域、英国的中南部地区等均成为世界上城市高度集中化的地区。在我国京津冀、长江三角洲、长江中游、珠江三角洲和四川盆地这 5 个地区，城市密布，人口集中，特大城市和大城市发展较快，且有集中化的趋势。

表 16-7　2016 年中国 5 个超大型城市群主要指标

城市群	全市年平均人口（万人）	市辖区年平均人口（万人）	城镇化率(%)	地区生产总值（当年价格）（亿元）	当年实际使用外资金额（万美元）
长三角	12956	6307	48.68	148656	6823391
京津冀	10020	4425	44.16	76552	5199660
长江中游	12933	3504	27.09	70885	3045890
珠三角	3294	2526	76.68	67842	2258978
成渝	10924	5052	46.25	48359	1827791

资料来源：《中国城市统计年鉴 2017》

从表 16-7 的主要指标分析可以看出，我国五大城市群有以下重要特征：①这些城市群所在的地区均是我国工业化、城镇化高度发达的地区和现代化率先实现的地区，同时是我国推进中西部发展并实现现代化的"领头羊"；②是我国迈向全球化、与国际接轨并带动第三世界发展的先进地区；③五大城市（北京、上海、广州、深圳、重庆）全部处在这些城市群内，是最为重要的核心城市、门户城市，也是全国信息化、互联网以及物联网最发达的地区；④外资投入规模最大，大城市郊区化最明显，工业开发区和高新技术开发区最为集中，高端服务业与先进工业企业以及现代第三产业最为集中，将成为我国科技创新与人才集中的地区，并日益表现为"中国创造"的发达地区。

（三）未来发展走向

1. 有针对地实施人口转移政策

我国城市化发展到现阶段，特大城市、大城市、中小城市、小城镇各类规模的城市形态并存，在人口流入方面，各类城市的状况不同，其采取的措施也不同。在人口大量流入特大城市和大城市的意愿和倾向越来越明显的时候，大城市的人口压力越来越大，因此户籍改革方面会有所限制。而中小城市和小城镇在面临人口流向大城市的时候，人口有下降的趋势，所以应该放宽落户限制和落户条件，并且制定适当的优惠政策来吸引人口。无论何种规模的城市，推动未落户城镇的常住人口平等享有基本公共服务势在必行，未落户的常住人口在子女教育、医疗、公共就业服务、养老服务等方面的需求有所满足之后，才有更好的融入感和幸福感。

2. 优化城镇化布局形态

按照统筹规划、合理布局、分工协作、以大带小的原则，立足资源环境承载能力，推动城市群和都市圈健康发展，构建大中小城市和小城镇协调发展的城镇化空间格局。

深入推进城市群发展。优化东部城市群，打造京津冀、长三角、珠三角的世界级城市群，提升海峡西岸、山东半岛的城市群发展水平。培育中西部城市群集聚区，发展壮大长江中游、中原地区、成渝地区、关中平原等中国西部城市群。建立以中心城市引领城市群发展、城市群带动区域发展新模式。以北京、天津为中心引领京津冀城市群发展，带动环渤海地区协同发展。以上海为中心引领长三角城市群发展，带动长江经济带发展。以香港、澳门、广州、深圳为中心引领粤港澳大湾区建设，带动珠江、西江经济带创新绿色发展。以重庆、成都、武汉、郑州、西安等为中心，引领成渝、长江中游、中原、关中平原等城市群发展，带动相关板块融合发展。

推动大中小城市协调发展。特大城市和大城市要加快国际化水平，适当消除城市非核心功能，加强与周边城镇的高效通勤和融合，推动产业和人口向"1小时交通圈"地区扩散，促进都市圈和城市网络的形成。中小城市发展要分类施策，都市圈内和潜力型中小城市要提高产业支撑能力、公共服务品质，促进人口就地就近城镇化；收缩型中小城市要瘦身强体，转变惯性的增量规划思维，严控增量、盘活存量，引导人口和公共资源向城区集中。

支持特色小镇有序发展。坚持特色兴镇、产业建镇，坚持政府引导、企业主体、市场化运作，逐年挖掘精品特色小镇，总结推广典型经验，发挥示范引领作用。

3. 强化交通运输网络支撑

城市化的发展离不开四通八达的交通运输网络。依托国家"十纵十横"综合运输大通道，合理建设完善西部和东北地区对外交通骨干网络，发挥优化城镇布局、承接跨区域产业转移的先导作用，带动交通沿线城市产业发展和人口集聚。在城市群和都市圈构建以轨道交通、高速公路为骨架的多层次快速交通网，推进干线铁路、城际铁路、市域（郊）铁路、城市轨道交通融合发展，促进公路与城市道路有效衔接，更好地服务于城市间产业专业化分工协作。

四、特殊区域发展战略

（一）出台背景和实施内容

党的十九大报告指出，中国特色社会主义进入新时代，我国社会主要矛盾已经转化为人民日益增长的美好生活需要和不平衡不充分的发展之间的矛盾。在区域协调发展方面，报告指出，加大力度支持革命老区、民族地区、边疆地区、贫困地区加快发展。党的十九大报告指出："要动员全党全国全社会力量，坚持精准脱贫、准确脱贫，坚持中央统筹、省负总责、市县抓落实的工作机制，强化党政一把手负总责的责任制，坚持大扶贫格局，注重扶贫同扶志、扶智相结合，深入实施东西部扶贫协作，重点攻克深度贫困地区脱贫任务，确保到2020年我国现行标准下农村贫困人口实现脱贫，贫困县全部摘帽，解决区域性整体贫困，做到脱真贫、真脱贫。"

1. 贫困地区政策出台背景和实施内容

贫困地区地理位置偏僻，远离市场，家庭结构老龄化、人力资本低；基本生存条件有待提升，存在饮水困难、居住危房较多、生产性用电难以接入、医疗条件和教育条件较差等问题。中西部地区的省市区贫困人口规模依然较大，贫困人口贫困程度较深，减贫成本高，脱贫难度大。长期以来的非平衡增长战略并未实现所有地区、人群分享均等的发展红利，仍有相当一部分低收入群体未能分享经济增长的成果。发展严重不平衡导致连片特困地区矛盾更加突出。据国家统计局贫困监测数据，2001—2009年，西部地区贫困人口比例从61%增加到66%，民族地区8省贫困人口占比从34%增加到40.4%，其中贵州、云南、甘肃贫困人口占8省贫困人口的比例从29%增加到41%。

"精准扶贫"的重要思想最早是在2013年11月习近平总书记到湖南湘西考察时在"实事求是、因地制宜、分类指导、精准扶贫"重要指示中提出的；2015年10月16日，国家主席习近平在2015年减贫与发展高层论坛上强调，中国扶贫攻坚工作实施精准扶贫方略，增加扶贫投入，出台优惠政策措施，坚持中国制度优势，注重六个精准，坚持分类施策，因人因地施策，因贫困原因施策，因贫困类型施策，通过扶持生产和就业发展一批，通过易地搬迁安置一批，通过生态保护脱贫一批，通过教育扶贫脱贫一批，通过低保政策兜底一批，广泛动员全社会力量参与扶贫。

2015年11月29日党中央和国务院出台的《中共中央 国务院关于打赢脱贫攻坚战的决定》指出："扶贫开发事关全面建成小康社会，事关人民福祉，事关巩固党的执政基础，事关国家长治久安，事关我国国际形象。打赢脱贫攻坚战，是促进全体人民共享改革发展成果、实现共同富裕的重大举措，是体现中国特色社会主义制度优越性的重要标志，也是经济发展新常态下扩大国内需求、促进经济增长的重要途径。"

进入新时代以来，党高度重视贫困地区的发展，表16-8列出了2014年以来党和政府支持贫困地区发展的政策。以"提高发展能力""缩小发展差距"等更高的标准来解决贫困问题。

表16-8 贫困地区发展政策一览表

发布主体	时间	文件名称	主要内容
中共中央、国务院	2014年1月	《关于创新机制扎实推进农村扶贫开发工作的意见》	深化改革，创新扶贫开发工作机制，将建立精准扶贫工作机制作为6项扶贫机制创新之一；针对制约贫困地区发展的瓶颈，以集中连片特殊困难地区为主战场，因地制宜，分类指导，突出重点，注重实效，继续做好整村推进、易地扶贫搬迁、以工代赈、就业促进、生态建设等工作
中共中央	2015年10月	《中共中央关于制定国民经济和社会发展第十三个五年规划的建议》	推动区域协调发展：塑造要素有序自由流动、主体功能约束有效、基本公共服务均等、资源环境可承载的区域协调发展新格局。支持革命老区、民族地区、边疆地区、贫困地区加快发展，加大对资源枯竭、产业衰退、生态严重退化等困难地区的支持力度

续表

发布主体	时间	文件名称	主要内容
中共中央、国务院	2015年11月	《中共中央 国务院关于打赢脱贫攻坚战的决定》	到2020年，稳定实现农村贫困人口不愁吃、不愁穿，义务教育、基本医疗和住房安全有保障。实现贫困地区农民人均可支配收入增长幅度高于全国平均水平，基本公共服务主要领域指标接近全国平均水平。确保我国现行标准下农村贫困人口实现脱贫，贫困县全部摘帽，解决区域性整体贫困
国务院	2016年11月	《"十三五"脱贫攻坚规划》	发展产业脱贫、旅游脱贫、科技脱贫、转移就业脱贫、易地搬迁扶贫、教育扶贫、健康扶贫和生态保护扶贫；建立兜底保障机制；创新扶贫机制
中共中央办公厅和国务院办公厅	2017年9月	《关于支持深度贫困地区脱贫攻坚的实施意见》	加大政策倾斜，用更加集中的支持、更加有效的举措、更加扎实的工作，全力攻克深度贫困堡垒，确保深度贫困地区和贫困群众同全国人民一道进入全面小康社会
国务院扶贫开发领导小组	2017年11月	《国务院扶贫开发领导小组关于广泛引导和动员社会组织参与脱贫攻坚的通知》	广泛引导和动员社会组织积极参与脱贫攻坚工作。创造条件，支持社会组织参与脱贫攻坚
中共中央、国务院	2018年6月	《中共中央 国务院关于打赢脱贫攻坚战三年行动的指导意见》	坚持大扶贫工作格局，坚持脱贫攻坚目标和现行扶贫标准，聚焦深度贫困地区和特殊贫困群体。集中力量支持深度贫困地区脱贫攻坚、强化到村到户到人精准帮扶举措、加快补齐贫困地区基础设施短板、加强精准脱贫攻坚行动支撑保障、动员全社会力量参与脱贫攻坚
中共中央、国务院	2018年11月	《中共中央 国务院关于建立更加有效的区域协调发展新机制的意见》	到2035年，建立与基本实现现代化相适应的区域协调发展新机制，实现区域政策与财政、货币等政策有效协调配合，区域协调发展新机制在显著缩小区域发展差距和实现基本公共服务均等化、基础设施通达程度比较均衡、人民基本生活保障水平大体相当中发挥重要作用；推动国家重大区域战略融合发展、统筹发达地区和欠发达地区发展、推动陆海统筹发展

资料来源：根据相关政府文件整理

从表16-8中可以看出，党中央、国务院高度重视贫困地区的发展，为顺利实现2020年全面小康的战略目标，必须实现到2020年让7000多万农村贫困人口摆脱贫困的目标。党中央和国务院提出农村贫困人口脱贫是全面建成小康社会最艰巨的任务。必须充分发挥政治优势和制度优势，坚决打赢脱贫攻坚战。以革命老区、民族地区、边疆地区、集中连片特困地区为重点，整体规划，统筹推进，持续加大对集中连片特困地区的扶贫投入力度，切实加强交通、水利、能源等重大基础设施建设，加快解决贫困村通路、通水、通电、通网络等问题，最终形成政策合力，切实打赢脱贫攻坚战。

2. 革命老区政策出台背景和实施内容

中国革命老根据地区简称"革命老区"，是指第二次国内革命战争时期和抗日战争时期，在中国共产党和毛泽东等老一辈无产阶级革命家领导下创建的革命根据地。它分布全国大陆除新疆、青海、西藏以外的28个省、直辖市、自治区的1300多个县(市、区)。党的十九大报告指出"加大力度支持革命老区加快发展"，充分体现了党中央对革命老区发展的高度重视。革命老区是中国农村地理环境最恶劣、为中国革命牺牲贡献最大、经济社会发展最落后的区域，有些老区虽然处于发达省份，但在人均收入、经济社会发展基础等多个方面，其贫困程度甚至较西部的落后地区，有过之而无不及。在全国老区县中有310个国家级贫困县，占全国592个国家级贫困县的52.45%，再加上省级贫困县，贫困县数量几乎占整个老区县的一半。其中以第二次国内革命战争时期的237个老区县为例，按照国家统计局的监测数据，237个老区县的第一、二产业增加值，城乡居民人均储蓄存款和人均地方财政收入分别是全国平均水平的58%、35%和23%，农民人均收入是全国平均水平的57%。

2015年2月，习近平总书记主持召开陕甘宁革命老区脱贫致富座谈会，对支持革命老区的经济发展提出了5点要求：一是加大投入支持力度，采取更加倾斜的政策，加大对老区发展的支持，增加扶贫开发的财政资金投入和项目布局，鼓励引导社会资金投向老区建设，形成支持老区发展的强大社会合力。二是加快社会事业发展，重点发展教育、医疗卫生、公共文化、社会保障等事业，实现基本公共服务对老区城乡居民全覆盖，深入推进老区新农村建设，加强农村环境卫生和住房建设。三是加大产业培育扶持力度，国家大型项目、重点工程、新兴产业，在符合条件前提下，要优先向老区安排；发达地区劳动密集型产业转移，要优先向老区引导；国家建设用地指标，要优先满足革命老区小城镇产业聚集区建设用地需要。四是积极落实改革举措，认真贯彻中央改革决策部署，针对制约本地经济社会发展的突出矛盾和问题，自觉向改革找突破、要效益，不断解放和发展社会生产力，不断促进社会公平正义。五是夯实管党治党基础，特别要有一个覆盖全面、功能健全的基层党组织体系，有一支素质较好、作风突出的党员、干部队伍，有一套便利管用、约束力强的制度机制，有一个弘扬正气、歪风邪气没有市场的政治生态。要选好配强农村基层党组织领导班子，团结带领农民群众脱贫致富奔小康。

革命老区由于自然、历史等多重因素影响，发展相对滞后、基础设施薄弱、人民生活水平不高的矛盾仍然比较突出，饮水思源、勿忘老区革命地位特殊，老区人民为中华民族解放和新中国的建立做出了巨大牺牲和不可磨灭的贡献，在新形势下加快老区振兴，具有重大的历史意义和现实意义。加大政策支持和资金投入，扎实推进各项任务落实，不断深化改革、扩大开放，加快推进老区发展，有利于发挥区域比较优势，增强老区自我发展能力。加强区域经济联系，促进产业合理分工，提升经济发展质量和国家整体竞争优势，有利于发扬革命传统，为经济社会发展提供强人精神动力；有利于缩小区域发展差距，促进区域协调发展，实现全面建成小康社会目标。

革命老区优先发展战略突出红色政权性质、体现社会主义制度的优越性。实施革命老区优先发展战略，对革命老区建设发展的高度重视，政策措施优先向革命老区倾斜，体现了对革命老区和老区人民群众的深厚情谊，体现了党对老区加快发展、老区人民过上更加美好幸福生活的深度关切，是推进革命老区建设发展的根本指导思想。

表 16-9 新时代支持革命老区发展政策一览表

发布主体	时间	文件名称	主要内容
国家发展和改革委员会	2012年3月	《陕甘宁革命老区振兴规划》	以原西北革命根据地为核心，综合考虑区域经济社会联系和协调发展要求，为陕甘宁革命老区全面振兴注入活力，努力推动老区实现振兴，使老区走出一条生态环境良好、能源资源集约开发、人民生活富裕的科学发展之路
国家发展和改革委员会	2015年3月	《左右江革命老区振兴规划》	弘扬老区革命精神，立足老区比较优势，突出体制机制创新，支持在交通、产业、金融、扶贫、生态、国土开发与保护等领域深化改革，进一步扩大开放，为全国革命老区振兴提供可复制、可推广的发展模式
国家发展和改革委员会	2015年6月	《大别山革命老区振兴发展规划》	弘扬革命老区精神，奋力攻坚克难，努力把大别山革命老区建设成为欠发达地区科学发展示范区、全国重要的粮食和特色农产品生产加工基地、长江和淮河中下游地区重要的生态安全屏障、全国重要的旅游目的地
中共中央办公厅、国务院办公厅	2016年2月	《关于加大脱贫攻坚力度支持革命老区开发建设的指导意见》	把贫困老区作为老区开发建设的重中之重，充分发挥政治优势和制度优势，以支持贫困老区为重点，全面加快老区小康建设进程。对老区予以重点支持，积极谋划一批交通、水利、能源等重大工程项目，优先纳入相关专项规划
国家发展和改革委员会	2016年7月	《川陕革命老区振兴发展规划》	弘扬革命老区精神，把川陕革命老区建设成为区域开发与精准扶贫协同推进的示范区，丝绸之路经济带和长江经济带的重要通道，清洁能源、特色农产品生产加工基地和军民融合产业示范基地，红色文化传承区，生态旅游目的地，以及秦巴山生态文明先行先试区
广东省发展和改革委员会	2018年9月	《海陆丰革命老区振兴发展规划》	以改变老区落后面貌和提高老区人民生活水平为目标，着力补齐基础设施短板，着力推动产业转型升级；明确了海陆丰革命老区振兴发展的八大任务，提出了含金量较大的支持海陆丰革命老区振兴发展的具体政策

资料来源：根据相关政府文件整理

表16-9列出了已有的支持革命老区优先发展的政策，这些政策特点是按照经济社会发展的客观规律，对革命老区进行连片、系统的开发和建设，对革命老区实施重点投入建设规划。革命老区优先发展战略实施政策的密集出台，展现了党中央、国务院对革命老区发展的高度重视，体现了社会主义制度的优越性。但是目前还没有形成针对全国革命老区的全国性发展战略，在未来条件成熟的情况

下可能会推出全国性的革命老区发展战略规划。已有的革命老区发展规划从实际出发，与国家和省发展规划、发展战略相衔接，符合主体功能区规划的要求，尊重革命老区人民意愿，体现革命老区特色，涵盖人力资源开发、基础设施建设、支柱和特色产业培育、社会事业发展、生态环境保护、民生改善和社会保障建设等方面。

革命老区的劣势在地理生态，优势在红色资源，围绕打造全国重要的红色旅游胜地，积极开发红色旅游资源，突出抓好重点景区建设，推动红色旅游产业快速发展。基于革命老区的禀赋优势，这些革命老区发展战略规划目的在于实现革命老区发展的科学化、法治化、规范化、制度化，促进革命老区可持续发展。

3. 少数民族和边疆地区优先政策出台背景和实施内容

党的十九大报告提出："全面贯彻党的民族政策，深化民族团结进步教育，铸牢中华民族共同体意识，加强各民族交往交流交融，促进各民族像石榴子一样紧紧抱在一起，共同团结奋斗、共同繁荣发展。"我国是统一的多民族国家，共有55个少数民族、155个民族自治区，少数民族人口占全国总人口的8.5%，民族自治地区面积占全国总面积的64%。

中国陆地边境线长2.2万千米，跨越9个省（区）（辽宁、吉林、黑龙江、内蒙古、甘肃、新疆、西藏、云南、广西），与14个国家接壤，绝大多数的少数民族世代居住于此，是集偏远山区、民族地区和贫困地区于一体的特殊地带。中国绝大多数的高原、山地和沙漠戈壁也集中于此。恶劣的自然条件、险峻的地理地貌严重制约了生产方式的更迭，延缓了边境地区的现代化进程，成为发展的屏障。囿于自然环境、资源禀赋及区位条件等方面的差异，传统的非均衡的区域发展模式长期占据主导地位，国内大量的生产要素，例如政策资本、物质资本及人力资本迅速汇入东部沿海地区，东部沿海地区迅速发展成为中国经济腾飞的重要引擎，而内陆的民族地区长期处于经济发展的外围。区域发展的不平衡、不协调状态没有从根本上改变。据国家民族事务委员会统计，2015年，民族自治地区生产总值仅占全国生产总值的9.71%，人均GDP为35181元，远低于全国50251元的平均水平。

随着我国进入全面建成小康社会决胜阶段，"一带一路"建设加快推进，区域协调有序发展，脱贫攻坚全面展开，民族地区奔小康行动深入实施，国家对民族地区、边疆地区、贫困地区全方位扶持力度不断加大，民族地区面临难得的发展机遇。"十三五"时期加快少数民族和边疆地区发展必须把握机遇，应对挑战，确保如期实现全面建成小康社会目标。

民族地区大都以"大杂居、小聚居"的形式落户于边疆或偏远高寒山区，民族地区还肩负着边疆安全、民族文化保护、反分裂等公共事务。区域协调发展战略就是与老少边穷地区高度叠加的民族地区的西部开发战略。解决民族地区发展问题，是新时期决胜全面小康社会，夺取新时代中国特色社会主义胜利的关键问题。少数民族和边疆地区应在国家沿边开放战略指引下，借"一带一路"倡议促沿边经济发展，紧紧把握"一带一路"倡议的政策红利，结合扩大沿边开放的实际需要，以"政策沟通、设施联通、贸易畅通、资金融通、民心相通"为任务，加快发展沿边开放经济。

表16-10列出了新时代党中央和国务院支持少数民族和边疆地区发展的一系列政策组合，少数民族和边疆地区工作是围绕着脱贫致富为主题展开的，重点是维护少数民族和边疆地区安定团结，人民群众生活不断改善。

表16-10 新时代少数民族和边疆地区发展政策一览表

发布主体	时间	文件名称	主要内容
中共中央、国务院	2014年12月	《中共中央 国务院关于加强和改进新形势下民族工作的意见》	明确民族地区经济社会发展基本思路，紧紧围绕全面建成小康社会目标，深入实施西部大开发战略，以提高基本公共服务水平、改善民生为首要任务，以扶贫攻坚为重点，以教育、就业、产业结构调整、基础设施建设和生态环境保护为着力点，以促进市场要素流动与加强各民族交往交流交融相贯通为途径，把发展落实到解决区域性共同问题、增进群众福祉、促进民族团结上，走出一条具有中国特色、民族地区特点的科学发展路子

续表

发布主体	时间	文件名称	主要内容
中共中央、国务院	2015年5月	《中共中央 国务院关于构建开放型经济新体制的若干意见》	推动东西双向开放，促进基础设施互联互通，扩大沿边开发开放，形成全方位开放新格局。将沿边重点开发开放试验区、边境经济合作区建成我国与周边国家合作的重要平台，加快沿边开放步伐
国务院	2015年12月	《国务院关于支持沿边重点地区开发开放若干政策措施的意见》	推进兴边富民行动，实现稳边安边兴边；提高贸易、人员、运输和投资便利化水平；完善边民互市贸易
国务院	2016年12月	《"十三五"促进民族地区和人口较少民族发展规划》	阐明国家支持少数民族和民族地区发展，加强民族工作的总体目标、主要任务和重大举措，确保少数民族地区如期实现脱贫目标，分类推进特殊贫困地区发展，补齐少数民族和边疆地区发展短板，保障少数民族合法权益，提升各族人民福祉

资料来源：根据相关政府文件整理

这些政策充分显示了新时代中国特色社会主义国家治理特征，其中以扶贫作为工作的重点。据国家民族事务委员会统计，2016年民族地区8省区共计402万农村贫困人口实现脱贫，贫困人口总数从2015年底的1813万人下降到1411万人。少数民族地区的地区生产总值由2000年的8702.09亿元提高至2015年的74736.5亿元，少数民族和边疆地区经济发展取得了长足进步，贫困人口大幅下降。

少数民族和边疆地区各方利益关系复杂，协调各方面关系、承受各种风险、化解社会矛盾的压力呈现加大趋势。少数民族和边疆地区承担着维护国家安全，实现国家长治久安的政治任务，党中央在少数民族和边疆地区执行"团结第一，工作第二"的方针政策，经济社会发展服务于国家民族安定团结的政治大局，因此少数民族和边疆地区经济发展的条件不如东部发达地区成熟。

少数民族地区与其他地区的发展差距逐渐加大，工业化和城市化水平低，产业结构仍然处于很低的水平。2015年，与全国平均水平相比，少数民族地区对农业的依存度很高，达到了13.4%，少数民族和边疆地区的新产业培育是一项长期而艰巨的任务。

少数民族和边疆地区是我国深度贫困的集中地带，自我发展能力很弱，全面脱贫缺乏内生机制。在全国贫困人口大幅减少的情况下，少数民族地区8省区贫困人口占全国贫困人口的比重却缓慢上升，从2011年的30.4%升至2016年的32.55%，尚有113个少数民族县属于深度贫困县，因此，少数民族和边疆地区要实现和全国同步发展的目标，必须依赖党中央和国务院的战略扶持，支持它们优先发展。

（二）特殊区域实施效果和存在的问题

1. 特殊区域实施效果

在党的十九大报告中，习近平总书记代表党中央做出庄严承诺，要让贫困人口和贫困地区同全国一道进入全面小康社会。到2020年底，要坚决打赢精准扶贫攻坚战，决胜全面小康社会的建设。

根据党中央和国务院的战略部署，全国各级党政机关采取了超常规举措，以前所未有的力度推进脱贫攻坚，农村贫困人口显著减少，贫困发生率持续下降，解决区域性整体贫困迈出坚实步伐，贫困地区农民生产生活条件显著改善，脱贫攻坚取得决定性进展，创造了我国减贫史上的最好成绩。充分发挥政治优势和制度优势，构筑了全社会扶贫的强大合力，建立了中国特色的脱贫攻坚制度体系，为全球减贫事业贡献了中国智慧和中国方案，谱写了人类反贫困史上的辉煌篇章。

联合国《千年发展目标2015年报告》显示，中国对全球减贫的贡献率超过70%，在世界上创造了史无前例的减贫成就。在更高的贫困标准下，农村贫困人口从2011年的1.22亿减少到2016年的4335万，平均每年减少1581万，打破了这个领域的边际扶贫效果递减"规律"。2016年开始实施的"十三五"规划确立了更为宏大的扶贫脱贫目标，即按照经物价等因素调整的现行贫困标准，2020年实现人均年收入不足4000元的农村贫困人口全部脱贫，贫困县全部摘帽，消除区域性贫困现象。李克强总理在2018年全国人民代表大会的《政府工作报告》

中指出，2012—2017 年，共有 6800 多万农村贫困人口脱贫，按照新标准计算的贫困率从 10.2% 下降到 3.1%。贫困地区区域发展环境明显改善，"造血"能力显著提升，基本公共服务主要领域指标接近全国平均水平，为 2020 年解决区域性整体贫困问题提供有力支撑。

精准扶贫是新时期我国扶贫开发的战略导向，是经济新常态时期要求扶贫资源优化配置和发展质量提升的政策回应，扶贫开发政策从普惠式向适度竞争式转变；精准扶贫提出精准识别，因人因户施策，因村提供公共物品，并将扶贫的思路从增加贫困户收入的单一公平视角，转换为增长、发展和波动多重视角。以提升效率为核心的精准扶贫政策不仅能提升公平，而且在新发展理念下是潜在的新经济增长点，并且一定程度上还具有反经济衰退的功能。

区域经济政策实现了空间尺度的创新，不再局限于以行政区作为实施区域政策的空间单元，扶贫开发已由过去的"大水漫灌"方式和区域扶贫向精准扶贫转换。建立起了以精准识别贫困区和贫困户为基础的精准扶贫新机制，集中力量"扶真贫""真扶贫"；提高了区域政策实施的精准性和有效性。创新了扶贫机制，形成了精准扶贫主体的多元化格局。在体制机制方面，形成了精准扶贫脱贫、扶贫资源动员、贫困人口参与、资金项目管理、考核问责激励五大机制，确保贫困人口精准识别、精准扶持、精准脱贫、精准退出，构建政府、市场、社会协同推进的大扶贫开发格局。同时，加强考核问责和第三方评估，加大扶贫资金项目监督管理力度。特殊区域发展战略顺应了历史发展潮流，回应了人民群众的发展诉求，充分体现了共同富裕的社会主义本质和社会主义制度优越性。

2. 特殊区域发展战略存在的问题

特殊区域由于具有独特的区域特征，少数民族和边疆地区社会关系较为复杂，这些地区既要维护国家的安定团结，又要有效解决民族矛盾，因此，在市场经济的竞争环境中，特殊区域常处于不利地位。虽然政府可以使用财政力量抵消市场的负面作用，但是存在一定程度的"数字脱贫"，贫困地区的基层扶贫工作面临的政治压力大，由于上下级政府部门掌握的基层贫困人口的信息不对称，在不能按时按量完成工作任务的情况下,有的激励造假扶贫的数据上报上级政府部门,从而使得扶贫的数据存在一定的真实性偏差。

精准扶贫的效率还有进一步提升的空间,贫困人口识别的精准性还有提升的空间,政策和公共物品提供的针对性有待加强,可以进一步提高财政资金的使用效率,消除在精准识别环节对贫困人口规模的人为限定形成的规模排斥、集中连片扶贫开发对片区外贫困群体的区域排斥。贫困人口识别标准过于刚性,在同一个深度贫困地区,建档立卡的贫困户与没有建档立卡的贫困户收入差距可能并不大,但部分贫困地区人口刚好超过精准扶贫建档立卡的标准或者受到建档立卡指标的限制,当政策重点扶持建档立卡的贫困户时,深度贫困地区扶贫政策的公平性受到当地百姓的某种程度上的质疑。

3. 特殊区域战略未来走向

完善精准扶贫机制,增强贫困地区的内生发展动力,促进贫困人口与有效率的生产要素相结合,防止已经脱贫的人口返贫。在市场条件下,贫困地区区位优势相对较差,市场化的广度和深度相对发达地区都比较弱,这些地方的产业竞争力相对较弱,为了确保精准扶贫的政策效果,可能需要针对贫困地区实施保护性的产业政策,以避免在当前的市场竞争环境下被市场机制淘汰,使得产业扶贫脱贫的人口再次返贫。

坚持绿色发展理念,坚持绿色发展与产业扶贫相结合。贫困地区生态环境相对较弱,在扶贫开发的过程中更需要重视绿色发展,避免在产业发展过程中破坏生态环境,造成环境污染。坚决抵制发达地区以产业扶贫的名义把高污染性的企业转移到贫困地区。

加强贫困地区与发达地区的合作,增强二者的有机联系,充分发挥发达地区的带动作用。逐步将精准扶贫向社会保障转变,注重扶贫效果的长期性和稳定性,为贫困地区改善长期的发展条件,为建档立卡贫困户长期发展创造有利条件。增强产业扶贫的带动能力,通过乡村旅游、休闲农业和生态旅游等创新减贫和扶贫手段,构建保护式扶贫的长效机制。

建立扶贫绩效监测机制，扶贫实施周期较长，其效果和影响也并非在短时间内能够显现，因此要建立动态、连续的绩效监测机制，对扶贫对象和扶贫效果进行全面监测和评价。对特殊区域实施有差别的区域政策和产业保护政策，由于特殊区域承担着维护国家安定团结的特殊责任，在市场竞争中常常处于不利地位，即在中心—外围模型中处于外围地带，对于特殊地区发展战略应该针对其承担的国家长治久安的责任，实施差别化的产业政策，以巩固精准扶贫成效。

（三）东北等老工业基地发展问题

我国当前的问题区域战略主要是针对产业衰退地区尤其是东北老工业基地制定的，以减缓问题区域经济衰退，保障和改善问题区域的民生。

1. 政策背景和主要内容

改革开放以来，东北经济频频出现经济衰退现象，20世纪90年代中后期，东北地区经济增速明显下滑，GDP占全国比重不断下降，出现经济发展严重下滑和失业率不断攀升的现象，形成所谓的"东北现象"。2003年，中共中央、国务院出台《中共中央 国务院关于实施东北地区等老工业基地振兴战略的若干意见》，开启首轮东北振兴战略，东北经济得到快速发展。2014年以来，东北地区陷入经济发展低谷，"新东北现象"再度引起社会各界关注。东北地区是新中国成立以来计划经济时期重点发展的区域，东北地区受到计划经济的影响最深，而改革开放的前沿是南方，东北地区受到改革开放的影响最小，市场机制在东北地区发展还有待进一步提高。东北地区与朝鲜接壤，发展市场经济在东北地区并没有取得共识。国内研究东北经济衰退的学者认为，东北地区经济衰退的根本原因在于经济体制，市场经济受到压制没有充分发育导致了东北地区经济衰退。

东北地区是我国工业的摇篮和重要的工业与农业基地，东北有较多的制造业优势，在汽车、飞机制造等重工业方面具有一定基础优势，拥有一批关系国民经济命脉和国家安全的战略性产业，东北地区资源、产业、科教、人才、基础设施等支撑能力较强,发展空间和潜力巨大。东北地区区位条件优越,沿边沿海优势明显,是全国经济的重要增长极,在国家发展全局中举足轻重,在全国现代化建设中至关重要。加快东北老工业基地全面振兴,是推进经济结构战略性调整、提高我国产业国际竞争力的战略举措,是促进区域协调发展、打造新经济支撑带的重大任务,是优化调整国有资产布局、更好发挥国有经济主导作用的客观要求,是完善我国对外开放战略布局的重要部署,是维护国家粮食安全、打造北方生态安全屏障的有力保障。要充分认识推进东北老工业基地全面振兴的重要性和紧迫性,坚定不移地把这项宏伟事业推向新阶段。

表 16-11　东北振兴政策一览表

发布主体	时间	文件名称	主要内容
中共中央、国务院	2003 年 10 月	《关于实施东北地区等老工业基地振兴战略的若干意见》	明确了实施振兴战略的指导思想、方针任务和政策措施
国务院	2007 年 12 月	《国务院关于促进资源型城市可持续发展的若干意见》	建立资源开发补偿机制、衰退产业援助机制、完善资源性产品价格形成机制;以市场为导向,以企业为主体,大力培育发展接续替代产业
国务院	2009 年 9 月	《国务院关于进一步实施东北地区等老工业基地振兴战略的若干意见》	优化经济结构,建立现代产业体系;加快企业技术进步,全面提升自主创新能力;加快发展现代农业,巩固农业基础地位;加强基础设施建设,为全面振兴创造条件;积极推进资源型城市转型,促进可持续发展;切实保护好生态环境,大力发展绿色经济;着力解决民生问题,加快推进社会事业发展;深化省区协作,推动区域经济一体化发展;继续深化改革开放,增强经济社会发展活力
国务院	2014 年 8 月	《国务院关于近期支持东北振兴若干重大政策举措的意见》	巩固扩大东北地区振兴发展成果,努力破解发展难题,依靠内生发展推动东北经济提质增效升级;全面推进城区老工业区和独立工矿区搬迁改造;在东北资源型城市建设一批接续替代产业园区和集聚区;加快城市基础设施改造

续表

发布主体	时间	文件名称	主要内容
国家发展和改革委员会、工业和信息化部、中华全国工商联合会、国家开发银行	2016年3月	《关于推进东北地区民营经济发展改革的指导意见》	经过5年左右时间,通过推动民营经济发展改革方面的锐意创新,初步形成具有东北地区区域特色的民营经济发展新模式,探索完善有利于民营经济长足发展的政策环境,营造有利于民营经济公平发展的市场环境、民营经济产融结合互为支撑的金融环境
中共中央、国务院	2016年4月	《中共中央 国务院关于全面振兴东北地区等老工业基地的若干意见》	到2020年,东北地区在重要领域和关键环节改革上取得重大成果,转变经济发展方式和结构性改革取得重大进展,经济保持中高速增长,与全国同步实现全面建成小康社会目标。产业迈向中高端水平,自主创新和科研成果转化能力大幅提升,重点行业和企业具备较强国际竞争力,经济发展质量和效益明显提高;新型工业化、信息化、城镇化、农业现代化协调发展新格局基本形成。加大中央支持力度,允许国有企业划出部分股权转让收益、地方政府出让部分国有企业股权,专项解决厂办大集体和分离企业办社会职能等历史遗留问题。中央财政继续对厂办大集体改革实施"奖补结合"政策,允许中央财政奖励和补助资金统筹用于支付改革成本
国家发展和改革委员会	2016年8月	《推进东北地区等老工业基地振兴三年滚动实施方案(2016—2018年)》	着力完善体制机制、推进结构调整、鼓励创新创业、保障和改善民生四大核心任务,分年度明确了137项重点工作
国务院	2016年11月	《国务院关于深入推进实施新一轮东北振兴战略加快推动东北地区经济企稳向好若干重要举措的意见》	推进行政管理体制改革,加快转变政府职能,进一步推进简政放权、放管结合、优化服务改革;深化国有企业改革,加快解决历史遗留问题;加快民营经济发展和传统产业转型升级,大力培育新动能,支持东北地区积极发展服务业,培育养老、旅游、文化等新消费增长点,打造重点开发开放平台
国家发展和改革委员会	2016年11月	《东北振兴"十三五"规划》	加快转变政府职能、深化国企国资改革、大力发展民营经济、着力改善营商环境、放宽民间投资准入、推进重点专项改革、着力解决国企历史遗留问题、完善创新创业支持政策

资料来源:根据相关政府文件整理

表 16-11 列出了党和国家振兴东北老工业基地的一些方针政策。以 2016 年为界，开始了新一轮的东北振兴战略，党中央和国务院高度重视东北振兴战略，密集出台了众多支持东北地区经济社会发展的文件。2016 年面对复杂的国内外经济形势，党中央和国务院提出了新一轮的东北振兴战略。"十三五"时期，党中央提出推动东北老工业基地全面振兴的基本要求：完善体制机制作为东北老工业基地振兴的治本之策、推进结构调整作为东北老工业基地振兴的主攻方向、鼓励创新创业作为东北老工业基地振兴的有力支撑。

新时代，习近平总书记指出以新气象新担当新作为推进东北振兴，明确提出新时代东北振兴是全面振兴、全方位振兴：一是以优化营商环境为基础，全面深化改革；二是以培育壮大新动能为重点，激发创新驱动内生动力；三是科学统筹精准施策，构建协调发展新格局；四是更好支持生态建设和粮食生产，巩固提升绿色发展优势；五是深度融入共建"一带一路"，建设开放合作高地；六是更加关注补齐民生领域短板，让人民群众共享东北振兴成果。新一轮的东北振兴以提高发展质量和效益为中心，以供给侧结构性改革为主线，着力完善体制机制，推进结构调整，鼓励创新创业，保障和改善民生，协同推进新型工业化、信息化、城镇化和农业现代化，因地制宜、分类施策、扬长避短，有效提升老工业基地的发展活力、内生动力和整体竞争力，努力走出一条质量更高、效益更好、结构更优、优势充分释放的振兴发展新路，与全国同步全面建成小康社会。

2. 东北振兴战略的实施效果

东北振兴战略的一系列的政策实施有效缓解了东北地区经济衰退的形势，促进了东北地区经济结构转型升级。东北振兴取得重要阶段性进展，发展动力显著增强，历史遗留问题逐步解决，社会民生明显改善，为全面振兴奠定了坚实基础。

东北振兴战略提出以后，东北地区率先实行了免除农业税等惠农政策，粮食生产连创历史新高，作为全国商品粮和肉食供应基地的地位日益突出。以国有企业改组改制为重点的体制机制创新取得重大进展，绝大多数国有企业已扭亏为盈，摆脱了困境，利润大幅度增长，对外开放水平明显提高。企业技术进步成效显著，结构调整步伐加快。采煤沉陷区治理和棚户区改造等"民心工程"进展顺利，资源型城市经济转型试点稳步推进。基础设施不断完善，生态建设和环境保护取得积极成效。城镇社会保障体系初步建立，就业形势明显好转，城乡居民收入稳步提高。

上一轮的东北振兴期，东三省经济增速较快，城乡差距逐渐缩小，失业率保持在较低水平，市场化程度有所提升，民营经济占比增加，经济所有制结构进一步优化，特别是投资结构与全国水平基本一致，私营工业企业效益大幅改善，现代农业发展取得了巨大进步。东北振兴战略为东北地区摆脱20世纪90年代初的"东北问题"的困难局面、重新走向经济振兴之路奠定了重要基础。通过实施振兴战略，东北老工业基地不仅成功卸掉了沉重的历史包袱，长期困扰东北地区发展的深层次矛盾也得到明显缓解，而且综合经济实力显著提升，连续保持高于全国水平的领先的经济增速，振兴发展的活力和后劲进一步增强。

3. 东北振兴存在的问题

首先，体制机制的深层次矛盾尚未理顺，体制改革受阻和结构调整转换困难是"新东北现象"的症结所在。传统优势产业衰退、新的经济增长尚未形成规模是东北地区经济失速的直接原因，体制改革和结构调整受阻是东北失速的症结所在。国有企业活力仍然不足，民营经济发展不充分，生产要素市场体系尚不健全；科技与经济发展融合不够，偏资源型、传统型、重化工型的产业和产品比重较高，经济增长新动力不足和旧动力减弱相互交织，城乡和城市内部二元结构依然突出，资源枯竭、产业衰退、生态严重退化等特殊类型地区转型压力加大，基本公共服务供给不足；基层政府思想观念不够解放，对经济发展新常态的适应引领能力有待进一步增强。由于长期形成的深层次体制性、机制性、结构性矛盾，加上周期性因素和国际国内需求变化的影响，东北地区经济下行压力仍然较大，有效投资需求严重不足，供给侧结构性改革和新旧动能转换任务艰巨，财政收支困难，经济社会领域风险不断积聚，不同地区、行业、企业分化特征明显，深层次矛盾和问题进一步凸显。

其次，东北地区产业结构单一，重工业比例过高，过度依赖资源型产业尤其是重工业。经济增长乏力，过去主要靠投资驱动的增长方式已难以为继。东北地区经济增长中投资贡献率偏大。自2004年提出东北振兴战略以来，东北的结构调整、转变发展方式和缩小地区差异工作有所进展，但仍任重道远。近年来，尽管辽吉黑三省都大力发展新兴产业和服务业，但东北地区第一、二、三产业比重基本未变，服务业比重不升反降。和东南沿海相比，东北三省的民营经济仍旧不够发达，三省中民营经济比重最高的辽宁省也仅占到67%。

最后，东北老工业基地民营经济发展薄弱，使得经济运行内生动力不足。东北地区经济不够活跃，面临人才不断流失、创新能力不足、资源枯竭等问题。2015年，辽宁省和黑龙江省常住人口分别为4382.4万人和3812万人，比上年分别减少8.6万和21万，吉林省常住人口为2753.3万人，比上年增加0.9万人，三省合计共减少28.7万人。东北地区的投资减少要比其他地区严重得多。2015年，全国固定资产投资增长最低的省份辽宁省降幅27.8%，出现了断崖式下跌。

上一轮东北振兴计划没有解决东北地区的根本问题，而且新形势下东北地区面临着更为突出的困局，东北地区的体制机制问题并未得到根本性触及，结构性问题反而由于市场的旺盛需求而得到加强，体制问题、结构问题、开放问题、人才问题、民生问题的解决方案落实不到位。创新体系不完善，产学研协同机制不顺畅，以装备制造业为核心的重工业核心技术和关键零部件缺失，战略性新兴产业发展慢、体量小，全社会的创新、创业意识差等问题仍然存在。东北地区的投资环境仍不理想，具体体现在法治环境差、信用基础薄弱、市场化程度不够等。

4. 东北振兴战略未来的走向

第一，建立可持续发展长效机制，吸取上一轮东北振兴的经验和教训，注重培养东北地区经济增长的内生动力。

发展战略性新兴产业，大力实施创新驱动发展战略，把创新作为培育东北老工业基地内生发展动力的主要生成点，加快形成以创新为主要引领和支撑的经济体系和发展模式。东北振兴一个重要的因素是国有企业改革问题。在坚持政府主导型振兴模式的制度路径的同时，更加注重振兴政策模式的调整和优化。

一是东北国有企业要突破既得利益集团的阻挠，确定国有企业的市场主体地位。让企业按照市场规律而不是靠政府优惠政策来获得竞争优势，保障真正在资源配置中起决定性的是市场。

二是着力改善营商环境，给予企业家足够的自主权，减少东北地区政府在企业经营中的干预，更好地发挥企业家的作用，及时解决民营企业发展中遇到的实际困难，放宽民间投资准入。以市场准入负面清单为基础，允许民营企业进入未明确限制和禁止的领域，切实转变政府职能，加快推进权力清单制度、审批制度的完善和国有企业转型等关键领域的改革。进一步把政府经济管理的重点转向维护有效率的市场，减少干预微观经济主体的经济活动。新一轮东北振兴应从重塑营商环境抓起，重点是软环境建设，主旨是留住企业留住人。

三是政府要积极鼓励民间资本参与国有企业改革，发展混合所有制经济和员工持股，推动国有企业股权多元化，开展企业内部三项制度改革的专项行动，推动完善市场化选人用人和激励约束机制，在更大范围大力推行经理层任期制和契约化管理。

第二，加快重点产业集聚区发展，培育接续替代产业。

中共中央、国务院在《关于进一步实施东北地区等老工业基地振兴战略的若干意见》中指出："推动辽宁沿海经济带、沈阳经济区、哈大齐工业走廊、长吉图经济区加快发展，建设国内一流的现代产业基地。""充分发挥沈阳、长春、哈尔滨、大连和通化等高技术产业基地的辐射带动作用，形成一批具有核心竞争力的先导产业和产业集群。"打造一批具有国际竞争力的产业基地和区域特色产业集群。设立老工业基地产业转型升级示范区和示范园区，促进产业向高端化、集聚化、智能化升级。研究制定支持产业衰退地区振兴发展的政策措施。支持沈阳、大连、长春、哈尔滨等地打造国内领先的新兴产业集群。充分发挥特色资源优势，积极支持中等城市做大做强农产品精深加工、现代中药、高性能纤维及高端石墨深加工等特色产业集群。积极支持产业结构单一地区（城市）加快转型，研究制定促进经济转型和产业多元化发展的政策措施，建立新兴产业集聚发展园区，安排中央预算内投资资金支持园区基础设施和公共平台建设。

第三，进一步加大对外开放，推动东北加大开放式发展力度。

通过对外合作为新一轮东北振兴注入强大动力。东北地区应主动融入、积极参与"一带一路"建设，努力将东北地区打造成为我国向北开放的重要窗口和与东北亚地区合作的中心枢纽。东北地区要发挥与俄罗斯、日本、韩国、朝鲜等国毗邻的区位优势，加强同周边国家的合作。充分利用东北地区现有港口条件和优势，大力推进对内开放，打破地区封锁和市场分割，积极吸引国内其他地区的各类生产要素进入东北地区等老工业基地市场，鼓励各类所有制企业积极参与老工业基地调整改造。

五、陆海统筹战略

党的十九大报告指出，我国要坚持陆海统筹，加快建设海洋强国；要以"一带一路"建设为重点，"形成陆海内外联动、东西双向互济的开放格局"。提出了加快建设海洋强国的目标，突出了在建设海洋强国过程中应坚持的原则、重点以及方向，从而形成中国海洋强国战略体系。

中国是一个海陆兼备的国家，不仅有960多万平方千米的土地面积，还拥有超过1.8万千米的海岸线和约300万平方千米的管辖海域。改革开放40多年来，对外开放从沿海城市逐渐扩大到内地，但伴随的是陆地资源的过度开发和环境约束的增强，海洋资源的战略重要性凸显。

陆海统筹是指遵循陆海经济发展规律，发挥陆域经济与海域经济的相互支持作用，提升海洋经济相对陆域经济的地位，通过统筹陆海两域在资源开发、产业布局、通道建设和生态环境保护等领域的合作，促进海陆两大系统的优势互补、良性互动和整体发展。在区域社会发展的过程中，综合考虑陆地和海洋二者的经济、生态和社会功能，利用二者之间的物流、能流、信息流等联系，以全面协调可持续的科学发展观为指导，对区域的发展进行规划，制定相关的政策指引，以实现资源的顺畅流动，形成资源的互补优势，强化陆域与海域的互动性，从而促进区域又好又快发展。要实现陆海统筹，最主要的是处理好陆海两个系统之间的关联性，疏通二者之间的资源交换通道，为实现二者之间的优势资源互补创造条件，以此为出发点对二者进行统一的规划与设计，从而实现海域与陆域经济的协调发展。

2010年10月，海陆统筹列入了"十二五"规划之中，上升为了国家意志。《中华人民共和国国民经济和社会发展第十二个五年规划纲要》第十四章"推进海洋经济发展"提出："坚持陆海统筹，制定和实施海洋发展战略，提高海洋开发、控制、综合管理能力。"

2013年7月30日，习近平总书记在主持中共中央政治局就建设海洋强国研究进行集体学习时，强调了建设海洋强国的四个基本要求：要提高资源开发能力，着力推动海洋经济向质量效益型转变；要保护海洋生态环境，着力推动海洋开发方式向循环利用型转变；要发展海洋科学技术，着力推动海洋科技向创新引领型转变；要维护国家海洋权益，着力推动海洋权益向统筹兼顾型转变。10月3日，习近平主席在印尼国会发表演讲表示，中国愿意同东盟国家加强海上合作，发展好海洋合作伙伴关系，共同建设21世纪"海上丝绸之路"。

2016年《中华人民共和国国民经济和社会发展第十三个五年规划纲要》第四十一章"拓展蓝色经济空间"提出："坚持陆海统筹，发展海洋经济，科学开发海洋资源，保护海洋生态环境，维护海洋权益，建设海洋强国。"8月，国家发展和改革委员会与国家海洋局联合发布了《全国海洋经济发展规划（2016—2020年）》，规划提出陆海统筹、协调发展。统筹陆海资源配置、产业布局、生态保护、灾害防治协调发展，统筹沿海各区域间海洋产业分工与布局协调发展，统筹海洋经济建设与国防建设融合发展。规划按照全国海洋主体功能区规划，根据不同地区和海域的自然资源禀赋、生态环境容量、产业基础和发展潜力，以区域发展总体战略和"一带一路"建设、京津冀协同发展、长江经济带发展重大战略为引领，进一步优化我国北部、东部和南部三个海洋经济圈布局，加大海岛及邻近海域保护力度，合理开发重要海岛，推进深远海区域布局，加快拓展蓝色经济空间，形成海洋经济全球布局的新格局。

2017年6月，国家发展和改革委员会和国家海洋局联合印发了《"一带一路"建设海上合作设想》，指出："以海洋为纽带增进共同福祉、发展共同利益，以共享蓝色空间、发展蓝色经济为主线，加强与21世纪海上丝绸之路沿线国战略对接，全方位推动各领域务实合作，共同建设通畅安全高效的海上大通道，共同推动建立海上合作平台，共同发展蓝色伙伴关系，沿着绿色发展、依海繁荣、安全保障、智慧创新、合作治理的人海和谐发展之路相向而行，造福沿线各国人民。"倡议的合作重点是共走绿色发展之路，保护海洋生态系统健康和生物多样性、共创依海繁荣之路，加强海洋资源开发利用合作。

2018年11月，中共中央、国务院印发《关于建立更加有效的区域协调发展新机制的意见》，明确了陆海统筹战略方向，开启了新的陆海统筹战略方针。指出："加强海洋经济发展顶层设计，完善规划体系和管理机制，研究制定陆海统筹政策措施，推动建设一批海洋经济示范区。以规划为引领，促进陆海在空间布局、产业发展、基础设施建设、资源开发、环境保护等方面全方位协同发展。编制实施海岸带保护与利用综合规划，严格围填海管控，促进海岸地区陆海一体化生态保护和整治修复。创新海域海岛资源市场化配置方式，完善资源评估、流转和收储制度。推动海岸带管理立法，完善海洋经济标准体系和指标体系，健全海洋经济统计、核算制度，提升海洋经济监测评估能力，强化部门间数据共享，建立海洋经济调查体系。推进海上务实合作，维护国家海洋权益，积极参与维护和完善国际和地区海洋秩序。"该意见把陆海统筹战略提到了前所未有的高度，陆海统筹战略成为未来我国发展海洋经济的重要战略方针。

陆海统筹是一个新兴的区域发展规划思想。陆海统筹强调的是将海洋经济与陆域经济统一起来看，发现二者的关联性与互补性，将陆域与海洋的发展统筹考虑与安排。根据陆海两个地理单元的内在特性与联系，运用系统论和协同论的思想，统一规划与设计，使两个独立系统之间能够进行顺畅的资源交换与流通，同时通过对整个区域的资源统一评价与规划，对区域内资源进行有效配置，使陆域资源与海域资源进行对接，从而加强陆域与海域之间的关联性，形成一个大的陆海复合系统，把陆海地理、社会、经济、文化、生态系统整合为一个统一整体。第一，壮大海洋经济实力。促进海洋渔业向水产健康养殖、现代海洋牧场、远洋捕捞业转型，加快发展水产品精深加工和外贸出口，构建现代渔业产业体系。积极发展深海资源勘探开发技术和工程装备制造业，力争在海水综合利用、高性能海上移动观测平台、新型深水钻井平台等领域取得新突破。大力发展海洋生物医药、海洋功能食品、海水淡化利用、海洋能源、海岛旅游等新兴产业。第二，促进陆海互动发展。加快海洋航运、港口物流、滨海旅游和临港产业等涉海产业升级。优化沿海港口功能布局，增设内陆无水港，合理调整和规划区域口岸建设，打造依托陆海联运大通道的经济走廊，促进沿海地区和内陆地区互动发展。第三，提高海洋事业信息化水平，推进智慧海洋工程建设，增强海洋气象监测预警能力。第四，积极推进海洋经济示范区建设。

参考文献

[1] Adamopoulos T, Brandt L, Leight J, et al. Misallocation, Selection and Productivity: A Quantitative Analysis with Panel Data from China [R]. National Bureau of Economic Research, 2017.

[2] Arrow K J, Kurz M. Public Investment, the Rate of Return, and Optimal Fiscal Policy [M]. Baltimore: The John Hopkins Press, 1970.

[3] Barro R J. Government Spending in a Simple Model of Endogeous Growth [J]. Journal of Political Economy, 1990, 98:103-125.

[4] Bleck A, Liu X. Credit expansion and credit misallocation [J]. Journal of Monetary Economics, 2018, 94: 27-40.

[5] Brandt L, Tombe T, Zhu X. Factor market distortions across time, space and sectors in China [J]. Review of Economic Dynamics, 2013, 16 (1): 39-58.

[6] Cai H, Henderson J V, Zhang Q. China's land market auctions: evidence of corruption? [J]. The Rand journal of economics, 2013, 44 (3): 488-521.

[7] Carruthers J I. Growth at the fringe: The influence of political fragmentation in United States metropolitan areas [J]. Papers in Regional Science, 2003, 82 (4): 475-499.

[8] Chaney T, Sraer D, Thesmar D. The collateral channel: How real estate shocks affect corporate investment [J]. American Economic Review, 2012, 102 (6): 2381-2409.

[9] Davis M A, Heathcote J. The price and quantity of residential land in the United States [J]. Journal of Monetary Economics, 2007, 54 (8): 2595-2620.

[10] Gersbach H, Schmutzler A. External spillovers, internal spillovers and the geography of production and innovation [J]. Regional Science and Urban Economics, 1999, 29 (6): 679-696.

[11] Glaeser E L, Kahn M E. The Greenness of Cities: Carbon Dioxide Emissions and Urban Development [J]. Journal of Urban Economics, 2010, 67 (3): 404-418.

[12] Glaeser E L, Tobio K. The rise of the sunbelt [R]. National Bureau of Economic Research, 2007.

[13] Glaeser E L, Ward B A. The causes and consequences of land use regulation: Evidence

from Greater Boston [J] . Journal of Urban Economics, 2009, 65（3）: 265-278.

[14] Gong L, Wang C, Zhao F , et al. Land-price dynamics and macroeconomic fluctuations with non separable preferences [J] . Econometrica, 2013, 81（3）: 1147-1184.

[15] Hansen A J, Rasker R, Maxwell B D, et al. Ecological Causes and Consequences of Demographic Change in the New West [J] . BioScience, 2002, 52（2）: 151-162.

[16] HarveyD.Socialjusticeandthecity（Revisededition） [M] .Athens:Universityof-Georg-ia-Press,2009.

[17] Helpman E. The size of regions [J] . Topics in public economics: Theoretical and applied analysis, 1998: 33-54.

[18] Helsley R W , Strange W C . Matching and agglomeration economies in a system of cities [J] . Regional ence & Urban Economics, 1990, 20（2）:189-212.

[19] Hicks J. Automatists, hawtreyans, and keynesians [J] . Journal of Money, Credit and Banking, 1969, 1（3）: 307-317.

[20] Ihlanfeldt K R. The effect of land use regulation on housing and land prices [J] . Journal of Urban Economics, 2007, 61（3）: 420-435.

[21] King R G, Levine R. Finance, entrepreneurship and growth [J] . Journal of Monetary Economics, 1993, 32（3）:513-542, 505.

[22] Kojima K . Reorganisation of North-South Trade : Japan's Foreign Economic Policy for the 1970s [J] . Hitotsubashi Journal of Economics, 1973, 13（2）:1-28.

[23] Fujita M , Krugman P . When is the economy monocentric?: von Thunen and Chamberlin unified [J] . Regional ence and Urban Economics, 1995, 25（4）:505 – 528.

[24] LeSage J, Pace R K. Introduction to spatial econometrics [M] . Chapman and Hall/CRC, 2009.

[25] Lewis D J, Hunt G L, Plantinga A J. Public conservation land and employment growth in the northern forest region [J] . Land Economics, 2002, 78（2）: 245-259.

[26] Martin R.L.The new geographical turn in economics: some critical reflection [J] . Cambridge Journal of Economics, 1999, 23（1）:65-91.

[27] Mcdonald J F. Cost-Benefit Analysis of Local Land Use Allocation Decisions [J] . Journal of Regional Science, 2001, 41（2）: 277-299.

[28] Mill J S . The Principles of Political Economy [M] . The principles of political economy, Macmillan and Co, 1901.

[29] Krugman P . First Nature, Second Nature, and Metropolitian Location [J] . Journal of

Regional ence, 1993, 33（2）:129—144.

[30] Partridge M D, Rickman D S, Ali K, et al. Lost in space: population growth in the American hinterlands and small cities［J］. Journal of Economic Geography, 2008, 8（6）: 727—757.

[31] Partridge M D, Rickman D S. Integrating regional economic development analysis and land use economics［M］. Oxford: Oxford University Press, 2014.

[32] Patrick, Hugh T. Financial Development and Economic Growth in Underdeveloped Countries［J］. Economic Development and Cultural Change, 1966, 14（2）:174—189.

[33] Krugman P. Increasing Returns and Economic Geography［J］. Journal of Political Economy, 1991, 99（3）:483—499.

[34] Ping Y C. Explaining land use change in a Guangdong county: the supply side of the story［J］. The China Quarterly, 2011, 207: 626—648.

[35] Vernon R. International Investment and International Trade in the Product Cycle［J］. Quarterly Journal of Economics, 1966, 80（2）: 190—207.

[36] Restuccia D, Santaeulalia-Llopis R. Land misallocation and productivity［R］. National Bureau of Economic Research, 2017.

[37] Song Z, Storesletten K, Zilibotti F. Growing like China［J］. American Economic Review, 2011, 101（1）: 196—233.

[38] Song Z, Xiong W. Risks in China's financial system［J］. Annual Review of Financial Economics, 2018, 10: 261—286.

[39] Storesletten K, Zilibotti F. China's great convergence and beyond［J］. Annu. Rev. Econ, 2014, 6（1）: 333—362.

[40] Okubo T. Trade liberalisation and agglomeration with firm heterogeneity: Forward and backward linkages［J］. Regional ence & Urban Economics, 2009, 39（5）:530—541.

[41] Tao R, Su F, Liu M, et al. Land leasing and local public finance in China's regional development: Evidence from prefecture-level cities［J］. Urban Studies, 2010, 47(10): 2217—2236.

[42] Tian L. Land use dynamics driven by rural industrialization and land finance in the peri-urban areas of China: "The examples of Jiangyin and Shunde"［J］. Land Use Policy, 2015, 45: 117—127, 506.

[43] Walz U. Transport costs, intermediate goods, and localized growth［J］. Regional ence & Urban Economics, 1993, 26（6）:671—695.

[44] Wu F. Commodification and housing market cycles in Chinese cities [J]. International Journal of Housing Policy, 2015, 15 (1): 6-26.

[45] Wu J, Gyourko J, Deng Y. Evaluating the risk of Chinese housing markets: What we know and what we need to know [J]. China Economic Review, 2016, 39: 91-114.

[46] Yew C P. Pseudo-urbanization? Competitive government behavior and urban sprawl in China [J]. Journal of Contemporary China, 2012, 21 (74): 281-298.

[47] Zhan J V. Strategy for fiscal survival? Analysis of local extra-budgetary finance in China [J]. Journal of Contemporary China, 2013, 22 (80): 185-203.

[48] A.E.普洛勃斯特.社会主义工业布局概论［M］.郝乃毓，等译.北京：商务印书馆，1987.

[49] 爱德华·肖.经济发展中的金融深化［M］.邵伏军，许晓明，宋先平，译.上海：格致出版社，2014.

[50] 阿尔弗雷德·韦伯.工业区位论［M］.北京：商务印书馆，2011.

[51] 艾洪德，徐明圣，郭凯.我国区域金融发展与区域经济增长关系的实证分析［J］.财经问题研究，2004（7）：26-32.

[52] 安虎森，何文.区域差距内生机制与区域协调发展总体思路［J］.探索与争鸣，2012（7）.

[53] 安虎森，张天骄.民族地区实现平衡发展的基本思路——学习十九大精神体会［J］.经济与管理评论，2018，34（03）：5-14.

[54] 阿瑟·刘易斯.国际经济秩序的演变［M］.北京：商务印书馆，1984.

[55] 白俊红，王钺，蒋伏心，李婧.研发要素流动、空间知识溢出与经济增长［J］.经济研究，2017（7）：109-123.

[56] 白永秀，王颂吉.丝绸之路经济带的纵深背景与地缘战略［J］.改革，2014（3）：64-73.

[57] 陈东琪，邹德文，张文勇，王能应.共和国经济60年［M］.北京：人民出版社，2009.

[58] 陈建军，叶炜宇.关于向浙江省内经济欠发达地区进行产业转移的研究［J］.商业经济与管理，2002（4）.

[59] 陈建军.中国现阶段的产业区域转移及其动力机制［J］.中国工业经济，2002（08）：37-44.

[60] 车磊，白永平，周亮，汪凡，纪学朋，乔富伟.中国绿色发展效率的空间特征及溢出分析［J］.地理科学，2018，38（11）：1788-1798.

［61］陈良文，杨开忠.集聚与分散：新经济地理学模型与城市内部空间结构、外部规模经济效应的整合研究［J］.经济学（季刊），2008（01）：53-70.

［62］陈秀山，张可云.区域经济理论［M］.北京：商务印书馆，2004.

［63］陈秀山，徐瑛.中国区域差距影响因素的实证研究［J］.中国社会科学，2004（5）：117-129.

［64］陈秀山，徐瑛.中国区域差距影响因素的实证研究［J］.中国社会科学，2004（05）：117-129+207.

［65］陈秀山，徐瑛.中国制造业空间结构变动及其对区域分工的影响［J］.经济研究，2008（10）：104-116.

［66］陈耀.产业资本转移新趋势与中部地区承接策略［J］.中国发展观察，2009（6）.

［67］陈云.当前基本建设工作中的几个重大问题［J］.红旗，1959（5）.

［68］陈自芳.以收入标准判断的我国区域差异研究［J］.中州学刊，2014（04）：29-36.

［69］陈甬军.中国地区间市场封锁问题研究［M］.福州：福建人民出版社，1994.

［70］蔡昉，王德文，曲玥.中国产业升级的大国雁阵模型分析［J］.经济研究，2009（9）：4-14.

［71］蔡昉.金融危机对制造业的影响——中西部地区赶超的机遇［J］.经济学动态，2009（2）：4-8.

［72］蔡昉.穷人的经济学——中国扶贫理念、实践及其全球贡献［J］.世界经济与政治，2018（10）：4-20+156，507.

［73］单豪杰.中国资本存量K的再估算：1952—2006年［J］.数量经济技术经济研究，2008（10）：17-31.

［74］戴宏伟，田学斌，陈永国.区域产业转移研究：以"大北京"经济圈为例［M］.北京：中国物价出版社，2003.

［75］代谦，别朝霞.土地改革、阶层流动性与官僚制度转型：来自唐代中国的证据［J］.经济学（季刊），2016，15（01）：53-84.

［76］翟仁祥.要素流动与产业转移研究述评［J］.现代管理科学，2016（08）：42-44.

［77］邓维杰.精准扶贫的难点、对策与路径选择［J］.农村经济，2014（06）：78-81.

［78］戴翔，刘梦，任志成.劳动力演化如何影响中国工业发展：转移还是转型

[J].中国工业经济,2016(09):24-40.

[79] 邓小平.文选(第二卷)[M].北京:人民出版社,1994.

[80] 樊福卓.中国工业地区专业化结构分解:1985—2006年[J].经济与管理,2009,23(9).

[81] 范恒山,孙久文,陈宣庆,等.中国区域协调发展研究[M].北京:商务印书馆,2012.

[82] 范剑勇,莫家伟.地方债务、土地市场与地区工业增长[J].经济研究,2014,49(01):41-55.

[83] 樊士德,姜德波.劳动力流动、产业转移与区域协调发展——基于文献研究的视角[J].产业经济研究,2014(04):103-110.

[84] 范洋.新一轮东北振兴战略的意义与实施策略[J].中国物价,2018(11):10-12.

[85] 高技.EXCEL下基尼系数的计算研究[J].浙江统计,2008(06):41-43.

[86] 葛剑雄.大运河历史与大运河文化带建设刍议[J].江苏社会科学,2018(02):126-129.

[87] 郭丽.中国区域经济发展的理论与实践——基于四代领导人区域经济思想的分析[J].山东省青年管理干部学院学报,2008(01):120-123.

[88] 龚雪.产业转移的动力机制与福利效应研究[M].北京:法律出版社,2009.

[89] 苟兴朝,杨继瑞.从"区域均衡"到"区域协同":马克思主义区域经济发展思想的传承与创新[J].西昌学院学报(社会科学版),2018,30(03):17-22.

[90] 葛翔宇,汪霞.区域金融效率的测算及其空间差异分析[J].统计与决策,2017(10):162-165.

[91] 高志刚,王垚.基于组合评价的中国区域协调发展水平研究[J].广东社会科学,2011(01):19-26.

[92] 高志刚,等.新疆区域经济差异与预警系统研究[M].乌鲁木齐:新疆人民出版社,2003.

[93] H.H.巴朗斯基著,邓静中等译.经济地理学论文集[M].北京:科学出版社,1958.

[94] H.H.科洛索夫斯基.经济区划原理[M].莫斯科:莫斯科政治书籍出版社,1958.

[95] H.H.涅克拉索夫.苏联地域生产综合体[M].莫斯科:莫斯科经济科学

出版社，1981.

[96] 胡鞍钢，王绍光.政府与市场[M].北京：中国计划出版社，2000.

[97] 何光军.粤港澳大湾区未来发展面临的挑战及出路[J].广东经济，2018（09）：28-31.

[98] 黄俊，张晓峰.科学发展观：马克思主义协调发展理论的时代解读——以协调发展为例[J].湖北社会科学，2008（1）.

[99] 和军，张紫薇.新一轮东北振兴战略背景与重点——兼评东北振兴战略实施效果[J].中国特色社会主义研究，2017（06）：33-41+2.

[100] 黄锐，唐松，常曦，汤子隆.中国"去杠杆"与区域金融风险防范研究——基于杠杆率的区域结构差异视角[J].学习与实践，2018（1）：26-37.

[101] 郝寿义著.区域经济学原理[M].上海：上海人民出版社，2007.

[102] 赫特纳.地理学[M].北京：商务印书馆，1982.

[103] 韩增林，狄乾斌，周乐萍.陆海统筹的内涵与目标解析[J].海洋经济，2012，2（01）：10-15.

[104] 胡兆量.中国文化地理概述[M].北京：北京大学出版社，2001.

[105] ЕО.Г.萨乌什金著，毛汉英等译.经济地理学：历史、理论、方法和实践[M].北京：商务印书馆，1987.

[106] 靳继东，杨盈竹.东北经济的新一轮振兴与供给侧改革[J].财经问题研究，2016（05）：103-109.

[107] 蒋满元.有效承接发达地区产业转移的金融政策选择——以广西为例[J].云南财经大学学报，2008，24（3）.

[108] 贾若祥.完善我国区域政策体系[J].中国发展观察，2018（Z2）：70-73.

[109] 金雪军，田霖.我国区域金融成长差异的态势：1978—2003[J].经济理论与经济管理，2004（8）：24-30.

[110] 孔全新.论毛泽东的区域经济均衡发展战略[J].济宁示范专科学校学报，2002（4）.

[111] 匡远配.新时期特殊类型贫困地区扶贫开发问题研究[J].贵州社会科学，2011（03）：75-80.

[112] 陆大道，刘卫东.论我国区域发展与区域政策的地学基础[J].地理科学，2000（06）：487-493.

[113] Т.М.克尔日查诺夫斯基.苏联经济区划问题论文集[M].北京：商务印书馆，1961.

[114] 劳尔·普雷维什.外围资本主义：危机与改造[M].北京：商务印书馆，1990.

[115] 刘刚.加快转型步伐提高发展质量[N].天津日报，2019-01-07（009）.

[116] 李广东，方创琳.中国区域经济增长差异研究进展与展望[J].地理科学进展，2013，32（07）：1102-1112.

[117] 卢根鑫.试论国际产业转移的经济动因及其效应[J].上海社会科学院学术季刊，1994（4）：33-42.

[118] 刘华军，彭莹，裴延峰，贾文星.全要素生产率是否已经成为中国地区经济差距的决定力量？[J].财经研究，2018（6）：50-63.

[119] 卢洪友，郑法川，贾莎.前沿技术进步、技术效率和区域经济差距[J].中国人口资源与环境，2012，22（5）：120-125.

[120] 李林子，傅泽强，王艳华，王阳.区际产业转移测算方法与应用——以京津冀污染密集型制造业转移为例[J].生态经济，2018，34（04）：108-113.

[121] 陆铭，陈钊.为什么土地和户籍制度需要联动改革——基于中国城市和区域发展的理论和实证研究[J].学术月刊，2009，41（09）：78-84.

[122] 刘梦，戴翔.中国制造业能否摘取全球价值链"高悬的果实"[J].经济学家，2018（09）：51-58.

[123] 雷蒙德·W.戈德史密斯.金融结构与金融发展[M].周朔，郝金城，肖远企，等译.上海：上海三联书店，1990.

[124] 罗纳德·I.麦金农.经济发展中的货币与资本[M].卢骢，译.上海：上海人民出版社，1997.

[125] 刘乃全，吴友.长三角扩容能促进区域经济共同增长吗[J].中国工业经济，2017（06）：79-97.

[126] 罗思东.从小城镇到大都市：改革开放以来我国城市化政策的演进[J].马克思主义与现实，2014（06）：179-186.

[127] 刘守英.土地制度变革与经济结构转型——对中国40年发展经验的一个经济解释[J].中国土地科学，2018，32（01）：1-10.

[128] 李伟，贺灿飞.劳动力成本上升与中国制造业空间转移[J].地理科学，2017，37（09）：1289-1299.

[129] 刘小玄，周晓艳.金融资源与实体经济之间配置关系的检验——兼论经济结构失衡的原因[J].金融研究，2011（2）：57-70.

[130] 廖冶寅.改革开放以来西藏经济发展成就、特点与启示[J].西藏民族大学

学报（哲学社会科学版），2018，39（06）：23-28+153，509.

［131］李婧，谭清美，白俊红.中国区域创新生产的空间计量分析——基于静态与动态空间面板模型的实证研究［J］.管理世界，2010（7）：43-55.

［132］梁琦，吴俊.财政转移与产业集聚［J］.经济学（季刊），2008（04）：1247-1270.

［133］吕政，杨丹辉.国际产业转移的趋势和对策［J］.经济与管理研究，2006（4）.

［134］刘志彪，孔令池.长三角区域一体化发展特征、问题及基本策略［J］.安徽大学学报（哲学社会科学版），2019，43（03）：137-147.

［135］李曦辉，李正梅.党的十九大重点关照民族地区的经济发展战略解读［J］.区域经济评论，2018（06）：13-21.

［136］M.K.班德曼，郭腾云.地域生产综合体（TPC）是解决区域问题的生产力组织的先进形式［J］.地理译报，1989（02）：32-38.

［137］马克思.资本论（第1卷）［M］.北京：人民出版社，2018.

［138］马克思.资本论（第3卷）［M］.北京：人民出版社，2018.

［139］马涛，李东，杨建华，等.地区分工差距的度量：产业转移承接能力评价的视角［J］.管理世界，2009（9）：168-169.

［140］毛泽东.毛泽东选集（第5卷）［M］.北京：人民出版社，1977.

［141］牛建平，吕志祥.资源型地区经济转型的困境及出路［J］.前沿，2012（23）：103-105.

［142］诺斯.制度、制度变迁与经济绩效［M］.上海：上海三联书店，1994.

［143］潘辉，冉光和，张冰，等.金融集聚与实体经济增长关系的区域差异研究［J］.经济问题探索，2013，5：102-107.

［144］彭文斌，刘友金.我国东中西三大区域经济差距的时空演变特征［J］.经济地理，2010，30（04）：574-578.

［145］彭志胜.工业的空间分布及产业转移影响因素的实证分析［J］.统计与决策，2014（06）：138-141.

［146］秦炳涛，葛力铭.相对环境规制、高污染产业转移与污染集聚［J］.中国人口·资源与环境，2018，28（12）：52-62.

［147］钱龙.中国金融业与实体经济互动发展的实证检验［J］.统计与决策，2013（4）：109-112.

［148］邵朝对，苏丹妮，邓宏图.房价、土地财政与城市集聚特征：中国式城市发展之路［J］.管理世界，2016（02）：19-31.

[149] 孙海鸣,赵晓雷.2003中国区域经济发展报告:国内及国际区域合作[M].上海:上海财经大学出版社,2003.

[150] 孙久文,胡安俊,陈林.中西部承接产业转移的现状、问题与策略[J].甘肃社会科学,2012(3).

[151] 孙久文,胡安俊.中国发展中的区域问题、总体战略与区域规划[J].兰州学刊,2011,(12):34-38.

[152] 孙久文,李华.我国区域经济发展的新特征与新趋势[J].贵州社会科学,2017(03):120-126.

[153] 孙久文,李恒森.我国区域经济演进轨迹及其总体趋势[J].改革,2017(07):18-29.

[154] 孙久文,唐泽地."滴灌"式扶贫提升减贫政策效果[J].财经界,2017(3):24-27.

[155] 孙久文,唐泽地.精准扶贫要灵活选择模式[J].湖南农业,2019(02):26.

[156] 孙久文,夏添.2019:区域政策应着力于差别化和长效化[N].中国经济时报,2019-01-24(04).

[157] 孙久文,姚鹏.单一结构地区转型的原因与路径探讨——以东北地区为例[J].社会科学辑刊,2017(01):44-49.

[158] 孙久文,易淑昶.大运河文化带建设与中国区域空间格局重塑[J].南京社会科学,2019(01):11-16+33,510.

[159] 孙久文,原倩.我国区域政策的"泛化"、困境摆脱及其新方位找寻[J].改革,2014(04):80-87.

[160] 孙久文,张静.论从开发式转向开发与保障并重的新扶贫模式[J].西北师大学报(社会科学版),2019,56(01):116-122.

[161] 孙久文,张可云,安虎森,贺灿飞,潘文卿."建立更加有效的区域协调发展新机制"笔谈[J].中国工业经济,2017(11):26-61.

[162] 孙久文,周玉龙,和瑞芳.中国的沿边经济发展:现状、问题和对策[J].经济社会体制比较,2017(02):28-38.

[163] 孙久文.论新时代区域协调发展战略的发展与创新[J].国家行政学院学报,2018,4:109-114.

[164] 孙久文.中国区域经济发展报告[M].北京:中国人民大学出版社,2013.

[165] 孙久文.改革开放以来我国区域经济发展战略演变与趋势[M].北京:经济

科学出版社，2018.

[166] 孙久文.破解东北"单一结构"[N].光明日报,2016-11-24(002).

[167] 孙久文,等.中国区域经济发展报告——新时代区域协调发展的理论与实践[M].北京：中国人民大学出版社,2018.

[168] 孙晓华,李明珊,王昀.市场化进程与地区经济发展差距[J].数量经济技术经济研究,2015(6):39-55.

[169] 孙秀林,周飞舟.土地财政与分税制：一个实证解释[J].中国社会科学,2013(04):40-59.

[170] 申勇,马忠新.构筑湾区经济引领的对外开放新格局——基于粤港澳大湾区开放度的实证分析[J].上海行政学院学报,2017(1):83—91.

[171] 陶然,陆曦,苏福兵,等.地区竞争格局演变下的中国转轨：财政激励和发展模式反思[J].经济研究,2009,44(07):21-33.

[172] 魏德安.双重悖论——腐败如何影响中国的经济增长[M].北京：中信出版社,2014.

[173] 吴殿廷,宋金平,等.区域经济学（第二版）[M].北京：科学出版社,2009:169-171.

[174] 魏后凯.改革开放30年中国区域经济的变迁[J],经济学动态,2008(5):9-16.

[175] 魏后凯.产业转移的发展趋势及其对竞争力的影响[J].福建论坛（经济社会版）,2003(4):11-15.

[176] 魏后凯.习近平区域发展战略思想支点与特征[J].人民论坛,2014(5):18-23.

[177] 王龙,汪浩瀚.产业转移对中国区域经济增长的空间效应研究[J].科技与管理,2015,17(05):89-93.

[178] 王丽萍,夏文静.中国污染产业强度划分与区际转移路径[J].经济地理,2019,39(03):152-161.

[179] 汪霞.我国区域金融效率与经济增长实证研究[J].合作经济与科技,2018,598(23):72-73.

[180] 王秀峰.基于"三化"的贵州经济高质量发展思考[N].贵州日报,2019-05-15(010).

[181] 王小鲁,樊纲,余静文.中国分省市场化指数报告（2016）[M].北京：社会科学文献出版社,2017.

[182] 吴艳华.吉林省城镇居民消费结构趋势分析[J].中国新技术新产品年,2009(19):207.

[183] 王岳平.开放条件下的工业结构升级[M].北京:经济管理出版社,2004.

[184] 王忠平,王怀宇.区际产业转移形成的动力研究[J].大连理工大学学报(社会科学版),2007,28(1):22-26.

[185] 王珺.区域差距再评估与缩小路径[J].学术研究,2017(11):79-87+178.

[186] 小岛清.对外贸易论[M].天津:南开大学出版社,1997.

[187] 肖金成,黄征学.未来20年中国区域发展新战略[J].财经智库,2017,2(5).

[188] 谢姚刚.理性看待污染密集产业转移[J].国际贸易问题,2004(11):63-65.

[189] 喻翠玲.要素禀赋、制度环境、技术效率与区域经济增长差异[J].辽宁大学学报(哲学社会科学版),2013,41(4):54-61.

[190] 亚当·斯密.国民财富的性质和原因的研究[M].国超,译.北京:商务印书馆,1972.

[191] 袁东梅.对外贸易对中国收入差距的影响研究[M].北京:中国财政经济出版社,2009:92-118.

[192] 杨国才.东部产业转移与中西部"三农"问题化解[J].上海经济研究,2009(8).

[193] 杨继东,杨其静,刘凯.以地融资与债务增长——基于地级市面板数据的经验研究[J].财贸经济,2018,39(02):52-68.

[194] 严金海.土地供给管制与城市住房用地供给错配——基于2009—2015年中国城市面板数据的分析[J].中国土地科学,2018,32(06):15-22.

[195] 袁蕾.城市内部区域差距研究——以北京为例[J].生态经济,2012(02):59-61+79.

[196] 约瑟夫·熊彼特.经济发展理论[M].何畏,易家详,张军扩,等译.北京:商务印书馆,2000.

[197] 颜伟,刘冬荣.外商直接投资加剧我国经济结构失衡的实证分析[J].管理世界,2010(5):167-168.

[198] 原小能.国际产业转移规律和趋势分析[J].上海经济研究,2004(2):29-33.

[199] 杨英.广东承接国际产业转移存在的问题与对策[J].暨南学报(哲学社会

科学版），2006，28（5）.

[200] 杨嵩，黄婷婷.中国区域金融发展与经济增长——基于具生产的OLG理论及面板数据的实证分析[J].南京审计大学学报，2019，16（2）：68-79.

[201] 郑长娟，张超.浙江省金融服务业与制造业共同集聚空间分异及驱动因素[J].湖北文理学院学报，2019，40（2）：11-17.

[202] 覃成林，姜文仙.区域协调发展：内涵、动因与机制体系[J].开发研究，2011（1）.

[203] 覃成林，张华，张技辉.中国区域发展不平衡的新趋势及成因——基于人口加权变异系数的测度及其空间和产业二重分解[J].中国工业经济，2011（10）：37-45.

[204] 张车伟，蔡翼飞.人口与经济分布匹配视角下的中国区域均衡发展[J].人口研究，2013，37（06）：3-16.

[205] 郑春勇.区域产业转移背景下的"依附性"府际关系及其风险[J].社会科学文摘，2017（12）：39-41.

[206] 张敦富.区域经济学原理[J].北京：中国轻工业出版社，1999.

[207] 张贡生.黄河经济带建设：意义、可行性及路径选择[J].经济问题，2019（07）：123-129.

[208] 中共中央马克思恩格斯列宁斯大林著作编译局编译.列宁全集（第2卷）[M].北京：人民出版社，1959.

[209] 中共中央马克思恩格斯列宁斯大林著作编译局编译.列宁全集（第3卷）[M].北京：人民出版社，1984.

[210] 中共中央马克思恩格斯列宁斯大林著作编译局编译.列宁全集（第19卷）[M].北京：人民出版社，1956，512.

[211] 中共中央马克思恩格斯列宁斯大林著作编译局编译.列宁全集（第20卷）[M].北京：人民出版社，1958.

[212] 中共中央马克思恩格斯列宁斯大林著作编译局编译.列宁全集（第29卷）[M].北京：人民出版社，1956.

[213] 中共中央马克思恩格斯列宁斯大林著作编译局编译.列宁全集（第34卷）[M].北京：人民出版社，1985.

[214] 中共中央马克思恩格斯列宁斯大林著作编译局编译.马克思恩格斯全集（第1卷）[M].北京：人民出版社，1972.

[215] 中共中央马克思恩格斯列宁斯大林著作编译局编译.马克思恩格斯选集（第

3卷）［M］.北京：人民出版社，1995.

［216］中共中央马克思恩格斯列宁斯大林著作编译局编译.马克思恩格斯选集（第4卷）［M］.北京：人民出版社，1958.

［217］中共中央马克思恩格斯列宁斯大林著作编译局编译.马克思恩格斯选集（第20卷）［M］.北京：人民出版社，1971.

［218］中共中央马克思恩格斯列宁斯大林著作编译局编译.马克思恩格斯全集（第23卷）［M］.北京：人民出版社，1972.

［219］中共中央马克思恩格斯列宁斯大林著作编译局编译.斯大林选集（第6卷）［M］.北京：人民出版社，1956.

［220］中共中央马克思恩格斯列宁斯大林著作编译局编译.斯大林全集（第7卷）［M］.北京：人民出版社，1958.

［221］中共中央马克思恩格斯列宁斯大林著作编译局编译.斯大林选集（第12卷）［M］.北京：人民出版社，1958.

［222］中共中央文献编辑委员会编.邓小平文选（第3卷）［M］.北京：人民出版社，1993.

［223］中共中央文献编辑委员会编.毛泽东著作选读（下册）［M］.北京：人民出版社，1986.

［224］雒海潮，苗长虹.承接产业转移影响因素和效应研究进展［J］.地理科学，2019（03）：359-366.

［225］张军，吴桂英，张吉鹏.中国省际物质资本存量估算：1952—2000［J］.经济研究，2004（10）：35-44.

［226］张军扩，侯永志，刘培林，何建武，卓贤.高质量发展的目标要求和战略路径［J］.管理世界，2019，35（07）：1-7.

［227］张可云.区域经济政策［M］.北京：中国轻工业出版社，2001.

［228］张可云.区域协调发展战略与泛北部湾区域合作的方向［J］.创新，2007（2）.

［229］周起业，祝诚，张可云.区域经济学［M］.北京：中国人民大学出版社，1989.

［230］周瑞超.发挥比较优势促进区域协调发展［J］.经济与社会发展，2006，4（9）：53-55.

［231］郑思齐，孙伟增，吴璠等."以地生财，以财养地"——中国特色城市建设投融资模式研究［J］.经济研究，2014，49（08）：14-27.

［232］朱喜安，李文静.金融发展与实体经济区域差异研究——基于夏普利值分解

模型［J］.经济问题探索，2019（02）：109-117.

［233］张学良，林永然.都市圈建设：新时代区域协调发展的战略选择［J］.改革，2019（02）：46-55.

［234］周玉龙，孙久文.论区域发展政策的空间属性［J］.中国软科学，2016（02）：67-80.

［235］张振翼，林超，钟晨.区域经济从"东西差异"向"南北差异"转变［J］.中国战略新兴产业，2018（45）：88-89.

［236］喆儒.开放条件下中国产业升级问题研究——以汽车产业为例［D］.中国人民大学，2005.

后　记

习近平总书记在党的十九大报告中把区域协调发展战略作为构建现代经济体系的重要战略提出来，这是对区域协调发展研究的重大贡献。《新时代我国区域协调发展的理论深化与实践创新研究》一书，是我们2018—2021年完成的阐释党的十九大精神国家社科基金重大专项项目"新时代我国区域协调发展的理论深化与实践创新研究"的研究成果。本书主要是从我国区域协调发展的历史进程与新时代实现现代化的总体要求出发，总结性阐释区域协调发展的理论深化与实践创新，研究区域协调的理论深化和总体战略方向探索，并提出相应的政策建议。

在本书的撰写过程中，我们参阅和吸收了近年来国内主要研究机构和学者的已有研究成果，对区域协调发展的诸多重大问题集中进行了阐述。

本书由孙久文教授主持设计写作大纲，课题组全体人员参与了书稿的写作。国家发改委宏观经济研究院肖金城研究员、新疆财经大学高志刚教授、中国社科院工经所叶振宇研究员、河北金融学院胡恒松教授、曲阜师范大学姚鹏教授、国家发改委宏观经济研究院马燕坤副研究员和中国人民大学应用经济学区域经济专业的博士生、硕士生，都对本书的完成做出了重要贡献。书稿完成后宋准博士做了大量的工作，对全书进行了修订和校对，最后由孙久文教授审核定稿。

全书具体的写作分工是：

第一章　我国区域协调发展战略的演化历程（林文贵、孙久文）

第二章　新时代区域协调发展的空间特征（李恒森）

第三章　区域协调发展的理论深化与现实价值（肖金成、马燕坤）

第四章　区域协调发展战略的总体思路（孙久文、张泽邦）

第五章　新时代区域协调发展的现状特征与评价体系（叶振宇、姚鹏）

第六章　区域协调发展的动力转换（苏玺鉴、宋准）

第七章　区域经济发展差距测度与分析（高志刚、克魁）

第八章　城乡发展不平衡与城乡差距（卢怡贤、蒋治）

第九章　区域协调发展与产业转移（易淑昶、李承璋）

第十章　区域协调发展与土地制度（闫昊生）

第十一章　区域协调发展与乡村振兴（宋准、孙久文）

第十二章　区域协调发展与金融差异（胡恒松、韩瑞姣）

第十三章　资源型地区和特殊类型地区发展（朱俏俏、张静）

第十四章　区域政策体系的构建（夏添）

第十五章　新时代区域协调发展的动力转换路径（苏玺鉴、宋准）

第十六章　新时代区域协调发展战略的实践创新（孙久文、张倩、张翱、程研）

特别需要说明的是，凡在本书中直接引用的成果，我们都在书中进行了页下注；对于书中借鉴的内容，在全书最后列出了参考文献；对于由于我本人的疏漏而未加注释的，在此表示由衷的歉意。

有感于中国区域经济发展的波澜壮阔，全面展示区域协调发展的宏伟画卷意义重大，我们努力把区域协调发展理论的博大精深，区域经济实践的深入与创新，我们对区域协调发展政策的理解，以及我们多年的研究成果，一并奉献给各位读者，希望本书的出版能够对从事区域经济研究的同仁有所帮助。虽然著述匆匆，疏漏之处再所难免，望各位读者不吝赐教。

孙久文

中国人民大学大华特聘教授、博士生导师

全国经济地理研究会名誉会长

中国区域科学协会副会长

中国区域经济学会副会长

2023 年 6 月 30 日于北京问渠书屋